D1349443

SIEGFRIED BEYSCHLAG

DIE LIEDER NEIDHARTS

SIEGFRIED BEYSCHLAG

DIE LIEDER NEIDHARTS

DER TEXTBESTAND DER PERGAMENT-HANDSCHRIFTEN UND DIE MELODIEN

TEXT UND ÜBERTRAGUNG
EINFÜHRUNG UND WORTERKLÄRUNGEN
KONKORDANZ

EDITION DER MELODIEN
VON
HORST BRUNNER

1975
WISSENSCHAFTLICHE BUCHGESELLSCHAFT
DARMSTADT

Bestellnummer: 3592

Satz: Druckhaus Darmstadt GmbH, Darmstadt
Druck und Einband: Wissenschaftliche Buchgesellschaft, Darmstadt
Printed in Germany
Schrift: Linotype Garamond, 9/11

ISBN 3-534-03592-5

FÜR ERNA, MEINE FRAU,
DIE GESTALTERIN
DER ATMOSPHÄRE DES SCHAFFENS

INHALT

Einführung

Die Lieder

Die Kunstform

Worterklärungen – Bibliographie – Konkordanz

Anhang: 21 Notenbeispiele. Die Melodien wurden von Horst Brunner hergestellt, die Strukturbilder entwarf und zeichnete Gerd-Dietmar Peschel.

VORBEMERKUNG

Zweck und Einrichtung der Ausgabe

Die Ausgabe hat den Zweck, einerseits dem Fachmann einige Anregungen zu geben, anderseits vor allem demjenigen, der sich, aus welchem Grund auch immer, mit Neidhart eingehender beschäftigen will, ein erstes Kennenlernen zu ermöglichen. Dem dient die Übertragung, die den mittelhochdeutschen Text zu erschließen helfen soll. Aber sie allein genügt nicht. Sie kann nicht die weiterführenden Fragen beantworten: was will dieser schwer durchschaubare Dichter mit seinem Werk? Was hat es mit jener vielberufenen Einheit von Gedicht und Melodie bei mittelalterlicher Lyrik auf sich, gerade hier, wo nun wirklich eine Reihe von Melodien zu originalen Texten eines Dichters auf uns gekommen sind? Deshalb ist als Ergänzung zur Übertragung eine *Einführung* geboten: in die Aussage der Gedichte und ihre künstlerische Form als Lieder, d. h. als Vortragsstücke mit Singstimme und Melodie.

Die Feststellung der Aussage Lied für Lied zeigt, daß der Dichter Neidhart ganz bestimmte Themenkreise innerhalb seines Schaffens abschreitet. Rückschauend vom vorliegenden Gesamt-Opus der älteren Überlieferung her ordnen sich die Lieder als die verschiedenste Möglichkeiten durchspielenden Variationen solcher Themenkreise zusammen – zunächst ohne dabei irgendwie in eine gegenseitige Entstehungsrelation treten zu müssen. Aber die Entfaltung der Thematik enthüllt zugleich ein Durchschreiten der Lebenszeit eines Menschen und eines in ihr erlebten Wandels bis zum Abend der Existenz.

Die Verfolgung solcher Themenentfaltung zeigt gleichzeitig, wie diese für ein und dasselbe Lied von Handschrift zu Handschrift verschieden zu Tage treten kann. Gemäß dem Vorgang der Überlieferung bei Neidhart verdichten sich diese Unterschiede für die Spanne der ersten Niederschriften – in den Pergament-Sammelhandschriften des 13./14. Jh.s in zwei Stränge, den von der österreichischen Handschrift R vertretenen, und den der dem alemannisch-rheinischen Raum angehörenden Hss. A B C und den Bruchstücken G K O P. Gemäß der Dominanz von R und C unterscheide ich sie hier als R- und C-Block.

Die Quintessenz ist, daß nicht nur die Einführung in die Aussage des Dichters, sondern sowohl konsequenterweise als auch auf Grund der Überlieferungslage an sich (s. das Kapitel 'Überlieferung') auch die Darbietung der Texte selbst diesem Vorgang bestmöglicher Erschließung Rechnung zu tragen hat. Die *Anordnung der Lieder* in der Ausgabe geschieht daher – in Gegensatz zu der in den kritischen Ausgaben – nach ihrer Zugehörigkeit zum R-Block oder (nur) zum C-Block, darin aufgegliedert nach ihrer Thematik, wie sie sich in den Sommer- und Winterliedern entfaltet. Diese Reihung ist als eine neben anderen möglichen verstanden. Unberührt hiervon bleibt die Feststellung der Forschung von einer Genese der Lieder teils in Bayern, teils in Österreich; hierüber unter 'Zeitaktuelles'.

Die beiden Blöcke bieten letztlich zwei Gesichter des Dichters Neidhart dar. Das führt zur Frage der *Echtheit*: was ist Neidhart, was Pseudo-Neidhart? Diese noch keineswegs endgültig beantwortbare Frage legt es nahe, den gesamten Bestand der älteren Handschriften an 'Neidhart' – jedoch einschließlich aller 'Trutzstrophen', auch der der jüngeren Hss. – in die Ausgabe aufzunehmen und je nachdem als 'Lied' oder Liedteil am gegebenen Ort zu bringen, auch um dabei etwas von dem fluktuierenden Liedleben bis in die Handschrift hinein fassen zu können. Freilich ist dies solcherart Zusammengetragene keineswegs der gesamte Neidhart, auch nicht der gesamte 'echte', geschweige denn der gesamte, im 13. Jh. als 'Neidhart' vorgetragene Bestand. Vieles davon steckt erst in den Handschriften des 15. Jhs. Diesen dort verborgenen alten Bestand von dem später Hinzugekommenen zu scheiden, ist eine Aufgabe der Zukunft, die schließlich und hoffentlich zur Aufschlüsselung des gesamten Corpus 'Neidhart' während seines fast dreihundertjährigen Lebens und zur Gesamtausgabe wird führen können. –

Die Kennzeichnung 'N.' oder 'Ps.-N.', d. i. 'Neidhart' oder 'Pseudo-Neidhart', in Text und Wortschatz bedeutet lediglich einen Hinweis auf die bisherige Forschungsmeinung, ohne den kritischen Leser darauf festlegen zu wollen.

Das führt weiter zu der ebenso umdiskutierten Frage: Wann liegt überhaupt eine *Liedeinheit* vor? Hier wird wiederum von dem ausgegangen, was primär faßbar ist: der Einheit der metrisch-musikalischen Form, d. h. dem Ton. Seine individuelle Existenz ist nicht von ungefähr, und es ist ein legaler Ausgangspunkt, alle solchem einem Ton zugehörige Strophen zunächst als eine Einheit zu setzen; ihre eventuelle Trennung und Differenzierung ist erst ein zweiter, interpretatorischer Vorgang. Deshalb umfaßt die Benennung 'Lied' in dieser Ausgabe alle zu demselben Ton gehörigen Strophen. Die Analyse versucht sie dementsprechend als einen Komplex zusammengehöriger Aussage zu begreifen. Das Weitere sei Sache des interessierten Lesers.

Problematik enthält weiter die *Reihung der Strophen* innerhalb eines Liedes. Wegen ihrer Wichtigkeit für die Aussage, zunächst der Fassung, ist möglichst enger Anschluß an die Überlieferung gewahrt. Hieraus ergibt sich gelegentlich Abweichung in der Strophenreihung gegenüber den kritischen Ausgaben zugunsten der Handschrift R (das ist im Textabdruck gegebenen Orts vermerkt). Nur wo eine m. E. wirklich eindeutige Störung der Reihung bei R vorliegt, ist sie entsprechend geändert. (Das gilt für die Lieder 10. 17. 20. 24. 25. 31. 39. 41. 42. 43. 46, II. 49.)

Was sonst die *Wiedergabe* des mittelhochdeutschen *Textes* betrifft, so muß dieser, zugleich den Intentionen der Wissenschaftlichen Buchgesellschaft folgend, in der Gestalt geboten werden, wie er als kritische Ausgabe von Haupt, Wießner und Fischer letzthändig erarbeitet worden ist, mit all seiner Wahrscheinlichkeit und Fragwürdigkeit oft Zeile für Zeile. Um diesen letzten Stand zu erreichen, habe ich die Konjektur-Vorschläge Wießners in den Anmerkungen und in seinem Kommentar zu den 'Pseudo-Neidharten', die bei Haupt S. XIV ff. publiziert sind, in deren Abdruck in dieser Ausgabe eingearbeitet, unter Kennzeichnung der Fassung Haupts. Darüber hinaus einzelne Verbesserungen oder Rückgriffe auf frühere Rezensionen und Vorschläge anzubringen, bliebe gegenüber der Fülle des handschriftlichen Materials nur wenig ergiebiges Stückwerk. (Sie wurden nur ein paarmal aus Anlaß jüngster Forschungsansichten angebracht.) Eine echte Neubearbeitung ist ebenfalls Aufgabe der Zukunft; sie erfordert ein Neuverständnis des Verhältnisses zwischen mündlicher Vortragsüberlieferung und jeweiliger handschriftlicher Fixierung. Eine Arbeit, die letztlich nur ein Forschergremium unter Einsatz aller technischen Möglichkeiten wird schaffen können. – Die Interpunktion wird entsprechend der syntaktischen Fugung gesetzt; Redezuweisungen von Text an Personen des Liedes (namentlich im Eingang) geschehen nur bei Eindeutigkeit der Aussage (s. S. 547 u. 562).

Dem mittelhochdeutschen Text ist die *Übertragung* parallel gegenübergestellt. Ich beabsichtige hier nicht, in das Lamento über Schwierigkeit oder Unmöglichkeit einer Übersetzung ins Neuhochdeutsche einzustimmen. Die Sprache der jeweiligen Gegenwart ist dazu da und geeignet, eine Hilfe für das Verstehen fremd- oder altsprachiger Literatur zu sein, die ohne eine solche allzuoft nur dem erfahrenen Fachkenner zugänglich bliebe. Das gilt gerade für Neidhart.

Die hier vorgelegte Übersetzung ist ein Experiment und eine Herausforderung, gerade dort, wo in der Beschränktheit ihrer Aussage die oft schillernde Mehrdeutigkeit Neidharts nicht wiedergegeben ist. Hier möge sie zu eigenem Weiterversuchen locken. Experiment im besonderen ist sie insofern, als sie – als reimlose Prosawiedergabe – für die 'echten' Texte die metrische Gestalt des Originals nachzuzeichnen versucht. Gerade die Kunstfertigkeit und die Schwierigkeit des Neidhartschen Strophenbaus drängt zu einer solchen Erhellung. Der (alternierende) Wechsel von Stark- und Schwach- bzw. Nebenton im Neuhochdeutschen gibt die Hebungen der mhd. Verszeile wieder. Zweisilbiger Zeilenschluß (z. B. L 1, II, 8 nhd. *behaben* = mhd. *gevallen*) entspricht mhd. weiblich vollem oder klingendem Ausgang; einsilbiger vertritt männlich voll oder stumpf, je nach der, oft Ermessenssache bleibenden metrischen Deutung. Der mhd. zweisilbig-männliche Ausgang (d. h. kurze Stammsilbe mit Nebensilbe: L 1, I, 1 *willekomen*) wird als einsilbiger wiedergegeben *(hochbegrüßt)*, da er sonst infolge der nhd. Längung mit dem weiblichen zusammenfiele. Gelegentlich wird von den mhd. Füllungsfreiheiten Gebrauch gemacht (ohne Bezug auf die Stelle), indem mhd. zweisilbige Senkung (sog. Spaltung) eingestreut (z. B. *séhnende* 1, I, 4; *wíeder mit* 4, I, 5; *vornéhme Geséllschaft* 31, IV, 3 u. a.) oder indem Hebungsprall erzeugt wird (*Hánfschwínge* 38, III, 5; *Hélm, féhlt* 24, IV, 6; *die víer drängen* 83, II, 6), entsprechend mittelhochdeutschem Gebrauch, der auch bei Neidhart gelegentlich angenommen wird (z. B. *gólt grúonet* 11, I, 1; *vírtégelîch* 34, V, 7; *wérltvréude* 84, VI, 1). Auftakt ist freibleibend ohne Bindung an den Text.

Solche metrische Nachzeichnung findet nur für die 'echten' Neidharte (auch des C-Blockes) statt. Die von der Forschung als 'unecht' gewerteten Lieder oder Strophen sind in voller Prosa übertragen – also ohne Beachtung von Hebungszahl und Kadenzen. Dieser Wechsel ist ebenfalls ein Experimentieren, welche der Möglichkeiten, Lyrik zu übertragen, sie am eindrücklichsten wiederzugeben vermag. Freilich ergibt dieser Wechsel ein unruhiges Bild, macht aber auch auf jene Scheidung in 'Neidhart' und 'Pseudo-Neidhart' aufmerksam.

Die *Druckanordnung* der mhd. wie nhd. *Zeilen* innerhalb der Strophen soll deren Bau verdeutlichen, inwieweit Drei- oder etwaige Zweiteiligkeit und weitere Gliederung vorliegt. Hiezu ist das Kapitel 'Aufbau von Strophe und Melodie' beizuziehen. Die sonstige Druckanordnung des mhd. Textes ist wohl einsichtig, auch hinsichtlich der Verweise auf die Ausgaben Haupts und Wießner-Fischers (s. hiezu die Konkordanz). Hingewiesen sei nur, daß Abweichungen von der Strophenfolge in den Handschriften oder zwischen R und Handschriften des C-Blockes (die im C-Block besprochen werden) der leichteren Erkennbarkeit wegen neben der römischen Strophennummer eigens gekennzeichnet sind (z. B. bei L 49, III: R VII bedeutet 7. Str. nach Hs.R; c III die 3. Str. nach Hs.c, usw.).

Ein großer Gewinn für die Erkenntnis der Kunstform Neidharts ist die Überlieferung von *Melodien* zu Texten des Dichters und seiner Nachahmer; 21 Melodien gehören zu den hier veröffentlichten 90 Liedern. Wie die Textstrophen werden die Melodien nach ihrer Struktur dargestellt, d. h. nach ihrer Bauform (linke Formel), die sich aus dem Zusammentreten von Textform (rechte Formel, z. B. der dreiteiligen Kanzone wie M 4) und der Reihung der Melodiezeilen (α, β, γ usw.) ergibt. Die Großbuchstaben der Bauform bezeichnen die Bauglieder, z. B. A B C in M 1; strukturbestimmende Wiederholungen aus einem Bauglied in einem anderen sind durch Hochstellungen angedeutet (z. B. B^{A} in M 2). Die Großbuchstaben A und B in der Textformel bedeuten Auf- und Abgesang der Kanzone, I. und II. die Stollen, die weiteren römischen Zahlen die Untergliederung des Abgesangs. Ohne A und B besagen I und II eine (mögliche) Zweigliedrigkeit der Strophe; das ist allein in M 2 der Fall.

Die Darstellung der Melodien ist in weitgehendem Zusammenwirken mit meinen Mitarbeitern am Deutschen Seminar der Universität Erlangen-Nürnberg entstanden: Dr. Horst Brunner und Gerd-Dietmar Peschel. Horst Brunner gehören die Herstellung der Melodien, der kritische Bericht hiezu und zum Stand der Forschung sowie die musikhistorische Bibliographie; Gerd-Dietmar Peschel hat die Strukturbilder entworfen und gezeichnet. Beiden Helfern gilt mein herzlicher Dank für ihre unermüdliche Bereitschaft, darüber hinaus für manche lehrreiche und fördernde Diskussion.

Dem Brauch der Buchgesellschaft folgend sind *Worterklärungen* beigegeben, bei Neidhart unerläßlich, und auf die Eigenheiten seines Wortgutes abgestimmt. Neben einer zum Teil eigenen Färbung hochhöfisch gebräuchlicher Wörter besitzt Neidhart eine Fülle anderer, die (nach bisherigem Nachweis – hiezu die Siglen M. und R.) erstmals oder ausschließlich bei Neidhart und Nachahmern auftreten. (Zum Sachbereich s. u. S. 543). Es ist Wortgut, das zum größten Teil aus der nicht oder noch nicht literarisch gewordenen Umgangssprache, meist des oberdeutschen Raumes stammt (und oft in neuzeitlichen Mundarten des Baierischen und Alemannischen fortlebt), daneben auch Sprachschöpfung Neidharts selbst sein kann. Es ist von dem Ziel einer bestmöglichen Erschließung Neidharts her zweckmäßig, dieses neue Wortgut im Umfang des Nachgewiesenen zu verzeichnen, auch wenn im Einzelfall keine Verständnisschwierigkeit besteht. Hiebei ist die Gelegenheit gegeben, beispielhaft auf Unvermeidbarkeit und zugleich Problematik von Textkonjekturen aufmerksam zu werden, gerade dann, wenn ein als solches postuliertes Neuwort lediglich als Konjektur zur Stelle 'existiert'.

Die Ausgabe und die sie begleitenden Erläuterungen bemühen sich im Ganzen, möglichst über sich hinauszuweisen und zu weitergreifender Beschäftigung mit Neidhart anzuregen – anhand der zahlreichen Fragen, die eine fast schon nicht mehr überschaubare Forschung aufgeworfen, weitergeführt, zurückgestellt, wieder oder neu in die Diskussion geworfen hat. Die *Literatur* ist (in reicher Auswahl) in der Ausgabe von Wießner-Fischer verzeichnet, kritisch referierend und weiterweisend mit 431 Nummern (bis Januar 1967) von Eckehard Simon dargestellt worden. Diese gründliche Erfassung erlaubt für die vorliegende Ausgabe eine Beschränkung auf eine bibliographische Ergänzung des eigens zu Erwähnenden oder inzwischen neu Hinzugekommenen.

Eine Auseinandersetzung mit bisheriger wissenschaftlicher Diskussion ist im Rahmen dieser (in ihrem Umfang und ihrer Aufgabenstellung notwendigerweise begrenzten) Publikation nicht möglich. Sie hat de facto stattgefunden; die Fachkollegen, darunter die betroffenen, insbesondere Ulrich Gaier und Karl Bertau – dessen Literaturgeschichte ist jedoch erst nach Abschluß des Manuskripts erschienen –, werden die stillschweigende Zustimmung oder Abweichung von Fall zu Fall erkennen können. –

Der Titel 'Die Lieder Neidharts' besagt, daß als Verfasser in und außerhalb der Gedichte nur *her Nîthart* genannt wird. Eine Präjudizierung, ob der Dichter zu recht als *von Riuwental* anzusprechen sei, ist darin nicht enthalten.

TEXT UND ÜBERTRAGUNG

LIEDER DES R-BLOCKES

Sommerlieder

MÄDCHEN UND RITTER

L 1

W-F: SL
Nr. 13
H: 14,4

I   R 49   c 62,1

Willekomen
sî des meien schoene!
ich hân vernomen,
manegem senedem herzen trûren ist benomen.
5 sorge lât,
junge mägde, deist mîn rât!
uns nâhet
ein sumer, den enphâhet!

II   R 14,1   c 62,2

Ine vernam
nie der vogele singen
sô lobesam.
wol dir, sumerwünne! ich bin dem winder gram.
5 sîn getwanc
wendet mangen süezen sanc
uns allen.
wem sol daz wol gevallen?

III   R 14,2   c 62,4

H: 14,20

Schône gevar
lît der . . anger
(des nam ich war)
von den rôsen, die der meie sande dar.

MÄDCHEN UND RITTER

L 1

I

Hoch begrüßt
sei des Maien Schönheit!
Ich hab' gehört,
für viele sehnende Herzen ist das Leid vorbei.
5 Laßt die Sorge,
junge Mädchen, rate ich.
Ein Sommer
kommt für uns, empfangt ihn!

II

Ich hörte nicht
je der Vögel Singen
so lobenswert.
Wohl dir, Sommerfreude! Ich bin dem Winter gram.
5 Dessen Druck
beendet jeden süßen Sang
uns allen.
Wem will das behagen?

III

In Farben schön
liegt vor uns die Wiese
(das nahm ich wahr)
von den Rosen, die der Mai hat her gesandt.

5 des ist zît,
daz diu nahtigal ir strît
behalte.
zergangen ist diu kalte.

IV R 14,3 c 62,5

Hôchgemuot
solten sîn die jungen;
daz waere guot.
„owê“, sprach ein geiliu magt, „ich bin behuot.
5 ine getar
vrô gesîn niht offenbâr.
got wolde,
daz niemen hüeten solde!“

W-F: VII V c VII R 14,4 c 62,8

Sunder sal
sint der meide kleider,
ir zöphe val.
solte ich wünschen, sî mües in dem Riuwental
H: 15,1 5 vrouwe sîn,
so ist diu meisterinne mîn
des muotes,
si spilten selten guotes.

W-F: V VI c V R 14,5 c 62,6

Lieben wân
hât mîn lîp nâch liebe,
deist wol getân.
liep vor allem liebe ich mir ze liebe hân
5 liebe erkorn.
liep ze liebe hât gesworn
mit eiden.
diu liebe ist ungescheiden.

5 Es ist Zeit,
daß die Nachtigall den Sieg
behalte.
Geschwunden ist die Kälte.

IV

Hochgestimmt
zu sein wär' Art der Jungen;
das wäre gut.
„Ach", sprach ein lebenslustig Ding, „ich bin bewacht.
5 Ich wage nicht,
offenkundig froh zu sein.
Gott gäbe,
daß kein Aufpasser wäre!"

V

Blitzeblank
sind des Mädchens Kleider,
die Zöpfe blond.
Wünschte ich jedoch, daß sie im Reuental
5 Herrin sei,
ist meine Schafferin so gesinnt,
daß beide
sich selten wohl vertrügen.

VI

Lieben Wahn
hab' ich doch auf Liebes,
das ist recht.
Liebes, mehr als alles andre Liebe lieb,
5 hab' ich erwählt.
Liebes hat dem Lieben Eid
geschworen.
dies Liebe ist untrennbar.

W-F: VI

VII c VI R 14,6 c 62,7

Vriundes rât
gît der vriunt dem vriunde,
der triuwe hât.
vriundes vremden daz tuot wê, swenn ez ergât.
5 mirst geseit,
vriunt, der vriundes herze treit,
der machet,
daz vriundes herze erlachet.

L 2

W-F: SL
Nr. 24
H: 28,1

I C VII R 57,1 C 179 c 24,1

Der walt
aber mit maneger kleinen, süezen stimme erhillet.
diu vogelîn sint ir sanges ungestillet;
diu habent ir trûren ûf gegeben.
5 mit vreuden leben
den meien!
ir mägde, ir sult iuch zweien.

II C IX R 57,2 C 181 c 24,4

Sô hebet
sich aber an der strâze vreude von den kinden.
wir suln den sumer kiesen bî der linden.
diu ist niuwes loubes rîch,
5 gar wünneclîch
ir tolden.
ir habt den meien holden!

III C I R 57,3 C 173 c 24,5

H: 28,15

Daz tou
an der wise den bluomen in ir ougen vellet.
ir stolze mägde, belîbt niht ungesellet,
zieret wol den iuwern lîp!

VII

Freundes Rat
gibt der Freund dem Freunde,
der's ehrlich meint.
Des Freundes Fernsein, das tut weh, wenn es geschieht.
5 Mir ist gesagt,
ein Freund, der Freundesherz besitzt,
gibt Freude
dem Herzen auch des Freundes.

L 2

I

Der Wald
wieder tönt von vielen zarten, süßen Stimmen.
die Vöglein hören nicht mehr auf zu singen;
ihr Trauern, das ist nun dahin.
5 Laßt froh den Mai
uns leben!
Geht mit den Burschen, Mädchen!

II

Es kommt
wieder an der Straße Freude von den Mädchen.
An der Linde spüren wir den Sommer.
Die ist reich an neuem Laub,
5 wunderbar
ihr Wipfel.
Seid dem Mai gewogen!

III

Der Tau
fällt den Blumen auf der Wiese in die Augen.
Ihr frischen Mädchen, bleibt nicht ohne Freunde,
macht euch alle richtig schön!

5 ir jungiu wîp
sult reien
gein disem süezen meien!

IIIa C II C 174

IV C III R 57,4 C 175 c 24,6

„Wie holt
im daz herze mîn vor allen mannen waere“,
sprach Uodelhilt, ein magt unwandelbaere,
„der mir lôste mîniu bant!
5 an sîner hant
ich sprunge,
daz im sîn helze erklunge.

V C VI R 57,5 C 178 c 24,7

H: 28,29

Mîn hâr
an dem reien solt mit sîden sîn bewunden
durch sînen willen, der mîn zallen stunden
wünschet hin ze Riuwental.
5 des winders zâl
hât ende.
ich minne in, deist unwende.“

W-F: angezweifelt
H: 130

VI C IV R 57,6 C 176 c 24,2

Die boume
in der werlde stânt mit wünneclîcher blüete.
des wirt vil senden herzen ir gemüete
gehoehet gein des meien zît.
5 der anger lît
bevangen.
mîn trûren deist zergangen.

VIa C V C 177

5 Ihr jungen Frau'n,
nun tanzt
für süßen Maies Dauer!

IIIa

IV

„Wie gut
ihm mein Herz an aller Männer Stelle wäre",
sprach Udelhilt, ein Mädchen ohne Tadel,
„der mich von Fesseln machte frei!
5 An seiner Hand
ich tanzte,
daß ihm sein Schwertgriff klänge.

V

Mein Haar
sollte bei dem Tanz mit Seide sein umwunden
für ihn, der Tag und Nacht sich wünscht, ich wäre
bei ihm dort zu Reuental.
5 Des Winters Not
hat Ende.
Ich liebe ihn für ewig."

VI

Die Bäume
in der Welt, sie steh'n in freudenvoller Blüte.
Dadurch wird vielen sehnsuchtsvollen Herzen
der Sinn beschwingt zur Zeit des Mais.
5 Der Anger ist
umackert.
Mein Trübsinn ist vergangen.

VIa

W-F: angezweifelt

VII C VIII R 57,7 C 180 c 24,3

Wie schône
ez gegen dem âbent und des meien morgen nâhent,
wie sumerlîchen sî die zît enphâhent!
si singent wol ir süezen sanc.
5 der winder twanc
die heide.
nu gruonet si im ze leide.

H: 130
W-F: unecht

IIIa C II C 174

„Wart ûz,
waz nu hiuzer megede hubbet ûf dem anger!"
sprach Jiutelîn, ein maget. „ich bîte niht langer.
nû wol har an mîne hant!
5 der winter bant
die heide.
nu gruonet si im ze leide."

H: 130
W-F: unecht

VIa C V C 177

„Ich sorge",
sprach ein stolziu maget, „als ich iuch bescheide.
jâ fürhte ich, daz mîn muoter mîniu kleide
beslieze gegen den liehten tagen.
5 daz muoz ich klagen.
ir huote
diunkumt ir niht ze guote."

L 3

W-F: SL Nr. 22
H: 25,14

I R 52,1 c 25,2

Der linden welnt ir tolden
von niuwem loube rîchen.
dar unter lâzent nahtigal dar strîchen.

VII

Wie lieblich
der Abend dämmert und im Mai der Morgen anbricht,
wie sommerhaft die Vögel den Lenz begrüßen!
Schön singen sie ihr süßes Lied.
5 Der Winter zwang
die Heide.
Nun grünt sie ihm zum Ärger.

IIIa

„Gib acht,
was jetzt muntere Mädchen auf dem Anger hüpfen!“,
sagte das Mädchen Jeutel, „Ich warte nun nicht länger.
Komm an meine Hand!
5 Der Winter hatte die Heide
in Fesseln gelegt.
Jetzt grünt sie ihm zum Ärger.“

VIa

„Ich mache mir Sorgen“,
sprach ein hübsches Ding, „wie ich euch jetzt sage.
Ja, ich befürchte, daß mir meine Mutter die Kleider
über die Sommerzeit wegschließt.
5 Darüber muß ich meinem Ärger Luft machen.
Ihre Bewachung
bringt ihr nichts Gutes ein.“

L 3

I

Sich will der Linde Wipfel
mit neuem Laub bereichern.
Die Nachtigallen heben an zu singen.

si singent wol ze prîse
5 vremde süeze wîse,
doene vil.

si vreunt sich gein dem meien.
sîn kunft diu ist ir herzen spil.

II R 52,2 c 25,5

Si sprechent, daz der winder
hiuwer sî gelenget.
nu ist diu wise mit bluomen wol gemenget,

mit liehter ougenweide
5 rôsen ûf der heide
durch ir glanz.

der sante ich Vriderûnen
einen ⟨wolgetânen⟩ kranz.

III R 52,3 c 25,3

H: 25,30 Die vogele in dem walde
singent wünneclîchen.
stolze mägde, ir sult ein niuwez tîchen.

vreut iuch lieber maere!
5 maneges herzen swaere
wil zergân.

tuot, als ich iuch lêre,
strîchet iuwer kleider an!

IV R 52,4 c 25,4

H: 25,38 Ir brîset iuch zen lanken,
stroufet ab die rîsen!
wir sulnz ûf dem anger wol wikîsen.

Sie lassen herrlich hören
5 fremde, süße Weisen,
Töne viel.

Sie freu'n sich auf den Maien,
Sein Kommen ist ihr's Herzens Lust.

II

Man sagt, daß der Winter
heuer lange währe.
Jetzt ist die Wiese schön durchmengt mit Blumen,

zu lichter Augenfreude
5 Rosen auf der Heide
mit ihrem Glanz.

Friederun ich sandte
davon einen schönen Kranz.

III

Die Vögel in dem Walde
singen freudebringend.
Junge Mädchen, probt nun neue Lieder!

Freut euch der lieben Kunde!
5 Die Schwernis aller Herzen
wird zergeh'n.

Tut, wie ich euch lehre,
legt eure Festtagskleider an!

IV

Schnürt euch an den Hüften,
ab streift euch die Schleier!
Auf dem Anger soll'n den Tanz wir springen.

Vriderûn als ein tocke
5 spranc in ir reidem rocke
bî der schar.

des nam anderthalben
Engelmâr vil tougen war.

V R 52,5 c 25,8

H: 26,7 Dô sich aller liebes
gelîch begunde zweien,
dô sold ich gesungen haben den reien,

wan daz ich der stunde
5 niht bescheiden kunde
gegen der zît,

sô diu sumerwünne
manegem herzen vreude gît.

VI R 52,6 C^b 2,2 c 25,9

H: 26,15 Nu heizent sî mich singen;
ich muoz ein hûs besorgen,
daz mich sanges wendet manegen morgen.

wie sol ich gebâren?
5 mirst an Engelmâren
ungemach,

daz er Vriderûnen
ir spiegel von der sîten brach.

H: S 124
W-F:
angezweifelt

VII R 52,7 C^b 2,1 c 25,10

Sîner basen bruoder
hiet sis wol erlâzen.
er kan sich deheiner dinge mâzen;

Da sprang wie ein Püppchen
5 Fried'run im Faltenrocke
in der Schar.

Auf der andern Seite
gab heimlich Engelmar drauf acht.

V

Als sie sich dann alle
nach ihrer Neigung paarten,
da hätte ich das Tanzlied singen sollen,

nur daß ich den Einsatz
5 zu geben nicht vermochte,
und das zur Zeit,

wo die Sommerwonne
allen Herzen Freude gibt.

VI

Sie fordern von mir Lieder;
ich muß ein Gut verwalten,
das hindert mich am Singen manchen Morgen.

Was soll ich nur beginnen?
5 Für mich ist es empörend
an Engelmar,

daß er Friederunen
den Spiegel von der Seite riß.

VII

Sein Vater hätte sicher
sie verschont gelassen.
Er selbst versteht in nichts ein Maß zu halten.

er ist ein toerscher Beier.
5 er und der junge meier
tuont ir leit.

noch hât sî den vriunt,
der imz die lenge niht vertreit.

W-F: angezweifelt

VIII R 52,8 c 25,6

Dar umbe wil si aber
ein Engelmâr vertrîben.
er ist ein gemzinc under jungen wîben.

er ist ein ridewanzel,
5 in dem geu vortanzel.
sîn gewalt

der ist an dem reien
under den kinden manicvalt.

VIIIa Cᵇ 2,3 c 25,7

W-F: angezweifelt

IX R 52,9 c 25,11

Der het ir genomen
in schimphe ein tockenwiegel.
daz hiet wir verklagt, niewan den spiegel

(der was von helfenbeine,
5 waehe, ergraben kleine),
den sîn hant

ir nam gewalticlîche;
dâ von al mîn vreude swant.

Er ist ein Baiern-Rammel.
5 Er und der junge Meier
tun Leid ihr an.

Noch hat sie den Freund,
der's ihm nicht ewig hingeh'n läßt.

VIII

Deshalb will sie erneut
der Engelmar vertreiben.
Er ist ein Gemsbock unter jungen Weibern,

ein Ridewanzen-Tänzer,
5 im ganzen Gau Tanzführer.
Seine Macht

ist beim Reigentanzen
unter den Mädchen riesengroß.

VIIIa

IX

Er hat ihr im Scherz
ein Puppenwiegerl genommen.
Das hätten wir verschmerzt, doch nicht den Spiegel

(der war elfenbeinern,
5 kunstvoll, fein geschnitten),
den seine Hand

gewaltsam ihr entrissen.
Deshalb ist mir die Freude fort.

H: S 125
W-F:
angezweifelt

X R 52,10 c 25,12

Ir sult mirz wol gelouben,
ich sag iz niht gerne:
diu spiegelsnuor diu kom her von Iberne.

ez was ein waeher borte.
5 niden an dem orte
stuonden tier

geworht von rôtem golde.
nie geschach sô leide mir.

H: S 124
W-F:
unecht

VIIIa C^b 2,3 c 25,7

Daz ist Friderûne
ein lange werndiu swaere
von Engelmâre dem toerschen tanzprüevaere,

daz er ir torste lâgen.
5 daz klagtes al ir mâgen.
umbe den schal

solt dû dich nu hüeten,
Friderûn, fliuch gein Riuwental!

X

Ihr könnt es mir gut glauben,
ich sag' es notgedrungen:
die Spiegelschnur, die stammte her von Spanien.

Es war kunstvolle Borte.
5 Unten an dem Ende
befanden sich

aus rotem Golde Tiere.
So mitgespielt hat man mir nie.

VIIIa

Das bedeutet für Friederun
eine dauernde Beleidigung
durch Engelmar, diesen dreisten Tanzleiter,

daß er es gewagt hat, ihr nachzustellen.
5 Ihrer ganzen Verwandtschaft hat sie das geklagt.
Wegen des Geredes

nimm dich nun in acht,
Friederun, flüchte dich nach Reuental!

GESPIELINNEN

L 4

W-F: SL
Nr. 10
H: 10,22

I — R 11,1 c 75,1

Diu zît ist hie.
ine gesachs vor mangem jâre schoener nie.
ende hât der winder kalt.
des vreut sich manc herze, daz sîn sêre enkalt.
5 aber geloubet stât der walt.

II — R 11,2 c 75,2

Dez meien zil
bringet vogele sanc und schoener bluomen vil.
wartet, wie diu heide stât
schône in liehter varwe und wünneclîcher wât!
5 leides sî vergezzen hât.

III — R 11,3 c 75,3

„Wol dan mit mir
zuo der linden, trûtgespil! dâ vinde wir
alles, des dîn herze gert.
jâ weist dû vil wol, war ich dich sande vert.
5 disiu reise ist goldes wert."

IV — R 11,4 c 75,4

„Nu balde hin
nâch der waete, sît ichs in dem willen bin,
daz ich leiste mîne vart.
H: 11,1 nûne sage ez niemen, liebiu Iremgart:
5 wol mich sîner künfte wart!"

GESPIELINNEN

L 4

I

Frühling ist's!
   Schöner hab' ich ihn seit Jahren nicht erlebt.
Der kalte Winter ist zu End.
   Nun freut sich jedes, das gelitten unter ihm.
5 Wieder mit Laube steht der Wald.

II

Die Zeit des Mais
   bringt alle Blumenfülle und der Vögel Sang.
Seht doch, wie die Heide schön
   in hellem Glanz und wonniglich gekleidet steht!
5 Vergessen hat sie alles Leid.

III

„Wohlan, mit mir
   nun zur Linde, Freundin, denn dort finden wir
alles, was dein Herz begehrt!
   Du weißt ja, wohin ich dich vor'ges Jahr geschickt.
5 Solcher Weg ist Goldes wert."

IV

„Gleich will ich
   nach dem Kleide gehn, weil ich entschlossen bin,
ich unternehme meine Fahrt.
   Nun verrat' es niemand, liebe Irmengard:
5 ich wurde seines Kommens froh!"

V R 11,5 c 75,5

Sâ dô zehant
brâhte man der mägde ir sûberlîch gewant.
schiere het siz an geleit.
„zuo der grüenen linden mich mîn wille treit.
5 ende habent mîniu leit.“

L 5

Mel. 1

W-F: SL
Nr. 14
H: 15,21

I R 15,1 C 146 c 21,1 f 16,1

Ine gesach die heide
nie baz gestalt,

in liehter ougenweide
den grüenen walt.

5 bî den beiden kiese wir den meien.
ir mägde, ir sult iuch zweien,
gein dirre liehten sumerzît
in hôhem muote reien.

II R 15,2 C 147 c 21,2 f 16,2

Lop von mangen zungen
der meie hât.

die bluomen sint entsprungen
an manger stat,

5 dâ man ê deheine kunde vinden.
geloubet stât diu linde.
dâ hebt sich, als ich hân vernomen,
ein tanz von höfschen kinden.

III R 15,3 C 148 c 21,3 f 16,3

Die sint sorgen âne
und vröuden rîch.

V

Und sofort
brachte man dem Mädchen festlich-reines Kleid.
Rasch hat sie es angelegt.
„Zu der grünen Linde treibt mein Wille mich.
5 Ende hat nun all die Qual.“

L 5

I

Noch nie hab’ ich die Heide
so schön erblickt,

zu heller Augenfreude
den grünen Wald.

5 An den beiden spüren wir den Maien.
Geht mit den Burschen, Mädchen!
Zu dieser hellen Sommerzeit
tanzt frohbeschwingt den Reihen!

II

Lob von vielen Zungen
der Mai besitzt.

Die Blumen sind entsprossen
an jedem Ort,

5 wo man vorher keine finden konnte.
Belaubt ist nun die Linde.
Dort beginnt, wie ich gehört,
ein Tanz von jungen Damen.

III

Die sind frei von Sorge
und frohen Sinns.

ir mägede wolgetâne
H: 16,1 und minneclîch,

5 zieret iuch, daz iu die Beier danken,
die Swâbe und die Vranken!
ir brîset iuwer hemde wîz
mit sîden wol zen lanken!

IV R 15,4 C 149 c 21,4 f 16,4

„Gein wem solt ich mich zâfen?"
sô redete ein maget.

„die tumben sint entslâfen;
ich bin verzaget.

5 vreude und êre ist al der werlde unmaere.
die man sint wandelbaere.
deheiner wirbet umbe ein wîp,
der er getiuwert waere."

V R 15,5 C 150 c 21,5 f 16,5

„Die rede soltû behalten",
sprach ir gespil.

„mit vröuden sul wir alten.
der manne ist vil,

5 die noch gerne dienent guoten wîben.
lât solhe rede belîben!
H: 16,20 ez wirbet einer umbe mich,
der trûren kan vertrîben."

VI R 15,6 c 21,6 f 16,6

„Den soltû mir zeigen,
wier mir behage.

Ihr Mädchen, wohlgestaltet
  und liebenswert,

5 schmückt nun euch, daß euch die Baiern loben,
  die Schwaben und die Franken!
  Eure weißen Hemden schnürt
    mit Seide an den Hüften!

IV

„Für wen sollt' ich mich schmücken?",
  ein Mädchen sprach,

„Schlafmützig sind die Burschen,
  bin ganz verzagt.

5 Freud' und Ehre sind der Welt gleichgültig.
  Die Männer sind Flanierer.
  Keiner müht sich um ein Weib,
    das seinen Wert erhöhte."

V

„Hör' auf mit solchen Reden",
  sprach ihr Gespiel.

„Uns bleibt noch Freud' ins Alter,
  Und Männer gibts,

5 die gern noch edlen Frauen Dienste weihen.
  Laß solche Rede bleiben!
  Einer wirbt um meine Gunst,
    der Trübsinn weiß zu bannen."

VI

„Den mußt du mir zeigen,
  ob ich ihn möchte,

der gürtel sî dîn eigen,
den umbe ich trage!

5 sage mir sînen namen, der dich minne
sô tougenlîcher sinne!
mir ist getroumet hînt von dir,
dîn muot der stê von hinne.“

VII R 15,7 c 21,7 f 16,7

„Den si alle nennent
von Riuwental

und sînen sanc erkennent
wol über al,

5 derst mir holt. mit guote ich im des lône.
H: 16,35 durch sînen willen schône
sô wil ich brîsen mînen lîp.
wol dan, man liutet nône!“

L 6

W-F: SL
Nr. 20
H: 22,38

I R 48,1 A Gedrut 13 c 50,1

Ich gesach den walt und al die heide
nie vor manegen zîten in sô liehter ougenweide.
H: 23,1 die hât der meie vür gesant,
daz si künden in diu lant
5 sîne kunft den vruoten
und al den hôchgemuoten.

II R 48,2 c 50,2

Allez, daz diu werlt nu hât beslozzen,
vreut sich sîner künfte wol; der habe wir ê genozzen.
nu sî uns allen willekomen!

Den Gürtel sollst du haben,
den ich hier trage.

5 Nenn' mir ihn, der dich mit seiner Liebe
beglückt so im Geheimen!
Mir hats heut Nacht von dir geträumt,
dein Sinn zög' dich von hinnen."

VII

„Den sie alle heißen
von Reuental,

und seine Lieder kennen
ringsum im Land,

5 der ist mir hold. Mit Gutem ichs ihm lohne.
Für ihn, um seinetwegen
will ich auch zierlich schnüren mich.
Komm, komm, schon läutets Mittag!"

L 6

I

Erblickt hab' ich den Wald und all die Heide
nie seit langen Zeiten in so heller Augenwonne.
Die hat der Mai vorausgeschickt,
daß seine Ankunft rings im Land
5 sie kundtun allen Frohen
und allen Hochgestimmten.

II

Alles was die Welt nun hat umschlossen,
freut sich seines Kommens, das wir stets genossen haben.
Sei allen uns willkommen nun!

manegem herzen ist benomen
5 leit und ungemüete.
er kumt mit maneger blüete.

III R 48,3 A Gedrut 14 c 50,3

Swer nu sîne brieve hoeren welle
und sîn lop mit willen helfe in diu lant erschellen,
der lose der lieben nahtigal,
wan ir stimme nie erhal
5 alsô suoze mêre!
der meie habe des êre!

IV R 48,4 A Gedrut 15 c 50,4

Sprach ein maget: „die wil ich gerne hoeren,
im ze lobe den mînen lîp mit manegem sprunge
H: 23,20 ich hân erwelt mir einen sprunc, [enboeren.
swer den kan, derst lange junc.
5 so ich den hôhe springe,
sô vreut sich mîn gedinge.“

V R 48,5 A Gedrut 16 c 50,5

Ir gespil si vrâgen dô begunde,
daz si ir seite, wer sô guote sprünge lêren kunde.
„ich kande in gerne, und mähte ez sîn.“
„triuwen“, sprach daz magedîn,
5 „erst sîn unvermeldet,
ir lobet in oder ir scheldet.“

Viele Herzen sind befreit
5 von Leid und Kümmernissen.
Er kommt mit reicher Blüte.

III

Wer nun seine Botschaft hören möchte,
und helfen will, daß rings im Land sein Lob sich laut
der lausche der lieben Nachtigall, [verbreite,
denn ihre Stimme nie erklang
5 jemals mehr so süße!
Der Mai hab' dafür Ehre!

IV

Ein Mädchen sprach: „Die will ich gerne hören,
ihm zu Preis im Tanz gar manchen hohen Sprung voll-
Gewählt hab' ich mir einen Tanz, [führen.
wer den beherrscht, bleibt lange jung.
5 Wenn ich den hochauf springe,
ist mein Erwarten freudvoll."

V

Die Freundin stellte ihr darauf die Frage,
ob sie verriete, wer so gute Tänze lehren könne.
„Wär's möglich, kennte ich ihn gern."
„Da sei gewiß", die Antwort war,
5 „er bleibt unverraten,
ob ihr ihn lobt, ob scheltet!"

VI R 48,6 A Gedrut 17 c 50,6

„Ich mac wol dîn ungevüege schelden.
dû muost immer wider mich sô gelfer worte
wir hieten beide baz gedagt. [enkelden.
hiute sî dir widersagt
5 dienest unde triuwe!
dîn muot ist iteniuwe.“

VII R 48,7 A Gedrut 18 c 50,7

„Sprichest dû, daz ich sî ungevüege?
ich weiz einen ritter, der mich an sîn bette trüege,
daz er mich niht enwürfe hin.
dû bist leider âne sin,
5 daz dû mich sô swachest,
H: 23,40 dir selben vîent machest.“

VIII R 48,8 c 50,8

H: 24,1 Ir gesellescheft sî sich schieden.
niemen kunde ir wehselrede volrecken an den lieden.
si wurden beide ein ander gram.
eine ich mir ze trûte nam,
5 die ich immer triute.
daz nîdent ander liute.

IX R 48,9 c 50,9

Swer mich um die wolgetânen nîde,
dem wünsch ich, daz im geschehe, daz er unsanfte
gewinne er immer herzenliep, [lîde.
daz stel im der minnediep!
5 vriunt, nu sprechen âmen,
daz wir sîn alle râmen!

VI

„Nun, das ist Grund, dich groben Klotz zu schelten!
In Zukunft wirst dein freches Reden sehr von mir noch
Geschwiegen hätten besser wir. [spüren.
Aufsag' ich jedenfalls ab heut
5 guten Will' und Freundschaft.
Dein Sinn ist ganz verändert."

VII

„Wirfst du mir vor, daß ich ein grober Klotz sei?
Ich weiß einen Ritter, der mich sanft ins Bett hintrüge
und nicht etwa würf' hinein.
Dir fehlt leider der Verstand,
5 daß du mich so herabsetzt
und selber dir zum Feind machst."

VIII

So ging denn ihre Freundschaft in die Brüche.
Niemand könnte ihr Gezänk im Liede ganz erzählen.
Sie wurden beide spinnefeind.
Die eine macht' ich mir zum Schatz
5 und will sie ewig lieben.
's gibt Leute, die das neiden.

IX

Wer um der Schönen willen mich anfeindet,
dem wünsch' ich alles Böse an den Hals: so soll's geschehen!
Gewinnt er jemals Herzenslieb,
die stehl' ein Herzensräuber ihm!
5 Laßt Amen sprechen, Freunde,
daß wir auf ihn losgehn!

L 7

W-F: SL
Nr. 25
H: 28,36

I R 58,1 c 70,2

Vreude und wünne hebt sich aber wîten.
ir gevrieschet sît künc Karels zîten
nie vogele schal,
die baz sungen über al.
H: 29,1 5 gar verborgen
sint aber alle ir sorgen.

II R 58,2 c 70,5

„Vrô sint nû diu vogelîn geschreiet.
nû belîbe ich aber ungereiet“,
sprach Wendelmuot,
„golzen, rîsen unde huot
5 hât mîn eide
verspart mir vor ze leide.“

III R 58,3 c 70,6

„Nû sage mir, waz sint die dînen schulde?“
„in weiz, Rîchilt, sam mir gotes hulde,
wes ich enkalt,
wan daz ich ein vrîheistalt
5 hân versprochen;
daz ist an mir gerochen.

IV R 58,4 c 70,7

Der kom dâ her. dô bat er mîn ze wîbe.
dô zugen si mir daz röckel ab dem lîbe.
jâ müese er mîn
weizgot gar versûmet sîn,
5 er gebûwer!
H: 29,20 mich naeme es gar untûwer.

L 7

I

Freud' und Wonne hebt sich wieder weitum.
Nie vernahmt ihr je den Sang von Vögeln
seit König Karl,
die besser sängen um und um,
5 denn verschwunden
ist wieder all ihr Kummer.

II

„Zum Singen sind die Vöglein froh gekommen.
Wieder muß ich auf den Tanz verzichten",
sprach Wendelmut,
„Schuhe, Schleier und den Hut
5 behält die Mutter
verschlossen mir zum Ärger."

III

„Nun sage, womit hast du das verschuldet?"
„Ich weiß es, Richhild, nicht, bei Gottes Gnade,
was ich verbrach;
nur daß einen Korb von mir
5 so'n Gütler kriegte;
dafür muß ich nun büßen.

IV

Der kam daher. Er hielt um meine Hand an.
Sie rissen gleich das Röckel mir vom Leibe.
Ich kümmert' mich,
Weiß Gott, einen Dreck um ihn,
5 diesen Bauern,
ließ' alle Fünfe grad sein.

V R 58,5 c 70,8

Swanne er wânte, deich dâ heime laege
  unde im sînes dingelînes phlaege,
würf ich den bal
  in des hant von Riuwental
5 an der strâze!
  der kumt mir wol ze mâze."

L 8

W-F: SL
Nr. 26
H: 29,27

I R 54,1 c 59,1

Nu ist vil gar zergangen
  der winder kalt,

mit loube wol bevangen
  der grüene walt.

5 wünneclîch
  in süezer stimme lobelîch
vrô singent aber die vogele lobent den meien.
  sam tuo wir den reien!

II R 54,2 A Junger Spervogel 34
C Alram v. Gresten 5
c 59,3

Al der werlde hôhe
  ir muot gestât.

bluomen in dem lôhe
  mîn ouge hât

H: 30,1

5 an gesehen.
  ich mac leider niht gejehen,
daz mir mîn tougen senediu sorge swinde;
  diust mîn ingesinde.

V

Dächte er sich gar, ich blieb im Hause
und scherte liebevoll mich um sein Dings da,
würf' ich den Ball
in des Reuentalers Hand
5 an der Straße!
Der ist für mich richtig."

L 8

I

Nun ist der kalte Winter
ganz vorbei.

Mit Laub ist schön umkleidet
der grüne Wald.

5 Wonnevoll
singen froh die Vögel neu
das Lob des Mais mit süßer, feiner Stimme.
Laßt uns den Tanz so singen!

II

Beschwingt ist allen Menschen
ihr Lebensmut.

Blumen hat mein Auge
im Gehölz

5 schon entdeckt.
Und doch kann ich leider nichts
vom Schwinden der geheimen Sehnsucht sagen;
die ist mein Hausgenosse.

III – IIIa R 54,3 A Sperv. 35
C Alram 6 c 59,4

Zwô gespilen maere
begunden sagen,

herzensenede swaere
besunder klagen.

5 einiu sprach:
„trûren, leit und ungemach
hât mir verderbet lîp und al die sinne;
da ist niht vreuden inne.“

IV AC V R 54,4 A Sperv. 37
C Alram 8 c 59,5

„Leit und ungemüete
ist mir bekant.

liebes vriundes güete
mich beider mant.

5 mirst ein man
vremde, der hât mir getân,
dâ von mir lange senediu sorge mêret
unt mîn herze sêret.

V AC IV R 54,5 A Sperv. 36
C Alram 7 c 59,6

H: 30,20 Sage bî dînen triuwen,
waz wirret dir?

lebst in seneden riuwen,
sô volge mir:

5 habe gedult!
sîz von liebes mannes schult,
daz hil mit allen dînen sinnen tougen!
gerne ich vür dich lougen.“

III – IIIa

Zwei Freundinnen erzählten
sich Neuigkeit,

sie klagten Herzenskummer
sich insgeheim.

5 Die eine sprach:
„Trauern, Ungemach und Leid
haben mir schon den Verstand genommen,
von Freude keine Rede."

IV

„Von Leid und Kümmernissen
weiß auch ich.

Ein lieber Freund voll Güte
weckt sie mir auf.

5 von einem Mann
bin ich getrennt, der tat mir's an,
so daß die Sehnsucht endlos sich vergrößert
und mein Herz mir wund ist.

V

Drum sage ganz aufrichtig,
was setzt dir zu?

Lebst du in Sehnsuchtsqualen,
so folge mir

5 und üb' Geduld!
Geschiehts durch einen lieben Mann,
verheimlich' es mit allen deinen Sinnen!
Ich werde nichts verraten."

VI – VIa R 54,6 c 59,7

„Dû hoerst eteswenne
ze einem mâl

H: 30,30
einen ritter nennen
von Riuwental.

5 des sîn sanc
mîn gemüete sêre twanc.
nu phlege sîn, der des himels immer walte,
daz er mirn behalte.“

VII R 54,7 c 59,8

Hân ich indert heime?
wâ sol daz sîn?

ein swalwe klent von leime
ein hiuselîn,

H: 31,1
5 dâs inne ist
sumers ein vil kurze vrist.
got vüege ouch mir ein hûs mit obedache
bî dem Lengebache!

H: S. 132
W-F:
unecht

IIIa statt III C von Scharpfenberg 8

Zwô gespilen maere
begunden sêre klagen,

herzesende swaere
beide ein ander sagen.

5 diu ein zer andern sprach:
„grôz leit und ungemach
benimet mir die sinne.

VI – VIa

„Du hörst doch zuweilen,
wenn es sich gibt,

einen Ritter nennen
von Reuental.

5 Dessen Sang
hat mich so sehr in Zwang gebracht.
Nun schütze ihn der ewge Herr des Himmels,
daß er ihn mir erhalte!"

VII

Hab' ich denn ein Zuhause?
Wo wird das sein?

Die Schwalbe klebt von Letten
ein Häuslein sich,

5 worin sie wohnt
Sommers eine knappe Zeit.
Gott gebe doch auch mir ein Haus und Obdach
dort im Dorf am Lengbach!

IIIa statt III

Zwei Freundinnen, die sich zugetan waren,
begannen gegenseitig ihr Herz auszuschütten,

schweren Liebeskummer
einander anzuvertrauen.

Die eine sprach zur anderen:
„Großes Leid und Ungemach
bringen mich noch um den Verstand.

hien ist niht fröiden inne,
sît ich mîns liebes niht ensach."

VIa statt VI A Sperv. 38 C Alram 9

H: S. 133
W-F:
unecht

„Sen dich in der mâze
(dâst alsô guot),

langez trûren lâze,
wis wol gemuot,

5 nien verzage!
sage mir, wer dir liebe trage!
wir zwô wir sîn mit triuwen ungescheiden.
wol gelinge uns beiden!"

Von Freude ist nichts mehr drinnen,
seit ich meinen Liebsten nicht mehr gesehen habe.“

VIa statt VI

„Halte dein Sehnen in Grenzen
(das ist wirklich gut),

langdauernde Schwermut lasse,
sei wohlgemut

und zuversichtlich!
Verrate mir, wer dir gut ist!
Wir zwei halten für immer fest zusammen.
Sei das Glück uns beiden hold!“

MÄDCHEN UND MUTTER

L 9

W-F: SL
Nr. 19
H: 21,34

I — R 25,1 c 74,2

Wol dem tage,
der al der werlde hôchgemüete trage

und vil mangem herzen vröude mêret!
winder sî gunêret!

5 der brach uns ze leide
H: 22,1 bluomen an der heide.
die stênt aber in liehter ougenweide.

W-F: III

II — R 25,2

Grôzen schal
hoer ich die vogele singen über al,

süezen sanc den âbent und den morgen.
ende hât ir sorge.

5 in kündet sich der meie.
sumerlîch geschreie
daz enhoeret niemen, erne reie.

W-F: II

III — R 25,3 c 74,1

Nu ist der walt
schône geloubet, den der winder kalt

het beroubet. demst ein teil vergolten.
junge mägde solten

MÄDCHEN UND MUTTER

L 9

I

Wohl dem Tag,
der allen Menschen frohe Stimmung bringt

und Freude mehrt für all die vielen Herzen!
Der Winter sei in Schanden!

5 Er pflückte uns zu Kummer
die Blumen auf der Heide.
Jetzt steht sie neu zu heller Augenwonne.

II

Mit lautem Ton
hör ich die Vögel singen überall,

süßen Sang den Abend und den Morgen.
Zu Ende ist ihr Kummer.

5 Der Mai sich ihnen kündigt.
Sommer-Jubilieren
lockt nun jeden, der es hört, zum Tanze.

III

Nun ist der Wald
schön belaubt; der Winter hatte ihn

beraubt. Zum Teil ist's doch schon gut geworden.
Jetzt sollten junge Mädchen

5 sich stolzlîchen zieren,
ir gewant ridieren,
an die man mit einem ougen zwieren.

IV R 25,4 c 74,3

„Ich wil dar
stolzelîchen springen an der schar“ ,

sprach ein maget, „unverwendeclîchen
H: 22,20 mich zu vreuden strîchen.

5 ich hân, deist âne lougen,
einen ritter tougen
an gesehen mit beiden mînen ougen.

V R 25,5 c 74,4

Dem bin ich holt.
muoter, dar umbe dû niht zürnen solt.

ich kum nimmer tac von dînem râte.“
„tohter, deist ze spâte.

5 der schuohe und der kleider
springest âne beider.
mir getet dehein mîn kint nie leider.“

VI R 25,6 c 74,5

„Mîner wât
hân ich durch sînen willen gerne rât,

den ich hân erwelt ûz allen mannen.“
„tohter, sage, von wannen

5 er sî, der uns beide
wil der triuwen scheiden!
H: 22,37 kint, erwint und volge dîner eiden!“

5 sich aufs schönste zieren,
ihre Kleider fälteln,
mit einem Auge zu den Männern zwinkern.

IV

„Ich will hin,
die Tänze prächtig springen in der Schar",

Sprach ein Mädchen, „mich zur Freude schmücken,
da kenn ich kein Verzichten.

5 Auch kann ich nicht leugnen,
ich hab' einen Ritter
heimlich mit beiden Augen angesehen.

V

Dem bin ich gut.
Mutter, zürne mir deswegen nicht!

Ich halte sonst an deinen Rat mich immer."
„Das ist zu spät dann, Tochter.

5 Willst du zum Tanz, dann ohne
Festtagsstaat und Schuhe!
Keins meiner Kinder tat mir größern Kummer."

VI

„Auf meinen Staat
verzicht' ich seinetwegen mehr als gern,

den ich mir hab' erwählt vor allen Männern."
„Woher, Tochter, sage,

5 ist der denn, der zerstören
will unser Einvernehmen?
Kind, laß ab und folge deiner Mutter!"

L 10

Mel. 2

W-F: SL
Nr. 23
H: 26,23

R IV I C II R 53,4 C 101 c 28,1
f 13,1 (in cf nur Anfang)

Blôzen wir den anger ligen sâhen,
end uns diu liebe zît begunde nâhen,
daz die bluomen drungen durch den klê
aber als ê.
5 heide diust mit rôsen nû bevangen;
den tuot der sumer wol, niht wê.

R V II R 53,5

Droschel, nahtigal die hoert man singen,
von ir schalle berc unt tal erklingen.
si vreunt sich gegen der lieben sumerzît,
diu uns gît
5 vreuden vil und liehter ougenweide.
diu heide wünneclîchen lît.

R VI (c) III C V R 53,6 C 104 c 28,1
f 13,1 (in cf nur Schluß)

Sprach ein maget: „die wisen wellent touwen.
megt ir an dem sumer wunder schouwen?
die boume, die den winder stuonden val,
über al
H: 27,1 5 sint si niuwes loubes worden rîche.
dar under singent nahtigal.

R I (c) IV C I R 53,1 C 100 c 28,2
f 13,2

Losâ, wie die vogele alle doenent,
wie sî den meien mit ir sange kroenent!
jâ, waen ich, der winder ende hât.
Wîerât,
5 sprinc alsô, daz ich dirs immer danke!
diu linde wol geloubet stât.

L 10

I

Öde sahen wir den Anger liegen,
eh' der liebe Lenz sich zeigen wollte,
daß die Blumen sprössen durch den Klee,
wieder wie einst.
5 Die Heide, sie ist nun bedeckt mit Rosen;
für sie ist Sommer Lust, nicht Leid.

II

Drosseln, Nachtigallen hört man tönen,
von ihrem Schalle Berg und Tal erklingen.
Sie freu'n sich auf die liebe Sommerzeit,
die uns schenkt
5 Freuden viel, und helle Augenweide.
In Wonne liegt die Heide da.

III

Ein Mädchen sprach: „Die Wiesen werden tauig.
Könnt ihr die Wunder an dem Sommer schauen?
Die Bäume, die den Winter standen fahl,
überall
5 sind sie an neuem Laube reich geworden.
Nachtigallen schlagen drin.

IV

Hör' nur, wie die Vögel alle singen,
wie sie den Mai mit ihrem Sange krönen!
Ja, ich glaub', der Winter hat ein End'.
Wierat,
5 spring den Tanz, daß ich dich immer preise!
Die Linde steht in vollem Laub.

R II (c) V C III R 53,2 C 102 c 28,3
f 13,3

Dâ sul wir uns wider hiuwer zweien.
vor dem walde ist rôsen vil geheien.
der wil ich ein kränzel wolgetân
ûfe hân,
5 springe ich einem ritter an der hende
in hôhem muote. nû wol dan!“

R III (c) VI C VII R 53,3 C 106 c 28,5
f 13,5

„Tohterlîn, lâ dich sîn niht gelangen!
wil dû die ritter an dem reien drangen,
die dir niht ze mâze ensulen sîn,
tohterlîn,
5 dû wirst an dem schaden wol ervunden.
H: 27,20 der junge meier muotet dîn.“

R VII (c) VII C IV R 53,7 C 103 c 28,6
f 13,6

„Sliezet mir den meier an die versen!
jâ trûwe ich stolzem ritter wol gehersen.
zwiu sol ein gebûwer mir ze man?
der enkan
5 mich nâch mînem willen niht getriuten.
er, waen, mîn eine muoz gestân.“

R VIII (c) VIII C VI R 53,8 C 105 c 28,8
f 13,7

„Tohterlîn, lâ dir in niht versmâhen!
dû wilt ze tumbe ritters künde vâhen.
daz ist allen dînen vriunden leit.
manegen eit
5 swüere dû. des wis nu âne lougen.
dîn muot dich allez von mir treit!“

V

Dort finden wir auch heuer uns zu zweien.
Am Waldesrand sind Rosen viel gediehen.
Davon will ich ein Kränzlein auf dem Haupt
tragen schmuck,
5 wenn ich den Tanz mit einem Ritter springe
beschwingten Sinnes. Auf! Kommt mit!"

VI

„Töchterchen, laß dich nicht nach ihm lüsten!
Belästigst du die Ritter an dem Reihen,
für deren Umgang du nicht passend bist,
Töchterlein,
5 den Schaden, den wird man bei dir dann finden.
Der junge Meier äugt nach dir!"

VII

„Schließt mir gleich den Meier an die Fersen!
Solch einem Ritter bin ich noch gewachsen.
Was soll mir ein Bauer denn zum Mann?
Der versteht
5 Mich nach meinem Willen nicht zu lieben.
Ich fürcht', er bleibt wohl ohne mich."

VIII

„Töchterlein, laß dir ihn nicht verschmähen!
Viel zu dumm bist du für Hofbekanntschaft;
das ist Freunden und Verwandten leid.
Eid du schwurst
5 vielfach. Ach, versuch' es nicht zu leugnen,
dein Sinn, der treibt dich fort von mir."

R IX (c) IX C VIII R 53,9 C 107 c 28,9
f 13,8

„Muoter mîn, ir lâzet iuwer bâgen!
ich wil mîne vriunde durch in wâgen,
den ich mînen willen nie verhal.
über al
5 müezen sîn die liute werden inne:
mîn muot der strebt gein Riuwental."

H: 27,38

W-F: unecht
H: S. 128

X C IX C 108

Diu muoter diu krift eine kunkel swaere.
„nû var hin! dû bist mir gar unmaere."
si gap ir einz, daz in dem hûse erschal.
über al
5 gap si ir vil starke slege schiere
und schûhte sî gein Riuwental.

L 11

W-F: SL
Nr. 16
H: 18,4

I R 23,1 c 23,1b

Schôn àls ein gólt grúonèt der hágen.
gúot máere wìl den vróuwèn ich ságen,
daz von liehten rôsen
diu heide hât gewant,
5 daz beste, daz si vant.
nu wol ûf, stolziu magedîn! der meie ist in diu lant.

II R 23,2 c 23,2b

Nû ìst wol bréit der líndèn ir ást.
díu wàs des lóubès híuwèr ein gást.
nu ist si wol behangen
mit sûberlîcher wât.

IX

„Mutter, laßt nun endlich euer Schelten!
Seinetwegen wag' ich alle Freunde,
dem ich meinen Willen nie verschwieg.
Überall
5 Sollen es die Leute inne werden:
Mein Sinn zieht mich nach Reuental!"

X

Die Mutter griff rasch nach einer schweren Kunkel.
„Hau bloß ab! Ich will dich nicht mehr sehen!"
Sie zog ihr eins herunter, daß man es im ganzen Hause hörte.
Überall
5 verdrosch sie sie aus Leibeskräften mit raschen Schlägen
und scheuchte sie in Richtung Reuental.

L 11

I

Schȫn wìe aus Góld frísch stèht der Hág.
Bótschâft erwűnscht, den Dámèn ich bríng',
Daß aus lichten Rosen
die Heide hat ein Kleid,
5 das beste, das es gibt. [Land!
Auf denn, ihr stolzen Jungfräulein, der Mai ist in dem

II

Nún ìst der Ást der Líndè wohl bréit.
Láub wàr ihr frémd bíshèr im Jáhr.
Doch jetzt ist sie behangen
mit duftend-frischem Kleid.

5 schouwet, wie sie stât!
nu loset, wie diu nahtegal dar nâher strîchen lât!

III R 23,3 c 23,2[a]

Séht, wìe sich vréut bóum ùnde wíse!
dár àb ich mír híuwèr gelíse
von den gelpfen bluomen
ein kränzel, daz ich trage
H: 18,20 5 alle vîretage.
nu wol ûf, trûtel Adelheit, dû sprinc, als ich dir sage!

IV R 23,4 c 23,3[b]

„Múotèr mín, láestù mich dár,
stólzlìchen spríngè ích àn der schár
vor den knappen allen,
daz sî mir müezen jehen.
5 selbe soltû sehen,
daz ich ûf der erde niht gesiffel mit den zehen."

V R 23,5 c 23,4[a]

„Tóhtèrlín, túostù den gánc,
dér ùns den gímpèlgámpèl gesánc,
der hât sich vermezzen,
und werde im dîn ein blic,
5 er lege dir sînen stric.
wiltû niht hie heime sîn, dir wirt von mir ein zwic."

VI R 23,6 c 23,4[b]

„Zwíckè und slége hâstû verlórn.
dú wìlt mir hiúwèr reízèn den zórn,
daz dû mir verbiutest,
des er mich hât gebeten.

5 Prüft nur, wie sie steht!
Und hört doch, wie die Nachtigall nun richtig musiziert.

III

Séht, wìe sich fréu'n Wíesè und Báum!
Mír wìll ich héuèr pflückèn davón
Von den leuchtenden Blumen
ein Kränzlein, das ich trag'
5 jeden Feiertag.
Los nun, Freundin Adelheid, wie ich dir's sage, tanz!

IV

„Hố́r, Mùtter, zú: Lắßt dù mich hín,
Stólz sprìng' den Tánz ích àn der Schár
Vor den Knappen allen,
daß ich den Preis gewinn'.
5 Sehen sollst du selbst,
daß ich mit den Zehen auf dem Boden niemals schleif'."

V

„Tóchtèr, gibt ácht! Géhst dù dorthín,
Dér wàr's, der úns den Gímpelgàmpel sáng.
Der hat sich vermessen,
kriegt er dich nur zu seh'n,
5 er leg' dir seinen Strick.
Bleibst du nicht zuhause mir, dann kriegst du Hiebe ab!"

VI

„Híebè und Schlắgè hélfèn dir nícht
Dú wìrst mich héuèr bríngèn in Zórn,
daß du mir verbietest,
worum er mich bat.

5 ich gehilfe im treten.
dû muost hiuwer âne Jiuten dînen garten jeten."

VII R 23,7 c 23,5[a]

H: 19,1
„Strích von mír bálde ùnde swíc!
héy, strûchè, vergên ich dìr den stíc,
dû getuost ein springen,
daz dir ze leide wirt
5 und dînen rucke swirt.
ich geschaffe, daz dich krot diu reise gar verbirt."

L 12

W-F: SL
Nr. 18
H: 20,38

I R 56,1 C 276 c 71,1 u. 6

„Der walt mit loube stât",
sprach ein meit, „ez mac wol mîner sorgen werden [rât.
H: 21,1
bringt mir mîn liehte wât!
der von Riuwental uns niuwiu liet gesungen hât.

5 ich hoer in dort singen vor den kinden.
jâne wil ich nimmer des erwinden,
ich springe an sîner hende zuo der linden."

II R 56,2 C 277 c 71,2

Diu muoter rief ir nâch;
sî sprach: „tohter, volge mir, niht lâ dir wesen gâch!

weistû, wie geschach
dîner spilen Jiuten vert, alsam ir eide jach?
5 der wuohs von sînem reien ûf ir wempel,
und gewan ein kint, daz hiez sie lempel.
alsô lêrte er sî den gimpelgempel."

5 Ich geh' mit ihm zum Tanz!
Du mußt heuer deinen Garten jäten ohne mich."

VII

„Géh àus dem Áug' mìr, rásch, únd schwèig stíll!
Péstbèule dú, wénn ich dìch erwísch',
Dann gibt's für dich ein Tanzen,
das dir leid sein wird
5 und deinem Rücken schmerzt. [geht!"
Ich richte es noch, daß dir Kröte das Strolchen gar ver-

L 12

I

„Der Wald steht laubbedeckt", [vorbei.
ein Mädchen sprach, „mit meiner Kümmernis ist's wohl

Bringt mir mein helles Kleid!
Neue Lieder hat der Reuentaler uns gemacht.

5 Ich höre ihn dort singen vor den Mädchen.
Auf keinen Fall will ich darauf verzichten,
ich spring' den Tanz mit ihm dort bei der Linde."

II

Die Mutter rief ihr nach; [sein!
sie sprach: „Sei folgsam, Tochter, laß dir's nicht so eilig

Weißt du's vergangnes Jahr
von deiner Freundin Jeute, wie's die Mutter kommen sah?
5 Der schwoll von seinem Tanze auf ihr Bäuchlein,
und hat ein Kind gekriegt, das hieß sie „Lämmchen".
So brachte er ihr bei den Gimpel-Gempel."

III R 56,3 C 278 c 71,3

„Muoter, lât iz sîn!
er sante mir ein rôsenschapel, daz het liehten schîn,

ûf daz houbet mîn,
und zwêne rôte golzen brâhte er her mir über Rîn;

5 die trag ich noch hiwer an mînem beine.
wes er mich bat, daz weiz niwan ich eine.
jâ volge ich iuwer raete harte kleine."

IV R 56,4 C 279 c 71,5

H: 21,20 Der muoter der wart leit,
daz diu tohter niht enhôrte, daz si ir vor geseit.

iz sprach diu stolze meit:
„ich hân im gelobt; des hât er mîne sicherheit.

5 waz verliuse ich dâ mit mîner êren?
jâne wil ich nimmer widerkêren,
er muoz mich sîne geile sprünge lêren."

V R 56,5 c 71,4

Diu muoter sprach: „wol hin!
verstû übel oder wol, sich, daz ist dîn gewin.

dû hâst niht guoten sin.
wil dû mit im gein Riuwental, dâ bringet er dich hin.

5 alsô kan sîn treiros dich verkoufen.
er beginnt dich slahen, stôzen, roufen
und müezen doch zwô wiegen bî dir loufen."

III

„Mutter, laßt das doch!
Er hat mir einen Rosenkranz von hellem Glanz geschickt

als Putz für meinen Kopf.
Zwei rote Schuhe hat er mir vom Ausland mitgebracht;

5 die ziehe ich mir an, und zwar gleich heuer.
Was er mich bat, das weiß nur ich alleine.
Und Eurem Rat folg' ich auf keine Weise."

IV

Der Mutter wurde leid,
daß die Tochter in den Wind schlug, was sie hat gesagt.

Weiter sprach das dumme Ding: [darauf.
„Ich hab' es ihm versprochen, und er hat mein Wort

5 Was schade ich denn damit meiner Ehre?
Ich denke nicht daran, zurückzukehren;
er muß mich seine tollen Sprünge lehren."

V

Die Mutter sprach: „So geh!
Fährst du übel oder gut, ist deine Sache ja.

Doch fehlt's dir an Verstand. [hin.
Willst du mit in sein „Jammertal", da bringt er dich schon

5 So versteht sein „Tanz" dich zu verkaufen!
Er wird dich raufen, stoßen, schlagen,
und darfst dazu zwei Wiegen mit dir schleppen."

L 13

W-F: SL
Nr. 21
H: 24,13

I C II R 51,1 C 110 c 22,1

„Nu ist der küele winder gar zergangen,
diu naht ist kurz, der tac beginnet langen,
sich hebet ein wünneclîchiu zît,
diu al der werlde vreude gît.
5 baz gesungen nie die vogele ê noch sît.

II C I R 51,2 C 109 c 22,2

Komen ist uns ein liehtiu ougenweide.
man siht der rôsen wunder ûf der heide,
die bluomen dringent durch daz gras.
schône ein wise getouwet was,
5 dâ mir mîn geselle zeinem kranze las.

III R 51,3 C 111 c 22,4

Der walt hât sîner grîse gar vergezzen,
der meie ist ûf ein grüenez zwî gesezzen,
er hât gewunnen loubes vil.
bint dir balde, trûtgespil!
5 dû weist wol, daz ich mit einem ritter wil.“

IV R 51,4 C 112 c 22,5

Daz gehôrte der mägde muoter tougen;
si sprach: „behalte hinne vür dîn lougen!
dîn wankelmuot ist offenbâr.
wint ein hüetel um dîn hâr!
5 dû muost âne dîne wât, wilt an die schar.“

L 13

I

„Der kühle Winter ist nun ganz vergangen,
die Nacht ist kurz, die Tage werden länger,
nun beginnt die schöne Zeit,
die allen Menschen Freude gibt.
5 Besser sangen nie die Vögel eh und je.

II

Gekommen ist uns helle Augenfreude.
An Rosen sieht man Wunder auf der Heide,
die Blumen sprießen durch das Gras;
die Wiese köstlich taubedeckt,
5 auf der mein Freund zu einem Kranz für mich gepflückt.

III

Der Wald hat seine Fahle ganz vergessen,
der Mai hat sich auf grünen Zweig geschwungen,
gewonnen hat er reiches Laub.
Rasch, Freundin, setz' den Kopfputz auf!
5 Du weißt, daß einem Ritter ich verbunden bin."

IV

Heimlich hörte das des Mädchens Mutter;
sie sprach: „Hör auf, es länger abzuleugnen!
Dein lockrer Sinn ist offenbar.
Bind' dir das Haar als Frau nur auf!
5 Dein Festkleid kriegst du nicht, willst du dorthin."

V R 51,5 C 113 c 22,6

„Muoter mîn, wer gap iu daz ze lêhen,
daz ich iuch mîner waete solde vlêhen,
dern gespunnet ir nie vadem?
lâzet ruowen solhen kradem!
5 wâ nu slüzzel? sliuz ûf balde mir daz gadem!“

Va C 114

VI R 51,6 C 115 c 22,7

Diu wât diu was in einem schrîne versperret.
daz wart bî einem staffel ûf gezerret.
H: 25,1 diu alte ir leider nie gesach.
dô daz kint ir kisten brach,
5 dô gesweic ir zunge, daz si niht ensprach.

VII R 51,7 C 116 c 22,8

Dar ûz nam sî daz röckel alsô balde,
daz was gelegen in maneger kleinen valde.
ir gürtel was ein rieme smal.
in des hant von Riuwental
5 warf diu stolze maget ir gickelvêhen bal.

H: 25,9
W-F: S. 123
ange-
zweifelt

VIII R 51,8 c 22,9

Diu alte diu begreif ein rocken grôzen.
si begunde ir tohter bliuwen unde stôzen.
„daz habe dir des von Riuwental.
rûch ist im sîn überval.
5 nû var hin, daz hiute der tievel ûz dir kal!“

V

„Oho, Mama, wer gab Euch solche Vollmacht,
daß ich um meinen Feststaat bitten müßte?
Spannt Ihr nur einen Zwirn dazu?
Hört mir auf mit solchem Lärm!
5 Wo ist der Schlüssel? Sperr' sofort die Kammer auf!"

Va

VI

Das Kleid, das war in einem Schrein verschlossen.
Mit einem Holzbein wurde er erbrochen.
Der Alten bittrer nie geschah.
Als ihr ihr Kind den Schrank aufbrach,
5 da schwieg sie still und sprach kein einz'ges Wort dazu.

VII

Die Tochter nahm das Kleidchen ohne Zögern,
gelegt war es in viele feine Falten,
ein schmaler Riemen war der Gurt –
und in des Reuentalers Hand
5 warf die prächt'ge Kleine ihren bunten Ball!

VIII

Die Alte packte einen großen Rocken.
Sie hieb und stieß damit auf ihre Tochter.
„Das ist für den von Reuental.
Zottig ist sein Überhang.
5 Nun fort, daß man den Teufel heut' noch aus dir hör."

W-F: unecht
H: S. 121

Va

C 114

Diu muoter sprach har für ûz grôzem zorne:
„frou tohter, lât die rede bestên biz morne!
ez mac tâlâ niht gesîn,
wan daz urloup daz ist mîn.
5 wol gelesen wât beslozzen hât mîn schrîn.“

L 14

W-F: SL
Nr. 15
H: 16,38

I

R 22,1 c 20,4 und 49,1

Alle, die den sumer wellen lobelîche enphâhen,
die lâzen in ze guote mîne lêre niht versmâhen.
H: 17,1 ich râte, daz die jungen hochgemuoten
mit schoenen zühten sîn gemeit
5 und vürhten schame ruoten.

II

R 22,2 c 20,1 und 49,2

Walt mit niuwem loube sîne grîse hât verkêret,
dâ von vil mangem herzen sîne vreude sint gemêret.
diu vogelîn, diu der winder het betwungen,
diu singent aber des meien lop
5 baz, dannes ie gesungen.

III

R 22,3 c 20,2 und 49,3

Urloup nam der winder, dô die bluomen an der heide
stuonden wünneclîch gevar in liehter ougenweide,
begozzen mit des süezen meien touwe.
„der het ich gerne ein krenzelîn,
5 geselle“, sprach ein vrouwe.

Va

Der Mutter brach es voll Zorn heraus:
„Frau Tochter, spart Eure Reden bis morgen!
Heute wird es nicht geschehen,
denn die Erlaubnis liegt bei mir!
5 In meinem Kasten verwahrt ist schön gefaltete Kleidung."

L 14

I

Allen, die den Sommer richtig zu empfangen wünschen,
mög' zu ihrem Vorteil meine Lehre nicht verdrießen.
Ich rate, daß die jungen Hochgestimmten
mit gutem Anstand fröhlich sind,
5 die Schandenrute fürchten.

II

Der Wald hat seinen fahlen Ton mit neuem Laub verwandelt.
Das bedeutet vielen Herzen Mehrung ihrer Freude.
Die Vögel, die vom Winter in Bedrängnis,
singen wieder des Maien Lob,
5 wie niemals sie's gesungen.

III

Abschied nahm der Winter, als die Blumen auf der Heide
in wonnevollen Farben helle Augenweide boten,
benetzt vom Tau aus süßen Maies Händen.
„Ein Kränzlein hätt' ich gern davon,
5 Freund", sprach eine Dame.

IV R 22,4 c 20,3 und 49,4

Swaz vür trûren hoeret und vür allez ungemüete,
daz bringet uns der meie mit vil manger hande
er heilet, daz der winder het verwundet. [blüete.
er hât mit sîner süezen kraft
5 der siechen vil gesundet.

V R 22,5 c 20,5 und 49,5

[erloubet.
„Vreude ist aller werlde gegen des meien kunft
H: 17,20 owê mir“, sprach ein magt, „ich bin der mînen gar
dâ von sô lîde ich manger hande swaere, [beroubet.
der ich gein dirre sumerzît
5 mit vuoge wol enbaere.“

VI R 22,6 c 20,7 und 49,7

Diu muoter sprach zer tohter: „kumt ez dir von
[mannes schulden?“
„jâ, muoter, ich muoz von der manne schulden zou-
mich het ein ritter nâhen zim gevangen.“ [ber dulden.
„nu sage mir, liebiu tohter mîn:
5 ist anders iht ergangen?“

VII R 22,7 c 20,8 und 49,8

„Nein dâ, liebiu muoter mîn, des ich gemelden kunde.
er kuste mich. dô het er eine wurzen in dem munde;
dâ von verlôs ich alle mîne sinne.“
diu alte sprach: „dû bist niht magt;
5 dich rüerent mannes minne.“

VIII R 22,8 c 20,9 und 49,9

[schoenet.
Zorniclîchen sprach diu magt: „ir habt ez wol be-

IV

Was gegen Trübsinn ist und gegen alles Mißbehagen,
das bringt uns der Mai mit seiner mannigfachen Blüte.
Er heilt das, was der Winter hat verwundet.
er gab mit seiner süßen Kraft
5 Gesundheit vielen Kranken.

V

„Alle Welt, sie darf sich auf des Maies Ankunft freuen.
Ach weh", ein Mädchen sprach, „beraubt bin ich so ganz [der meinen.
Davon leid' ich mannigfachen Kummer,
den ich für diese Sommerzeit,
5 wie rechtens wär', entbehrte."

VI

Die Mutter sprach zur Tochter: „Ist ein Mann vielleicht dran [schuldig?"
„Ja, Mutter, durch die Schuld der Männer muß ich Zauber [dulden.
Ein Ritter hat mich ganz an sich gezogen."
„Nun sage, liebe Tochter, mir,
5 ist sonst noch was geschehen?"

VII

„Nein doch, liebe Mutter, nichts, wovon ich sagen könnte.
Er küßte mich. Dabei hielt er im Munde eine Wurzel;
davon verlor ich alle meine Sinne."
„Dann bist du keine Jungfer mehr,
5 du merkst jetzt Mannesliebe."

VIII

Zornig fuhr das Mädchen auf: „Ihr habt es gut umschrieben!

waz solten mir die vremden tuon, sît ir mich selbe
mir ist niht kunt um mannes-minne-rüeren.“ [hoenet?
diu alte sprach: „dû darft mich niht
5 mit spellen umbe vüeren.

IX R 22,9 c 20,10 und 49,10

Wildû, liebez tohterlîn, deich dir die rede zerloese,
sô vliuch die alten Künzen mit ir üppiclîchem koese!
H: 18,1 diu raetet, daz dich noch her nâch geriuwet.
si hât mit swinden sprüchen ie
5 vil alter maere geniuwet.“

Was sollten mir die Fremden tun, wenn Ihr mich selbst so
Ich weiß nichts von Mannesliebe-Merken.“ [schändet?
Die Alte drauf: „Du brauchst mich nicht
5 mit Märchen zu nasführen.

IX

Willst du, mein liebes Töchterlein, daß ich's auf sich belasse,
dann meid' die alte Künze und ihr liederliches Schwatzen!
Sie rät nur, was dir Reue bringt noch später.
Sie hat mit bösem Klatsch noch stets
5 Geschichten ausgegraben.“

DIE LEBENSLUSTIGE ALTE

L 15

W-F: SL
Nr. 17
H: 19,7

I Bc IV R 50,1 B 38 c 57,4

„Schouwet an den walt, wier niuwes loubes rîchet,
wie wol er sîniu grüeniu kleider an sich strîchet!

der hât im der meie
vil gesant.
5 mägede, sô man reie,
sô sît gemant

alle,
daz wir diu rôsenkrenzel
gebrechen,
10 soz tou dar an gevalle!

II R 50,2 B 36 c 57,2

Hei, sumer, waz herzen gegen dîner kunft erlachet!
die vogele, die der winder trûric het gemachet,

die singent wünniclîchen
H: 19,20 ir gesanc,
5 welnt in aber tîchen
den sumer lanc.

schalles
phlegent sî des morgens.
gein âbent
10 sô spil wir kint des balles.

DIE LEBENSLUSTIGE ALTE

L 15

I

„Schaut den Wald, wie er an neuem Laube reich ist,
wie trefflich er sich seine grünen Kleider anlegt!

Die hat ihm so zahlreich
der Mai gesandt.
5 Mädchen, geht's zum Tanze,
so seid gemahnt,

alle,
daß wir die Rosenkränzlein
pflücken,
10 wenn sie der Tau benetzt hat!

II

Hei, Sommer, was Herzen deinem Kommen entgegen lachen!
Die Vögel, die der Winter traurig hat gelassen,

die singen voller Wonne
ihren Sang,
5 treiben ihn aufs neue
den Sommer durch.

Zu schallen
pflegen sie am Morgen.
Am Abend
10 spielen Ball wir Mädchen.

III R 50,3 B 37 c 57,3

Vreude und kurzewîle sul wir uns hiuwer nieten.
got sol den jungen mägden allen daz gebieten,

daz sî mit liehter waete
sîn bereit
5 und den sumer staete
an hövescheit.

winder
hât ez hie gerûmet.
die alten
10 die suln sîn deste kinder.

IV Bc I R 50,4 B 35 c 57,1

Die sumerwünne ich bî der vogele rîde erkande.
die bluomen, die der meie lôste ûz rîfen bande

mit sînem liehten schîne
H: 20,1 wolgetân,
5 het ich Jiutelîne,
sô wolde ich gân

schouwen.
diu linde ist wol behangen
mit loube.
10 dar under tanzent vrouwen."

V R 50,5 B 39 c 57,5

„Dâ wil ich dîn hüeten", sprach des kindes eide.
„nu gê wir mit ein ander zuo der linden beide!
ich bin mîner jâre
gar ein kint,

III

Freude, Unterhaltung seien heuer Losung.
Gott soll den jungen Mädchen allen das gebieten,

daß sie mit hellen Kleidern
sind bereit
5 und den Sommer stetig
mit höf'schem Tun.

Winter
hat sich von hier verzogen.
Die Alten
10 seien um so jünger.

IV

Die Sommerlust erkannt' ich an der Vögel Flitzen.
Die Blumen, die der Mai aus Reifes Fesseln löste

mit seinem hellen, schönen
Strahlenglanz,
5 ginge ich betrachten,
wär' mir zur Hand

Klein-Jeute.
Die Linde ist behangen
mit Laube,
10 darunter tanzen Damen."

V

„Ich will auf dich aufpassen", sprach des Mädchens Alte.
„Nun gehn wir beide mit einander zu der Linde!
Ich bin nach meinen Jahren
noch durchaus jung,

5 wan daz mînem hâre
die locke sint

grîse.
die wil ich bewinden
mit sîden.
10 tohter, wâ ist mîn rîse?"

VI R 50,6 B 40 c 57,6

„Muoter, die rîsen die hân ich vor iu behalten.
diu zimet einer jungen baz dan einer alten

H: 20,20 ze tragen umbe ir houbet
an der schar.
5 wer hât iuch beroubet
der sinne gar?

slâfet!
waz, ob iu nu ringer
getroumet,
10 daz ir iuch anders zâfet?"

VII R 50,7 B 41 c 57,7

Wie si den strît liezen, wil ich iu bescheiden.
daz magedîn begunde sîner muoter leiden.

zwêne rôte golzen
sî verstal
5 einem ritter stolzen
von Riuwental

tougen.
si bôt im bî dem tanze
ein krenzel.
10 sô mir got, deist unlougen.

5 nur sind in meinem Haare
angegraut

die Locken.
Die werde ich umwinden
mit Seide.
10 Tochter, wo ist mein Kopfputz?"

VI

„Mutter, den Kopfputz hab' ich vor Euch weggeschlossen.
Der paßt einer jungen mehr als einer alten

auf dem Kopf zu tragen
in der Schar.
5 Wer hat Euch doch die Sinne
so ganz geraubt?

Schlaft doch!
Vielleicht daß es nun leichter
Euch träume,
10 daß Ihr Euch anders schönmacht!"

VII

Wie der Streit sein Ende nahm, will ich bescheiden.
Das Mädchen fing an, ihrer Mutter leid zu werden.

Ein Paar rote Schuhe
hat sie stibitzt
5 einem stolzen Ritter
von Reuental

heimlich.
Dafür gab's ihm beim Tanze
ein Kränzchen.
10 Bei Gott, s'ist nicht zu leugnen.

L 16

W-F: SL
Nr. 9
H: 9,13

I R 9,1

„Sumer, wis enphangen
von mir hundert tûsent stunt!
swaz herze wunt
was den winder langen,
5 diu sint geheilet unde ir nôt zergangen,
lediclîchen vrî von allen twangen.

II R 9,2

Dû kumst lobelîchen
aber der werlde in elliu lant.
von dir verswant
armen unde rîchen
5 ir trûren, dô der winder muose entwîchen.
jungen, sult iuch aber zen vröuden strîchen.

III R 9,3

H: 9,25

Walt hât sîne krâme
gein dem meien ûf geslagen.
ich hoere sagen,
vröude bernder sâme
5 der sî dâ veile nû mit voller âme.
hôchgemuoter, solhes koufes râme!

IV R 9,4

Da ist für trûren veile
manger hande vogele sanc.
ir süezen klanc
ich ze mînem teile
5 wil dingen, daz er mîne wunden heile“,
alsô sprach ein altiu in ir geile.

L 16

I

„Sommer, sei empfangen
von mir hunderttausendmal!
Was Herzen wund
den langen Winter waren,
5 die sind geheilt, und ist ihr Leid verschwunden,
ledig und auch frei von aller Drangsal.

II

Du kommst so Lobes würdig
wieder der Welt in jedes Land.
Durch dich entwich
Niederen und Hohen
5 die Trauer, als der Winter mußte fliehen.
Ihr Jungen sollt euch wieder zur Freude putzen!

III

Der Wald hat seine Ware
um die Maizeit ausgelegt.
Ich höre es:
freudeträcht'ger Same,
5 der sei zu haben hier in aller Fülle.
Wer hochgestimmt, der eil' zu solchem Kaufe!

IV

Feil ist gegen Trauern
in bunter Auswahl Vogelsang.
Den süßen Schall
will ich als meinen Anteil
5 kaufen, daß er meine Wunden heile."
In Liebestollheit sprach dies eine Alte.

V R 9,5

Der was von der Minne
allez ir gemüete erwagt.
ein stolziu magt
H: 10,1 sprach: „Si, küneginne,
5 wie mangen dû beroubest sîner sinne!
mir ist nôt, waz erzenîe ich gwinne."

VI R 9,6 A 2

„Sî hât mit ir strâle
mich verwundet in den tôt,
wan seneder nôt
lîde ich grôze quâle.
5 si ist von rôtem golde, niht von stâle.
an mîn herze schôz si zeinem mâle."

VII R 9,7

„Sage, von welhen sachen
kom, daz dich diu Minne schôz?"
„unsenftic lôz
kan diu Minne machen.
5 si twinget, daz man swindet under lachen,
selten slâfen, dicke in trûren wachen."

VIII R 9,8

Wol verstuont diu junge,
daz der alten ir gedanc
nâch vröuden ranc –
als ich gerne runge,
H: 10,20 5 ob mich ein sendiu sorge niht entwunge
unde an herzenliebe mir gelunge.

V

Der war durch Frau Minne
in Aufruhr alles ihr Gemüt.
Ein Mädchen, hübsch,
sprach: „O welche Herrin,
5 wie vielen raubst du alle ihre Sinne!
Nun drängt es, daß ich Medizin beschaffe."

VI

„Sie hat mit ihrem Pfeile
mich verwundet auf den Tod;
von Sehnsuchtspein
leid' ich große Qualen.
5 Ihr Pfeil ist nicht von Stahl: von rotem Golde.
Ins Herz schoß sie mir so mit einem Male."

VII

„Sprich, von welchen Dingen
geschah's, daß dich Frau Minne traf?"
„Hartes Los
versteht sie zu bereiten.
5 Sie zwingt, daß man dahinwelkt unter Lächeln,
verwehrt den Schlaf, heißt oft in Kummer wach sein."

VIII

Gut verstand die Junge,
daß der Alten Sinn hindrängt'
zu Liebeslust –
wie's mich auch gern hindrängte,
5 wenn Sehnsuchtsleid mich nicht im Banne hielte,
und wenn Erfolg bei Herzenslieb ich hätte.

ZEITAKTUELLES
(s. a. L 51 u. 53)

L 17

W-F: SL
Nr. 11
H: 11,8

I — R 12,1 C 26 M Bl 68r c 26,1

Ez gruonet wol diu heide;
mit grüenem loube stât der walt.
der winder kalt
twanc si sêre beide.
5 diu zît hât sich verwandelôt.
mîn sendiu nôt [scheide.
mant mich an die guoten, von der ich unsanfte

II — R 12,2 C 27 c 26,2

Gegen der wandelunge
wol singent elliu vogelîn
den vriunden mîn,
den ich gerne sunge,
5 des sî mir alle sagten danc.
ûf mînen sanc [diutschiu zunge!
ahtent hie die Walhen niht. sô wol dir,

III — R 12,3 C 28 c 26,3

Wie gerne ich nu sande
der lieben einen boten dar,
(nu nemt des war!)
der daz dorf erkande,
5 dâ ich die seneden inne lie.
jâ meine ich die,
von der ich den muot mit staeter liebe nie gewande.

ZEITAKTUELLES
(S. a. L 51 u. 53)

L 17

I

Es grünt die Heide herrlich;
mit grünem Laube steht der Wald.
Bedrückt hat sie
der kalte Winter beide.
5 Gewandelt hat sich nun die Zeit.
Die Sehnsuchtsqual [bitter.
mahnt an die Gute mich; von ihr getrennt zu sein, ist

II

Hin zum Frühjahrswandel
singen all die Vöglein schön
den Freunden mein,
für die ich gerne sänge,
5 wofür mir alle gäben Lob.
Auf meinen Sang [Zunge!
merken hier die Welschen nicht. Drum, wohl dir, deutsche

III

Wie schickte ich nun gerne
der Lieben einen Boten zu
(Nun gebt acht!),
der das Dorf mir kennte,
5 wo ich die Sehnsuchtsvolle ließ.
Ich meine sie,
von der ich meinen Sinn in steter Liebe nie gewendet.

IV C VI R 12,4 C 31 c 26,4

Bote, nu var bereite
H: 11,30 ze lieben vriunden über sê!
mir tuot vil wê
sendiu arebeite.
5 dû solt in allen von uns sagen,
in kurzen tagen [breite.
saehens uns mit vröuden dort, wan durch des wâges

V C VII R 12,5 C 32 c 26,5

Sage der meisterinne
den willeclîchen dienest mîn!
si sol diu sîn,
H: 12,1 diech von herzen minne
5 vür alle vrouwen hinne vür.
ê ichs verkür,
ê wold ich verkiesen, deich der nimmer teil gewinne.

VI C VIII R 12,6 C 33 c 26,6

Vriunden unde mâgen
sage, daz ich mich wol gehabe!
vil lieber knabe,
ob sie dich des vrâgen,
5 wiez umbe uns pilgerîne stê,
sô sage, wie wê [trâgen.
uns die Walhen haben getân! des muoz uns hie be-

R VIII VII R 12,8 c 26,8

Wirp ez endelîchen!
mit triuwen lâ dir wesen gâch!
ich kum dar nâch
schiere sicherlîchen,
5 so ich aller baldist immer mac.
den lieben tac [strîchen!
lâze uns got geleben, daz wir hin heim ze lande

IV

Rasch auf die Reise, Bote,
zu lieben Freunden über See!
Es quälen mich
meiner Sehnsucht Nöte.
5 Berichte allen hier von uns:
in kurzer Zeit
sähen's uns in Freuden dort, wär' nicht des Meeres Breite.

V

Der Schafferin entbiete
meinen williglichen Dienst!
Sie bleibt stets die,
die ich von Herzen liebe
5 vor allen Frau'n für alle Zeit.
Eh' ich sie laß',
gäb' ich überhaupt es auf, ein Weib je zu gewinnen.

VI

Freunden und Verwandten
sag, daß es mir wohl ergeht!
mein lieber Bursch,
wenn sie dich befragen,
5 wie es um uns Pilger steh',
so sag, wie sehr
uns die Welschen zugesetzt! Wir haben es nun satt hier.

VII

Vollführe deinen Auftrag!
Beeile zuverlässig dich!
Ich folge nach
sicher schon in Kürze,
5 so schnell, als es nur möglich ist.
Den lieben Tag
laß uns Gott erleben, daß wir hin zur Heimat fahren!

R VII VIII C IV R 12,7 C 29 c 26,9

Ob sich der bote nu sûme,
H: 12,20 sô wil ich selbe bote sîn
zen vriunden mîn:
wir leben alle kûme;
5 daz her ist mêr dan halbez mort.
hey, waere ich dort!
bî der wolgetânen laege ich gerne an mînem rûme.

IX C V R 12,9 C 30 c 26,10

Solt ich mit ir nu alten,
ich het noch eteslîchen dôn
ûf minne lôn
her mit mir behalten,
5 des tûsent herze wurden geil.
gewinne ich heil
gegen der wolgetânen, mîn gewerft sol heiles walten.

X R 12,10 c 26,7

Si reien oder tanzen,
si tuon vil manegen wîten schrit,
ich allez mit.
ê wir heime geswanzen,
5 ich sage iz bî den triuwen mîn,
wir solden sîn [phlanzen.
zOesterrîche. vor dem snite sô setzet man die

XI R 12,11 c 26,11

H: 13,1 Er dünket mich ein narre,
swer diesen ougest hie bestât.
ez waer mîn rât,
lieze er siech geharre
5 und vüer hin wider über sê;
daz tuot niht wê. [pharre.
nindert waere baz ein man dan heime in sîner

VIII

Zögerte der Bote,
so will ich selber Bote sein
zur Freundschaft heim:
Wir fristen nur das Leben,
5 mehr als das halbe Heer ist tot!
Wär' ich daheim!
Gerne läge ich in meinem Hause bei der Schönen.

IX

Dürft' ich mit ihr altern,
ich hätte noch so manches Lied
auf Liebeslohn
her bei mir behalten,
5 das zahllos Herzen machte froh.
Find' ich Glück [glücken.
bei der Schönen, wird auch mir die Kunst des Liedes

X

Sie reihen oder tanzen,
ob sie die Schritte nähmen weit,
ich täte mit.
Eh' wir nach Hause tänzeln,
5 ich sage es bei meinem Wort:
wir müßten halt [Pflanzen.
in Österreich erst sein – vorm Schnitt kommt eben erst das

XI

Er kommt mir als ein Narr vor,
wer den August noch bleiben will.
Ich riet' ihm: laß
das aussichtslose Durchstehn
5 und fahre übers Meer nach Haus!
Das tut nicht weh.
Ein Mann wär' nirgends besser als daheim in seiner Pfarre.

Spottstrophe

c 26,12

H: S. 110

Ich wil gein Ôsterrîche
an einer züllen swattgen hin.
war kom mîn sin,
daz ich sô trunkenlîche
5 driu snelliu ros vertoppelt hân?
des muoz ich gân.
koufet ieman setele, ich gibes im sicherlîche.

L 18

W-F: SL
Nr. 12
H: 13,8

I

R 19,1 C 217 c 27,1

Komen sint uns die liehten tage lange.
alsô sint die vogele mit gesange.
die habent ein niuwez vunden,
daz sis nie vor mangen stunden
5 baz begunden.

II

R 19,2 C 218 c 27,2

Die den winder sendes herzen wâren,
den gestuont der muot vor drîzec jâren
nie ringer danne hiuwer.
mägde, ir nemt des meien stiuwer,
5 zogt ab iuwer!

III

R 19,3 c 27,3

Junge mägde und alle stolze leien,
sult iuch gên dem lieben sumer zweien,
H: 13,20
so ist wünne in allen rîchen.
ir sult iuch ze vröuden strîchen,
5 lât dar wîchen!

Spottstrophe

Ich will in einer Zille
schwappeln hin nach Österreich.
Wo war mein Kopf,
daß ich so stockbesoffen
5 drei schnelle Pferde hab' verspielt?
nun gehts zufuß.
Wenn jemand Sättel kauft, bei mir erhält er sie ganz sicher.

L 18

I

Gekommen sind die hellen, langen Tage,
ebenso die Vögel mit Gesange,
mit neuen Melodien,
daß bessre sie seit langen Zeiten
5 nie anhoben.

II

Die den Winter voller Sehnsucht waren,
ihnen stand der Sinn seit Menschenalter
sorgloser nicht als heuer.
Mädchen, nehmt des Maien Gabe
5 ohne Zögern!

III

Junge Mädchen, hochgemute Burschen,
gesellt zu zweit euch für den lieben Sommer,
dann ist Freud' im Lande!
Putzt euch für das frohe Treiben,
5 kommt nach dorten!

IV R 19,4 C 219 c 27,4

Kint, lât iu den reien wol enblanden,
loeset iuwer herze ûz senden banden
mit snellen sprüngen ringen!
ich hoer von der vogele singen
5 den walt erklingen.

V R 19,5 C 220 c 27,5

Lieben boten ich heim ze lande sende.
al mîn trûren daz sol haben ein ende;
wir nâhen zuo dem Rîne.
gerne sehen die vriunde mîne
5 uns pilgerîne!

VI R 19,6 C 221 c 27,7

Bote, nu sage den kinden an der strâze,
daz sie niht enzürnen ûz der mâze!
wir suln ein niuwez briuwen,
dar nâch sî die vinger kiuwen;
5 an den triuwen!

VII R 19,7 c 27,6

Bote, nu sage dem liepgenaemen wîbe,
daz ze wunsche gât sô wol mîn schîbe!
H: 14,1 dû sage ze Landeshuote,
wir leben alle in hôhem muote,
5 niht unvruote!

L 19

W-F: SL
Nr. 27
H: 31,5

I R 8,1 c 38,1

Komen ist ein wünneclîcher meie. [leie;
des künfte envreut sich leider weder phaffe noch der

IV

Mädchen, gebt dem Tanz euch hin mit Inbrunst,
löst die Herzen aus den Sehnsuchtsfesseln
mit schnellen, leichten Sprüngen!
Ich hör' von dem Gesang der Vögel
5 den Wald erschallen.

V

Lieben Boten send' ich heim zu Lande.
All meine Trübnis wird ein Ende haben;
wir nähern uns dem Rheine!
Möchten meine Freunde gerne
5 uns Pilger sehen!

VI

Bote, sag den Mädchen an der Straße,
daß sie nicht allzu maßlos auf uns zürnen!
wir werden Neues brauen,
daß sie sich die Finger lecken;
5 mein Wort zum Pfande!

VII

Bote, sag dem lieben, holden Weibe,
daß mein Glücksrad sich nach Wunsche drehe!
Und sage dort zu Landshut,
wir lebten all in hoher Stimmung,
5 gar nicht traurig.

L 19

I

Ein wundervoller Mai ist nun gekommen,
doch seiner Ankunft freut sich leider Pfaffe noch der Laie;

si vreut noch baz des keisers komen.
kumt er, als ich hân vernomen,
5 er stillet grôz geschreie.

II R 8,2 c 38,2

Leit mit jâmer wont in Ôsterlande.
jâ wurde er sîner sünden vrî, der disen kumber [wande;
der möhte nimmer baz getuon.
hie vrumt niemen vride noch suon.
5 da ist sünde bî der schande.

III R 8,3 c 38,3

Liebiu kint, nu vreut iuch des gedingen,
daz got mit sîner güete mange swaere kan geringen!
uns kumt ein schoeniu sumerzît,
diu nâch trûren vröude gît.
5 ich hoer diu vogelîn singen

IV R 8,4 c 38,4

H: 31,20 In dem walde sumerlîche wîse.
diu nahtigal diu singet uns die besten wol ze prîse,
ze lobe dem meien al die naht.
manger leie ist ir gebraht,
5 ie lûter danne lîse.

V R 8,5 c 38,6

Dâ bî lobent diu merlîn und die zîsel.
ûf, Hiltrât, Liukart, Jiutel, Berhtel, Gundrât,
ir zemet wol an des reien schar. [Geppe, Gîsel!

des Kaisers Ankunft freut sie mehr.
kommt er, wie ich es gehört,
5 wird er die Unruh' dämpfen.

II

Östreich ist erfüllt von Leid und Jammer.
Er würde seiner Sünden los, wer dieses Elend stillte;
er könnte nie mehr Bessres tun.
Hier stiftet niemand Fried' und Recht.
5 Sünde steht bei Schande.

III

Freut euch der Zuversicht nun, liebe Mädchen,
daß Gott mit seiner Güte alle Schwernis kann verringern.
Uns naht schöne Sommerzeit,
die nach Trauern Freude gibt.
5 Ich hör' die Vöglein singen

IV

im Walde sommerliche Melodien.
Die Nachtigall singt uns die besten Lieder wohl zu Preise,
zu Lob dem Mai die ganze Nacht.
Mannigfaltig ist ihr Schall,
5 stets lauter mehr als leise.

V

Dazu lobsingen Amseln und die Zeisel.
Auf, Hildrat, Leukart, Jeutchen, Berchtel, Gundrat, Geppe,
Ihr paßt in des Reigens Schar. [Geisel!

Vrômuot sol mit samt iu dar;
5 diust iuwer aller wîsel.

VI R 8,6 c 38,5

Dô si den vil lieben trôst vernâmen,
dô brâhtens ir geleite. dô si ûf den anger quâmen,
dô wart der meie enphangen wol.
herze wurden vröuden vol,
5 die mägden wol gezâmen.

VII R 8,7 c 38,7

Randolt, Gunthart, Sîbant, Walfrit, Vrêne
die sprungen dâ den reien vor, ie einer, dannoch [zwêne.
deist Diethôch, Uolant, unde Iedunc
spranc dâ mangen geilen sprunc;
5 an des hant spranc Elêne.

VIII R 8,8 c 38,8

H: 32,1 Vrômuot ist ûz Ôsterrîche entrunnen.
wir mugen uns ir und Vriderûnen spiegel wol ver- [kunnen.
den spiegel solte wir verklagen,
Vrômuot ûf den handen tragen,
5 dies uns her wider gewunnen.

Trutzstrophe c 38,15

H: S. 134 Her Nîthart, iuwer keiser ist ze lange.
den bringet ir uns alliu jâr mit iuwerm niuwen [sange.
des waere ouch den bûren nôt.
die sint vil nâhen hungers tôt
5 und dünnent in diu wange.

Frohmut soll mit euch dazu,
5 sie ist euer Weisel!

VI

Als sie die Ermunterung vernommen,
formierten sie's Geleite. Als sie zu dem Anger kamen,
holten sie den Maien ein.
Herzen wurden freudenvoll,
5 wie's zu den Mädchen paßte.

VII

Randolt, Gunthart, Seibant, Walfried, Vrene,
die führten da den Reigen an, je einer, dann zu zweien
Diethoch, Uland; Idung tat
dazu manchen tollen Sprung,
5 an seiner Hand Helene.

VIII

Doch Frohmut ist aus Österreich entwichen.
Verzichten müssen wir auf sie und Friederunes Spiegel.
Ihn sollten wir verschmerzen doch;
und Frohmut tragen auf der Hand,
5 die sie uns wieder brächten.

Trutzstrophe

Herr Neidhart, Euer Kaiser braucht zu lange.
Den bringt ihr uns jedes Jahr mit Euren neuen Liedern.
Es wär' auch für die Bauern gut.
Die sind beinahe Hungers tot,
5 ganz schmal sind ihre Wangen.

L 20

W-F: SL
Nr. 28
H: 32,6

I R 10,1 c 46,1

Disiu wandelunge mange vröude bringet;
senelîchiu swaere ist al der werlde geringet,
vil herzen ir gemüete ûf gegen den lüften springet.
nâch der ich mîn herze tougen swanc
5 unde ir mînen lîp ze dienste twanc,
owê, daz mir dâ niht gelinget!

II R 10,2 c 46,2

„Komen ist uns diu wünne, komen ist uns der meie,
komen sint die bluomen manger hande leie.
nu koment uns die vogele mit ir süezen schreie.
komen ist uns diu liebe sumerzît,
5 diu vil mangem herzen vröude gît.
H: 32,17 sîn trûren niemen langer heie!“

Rc IV III R 10,4 c 46,4

H: 33,3 „Trûtgespil, nu swîge, niht verlius dîn lêren!
ob ich dir noch hilfe dîne vröude mêren,
wer mêret mir die mînen? man sint niht in êren,
daz si tougen unser minne gern.
5 ich wil von in valscher minne enbern.
die site wellent sich verkêren.“

Rc V IV R 10,5 c 46,5

Sâ dô sprach diu ander: „Man sint underscheiden.
die mit triuwen dienen wîben unde meiden,
die selben lâ dir lieben und die boesen leiden!
ist uns iemen âne herze holt,

L 20

I

Dieser Jahreszeitenwechsel bringt viel Freude;
der Sehnsucht Schwernis ist für alle nun verringert,
vielen Herzen schwingt der Sinn sich auf zur Höhe.
Der ich mein Herz geheim entgegentrug
5 und selber mich zu ihrem Dienste trieb,
ach, daß ich dort erfolglos bleibe!

II

„Gekommen ist der Mai, gekommen ist die Freude,
gekommen sind die Blumen uns in buntem Wechsel.
Nun kommen auch die Vögel uns mit süßem Sange.
Gekommen ist die liebe Sommerzeit,
5 die so vielen Herzen Freude gibt.
Nun pflege keiner länger Trauer!“

III

„Ach, liebe Freundin, schweig und spare deine Lehren!
Selbst wenn dir ich deine Freude steigern helfe,
wer mehrt sie mir? Es fehlt das Ehrgebot den Männern,
heimlich unsre Liebe zu erflehn.
5 Auf falsche Liebe gebe ich Verzicht.
Die Sitten wollen sich verkehren.“

IV

Antwort gab die erste: „Männer sind verschieden.
Solche, die aufrichtig Frau'n und Mädchen dienen,
die laß dir angenehm, die schlechten aber leid sein!
Macht uns jemand ohne Herz den Hof,

5 dem ist kupher lieber danne golt.
H: 33,14 gehoenet werde er von uns beiden!“

Rc III **V** R 10,3 c 46,3

H: 32,18 Die den wîben hôchgemüete solden machen
unde in in diu lôsen ougen solden lachen,
die habent sich bewollen mit sô vremden sachen,
daz hie bevor den Tiutschen wilde was.
5 ja ist er niht der wîbe spiegelglas,
H: 32,23 der sî ze vrevel wil geswachen.

R VIII **VI** c VII R 10,8 c 46,7

H: 32,36 Wîlen, dô die herren hôher minne phlâgen
und dô sî bî herzenliebe gerne lâgen,
dô kunde sî vor liebe der minne niht betrâgen.
nu ist ez an die valschen minne komen;
H: 33,1 5 diu hât der werden minne ir lop benomen.
niemen sol mich fürbaz vrâgen.

Rc VI **VII** R 10,6 c 46,6

H: 32,24 Stüende ez in der werlde alsam vor drîzec jâren,
der mich danne trûriclîchen saehe gebâren,
der solde mich zehant behiuten unde behâren;
jâ waere ich ungevüeger zühte wert.
5 ja ist iz hiuwer boeser danne vert.
daz leben mir beginnet swâren.

R VII **VIII** c VIII R 10,7 c 46,8

Der uns nû die Diutschen und die Bêheim baete,
daz si niht enbranten, unze man gesaete,
und daz ein ieglîch herre diu kleit von im taete,

5 dem ist Kupfer lieber als das Gold.
Laß Hohn und Spott auf den uns schütten!“

V

Die den Frauen Hochgestimmtheit sollten wecken
und ihnen in die schelmisch-frohen Augen lachen,
die haben sich befleckt mit solchen fremden Dingen,
wie's ehemals in Deutschland unbekannt.
5 Ja, der ist nicht der Frauen Spiegelglas,
der sie zu Wollust nur erniedrigt.

VI

Einstens, als die Herrn sich hoher Minne weihten
und bei ihrer Herzensliebsten freudvoll lagen,
ließ sie Ergriffensein an Lust nicht müde werden.
Nun ist die falsche Liebe obenauf;
5 sie hat der edlen ihren Preis geraubt.
Niemand soll mich weiter fragen.

VII

Stünd's in der Welt noch wie vor einem Menschenalter,
säh' dann einer, daß den Kopf ich hängen ließe,
der müßte stracks mich schinden und das Haar ausreißen;
solch grobhänd'ger Strafe wär' ich wert.
5 Und dies Jahr ist es schlimmer als vorher!
Das Leben beginnt mir schwer zu werden.

VIII

Wenn einer nun die Deutschen und die Böhmen bäte,
nicht zu brennen und zu sengen vor der Aussaat,
und daß jeder Herr das Kriegskleid von sich legte,

diu man vor den vrouwen niht sol tragen,
5 dâ von wolde ich singen unde sagen,
H: 32,35 und belibe der fride noch staete.

L 21

W-F: SL
Nr. 29
H: 33,15

I R 55,1

Durch des landes êre
muoz ich brechen
mîn versprechen
unt durch vriunde lêre.
5 die nu wellent niht enbern,
ich enmüeze ir bete gewern,
und singen aber mêre.

II R 55,2

Kunde ich nû gesingen,
daz die jungen
gerne sungen,
nâch dem ungelingen,
5 den diu werlt an vreuden hât,
diu mit trûren umbe gât!
wer kan die nôt geringen?

III R 55,3

Welt ir liebiu maere
H: 33,30 gerne hoeren?
– trûren stoeren
kumt uns lobebaere –
5 da ist der meie und al sîn kraft!
er und sîn gesellechaft
diu ringent manege swaere.

das man nicht vor Damen tragen soll,
5 das wäre mir ein Thema für ein Lied,
und bliebe der Friede noch erhalten!

L 21

I

Des Landes Anseh'ns wegen
muß mein Schweigen
ich nun brechen,
und Freunde zu belehren.
5 Sie verzichten nicht darauf,
ich müß' erfüllen ihre Bitt',
und aufs Neue singen.

II

Geläng' mir jetzt ein Lied doch,
wie's junge Menschen
gern gesungen,
obschon alle Freude
5 nun der Welt verloren ist,
die nur den Kopf noch hängen läßt!
Wer kann die Not erleichtern?

III

Wollt ihr erwünschte Nachricht
gerne hören?
– Trauer wenden
ist ja Lobes würdig –
5 Der Mai ist da mit seiner Macht!
Er, und was nur um ihn ist,
beendet vielen Kummer.

IV R 55,4

Vruht ûf al der erde
ist betouwet
(alle schouwet!)
H: 34,1 aber in vollem werde.
5 daz genuoge ringe wiget,
meie hât im an gesiget,
dô sich diu zît verkêrde.

V R 55,5

Nu ist der walt gezieret
und diu heide
mit ir kleide
lieht wol geveitieret.
5 mit in brâhtens ûz der nôt
brûne, blâwe bluomen, rôt
mit rôsen underwieret.

VI (in der Fassung Haupts nach R) R 55,6

Hie mit sî gesungen
den ze hulden,
die von schulden
H: 34,15 wol nâch vreuden rungen
5 unde ouch *tugende wâren* wert. (W: jugende (s. d.) waeren)
swâ diu jugent niht vreude gert,
da ist Êre ûz phade gedrungen.

W-F: Anhang II: angezweifelt
H: XI, 1

L 22 Mel. 3

I R 37,1 c 18,1 s 1

Meie, dîn liehter schîn
und diu kleinen vogelîn
bringent vröuden vollen schrîn.
daz si willekomen sîn!
5 ich bin an den vröuden mîn
mit der werlde kranc.

IV

Frucht rings auf der Erde
steht nun tauig
(prüft das alle!)
erneut in vollem Werte.
5 Was geringe Schätzung hat,
darüber hat der Mai gesiegt
zum Beginn des Frühlings.

V

Nun ist der Wald voll Zierde
und die Gewandung
ist der Heide
geschmückt mit hellen Farben.
5 Beide führten aus der Not
mit sich Blumen, braun und blau,
rot durchsetzt mit Rosen.

VI

Nun sei dies Lied gewidmet
jenen allen,
die von rechtens
sich ernst gemüht um Freude,
5 auch alles Tüchtige geschätzt.
Wo Jugend nicht nach Freude strebt,
ist Ehre verdrängt vom Wege.

L 22

I

Maie, dein heller Glanz
und die netten Vögelchen
bringen einen Schrank voll Lust.
Hochwillkommen seien sie!
5 Doch mit Freude steht's bei mir
wie bei allen schlecht.

alle tage ist mîn klage,
von der ich daz beste sage
unde ir holdez herze trage,
10 daz ich der niht wol behage.
von den schulden ich verzage,
daz mir nie gelanc,

alsô noch genuogen an ir dienest ist gelungen,
die nâch guoter wîbe lône höveschlîchen rungen.
15 nu hân ich beidiu umbe sust gedienet unde gesungen.

II R 37,2 c 18,2 s 2

Lieben wân, den ich hân
gein der lieben wolgetân,
der ist immer unverlân
unde enkan mich niht vervân.
5 sol diu guote mich vergân,
sanfter waere ich tôt.

ich was ie, swiez ergie,
sît daz ich ir künde vie,
H: XII, 1 in ir dienste, des si nie
10 selten mich geniezen lie,
dort und etewenne hie,
swie sie mir gebôt.

sol ich dienen und des âne lôn von ir belîben, [wîben.
so ist des übelen mêre danne des guoten an den
15 von dem gelouben möhte mich ein keiser niht ver-
[trîben.

III R 37,3 c 18,3 s 3

Ungemach mir geschach,
do ich von êrste ein wîp ersach,

Jeden Tag klage ich:
der ich spende vollstes Lob,
die mein ganzes Herz besitzt,
10 lock' ich kein Gefallen ab.
Ich verliere allen Mut,
weil mir nie Erfolg

glückte, den doch vielen sonst ihr Dienst hat eingetragen,
die sich um guter Frauen Gunst nach Kavaliersart mühten.
15 Ganz vergeblich habe ich nun Dienst und Lied ver-
[schwendet.

II

Hoffnung doch, die mir lieb,
die zur Schönen mich erfüllt,
gebe ich gleichwohl nicht auf,
wenn sie mir auch gar nichts nützt.
5 Wird die Gute niemals mein,
wär' ich besser tot.

Ich war stets, wie's auch ging,
seit ich von ihr Kenntnis hab',
Ritter für sie, was sie nie
10 jemals mich genießen ließ,
überall, bald dort, bald hier,
wie sie's mir befahl.

Soll ich dienen und auf jeden Lohn von ihr verzichten,
dann ist des Üblen mehr denn als des Guten an den Frauen.
15 Von dieser Meinung könnte mich kein Kaiser selbst
[vertreiben.

III

Ungemach mir geschah,
als ich erstmals ein Weib erblickt,

der man ie daz beste sprach
unde ir guoter dinge jach,
5 diu ir kiusche nie zebrach
unde ir hövescheit.

ist mîn hâr grîsgevar,
daz kumt von ir schulden gar.
ir vil liehten ougen klâr
10 nement mîn vil kleine war,
sô diu mînen blickent dar
âne kunterfeit.

wolte sî mit einem gên den mînen beiden zwieren!
minne diu gebiutet, daz diu ougen scharmezieren,
15 liebe zwischen wîben unde mannen underwieren.

IV

Hôchgemuot, dar zuo fruot
ist an jungem manne guot.
der vor schanden ist behuot
und daz beste gerne tuot,
H: XIII,1 5 den begiuzet saelden fluot.
minnet werdiu wîp,

fürhtet scham: wîbes nam,
der enwirt dir nimmer gram.
ist er guoten wîben zam,
10 ist sîn zunge an schelten lam,
so ist er aller tugende stam.
saelic sî sîn lîp,

der daz lop behalte! der ist âne missewende.
aller saelden saelic muoz er sîn unz an sîn ende.
15 diu liet ich der werlde zeiner bezzerunge sende.

von der man stets das Beste sprach
und ihr nur Gutes zugestand,
5 die ihre Reinheit nie verletzt
noch feine Lebensart.

Ist mein Haar grau gefärbt,
das ist gänzlich ihre Schuld.
Ihre Augen, hell und klar,
10 sehen nur an mir vorbei,
wenn die meinen auf ihr ruh'n,
ehrlich, ohne Falsch.

Wenn sie nur mit einem meinen beiden zwinkern wollte!
Minne will doch, daß die Augen unter sich scharmützeln,
15 Freude zwischen Frau und Mann im Wechselspiele setzen.

IV

Hochgestimmt fein von Art,
das ist gut an jungem Mann.
Dem Schande nichts anhaben kann,
der das Beste willig tut,
5 den begießt die Flut des Glücks.
Der edle Frauen minnt,

vor Schmach sich scheut: keine Frau
blickt mit Unmut je auf dich.
Ist guten Frau'n willfährig er,
10 hält seine Zunge er im Zaum,
ist er ein Stamm der Trefflichkeit.
Alles Glück für ihn,

bleibt ihm solches Lob erhalten! Frei ist er von Makel.
Alles Glücks teilhaftig wird er sein bis an sein Ende.
15 Diese Strophen sende ich der Welt, daß sie sich bess're.

Winterlieder

WINTERTREIBEN

L 23

W-F: WL
Nr. 1
H: 35,1

I — R 35,1 d 4,1

Winder, uns wil dîn gewalt
in die stuben dringen
von der linden breit.

dîne winde die sint kalt.
5 lerche, lâ dîn singen!
dir hât widerseit

beide rîfe und ouch der snê.
dû muost stille swîgen.
sô klag ich den grüenen klê.
10 meie, ich wil dir nîgen.
mir tuot der winder wê.

II — R 35,2 d 4,2 z 28,1

Tanzet, lachet, weset vrô!
daz zimt wol den jungen
disen winder lanc.

iu ze stiuwer gibe ich sô
5 hiwer von mîner zungen
einen niuwen sanc,

daz ir âne swaeren muot
vreude mugt erbîten.

WINTERTREIBEN

L 23

I

Winter, uns will deine Macht
in die Stuben drängen
von der Linde weg.

Deine Winde sind so kalt.
5 Lerche, laß dein Singen!
Dir hat aufgesagt

beides, Reif und auch der Schnee.
Du mußt stille schweigen.
Den grünen Klee doch klage ich.
10 Vor dir, Mai, ich mich neige.
Der Winter tut mir weh.

II

Tanzt und lacht, und seid recht froh!
Das steht gut den Jungen
den langen Winter durch.

Als Beitrag spende ich dazu
5 dies Jahr von meinen Lippen
ein neues Lied zum Tanz,

daß ihr ohn' Melancholie
Freude könnt erwarten.

H: 35,20 Engelmâr, dîn stube ist guot;
10 küele ist an der lîten.
der winder schaden tuot.

III R 35,3 d 4,3 z 28,2

Etzel, Ruoze und Adelber
und der geile Rüele
zesamen hânt gesworn

alle ûf einen dörper hêr;
5 derst von Wîtenbrüele
H: 36,1 und brüevet grôzen zorn.

daz enkunde ich ê noch sît
nie voltagedingen:
Rüele enwolte enwiderstrît
10 an dem reien springen;
daz was Lanzen nît!

IV R 35,4 d 4,4 z 28,3

Lanze eine treien treit,
diu ist von barchâne,
grüene alsô der klê.

ze wîge hât er sich bereit.
5 er lebet in dem wâne,
daz im niht widerstê.

dar in er gesteppet hât
ein guot îsnîn hemde.
H: 36,15 limmende als ein ber er gât.
10 guot muot ist im vremde.
erst kint, der in bestât.

Gut ist die Stube, Engelmar;
10 kühl ist's an der Halde.
Der Winter schädigt uns.

III

Etzel, Ruse, Adelbär
und der tolle Rüle
haben sich vereint

auf einen aufgeblas'nen Kerl;
5 der ist von Weitenbrühl her
und stiftet nichts als Streit.

Ich war dazu nicht im Stand,
völlig es zu schlichten:
Rüle wollte an dem Tanz
10 nicht um die Wette springen;
da wurde Lanze wild!

IV

Der Lanze, der trägt einen Rock,
der ist aus einem Barchent,
grün so wie der Klee.

Gerüstet hat er sich zum Streit.
5 Er lebt in dem Wahne,
daß ihm nichts widersteht.

Denn gefüttert ist sein Rock
mit Polstern, ganz aus Eisen.
Brummend geht er wie ein Bär,
10 von Gutsein keine Rede.
Ein Kindskopf, wer ihn stellt.

L 24

Mel. 4

W-F: WL
Nr. 3
H: 38,9

I R 27,1 C 139 c 106,1

Kint, bereitet iuch der sliten ûf daz îs!
da ist der leide winder kalt;
der hât uns der wünneclîchen bluomen vil benomen.

manger grüenen linden stênt ir tolden grîs,
5 unbesungen ist der walt.
daz ist allez von des rîfen ungenâden komen.

mugt ir schouwen, wie er hât die heide erzogen?
diust von sînen schulden val.
dar zuo sint die nahtigal
10 alle ir wec gevlogen.

II C III R 27,2 C 141 c 106,2

Wol bedörfte ich mîner wîsen vriunde rât
H: 38,20 umbe ein dinc, als ich iu sage,
daz si rieten, wâ diu kint ir vreuden solten phlegen.

Megenwart der wîten stuben eine hât.
5 obz iu allen wol behage,
dar sul wir den gofenanz des vîretages legen.

ez ist sîner tohter wille, kom wir dar.
ir sultz alle ein ander sagen.
einen tanz alum die schragen
10 brüevet Engelmâr.

III C IV R 27,3 C 142 c 106,3

Wer nâch Künegunde gê, des wert enein!
der was ie nâch tanze wê.

L 24

I

Ihr Mädchen, richtet eure Schlitten für das Eis!
Winter ist es, leidig, kalt.
Er hat uns die holde Blumenpracht hinweggeraubt.

Die Kronen all der grünen Linden stehen welk,
5 ohne Lieder ist der Wald.
Das kommt alles von des Reifes Gnadenlosigkeit.

Seht ihr, wie der Heide er Gewalt getan?
Von seiner Schuld ist sie so fahl.
Dazu sind schon längst hinweg
10 Die Nachtigallen all.

II

Eigentlich braucht' ich erfahr'ner Freunde Rat
Für ein Ding, ich sag' euch, was:
Ratet für die Lustbarkeit der Jugend einen Ort!

Eine weite Stube hat ja Megenwart.
5 Wenns euch allen so gefällt,
So treffen wir zu Tanz und Spiel uns dort des Feiertags.

Es ist seiner Tochter recht, geh'n wir dorthin.
Sagt es allen dann reihum!
Einen Tanz rund um den Tisch
10 Führt der Engelmar.

III

Wer von euch nach Kunigunde geht, macht aus!
Aufs Tanzen war von je sie toll.

ez wirt uns verwizzen, ist daz man ir niht enseit.

Gîsel, ginc nâch Jiuten hin und sage in zwein,
5 sprich, daz Elle mit in gê!
ez ist zwischen mir und in ein starkiu sicherheit.

kint, vergiz durch niemen Hädewîgen dâ,
bit si balde mit in gân!
einen site si sulen lân:
10 binden ûf die brâ.

IV C V R 27,4[1]* C 143 c 106,4

Got gebiete den jungen wîben über al,
H: 39,1 die der mâze wellen sîn,
daz si hôchgemuoten mannen holdez herze tragen:

ruckenz vorne hôher, hinden hin ze tal,
5 decken baz daz näckelîn!
war zuo sol ein tehtier âne ein collier umbe den [kragen?

wîp sint sicher um daz houbet her gewesen,
daz et in daz niemen brach.
swaz in anderswâ geschach,
10 des sints ouch genesen.

* noch einmal [2] am unteren Rande

W-F: VI angezweifelt

R VII (c) V C VI R 27,7 C 144 c 106,5

H: 39,20 Frideliep bî Götelinde wolde gân;
des het Engelmâr gedâht.
wils iuch niht verdriezen, ich sag iu daz ende gar:

Eberhart der meier muoste ez understân;
5 der wart zuo der suone brâht.
anders waere ir beider hende ein ander in daz hâr.

Wir kriegen was zu hören, wenn sie nichts davon
[erfährt.

Geisel, geh zu Jeute hin und sag's den Zwei'n,
5 Sag, daß Elle auch mitkommt!
Sie und ich, wir gaben unverbrüchlich unser Wort.

Kind, vergiß um niemands willen Hedwig dort,
Bitt' sie gleich mit herzugehn!
Doch lassen solln's den Brauch: das Tuch
10 bis auf die Brauen zieh'n.

IV

Gott gebiete doch den jungen Frauen dies,
allen die gesonnen sind,
daß sie froh gestimmten Männern holdes Herze weihn:

„Den Kopfputz rückt vorn' höher, hinten mehr herab,
5 daß der Nacken mehr bedeckt!"
Was nützt denn ein Helm, fehlt das Koller für den Hals?

Weiber waren stets noch sicher an dem Kopf,
den riß noch keiner ihnen ab.
Geschah was sonstwo, haben sie's
10 auch noch überlebt.

V

Friedlieb wollte mit der Götelinde geh'n;
das gleiche dachte Engelmar.
Wenn's euch nicht zu lange wird, dann sag' ich euch den
[Schluß:

Dazwischentreten mußte Meier Eberhart.
5 Zur Schlichtung wurde er geholt,
sonst lägen sie sich mit den Händen beiderseits im Haar.

zwein vil oeden ganzen giengen sî gelîch
gein ein ander al den tac.
der des voresingens phlac,
10 daz was Friderîch.

W-F: V R V (c) VI C VII R 27,5 C 145 c 106,6

H: 39,10 Eppe zuhte Geppen Gumpen ab der hant;
des half im sîn drischelstap.
doch geschiet ez mit der riutel meister Adelber.

daz was allez umbe ein ei, das Ruopreht vant
5 (jâ, waen, imz der tievel gap).
dâ mit drôte er im ze werfen allez jenenther.

Eppe der was beidiu zornic unde kal;
übellîchen sprach er: „tratz!“
Ruopreht warf imz an den glatz,
10 daz ez ran ze tal.

R VI (c) VII C II R 27,6 C 140 c 106,7

H: 39,30 Hie envor dô stuont sô schône mir mîn hâr,
umbe und umbe gie der spân.
des vergaz ich, sît man mich ein hûs besorgen hiez.

salz und koren muoz ich koufen durch daz jâr.
5 wê, waz het ich im getân,
der mich tumben ie von êrste in disen kumber stiez?

mîne schulde wâren kleine wider in.
mîne vlüeche sint niht smal,
swanne ich dâ ze Riuwental
10 unberâten bin.

Zwei aufgeblas'nen Gänsern ähnlich gingen sie
aufeinander zu den Tag.
Friedrich war es, der beim Tanz
10 vorgesungen hat.

VI

Eppe zerrte Geppe dem Gumpe von der Hand;
sein Flegelschaft half ihm dabei.
Doch sie trennte mit der Reutel Meister Adelbär.

Es war wegen eines Ei's, das Ruprecht fand
5 (ich glaub', der Teufel gab es ihm).
Er drohte, ihn damit zu werfen, ganz von drüben her.

Eppe, jähen Zorns und außerdem beglatzt,
bösen Sinnes rief er: „Trutz!"
Ruprecht warf's ihm an den Kopf,
10 und herunter rann's.

VII

Ehemals da stand so stattlich mir das Haar,
rundum ging der Lockensaum.
Das war vorbei, seitdem man mir ein Haus in Pflege gab.

Kaufen muß ich Salz und Korn das ganze Jahr.
5 Weh, was hab' ich ihm getan,
der mich Unerfahr'nen erstmals in den Kummer stieß?

Schuld bin ich mir keiner gegen ihn bewußt.
Meine Flüche sind nicht sanft,
immer wenn zu Reuental
10 aus der Vorrat ist.

L 25

Mel. 5

W-F: WL
Nr. 4
H: 40,1

R I I O I R 33,1 O 22 c 104,1
d 14,1

„Sinc an, guldîn huon, ich gibe dir weize!"
(schiere dô
wart ich vrô),
sprach si, nâch der hulden ich dâ singe.

5 alsô vreut den tumben guot geheize
durch daz jâr.
würde ez wâr,
sô gestuont nie mannes muot sô ringe,

alsô mir der mîne danne waere.
10 mac si durch ir geilicheit
mîniu leit
H: 40,12 wenden? ja ist mîn kumber klagebaere.

R III II O II K II R 33,3 K 2 O 23
c 104,2 d 14,3

H: 40,25 Los ûz! ich hoer in der stuben tanzen.
junge man,
tuot iuch dan!
da ist der dorefwîbe ein michel trünne.

5 dâ gesach man schône ridewanzen.
zwêne gigen.
dô si swigen
(daz was geiler getelinge wünne),

seht, dô wart von zeche vor gesungen!
10 durch diu venster gie der galm.
Adelhalm
H: 40,36 tanzet niwan zwischen zwein vil jungen.

L 25

I

„Stimm' an, goldig Huhn, ich geb' dir Weizen!"
(und sofort
wurd' ich froh),
sprach sie, deren Huld mein Lied umwirbet.

5 So erfreut den Toren gut Versprechen
durch das Jahr.
Würd' es erfüllt
wäre niemals Mannes Sinn so schwebend,

wie der meine mir beschwingt dann wäre.
10 Vermag ihr Übermut mein Leid
überhaupt
zu wenden? Ja, mein Kummer ist zu klagen.

II

Horcht! Ich höre in der Stube tanzen.
Burschen, los,
macht euch dran!
Hier ist vom Dorf ein ganzes Rudel Weiber.

5 Da sah man den Ridewanz sie schneidig tanzen.
Zweie geigten.
Als sie schwiegen
(das war ausgelass'ner Burschen Freude),

seht, da wurde reihum vorgesungen!
10 Durch die Fenster ging der Lärm.
Adelhalm
tanzt ausschließlich zwischen zwei ganz jungen

R II **III** O III K I R 33,2 K 1 O 24
c 104,4 d 14,2

H: 40,13 Rûmet ûz die schämel und die stüele!
heiz die schragen
vuder tragen!
hiute sul wir tanzens werden müeder.

5 werfet ûf die stuben, sô ist ez küele,
daz der wint
an diu kint
sanfte waeje durch diu übermüeder!

sô die voretanzer danne swîgen,
10 sô sult ir alle sîn gebeten,
daz wir treten
H: 40,24 aber ein hovetänzel nâch der gîgen:

K **IV** K III K 3 c 104,3
d 14,4

H: S. 144,1 Gôzbreht, Willebolt, Gumpreht und Eppe,
Willebreht,
meiers kneht,
Werenbolt und ouch der junge Tuoze,

5 Megenbolt, des meiers sun, und Reppe,
Irenwart,
Sigehart,
Gîselher und Fridegêr und Uoze.

der ist ein vil tumber halingaere. – Holingaere. (s. s. v.)
10 er gêt vrîen durch daz jâr
(des nemt war!)
H: S. 144,12 unde ist doch den meiden gar unmaere.

R IV **V** O IV K IV R 33,4 K 4
O 25 c 104,5 d 14,5

H: 40,37 Sâht ir ie gebûren sô gemeiten,
als er ist?

III

Räumt nun aus die Schemel und die Stühle,
auch den Tisch
schafft hinaus!
Heut' woll'n vom Tanz wir richtig müde werden.

5 Macht die Stube auf, dann gibt es Kühlung,
daß der Wind
streife sanft
an die Mädchen durch ihr Übermieder.

Enden dann das Lied die Reigenführer,
10 so lad' ich euch alle ein,
daß wir neu
ein höf'sches Tänzchen treten nach der Fidel:

IV

Ihr Goßbrecht, Gumbrecht, Willebold und Eppe,
Willebrecht,
Meiers Knecht,
Werenbold und auch der junge Tuße,

5 Megenbold, des Meiers Sohn, und Reppe,
Irenwart,
Sigehart,
Geiselher und Friedeger samt Uße.

[Holling ...

Ein Sálzsìeder ist der, ein ganz blöder. – Ein Kerl aus
10 Freien tut er's ganze Jahr
(gebt nur acht!);
dabei will kein's der Mädchen von ihm wissen!

V

Saht einen Bauern je ihr dumm angeben
so wie ihn?

wizze Krist!
er ist al ze vorderst anme reien.

H: 41,1 5 niuwen vezzel zweier hende breiten
hât sîn swert.
harte wert
dünket er sich sîner niuwen treien.

diust von kleinen vier und zweinzec tuochen,
10 di ermel gênt im ûf die hant.
sîn gewant
sol man an eim oeden kragen suochen.

R V VI O V K V R 33,5 K 5
O 26 c 104,6 d 14,6

Dörperlîch stât allez sîn gerüste,
daz er treit.
mirst geseit,
er sinn Engelboltes tohter Âven.

5 den gewerp erteile ich im ze vlüste.
si ist ein wîp,
daz ir lîp
zaeme wol ze minne einem grâven.

dâ von lâze er sich des wîsen tougen!
10 zecke er anderthalben hin!
den gewin
H: 41,20 trüege er hin ze Meinze in sînem ougen.

R VI VII K VI R 33,6 C 172 K 6
c 104,7 d 14,7

Imst sîn treie nie sô wol zerhouwen
noch sîn kel
nie sô hel,
er enmüge sî sîn wol erlâzen.

Das weiß Gott,
zuvorderst ist er immer an dem Reigen.

5 Einen Gurt, ganz neu und doppelt handbreit,
hat sein Schwert.
Und wie fein
dünkt er sich mit seiner neuen Jacke

aus Tuch von vierundzwanzig kleinen Stücken,
10 mit Ärmeln übers Handgelenk.
Dies Gewand
wundert nicht an solchem eitlen Kragen.

VI

Bauernklobig hängt der ganze Aufzug
an ihm dran.
Mir ’st gesagt
er hab’ ein Aug’ auf Engelboltes Ave.

5 Mein Urteil ist, daß er sich unnütz mühe,
denn Ave ist
ein solches Weib,
sie wäre der Liebe eines Grafen würdig.

Laß er deshalb sich geheim belehren
10 und treibe andern Orts sein Spiel!
Den Erfolg
könnt’ er sonst bis Mainz im Auge schleppen.

VII

So schön geschlitzt ist seine Jacke doch nicht,
noch singt beim Tanz
er nie so laut,
daß er sie nicht von sich verschonen möchte.

5 disen sumer hât er sî gekouwen
gar vür brôt.
schamerôt
wart ich, dô si bî ein ander sâzen.

wirt si mir, der ich dâ gerne diene,
H: 41,30 10 guotes gibe ich ir die wal,
Riuwental
gar vür eigen; deist mîn Hôhiu Siene.

L 26

W-F: WL
Nr. 2
H: 36,18

I R 36,1 C 132 c 115,1 d 6,1

Mir tuot endeclîchen wê,
daz den winder niemen des erwenden mac,
er entwinge uns abe

beide bluomen unde klê,
5 dar zuo mangen liehten wünneclîchen tac
(deist mîn ungehabe).

die beginnent leider alle truoben.
hin gescheiden ist ir zil.
bickelspil
10 wil sich aber in der stuben uoben.

II R 36,2 C 133 c 115,2 d 6,2

Des wil Küenzel meister sîn.
der verbiutet lachen, sprechen, winkelsehen.
deist durch in getân.

des ersmieret Jiutelîn.
5 uchuch! der muoz an ir hant vil wê geschehen,
des ich sorge hân.

5 Den Sommer hat er sie vor Lieb' gefressen
wie's täglich Brot.
Rot vor Scham
wurd' ich, wenn sie beieinander saßen.

Erring' ich sie, der ich verlangend diene,
10 Gutes geb' ich ihr die Wahl,
Reuental
ganz zu Besitz; das ist mein Hoch-Siena!

L 26

I

Mir tut weh bis auf den Grund,
daß den Winter niemand davon bringen kann,
daß er uns entreißt

beides, Blumen und den Klee,
5 und dazu so manchen hellen Freudentag
(leidvoll ist mir dies).

Die Tage werden leider alle trübe.
Zu Ende ist nun ihre Zeit.
Würfelspiel
10 wird man wieder in der Stube treiben.

II

Hiefür wird Künzel Meister sein.
der verbietet Lachen, Sprechen, Zwinkerei.
Wie er's will, geschiehts.

Jeutel aber lächelt drob.
5 Auweh! Dafür geht es ihrer Hand ganz schlimm,
was mir Sorge macht.

diu wart hiuwer wunt in einen vinger,
dôs ir muomen gersten sneit.
mir ist leit.
10 trûther Künzel, slaht ein wênic ringer!

W-F: V — III — R 36,3 C 134 c 115,3 d 6,5

Hie mit sul wir des gedagen.
sprechen von den kinden, diu dar sint gebeten
H: 37,1 ûf den gofenanz!

Jiutel sol in allen sagen,
5 daz sî dâ mit Hilden nâch der gîgen treten.
michel wirt der tanz.

Diemuot, Gîsel gênt dâ mit ein ander;
al daz selbe Elle tuot.
Wendelmuot,
10 wergot! ruof uns Künzen durch diu lander!

W-F: VI — IV — R 36,4 C 135 c 115,4 d 6,6

Sage ir, daz der man sî hie,
dazs ein kleinez röckel unde ir mantel trage,
obs in welle sehen!

des hât sî gewünschet ie.
5 nû kumt ez ir rehte gein dem vîretage;
dô lâz ez geschehen!

bit si, dazs ir in ir geuchel binde!
mir ist lieber, kumt sie her,
danne, ob er
H: 37,18 10 sî dâ heime in swacher waete vinde.

Sie wurde heuer wund an einem Finger,
als sie der Muhme Gerste schnitt.
Das tut mir leid.
10 Lieber Meister Künzel, schlagt halt sanfter!

III

Schweigen weiter wir davon.
Sprechen wir von den Mädchen, die geladen sind
zu dem Stubentanz!

Jeutel schaffe allen an,
5 daß der Tanz mit Hilde nach der Fidel geh;
das wird ein toller Tanz!

Diemut, Geisel geh'n da mit einander,
und die Elle ebenso.
Wendelmut,
10 Bei Gott, ruf der Künze durch die Zäune!

IV

Sage ihr, der Freund sei da!
Ein nettes Röckchen und den Mantel leg' sie an,
wenn sie ihn sehen will!

Das war doch von je ihr Wunsch.
5 Nun kommt es ihr ja passend zu dem Feiertag.
Geschehe es denn auch!

Daß sie ins Kleid ihr Zauberkraut auch binde!
Lieber ist's mir, sie kommt her,
als daß er
10 sie daheim im Hauskleid etwa treffe.

W-F: III V Cc VI R 36,5 C 137 c 115,6 d 6,3

H: 37,29 Zickâ, wie si mir geviel,
dô ich rehte erblihte, wie si was getân!
wol stuont ir daz hâr

unde ir rôsenvarwer triel.
5 dô bat ich die guoten zuo mir sitzen gân.
sî sprach: „ine getar.

mirst verboten, daz ich mit iu iht rûne
noch zuo ziu niht sitzen sol.
tuot sô wol,
10 vrâget Heilken dort bî Friderûnen!"

W-F: IV VI Cc VII R 36,6 C 138 C^b^1,1 c 115,7 d 6,4

Heilken vrâgen ich began,
wer dem kinde sîne vreude het erwert.
H: 38,1 daz tet sî mir kunt:

„dâ ist Elle schuldic an,
5 von der uns vil manic bunkel ist beschert."
dô sprach Künegunt:

„diu müet uns ze kirchen und ze strâze,
dazs uns allen machet wart.
Iremgart,
H: 38,8 10 triuwen, dâ soltû si umbe hazzen."

W-F: VII VII Cc V R 36,7 C 136 c 115,5 d 6,7

H: 37,19 Künze dô niht langer beit,
sîne gienge, dar ir Wendelmuot gebôt.
seht, dar was ir gâch!

schiere hets sich an geleit.
5 beide sîten wâren ir von sîden rôt,
lützel gieng ir nâch.

V

Heisa, wie sie mir gefiel,
als ich dabei so richtig merkte, wie sie war!
Hübsch stand ihr das Haar,

und ihre Gosche, rosenrot.
5 Da bat ich die Gute: „Setzt Euch neben mich!"
Sie sprach: „Trau mich nicht.

Mir'st verboten, daß ich mit Euch tuschle,
soll nicht sitzen neben Euch.
Seid so gut,
10 fragt die Heilke dort bei Friederune!"

VI

Heilke fragte ich darnach,
wer der Kleinen ihre Freude hat verwehrt.
Sie gab mir Bescheid:

„Da ist Elle schuld daran;
5 ihr verdanken wir so manchen bösen Streich."
Darauf sprach Kunigund:

„Sie verdrießt uns, wo sie uns begegnet,
hängt allen böse Worte an.
Irmengart,
10 du solltest wirklich ihr deswegen feind sein!"

VII

Künze zögerte da nicht,
sie macht' sich auf, wohin ihr Wendelmut entbot;
guckt: eilig hatte sie's!

Rasch war sie in ihrem Staat.
5 Es war ein Kleid von roter Seide beiderseits,
schleppenlos der Rock.

swer diu lant nâch wîben gar durchvüere,
der deheiner gunde ich baz
(wizzet daz!)
H: 37,28 10 mîner lieben muoter zeiner snüere.

L 27

Mel. 6

W-F: WL
Nr. 10
H: 49,10

I R 16,1 C^b1,5 c 98,1

Dô der liebe summer
ureloup genam,
dô muose man der tänze
ûfm anger gar verphlegen.

5 des gewan sît kummer
der herre Gunderam.
der muose ouch sîn gestränze
dô lâzen under wegen.

der ist bickelmeister disen winder.
10 oeder gouch ist in dem lande ninder.
sîn rûmegazze kaphet zallen zîten wol hin hinder.

II R 16,2 C^b1,6 c 98,2

Waz er an den meiden
wunders dâ begât,
ê daz mîn vrouwe Schelle
volende ir gebot!

H: 49,25 5 erst vil unbescheiden,
wan swelhe er bestât,
diu wirt von slegen helle
und mîdende den spot.

dâ von lâzen alle ir smutzemunden,
10 des die jungen niht verheln enkunden!

Wer das Land nach Weibern ganz durchzöge,
ihrer keine gönnt' ich mehr
(das wißt genau!)
10 als Schwiegertochter meiner lieben Mutter.

L 27

I

Als der liebe Sommer
von uns Abschied nahm,
da wars mit den Tänzen
auf dem Anger Schluß.

5 Kummer dies bedeutet
für Herrn Gunderam.
Sein prahlerisches Strolchen
ist auch für ihn vorbei.

Würfelmeister ist er diesen Winter.
10 Eitlern Geck sieht man im Lande nirgends.
Sein „Wegeräumer" gafft zu jeder Zeit gespreizt nach
[hinten.

II

Was er mit den Mädchen
tolle Dinge treibt,
bis die Herrin Schelle
deren Einsatz stoppt!

5 Ein rücksichtsloser Bursche!
Die er zur Ordnung weist,
die schreit laut von Schlägen
und vergißt den Spott.

Vergeh' deshalb das Kichern all den Mädchen,
10 das sie zu verbergen nicht verstanden!

des hât ir hant von solher meisterschefte dicke en-
[phunden.

III R 16,3 C^b1,7 c 98,3

Immer, sô man vîret,
sô hebent sî sich dar
mit einer samenunge,
den ich wol schaden gan.

5 Werenbreht der lîret,
sô sumbert Sigemâr.
daz in dâ misselunge,
daz laege et eben an!

H: 50,1 daz sich doch vil lîhte mac verrîden.
10 wellents ir getelse niht vermîden,
sich mugen zwêne an mîner weibelruoten wol ver-
[snîden.

IV C^bV R 16,4 C^b1,9 c 98,4

Koeme ich zeinem tanze,
dâs alle giengen bî,
dâ wurde ein spil von hende
mit beiden ekken zuo.

5 lîhte geviele ein schanze,
daz vor mir laegen drî.
ich hielte ez âne wende,
verbüte ez einer vruo.

sige und saelde hulfen mir gewinnen,
10 daz si halbe müesen dan entrinnen.
nu ziehen ûf und lâzen in ir gogelheit zerinnen!

V C^bIV R 16,5 C^b1,8 c 98,7

Sîne weidegenge
die verewent mich grâ,

Das hat ihre Hand von solchem Meister oft empfun-
[den

III

Jedesmal am Festtag
kommen sie hieher
mit einem ganzen Haufen
denen ich Böses wünsch'.

5 Wernbrecht schlägt die Leier,
es trommelt Sigemar.
Ging's ihnen nur daneben,
dann wär' die Sache glatt!

Doch läßt sich das sicher anders wenden.
10 Wollen sie die Flegelei nicht lassen,
können zwei an meinem „Weibelstab" sehr leicht sich
[schneiden.

IV

Käm' ich zu einem Tanze,
wo alle wären dort,
da gäbe es ein Spielchen
der Schneiden meines Schwerts.

5 Vielleicht käm mir der Glücksfall,
daß vor mir lägen drei.
Käm's rasch zu hohem Einsatz,
das Spiel, ich hielt es durch.

Sieg und Glück wohl hülfen mir gewinnen.
10 Die Hälfte müßte auf dem Platze bleiben.
Drauf denn, und lassen wir das tolle Treiben ihnen
[platzen!

V

Sein Schleichen auf der Pirsche
färbt das Haar mir grau,

swenn er verwendeclîchen
vür mîne vrouwen gât.

5 trîbet erz die lenge,
H: 50,20 bestât er danne dâ,
man hilft im ûz der kîchen,
daz er vil riuwic stât.

er und etelîcher sîn geselle,
10 den ich tanzent an ir hant ersnelle,
des sî gewis, ich slahe in, daz sîn offen stât ein elle!

VI C^b VI R 16,6 C^b 1,10 c 98,5

Im hilft niht sîn treie
noch sîn hiubelhuot;
ez wirt im in getrenket:
er zuhte ir einen bal.

5 erst ein toerscher leie.
sîn tumbelîcher muot
der wirt im dâ bekrenket.
wil er vür Riuwental

hin und her sô vil gewentschelieren,
10 er wirt wol zezeiset under vieren.
H: 50,36 her Werenbreht, waz mag ich des, wirt im der um-
[berieren?

Trutzstrophen

R VII I C^b VII R 16,7 C^b 1,11 c 98,6

H: S. 157 Die wîl ich die klingen
S. 158 um mîne sîten trage,
sô darf mir durch mîn sumber
niemen stechen nieht.

wenn er, den Kopf verdrehend,
vor meine Dame tritt.

5 Treibt er es die Länge,
hält er darin aus,
man hilft ihm vom Husten,
daß es ihm leid sein wird.

Ihm und jedem seiner Spießgesellen,
10 die ich beim Tanz an ihrer Hand ereile,
da sei gewiß, dem schlage ich ein Loch von einer Elle!

VI

Ihm hilft nichts seine Jacke
noch sein Haubenhelm,
eingetränkt wird ihm es:
er nahm ihr einen Ball,

5 der Narr, bar jeder Bildung!
Sein unbedarfter Sinn
wird gedämpft ihm werden.
Will er um Reuental

mir so viel herumscharwenzelieren,
10 gerät er nebst ein paar leicht in die Wolle.
Herr Wernbrecht, kann ich was dafür, kriegt er dabei das
[Purzeln?

Trutzstrophen

I

Solange mir die Klinge
an der Seite hängt,
sticht durch meine Trommel
keiner mir ein Loch.

5 er muoz vil wîte springen.
begrîfe ichn mit dem slage,
ich slahe in, daz er tumber
schouwet nimmer lieht.

ich hilf im des lîbes in den aschen
10 und slah im mit willen eine vlaschen,
daz im die hunt daz hirne ab der erde müezen
[naschen.

II C^b VIII C^b 1,12 c 98,8

Her Nîthart hât gesungen,
daz ich in hazzen wil
durch mînes neven willen,
des neven er beschalt.

5 lieze ers unbetwungen!
es ist im gar ze vil.
enpflaege er sîner grillen
und het ouch der gewalt!

ez ist ein schelten, daz mich freuden letzet.
10 wirt diu weibelruote mir gewetzet, [setzet.
ich trenne in ûf, daz man wol einen sezzel in in

5 Der muß tüchtig springen,
denn wenn mein Schlag ihn trifft,
schlag ich ihn, daß der Dummkopf
die Sonne nicht mehr sieht.

Den Wanst schmeiß' ich dem Kerle in die Asche
10 und geb' mit Lust ihm eine solche Watsche,
daß ihm die Hunde sein Gehirn vom Boden lecken können!

II

Es sang ein Lied Herr Neidhard,
daß ich ihn hassen muß
des Vetters wegen, dessen
Vetter er beschimpft.

5 Ließ' er sie doch in Ruhe!
Er treibt es viel zu bunt.
Pfleg' er so seine Grillen,
daß er's im Zaume hält!

Schimpfreden sind es, die mir Freude rauben.
10 Wird der „Weibelstab" mir nur geschliffen,
trenn' ich so ihn auf, daß gleich ein Sessel in ihm Platz hat!

LIEBESHÄNDEL DES RITTERS

L 28

W-F: WL
Nr. 7
H: 44,36

I R 30,1 C 249 c 128,1

„Owê mir dirre nôt!“,
sprach ein wîp, „der sumer wil zergân;
des gewinne ich lîhte noch vor leide ein grâwez hâr.

H: 45,1
ich sihe die bluomen rôt
5 vor dem walde trûriclîchen stân.
die heten alsô liehten schîn; nu valwents aber gar.

möhten uns die bluomen alsô schoene sîn beliben,
seht, der würde mir vil lîhte noch ein kranz!
wande ir glanz
10 hât mir mîner swaere vil vertriben.“

II R 30,2 C 250 c 128,2

Diu heide ist gar verblüet,
die rôten tolden rîsent valwe nider.
daz machent in die sorgen, die si zuo dem rîfen hânt.

owê, wie sî der müet,
5 er oukolf! kumt der sumer immer wider,
der machet sî sô wol gevar, dazs aber schône stânt.

muschâ mirz, wiez Gîsel dâ mit tanze tîchen sol!
seht, des hilfet Jiutel, Berhtel, Iremgart!
Eberhart
10 der gât an ir hant; sô ist im wol.

LIEBESHÄNDEL DES RITTERS

L 28

I

„Was das ein Elend ist!“,
Sprach ein Weib, „der Sommer ist dahin; [grau.
deswegen wird bestimmt mein Haar vor Leid noch völlig

Die Blumen, einst so rot,
5 seh’ ich am Waldesrande traurig steh’n.
Sie hatten solchen hellen Glanz; nun sind sie gänzlich welk.

Wär’s möglich, daß die Blumen blieben uns genau so schön,
seht, mir würde sicher noch ein Kranz zuteil!
denn ihr Glanz
10 hat mir den Trübsinn gänzlich noch verjagt.“

II

Die Heide ist verblüht.
Die roten Dolden fallen welk herab.
Das bewirkt die Angst, die vor dem Reif sie überfällt.

Ach, wie er sie quält,
5 der Kröter! Wenn der Sommer wieder kommt,
der gibt solche Farbe, daß sie wieder herrlich blüh’n.

Heisa, wie die Geisel da die Tänze springen wird!
Seht, die Jeutel, Berchtel, Irmgard helfen mit!
Eberhard
10 tanzt mit ihr, da ist’s ihm richtig wohl.

III R 30,3 C 251 c 128,3

Ich kom an eine stat.
triuwen, dâ was höfscher kinde vil.
H: 45,20 si heten einen tanz, der was dem vletze gar ze wît.

zuo einer ich getrat.
5 ir muoter sprach: „waz, ob ich des niht wil,
daz ir mit ir iht rûnet? woy, daz ir verwâzen sît!

lât si mit genâden, zecket anderthalben hin!
ir hoert wol, daz sî mit iu niht rûnen kan.
aller man
10 gât si vrî, die wîle ich lebendic bin.“

IV R 30,4 C 252 c 128,4

„Muoter, zürnet niht,
machet mir daz beiten niht ze lanc!
beitet unze morgen, seht, sô muoz ich im versagen!

als in mîn ouge an siht,
5 von im sô treit mich aller mîn gedanc. [zerslagen.
des gât mir nôt: jâ wart ich vert vil wol durch in

wê, wiez mir versmâhet, daz ez mir durch in geschach!
vrouwe, nû wis im durch mînen willen gram!
ich tuon sam.
10 jâ ist erz, den ie mîn lîp versprach.“

V R 30,5 c 128,5

Si hât sich mîn erwert.
wie rehte kûme sî daz hât getân!
si zeigte mir den wolves zant, dâ si vil ebene saz.

H: 46,1 ob sî nu wol gevert,
5 sô muoz ouch mir mîn dinc nâch heile ergân.
zwinze ich hiute, jâ gesihe ich lîhte morgen baz.

III

Ich kam an einen Ort,
Hei, was es da an jungen Damen gab!
Sie arrangierten einen Tanz; der Hausflur war zu eng!

Zu einer trat ich hin.
5 Die Mutter schalt: „Und wenn ich's nun nicht will,
daß Ihr mit ihr tuschelt? He! Hol Euch der Teufel gleich!

Laßt sie in Ruhe mir! Treibt Euer Spiel an anderm Ort!
Ihr hört es ja, daß sie mit Euch nicht tuscheln kann.
Von Männern frei
10 bleibt sie, solange ich am Leben bin."

IV

„Regt, Mutter, Euch nicht auf!
Setzt mir eine Frist, doch nicht zu lang, [bekommt.
bis morgen! Dann ist Grund, daß er von mir ein Nein

Betrachte ich ihn so,
5 dann zieht all mein Denken mich von ihm.
Mit Grund: vergangnes Jahr bekam ich Prügel seinethalb.

Ach, wie mich das anwidert, daß mir's seinethalb geschah!
Frau Mutter, seid um meinetwillen auf ihn bös,
genau wie ich!
10 Er ist's, von dem ich gar nichts wissen will."

V

So gab sie mir den Korb.
Jedoch, das kam ihr richtig sauer an.
Sie zeigte immerhin die Zähne, wie sie da so saß.

Wenn sie's nur richtig macht,
5 so muß auch mir mein Ding nach Wunsche geh'n.
Blinzl' ich heute, seh' ich morgen sicher um so mehr.

argiu wîp gelônent selten guoten mannen wol,
swer der triuwe suochet, dâ ir lützel ist.
deist ein list,
10 der si doch vil kleine helfen sol.

VI C VI R 30,6 C 254 c 128,6

Nu sorge ich hinder mich,
wie sich mîn vrouwe mêre an mir bewar.
ich weiz wol, si denket mîn, in swelher mâze es sî.

si sündet anders sich,
5 wan ich mit grôzen triuwen von ir var.
getörste ich, jâ waer ich ir zallen zîten gerne bî.

ich widersitze'n salman, in des handen sî dâ stât,
er sels anderthalben hin, dan ich sîn bite.
solhen site
10 man dâ heime in mîner pharre hât.

VII C V R 30,7 C 253 c 128,7

Mîn schimphen half an ir.
dô sî des zornes muotes widerwant,
H: 46,20 si brâhte mich des inne, daz ir zürnen was ein troum.

vriunde wurde wir.
5 si gie des tages vil gar an mîner hant, [goum;
die wîle ich bî dem tanze was. des nam ir Matze

sî sprach: „vrouwe, tuot sîn niht! ir komts in grôzen
mit der rede kunde sirz verbieten nie. [nît."
an diu knie
10 trahte mir diu selbe dieren sît.

Freilich, schlimme Frauen lohnen wackern Männern nie,
suchen sie Verläßlichkeit, wo sie nie ist.
Doch dies ist List,
10 die ihr jedoch recht wenig helfen soll.

VI

Nun sorg' ich mich unnütz,
wie sich die Herrin weiter zu mir stellt.
Ich weiß genau, sie denkt an mich, in welchem Maß es sei.

Es wäre Sünde sonst,
5 weil ich zu tiefst verbunden von ihr geh'.
Wagt' ich es bloß, so wär' ich wirklich allzeit gern bei ihr.

Ich fürchte nur „Frau Vormund", deren Hand sie untersteht,
sie gäb' sie andern Ortes hin, als ich drum bitt'.
Solchen Brauch
10 hat man daheim in meiner Pfarre halt.

VII

Mein Scherzen half bei ihr.
Als sie mit ihrem Unmut fertig war,
da brachte sie mir's bei, daß all ihr Zürnen nur ein Traum.

Freunde wurden wir.
5 An diesem Tage tanzte sie allein
mit mir, solange ich da blieb. Die Matze merkte das.

Sie warnte: „Gnäd'ge, tut das nicht! S' gibt Feindschaft nur [für Euch."
Doch verhindern konnte sie es damit nicht.
Und hernach
10 stand all ihr Trachten nur zu meinen Knie'n.

L 29

W-F: WL
Nr. 8
H: 46,28

I R 31,1 c 82,1

Wie sol ich die bluomen überwinden,
die sô gar verdorben sint?
die siht man nu nindert, sô mans in dem meien sach.

ir vergezzet niht der grüenen linden.
5 (wê, wâ tanzent nû diu kint?)
diu was uns den sumer vür die heizen sunne ein dach.

diu ist grüenes loubes worden âne.
des bin ich dem winder gram,
sît er uns die rôsen ab der heide nam,
10 die dâ stuonden hiuwer wolgetâne.

II R 31,2 c 82,2

Mîne vriunde, râtet, wiech gebâre
H: 47,1 umbe ein wîp, diu wert sich mîn!
die begreif ich, dâ si flahs ir meisterinne swanc.

diu wert sich des êrsten vil undâre.
5 doch tet sî ze jungist schîn,
daz si mir ze starec was und ich ir gar ze kranc.

leider lützel half mich dô mîn ringen.
doch versuochte ich sîn genuoc,
mangen ungevüegen bûz, den sî mir sluoc.
10 sî sprach: „liupper, sitzet, lât mich swingen!"

III R 31,3 c 82,3

Ich begunde mit der guoten schimphen,
alsô mich daz herze hiez.
lîse greif ich dort hin, dâ diu wîp sô slündic sint.

L 29

I

Wie soll ich die Blumen nur verwinden,
die nun zugrundgegangen sind?
Nirgends sieht man sie, wie man's im Mai gesehen hat.

Vergessen könnt ihr nicht die grüne Linde.
5 (Wo tanzen, ach, die Mädchen nun?)
Im Sommer war sie vor der heißen Sonne uns ein Dach.

Jetzt hat sie ihr grünes Laub verloren.
Ich bin dem Winter gram dafür,
daß er die Rosen von der Heide uns geraubt,
10 die so schön in diesem Jahr gestanden.

II

Freunde, ratet, wie ich mich verhalte
mit einem Weibe, das sich sträubt!
Ich packte sie, als sie den Flachs für ihre Bäuerin schwang.

Sie wehrte sich im Anfang erst recht wenig,
5 doch nachher brachte sie mirs bei,
daß sie mir zu kräftig war und ich für sie zu schwach.

Wenig half mir leider da mein Mühen;
doch hab' ich sie genug versucht,
die vielen groben Stöße, die sie mir versetzt.
10 Sie sprach: „Freundchen, sitzt und laßt mich schwingen!"

III

Ich fing mit der Guten an zu scherzen,
wie das Herz es mir befahl.
Sacht griff ich dorthin, wo Weiber gern so gierig sind.

dicke zeigtes mir ir ungelimphen.
5 in dem tûsche sî mich stiez
mit der viuste gên den brüsten, daz ich wîte ergint.

„lât mich würken, leider vüdestecke!
iuwer lîp ist ungeseit.
vreischet ez mîn muome, jâ kiut sî mir leit,
10 daz ich immer iht mit iu gezecke.“

IV R 31,4 c 82,4

H: 47,20 Grôziu kraft diu was uns beiden tiuwer
von dem ringen, daz wir dô
mit ein ander tâten umbe ein dinc, des ist nu site.

sehse biren briet si bî dem viuwer.
5 der gap mir diu vrouwe zwô;
viere az si selbe. dâ labt sî daz herze mite.

heten wir des obezes niht vunden,
ich waer in mîn ouge tôt.
och, zwiu lîde ich armer alsô grôze nôt?
10 wes hân ich mich tumber underwunden?

V R 31,5 c 82,5

Langiu maere lât iu kurzer machen,
swiez umb allen spot ergê!
ich gesach nie jungez wîp sô grimmeclîch geslahen.

ich muoz dicke ir schimphes vil gelachen.
5 waz dar umbe, was mir wê?
daz versuonte sî ouch sît ûf einer derreblahen.

bî ir muomen hûse und einem hecke
kom ich zir; des was si geil.

Wie zeigte sie mir's, daß sie hier nicht spaße!
5 Mitten in dem Scherz sie stieß [sprang.
mit der Faust mich vor die Brust, daß mir das Maul auf-

„Laßt mich schaffen, leidiger Fotzenstecken!
Ihr seid ein allzuschlimmer Bursch!
Erfährt's die Muhme, schilt sie mir die Ohren voll,
10 daß ich mich überhaupt mit Euch so necke."

IV

Ganz erschöpft sind beide wir gewesen
von dem Balgen, das wir da
getrieben um der Sache wegen, die nun einmal Brauch.

Sechs Birnen hat am Feuer sie gebraten.
5 Die Dame gab mir zwei davon;
viere aß sie selber. Damit labte sie ihr Herz.

Hätten wir das Obst hier nicht besessen,
ich wär' jetzt einfach mausetot.
Ach, warum leid' ich Armer solche große Pein?
10 Was hab' ich Unerfahrner nur begonnen?

V

Laßt die lange Märe kurz mich enden,
wie's mit allem Spott auch sei!
Nie erlebt' ich, daß ein junges Weib so grimm zuschlägt.

Doch bringt ihr Scherzspiel oft mich noch zum Lachen.
5 Was schadet's, hat's mir weh getan?
Hernach hat sie's auf einer Flachsdörrplane gut gemacht.

Bei ihrer Muhme Haus, an einer Hecke
kam ich zu ihr; das war ihr Lust.

mînes guotes wart ir dâ daz beste teil:
H: 47,39 10 dâ liez ich der vrouwen Siuftenecke.

L 30

W-F: WL
Nr. 9
H: 48,1

I R 17,1 u. 43,1 c 96,1

Nu ist der kleinen vogelîne singen
und der liehten bluomen schîn vil gar zergân.

wolde ein wîp mir liebez ende bringen,
mir waer, als ichs immer bêde solde hân,

5 diu mich ir genâden ie verzêch von kindes beine.
doch bit ich die guoten, dazs ir triuwe an mir er- [scheine,
mînes herzen küneginne ich meine.

II R 17,2 c 96,2

Niemen sol an vrouwen sich vergâhen.
des wart ich wol inne; mirst diu mîne gram.

der getrat ich leider alsô nâhen,
daz ich ûz ir hende ein glesîn grüffel nam.

5 (daz wart ir gekoufet; in der krâme stuont ez veile.)
daz wart mir verwizzen sît nâch grôzem mîme un- [heile,
dô si reit mit kinden ûf dem seile.

III R 17,3 c 96,3

Wan daz guote liute mir gewâgen,
jâ waer ich gehoenet umbe ir rôtez glas.

sî begunde mich in zorne vrâgen:
„sâgt mir, liupper herre, dûhte ich iuch sô blas,

Das beste Stück von meinem Gut ward ihr dafür:
10 Seufzereck erhielt von mir die Dame.

L 30

I

Nun ist der Sang der lieben kleinen Vögel
und der Glanz der hellen Blumen ganz dahin.

Wenn mir ein Weib willkommnen Ausgang gäbe,
wär's mir, als wenn mir beides endlos blieb zuteil –

5 sie, die von Jugend auf nichts als Versagen für mich kannte.
Doch bitt' ich sie, daß gütig sie Wohlmeinenheit mir zeige,
die als des Herzens Königin ich liebe.

II

Daß niemand sich bei Damen übereile!
Das hab' ich sehr gespürt; die meine ist mir gram.

Leider bin ich ihr so nah getreten,
daß ich ihr einen Griffel, der aus Glas, entriß.

5 (Den hatte sie bekommen; in der Bude war er käuflich.)
Das wurde später mir zu großem Schaden vorgeworfen,
als sie mit andern Mädchen schaukeln spielte.

III

Wenn gute Leute mir nicht beigestanden,
wär' ich für dieses rote Glasding schwer beschimpft.

Sie fing an, im Zorne mich zu fragen:
„Sagt mir, bester Herr, bin ich Euch so ein Nichts,

5 daz ir mir mîn grüffel nâmet unverdienter dinge?
H: 48,20 jâne wil ich nimmer iuwern treieros gesingen
noch nâch iu den reien niht enspringen."

IV R 17,4 c 96,4

„Vrouwe, zallen dingen hoeret mâze.
zürnet sô, daz iu der zorn iht missezem!

mîne stîge gênt an iuwer strâze.
schaffet, daz man mir ein phant dar umbe iht nem!"

5 „wâ gesâhet ir ie wîp die man alsô gephenden?
jâ getrûwe ichz sust nâch mînem willen wol vol-
nâch dem grüffelîne muose ich senden. [enden."

V R 17,5 c 96,5

Ich gesach nie jungez wîp so lôse,
diu ir lîp den mannen kunde baz versagen

unde ir werkes immer iht verbôse.
hei, sold ich daz heu mit ir hin hinder tragen,

5 als wir hie bevor in unser gämelîche tâten!
vaste wir ez mit den vüezen zuo dem zûne trâten
mangen âbent vruo und sunder spâten.

VI R 17,6 c 96,6

Si ist an allen dingen wol ze prîsen,
noch ist in dem kreize niemen alsô wert.

ir gebende ist niwan glanze rîsen;
wol genaetiu hüetel truoc si dannoch vert.

5 daß Ihr mir meinen Griffel habt so ohne Grund entrissen?
Seid gewiß, ich werde nie mehr Euer Tanzlied singen,
noch als Partnerin den Reigen springen."

IV

„Herrin, alles doch mit Maß und Ziele!
Zürnt nur so viel, als sich der Zorn für Euch noch schickt!

Meine Wege treffen sich mit Euren.
Nun handelt so, daß mir ein Pfand hiefür doch bleibt!"

5 „Wo habt Ihr Frauen jemals Männer derart pfänden sehen?
Ich trau mir zu, auch so, was ich gern möchte, zu er-
Da mußte ich den Griffel holen lassen. [reichen."

V

Noch nie erlebt' ich junges Weib so schnippisch,
die sich die Männer so vom Hals zu halten wußt',

und ihre Sache doch nicht zu verderben.
Hei, trüg ich nur Heu mit ihr ans End' des Hofs,

5 So wie früher wir in Ausgelassenheit es taten!
Kräftig stampften wir es mit den Füßen zu dem Zaune
manch frühen Abend, ohne uns zu säumen.

VI

In allen Dingen ist sie hoch zu preisen,
niemand besitzt im ganzen Kreise solchen Wert.

Nur helle Schleier bilden ihren Kopfputz;
dazu trug sie gestickte Tücher vor'ges Jahr.

5 wirt si mir, ich hân mîn leit mit vröuden überwunden.
H: 49,1 ich waen, alle, die der sint, ein bezzer kint niht
wan daz ir diu vüezel sint zeschrunden. [vunden,

VII R 43,2 c 96,7

Ich bin von der guoten ungescheiden
mînes lîbes und der ganzen triuwen mîn.

wol gelinge uns mit ein ander beiden!
sî sol mîn gewaltic zeinem vriedel sîn.

5 maneger sagt den wîben von dem guote grôzen griule.
kumt si mir ze Riuwental, si vindet dürre miule.
dâ ist rede ein wint, ein slac ein biule.

L 31

W-F: WL
Nr. 5
H: 41,33

I R 34,1 c 119,1

Nu ist der leide winder hie.
des verdriuzet junge zuo den alten.
welch rât wirt der kleinen vogelîne?

man gesach mich stolzer nie.
5 hât diu heide rôsen vür behalten,
sô mans in dem meien siht erschînen,

den kinden singe ich niuwen sanc.
H: 42,1 daz wirt aber Wîerât ein epfeltranc,
ê daz siz gelerne;
10 wan diu hoeret mîn geplätze gerne.

R V II R 34,5 c 119,2

H: 42,34 Ûf der linden liget meil.
dâ von ist der walt des loubes âne
und diu nahtegal ir herze twinget.

5 Wird sie mein, ist mir das Leid in Freude umgewandelt.
Ich weiß bestimmt, kein Lebender fand je ein bessres
nur daß ihr die Füßchen sind zerschrunden. [Mädchen;

VII

In Ewigkeit gehöre ich der Guten,
mit meinem Ich, und was an Treue in mir ist.

Erfüllung werd' uns beiden mit einander!
Als ihrem Liebsten sei sie mächtig über mich!

5 Viele schwatzen Schauermärchen vor den Frau'n von Gütern.
Kommt sie zu mir nach Reuental, dort gibt's nur Schinder-
Gut Wort ist Null, ein Schlag gleich eine Beule. [mähren.

L 31

I

Nun ist der leid'ge Winter da.
Das verdrießt die Jungen und die Alten.
Wie soll man den kleinen Vöglein helfen?

Doch ich war nie so hochgemut.
5 Bringt die Heide weiterhin noch Rosen
und sieht man sie im Mai erneut erblühen,

Sing ich den Mädchen neuen Sang.
Das wird für Weierat ein neuer Sauertrank,
bis sie das Lied gelernt hat.
10 Hört sie mein Gesinge doch so gerne.

II

Auf der Linde liegt es fahl.
Deshalb ist der Wald nun ohne Blätter;
die Nachtigall hat sich in Zwang genommen.

wirt si mir, sô hân ich heil,
5 diech dâ meine. deist diu wolgetâne,
diu mir mîn gemüete dicke ringet.

H: 43,1 wol ir, daz si saelic sî!
swer si minnet, der belîbet sorgen vrî.
si ist unwandelbaere:
10 wîten garten tuot si rüeben laere.

R III III R 34,3 c 119,3

H: 42,14 Es ist noch niht vol ein jâr,
daz si saz und vrouwen vil genuoge.
dô begunde sî mich seine grüezen.

ûf mîn triuwe, daz ist wâr:
5 sî gap mir ze koufen in dem kruoge,
dâ mit wir der minne schaden büezen.

doch muos ich ze jungist sagen:
dô wart wunder slege ûf mîne hant geslagen.
sô si sî zunêren!
10 . . . .

R II IV R 34,2 c 119,4

H: 42,4 Nû wol ûf, kint, welt ir dar
in den meierhof ze Hademuote!
dâ verwaene ich mich der massenîe:

Engelpreht und Adelmâr,
5 Friderîch in der gazzen, Tuoze, Guote,
Wentel unde ir swester alle drîe,

Wird sie mir, leb' ich im Glück,
5 sie, die ich liebe. Das ist sie, die Schöne,
die mein ganz Empfinden mir so frei macht.

Wohl ihr! Glück sei ihr zu teil!
Wer ihre Liebe hat, ist aller Sorgen frei.
Ein Weib, bar jedes Tadels:
10 den ganzen Garten macht sie leer von Rüben!

III

Es ist noch nicht voll ein Jahr,
saß sie da in einem Kreis von Damen
und verhielt sich gegen mich abweisend.

Doch dann – wahr ist es, auf mein Wort! –
5 ließ sie trinken mich aus jenem Kruge,
woraus alle Liebespein wir stillen.

Doch zuletzt mußt' ich gesteh'n:
da hagelte es Schläge mir auf meine Hand.
Habe sie's zur Schande
10 . . . .

IV

Nun, ihr Mädchen, wollt ihr hin,
in den Meierhof zu Hademute?
Dort erwarte ich vornehme Gesellschaft:

Engelbrecht und Adelmar,
5 Friedrich in der Gasse, Tuße, Gute,
Wentel, ihre Schwestern alle dreie,

Hiltburc, ein vil schoenez kint,
Jiutel unde ir muomen tohter Ermelint.
Trûten swester Brîde
10 spilt mit Eppen umbe ein vingerîde.

R IV V R 34,4 c 119,5

H: 42,24
Waz ich durch den guoten kneht
niuwer schuohe dürkel hân gemachet
und vil mangen liehten tac versûmet,

den si heizent Engelbreht!
5 der giht, unde er sî mit mir verswachet.
doch hât sî im sîne strâze gerûmet.

seht, des gie ir grôziu nôt!
wande er kou si tägelîch vür schoenez brôt.
wê, wiez mir erbarmet,
10 daz ir vuoz bî vremdem viwer erwarmet!

R VI VI R 34,6 C Her Göli 18 c 119,6

H: 43,5
Stüende iz noch an mîner wal,
sô naem ich die schoenen zeiner vrouwen,
der ich mich doch nimmer wil verzîhen.

kumt si mir ze Riuwental,
5 sî mac grôzen mangel wol dâ schouwen.
von dem ebenhûse unz an die rîhen

dâ stêt iz leider allez blôz.
jâ mach ichs wol armer liute hûsgenôz.
doch ding ich ze lîbe,
10 kumt mir trôst von einem schoenen wîbe.

Hildburg, jenes schöne Kind,
Jeutel, ihrer Muhme Tochter Ermelind.
Trutes Schwester Breide
10 wird mit Eppe um ein Ringlein spielen.

V

Was ich wegen jenem Kerl
neue Schuhe durchgelaufen habe
und gar manchen schönen Tag verloren,

der genannt wird Engelbrecht!
5 Ich hätte ihn verdrängt, will er behaupten.
Vielmehr ist sie ihm aus dem Weg gegangen.

Sie hatte allen Grund dazu.
Als wär' sie Weißbrot, setzte er ihr täglich zu.
Leid tut mir aufrichtig,
10 daß sie bei Fremden unterschlüpfen mußte.

VI

Läg' es noch in meiner Wahl,
nähme ich die Schöne mir zur Gattin,
auf die ich trotzdem nicht verzichten werde.

Kommt sie zu mir nach Reuental,
5 so kann sie großen Mangel da erblicken.
Vom Erdgeschoß hinauf bis an das Strohdach

ist alles leider bar und bloß.
Bei mir hier wird sie kleinen Leuten gleichgestellt.
Doch hoff' ich fortzuleben,
10 wird mir Trost von einem schönen Weibe.

L 32

W-F: WL
Nr. 6
H: 43,15

I — R 42,1 c 79,1

Verboten ist den kleinen vogelînen
ir gesanc,
diu den sumer sungen über al.

nu siht man leider lützel bluomen schînen.
5 des ist lanc,
daz si von dem rîfen wurden val.

aber dâ
sint die tage trüebe.
diu naehste in mînem garten rüeben grüebe,
10 diu tanze ûf mîner slâ!

II — R 42,2 c 79,2

Wol ir! si ist ein wîp in hôhem prîse,
lobesam
unde ist aller wandelunge vrî.

nu râten mîne vriunt! ich bin niht wîse:
5 si ist mir gram;
wande ich bin bewarren wider sî.

ditze jâr
wâren ir wol drîe,
die ir in den ôren lâgen als diu bîe,
10 sôs immer kômen dar.

III — R 42,3 c 79,3

Die selben wolden gerne mich verdringen
alle drî,
vunden sî gehengen inder dâ.

L 32

I

Unterbunden ist den kleinen Vöglein
ihr Gesang,
die den Sommer sangen überall.

Nun sieht man leider keine Blumen leuchten.
5 lang ist's her,
daß sie durch den Reif hinweggewelkt.

Wiederum
sind die Tage trübe.
Die jüngst in meinem Garten Rüben klaubte,
10 sei Partnerin im Tanz!

II

Wohl ihr! Sie ist ein Weib von hohem Werte,
preisenswert;
von jedem Makel ist sie dazu frei.

Nun ratet Freunde! Mir fehlt die Erfahrung:
5 sie ist mir bös;
Mein Verhältnis zu ihr ist gestört.

Dieses Jahr
waren es wohl dreie,
die ihr wie Bienen in die Ohren summten,
10 bei einem jeden Mal.

III

Diese wollten gerne mich verdrängen,
alle drei,
fänden sie nur irgend dort Gehör.

ich muoz si et weizgot ûz ir kreize bringen,
5 daz si sî,
H: 44,1 daz die dörper ninder wizzen, wâ.

ich bewar,
daz er mit ir iht rûne,
jener Wasegrim, oder Adelhûne,
10 swie verre ich von ir var.

IV R 42,4 c 79,4

Den zweien bin ich vîent als eim wolve
durch den haz,
daz si gênt ûf mînen umbesweif.

ich het ez ie ze nîde an Egelolve,
5 daz er saz
bî ir unde ouch etewenne greif

mit der hant
hin, dâ wir daz suochen,
dâ mit wir uns bî der minne beruochen;
10 niht nâher er erwant.

V R 42,5 c 79,5

Er tôre, und werdent sîn ir bruoder inne,
daz er sich
alsô sêre nâch ir minne sent,

ez wirt im weizgot ein vil sûriu minne.
H: 44,20 5 wil er mich
vil gereizen, sô wirt er gedent

durch den tanz
bî sîm reiden hâre

Ich muß sie, weiß Gott, weg von ihnen bringen,
5 an einen Ort,
von dem die Tölpel ohne Ahnung sind.

Ich bring's so weit,
daß er mit ihr nicht tuschle,
jener Wasgrim oder Adelhaune,
10 wie weit ich von ihr sei.

IV

Den Zweien bin ich feind wie einem Wolfe,
und zwar aus Zorn,
weil sie mir ins Revier gedrungen sind.

Auf jenen Egelolf bin ich erbittert,
5 daß er bei ihr
saß und gar von ungefähr so griff

mit der Hand
dorthin, wo wir das suchen,
womit der Liebe wir Erfüllung geben;
10 wohlfeiler tat ers nicht.

V

Der Narr! denn wenn es ihre Brüder merken,
daß er sich
derart so sehr nach ihrer Liebe sehnt,

dann wird, weiß Gott, die Liebe für ihn sauer.
5 Will er mich
zu viel reizen, dann wird er gezerrt

durch den Tanz
an seinem Lockenbüschel

(habe ûf mînem schuohe!) in disem jâre,
10 bestê sîn houbet ganz.

R VII VI c VII R 42,7 c 79,7

„Ich wil mich gegen der süezen minne brütten“,
sprach Merhenbreht,
„würd mîns meisters acker nimmer garn,

und solde ich ir daz näckelîn zerütten
5 (daz ist sô sleht),
daz kund Adelhûne niht bewarn.

Ekkerîch,
swaz er dran gewinne,
daz er nâch meier Guoten tohter sinne,
H: 44,35 10 an sînen stein daz strîch!“

R VI Trutzstrophe c VI R 42,6 c 79,6

H: S. 149 Her Nîthart, daz iu sante Zêne lône,
schündet niht
daz man roufe mînen hûsgenôz!

zieht iuch selbe und vart ein wênic schône!
5 wande er giht,
im wil helfen Eppe und Megengôz.

den selben tac,
sô irn ane loufet
und in bî sînem reiden hâre roufet,
10 man sleht iuch durch den nac.

(ich schwörs bei meinem Schuh!) in diesem Jahre,
10 falls ihm der Schädel hält.

VI

„Nach süßer Liebe steht all mein Verlangen",
sprach Merchenbrecht,
„blieb' meines Meisters Acker ungepflügt,

und sollt ich ihr das Näckchen ganz zerzausen
5 (das ist so glatt),
verhindern könnt' es Adelhaune nicht.

Eckerrich,
was er dabei gewönne,
daß er nach Meier Gutes Tochter trachtet,
10 streich er an seinen Stein!"

Trutzstrophe

Herr Neidhart, daß Euch der heil'ge Zeno lohne,
hetzt nicht auf,
daß man mir den Gesellen rauft!

Nehmt Euch in acht und tretet etwas leiser!
5 denn er sagt,
ihm helfe Eppe und auch Megengoß.

Am selben Tag,
an dem Ihr auf ihn losgeht
und ihn an seinem Lockenschopf herumzerrt,
schlägt man den Hals Euch ab!

MINNEDIENST

Minnewerben um die „Dame"

L 33

W-F: WL
Nr. 14
H: 55,19

I R 7,1 B 1 c 117,1 z 23,1

Nu ist der liebe sumer hin gescheiden.
die bluomen und der vogele sanc
müeze wir dem leiden winder lâzen.
den ungemach [klagen.
5 mehte ein ieglîch herze wol von wâren schulden

hôchgemüete het ich von in beiden.
diu wîle dûhte mich sô lanc,
daz si niht ensprungen ûf den strâzen.
mîn ouge an sach,
10 daz si giengen al den tac als ein gesmirter wagen,

eben unde lîse, niht bedrungen,
daz in diu swert
ûf den versen klungen.
sich dûhten sumelîche dâ vil manger bône wert.

II R 7,2 B 2 c 117,5 z 23,2

Die daz wâren, die wil ich iu wîsen.
deist Engeldîch und Adelvrit,
Willebreht und Enzeman der junge
und Berewîn,
5 Sigelôch und Ekkerîch und jener Engelram.

MINNEDIENST

Minnewerben um die „Dame"

L 33

I

Der liebe Sommer ist dahingegangen.
Die Blumen und der Vögel Sang
müssen wir dem leiden Winter lassen.
Dieses Leid
5 zu beklagen hätte jedes Herz wahrhaftig Grund.

Frohen Sinn besaß ich durch sie beide.
Die Zeit erschien mir nun so lang,
daß nicht mehr Tänze waren auf den Straßen.
Mein Auge sah,
10 daß sie wie ein geschmierter Wagen gingen all den Tag,

ebenmäßig, ruhig, ohne Drängen,
mit Schwerterklang
vom Schlage an die Fersen.
Wie manche Null kam sich da vor, als wäre sie viel wert.

II

Wer diese waren, geb' ich euch zu wissen:
Engeldeich und Adelfried,
Willebrecht und Enzemann, der junge,
Berwin auch,
5 Siegeloch und Ekkerich und jener Engelram.

wol gevürbet sint ir kepelîsen,
ir helze klingent nâch dem trit,
H: 56,1 lûte bî dem reien nâch dem sprunge.
si wellent sîn
10 tumber, danne der uns Vriderûn ir spiegel nam.

des gewaltes was uns hie zerunnen.
nu sint ez jene,
die mir vröude enbunnen
und mir die guoten verrent, nâch der ich mîn herze [sene.

III R 7,3 B 3 c 117,3 z 23,3

Der ich her gedienet hân von kinde
und noch ouch in dem willen bin,
daz ich wil belîben an ir staete
vil mangen tac,
5 sô wol mich, daz ich si ie sô minneclîchen vant!

sî ist mînes herzen ingesinde.
diu wîle gêt mir schône hin,
swenne ich sî in wolgetâner waete
gesehen mac.
10 sô dünk ich mich rîcher, danne ich hiete ein eigen [lant.

ich gesach nie wîp sô wolgetâne,
des muoz ich jehen.
H: 56,20 sunne und ouch der mâne
gelîchent sich der schoenen niht, od ich enkan niht [spehen.

IV R 7,4 B 4 c 117,4 z 23,4

Der mir mîner vrouwen hulde erwende,
der wizze daz, wirt mir sîn stat,
daz ich im ein punkelîn erzeige,

Gut gefegt sind ihre Bauernsäbel,
Klingklang macht der Griff beim Tritt,
hell im Reigentanz nach jedem Sprunge.
Sie sind gewiß
10 dümmer noch als der, der Friederun den Spiegel nahm.

Mit dessen Regiment war's hier zu Ende.
Jetzt sind es jene,
die Freude mir mißgönnen
und mir die Gute halten fern, nach der ich mich verzehre.

III

Der ich meinen Dienst geweiht von Kind auf,
und weiterhin des Willens bin,
verbunden ihr zu bleiben unauflöslich
für ewge Zeit, [mich.
5 daß sie ich stets so liebenswert gefunden, ist Glück für

Hausgenossin ist sie meines Herzens.
Voll Lust entgleitet mir die Zeit,
wenn ich sie in einem schönen Kleide
erblicken darf. [Land.
10 Dann dünke ich mich reicher denn als Herr auf eignem

Nie hab' ich so schönes Weib gesehen,
bekenne ich.
Weder Mond noch Sonne
gleichen sich der Schönen – oder ich bin sehensblind.

IV

Macht einer mir der Herrin Gunst abspenstig,
der wisse, wird mir Ort und Zeit,
daß ich ihm einen solchen Schlag versetze

als hiwer ich tet [wuoc!
5 einem gouche, der mîn ouch niht wol hin zir ge-

Frideliep, sô wê dir in die zende!
dû bist der gogelheit sô sat,
daz dû wil, swar sich dîn houbet neige
durch minne bet,
10 daz dir iemen iht versage. owê, daz im vertruoc

Elsemuot sîn üppeclîch geriune,
des er dâ phlac!
ir sint leider niune,
die mir daz geu verbietent mangen liehten vîretac.

V R 7,5 B 5 c 117,8 z 23,5

Die gehellent alle Berewîne,
wan Enzeman und Willebreht;
die enziehent mit in niht gelîche.
nu sprichet er,
5 sî daz ers ersnellen mege, sî sîn bêde tôt.

H: 57,1 er slahs, daz diu sunne durch si schîne.
si rouften sînes vater kneht
hiuwer vor dem meier Friderîche
umb nie niht mêr, [rôt.
10 wan daz er ein krenzel truoc, daz was von bluomen

daz verseite er dâ zehant in beiden.
nu wizzet daz,
wirt ez niht gescheiden,
ez wehset lîhte zwischen in ein ungevüeger haz!

VI B XII R 7,6 B 11 c 117,20

Daz die dörper alle ein ander slüegen!
(daz lieze ich alsô hine gân,

wie kürzlich erst
5 jenem Kerle, der mich auch bei ihr hat schlecht gemacht.

Friedelieb, weh' dir und deinen Zähnen!
Du bist vor Übermut so prall,
daß du meinst, wohin dein Kopf sich neige
um Liebesgunst,
10 daß keine etwas dir abschlage. Weh, daß Elsemut

sein liederliches Flüstern hat geduldet,
das er da trieb!
Es sind leider neune,
die mir den Gau versperren manchen schönen Feiertag.

V

Sie sind mit jenem Berwin eines Sinnes.
Nur Enzemann und Willebrecht
ziehen nicht am gleichen Strang mit ihnen.
Nun äußert er,
5 wenn er sie zu fassen kriegte, wären's beide tot.

Er schlüg sie, daß die Sonne durch sie schiene.
Sie zausten seines Vaters Knecht
heuer angesichts von Meier Friedrich
um anders nicht
10 als eines roten Blumenkränzchens wegen, das er trug.

Das hatte er den beiden glatt verweigert.
Nun wißt genau:
wird es nicht geschlichtet,
wächst zwischen ihnen ganz gewiß ein riesengroßer Haß!

VI

Erschlügen sich die Tölpel doch einander!
Das ließ ich gern auf sich beruh'n,

wan si tuont mir vil ze widerdrieze;
ir üppikeit
5 diust sô grôz, daz ir die wîsen spottent über al);

daz sich doch vil lîhte mac gevüegen.
nu wer ot er sich, Enzeman!
triffet ern mit sînem scharfen spieze,
den er dâ treit,
10 er gedranget mich niht mêre dâ ze Riuwental.

H: 57,20

ich bin vreuden gar von in versûmet;
daz ist niht guot.
wurde mir gerûmet
von in, daz müese wir verklagen, ich und Elsemuot.

H: S. 167
W-F: angezweifelt

VII B VI R 7,7 B 6 c 117,9 z 23,6

„Loufet, helfet scheiden, lieber ätte!
si viustent in der stuben swert.
daz hât aber Enzeman gemachet.
der wil des niht,
5 daz Degen oder Uoze iht bî Elsemuote gê.

. . . .
. . . .
. . . .
. . . .
10 . . . .

gâhet balde, ê sim daz hüetel zerren,
kommt schiere dar!
si slahent im eine vlerren
durch wange und durch die zende; seht wie griulîch [im daz var!“

H: S. 168
W-F: unecht

VIII B 7 c 117,10 z 23,7

„Ich hân niuwemaere nû befunden“,
sô sprach ein dörpel, der hiez Ber.

nichts unterlassen sie ja, was mich ärgert.
Ihr Protzentum, [weckt.
5 das ist so groß, daß es nur Spott bei den Verständ'gen

Doch solcher Totschlag kann leicht noch geschehen.
So wehr' er sich halt, Enzemann!
Trifft jenen der mit seinem scharfen Spieße,
den er trägt,
10 dann bedrängt mich Berwin nicht mehr hier in Reuental.

Sie alle rauben mir ja jede Freude;
das ist schlimm.
würd' ich befreit von ihnen,
wollen wir uns sehr rasch trösten, ich und Elsemut.

VII

„Lauft doch, helft sie trennen, lieber Vater!
Sie ziehen in der Stube blank.
Das hat wieder Enzemann verursacht.
Er will nicht,
5 daß mit der Elsemut der Degen oder Uße geht.

. . . .
. . . .
. . . .
. . . .
10 . . . .

Macht rasch, bevor sie ihm den Hut verreißen,
kommt schnell her!
Ein Riesenloch sie schlagen
ihm durch Backe und Zähne; furchtbar richten sie ihn zu!"

VIII

„Neuigkeit habe ich erfahren",
so sprach ein Bauernlümmel namens Bär.

„Amelolt, dar zuo bedarf ich râtes,
und Gezeman.
5 merke ez, veter Engeldîch und Frideliep, mîn mâc!

seht ir niht dis unverdahten wunden,
die gânt durch mînen rüezel her?
jâ, mügt ir iuch schamen des unflâtes.
nu râtet an!
10 ich wil noch hiute in îsen houwen sam in einen wâc.

ich weiz sitzen vil an einer zeche
bî Zeizenmûr.
helft mir, daz ichz reche
an im, der mich verschrôten hât! sîn tôt wirt von
[mir sûr.“

IX B 8 c 117,11

W-F: unecht

Amelolt sprach vil vermezzenlîchen:
„wer sint die trincgesellen sîn?
dâ von solt dû mir den wirsten nennen,
des bite ich dich.“
[bestân.
5 „entriuwen, sich“, sprach Eggerîch, „den wil ich dir

jâ gesach ich keiser nie sô rîchen,
der dâ waer ûf daz laster dîn,
daz ich in mit nihte möhte erkennen.
wa ist Friderich,
10 mîner swester sun? der hebt noch hiuwer êrsten an.

der sol hiute houwen durchz gedrenge.
sô daz geschiht,
dar nâch sô wirt unlenge,
[siht.“
unz daz man milze, magen, lungen, lebere vallen

„Amelolt, dazu brauche ich deinen Beistand,
und deinen, Geßemann. [Verwandter!
5 Gib acht darauf, Vetter Engeldeich, und Friedlieb, mein

Seht ihr nicht diese offenen Wunden,
die quer durch meinen Rüssel gehen?
Ja, ihr habt Ursache, diese Untat als Schmach zu
Nun richtet euch darauf ein! [empfinden.
10 Ich will noch heute in Eisen hauen wie in Wasser.

Ich weiß eine ganze Menge bei einem Saufgelage sitzen
in der Nähe von Zeiselmauer.
Helft mir, daß ich es räche
an ihm, der mich zerhauen hat! Sein Tod von meiner
[Hand wird bitter.“

IX

Amelolt antwortete prahlerisch:
„Wer sind seine Zechkumpane?
Von ihnen sollst du mir den Schlimmsten nennen,
darum bitte ich dich.“ [dich losgehen.
5 „Wahrhaftig, sieh“, sprach Eggerich, „auf den will ich für

Ich habe noch nie einen Kaiser so mächtig gesehen,
der hier wäre, um dir Schande anzutun,
daß ich mit ihm nicht Bekanntschaft stiften wollte.
Wo ist Friedrich,
10 mein Neffe? Der fängt sofort als erster an.

Der soll heute eine Gasse durchs Gedränge hauen.
Wenn das geschieht,
dauert es nicht lange,
daß man Milz, Magen, Lunge, Leber herausfallen sieht.“

X B 9 c 117,12

H: S. 169
W-F: unecht

„Neve Ber, nu vröwe dich dîner mâge“,
sprach Eggerîch, „di sint sô frech,
daz sich nieman kan zuo in genôzen.
nu wizzest daz,
5 ich bin ir einer, der noch hiut dîn laster rechen wil.

würde er mir gezeiget dâ ze Prâge,
ich slüege in durch diu îsenblech.
jâ gesach ich keinen nie sô grôzen,
ûf den mîn haz
10 ie geriet, er müeste von mir dulden sûriu spil.

Amelolt, lâz uns niht underdringen!
ist ir ein her,
sô si hoerent klingen
mîn swert – daz kennents alle wol – sô sints eht âne [wer.“

XI B 10 c 117,13

W-F: unecht

Dar nâch huop sich schiere ein grôz gedrenge
von den vil oeden gouchen dâ.
mit den swerten sî zesamen sprungen
sô zornes rîch,
5 daz ich ez mit mînen ougen niender torste an sehen.

die wîten gazzen wurden mir vil enge.
ich waere gewesen anderswâ
gerner, danne ich sach die toerschen jungen.
sô vîentlîch
10 vâhten sî. des muoz ich in von wâren schulden jehen.

Sigelôch und Adelfrit der freche
die liten nôt,
Gôze von dem Leche,
Amelolt und Eggerîch die fünve lâgen tôt.

X

„Vetter Bär, nun freue dich über deine Verwandten“,
sprach Eggerich, „die sind so draufgängerisch,
daß sich niemand mit ihnen vergleichen kann.
Nun wisse das,
5 ich bin ihrer einer, der noch heute deine Schande rächen wird.

Würde er mir dort mitten in Prag gezeigt,
ich schlüge ihm durch die Eisenbleche.
Noch keinen habe ich je so stark gesehen,
mit dem ich voll Haß [mußte.
10 zusammengeriet, der nicht Saures von mir einstecken

Amelolt, laß uns nicht unterkriegen!
Sind sie auch ein Heer,
wenn sie mein Schwert [doch keinen Widerstand.“
klingen hören – das kennen sie alle gut – dann wagen sie

XI

Darnach entstand rasch ein wildes Durcheinander
von diesen widerwärtigen Kerlen.
Mit den Schwertern sprangen sie auf einander los,
so voll Wut,
5 daß ich es mit meinen Augen nicht anzusehen wagte.

Die weiten Gassen wurden mir zu eng.
Ich wäre lieber wo anders
gewesen, als daß ich die verrückten Burschen beobachtet
So feindselig [habe.
10 schlugen sie sich. Das muß ich ihnen mit vollem Grunde
[zuerkennen.

Siegeloch und Adelfried, dem verwegenen,
erging es ganz schlecht,
Goße vom Lech,
Amelolt und Eggerich, die fünf blieben tot liegen.

L 34

W-F: WL
Nr. 17
H: 61,18

I — R 32,1 A Gedrut 19 C 94 c 97,1 z 24,1

Dise trüeben tage,
dár zuo léitlîchiu kláge
hất mir vréudè benómen
und allen hôhen muot.

5 war zuo sol mîn sanc,
sît er níe ső erklánc,
dáz in hétè vernómen
ein schoeniu vrouwe guot,

der ich hân gedienet ûf genâde her vil lange
10 den sumer und den winder ie mit einem niuwen [sange?
nû verstât si mir ez alrest zeinem anevange.

II — R 32,2 C 95 c 97,2 z 24,2

Daz si niht enstât,
dáz ir mínnè mich hất
áller sínnè behért,
dâ sündet sî sich an.

5 sî vil saelic wîp,
jấ verlíuse ìch den lîp,
íst si mír nìht beschért.
owê, daz ich niht kan

ir gesingen, dâ von sî mir holdez herze trüege!
10 jâ bin ich in dem munde leider ninder sô gevüege.
bezzer waere, daz ich niuwes nimmer niht entslüege.

III — R 32,3 C 96 c 97,5 z 24,3

H: 62,1

Mir schất Engelbolt
únd der méier Mángólt

L 34

I

Diese trübe Zeit
und die léidvòlle Not
hat mir Fróhsìnn geraubt
und alle Heiterkeit.

5 Wozu soll noch mein Lied,
da es níe só erklang,
daß ein Wéib, gút und schön,
hätt' darauf gehört?

Ihrer Gunst hab meinen Dienst ich lange schon gewidmet
10 durch Sommer und durch Winter stets mit einem neuen [Liede.
Nun nimmt sie das auf, als wär' dies alles erst ein Anfang.

II

Daß sie nicht versteht,
daß es síe íst, die mir
den Verstánd hàt geraubt,
da sündigt sie damit.

5 O du begnadigt Weib,
Ja gewínn' ìch den Tod,
wird sie mír nícht zuteil.
Ach, daß ich nicht vermag

so zu dichten, daß sie ein gewognes Herz mir böte!
10 Ja, leider bin ich halt nicht so geschickt mit meiner Rede.
Besser wär's, ich ließ es sein, noch Neues vorzutragen.

III

Mir schadet Engelbold
und der Ámtmann Mángóld,

únde ouch jéner Dúrnchárt,
daz vierde ist Engelber,

5 dar zuo Eberwîn
únd die zwḗn brúoder sī́n
(sṓ sô tóerschès nie wárt),
Lûthêr und Adelgêr.

[declî
die tanzent mit den meiden in dem geu verwen-
10 si wellent ûf der strâze niemen einen fuoz ent-
[wî
hei, solt ich ir einem sîne stelzen dâ bestrîchen!

IIIa C IV C 97 c 97,4

IV C VI R 32,4 C 99

Er ist mir gevêch,
dáz in híuwèr verzḗch
zórniclī́chèn ir hánt
mîn vrouwe ûf einer dult.

5 seht, daz was im leit!
sī́nen vríundèn er kléit,
dáz ichz hét ìm erwánt
und waere gar mîn schult:

H: 62,20 „wan er gie vil nâhen an ir sîten gar bedrungen; [g
10 er het uns an der wîle ein liet ze tanze vor gesun-
wol verstuont der dörper sich bî einem kleinen
[stun

V C V R 32,5 C 98

Seht, der ist ein teil
béidiu túmp ùnde géil.
séht, dem gíeng èr gelī́ch!
sîn schuoch was im gemâl,

dázu ér auch, Dúrnchárd,
als vierter Engelber,

5 dazu Eberwin
und seine zweí Brűder noch,
– nie gab so Nárrhàftes es –
Luther und Adelger.

Sie tanzen mit den Mädchen in dem Gau den Kopf [verrenkend.
10 Auf der Straße wollens’ keinem einen Fuß breit weichen,
Hei, könnt’ ich einem seinen Stelzen einen Hieb versetzen!

IIIa

IV

Einer ist mir feind,
daß ihm díes Jáhr versagt’
voll Zorn und Grímm ìhre Hand
die Herrin auf dem Fest.

5 Ha, war ihm das leid!
Seiner Fréundschàft er klagt
daß ihm ích hàtt’s verpatzt,
und wär’ ganz meine Schuld:

„Denn er ging beim Tanz eng angedrückt an ihrer Seite;
10 er hatt’ uns währenddem ein Lied zum Tanze [vorgesungen.“
Der Tölpel hat genau gemerkt, was solch ein Drücklein [meinte.

V

Alle sind sie halt
beides dúmm ùnd noch frech.
Seht, dem gléicht èr doch voll.
Sein Schuh war bunt verziert,

5 dâ mit er mir trat
níder ál mîn wísemất.
áller vírtégelích
H: 62,30 sweimte er vür Riuwental.

oberthalp des dorfes strâze steig er über den anger,
10 durch mînen haz von stîge vaste nâch den bluomen [spranger,
in einer hôhen wîse sîniu wineliedel sanger.

Trutzstrophe R 32,6 c 97,7 z 24,6

H: S. 180 Der von Riuwental
brűevet túmplîchen schál.
úngenáedèger drő
der trîbet er ze vil.

5 sammir Durinchart,
ín geríuwèt diu várt!
wíderdrőut èr mir ső,
daz er bestrîchen wil

mir die stelzen, sô muoz er sich zorendücke nieten.
10 der keiser Otte kunde nie den widerslac verbieten.
ich versuochte ez, koeme er her, ob in diu swert iht [schrieten.

IIIa C IV C 97 c 97,4 z 24,4

H: S. 177
W-F: unecht

Einer der ist kal.
der gíht ʌ ze Ríuwentál,
dáz er tánzen mìr erwér
mit al den friunden sîn.

5 daz ist Erkenfrit
und Éngelmâr ʌ der smít

5 mit dem er mir zertrat
meine Héuwìese ganz.
Jeden Fésttàg hindurch
schwirrt er um Reuental.

Von der Straße ob dem Dorfe stapfte er durch den Anger.
10 Mir zum Trotz sprang er vom Steig weg dauernd nach
[den Blumen.
Lauthals sang dabei er seine frechen Liebschaftsliedel.

Trutzstrophe

Der von Reuental
versuchts mit dűmmlìchem Lärm.
Dies sein úngnàdig Dreun
treibt er viel zu viel.

5 So wahr ich Durenchard,
ihn geréut nòch solch Tun.
Gegendróht èr mir so,
daß er „bestreichen“ will

mir die Stelzen, muß mit grimmem Widerstand er rechnen.
10 Selbst Kaiser Otto konnte nie den Gegenschlag verbieten.
Ich versucht’ es, käm’ er her, ob Schwerter ihn nicht
[schnitten.

IIIa

Einer ist ein Glatzkopf.
Zu Reuental sprengt er aus,
er bringe mir den Tanz zum Platzen
mit allen seinen Freunden.

5 Das ist Erkenfried
und der Schmied Engelmar

únd der pfíster Wérnhér;
daz vierde ist Sigewîn

und ist der geilen getelinge ein vil michel trünne.
10 si entwîchent von ein ander niht; ir ist vil gar ein [künne.
den allen müeze alsô geschehen, als ich in heiles [günne.

L 35

W-F: WL
Nr. 18
H: 59,36

I R 29,1 c 84,1

Sanges sint diu vogelîn gesweiget.
der leide winder hât den sumer hin verjagt.
des ist manic herze beidiu trûric unde unvrô.

H: 60,1 aller werlde hôchgemüete seiget;
5 wan ich bin noch an mînen vreuden unverzagt.
daz gebiutet liebist aller wîbe mir alsô.

ir gebot
leiste ich immer, al die wîle ich lebe.
mîne friunde, wünschet mir durch got,
10 daz si mir ein liebez ende gebe!

II R 29,2 c 84,4

Hie mit sule wir die rede lâzen.
wir müezen in die stuben. zeinem berevrite
kômen hin durch tanzes willen vil der jungen diet.

zwêne dörper (daz si sîn verwâzen!),
5 si truogen beide röcke nâch dem hovesite,
Ôsterrîches tuoches. wê mir sîn, der in si schriet!

und der Pfister Werner;
der vierte ist Siegewin.

Die übermütigen Burschen sind ein großer Haufen. [Sippe.
10 Wie Kletten hängen sie an einander; sie sind eine einzige
Möge es ihnen allen genau so ergehen, wie ich ihnen Gutes
[wünsche.

L 35

I

Verstummt mit ihrem Liede sind die Vöglein.
Der leid'ge Winter hat den Sommer fortgejagt.
So viele Herzen sind hierüber traurig und bedrückt.

Die Hochgestimmtheit aller Menschen neigt sich;
5 nur meine Zuversicht auf Freude weicht noch nicht.
Das ist die Forderung der liebsten aller Frau'n an mich.

Ihr Gebot
erfüll' ich stets, so lang mein Leben reicht.
Meine Freunde, wünscht mir das bei Gott,
10 daß sie ein liebes Ende mir gewährt!

II

Lassen wir die Sache nun beruhen.
Wir müssen in die Stube. In ein Holzgebäu
kam um des Tanzes willen eine Menge jungen Volks.

Zwei Bauern – daß sie doch der Teufel hole! –
5 trugen beide Röcke nach der Art des Hofs,
Östreicher Tuchs. Dem Schneider alles Üble an den Hals!

wol beslagen
wâren in ir gürtel beide samt.
oedeclîchen wunden sî den kragen
10 bî dem tanze, daz ich michs erschamt.

III R 29,3 c 84,2

Niemen vrâge mich, war umbe ich grâwe!
jâ wânte ich, daz ich geruowet solde sîn
H: 60,20 vor den getelingen. des ist in vil ungedâht.

sîne lâzent mich deheine râwe
5 gewinnen; ir gewerp ist um die vrouwen mîn.
mirst unmaere, werdent sî zerhouwen schiere brâht.

Gîselbreht
unde ein toerscher ganze, Walberûn,
tuot mir zallen zîten ungereht.
10 wie verlôs ir spiegel Vriderûn?

IV R 29,4 c 84,3

Alsô vlôs mîn vrouwe ir vingerîde.
dô sî den krumben reien ûf dem anger trat,
dô wart ez ir ab ir hant, seht, âne ir danc genomen!

hân ich den von schulden niht ze nîde,
5 der irz von sîner üppikeit gezücket hât? [komen.
daz möht enem oeden kragen noch ze schaden

wê mir sîn,
daz er sî sô rehte dar zuo vant!
jâ verklagte ich wol daz vingerlîn,
10 het er ir verlenket niht die hant.

Metallbelegt
waren ihre Gürtel alle zwei.
Aufgeblasen drehten sie den Hals
10 beim Tanze, daß ich mich darob geschämt.

III

Frag' mich keiner, warum ich ergraue!
Hoffnung hatte ich, ich bliebe ungestört
von den Bauernburschen, doch sie denken nicht daran.

Keine Ruhe wollen sie mich finden
5 lassen. Meiner Dame machen sie den Hof!
Mir ist es völlig gleich, bringt man sie bald erschlagen heim.

Geiselbrecht
und ein blöder Gänser, Walberun,
handeln ständig unrecht gegen mich.
10 Wie verlor den Spiegel Friederun?

IV

Genau so kam um ihren Ring die Herrin.
Als sie den „krummen Reihen“ auf dem Anger trat,
da zog man ihr ihn gegen ihren Willen von der Hand.

Verfolg' ich den mit meinem Groll zu unrecht,
5 der ihn vor Übermut ihr weggerissen hat?
Das kommt wohl jenem eitlen Kragen teuer noch zu steh'n.

Weh' für ihn,
daß die Gelegenheit so günstig war!
Verschmerzen könnte ich ja noch den Ring,
10 hätt' er ihr nicht die Hand dabei verrenkt.

V

R 29,5 c 84,5

Sône müet mich niht an Brûnewarte,
niwan daz er den oeden krophen vor gestât
üppiclîcher dinge und ungevüeger gogelheit.

H: 61,1

des geswillet mîn gemüete harte.
5 wan daz mîn zuht vor mînem zorne dicke gât,
ich geschüefe, daz ir etelîchem würde leit.

alle drî
dünkent sich die dörper wîse gar.
herre got, nu schaffe mich ir vrî!
10 hie bevor dô müet mich Engelmâr.

VI

R 29,6 c 84,7

Er und die mir durch den anger wuoten,
den ist sô gar getützet al ir üppigkeit.
die gebârent, sam si nie gelebten guoten tac.

hôhe spienen sî ir weibelruoten.
5 ir iegeslîcher hiuwer eine riutel treit.
kleine hûben truogens ê; nu strûbet in der nac.

rehte alsam
müeze in noch gelingen über al!
sac mit salze mache mir si zam!
10 sô geruowe ich hie ze Riuwental.

L 36

W-F: WL
Nr. 12
H: 52,21

I

R 45,1

Êst ein winder. nemt des war
an der liehten heide!

V

An Braunewart jedoch verdrießt mich einzig,
daß er den dreisten Kröpfen allen Übermut
und zügellose Ausgelassenheit zugute hält.

Das läßt mir die Galle überlaufen.
5 Wehrte nicht Selbstbeherrschung oftmals meinem Zorn,
täte ich, was etlichen von ihnen würde leid.

Alle drei
halten sich die Bauern für gar klug.
Herrgott vom Himmel, schaff' sie mir vom Hals!
10 Einst beleidigte mich Engelmar.

VI

Ihn und die mir durch den Anger stapften,
ist aller Übermut von Grund auf nun gedämpft.
Jetzt tun sie so, als hätten sie nie guten Tag erlebt.

Wie spreizten sie einst ihre „Weibelstecken“ –
5 Jetzt trägt jeder nur noch einen Reutelstab.
Feine Hauben trugen sie; jetzt ist ihr Schopf zerzaust.

Ganz genau
gehe es mit allen andern auch!
Ein Salzsack auf dem Rücken mach' sie zahm!
10 Dann fänd' ich Ruhe hier zu Reuental.

L 36

I

Winter ist es. Seht es nur
an der hellen Heide!

die hât er gemeilet und den grüenen walt.
bluomen schîn und vogele singen ist nu gar zergân.

5 sî sint beidiu missevar.
seht an ir getreide!
daz ist allez von dem leiden rîfen kalt.
manic herze muoz von sînen schulden freude lân.

wirde ich vrô,
10 daz kumt noch von einem lieben wâne,
sî getuo mich sorgen vrî,
der ich gerne laege bî.
daz ist diu wolgetâne.

II

R 45,2

Gît mir iemen guoten rât?
wol bedörfte ich lêre.
zwêne sint vor nîde worden des enein,
mügen siz erwenden, mir enwerde ir nimmer teil.

5 einer dâ her höfschen gât.
H: 53,1 seht, der müet mich sêre
mit sîm werren, den er brüevet under ein!
werbe er umbe ir minne, müeze volgen im unheil!

erst ein gouch.
10 swâ ich mich verbürge in dem lande,
er und jener Engelher
triben mich mit wîges her
ab mîner anewande.

III

R 45,3

Der ich holdez herze trage,
swie si nie getaete
mînes willen gegen einer hirsen vesen,
sît ich êrste nâch ir hulden ie ze singen phlac,

die hat er fahl gefleckt und auch den grünen Wald.
Blumenglanz und Vogelsingen sind nun ganz dahin.

5 Wald und Heide sind verfärbt.
Betrachtet Laub und Blumen!
Das ist alles von dem leid'gen, kalten Reif.
Viele Herzen müssen seinetwegen freudlos sein.

Doch werd' ich froh,
10 so geschiehts von einem lieben Hoffen,
von Sorgen mache sie mich frei,
mit der das Bett ich teilte gern.
Das ist sie, die Schöne.

II

Gibt mir jemand guten Rat?
Lehre wär' mir nötig.
Zweie sind aus Feindschaft darin worden eins:
können sie's verhindern, sie wird nimmer mir zuteil.

5 Der eine macht ihr hier den Hof.
Seht, der fällt mir lästig
mit seiner Zwietracht, die er mit den andern sät.
Will er um ihre Liebe werben, folg' ihm Unheil draus!

Er ist ein Hund.
10 Wo ich auch im Lande mich verbärge,
er und jener Engelher
trieben mich mit Heeresmacht
selbst noch vom Rand des Ackers.

III

Die mein ganzes Herz besitzt,
obwohl sie meinen Willen
nicht für eine Hirsespreu hat je erfüllt,
seit ich zum ersten Mal mein Lied auf ihre Huld gestimmt,

5 lônte sî mir mîner tage,
dâ mit ich si baete,
sô waer ich vor senelîcher nôt genesen.
die daz wenden, die gewinnen nimmer guoten tac,

swer si sîn!
10 doch waen ich si sumelîche erkenne,
die mir niht ze waege sint.
H: 53,20 Megengôz und Oezekint
die râments etewenne.

IV R 45,4

Wê geschehe in! swar ich var,
ich bin in ir aehte,
die den sumer tänze brüevent in dem geu
und den winder in der spilestuben herren sint.

5 wîlen müet mich Engelmâr.
owê, der mich braehte,
da ich genaese vor ir üppiclîcher dreu!
disiu nôt ist umbe ein wolgetânez dierenkint.

derne gan
10 ich in niht. dâ nîdent sî mich umbe.
ez ist âne mînen danc,
swaz er ie nâch ir geranc,
her Oezekint der tumbe.

L 37

W-F: WL
Nr. 13
H: 53,35

I R 3,1 A 6 c 81,1

Wie überwinde ich beide
mîn líep ùnd die súmerzît?
ine kan die wolgetânen schiere niht verklagen.

5 lohnte sie mir zu Lebenszeit,
worum ich sie gebeten,
dann wäre ich von aller Sehnsuchtsqual geheilt.
Die das verhindern, fänden sie doch niemals guten Tag,

wer sie auch sind!
10 Doch glaub' ich, daß ich einige wohl kenne,
die mir nicht zu gewogen sind.
Oeßekind und Megengoß,
die trachten darnach dauernd.

IV

Weh' über sie! Wo ich auch sei,
bin ich für sie geächtet,
die die Tänze richten sommers in dem Gau
und winters Herren in der Unterhaltungsstube sind.

5 Engelmar verdroß mich einst.
Brächt' mich einer dorthin,
wo ich vor ihrem wilden Drohen sicher wär'!
Um ein hübsches junges Mädchen leid' ich solche Not.

Ich gönne sie
10 ihnen nicht; deswegen ihre Feindschaft.
Nie gebe ich mein Ja dazu,
was er sich auch um sie bemüht,
Herr Oeßekind, der Dumme.

L 37

I

Wie verwind' ich beides
mein Líeb' ùnd die Sommerzeit?
Ein Ende meiner Klage um die Schöne find' ich kaum.

von sô grôzem leide,
5 mir ríuwe âne vrőude gît,
H: 54,1 trûre ich wol von schulden nû ze disen trüeben [tagen,
die uns den winder kündent, der uns manger vröude [roubet.
sanges habent sich diu kleinen vogelîn geloubet.
alsô möhte ich wol mit mînem sange stille dagen.

II R 3,2 A 7 c 81,2

Sol mich niht vervâhen,
mîn trőst ùnd mîn líeber wấn,
sô enweiz ich, waz genâden ich mich troesten mac.

wol mac mir versmâhen
5 mîn díenèst, den ích ir hấn
lange her geleistet und des ie mit triuwen phlac.

alsô phlaege ichs immer gerne, möhte ich des geniezen,
sô daz mich die dörper mînes lônes iht verstiezen.
des ist Uoze grîfic und sîn rûher schavernac.

III R 3,3 A 8 c 81,3

Engelwân und Uoze
die zwḗnè sint mír geház
(schaden unde nîdes muoz ich mich von in ver- [sehen)
und der geile Ruoze.
5 wie tíuwèr er sích vermáz,
er bestüende mich durch sî! die drîe widerwehen

H: 54,20 râtent unde brüevent, daz ich âne lôn belîbe.
niht envolge ir lêre, vrouwe, liebist aller wîbe!
lône mîner jâre, lâz in leit an mir geschehen!

IV R 3,4 c 81,4

Vrouwe, dîne güete
dierkénne ìch sô mánicvált,
daz ich liebes lônes von dir noch gedingen hân.

Durch so großen Kummer,
5 den Schmérz òhne Freude bringt,
hab' ich in diesen trüben Tagen zur Trauer allen Grund.

Sie künden uns den Winter, Räuber aller unsrer Freuden.
Die kleinen Vöglein haben ihres Singens sich entschlagen.
Mit meinem Lied verstummen könnte ich genau so gut.

II

Soll mir mein Erwarten
níchts nűtzen nòch mein Wahn, [mag.
so weiß ich nicht, worauf ich noch Erhörung gründen

Mich kann gern verdrießen
5 mein Díenst, dèn ich unentwegt
mit aller Treue ihr seit langem habe dargebracht.

Genau so trieb ichs gerne weiter, könnt' ans Ziel ich kommen,
so daß mich diese Bauerntölpel um den Lohn nicht brächten.
Darauf ist Uße scharf mit seinem groben Schabernak.

III

Engelwan und Uße,
die zwéi trágen auf mich Haß – [sein –
Auf Feindschaft und auf Schaden muß ich vorbereitet

und der tolle Ruße.
5 Wie séhr brűstete er sich,
er stellte mich um ihretwegen! Die Feinde alle drei

setzen alles in Bewegung, mich um den Lohn zu bringen.
Folg' nicht ihrer Stimme, Herrin, liebste aller Frauen!
Lohne mir die Jahre, tue ihnen Leids durch mich!

IV

Herrin, deine Güte,
bekánnt ìst sie mir so reich, [bin.
daß ich auf lieben Lohn von dir noch fester Hoffnung

daz mich ie gemüete,
5 die sprănzlèr und ír gewált,
daz was mit den bluomen hin. nu wil mir E
[
dîne hulde verren. daz im müeze misselingen,
sô daz hundert swert ûf sînem kophe lûte erklin
snîdent sî ze rehte, sî zerüttent im den spân.

V R 3,5

Seht an Engelwânen,
wie hőhe èr sîn hóubet tréit!
swanne er mit gespannem swerte bî dem tanze

sô ist er niht âne
5 der vláemìschen hőveschéit,
dâ sîn vater Batze wênic mit ze schaffen hât.

nu ist sîn sun ein oeder gouch mit sîner rûhen hûbe
ich gelîche sîn gephnaete ze einer saten tûben,
diu mit vollem krophe ûf einem korenkasten st

VI R 3,6

H: 55,1 Swer in sîner tougen
ie líep òde léit gewán,
dem sint mîne sorgen und mîn kumber wol bek

sît ich mînen ougen
5 den stíc nìht verbíeten kán,
sî enblicken hin, dâ Ruoze tanzet an ir hant,

sô verlâze ich kûme, deich mich selben niht en
[r
solhen wehsel nement, die dâ minnent an ir
[ko
Minne, lâ mich vrî! mich twingent sêre dîni
[b

Was mir stets zugesetzt hat:
5 die Práhlgècken und ihr Lärm,
das war mit den Blumen aus. Nun will mir Engelwan

deine Huld entziehen. Daß ihm dieses so mißlinge, [nen!
daß ihm hundert Schwerter laut auf seinem Kopfe dröh-
Wenn sie richtig schneiden, ist's aus mit der Locken-
[pracht.

V

Den Engelwan betrachtet,
wie hóch èr den Kopf doch trägt! [tanz geht,
Wenn er mit umgeschnalltem Schwerte an dem Schreit-

Dann tut er sich dicke
5 mit flámlåndischem Benimm,
womit sein Vater Batze nichts zu schaffen hat gehabt.

Nun ist sein Sohn ein eitler Geck mit seiner Zottelmütze.
Seine Aufgeblasenheit gleicht einer satten Taube,
die mit vollem Kropf auf dem Getreidespeicher hockt.

VI

Wer je im Geheimen
Líeb òder Leid gewann, [vertraut.
dem sind meine Sorgen und mein Kummer wohl

Seitdem ich meinen Augen
5 den Stéig nìcht verbieten kann,
daß sie dort hinseh'n, wo Ruße tanzt an ihrer Hand,

kann ich mich kaum beherrschen, daß ich selber mich nicht
[raufe.
Solchen Tausch nimmt der in Kauf, der Liebe sich ver-
[schrieben.
Frau Minne, gib mich frei! Gar hart drückt deine Fessel
[mich.

VII R 3,7

Minne, dîne snüere
die twíngènt daz hérze mín,
daz ich hân ze strîte wider dich deheine wer.

swie verholne ich rüere,
5 den zímbèl der zélle dín,
sô bin ich betwungen des, daz ich dir hulde swe

vrouwe Minne, dîn gewalt ist wider mich ze streng
küneginne, dîner ungenâde niht verhenge,
daz si mich verderbe! ja ist si über mich ein her.

L 38

W-F: WL
Nr. 16
H: 58,25

I R 26,1 A 14 c

Owê, lieber sumer, dîne liehten tage lange,
wie die sint verkêret an ir schîne!
si truobent unde nement an ir süezem weter abe.

gar gesweiget sint diu vogelîn mit ir gesange.
5 doch ist daz diu meiste sorge mîne, [h
daz mir niht langer dienest lieben lôn erworben

ich enkunde ir leider nie gesprechen noch gesingen,
daz die wolgetânen diuhte lônes wert.
lônâ, küneginne! ich bin, der lônes gert.
10 liebist aller wîbe, ich hân ûf lieben lôn gedingen.

II R 26,2 A 15 c

Hât ab iemen leit, daz mînem leide sich gelîche,
möhte mir der sînen rât enbieten!
deiswâr, guoter raete der bedörfte niemen baz.

VII

Minne, deine Bande
mit Mácht knébeln sie mein Herz,
daß ich völlig wehrlos bin zum Streite wider dich.

Wenn ich geheim anschlage
5 das Glóckspìel an deinem Haus, [Hand.
bin ich im Zwang, den Lehnseid dir zu leisten in die

Herrin Minne, deine Herrschaft ist zu unerbittlich,
Königin, laß deiner Gnadenlosigkeit nicht Freiheit,
daß sie mich verdirbt! Sie ist mir über wie ein Heer.

L 38

I

Ach lieber Sommer, wie sind deine hellen, langen Tage
ins Gegenteil verkehrt in ihrem Glanze!
Sie dunkeln, und es schwindet ihre süße Witterung.

Zum Schweigen sind die Vöglein nun gebracht mit ihren
5 Das ist mir die allergrößte Sorge, [Liedern.
daß langer Dienst mir keinen lieben Lohn erworben hat.

Leider war ich nie im Stand, zu sprechen und zu singen,
was der schönen Herrin dünkte lohnenswert.
Lohne, Königin, ich bin's, der Lohn verlangt! [Hoffnung.
10 Liebste aller Frau'n, auf lieben Lohn mach' ich mir

II

Hat aber jemand Leid, das meinem Leid vergleichbar wäre,
möchte der mir seinen Rat gewähren!
Fürwahr, wohl niemand brauchte gute Räte dringlicher.

ich gespraeche mîne vriunde gerne sumelîche,
5 daz si mir von solhen sorgen rieten:
H: 59,1 mich vêhet âne schulde, der ich selten ie vergaz.

daz ist wunder, daz ich eine wîle vrô belîbe,
sît daz mich diu guote in ungenâden hât.
wan daz mich mîn triuwe und ouch mîn staete enlât,
10 ich geslüege nimmer niuwez liet deheinem wîbe.

III R 26,3 A 16 c 108,4

Ine gewan vor mangen zîten ungenâde mêre,
danne ich hân von einem getelinge.
derst alsô getoufet, daz in niemen nennen sol.

der ist an sîner strâze beidiu tretzic unde hêre.
5 langez swert alsam ein hanifswinge,
daz treit er allez umbe. im ist sîn gehilze hol.

dâ sint luoger in gemachet, zeine zîzelwaehe.
oben in dem knophe lît ein spiegelglas,
dem gelîch alsô daz Friderûnen was.
10 dô bat er die guoten, daz si sich dar inne ersaehe.

IV R 26,4 A 17 c 108,5

Sîne wolde iedoch in sînen spiegel nie geluogen.
daz versagtes im in einer smaehe.
si sprach verwendeclîchen: „daz ist immer ungetân.

ich bekenne iuch niht an iuwer hövescheit sô kluogen.
H: 59,20 5 ê ez iu ze liebe an mir geschaehe,
jâ wolde ich ê verliesen slehtes allez, daz ich hân.“

sî sprach: „liupper, heime ich hân noch guoter spiegel [drîe;
derst mir iegelîcher lieber danne der.“

Gerne würd' ich mit verschiednen Freunden mich bereden,
5 daß sie mir aus solchen Sorgen hülfen.
Grundlos haßt mich sie, für die ich immer war bereit.

Ein Wunder ist es, daß ich ab und zu noch froh mich zeige,
trotzdem mich die Gute in Ungnaden hält.
Zwäng' Anhänglichkeit und Stetigkeit mich nicht,
10 niemals spielt' ich je ein neues Lied mehr einem Weibe.

III

Seit langen Zeiten hab' ich solches Unheil nicht erfahren,
als ich von einem Bauernkerl es dulde.
Der trägt einen Namen, den man nicht aussprechen soll.

Wo er sich herumtreibt, ist er trotzig und hochfahrend.
5 Ein Schwert, so lang wie eine Hánfschwínge,
das schleppt er überall herum. Der Griff ist innen hohl.

Da sind Löcher eingefügt, kunstvolle, feine Stäbchen;
oben in dem Knaufe liegt ein Spiegel drin,
genau entsprechend dem, den Friederun besaß.
10 Da bat er die Gute, daß sie sich darin besähe.

IV

Jedoch, sie mochte keineswegs in seinen Spiegel blicken.
Sie versagte ihm es voll Verachtung.
Über ihre Schulter sprach sie: „Das erlebt Ihr nie!

In höfischem Benehmen finde ich Euch nicht so glänzend.
5 Eh' ich's Euch zu liebe jemals täte,
gäb' ich eher alles preis, was mir zu eigen ist.“

Sie sprach: „Freund, daheim besitz' ich guter Spiegel dreie;
von denen ist mir jeder lieber als der hier.“

schiere sprach er aber: „vrouwe, luoget her!“
10 alsô müete sî der gouch mit sîner hoppenîe.

V R 26,5

Hie mit disen dingen sî diu rede alsô gescheiden!
lât iu mêre künden mîner swaere!
die tumben getelinge tuont mir aller leideclîch.

swaz ich tuon, ich kan si bî der guoten niht erleider
5 wessen sî, wie lîhte ich des enbaere,
si würben anderthalben, Gîselbreht und Amelrîc

die hânt disen sumer her getanzet an ir hende
allenthalben, swâ man ie der vreuden phlac.
hinne vür gelebe ich nimmer lieben tac,
H: 59,35 10 unze ich mînen kumber nâch dem willen mîn volen

L 39

W-F: WL
Nr. 20
H: 64,21

I R 47,1 A 9 Cb2,10

Owê dirre sumerzît,
owê bluomen unde klê,
owê maneger wünne, der wir âne müezen sîn!

unser freuden widerstrît
5 bringet rîfen unde snê.
daz hât allez rôten rôsen ungelîchen schîn.

alse ist ungelîch
mîn und Amelunges swaere.
mînes ungelingen vreut er sich und Uodelrîch.
10 der ist mînes schaden zallen zîten vlîzic und geva
er und Eberolt, ein ungestüemer wüeterîch.

Stracks begann er wieder: „Herrin, schaut doch her!“
10 Derart fiel der Kerl mit seiner Afferei ihr lästig.

V

Mit diesem Letzten hier sei die Erzählung nun beendet!
Laßt Euch von meinem Kummer mehr berichten!
Die dummen Bauernkerle tun mir Leides, was nur möglich.

Was ich auch tue, ich kann sie der Guten nicht verleiden.
5 Wüßten sie, wie leicht ich es entbehrte,
Verlegten sie ihr Tun, der Geiselbrecht und Amelrich.

Den ganzen Sommer haben sie den Tanz mit ihr gesprungen,
überall, wo immer man Vergnügen trieb.
Hinfort erleb' ich niemals einen frohen Tag,
10 solang ich meinen Kummer nicht nach meinem Willen ende.

L 39

I

Ach, um diese Sommerzeit,
ach, um Blumen und den Klee,
ach, der vielen Wonne, der wir ledig müssen sein!

Uns're Freuden harter Feind
5 bringt nur Reif und bringt nur Schnee,
all das hat mit roten Rosen keinen Schimmer gleich.

Gleich verschieden sind
mein und Amelunges Kummer.
Über mein Mißlingen freut er sich und Udelrich.
10 Der spürt meinem Schaden hinterhältig nach zu allen [Zeiten,
er und Eberold, ein ungestümer Wüterich.

II R 47,2 C^b 2,11 c 111,2 d 11,2

Eberolt und Amelunc,
Uodelrîch und Undelhart
habent wider mich gebrüevet eine sicherheit.

manic oedeclîcher sprunc
5 von in dô gesprungen wart,
dô si sich des ruomten, sî getaeten mir ein leit.

stille und offenbâr
habent sî den ruom bewaeret.
H: 65,1 ich gewünsche in nimmer, daz ir keiner wol gevar.
10 under disen vieren hât mir einer mînen muot be-
[swaeret,
daz er nie sô trüebe wart von iu, her Engelmâr.

III R 47,3 A 10 (nur Aufgesang) C^b 2,12 c 111,4 d 11,4

Wesse ich, wem ich solde klagen
mînen grôzen ungemach,
den ich von in lîde und lange her geliten hân!

swaz mir noch bî mînen tagen
5 leides ie von in geschach,
dêst ein wint, wan daz mir nû der eine hât getân.

owê, daz ich sol
nû min selbes laster rüegen!
mîner ougen wünne greif er an den füdenol.
10 tumber gouch, des mehte joch den keiser Friderîch
[genüegen.
H: 65,14 hoener schimph gevellet nimmer guoten liuten wol.

R V IV R 47,5 A 10 (nur Abgesang) C^b 2,13 c 111,3 d 11,3

H: 65,26 Mîne vriunt, nu gêt her dan,
gebt mir iuwern wîsen rât,
wiech mit disen dingen müge ze mînen êren komen!

II

Eberold und Amelung,
Udelrich und Undelhart
haben sich mit ihrem Wort verschworen gegen mich.

Sprünge taten sie dabei,
5 widerwärtig und so viel,
als sie prahlten, daß sie mir ein Leid noch täten an.

Offen und geheim
Ist ihr Prahlen wahr geworden.
Keinem wünsch' ich je von ihnen, daß ihm's wohl ergeh'.
10 Einer hat mir meinen Sinn so sehr beschwert von diesen [Vieren,
wie ihn ihr mir nie verdüstert habt, Herr Engelmar.

III

Wüßte ich nur, wem ich doch
klagen sollte solches Leid,
das ich lang' von ihnen dulde und noch dulden muß!

Doch was Zeit des Lebens sie
5 Schlimmes mir auch zugefügt,
ist ein Nichts vor dem, was mir der Eine jetzt getan.

Ach, daß ich nun soll
selber meine Schande rügen!
Ihr, die meiner Augen Wonne, griff er an die Scham!
10 Blöder Hund, das dürfte selbst dem Kaiser Friedrich reich- [lich scheinen.
Scherz, der kränkt, er findet niemals guter Leute Lob.

IV

Freunde, tretet her um mich,
spendet mir erfahr'nen Rat,
wie in diesem Fall' ich meiner Ehre tu' genug!

aller triuwen ich iuch man,
5 daz ir mir nu bî gestât.
mîne weidegenge und al mîn vreude ist mir [benomen.

ich bin unverzaget
beide an lîbe und ouch an muote.
der in durch den willen mîn sîn dienest widersaget,
10 dem gestüende ich immer, triuwen, bî mit lîbe und [ouch mit guote
al die wîle, und mir der stegereif ze hove waget.

R IV V R 47,4 c 111,7 d 11,6

H: 65,15 Iz ist vrouwen ê geschehen
âne ir willen, sunder danc,
daz der lieben und der wolgetânen dô geschach.

hiete sî den grif gesehen,
5 si ist ir lîbes nie sô kranc,
ern hiet sîne buoze enphangen, des si sît verjach.

sneller danne ein bolz
was sîn liep, ir leit ergangen.
immer mêre was der dörper sînes herzen stolz.
10 dône kunde an den stunden doch sîn rehtiu nicht vol- [langen.
die unwaege rihte uns beiden der von knütelholz!

Trutzstrophe c 111,5 d 11,5

H: S. 184 Her Nîthart, senftet iuwern zorn,
sît daz ist alsô ergân,
daz sîn hant niht verrer kam wan ûf den vüdenol!

iuwer êre waere verlorn,
5 hete er sich sîn rehte verstân,
daz sîn vinger waere gesnellet, dâ man schimpfen sol.

Aller Treue seid gemahnt,
5 daß ihr mir zur Seite steht.
Jagdrevier und alle meine Lust sind mir geraubt.

Doch an Rüstigkeit
und an Mut fehlt's keineswegs.
Jedem, der um meinetwillen mit den Vieren bricht,
10 gäbe ich mein Wort, daß ich der Seine wär' mit Leib und [Gute
all die Zeit, wo mir der Stegreif noch gen Hofe schwingt.

V

Frauen ist das je passiert,
ohne daß man sie gefragt,
was der Lieben und der Schönen da geschehen ist.

Hätte sie den Griff geseh'n,
5 wär' sie keineswegs zu schwach,
ihm den Lohn zu geben, wie sie's nachher selbst bekannt.

Bolzenschnell geschah
seine Lust, für sie die Kränkung.
Wie vor noch viel dümm'rem Stolze sich der Tölpel blähte!
10 Gleichwohl konnte seine Rechte doch nicht ganz den [Wunsch vollführen.
Richt' die Unbill zwischen uns nun Der von Knüttelholz!

Trutzstrophe

Herr Neidhart, mäßigt Euern Zorn,
da es nun so gegangen ist,
daß seine Hand nicht weiter kam als bis auf ihre Scham!

Eure Ehre wär' dahin,
5 hätt' er die Chance voll genutzt,
daß sein Finger wäre hingeschnellt, wo man so scherzt.

iuwer herzeleit
sul wir iu ze guote bescheiden.
iuwer schande und iuwer laster waere worden breit,
10 waer diu hant volvarn, als ers doch het erdâht, er [wilder heiden.
jâ was sîn zît, daz sî die fûst sô hôhe ûf gein im reit.

L 40

W-F: WL
Nr. 11
H: 50,37

I R 28,1 c 86,1 d 12,1

Diu sunne und ouch die bluomen hânt ir hoehe hin ge-
ir vil liehter schîn beginnet truoben alle tage. [neiget.

des sint diu kleinen vogelîn ir sanges gar gesweiget
H: 51,1 (deist vor allem leide mînes senden herzen klage)

5 und der walt
muoz von sûren winden ungevüegen schaden dulden.
ich hazze den winder kalt.
disiu nôt kumt gar von sînen schulden.
er unde ein wîp diu machent mich in kurzen tagen alt.

II R 28,2 c 86,2 d 12,2

Diu wil mit beiden ôren niht gehoeren, swaz ich singe.
kunde ich sanfte rûnen, daz vernaeme sî mir gar.

unsaelic müeze er sîn, der mich von ir genâden [dringe,
swelhen ende er kêre, daz er nimmer wol gevar!

5 ich vergaz
ir mit triuwen nie. nu tuot si mir sô toubez ôre
ie lenger sô ie baz.
des bin ich mit guotem willen tôre.
mir schadent getelinge, waene ich, durch den alten haz.

Euer Herzeleid
woll'n wir nicht so schlimm auffassen.
Schande, ja, und Laster wären für Euch freilich groß,
10 hätt's seine Hand vollführt, wie er sichs ausgedacht, der [harte Bursche.
's war höchste Zeit, daß sie die Faust ihm vor die Nase hielt.

L 40

I

Sonn' und Blumen haben ihre Höhe überschritten.
Ihr heller Glanz fängt an zu bleichen jeden neuen Tag.

Die kleinen Vöglein haben deshalb aufgehört zu singen.
Das quält mich Sehnsuchtsvollen außer allem andern Leid.

5 Und der Wald
muß von bittern Winden ungefügen Schaden leiden.
Den Winter hasse ich,
denn diese Not hat alle er verschuldet.
Er und ein Weib, sie lassen altern mich in kurzer Zeit.

II

Auf beiden Ohren hört sie nicht auf mich, was ich auch singe.
Verstünd' ich sanft zu wispern, darauf hörte sie genau.

Mein Fluch soll den, der mich aus ihrer Gunst verdrängt, so [treffen,
daß nichts als Unheil ihm auf jedem Wege widerfährt.

5 Ich vergaß
sie nie in Hingegebenheit. Doch sie zeigt taube Ohren
je länger um so mehr.
So bin ich ihr Narr mit vollem Willen.
Den Schaden stiften Bauern mir, glaub' ich, aus altem Haß.

III R 28,3 c 86,3 (nur Anfang) d 12,3

Die wâren des gerüemic disen sumer an der strâze,
dô man sagete, daz ich singen wolde mêr verloben.

ir etelîcher möhte sîn gemüffe gerner lâzen,
dem sîn gämelîche zimt als einem, der wil toben.

H: 51,20 5 Ellenhart
treit an sînem buosem ein vil waehez vürgespenge.
er unde Regenwart
habent mit den wîben ir gerenge.
jâ sint si doch zewâre beide niht von hôher art.

IV R 28,4 d 12,4

Ich gevriesch bî mînen jâren nie gebûren alsô geile,
sô die selben zwêne sint und etelîcher mêr.

wie wol si noch verkoufent, daz si tôren vüerent veile!
got geb in den market, daz man sî mit vollen wer!

5 Beremuot
hât mit in vil mangen liehten vîretac geloufen.
wirt sîn gelücke guot,
er mac sînen merz vil wol verkoufen.
erst aber ungewunnen, treit er sînen hiubelhuot.

V R 28,5

Dar durch ist er mit swerten in sîn houbet unver-
[schrôten.
dar zuo treit er ouch ein hôhez collier umbe den
[kragen.
erst ûf und ûf gezieret wol mit einem tuoche rôten;
daz sol jungen mägden an dem tanze wol behagen.

III

Sie rühmten sich deswegen diesen Sommer vor den Leuten,
als man aussprengte, abschwören wollt' ich meine Sanges-
[kunst.
Gewisse Herren könnten ihr Gemaule besser lassen,
denen ihre Ausgelassenheit wie Narren steht.

5 Ellenhart
trägt an seiner Brust von hohem Werte eine Spange.
Er und Reginwart
haben mit den Weibern ihr Gebalge.
Von hoher Abkunft sind die beiden doch wahrhaftig kaum.

IV

Mein Leben lang hab' ich von tollern Bauern nie erfahren,
wie dieselben zweie sind und andere dazu.

Sie können Handel treiben mit den Narren, die sie feilbieten.
Geb' Gott den Markt, daß jeder auch auf seine Rechnung
[kommt!
5 Bärenmut
ist mit ihnen manchen schönen Feiertag gegangen.
Ist das Glück mit ihm,
dann bringt er seinen Kram schon an die Leute.
Gegen ihn kommt keiner auf, trägt er den Haubenhelm.

V

Dadurch ist er für Schwerter an dem Schädel unverwundbar.
Außerdem trägt er ein hohes Kollier um den Hals.

Vom Kopfe bis zur Zeh ist er geziert mit rotem Tuche;
das soll jungen Mädchen wohl gefallen bei dem Tanz.

5 Megengôz
brüttet sich gein in; er dünket sich sô ragehüffe.
des üppikeit ist grôz.
H: 52,1 ich weiz niht, wes sich der tôre güffe,
vor im genaese niemen, würd joch im ein drüzzelstôz.

VI

R 28,6 d 12,9

Ich hân von oeden ganzen alle wîle her gesungen,
die mich nie sô sêre gemüeten, dâ ze Riuwental.

er hât in disem sumer an einer mägde hant gesprungen,
diu sîn doch niht naeme, und hiet si aller manne wal.

5 afterreif
hât sîn langez swert mit einem schîbelohten knophe.
dô man die tänze sleif,
dô reit er daz houbet ûf dem krophe.
unverwendeclîchen, waen, er nâch ir hüffel greif.

VII

R 28,7 d 12,6

Mich hât ein ungetriuwer tougenlîchen an gezündet,
hât mir vil verbrant, des mîniu kindel solten leben.

diu leit sîn unserm trehtîn und den vriunden mîn ge-
[kündet!
ich hân nû dem rîchen noch dem armen niht ze geben.

5 mir ist nôt,
gebent mir die vriunt mit guotem willen brandes
gewinne ich eigen brôt, [stiuwer.
ich gesanc nie gerner danne ouch hiuwer.
H: 52,20 jâ fürhte ich, daz ich ê vil dicke werde schamerôt.

5 Megengoß
ist toll nach ihnen; meint, er sei hochragend in den Hüften.
Sein Übermut ist groß.
Verstehe nicht, was sich der Narr aufpludert, [Maul.
vor ihm blieb' keiner, setzt's für ihn selbst einen Stoß aufs

VI

Bisher habe ich von eitlen Gänsern vorgesungen,
die mir hier zu Reuental niemals so zugesetzt.

Dieser sprang den Tanz an eines Mädchens Hand den Som-
die ihn abgewiesen, hätt' sie aller Männer Wahl. [mer,

5 Hinterring
hat sein langes Schwert mit einem scheibenförm'gen
Als man den Schleiftanz schritt, [Knaufe.
da drehte er den Kopf auf seinem Kropfe.
Nach ihrem Hüftchen griff er ohne Zögern, glaube ich.

VII

Heimlich hat ein Hinterhält'ger Brand bei mir gestiftet,
hat viel vom Unterhalt für meine Kindlein mir verbrannt.

Dies Leid sei Gott dem Herrn und meinen Freunden kund
[gegeben.
Nichts besitz' ich mehr zu schenken, weder reich noch arm.

5 Mir ist not,
daß mir Brandsteuer meine Freunde guten Willens geben.
Schaff' wieder Brot ich selbst,
sang ich nie lieber, als ichs heuer täte.
Doch fürchte ich, ich werde eher oftmals rot vor Scham.

Trutzstrophe c 86,3 (nur Schluß)
d 12,5

H: S. 159

„Nu hân ich snoeden schimpf gerochen, erküelet mîn
[gemüete
an mînem vînt von Riuwental“, sprach jener Ellen-
[gôz.
„ich hân im stadel unde korn gemachet zeiner glüete.
des muoz er disen winter sîn der liute hûsgenôz.

5 sô wê sîn,
daz er ie gesanc ûf mich, daz ich waer ragehüffe!
ein wazzer heizt der Rîn.
waz, ob ich mich al dâ hin verlüffe?
ich tet im doch ze Riuwental vil liehten funken schîn.“

L 41

Mel. 9

W-F: WL
Nr. 24
H: 73,24

I R 2,1 A Niune 51 C^b1,13
c 80,1 d 16,1 s 1

Sumer, dîner süezen weter müezen wir uns ânen.
dirre kalte winder trûren unde senen gît.

ich bin ungetroestet von der lieben wolgetânen.
wie sol ich vertrîben dise langen swaeren zît,

5 diu die heide velwet unde mange bluomen wolgetân?
dâ von sint die vogele in dem walde des betwungen,
daz si ir singen müezen lân.

II R 2,2 A Niune 52 C^b1,14
c 80,2 d 16,2 s 2

Alsô hât diu vrouwe mîn daz herze mir betwungen,
daz ich âne vröude muoz verswenden mîne tâge.

Trutzstrophe

„Nun hab’ ich schnöden Schimpf gerochen und gekühlt mein [Mütchen
an meinem Feind von Reuental“, sprach jener Ellengoß.

„Korn und Stadel hab’ ich ihm in eine Glut verwandelt,
drum braucht er diesen Winter bei den Leuten Unter- [schlupf.

5 Wehe ihm,
daß er mir im Spottlied hohe Hüften angedichtet!
Ein Wasser heißt der Rhein.
Was, ob ich etwa mich dorthin verkröche?
Zu Reuental hab’ ich ihm doch, was Funken sind, gezeigt.“

L 41

I

Sommer, ach, dein süßes Wetter müssen wir entbehren.
Dieser kalte Winter gibt uns Sehnen nur und Leid.

Ohne Hoffnung muß ich von der lieben Schönen bleiben.
Wie soll ich vertreiben diese lange, schwere Zeit,

5 die die Heide welken läßt und die viele Blumenpracht?
Deshalb sind die Vögel in dem Wald dazu genötigt,
daß ihr Sang ein Ende hat.

II

Und genau so hat die Herrin mir das Herz genötigt,
daß ich meine Tage freudenlos hinbringen muß.

ez vervaehet niht, swaz ich ir lange hân gesungen.
mir ist alsô maere, daz ich mêre stille dage.

5 ich geloube niht, daz sî den mannen immer werde holt.
wir verliesen, swaz wir dar gesingen unde gerûnen,
ich und jener Hildebolt.

III R 2,3 A Niune 53 c 80,3
d 16,3 s 3

H: 74,1 Der ist nû der tumbist under geilen getelingen,
er und einer, nennet man den jungen Willegêr.

den enkunde ich disen sumer nie von ir gedringen,
sô der tanz gein âbent an der strâze gie entwer.

5 mangen twerhen blic den wurfen sî mich mit den ougen
daz ich sunder mînes guoten willen vor in beiden [an,
ie ze sweime muose gân.

IV R 2,4 A Niune 54 c 80,4
d 16,4 s 4

Wê, daz mich sô manger hât von lieber stat gedrungen
beidiu von der guoten unde ouch wîlent anderswâ!

oedelîchen wart von in ûf mînen tratz gesprungen.
ir gewaltes bin ich vor in mînem schophe grâ.

5 ie doch neic diu guote mir ein lützel über schildes rant.
gerne mugt ir hoeren, wie die dörper sint gekleidet.
üppiclîch ist ir gewant.

V R 2,5 A Niune 55 c 80,5
d 16,5 s 5

Enge röcke tragent sî und smale schaperûne,
rôte hüete, rinkelohte schuohe, swarze hosen.

Nichts nützt es, was ich ihr Lieder schon seit je gesungen.
Das wiegt mir so schwer, daß ich verstumme nun hinfort.
[geneigt.
5 Mir fehlt der Glaube, daß sie Männern werde jemals noch
Es ist verloren, was wir für sie singen und ihr flüstern,
ich und jener Hildebold.

III

Der ist nun der dümmste aller der robusten Kerle,
er und einer, den den jungen Willeger man heißt.

Den konnte ich den ganzen Sommer nie von ihr wegdrängen,
wenn der Tanz des Abends kreuz und quer die Straße ging.

5 So viele scheele Blicke warfen sie mir aus den Augen zu,
daß ich wider meinen besten Willen vor den beiden
meinte in die Luft zu gehn.

IV

Ach, daß mich so viele weggedrängt von liebem Orte,
beides, von der Guten und auch früher anderswo!

Sprünge taten sie, die widerlichsten, mir zu Trutze.
Grau bin ich schon viel zu früh durch ihr Rabaukentum.

5 Doch nickte mir die Gute zu ein wenig über Schildes Rand.
Gerne könnt ihr hören, wie die Tölpel sind gekleidet.
Angeberisch ist ihre Tracht.

V

Enge Röcke tragen sie und schmale Stutzer-Mäntel,
rote Hüte, Schnallenschuhe, und die Hosen schwarz.

Engelmâr getet mir nie sô leide an Vriderûne,
sam die zwêne tuont. ich nîde ir phellerîne phosen,

5 die si tragent; dâ lît inne ein wurze, heizet ingewer.
der gap Hildebolt der guoten eine bî dem tanze.
die gezuhte ir Willegêr.

VI R 2,6 A Niune 56 c 80,7 d 16,6 s 6

Sagte ich nû diu maere, wie siz mit ein ander schuofen,
H: 74,20 des enweiz ich niht. Ich schiet von danne sâ zehant.

manneglîch begunde sînen vriunden vaste ruofen.
einer der schrê lûte: „hilf, gevater Weregant!“

5 er was lîhte in grôzen noeten, dô er sô nâch helfe schrê.
Hildeboldes swester hôrte ich eines lûte schrîen:
„wê mir mînes bruoder, wê!“

W-F: X R IX VII R 2,9 (am Blattrand von anderer Hand nachgetragen) c 80,9 s 8

H: 75,9 Rädelohte sporen treit mir Fridepreht ze leide,
niuwen vezzel hât er baz dan zweier hende breit.

rucket er den afterreif hin wider ûf die scheide,
wizzet, mîne vriunde, daz ist mir ein herzenleit!
[zôch.
5 zwêne niuwe hantschuoh er unz ûf den ellenbogen
mugt ir hoeren, wie der selbe gemzinc von der lieben
hiuwer ab dem tanze vlôch?

H: S. 200 (als echt möglich) W-F: angezweifelt

VIII c 80,10

Er gap versengelt wol, rehte als im waer an gebunden
ein *[swînes]* blâse, alsô man den Wackernagel: swînes blâse
[wilden hunden tuot.

Engelmar hat mich mit Friederun nie so beleidigt,
wie diese beiden jetzt. Ein Greuel sind mir in dem Aug'

5 ihre Seidenbeutel; Ingwer liegt darinnen, das Gewürz!
Davon gab Hildebold ein Stück der Guten bei dem Tanze.
das riß Willeger ihr weg!

VI

Wollt' ich nun erzählen, wie sie's mit einander trieben,
davon weiß ich nichts. Ich machte schnell mich aus dem
[Staub.
Jedermann fing an, nach seinen Freunden laut zu rufen.
Einer schrie aus Kräften: „Hilf, Gevatter Weregant!“
[schrie.
5 Vielleicht war er in großen Nöten, daß er so nach Hilfe
Hildeboldes Schwester hört' ich plötzlich lauthals schreien:
„Hilfe! Ach mein Bruder, weh!“

VII

Sporen, rund wie Räder, trägt mir Friedebrecht zum Ärger.
Sein Schwertgurt, der ist mehr als doppelt handbreit und
[ganz neu.
Wenn er den Hinterreif so auf die Scheide wieder raufzieht,
dann wißt, ihr meine Freunde, das ist mir ein Herzeleid!

5 Ein Paar neue Handschuh' zog er bis zum Ellenbogen an.
Wollt ihr hören, wie nun dieser Gamsbock weg vom Lieb-
heuer von dem Tanz getürmt? [chen

VIII

Er gab wohl Fersengeld, genau als wär' ihm angebunden
eine [Schweins-]Blase, wie man's wilden Hunden macht.

ofte brach er sînen zelt, als sî doch wol befunden,
Hatze und Pletze und jeniu ir gespile Hademuot.
[breht!
5 frâget Engeltrûten, wiez laeg umbe ir bruoder Fride-
„ach ach, er hât verrenket sich vor vorhte", alsô hât
si mir geseit, „der toersche kneht."

W-F: VII

R VII IX A VII R 2,7 (am Rand von von anderer Hand) A Niune 57 c 80,12 s 9

H: 74,25

Wâ bî sol man mîn geplätze hinne vür erkennen?
hie envor dô kande man iz wol bî Riuwental.

dâ von solde man mich noch von allem rehte nennen.
nust mir eigen unde lêhen dâ gemezzen smal.

5 kint, ir heizet iu den singen, der sîn nû gewaltic sî!
ich bin sîn verstôzen âne schulde. mîne vriunde,
lâzet mich des namen vrî!

W-F: VIII angezweifelt

X c 80,13

Ich hân mînes herren hulde vloren âne schulde!
dâ von so ist mîn herze jâmers unde trûrens vol.

rîcher got, nu rihte mirz sô gar nâch dîner hulde,
manges werden friundes daz ich mich des ânen sol!

H: 75,1

5 des hân ich ze Beiern lâzen allez, daz ich ie gewan,
unde var dâ hin gein Ôsterrîche und wil mich dingen
an den werden Ôsterman.

W-F: IX

R VIII XI R 2,8 (am Rand von anderer Hand) c 80,14 s 10

Mîner vînde wille ist niht ze wol an mir ergangen.
wolde ez got, sîn mähte noch vil lîhte werden rât.

Oft fiel er aus dem Paßgang, wie sie es genau gesehen,
Hatze, Pletze, jene ihre Freundin Hademut.
[ging!
5 Fragt Engeltrut, wie es mit ihrem Bruder Friedebrecht denn
„Herrje, er hat sich fast verrenkt vor Furcht“, so sagte sie
zu mir, „so ein saudummer Kerl!“

IX

Wie soll man mein Gesinge fortab als von mir erkennen?
Bisher kannte man es bei dem Namen „Reuental“.

Darnach sollte man mich noch mit vollem Rechte heißen.
Doch jetzt habe Eigen ich und Lehen dort nicht mehr.
[ist!
5 Mädchen, heißt den für euch singen, der jetzt dort Besitzer
Mir sind sie entzogen ohn’ Verschulden. Meine Freunde,
laßt mich von dem Namen frei!

X

Meines Herren Huld hab’ ich verloren ohn’ Verschulden.
Darüber ist mein Herz mir nun voll Jammer und voll Leid.

Mächt’ger Gott, gib du mir doch Ersatz nach deiner Gnade,
daß ich so viele edle Freunde nun verlieren muß!

5 Ich lasse ja in Baiern alles hintenan, was jemals mein,
und zieh dahin nach Österreich und setze all mein Hoffen
auf des Ostlands edlen Herrn.

XI

Meiner Feinde Absicht ist nicht ganz ans Ziel gekommen.
Wenn Gott es wollte, würde ich noch völlig davon frei.

in dem lande ze Oesterrîche wart ich wol enphangen
von dem edeln vürsten, der mich nû behûset hât.

5 hie ze Medelicke bin ich immer âne ir aller danc.
H: 75,8 mir ist leit, daz ich von Eppen und von Gumpen ie
ze Riuwental sô vil gesanc.

Trutzstrophe c 80,15 s 11

H: S. 198 Her Nîthart hât uns hie verlâzen als diu krâ den
diu dâ hinne fliuget unde sitzet ûf ein sât. [stecken,

ez sol ein man mit fremden frouwen niht ze vil ge-
[zecken,
der der wâren schulde an sîner keine vunden hât.

5 er niez sîn tegelîche spîse (der hât er dâ heime genuoc),
lâz Hildebolten mit gemache! ez was ein eichel, die
er bî im in dem biutel truoc.

L 42

W-F: WL
Nr. 31
H: 89,3

I A I R 21,1 A 11 c 85,1
d 15,1

Owê, liebiu sumerzît,
daz er sî verwâzen,
der uns dîn ze heile und ouch ze vröuden niene
dem ist manic herze gram, [günne!
5 daz nu trûren muoz.

schouwet, wie diu heide lît!
der ist niht verlâzen
aller bluomen, dâ si mit ir scham verdecken künne.
wê dem winder, ders ir nam!
10 schiere werde uns buoz

Im Land zu Östreich wurde ich aufs beste aufgenommen
vom edlen Fürsten, der mir nun ein Haus verliehen hat.

5 Zu Melk hier bin ich gegen ihrer aller Absicht nun fortan.
Ich bedaure, daß von Eppe, Gumpe ich so viel
gesungen je zu Reuental.

Trutzstrophe

Herr Neidhart hat uns hier verlassen wie die Kräh' den [Stecken,
die davonfliegt und sich auf ein Saatfeld niederhockt.

Es soll ein Mann mit fremden Frau'n nicht zu viel Scherze [treiben,
der seiner eignen gegenüber keinen Vorwurf hat.

5 Er bleibe doch bei seiner Hauskost; der hat er daheim genug,
laß Hildebold in Frieden! Es war eine Eichel nur,
die er bei sich im Beutel trug.

L 42

I

O weh, liebe Sommerzeit,
es soll der verwünscht sein,
der dich uns nicht gönnt, zu unsrem Heil und unsrer [Freude!
Ihm sind viele Herzen gram,
5 für die nun Trauern bleibt.

Seht nur, wie die Heide liegt!
Der ist nichts verblieben
von all den Blumen, womit sie die Scham bedecken könnte.
Dem Winter Fluch für diesen Raub!
10 Daß wir bald erlöst

sîn und aller der, die mir die guoten vremde machen!
den enwirde ich nimmer innerclîchen holt.
Willekint und Amelolt
habent mich beworren dâ mit lügelîchen sachen.

II R 21,2 c 85,2 d 15,2

Wê, war umbe tuont si daz?
möhte sis verdriezen!
jâ engêt ir noch mîn singen leider niht sô nâhen,
H: 89,20 als ez ir doch solde gên,
5 waere ich saelic man.

selten ich ir ie vergaz;
möhte ich sîn geniezen!
jâne kan mich langer dienest gein ir niht vervâhen.
sîne wil des niht verstên,
10 daz mîn lieber wân

lît an ander niemen niwan an ir einer lîbe.
ine gestên ir mîner triuwen nimmer abe.
seht, ob siz vür dienest habe!
si ist in mînem herzen immer liebist aller wîbe.

III R 21,3 c 85,3 d 15,3

Disiu rede lige alsô,
lâzen wirs belîben!
sprechen, wê, waz tuon ab nû die tumben getelinge!
von den hân ich boesen wert,
5 swelhen ende ich var.

alle waeren sî sîn vrô,
möhten sî vertrîben
mich von mînen vröuden und von lieber stat ver-
wol ir, der mîn herze gert [dringen.
H: 90,1 10 stille und offenbâr!

von ihm und allen würden, die die Gute mir entfremden!
Diesen werde ich niemals von Herzen hold.
Amelold und Willekind
haben mich in Schwierigkeit gebracht mit Lügereien.

II

Aus welchem Grunde tun sie das?
Möcht's ihnen über werden!
Ja, noch macht mein Singen bei ihr leider nicht den Ein-
wie es bei ihr sollte tun, [druck,
5 wär' das Glück mir hold.

Mein ganzes Denken kreist um sie,
könnt's zum Gewinn mir werden!
Doch mein langes Dienen hilft bei ihr mir nicht das
Sie bringt kein Verständnis auf, [Mind'ste.
10 daß auf niemand sonst

als auf sie allein sich meine liebe Hoffnung richtet.
Von meiner Treue gegen sie laß' ich nie ab.
Gebt acht, ob sie's als Dienen nimmt!
In meinem Herzen bleibt sie stets die liebste aller Frauen.

III

Brechen wir die Sache ab,
lassen sie beruhen!
Erzählen, ach, was nun die dummen Bauernkerle treiben!
Nichts als Schaden habe ich,
5 kann machen, was ich will.

Sie wären alle froh darob,
geläng's, mich zu vertreiben
aus meinen Freuden und von lieber Stelle zu verdrängen.
Preis ihr, die mein Herz begehrt
10 geheim und öffentlich!

ine geloube niht, daz sî gehengen an ir vinden.
bezzer waere in, liezen sî mich âne nôt.
ich gemaches alle rôt,
die dâ mit ir rûnent, wellent sî sîn niht erwinden.

IV A II R 21,4 A 12

Immer an dem vîretage
sost ir samenunge.
swaz der dörper ist in einem wîten umbesweife,
koment mit ein ander dar
5 alle ûf mînen tratz.

wê mir sîn, er irrer krage!
Fridepreht der junge
greif ir an daz künne; in weiz, nâch wiu der [gre
sîne vürhtent umbe ein hâr
10 niemens widersatz.

doch mac er und etelîcher dâ vil wol bestrûchen,
daz im bezzer waere, und hete er ez verborn.
sînes swertes helze vorn
zarte ir bî dem krumben reien einen kleinen stûchen.

V A III R 21,5 A 13 c d

H: 90,20 Do er in sînem geile spranc
an dem umbeswanke,
dô begreif ez in und zarte in ûz unz an daz ende.
owê, daz man imz vertreit,
5 jenem toerschen kragen!

ez geschach niht sunder danc.
ez ergie mit danke.
daz verwizzen im genuoge zeiner missewende.
waz im liute widerseit!
10 wil si sich beklagen,

Ich glaube nicht, daß sie Gehör bei ihr je finden werden.
Besser wär’s für sie, sie ließen mich in Fried.
Ich mache sie noch alle rot,
die mit ihr tuscheln, wenn sie nicht damit aufhören wollen.

IV

Jedesmal am Feiertag
kommen sie zusammen.
Was es nur an Bauernkerlen gibt in weitem Umkreis,
kommen miteinander her,
5 alle mir zum Trutz.

Zum Teufel er, der tolle Kropf!
Friedebrecht der junge
griff ihr an die Scham; weiß nicht, wonach der Narr noch [tastet.
Nicht im geringsten fürchten sie
10 jemands Widerstand.

Doch kann er und mancher noch gar leicht zu Fall da [kommen,
daß ihm besser wäre, hätt’ er’s nicht getan.
Der Griff von seinem Schwerte vorn
zerriß den kleinen Hängeärmel ihr beim Krummen Reihen.

V

Als er in seinem Übermut
die Drehung sprang im Tanze,
verfing der Griff im Ärmel sich und riß ihn aus vollständig.
Daß man das ihm hingeh’n läßt,
5 jenem Narrenhals!

Zufall war das keineswegs,
es geschah mit Absicht.
Das haben viele ihm als üble Handlung vorgeworfen.
Wer alles ist ihm feind darum!
10 Klagt sie die Sache ein,

sî gemachet im sîn umbesaezen vil unwaege.
möhte er tôre sîn gehelze slîfen zuo,
ê deiz solhen schaden tuo!
H: 90,33 wir vertrüegen, daz sîn swert in einem korne laege

W-F: VIII angezweifelt H: 91,22 R VIII VI R 21,8 c 85,5

Er treit eine buosemsnuor
von alrôten sîden,
Fridebreht der junge, unde ein misencorden lang
daz gêt hinden verre dan
5 unde ist kopherrôt.

ich sage iu, wie er vert gevuor
(des muoz ich in nîden),
dô sich der tanz zelie und daz ez was in dem ge- [dra
daz man sitzen solde gân,
10 dâ er hin gebôt.

ine gesach mir nie bî mînen jâren alsô leide,
als ich mir zewâre an der vil guoten sach,
die er ûf ein rippe stach
H: 91,35 mit dem selben mezzer, daz gie niden ûz der scheid

W-F: VI R VII VII R 21,7 c 85,6
H: 91,8 Allez Tulnaere velt
daz hât niht sô tumbes
von der Treisem hin ze tal engegen Zeizenmûwer
swâ si sint, die selben drî.
5 noch ist einer dâ,

dem gêt wol sîn schîbe enzelt
slehtes unde krumbes
unde ist doch von allen vieren enen ein gebûwer.
erst ir dicke nâhen bî.
H: 91,17 10 dâ von sô wirde ich grâ.

erreicht sie, daß sich seine Nachbarn gegen ihn erklären.
Glätten konnte dieser Narr wohl nicht den Griff,
bevor er solchen Schaden macht! [läge.
Wir hätten nichts dagegen, wenn sein Schwert im Kornfeld

VI

Er trägt eine Busenschnur
von ganz roter Seide,
der junge Friedebrecht, dazu ein langes Gnadenmesser.
Das steht hinten weit hinaus
5 und ist kupferrot.

Wie er sich vor'ges Jahr benahm
(ihm meine Feindschaft deshalb!),
als sich der Tanz auflöste im Gedränge, das entstanden,
als man seiner Weisung nach
10 zu den Sitzen ging!

So Unleidiges habe ich mein Leben nie gesehen,
wie ich wahrhaftig bei der Guten sah,
die er in die Rippe stach
mit eben diesem Messer. Es glitt unten aus der Scheide.

VII

In dem ganzen Tullner Feld
gibt's nicht solche Narren
von der Traisen talwärts in der Richtung Zeiselmauer,
als wo sie sind, dieselben drei.
5 Einer kommt hinzu,

dem läuft das Rad im Paßgang hin
ob's grade oder krumm geht,
und ist doch ein Bauer nur von allen vieren Ahnen.
In ihrer Nähe ist er oft.
10 Davon werd' ich grau.

91,4 er ist Hildeboldes swester sun von Berenriute,
der dâ wart geslagen umbe ein ingewer.
daz tet jener Willegêr.
91,7 er tuot mort, kumt er, dâ sich gesament tumbe liute

W-F: VII R VI VIII R 21,6 c 85,4

H: 90,34 Dâ ir bî ein ander sît,
tumbe getelinge,
dâ sult ir iuch hüeten wol vor enem toerschen
der gêt alrest hiwer her vür [kn
5 und ist geheizen Ber.

der ist lanc und ahselwît,
H: 90,40 gîtic übeler dinge
91,1 unde wünschet, daz er kom, da er im genuoc gev
er kumt kûme in zer tür.
10 phî, wer brâhte in her?

H: 91,18 erst noch tumber, danne die uns in den anger sprun
sâht ir den, der Vriderûn ir spiegel nam?
jener der gebârt alsam.
H: 91,21 erst ir einer, der mich hât von lieber stat verdrunge

R IX IX R 21,9 c 85,9

H: 91,36 Er treit einen maecheninc,
der snîdet als ein schaere,
und einen guoten fridehuot von häselînen zeinen.
einen vilz den hât er dar
H: 92,1 5 sô schône ûf gezogen.

er schrôtet mangen îsenrinc,
wambeis macht er laere.
swâ ir sît, ir muget iuch wol mit êren ab im leinen
dörper. nemt des selben war!
10 er heizet videlboge.

Er ist der Schwester-Sohn von jenem Hildebold zu Bernreit,
der um ein Ingwerstück verprügelt worden ist.
Willeger hat das getan.
Er stiftet Totschlag, trifft er wo auf unvernünft'ge Leute.

VIII

Wo ihr beieinander seid,
unverständ'ge Burschen,
müßt ihr euch in acht vor jenem tollen Kerle nehmen,
der heuer erstmals aufgetaucht;
5 er ist geheißen Bär.

Er ist lang und schulterbreit,
wild nach schlimmen Dingen,
und wünscht sich an den Ort, wo er genug zu raufen findet.
Zur Türe kommt er kaum herein.
10 Pfui, wer brachte ihn?

Ein blödrer Hund als die, die uns die Wiese so zertraten.
Saht ihr den, der Friederun den Spiegel nahm?
Dieser hier benimmt sich gleich.
Er gehört zur Schar, die mich von lieber Statt verdrängte.

IX

Er trägt ein ganz martialisch Schwert,
das schneidet wie 'ne Schere.
Am Griff besitzt es einen guten Korb aus Haselstäben.
Über diesen ist ein Filz
5 mit aller Kunst gespannt.

Es schrotet jeden Panzerring,
leer macht es alle Wämser.
Ihr habt wohl Grund, ihm überall in Ehren auszuweichen,
Burschen. Gebt genau drauf acht!
10 Saitenstreicher heißt's.

sîn ort daz ist gelüppet. er ist mort, den ez erreichet.
der muoz an der selben stat geligen tôt.
ist daz niht ein grôziu nôt?
H: 92,10 er ist ein Weidhovaere, wol gehertet unde geweichet.

Lebenslange Erfolglosigkeit

L 43

Mel. 10

W-F: WL
Nr. 22
H: 67,7

R II I B II O I R 5,2 B 24
O 6 c 9,1

H: 67,19 Sumer unde winder
sint mir doch gelîche lanc,
swies joch underscheiden sîn.
dise rede lâzet iu zeloesen âne strît!

5 niemen ist sô kinder,
tuot im liebe leiden wanc,
im enkan der bluomen schîn,
triuwen, niht erwenden, er ensen sich zaller zît.

alsô hân ich mich gesent
10 nâch der lieben lange her,
sît daz ich den muot an sî gewent.
H: 67,30 nu ist ir vrâge, wes ich tumber ger.

R I II B I O IV R 5,1 B 23
O 9 c 10,1

H: 67,7 Ich wil aber singen,
swie ez vür ir ôren gê,
diu mich êrste singen hiez.
wê, war umbe hoeret niht diu guote mînen sanc?

5 von dem ungelingen
singe ich wol von schulden „wê".
sît ich mich an sî verliez
(des ist in der mâze wol bî drîzec jâren lanc),

Die Spitze ist mit Gift geätzt, trifft sie, ist man des Todes.
Man bleibt augenblicks an Ort und Stelle tot.
Ist das nicht was Entsetzliches?
Waidhofner Arbeit ist's, gehärtet und geweicht vorzüglich.

Lebenslange Erfolglosigkeit

L 43

I

Genau so wie der Winter
ist mir der Sommer endlos lang,
wenn sie auch sonst verschieden sind.
Laßt mich die Behauptung euch erklären ohne Streit!

5 Solch ein Kind ist niemand,
tut ihm Liebe bösen Tort,
vermag auch nicht der Blumenglanz [sehnt.
in Wahrheit zu verhindern, daß er Tag und Nacht sich

Und so sehne ich mich denn
10 nach der Lieben lange schon,
seitdem mein Sinn ihr gänzlich zugehört.
Und nun fragt sie, was ich Narr denn will!

II

Erneut will ich nun singen,
geh's auch an ihrem Ohr vorbei,
die mich von Anfang singen hieß.
Wehe, warum hört die Gute nicht auf meinen Sang?

5 Von ewigem Vergeblich
sing ich aus gutem Grunde 'Weh!'
Seit ich ihr mich ganz verschrieb
(Das ist in solchem Maße wohl ein Menschenalter lang),

sît was ich ir undertân
10 alles, des si mir gebôt.
nû wil sî mich ungelônet lân.
H: 67,18 ist daz niht ein schädelîchiu nôt?

R III III R 5,3 c 9,4

H: 67,31 Waz ist des nu mêre?
solher rede ist nû genuoc.
trahten umbe ein ander dinc!
wîser liute lêre der bedorfte ich nie sô wol.

5 swelhen ende ich kêre,
immer bristet mir der kruoc.
mir hât aber ein getelinc
mînen muot beswaeret, daz ich vil unsanfte dol.

hulde hât er mir verlorn
H: 68,1 10 einer vrouwen wolgetân,
die ich mir ze vriunde het erkorn.
daz hiet er ze nîde, Hetzeman.

R IV IV B VII O V R 5,4 B 29 O 10 c 9,5

Lange nâdelrunzen
hât der Hetzemannes roc,
den er vîretages treit.
ermel unde buosem sint mit sîden wol genât.

5 sîn vil lôsez lunzen
machet mir noch grâwen loc,
swenne er in ir schôz sich leit.
wê, daz er die guoten sînes höfschens niht erlât,

daz er âne ir willen tuot,
10 im ze ruome und mir ze schaden!
eines, heizet üppiclîcher muot,
des ist er mit vollen überladen.

seitdem war ich ihr untertan
10 in allem, was sie mir gebot.
Nun verweigert sie mir meinen Lohn.
Bin ich nicht im Stand der Schädigung?

III

Was solls mehr darüber?
Geredet ist davon genug.
Wenden wir uns Andrem zu! [jetzt.
Erfahrner Leute Ratschlag braucht' ich nie noch so wie

5 Wohin ich mich auch wende,
jedesmal bricht mir der Krug.
Wieder hat ein Bauernbursch
meinen Sinn bekümmert, was mich rasend werden läßt.

Er hat mich um die Gunst gebracht
10 einer Dame wunderschön,
die ich mir zur Freundin auserwählt.
Das weckte ihm den Haß, dem Hetzemann.

IV

Lange gesteppte Falten
hat der Rock des Hetzemann,
den er am Feiertage trägt.
Die Ärmel und der Brustteil sind mit Seide schön benäht.

5 Sein so freches Dösen
macht mir noch die Locken grau,
wenn er in ihren Schoß sich legt.
Weh, daß er der Guten sein Hofieren nicht erspart!

Er treibt es gegen ihren Willen,
10 ihm zum Prahlen, mir Verlust.
Eines, was Leichtfertigkeit man heißt,
damit ist er im Überfluß begabt.

R V **V** B V O VI — R 5,5 B 27 / O 11 c 9,7

Sî sint mir unwaege,
sîne wizzen, umbe waz,
er und jener Berewolf.
derst alsô genennet, dem sîn schîbe als ebene gie.

H: 68,20 — 5 diust nu vollen traege,
wol nâch mînem willen laz.
im gap hiuwer Biterolf
sîne tohter Trûten, dâ mit er ez undervie,

daz er sît geduldec was
10 aller sîner gogelheit,
dâ man ê vil kûme vor genas.
demst ein richel in den hert geleit.

R VI **VI** B VI O VII — R 5,6 B 28 / O 12 c 9,8

Wol dir, vrouwe Trûte,
daz er durch dich mîden muoz
sîn geslende, des er phlac!
ich gevluoche im nimmer, der dir in ze vriedel gap.

5 drîer kôlekrûte
wirt im noch vil selten buoz;
dâ von strûbet im der nac.
einez, heizet sorge, volget im unz in sîn grap.

des was er vil ungewon
10 enneher bî sînen tagen.
nû tuont im die secke vil gedon,
die dâ dicke rîtent sînen kragen.

R VII **VII** B III O II — R 5,7 B 25 / O 7 c 9,2

H: 69,1 — Tumber liute vrâge
müet mich sêre zaller zît,

V

Sie sind mir schlecht gesonnen
und wissen selber nicht warum,
er und jener Bérwólf.
So ist der geheißen, dem sein Glücksrad eben lief.

5 Nun rollts nur noch ganz langsam,
träge, wie ichs mir gewünscht.
Ihm gab heuer Biterolf
seine Tochter Trute, womit er es abgestellt,

so daß er nun den Abschied gab
10 aller Ausgelassenheit,
von der's vorher kaum eine Rettung gab.
Dem ist 'ne Egge in den Herd gelegt.

VI

Gutes dir, Frau Trute,
daß deinethalb er lassen muß
sein Schlemmerdasein, das er trieb! [gab.
Mein Fluch trifft niemals jenen, der ihn dir zum Liebsten

5 Dreimal Kohl am Tage,
davon wird er nie erlöst;
deshalb sträubt sich ihm der Schopf.
Jenes, das man Sorge heißt, folgt ihm bis in sein Grab.

Das war ihm sehr ungewohnt
10 bisher in seiner Lebenszeit.
Nun geben ihm die Säcke schwer zu tun,
die so beständig reiten seinen Hals.

VII

Unkluger Leute Frage
irritiert mich allzuoft,

wer diu wolgetâne sî,
von der ich dâ singe. ja ist ez in vil ungesagt.

5 hât si holde mâge,
der belîbets âne nît.
si ist von missewende vrî.
ich gesach si nie, diu mînen ougen baz behagt.

swes ein man ze vrouwen gert,
10 des hâts mêre danne vil.
er ist alles liebes wol gewert,
mit dem sî daz gerne teilen wil.

R VIII **VIII** B IV O III R 5,8 A 1
B 26 O 8 c 9,3

Swaz an einem wîbe
guoter dinge mac gesîn,
der hât sî den besten teil:
minneclîche schoene, gar ze wunsche wol gestalt

5 (wol ir süezen lîbe!
der ist ûf die triuwe mîn
unbewollen, âne meil),
H: 69,20 kiusche an ir gebaeren, mit ir sprüchen niht ze balt,

êrebaere und wol gezogen.
10 deist ein übergülte gar.
in hât sîn gelücke niht betrogen,
der mit ir verswendet sîniu jâr.

L 44

W-F: WL
Nr. 33
H: 97,9

I R 41,1 c 83,1 d 8,1

Owê, sumerwünne,
daz ich mich dîn ânen muoz!
der mir dîn enbünne,

wer denn nun die Schöne sei,
von der ich singe. Das erfahren sie auf keinen Fall.

5 Hat sie geneigte Sippe,
man feindet sie darum nicht an.
Von Tadelswertem ist sie frei.
Nie sah ich eine andre, die meinen Augen lieber ist.

Was ein Mann an Frauen wünscht,
10 das besitzt sie überreich.
Alle Freuden werden ihm erfüllt,
mit dem sie diese gerne teilen will.

VIII

Was an einem Weibe
an Gutem nur zu sein vermag,
davon hat sie das beste Teil:
liebenswerte Schönheit, von vollkommener Gestalt

5 (Preis ihres Leibes Süße!
Er ist – es bürgt dafür mein Wort –
von voller Makellosigkeit),
verhalten ihr Benehmen, mit der Zunge nicht zu rasch,

wohlgezogen, ehrenhaft.
10 Unübertrefflich ist sie hier.
Das Geschick hat jenen nicht getäuscht,
der seine Lebenszeit mit ihr hinbringt.

L 44

I

O weh, Sommerfreude,
daß ich auf dich verzichten soll!
Der mir dich mißgönnte,

dem enwerde nimmer buoz
5 herzenlîcher leide,

und der wolgetânen,
nâch der ie mîn herze ranc!
sol ich mich ir ânen,
daz ist under mînen danc.
10 swenne ich von ir scheide,

sô geschiet nie man unsanfter von deheinem wîbe.
H: 97,20 bezzer waere mir der tôt,
danne ein seneclîchiu nôt
die lenge alsô belîbe.

II R 41,2 c 83,2 d 8,2

Klagte ich nû besunder,
waz ich leides ie gewan,
ich hân ez vür wunder,
daz mir maneger niht engan,
5 ob mir liep geschaehe

von dem besten wîbe,
diech mit ougen ie gesach.
sî hât an ir lîbe,
des man ie ze guote jach.
10 swie si mich versmaehe,

ich geloube niht, daz siz alsô von herzen meine.
ich getrouwe ir, als ich sol,
lônes und genâden wol,
und hulfe ez mich joch kleine.

III R 41,3 c 83,3 d 8,3

Ich bin in von schulden
immer nîdic unde gram,
die mich von ir hulden

der erfahre Hilfe nie
5 für seinen Herzenskummer,

und auch nicht die Schöne,
nach der mein Herz seit je gestrebt!
Muß ich auf sie verzichten,
geschiehts mit meinem Willen nie.
10 Käme es zur Trennung,

hat härter sich kein Mann jemals getrennt von einem Weibe.
Besser wäre mir der Tod,
als eine solche Sehnsuchtsqual,
die kein Ende fände.

II

Klagte ich nun eigens,
was ich je an Leid erfuhr,
dann nimmt es mich Wunder,
daß so mancher mir nicht gönnt,
5 wenn Liebes mir geschähe

von dem besten Weibe,
das mein Auge je erblickt.
Sie trägt an sich, was immer
man als gut verstanden hat.
10 Wie sie mich auch verschmähe,

ich glaub' es nicht, daß sie es so im Herzen wirklich meine.
Ich trau' ihr zu, wie's meine Pflicht,
daß Lohn und Gnade sie besitzt,
selbst wenn es mir nichts hülfe.

III

Ich bin mit Grund für immer
jenen feind und ihnen gram,
die mich von ihrer Neigung

H: 98,1 dringent. daz ist Berehtram
5 und der junge Gôze

und der ungenande,
des ich nennen niht entar,
der daz gerne wande,
naeme sî mîn inder war.
10 sîner spiezgenôze

der sweimte einer von dem oberisten Bireboume.
dô ers umbe ir minne bat,
ûf daz röckel er ir trat
dâ niden bî dem soume.

IV R 41,4 c 83,4 d 8,4

Dâ si bî dem tanze
gie (er gie ir an der hant),
von dem ridewanze
kom sîn vuoz ûf ir gewant;
5 daz lac an der erde.

an dem umbeslîfen,
daz den jungen sanfte tuot,
wart er von der phîfen
H: 98,20 üppic unde hôchgemuot,
10 wande er gie im werde.

selten kom sîn munt mit rûnen dankes ûz ir ôren,
des vil sêre mich verdrôz.
er und ouch sîn spiezgenôz
sint guoter sinne tôren.

V R 41,5 c 83,5 d 8,5

Von der Persenicke
nider unz an daz Ungertor
in der dörper dicke

wegdrängen. Bertram meine ich
5 und den jungen Goße.

Dazu den Ungenannten,
– ihn zu nennen scheu' ich mich –
er würd' es gern verhindern,
beachtete sie irgend mich.
10 Seiner Spießgesellen

einer kam von Oberbierbaum her zu uns gependelt.
Als er um ihre Liebe warb,
trat er dabei aufs Röckchen ihr
an dem Saum da unten.

IV

Wie sie an dem Tanze
schritt (er ging an ihrer Hand),
kam bei dem Ridewanze
er mit dem Fuße auf ihr Kleid;
5 sie ließ die Schleppe schleifen.

Bei dem Schleiftanzwenden,
das den Jungen so behagt,
wurde von der Pfeife
er wie toll und durchgedreht;
10 er fühlte sich so richtig.

Freiwillig kam sein Mund mit Tuscheln nie von ihren Ohren,
was mir zu großem Ärger war.
Er und auch sein Spießgesell'
sind vollkommne Narren.

V

Von dem Perschlingbache
abwärts bis zum Ungertor
in der Bauern Menge

weiz ich ninder zwêne vor,
5 die mit ebenhiuze

sich zuo zin gelîchen.
jâ waen inder zwêne knaben
in allen diutschen rîchen
bezzer ez mit wîben haben
10 niht gein einer griuze.

Engelmâr gewan ez niht sô guot mit Vriderûne,
als ez doch der einer hât.
jener dürkel ir die wât,
H: 98,39 ê daz er dâ gerûne!

L 45

Mel. 11

W-F: WL
Nr. 27
H: 79,36

I C^b I O I R 6,1 C^b 2,4
O 1 c 92,1

Mirst von herzen leide,
daz der küele winder
H: 80,1 verderbet schoener bluomen vil.
sô verderbet mich ein senelîchiu arebeit.

5 dise sorge beide
dringent mich hin hinder
ze ende an mîner vreuden zil.
owê, daz diu guote mit ir willen daz vertreit,

sît si wol geringen mac
10 alle mîne swaere!
hei, gelebte ich noch den tac,
daz sî genaedic waere!

II A R 6,2 A 3 c 92,2

Swenne ich mich vereine
unde an sî gedenke,

weiß ich nirgends sonst noch zwei
5 die frech mit gleichem Treiben

die Stange ihnen hielten.
Ich glaube nicht, daß irgendwo
in deutschem Land zwei Burschen
besser auch nur um ein Korn
10 mit Weibern es verstehen.

Engelmar geriet es nicht so gut mit Friederune,
wie's ihrer einem gleichwohl geht.
Zerreiß' er lieber ihr das Kleid,
als daß er mit ihr tuschle!

L 45

I

Leid ist mir von Herzen,
daß der kühle Winter
verdirbt so viel der Blumenpracht.
Mich hingegen richtet Qual der Sehnsucht gar zugrund.

5 Diese beiden Sorgen
drängen mich ans Ende
zurück von meiner Freuden Ziel.
Wehe, daß dies mit der Guten Willen vor sich geht,

Sie, die doch die Macht besitzt,
10 mir mein Leid zu lindern.
Hei, erlebt' ich noch den Tag,
daß sie mir Huld gewährte!

II

Wenn zurückgezogen
um sie kreist mein Denken:

waer inder wîbes güete dâ,
diune haete sich sô lange bî ir niht verholn.

5 sît si lônet kleine
mîner niuwen klenke,
wan mag ich dienen anderswâ?
nein, ich wil mit willen disen kumber langer doln.

waz, ob noch ein saelic wîp
H: 80,20 10 gar den muot verkêret?
vreu mîn herze und troeste den lîp!
diu zwei diu sint gesêret.

III C^b^III R 6,3 C^b^2,6 c 92,3

Zuo dem ungemache,
den ich von ir lîde,
sô twinget mich ein ander leit,
daz vor allem leide mich sô sêre nie betwanc,

5 swiech dar umbe lache
und gebâre blîde.
mir hât ein dörper widerseit
umb anders niht wan umbe den mînen üppeclîchen [sanc.

derst geheizen Adeltir,
10 bürtic her von Ense.
zallen zîten drôt er mir
als einer veizten gense.

IV C^b^IV O II R 6,4 C^b^2,7
O 2 c 92,4

Hiwer an einem tanze
gie er umbe und umbe.
den wehsel het er al den tac.
glanziu schapel gap er umbe niuwiu krenzelîn.

besäße Weibes Güte sie,
sie hätte sich so lange Zeit bei ihr doch kaum versteckt.

5 Geruht sie nicht zu lohnen
meine neuen Lieder,
warum dien' ich nicht anderswo?
Nein! Ich bin entschlossen und trag' weiterhin dies Leid.

Wie, ob sie, als edle Frau,
10 nicht ganz den Sinn doch ändert?
Erfreu mein Herz und tröste mich!
Wir zwei sind tief verwundet.

III

Zu dem Ungemache,
das ich von ihr dulde,
bedrängt mich noch ein andres Leid,
das mir trotz allem Leid bisher noch nie so zugesetzt,

5 wenn ich auch drüber lächle
und mich fröhlich zeige.
Ein Bauer hat mir Krieg erklärt!
Um andres nichts als wegen meines „lasterhaften" Sangs!

Der führt den Namen Adeltir,
10 gebürtig her von Ense.
Jetzt droht er mir zu jeder Zeit,
wie einer fetten Mastgans.

IV

Dies Jahr bei dem Tanzen
von einer zu der andern
ging er herum den ganzen Tag,
Flitterkopfputz tauschte er für frische Kränzlein ein.

5 Etzel unde Lanze,
zwêne knappen tumbe,
H: 81,1 die phlâgen ouch, des jener phlac.
Lanze der beswaeret ein vil stolzez magedîn.

eine kleine rîsen guot
10 zarte er ab ir houbet,
dar zuo einen bluomenhuot.
wer het im daz erloubet?

V Cᵇ VI O III R 6,5 Cᵇ 2,9
O 3 c 92,5

Owê sîner hende!
daz si sîn verwâzen!
die vinger müezen werden vlorn,
dâ mit er gezerret hât den schedelîchen zar!

5 hiete er ir gebende
ungezerret lâzen,
daz kränzel hiete ouch sî verkorn.
er ist ungevüeger, danne wîlen Engelmâr,

der gewalticlîchen nam
10 den spiegel Vriderûne.
des bin ich dem dörper gram,
dem selben Walberûne.

VI Cᵇ II R 6,6 Cᵇ 2,5 c 92,6

Dise alten schulde
H: 81,20 wecket mir diu niuwe.
ez hât jener getelinc
hiwer an mir erwecket, swaz mir leides ie geschach.

5 ê ichz langer dulde,
sêt des mîne triuwe,
gespringe ich zuo zim in den rinc.
er bestât sîn buoze, daz er ir ze vrouwen jach,

5 Etzel mitsamt Lanze,
zwei unreife Burschen,
trieben auch, was jener trieb.
Lanze, der tritt einem hübschen Mädchen allzu nah.

Ihr zartes, hübsches Schleierchen
10 riß er ihr vom Kopfe,
dazu auch ihren Blumenkranz!
Wer hat ihm das gestattet?

V

Wehe seinen Händen!
Daß sie der Teufel hole!
Daß die Finger er verlör',
womit er diesen schadenvollen Riß gerissen hat!

5 Hätte er das Kopftuch
ihr nicht abgerissen,
das Kränzlein hätt' auch sie verschmerzt.
Plumper ist er noch, als einstmals Engelmar es war,

als er Friederun brutal
10 den Spiegel weggenommen.
Deshalb bin ich dem Flegel gram,
Diesem Bauerntölpel.

VI

Dieser neue Fehltritt
weckt mir auf den alten.
Jener Bauernbursch hat mir
heuer frisch bewußt gemacht, was je mir Leid geschah.

5 Eh' ich's länger trage,
nehmt mein Wort zum Pfande,
spring' in den Tanzring ich zu ihm:
er büßt es mir, daß er als Herrin sie beansprucht hat,

der ich lange gedienet hân
10 her mit ganzer staete.
wolde er sî geruowet lân,
wie rehte er danne taete!

VII C^{b} V R 6,7 C^{b} 2,8 c 92,7

Wê, waz hât er muochen!
si kumt im niht ze mâze.
zwiu sol sîn pîneclîch gebrech?
im enmac gehelfen niht sîn hovelîch gewant.

5 er sol im eine suochen,
diu in werben lâze.
diu sînen rôten buosemblech
diu sint ir ungenaeme gar, dar zuo sîn hiufelbant.

enge ermel treit er lanc,
10 die sint vor gebraemet,
H: 82,1 innen swarz und ûzen blanc.
mit sîner rede er vlaemet.

Trutzstrophe

I O IV O 4 c 92,9

H: S. 209 Her Nîthart, mugt irz lâzen?
iu mac misselingen.
nu habt ez ûf die triuwe mîn,
und mag ich, ez muoz iu bî dem tanze werden leit!

5 welt ir ûf der strâzen
vil mit uns gedringen,
swie breit ab iuwer multer sî,
dâ gelpfe schînet under iuwer ringelehte pfeit,

der mein Dienst seit langem gilt
10 mit unentwegter Treue!
Ließ' er sie unbelästigt sein,
wie richtig wär' sein Handeln!

VII

Was hat er nur für Flausen!
Sie ist für ihn nicht passend.
Was soll sein leidiger Lärm und Prunk?
Nichts kann ihm sein Anzug helfen, selbst nach Herrenart.

5 Er soll sich eine suchen,
der sein Buhlen zusagt.
Sein Plattenpanzer ganz in Rot
findet bei ihr kein Gefallen, noch sein Wangenschutz.

Ärmel trägt er eng und lang,
10 pelzbesetzt ganz vorne,
innen schwarz und außen weiß.
Er flämelt, wenn er redet.

Trutzstrophe

I

Herr Neidhart, wollt ihrs lassen?
Ihr zieht dabei den kürzern.
Ich gebe Euch mein Ehrenwort,
hab ich nur die Gelegenheit, es wird beim Tanz Euch leid!

5 Wollt Ihr Euch auf der Straße
dauernd mit uns drängeln,
wie breit auch Euer Brusttrog sei,
und drunter noch so flimmert Euer Kettenpanzerhemd,

und sult ir sîn der tiuvel gar
10 mit iuwerm glitzeden huote,
ich mache in nâch bluote var
mit mînem swerte guote.

II O V O 5 c 92,10

„Nu dar, ziere gesellen,
stât mir algelîche,
helfet, daz wir in bestân,
der uns bî dem tanze mit gemache niht enlât!

5 ich trûwe in wol ervellen",
H: S. 210 sô sprach Amelrîche.
„die hant die muoz er mir hie lân,
dâ der spreckelehte vogel oben ûfe stât,

und dar zuo den zeswen fuoz,
10 dar an der spore klinget.
jâ geschaffe ich mir sîn buoz,
daz er von uns niht singet."

L 46

W-F: WL
Nr. 19
H: 62,34

I R 39,1 c 105,1

Bluomen und daz grüene gras
beidiu sint verswunden. [schat.
nu treit uns aber diu linde vür die sunne nindert

ê, dô sî geloubet was,
5 dô hiet man dâ vunden [phat,
vil maneger hande vreuden. dâne gêt nu nindert

H: 63,1 dâ wir dô
ie sô vrô

und solltet Ihr der Teufel sein
10 mit Eurem Glitzer-Helme,
ich färbe ihn in Eurem Blut
mit meinem guten Schwerte!

II

„Drauf, ihr schmucken Burschen,
stehn wir fest zusammen,
helft und fallen wir ihn an,
der uns bei dem Tanze nicht in Frieden lassen will!

5 Ich werd' wohl mit ihm fertig!"
ließ Amelrich sich hören.
„Ich pfände ihn um seine Hand,
auf dem ihm jener Vogel mit dem Fleckgefieder sitzt,

und dazu um den rechten Fuß,
10 woran der Sporen klingelt!
Ich helfe ab, daß er nicht mehr
durch sein Lied uns hechelt!"

L 46

I

Blumen und das grüne Gras,
beide sind verschwunden.
Die Linde gibt uns vor der Sonne keinen Schatten mehr.

Einst, als sie belaubt noch war,
5 da hat man dort Freuden
vielerlei gefunden. Dorthin führt fortab kein Pfad,

wo wir einst
stets so froh

bî ein ander wâren.
10 diu vreude het ein ende, dô diu zît begunde [swâren,
H: 63,5 des trûret manic herze, des gemüete stuont ê hô.

II R 39,2 c 105,2

H: 63,9 Rôsen ist diu heide blôz
von des rîfen twange.
diu vogelîn in dem walde habent nindert obedach.

H: 63,6 winder, dîn unstaetic lôz
5 twinget uns ze lange.
von dir und einem wîbe lîde ich leider ungemach,

H: 63,12 der ich gar
mîniu jâr
hân gedienet lange
10 von herzen williclîchen, eteswenne mit gesange.
des ist mir niht gelônet noch, wie kleine ist umbe ein [hâr.

III R 39,3 c 105,3

Man sol willetôre sîn
aller guoten wîbe,
und in ir willen hengen, der ir hulde welle haben.

H: 63,20 daz ist der geloube mîn,
5 swie sô mir mîn schîbe
ze wunsche niht enloufe. ich waene, ich werde alsô [begraben,

dazs ir muot
mir ze guot
gein mir iht verkêre.

beieinander waren. [geworden.
10 Die Freude nahm ein Ende, als das Jahr nun schwer
Betrübt ist jedes Herze, dessen Sinn so hoch einst stand.

II

Von Rosen steht die Heide bloß
durch den Zwang des Reifes.
Die Vöglein in dem Walde haben nirgends Obdach mehr.

Winter, es tut dein Willkürspruch
5 uns zu lang Gewalt an.
Von dir und einem Weibe duld' ich bittres Ungemach.

Ich habe ihr
lebenslang
meinen Dienst gewidmet, [Liedes.
10 von ganzem Herzen willig, oft auch mit der Kunst des
Dafür empfing ich niemals Lohn, nicht einmal für ein
[Haar.

III

Man sei freien Willens Narr
aller guten Frauen
und ihnen stets zu willen, wenn man ihre Gunst erstrebt.

So halte ich's für recht getan,
5 wenn auch des Glückes Scheibe [ans Grab,
mir nicht nach Wunsche rollt. So bleibt es, fürcht' ich, bis

daß sie den Sinn
zum Vorteil mir
niemals auf mich richtet.

10 diu schult diu lît ûf Watken unde ûf jenem Ôte-
daz sî nu alsô dicke mir sô toubez ôre tuot. [gêre,

IV R 39,4 c 105,7

Geuden giengen sî gelîch
hiwer an einem tanze.
dâ muosten drîe vor im gîgen, und der vierde pheif.

sîner vreuden was er rîch
5 under sînem kranze. [umbesweif,
er nam im, dâ diu schoene gie, vil manegen

Erkenvrit
allez mit
vaste an sînem diehe. [geziehe.
10 er wunschte, daz er mir an ir daz helmel vor
er hât den vuoz verlenket hiwer an einem geilen trit.

V R 39,5 c 105,4

Dienest âne saelikeit
niemen kan volenden. [beschert.
H: 64,1 ich hân ez rehte ervunden: kleiner lôn ist mir

mîn verloren arebeit
5 wil mich dicke phenden
an vreuden. ungelücke maneger saelden mich behert.

ich verzage,
daz mîn klage
niht ir herze entsliuzet
10 und daz er gegen ir in rûnewarten bölzel schiuzet,
sich güffent, daz er mich ze jungist von ir dienste
[jage.

10 Die Schuld, die liegt bei Watke und bei jenem Otegere,
daß sie seitdem beständig taubes Ohr für mich nur hat.

IV

Aufschneidern ähnlich schritten sie
heuer bei dem Reigen.
Dreie mußten für ihn fideln, und ein vierter pfiff.

In Hochgenuß hat er geschwelgt
5 unter seinem Kranze.
Um die Schöne, wo sie ging, strich dauernd er herum,

Erkenfried
stets dabei,
dicht ihm auf den Fersen, [zöge.
10 erfüllt vom Wunsch, daß ich bei ihr den kürzern vor ihm
Dies Jahr hat er den Fuß bei einem tollen Sprung verrenkt.

V

Dienst, der nicht Beglückung bringt,
führt keiner bis ans Ende. [wert.
Das hab' ich ganz durchkostet: Lohn ist nicht der Rede

Die vergebne Liebesmüh
5 wird noch oft um Freude [Glück.
mich pfänden. Unheil raubt wie Feindesheer mir jedes

Bang ist mir,
mein Klageruf
öffne nicht das Herz ihr,
10 daß er auf sie mit Liebesworten wie mit Bolzen schieße,
sich rühmend, daß er mich zuletzt aus ihrem Dienst ver-
[treibt.

VI R 39,6 c 105,6

Swer versmaehet mînen sanc
und sîn spottelachet,
wol singen unde rûnen habent ungelîchen lôn.

ê, dô'r in diu ôren klanc,
5 was er ungeswachet.
nu klinget er ûf zwîvel, niene ûf rehten lobes dôn.

minne riet,
daz ich liet
nâch ir hulden sunge. [lunge.
10 daz tet ich unde wânt des niht, daz mir dâ misse-
H: 64,20 nu laet mir niht gelingen ein vil hiuziu dörperdiet.

L 47

Mel. 12

W-F: WL
Nr. 25
H: 75,15

I R 1,1 c 94,1 d 5,1 s 1 w 5,1

Owê, sumerzît,
daz dir niemen hilfe gît!
was dir hazzes unde nît
aber ûf dînem rucke lît,
5 ê der winder sînen strît
an dir gar volende, als im sîn wille gegen dir stât!

er ist dir gehaz,
ich enweiz niht, umbe waz.
sît er dînen stuol besaz,
10 selten er des ie vergaz,
erne twunge ie vürebaz.
sîn gewalt wol tûsent ellen vür den dînen gât.

er hât in diu lant
dir ze schaden her gesant

VI

Mag man verschmähen meinen Sang
und über ihn nur spotten,
Sangeskunst und Ohrenraunen lohnen gar ungleich.

Einst, als er ins Ohr einging,
5 da war er unverächtlich.
Nun ist er auf Zweifel, nicht auf echtes Lob gestimmt.

Minne riet,
daß ich mit Sang
um ihre Gunst mich mühte. [mißlänge.
10 Das tat ich und ich wähnte nicht, daß mir jemals
Nun raubt ein freches Bauernvolk mir jeglichen Erfolg.

L 47

I

Wehe, Sommerzeit,
daß dir niemand Hilfe bringt!
Was an Feindschaft und an Haß
neu auf deinem Rücken liegt,
5 bis der Winter seinen Streit
so mit dir zu Ende führt, wie seine Absicht ist!

Er ist voll Haß zu dir,
ohne daß ich weiß, warum.
Seit er deinen Thron einnahm,
10 steigert er ohn' Unterlaß
Unterdrückung und Gewalt.
Seine Herrschaft übertrifft die deine tausendfach.

Er hat in die Welt
dir zum Schaden hergesandt,

15 allez sîn gesinde, daz dich roubet offenlîche
mit gewalticlîcher hant.

II

R 1,2 c 94,2 d 5,2
s 2 w 5,2

H: 75,30 Sîne winde kalt
habent dînen grüenen walt
harte jâmerlîch gestalt,
des diu heide sêre enkalt
5 an ir bluomen manicvalt.
H: 76,1 si ist verderbet, daz si sich ze hove wil beklagen.

bluomen unde loup
was des rîfen êrster roup,
den er in die secke schoup.
10 er enspielt in noch enkloup.
des ist manic herze toup, [verzagen.
daz an sînen vröuden wol von schulden muoz

îs und anehanc
hât der vogelîne sanc
10 gar gestillet in den welden, dâ si müezen swîgen
allen disen winder lanc.

III

R 1,3 c 94,3 d 5,3
s 3 w 5,3
(C: Goldast, Paraen. s. 437)

Bluomen unde klê,
manger hande wünne mê,
die verderbet uns der snê.
disiu sorge tuot mir wê,
5 daz uns iht vor im bestê.
sumer, dîne holden von den huoben sint gevarn.

leit ist mir geschehen
an der liehten sunne brehen,
die wir dicke trüebe sehen,
H: 76,20 10 des wir alle müezen jehen.

5 was er an Gefolgschaft hat, und diese raubt dich aus,
unverholen mit Gewalt.

II

Deinem grünen Wald
haben seine Winde schlimm
mit der Kälte mitgespielt,
was die Heide mit der Zahl
5 ihrer Blumen hat gebüßt.
So sehr ist sie verderbt, daß sie bei Hofe klagen will.

Erster Raub des Reifs
waren Blumen und das Laub,
den er in die Säcke schob
10 ungespalten noch geteilt.
Alle Herzen sind wie taub,
die mit Grund auf Lebensfreude ohne Hoffnung sind.

Eis und Hängeschnee
haben lieber Vögel Sang
15 ganz verstummen lassen in den Wäldern, wo sie schweigen
müssen diesen Winter durch.

III

Blumen und den Klee
und was sonst an Wonne viel,
richtet uns der Schnee zugrund.
Es quält diese Sorge mich,
5 daß uns nichts vor ihm mehr bleibt.
Sommer, deine Leute sind von ihren Lehen fort.

Leid ist mir gescheh'n
an der hellen Sonne Glanz;
trübe sehen wir sie oft,
10 woran nichts zu leugnen ist.

beidiu vinger unde zehen
sol ein ieslîch man vor disen winden wol bewar

ougen unde brâ
vor der winderraezen schrâ
15 sult ir wol behüeten, wan si verwet einen jungen,
daz man waenet, er sî grâ.

IV c 94,4 d 5,4 s 4

Swaz ich tumber klage
bluomen und die liehten tage
unde an freuden niht verzage
bî dem kumber, den ich trage
5 mêre, denne ich iemen sage,
daz ist ir gedienet, der ich vil gedienet hân

unde ir dienen wil
unz an mîner jâre zil,
ir sî lützel oder vil.
10 disen ruom ich nieman hil.
habe siz immer für ein spil,
doch sô wil ich dienen ir ûf einen guoten wân.

lîhte kumt ein tac,
H: 77,1 daz ich sô gedienen mac,
15 daz mir von der guoten wirt gelônet, daz ich von
füere freuden vollen sac.

R IV V R 1,4 c 94,5 s 5

Aller mîn gerinc
daz ist ein verloren dinc.
swenne ir alle sprechet: „sinc,
ungemüete von mir swinc!“,
5 sone lât ein getelinc
sî niht hoeren mînen sanc. daz lât iu wesen leit!

Finger und die Zehen muß
beides vor den Winden sich beschützen jedermann.

Augen und die Brau'n
vor dem winterscharfen Reif
15 müßt ihr wohl behüten, denn so färbt er einen jungen,
daß man glaubt, er sei schon grau.

IV

Alles was ich Tor
klag' um Blumen, hellen Tag
und auf Freuden hoffend bin
trotz dem Kummer, der mich quält
5 mehr, als ich aussprechen kann,
das ist Dienst für sie, der ich bisher so viel gedient

und ihr dienen will
bis an meiner Jahre Ziel,
sei es lange, sei es kurz.
10 Dieses Selbstlob hehl' ich nicht.
Halte sie's auch nur für Scherz,
diene ich ihr dennoch in Erwartung guten Ends.

Sicher kommt ein Tag,
wo ein solcher Dienst mir glückt,
15 daß die Gute mir so lohnt, daß ich mir einen Sack
voll Freude von ihr bringe mit.

V

Alles mein Bemüh'n
ist für mich doch ganz umsonst.
Sprecht ihr alle auch: „Nun sing!
schüttle mir den Mißmut ab!",
5 so läßt doch ein Bauernkerl
sie nicht meinen Sang anhören. Leid laßt euch das sein!

derst ir dicke bî
unde heizet mandelzwî.
wie der gouch getoufet sî,
10 der gewizzen bin ich vrî.
sîner nâchgebûren drî
habent ungevrâget etewenne alsô geseit,

daz er Eberzant
in der toufe sî genant.
15 diesen sumer habent si mich verdrungen, er und ener
sîn geloufte Herebrant.

R V VI R 1,5 c 94,6 d 5,6 s 6 w 5,6

Die zwên geugeweten,
sint von Künehôhesteten.
H: 77,20 als ein lewe an einer keten
gênt si an dem tanze treten
5 bî der lieben ungebeten.
swaz si dâ mit ir gerûnent, deist mîn ungewin

unde ist mir getân.
owê, welch ein sunderwân!
waz ich ungemaches hân,
10 mêre, danne ein ander man,
des ich niht erwenden kan!
sô mit ungenâden loufent mîne tage hin.

wê, gelückes rat,
wenne sol ich mîne stat
5 ûf dir vinden, oder wenne sol ich mînen vuoz
gesetzen in der saelden pfat?

R VI VII R 1,6 c 94,7 d 5,7 s 7 w 5,7

In der saelden pfat
ich noch leider nie getrat.
dâ ich ie genâden bat,

Der ist stets um sie
und wird Mandelzweig genannt.
Wie des Tropfen Taufnam' ist,
10 von dem Wissen bin ich frei.
Drei von seiner Nachbarschaft
haben ungefragt gelegentlich so ausgesagt,

daß er Eberzahn
in der Taufe sei genannt.
15 Diesen Sommer haben sie mich weggedrängt –, er
und sein Kumpan, der Hérbránt.

VI

Die Gaubrüder da,
von Königsstetten alle zwei,
wie ein angehängter Löw'
trampen an dem Tanze sie
5 mit der Lieben unerwünscht.
Was sie dabei mit ihr tuscheln, das ist mein Verlust

und ist mir getan.
Weh, was bilden sie sich ein!
Was hab' ich nur an Verdruß,
10 mehr als irgend sonst ein Mann,
gegen den ich machtlos bin!
Solchermaßen geh'n mit Unheil meine Tage hin.

Ach, du Rad des Glücks,
wann nur werd' ich meinen Ort
15 auf dir finden, oder wann werd' endlich meinen Fuß
ich setzen in des Glückes Pfad?

VII

In des Glückes Pfad
setzt' ich leider nie den Fuß.
Wo um Gnade ich gefleht,

dâ verstiez mich mîner stat
5 ein gebûwer gogelsat.
H: 78,1 solher vlüste hân ich her gespilt wol drîzec jâr,

minnehalp verlorn
beide schaden unde zorn,
den ich lîhter het verborn,
10 daz doch nimmer wirt verkorn,
des ich tiuwer hân gesworn.
an der lieben Vriderûnen huop ez Engelmâr,

der ir spiegel nam,
des im gouche niht gezam.
15 des ist unvergezzen, ich getuo ir einem sînes
herzen küneginne alsam.

L 48

W-F: WL
Nr. 26
H: 78,11

I C I R 4,1 C 182 c 87,1
d 10,1

Sumer, dîner liehten ougenweide
muoz ich mich getroesten aber sunder mînen danc.

mich betwinget drîer hande leide,
diu bî mînen jâren nie sô sêre mich betwanc.

5 einez ist diu swaere zît,
diu uns allen nâhet.
so ist daz ander, daz mir trûren unde senen gît,
daz ir al der dienest mîn versmâhet,
daz dritte, daz diu guote an mînem arme niht enlît.

W-F: IV

II C III R 4,2 C 184 c 87,4
d 10,5

H: 78,20 Mîniu senelîchen klageliedel
gênt ir in diu ôren sam daz wazzer in den stein.

drängte mich von meinem Platz
5 ein Bauer prall von Übermut.
So hab' ich den Einsatz wohl ein Leben lang verspielt.

Minnehalb umsonst
ist der Schaden und der Zorn,
worauf besser ich Verzicht
10 hätt getan, was nie geschieht,
wofür hohen Eid ich schwur.
Bei der lieben Friederun begann es Engelmar

mit des Spiegels Raub,
was dem Gauche nicht zustand.
15 Es bleibt unvergessen, ihrer einem Gleiches seiner Herzenskönigin zu tun.

L 48

I

Sommer, wieder muß ich mich entschlagen
gegen meinen Willen deiner hellen Augenlust.

Dreifach Leid versetzt mich in Bedrängnis,
das mir bei meinen Zeiten nie so sehr hat zugesetzt.

5 Eines ist die harte Zeit,
die auf uns alle zukommt.
So ist das zweite, das mir Traurigkeit und Sehnen bringt,
daß all mein Dienst bei ihr Ablehnung findet,
das Dritte, daß die Gute nicht in meinem Arme liegt.

II

Meine sehnsuchtsvollen Klagelieder
dringen in die Ohren ihr wie Wasser in den Fels.

ich versmâhe ir lîhte ze einem vriedel.
unser beider wille der enhillet niht enein.

5 si ist mir vîent, ich ir holt.
wenne hât daz ende?
disen werren prüevet Madelwîc und Werenbolt.
got in beiden ir gelücke wende!
jâ hân ich disen sumer ir gewaltes vil gedolt.

W-F: V III C VII R 4,3 C 188 c 87,5 d 10,4

Ich hân ungemach von Madelwîge.
sîner ungenâden lîde ich mêre danne vil.

sîner ungevüege ich vil verswîge,
diech den liuten nimmer halbe ze ôren bringen wil.

5 ich bin im von schulden gram.
erst ze snabelraeze.
sach ab iemen den, der Vriderûn ir spiegel nam?
dem gelîch ist allez sîn gelaeze.
ze mangen stunden ich mich sînes ungelimphes scham.

W-F: VI IV C II R 4,4 C 183 c 87,6 d 10,6

Hiuwer, dô diu kint ir vröuden phlâgen,
H: 79,1 dô spranc er den krumben reien an ir wîzen hant.

ich begunde mîne vriunde vrâgen,
wer der dörper waere. dô was ez in unbekant.

5 dâ bî wuohs mir ninder smer,
dô sî vor mir sprungen.
jâ enwas sô hiuze niht sîn vater Engelgêr.
nû bin ich beswaeret von dem jungen.
owê, wer brâhte in ie von Sante Lîenharden her?

Sie lehnt mich sicher als Geliebten ab.
Unser beider Willen, er stimmt hier nicht überein.

5 Sie ist mir feind, ich bin ihr gut.
Wann nimmt das ein Ende?
Diese Wirrung stiften Madelwig und Wérnbóld.
Mache Gott doch ihrem Glück den Garaus.
Erduldet habe ich durch sie den Sommer viel Gewalt.

III

Madelwig verursacht mir nur Unheil.
Feindseligkeit von seiner Seite leid' ich mehr als viel,

von seiner Ungehörigkeit zu schweigen,
die ich die Leute nicht zur Hälfte hören lassen will.

5 Mit vollem Recht bin ich ihm gram.
Er hat zu freches Mundwerk.
Sah aber jemand den, der Friederun den Spiegel nahm?
Ihm völlig gleich ist alles sein Gehabe.
Wie oft hab' ich mich über sein Benehmen nicht geschämt!

IV

Heuer als die Mädchen sich vergnügten,
sprang den Krummen Reihen er an ihrer weißen Hand.

Ich befragte reihum meine Freunde,
wer der Bauer denn wohl sei. Da wußten sie es nicht.

5 Fett setzte ich dabei nicht an,
als sie vor mir tanzten.
Fürwahr, sein Vater Engelger war keineswegs so frech.
Nun bin ich belästigt durch den jungen.
Verflucht, wer brachte ihn mir von Sankt Leonhard nur her?

W-F: VII

V C IV R 4,5 C 185 c 87,7 d 10,7

Jâ waer er mir sînes lîbes schuldec,
der in mir ze schaden ûz dem Vorste her vertreip.

er ist vrevellîchen ungeduldec.
owê, daz er dort bî sînen mâgen niht beleip!

5 sô enstriche er sînen vuoz
niht an mîne sîten.
lihte wirt mir sîner ungenâden schiere buoz.
ich wil bitten den von Schônelîten,
daz er im sîne hulde gebe. ich waene wol, er tuoz.

W-F: II

VI C VI R 4,6 C 187 c 87,2 d 10,2

Ich bin ir ze verre, sî mir nâhen.
ir vil lôsiu ougen brâhtens in daz herze mîn.

H: 79,20

dô sich diu zwei liep êrst undersâhen,
dô dûht sî mich schoene sam der liehten sunne schîn.

5 unde ist ez, als ich kan spehen
an der wolgetânen,
nimmer müeze Madelwîge liep von ir geschehen,
der sich teiles niht an ir wil ânen,
wande ich noch under wîben hân sô schoenes niht [gesehen!

W-F: III

VII C V R 4,7 C 186 c 87,3 d 10,3

Ich trag allerherzenlîche swaere,
under mînen vreuden einen ungevüegen last,

der dem keiser überswenke waere,
unde ir doch dâ bî an mînem dienste nie gebrast,

V

Er müßte mir mit seinem Leben haften,
der ihn mir zum Schaden aus dem Forste hergejagt.

Der Bursche ist verheerend unerträglich. [verblieb!
Ein Jammer, daß er dort bei seiner Sippschaft nicht

5 So streifte er sich seinen Fuß
nicht ab an meiner Seite.
Womöglich werd' ich doch von seiner Feindschaft bald erlöst.
Ich will den Herren von Schönleiten bitten,
daß er ihn zu Gnaden nimmt. Ich glaube wohl, er tuts.

VI

Ich bin ihr zu fern, doch sie mir nahe.
Ihre Schelmenaugen trugen sie mir in das Herz.

Als sich die zwei Lieben erstmals sahen,
da dünkte sie mir schön als wie der helle Sonnenschein.

5 Ist's so, wie ich's erkennen kann
an dem schönen Weibe,
werde niemals Liebes Madelwig von ihr zu Teil
– nicht ein Stück will er auf sie verzichten –,
denn so Schönes hab' ich unter Frauen nie erblickt!

VII

Ich trage allertiefsten Herzenskummer,
unter meinen Freuden eine ungefüge Last,

die selbst dem Kaiser übermächtig wäre.
Dabei hat es an meinem Dienst für sie doch nie gefehlt,

5 ich gesunge ir niuwen sanc
gegen der wandelunge.
dâ mit diente ich ir den sumer und den winder lanc,
ê mich Madelwîc hin dan gedrunge.
nu sitze ich ûf dem schamel unde er oben ûf der banc.

L 49

Mel. 13

W-F: WL
Nr. 32
H: 92,11

I

R 38,1 c 101,1

Winder, dîniu meil
diu verderbent uns den walt,
die bluomen und die heide sam.
sumer, dîn gesinde ist allez worden vreuden lôs.

5 manic herze geil
hât ze trûren sich gestalt,
den allen vreude wol gezam.
wie zimt einem wîbe, diech vür elliu wîp erkôs,

daz si nie
10 mir vervie
mînen sanc ze guote,
den ich ir mit dienste willeclîchen sanc
unde stên noch hiute in mîner huote,
daz si an mîner staete nindert vindet dwerhen [schranc?

II

R 38,2 c 101,2

Sol mîn staetikeit
und der lange dienest mîn
erwerben niht wan ir versagen,
sô muoz mich von schulden riuwen, daz ichs ie began.

5 mirst iedoch geseit,
die dâ staete künnen sîn,

5 daß ich ihr nicht ein neues Lied
gewidmet stets zum Frühling.
Das war mein Dienst für sie den Sommer und den Winter [durch,
eh' mich Madelwig von ihr verdrängte.
Nun sitz' ich auf dem Schemel und er oben auf der Bank.

L 49

I

Winter, du verdirbst
mit deinen Zeichen uns den Wald,
die Blumen und die Heide auch.
Sommer, dein Gesind' ist aller Freuden worden bar.

5 Die frohen Herzen all
sind zu Trübsinn nun gewandt,
die der Freude zugehört.
Wie ziemt einer Frau, die ich an aller Statt erkor,

daß sie nie
10 meinen Sang
zu gute mir gehalten,
den ich dienstbereit ihr habe dargebracht?
Und ich halte mich im Griff beständig,
daß an meiner Treu' sie findet niemals üblen Trug.

II

Soll Beständigkeit
und mein langer Dienst für sie
erwerben nichts als nur ihr Nein,
dann reut es mich mit vollem Recht, daß ich es je begann.

5 Jedoch, mir ist gelehrt,
wer beständig weiß zu sein,

daz sî gelücke wol bejagen. [man,
vrouwe Saelde, ûf dînen trôst ich noch die guoten

daz si ir strît
10 unde ir nît
gein ir vriunden lâze.
tuot si daz, sô wirt daz ende lîhte guot.
schaffe ir ungenâden eine mâze!
H: 92,38 wê, daz immer wîp an guoten vriunden missetuot!

W-F: VIII R VII III c III R 38,7 c 101,3
H: 94,31 Liebe mir geschach.
waer diu liebe alsô beliben!
ich kom, dâ ich vil rôsen vant.
seht, der brach ich eine! diu wart schiere dô verlorn.

5 leit und ungemach
hât mir vreude vil vertriben.
ich sage iu, waz mir wart bekant:
do ich sie brach, dô tet mir wê ein ungevüeger dorn,

daz ich vil
10 gwisse enwil
nimmer rôsen brechen,
ichne sehe, ob iz der rehten einiu sî.
sumelîche rôsen kunnen stechen.
H: 95,5 rehte rôsen die sint aller wandelunge vrî.

W-F: III R VIII IV c IV R 38,8 c 101,4
H: 94,3 Von der staete mîn
bin ich nîdes überladen.
nu hoeret, vriunde, mîne klage!
râtes unde lêre der bedorfte ich nie sô wol.

5 Erphe und Adelwîn
tuont mir ungedienet schaden.

daß der das Glück noch wohl erjagt.
Frau Glück, die Gute mahn' ich noch in Zuversicht auf dich,

daß Widerstand
und Feindschaft sie
gen ihre Freunde lasse.
Tut sie das, dann wird das Ende sicher gut.
Der Gnadenlosigkeit setz eine Grenze! [verfährt!
Daß überhaupt ein Weib so schlimm mit gutem Freund

III

Lieb' geschah mir einst,
doch die Freude blieb mir nicht.
Ich kam an einen Rosenort.
Seht, ich pflückte eine, doch sofort warf ich sie weg.

5 Leid und Ungemach
hat alle Freude mir geraubt.
Ich sag' euch, was ich da erlebt:
als ich sie brach, verletzte mich ein ungefüger Dorn,

daß ich gewiß
niemals mehr
werde Rosen pflücken,
eh' ich weiß, ob sie der rechten eine ist.
Manche Rosen verstehen es, zu stechen.
Rechte Rosen aber sind von allem Makel frei.

IV

Weil so treu ich bin,
überschüttet mich ihr Haß.
Hört nur meine Klage an,
Freunde! Rat und Lehre war mir nie so dringend not.

5 Erphe und Adelwin
tun mir Schaden unverdient.

daz eltet mich ê mîner tage.
H: 94,10 niemen sol des waenen, deichz mit guotem willen dol.

H: 94,25 ditze jâr [Abgesang nach c; R hat Abgesang von VIII]
10 sunderbâr
wurbens umbe ir minne,
diu mir hiute und immer ist vür elliu wîp.
vrouwe, mînes herzen küneginne,
H: 94,30 dû solt nimmer man getroesten vür mîn einen lîp.

W-F: IV R VI **V** c V R 38,6 c 101,5
H: 94,17 Dîner ôren tür
müezen dir verslozzen sîn,
dazs immer iht von in vernemen,
die mîn wider dich gedenken anders danne wol!

5 lâ die rede vür,
herzenliebiu vrouwe mîn,
die dir ze hoeren niht gezemen!
H: 94,24 solher lêr man guoten vriunden gerne volgen sol.

H: 94,11 Künebreht, [Abgesang nach c; R hat Abgesang von IV]
10 Engekneht,
zwêne tozelaere,
muotent dîner êren. vrouwe, den versage!
daz ist mînes lieben herzen swaere,
H: 94,16 der ich tougenlîche vil in mînem herzen trage.

W-F: V R III **VI** c VI R 38,3 c 101,6
H: 93,1 Schouwet an mîn hâr,
daz gevar ist als ein îs!
daz grâwet mir (des ist niht rât),
wande mir von getelingen niwan leit geschach.

5 jener Engelmâr,
von des schulden bin ich grîs,

Das läßt mich altern vor der Zeit.
Glaube keiner, daß ich dem gutmütig sähe zu!

Dieses Jahr
10 buhlten sie
allzumal um ihre Liebe,
die mir ewig über allen Frauen steht.
Herrin, Königin du meines Herzens,
keinem Mann neig' dich in Liebe außer mir allein!

V

Deiner Ohren Tür
möge dir verschlossen sein,
daß sie taub sind gegen die,
die vor dir nur üble Reden führen über mich.

5 Überhöre das,
herzgeliebte Herrin mein,
was dir zu hören nicht geziemt.
Bei solcher Lehre folge man den guten Freunden gern!

Künebrecht,
10 Engeknecht,
zwei ganz freche Burschen,
stellen deiner Ehre nach. Weis' sie zurück!
Das ist lieberfüllten Herzens Kummer,
woran in tiefer Heimlichkeit so schwer mein Herze trägt.

VI

Blickt nur auf mein Haar,
weiß gefärbt ist es wie Eis!
Ergraut ist es mir hoffnungslos,
weil mir von den Bauernburschen nichts als Leid geschah.

5 Jener Engelmar
trägt die Schuld, daß ich so grau,

der hiute noch den spiegel hât,
den er dörper Vriderûnen von der sîten brach.

von der zît
10 immer sît
warp ich nimmer mêre,
ich enhiete ein iteniuwez herzenleit.
daz ist mînes leiden herzen sêre
von der liebe, die mîn herze sînem liebe treit.

W-F: VI R IV VII c VII R 38,4

Von hinne unz an den Rîn,
von der Elbe unz an den Phât,
diu lant diu sint mir elliu kunt.
diu enhabent niht sô manegen hiuzen dorefman,

5 als ein kreizelîn
H: 93,20 wol in Oesterrîche hât.
da ist inne manic niuwer vunt.
seht, daz brüevet einer, der mir lützel guotes gan

Wankelbolt,
10 selten holt
was er mir mit triuwen.
er ist scharemeister in dem Lugetal.
daz mac jenen gouch vil wol geriuwen.
kumt er mir ze râme, ich dürkel im die hirenschal.

W-F: VII R V VIII c VIII R 38,5 c

Bî dem Lugebach
ener mit gewalte vert.
er waenet in den lüften sweben.
sîne triuwe habent aberhâken als ein gêr.

der heute noch den Spiegel hat,
den der Lümmel Friederunen von der Seite riß.

Seit der Zeit
10 her bis heut
hat alles sich verwandelt,
was ich tat, in immer neues Herzeleid.
Das ist leiderfüllten Herzens Kummer
von der Liebe, die mein Herz für seine Liebste trägt.

VII

Von hier bis an den Rhein,
von der Elbe bis zum Po
sind alle Länder mir bekannt,
doch so viele freche Bauernkerle gibts dort nicht,

5 wie ein kleiner Kreis
sie in Österreich besitzt.
Da gibts noch manchen neuen Fund!
Seht, das erhärtet einer, der mir wenig Gutes gönnt!

Wankelbolt,
10 gut gesinnt
war er mir nie aufrichtig.
Hauptanführer ist er in dem Lügental.
Das kann jener Gauch noch sehr bereuen.
Kommt er mir in den Griff, dann schlag' ich ihm den
[Schädel ein.

VIII

Dort zu Lügenbach
gibt jener sich gewaltig um,
glaubt gar, er schwebe in der Luft.
Seine Freundlichkeit hat Widerhaken wie ein Spieß.

5 michel ungemach
 was mir ie von im beschert.
 daz ist im noch vil unvergeben.
 daz beweinent viere und dar zuo etelîcher mêr.

lachent an
10 er den man
snîdet mit der zungen.
 wê der muoter, diu in mir ze schaden truoc!
nû bin ich beswaeret von dem jungen, [phluoc.
 daz ich hân von sînen schulden ninder gênden

H: 94,2

[Abgesang nach c; R hat Abgesang von V]

Abrechnung

L 50

Mel. 14

W-F: WL
Nr. 35
H: 99,1

I C I R 44,1 C 1 c 93,1

Owê dirre nôt!
 wie hânt sich verwandelôt
dise liehten sumertage!
 von sô senelîcher klage
5 trûret manic herze, daz in hôhem muote was.

deist ab elliu jâr,
 daz der winder offenbar
uns beroubet âne wer
 mit gewalticlîchem her.
10 er benimt uns vil der schoenen bluomen unde gras.

alsô hât ein wîp
 mich beroubet gar der sinne,
 an den triuwen, unde ich sî sô herzenlîchen minne.
wie wart ungenaedic ie sô minniclîcher lîp?

5 Großes Ungemach
war mir seit je von ihm beschert.
Das verzeihe ich ihm nie.
Ein paar beweinen das und auch noch etliche dazu.

Er lacht dich an
10 und dabei
verletzt dich seine Zunge.
Weh der Mutter, die ihn mir zum Schaden trug!
Nun bin ich in Kummer durch den Jungen, [geht.
denn sein Verschulden ist es, daß der Pflug mir nicht mehr

Abrechnung

L 50

I

Oweh, diese Not!
Wie verwandelt haben sich
des Sommers helle Tage jetzt!
Sehnsuchtsklage trübt die Herzen
5 All der vielen, deren Sinn bisher so hochgestimmt.

Jedoch Jahr für Jahr
raubt der Winter hellen Tags,
die wir ohne Wehr, uns aus
mit seinem übermächt'gen Heer,
10 raubt hinweg uns all die schönen Blumen und das Gras.

Dem gleich hat ein Weib
mich beraubt ganz meiner Sinne,
tiefst im Frieden, die ich doch von ganzem Herzen liebe.
Sah man je so gnadenlos so liebenswertes Weib?

II C VI R 44,2 C 6

Ich bin zweier schaden
von ir schulden überladen,
die mir alze swaere sint.
ich bin tumber danne ein kint,
5 daz ich hân gedienet âne lôn und âne danc.

H: 99,20 so ist der dritte schade:
saehe sî mich ûf dem rade,
sî gespraeche nimmer: „ach!“
des si selbe mir verjach.
10 owê, daz ir lop von mînem munde ie sus erkla

sî tuot als der stein,
der daz îsen an sich ziuhet.
von der sînen grôzen kraft man in mit scheffen
alsô ziuhet sî mich zuo ir in gelîchem mein. [vli

III C II R 44,3 C 2

Wâ nu vriunde rât,
sît si niht genâden hât?
wiech mit disem dinge tuo,
dâ bedörfte ich râtes zuo.
5 râte ein ieglîch vriunt, alsô diu rede waere sîn!

schiede ich nû von ir
(sît ich herzenlîche gir
nâch ir wernden minne hân,
daz enist niht guot getân),
10 wê, war umbe lieze ich nû den langen dienest

ich wil vürebaz
mîn gelücke noch versuochen,
H: 100,1 ob dâ vrouwe Saelde mînes heiles welle ruochen.
mir hât hiwer ein getelinc geniuwet mînen haz.

II

Schäden trag ich zwei
ihrethalb als Überlast;
allzu schwer ist ihr Gewicht.
Dümmer bin ich als ein Kind,
5 daß ich ohne Lohn und Einverständnis ihr gedient.

Der dritte Schaden ist:
sähe sie mich auf dem Rad,
niemals spräch' ihr Mund ein „Ach!",
was sie selbst mir hat bekannt!
10 Wehe, daß ich je ihr Lob so voll erklingen ließ!

Sie wirkt wie der Stein,
der magnetisch Eisen anzieht.
Seiner großen Stärke wegen fliehen ihn die Schiffe.
Dem gleich zieht sie mich an sich in gleicher Unheilstat.

III

Wo nun Freundes Rat,
da sie keine Gnade kennt?
Wie ich mich verhalten soll,
Rats bedürfte ich hiefür.
5 Rate jeder Freund, als sei die Sache sein Belang!

Trennt' ich mich von ihr
(doch nachdem des Herzens Drang
ihre stete Liebe sucht,
wäre das nicht gut getan),
10 ach, wofür gäb' ich denn nun mein langes Dienen preis?

Ich will weiterhin
noch das Glück für mich erproben,
ob Frau Gnade sich nicht meines Heils annehmen möchte.
Heuer hat ein Bauernbursch den Groll mir neu geweckt.

IV C III R 44,4 C 3

Daz ist Irenber.
vert von Botenbrunne er
durch sîn höfschen dâ her abe,
ein vil hiuzer dorefknabe,
5 guoter wîbe minne müeze im nimmer werden

deist ein swinder vluoch.
ine kunde ez an ein buoch
nimmer halbez hân geschriben,
daz er wunders hât getriben
10 hiuwer mit der lieben, dâ die jungen wâren geil.

ob er sich ertobet
nâch ir minne unde erwunne, [bru
erst ir ungewert. nu höfsche er hin gein Boten-
sî hât mich und in und alle unstaete man verlobet.

V C IV R 44,5 C 4

Braeche sî den eit,
lieze ir mîne sicherheit
von ir vriunden hôhe staben,
H: 100,20 daz ichs immer wolde haben
5 liep vor allem liebe hin, dô liep hân ende hât.

mähte iz ir gezemen,
daz siz alsô wolde nemen,
als ich ir geteilet hân,
sô hiet al mîn lieber wân
10 sich nâch mînem willen wol volendet. nûne lât

jener Irenber
mir niht wol an ir gelingen.
jâne wil ich nimmer mêre wîbes lop gesingen,
ob si mich verzîhet unde ir minne jenen wer.

IV

Das ist Irenbär.
Wenn von Pottenbrunn er kommt
zum Hofieren hier herab,
dieser freche Bauernkerl,
5 guter Frauen Liebe werde nimmer ihm zuteil!

Das ist harter Fluch.
Niemals wäre ich im Stand,
nur halb zu schreiben in ein Buch,
was er Unerhörtes trieb
10 mit der Lieben heuer, wo die Jugend fröhlich war.

Geriet' vor Lieb' zu ihr
er selbst von Sinnen und ins Rasen,
nie erhört sie ihn! Schwarwenzle er zu Pottenbrunnen!
Mir und ihm und allen Wankelmüt'gen schwur sie ab.

V

Bräche sie den Eid,
gäb' ich ihr mit hohem Schwur
und der Sippe Sicherheit,
daß sie mir für immer lieb
5 über alles Liebe, bis all Lieben Ende nimmt.

Wär's ihr annehmbar,
daß sie fände sich bereit,
wie ich's anbot, es zu tun,
wär mein Liebeshoffen all,
10 so wie ich es mir ersehnt, vollendet. Doch nun läßt

jener Irenbär
es zu keinem Glücken kommen.
Niemals werde ich mehr Weibes Lob im Lied besingen,
wenn sie mir versagt und jenem ihre Liebe schenkt.

Va C VIII C 8 c 93,6

VI C V C 5 c 93,7

Herze, dirst ze gâch,
volgest dû den ougen nâch.
swâs ein schoene wîp ersehent,
sô verst in den sprüngen pfnehent
5 unde gedenkest: „heyâ, het ich disen goldes grif!"

so ist dir lützel kunt,
ob dîn lieber ougen funt
âne missewende sî.
der gedanke bist dû frî.
H: 101,1 10 wirt dîn wille ervollet, sô geriuwet dich der wif,

ist diu liebe gast,
dâ diu schoene ist ingesinde.
iemer saelic, der si beide an einem wîbe vinde!
solhes fundes mir an schoenen wîben ie gebrast.

VII C X C 10 c 93,14

Fürste Friderîch,
unde waere ez betelîch
umbe ein kleinez hiuselîn,
dâ mîn silbers vollez schrîn
5 waere behalten inne, daz ich hân von dîner gebe,

des wil ich dich biten.
dû vernimz mit guoten siten!
jâ bin ich in dînem geu
manges snoeden underströu.
10 ich wil ez gedienen, al die wîle sô ich lebe,

hie mit mîner hant,
hin ze gote mit mîner zungen.

Va

VI

Herz, du bist zu schnell,
folgst du gleich den Augen nach.
Wo ein schönes Weib sie seh'n,
so gehst du im Sprung und schnaubst, [Griff!"
5 spielst mit dem Gedanken: „Hei, hätt' ich dies Gold im

Dabei weißt du nicht,
ob dein lieber Augenfund
wirklich ohne Makel sei.
Solch Gedanke ist dir fern.
10 Falls dein Wille sich erfüllt, dann reut dich deine Hast,

wenn die Liebe fremd,
wo die Schönheit ist zu Hause.
Glücklich der, der beide sie an einem Weibe findet!
Solcher Fund ward mir an schönen Frauen nie zu teil.

VII

Herzog Friederich,
wenn die Bitte ist erlaubt
um ein Dächlein überm Kopf,
wo der Schrein von Silber voll
5 aufgehoben wäre, der ja deine Gabe ist,

trage ich sie vor.
Nimm in gutem Sinn sie auf!
Bin ich doch in deinem Land
Spielball Rücksichtsloser oft.
10 Dienen werd' ich dir dafür all meine Lebenszeit,

hier mit meiner Hand,
dort vor Gott mit meiner Zunge.

wirt in frônekôre ein lobeliet von dir gesungen,
H: 101,19 dâ von wirst dû in dem paradîse wîte erkant.

W-F: unecht

Va C VIII C 8 c 93,6

H: S. 236 Er hât ir gesaget,
daz ir ôren wol behaget,
ich enweiz niht rehte, waz.
sô ie lenger, sô ie baz
5 sitzet er ir nâher unde ie verrer ich hindan.

sol mich daz verjagen,
daz si nieman kan gesagen
mîner schulde niht für wâr
alse kleine als umbe ein hâr,
10 wan daz ie mîn herze nâch ir minne sêre bran?

sît si mich gevie
mit ir lôsen ougen blicken,
sît lag ich gevangen in ir starken minnestricken.
sît des mâles kam ich ûz ir minnebanden nie.

W-F: unecht

VIa c VIII c 93,8

H: S. 237 Koeme ez aber alsô,
sô würd ich von herzen frô,
daz si lieze mir den strît,
der mir an dem herzen lît. [mac.
5 sist sô guot, deich mich ir in dem herzen freuwen

liebe frouwe mîn,
al mîn dienest der ist dîn.
durch dîn minniclîchen lîp
troeste mich, vil saelic wîp!
10 dû bist immer mînes herzen bluomter ôstertac.

Wird im Himmelschor ein Loblied über dich gesungen,
wirst dadurch du in dem Paradiese weit bekannt.

Va

Er hat ihr etwas gesagt,
was ihren Ohren gut eingegangen ist,
ich weiß nicht genau, was.
Je länger, um so mehr
5 sitzt er näher bei ihr und ich immer weiter hinten.

Soll mich das etwa gar vertreiben,
daß sie nicht imstande ist, irgendwem gegenüber etwas zu [behaupten
von einer Schuld meinerseits als wahr,
so wenig als auch für die geringste Kleinigkeit, [gestanden
10 als daß seit je mein Herz nach ihrer Liebe in Flammen

Seitdem sie mich eingefangen hatte
mit den Blitzen ihrer losen Augen,
seitdem lag ich in ihren starken Minnefesseln gefangen.
Seit diesem Augenblick bin ich aus ihren Minnebanden nie [frei geworden.

VIa

Geschähe dies jedoch,
dann würde ich von Herzen darüber froh sein,
daß sie das Feld mir überließe,
was mir am Herzen liegt. [sie im Herzen zu freuen.
5 Sie ist so voll Güte, daß ich allen Grund habe, mich über

Meine geliebte Herrin,
mein ganzer Dienst ist dir geweiht.
Um deiner liebenswerten Person willen
sei mir Trost und Zuversicht, du begnadete Frau!
10 Du bist für alle Zeit meines Herzens Blumen-Ostertag.

swer daz wenden wil,
dem müez sîn gelücke swinden!
wil mîn frouwe ir ungenâden an mir niht erwinden,
sô fürht ich vil sêre, mîner swaere werd ze vil.

W-F: unecht

VIb c IX c 93,9

H: S. 238

Jener Eberhart
(tumber getelinc nie wart.
erst von Stetenbach geborn),
lieze er ligen sîne sporn,
5 dâ mit er verhouwen hât der meide ir gewant!

sî trat an den sporn.
des ist ir der fuoz gesworn,
daz si niht getanzen mac.
wê, daz ich den selben tac
10 ie gelebte, daz si solhen schaden dô enpfant!

wê, daz er die sporn
ie gesach mit sînen ougen! [lougen.
swenne er ie daz houbet twuoc, sô wuosch erz ûz der
er hât sî verhouwen, daz si hât den tanz versworn.

W-F: unecht

VIc c X c 93,10

Ich muoz aber klagen,
beide singen unde sagen
über einen dörper her,
derst genant der junge Ber.
5 von gelimpf ist erz genant: dem bern ist er gelîch.

sîn unfuore ist grôz.
hiwer, dô man die palmen schôz,
dô warf er mich an den nac.
hey, gelebte ich noch den tac, [rîch,
10 daz unheil an im geschaeh, sô waere ich freuden

Wer das antasten will,
dem schwinde sein Glück! [über nicht ablassen will,
Wenn meine Herrin von ihrer Gnadenlosigkeit mir gegen-
so fürchte ich sehr, mein Leid werde zu viel.

VIb

Jener Eberhard
(Einen dümmeren Kerl gab es noch nie.
Er stammt von Stettenbach.),
hätte er seine Sporen daheim gelassen,
5 womit er dem Mädchen das Kleid zerrissen hat!

Sie trat ihm auf den Sporn.
Davon ist ihr der Fuß geschwollen,
so daß sie nicht tanzen kann.
Wehe, daß ich diesen Tag
10 je erleben mußte, daß sie solchen Schaden erlitt!

Wehe, daß er die Sporen
jemals zu Gesicht bekommen hat! [eine Lauge.
Immer, wenn er sich den Kopf wusch, benützte er dazu
Er hat sie verletzt, so daß sie dem Tanz abgeschworen hat.

VIc

Ein neues Klagelied
muß ich anstimmen
über einen Bauernkerl,
der der junge Bär heißt.
5 Angemessen heißt er so: einem Bären ist er gleich.

Sein schlechtes Benehmen ist unglaublich.
Heuer, beim Palmzweigewerfen
hat er mich umgestoßen.
Hei, erlebte ich doch den Tag,
10 daß ihm Unglück geschähe – da würde ich mich freuen! –

oder daz geviel
noch sîn stîc an mîne strâzen!
sîner ungefuore möhte er mich vil wol erlâzen.
schimpfes unde spottes ich von im niht dulden wil.

W-F: unecht

C VII VId c XI C 7 c 93,11

Lanc ist im sîn hâr.
doch dar under, nemet war,
siht man in um sînen kragen
einen grôzen bolster tragen.
5 dâ sint keten inne und in dem wambeis über al

unde ein hirzes hût.
er ist sînes vater trût.
H: S. 239 der gibt im vil guot gewant.
er tregt staete in sîner hant
10 ein guot kepelîsen; dâ lît an daz alte mâl.

er hât, swes er gert.
dennoch treit er eine gnippen.
sî sint umbe den Buosemberc vil nâhe sîne gesippen.
er dünket sich des vîretages wol drîer bônen wert.

W-F: unecht

VIe c XII c 93,12

Alle vîretage
kumt der oede dorfkrage
wol selpfünfter her gegân.
sîn hâr hât den widerspân. [stabe.
5 zwên die tragent îsnîniu swert, die zwêne wîze

so ist des fünften muot:
er tregt einen hôhen huot,
da ist ein schappel ûf genât.
swenne er bî frou Metzen gât,
10 sô kiut er den riemen, der dâ hanget vast hin abe.

oder daß sein Weg
sich mit meiner Straße kreuzte!
Mit seiner Ungehörigkeit hätte er mich wohl verschonen
Schande und Spott werde ich von ihm nicht dulden. [können.

VId

Sein Haar trägt er lang.
Aber darunter – schaut genau hin! –
sieht man um seinen Hals
ein dickes Polster.
5 Hier und überall im Wams sind ein Kettenpanzer

und Hirschleder eingenäht.
Er ist der Liebling seines Vaters.
Der stattet ihn mit Kleidung prächtig aus.
In der Hand trägt er ständig
10 einen soliden Krummsäbel; der führt die alte Marke.

Er hat, was er sich wünscht.
Außerdem trägt er noch ein Stechmesser. [Verwandten.
Die Leute um den Bisamberg sind seine engsten
Am Feiertag kommt er sich vor, als wenn er lächerlich viel
[wert wäre.

VIe

Alle Feiertage
kommt der ekelhafte Dorfkragen
mit noch vieren her gelaufen.
Sein Haar ist am Rande gekraust. [weiße Stäbe.
5 Zwei von ihnen tragen Eisenschwerter, die zwei anderen

Mit dem fünften steht es so:
er trägt einen hohen Hut,
da ist eine Bandschleife daraufgenäht.
Jedesmal wenn er mit Frau Metze tanzt,
10 kaut er am Riemen, der lang herunterhängt.

als er tanzen sal,
sô ist im sô wol ze muote.
si frâgent alle, wer er sî mit sînem hôhen huote.
sô sprich ich, er sî her Nîtharts vînt von Riuwental.

C VIII s. Va

W-F: unecht

C IX VIf c XIII C 9 c 93,13

Ein vrîwîp schrei: „wê!
Durchinchart von Grammasê
hât mir leides vil getân.
er enist noch wirt niht man.
5 sîne gumpelwîse treip er hiuwer mir ze schaden.

des kan er genuoc.
er zebrach mir mînen kruoc,
dâ er stuont ûf einer banc.
daz sîn schaere habe undanc, [waden.
10 diu dâ verre reicht hin dan und sleht eim ûf den

H: S. 240

diust zebecket gar
und gêt niden ûz der scheide. [leide!);
dâ mit er den kruoc zebrach (got füege im herzen-
dâ von ich mîne hennen vlôs. des bin ich guotes bar."

L 51

W-F: WL
Nr. 36
H: 101,20

R I I c I R 46,1 c 112,1

Owê, winder, waz dû bringest
trüeber tage und wie duz allez twingest,
daz den sumer mit vreuden was!

dû hâst vogele vil betwungen,
5 dâ der walt was aller von besungen,
dar zuo bluomen unde gras.

So oft er tanzen soll,
fühlt er sich wohl und munter.
Alle fragen dann, wer der mit seinem hohen Hute sei.
Dann antworte ich, er sei der Feind Herrn Neidharts von
[Reuental.

Va (nach C)

VIf

Eine Dienstmagd schrie: „Wehe!
Duringhart von Grabensee
hat mir viel zu Leid getan.
Er ist weder ein Mann noch wird er einer.
5 Seine Narrenweise trieb er heuer zu meinem Schaden.

Das versteht er gründlich.
Er hat mir meinen Krug zerbrochen,
der auf einer Bank stand.
Seine 'Schere' sei verwünscht,
10 die so weit hinaussteht und einem auf die Wade schlägt.

Sie ist eine einzige Scharte
und geht unten aus der Scheide. [leid!);
Damit hat er den Krug zerbrochen (Gott gebe ihm Herze-
dadurch verlor ich meine Henne. Nun besitze ich überhaupt
[nichts mehr."

L 51

I

Ach Winter, was du trübe Tage
bringst und wie du alles vergewaltigst,
das den Sommer voll Freude war!

Du hast die Vögel in Bann geschlagen,
5 die mit Gesang den ganzen Wald erfüllten,
dazu die Blumen und das Gras.

ich verklagte ez allez wol,
wolte mich diu vrouwe mîne
scheiden von sô manegem kumberpîne,
10 den ich von ir gewalte dol.

R II **II** c II R 46,2 c 112,2

Sî kan zouberliste tougen.
si ist mir tac und naht vor mînen ougen
dem gelîch, sam ich si sehe.

si ist mir in dem slâfe nâhen.
5 solde ich sî mit armen umbevâhen
und daz minneclîch geschehen!

daz ist allez ein getroc,
daz mich in dem slâfe triuget
und mir in dem lieben wâne liuget.
H: 102,1 10 dâ von hân ich grâwen loc.

III c III c 112,3
(C: Goldast, Paraen. S. 385)

H: S. 240 Wâ nu friunt? hât ieman stüppe,
daz mir waere guot für zouberlüppe
(daz wolt ich mit golde wegen),

dâ mit ich mich möhte gefristen
5 vor sô ungefüegen zouberlisten?
kan ab ieman einen segen,

der für zouber waere guot?
wolte ein wîser mich den lêren!
ich mac nindert fuoz von ir gekêren,
10 sin verwende mir den muot.

All dies verschmerzte ich wohl noch,
wollte mich nur meine Herrin
scheiden von so vielen Kummerqualen,
10 die mir ihre Macht zufügt.

II

Sie kennt geheime Zauberkünste.
sie schwebt Tag und Nacht vor meinen Augen,
ganz, als säh' ich sie vor mir.

Sie ist mir in dem Schlafe nahe.
5 Dürft' ich sie in meine Arme schließen,
dürft' dies in Liebeslust gescheh'n!

Doch das ist alles nur ein Trug,
der mich in dem Schlafe blendet
und mich belügt in meiner lieben Hoffnung.
10 Davon ist mir die Locke grau.

III

Wo ist ein Freund? Wer hat ein Mittel,
das mir wäre gut für Zaubergifte
– das wöge ich mit Gold ihm auf –,

womit ich mich doch noch vermöchte
5 zu retten vor so schlimmen Zauberkünsten?
Weiß denn niemand einen Spruch,

der für Zauber wäre gut?
Wollt' ein Erfahrner den mich lehren!
Vermag nicht fußbreit mich von ihr zu wenden,
10 es sei, sie ändre mir den Sinn.

W-F: angezweifelt IV c IV c 112,4

Sî hât wênic wîbes güete.
got der senfte gein mir ir gemüete,
daz si mir genaedic sî!

ich gewan nie frouwen künde,
5 an der ich genâde minner fünde.
sî ist lobes von mir frî.

wolte sî, daz man si lobet,
si waere an kiuschen tugenden staete,
H: S. 241 dazs ûz êren nimmer fuoz getraete,
10 und füere niht, alsam si tobet.

W-F: IV R III V c V R 46,3 c 112,5

H: 102,2 Wê, wer singet nû ze tanze
jungen wîben under bluomenkranze,
Gôzpreht, aber an dîner stat?

Walkêr, Liupsun, Hiltolf, Ruoze,
5 Wîgolt, Wildunc, Rîchper unde Tuoze,
iust gesagt an vreuden mat.

des keisers komen ist iu ein hagel.
man tuot iuch des hâres âne
neben den ôren, hinden ob dem spâne.
10 ir geuphân, ir lât den zagel.

W-F: V R IV VI c VI R 46,4 c 112,6

Ein gebot ich sanfte lîde,
daz man Gätzemanne alumbe snîde
sîn lancreidez valwez hâr.

IV

Es fehlt ihr an Weibes Güte.
Schaff' Gott, daß sich ihr Sinn gen mich noch mildre,
daß sie mir doch huldvoll sei!

Keine Frau lernt' ich je kennen,
5 bei der ich weniger Geneigtsein fände.
Lob erfährt sie nie von mir.

Wollte sie, daß man sie lobt,
sie übte Kunst der Selbstbeherrschung,
daß sie nicht fußbreit von der Ehre wiche,
10 und gäb' sich nicht wie von Verstand.

V

Weh, wer singt wohl vor zum Reigen
für junge Frauen unterm Blumenkranze,
Goßbrecht, nun an deiner Statt?

Walker, Leubsohn, Hildolf, Ruße,
5 Reichbär, Tuße, Weigold und du, Wildung:
für eure Freuden heißt es „Schach"!

Wie Hagel kommt der Kaiser euch.
Man beschneidet euch die Haare
an den Ohren, hinten über den Locken.
10 Dorfpfaue, aus ist's mit dem Schweif!

VI

Ein Gebot macht mir nicht Kummer,
daß man Gätzemann ringsum beschneidet
sein langlockig blondes Haar.

im und sînen tanzgesellen
5 sol man hâr und kleider alsô stellen
nâch dem alten site gar,

als manz bî künc Karel truoc.
swelhe sich dâ wider setzen,
die sol man an lîbe und guote letzen,
H: 102,21 10 daz sis immer haben genuoc.

Gegenstrophe c VII c 112,7

H: S. 241 Hirzber spricht und sîne friunde,
er und sîner muomen kint selpniunde
wellen von dem lande varn,

dar zuo hundert sîner mâgen.
5 lîp und guot daz wellens alle wâgen.
zwâr, sie wellen daz bewarn,

daz si iht die êrsten sîn,
dâ man mit die schuole stifte.
waz, ob sî der schuolemeister wifte
10 und sîn scharpfez schaerelîn?

W-F: VI VII c VIII c 112,8

Füeget iuch, arm unde rîche,
gein dem milten fürsten Friderîche!
der wil rihten dâ *des* pfat, Paul: den

H: S. 242 er und ander fürsten alle,
5 der uns vor in allen wol gevalle
an der wirde und an der tât.

Ihm und seinen Tanzgesellen
5 wird man Haar und Kleider derart richten,
genau dem alten Brauch gemäß,

wie bei König Karl man's trug.
Welche sich dawidersetzen,
die soll man an Leib und Gute strafen,
10 daß sie's nicht nach mehr verlangt.

Gegenstrophe

Hirschbär spricht und seine Sippschaft,
er und Kinder acht von seiner Muhme,
wollten aus dem Lande fort,

dazu hundert der Verwandten.
5 Gut und Leben wollten alle wagen.
Fürwahr, verhindern wollten sie,

daß mit ihnen man zuerst
etwa Schule machen wolle.
Was, wenn der Schulmeister sie erschnappte
10 und sein scharfes Scherchen klein?

VII

Schart euch alle, hoch und niedrig,
um unsern gabemilden Fürsten Friedrich!
Bereiten will er dem den Weg,

er und alle andern Fürsten,
5 der vor ihnen unsren Beifall findet
nach der Würde, nach der Tat.

er kan rihten und getar.
swâ man schallen sol mit guote,
da ist er unverzagt an miltem muote.
10 sagt, wer hôher danne er var!

W-F: VII　　R V　VIII　c IX　　R 46,5　c 112,9

H: 102,22　Lât ir iu diu maere briunen.
er wil selbe sticken unde ziunen,
unde aldurch der Unger lant,

nider durch die Bulgerîe,
5 her wider ûz und durch die Rômânîe
twinget iz sîn miltiu hant,

er und al die Valwen sîn,
Tiutsche und alle sîne Unger.
wolde er dannoch wîter, daz betwunger.
10 rihte der keiser um den Rîn!

L 52

Mel. 15

W-F: WL
Nr. 23
H: 69,25

R I　I　B I　O I　R 24,1　B 12　O 27
c 123,1　d 3,7

Nû klag ich die bluomen und die liehten sumerzît
und die wünneclîchen tage.
dâ bî hân ich eine klage,
diu mir tougenlîche manege vröude hât benomen,

5 daz ein wîp sô lange haldet wider mich ir strît,
der ich vil gedienet hân
ûf genâdelôsen wân.
ich kan mînes willen ninder gein ir zende komen,

Zum Recht hat er Verstand und Mut.
Wo es Aufsehn gilt mit Gute,
ist in Spendelust er unermüdlich.
0 Sagt, wer hat höh're Lebensart?

VIII

Laßt mich's euch im Bild erklären:
Selbst will Friedrich Zaun und Stecken setzen,
und durchs ganze Ungerland,

durch Bulgarien hinunter,
5 dann hieher zurück und durch Rumänien
schafft es seine Spenderhand,

er und sein Walachenvolk,
Deutsche, seine Ungarn alle.
Wollt' er weiter noch, auch dies gelänge.
10 Ordne der Kaiser die Länder am Rhein!

L 52

I

Nun klag' ich um die Blumen und die helle Sommerzeit,
um der Tage Wonnelust.
Eine Klage kommt hinzu,
die mir im Geheimen viele Freuden hat geraubt,

5 daß ein Weib so lange Zeit hin Widerpart mir hält,
der ich vielen Dienst geweiht
auf Hoffnung, der Erhörung fehlt. [nicht,
An meines Willens Ziel bei ihr zu kommen, vermag ich

sît si niht enhât
10 in ir herze wîbes güete
unde ir doch dar under dienen lât.
wer waer, den der kumber niht enmüete? [vervât.
mich wundert, daz mîn dienest und mîn singen niht

R II II B II O II R 24,2 B 13
O 28 c 123,2 d 3,8

Swaz ich ir gesinge, deist gehärphet in der mül;
sî verstêt es ninder wort.
H: 70,1 sprichet jener Willebort:
„stên ir für ir ôren, daz sis immer iht verneme!"

5 seht, ob ich dar umbe niht im vîent wesen sül!
der mich sô beswaeret hât
und mir für ir hulde stât,
er sol wizzen, kumt ez sô, daz ich imz in gereme,

dâ den vriunden sîn
10 wirt ir herze von gesêret.
er und Gêneliup und Hildewîn
habent mîn gelücke dâ verkêret.
ez wirt ir etelîchem ein verzintez nüschelîn.

R III III B III O III R 24,3 B 14
O 29 c 123,3 d 3,9

Disen sumer wârens alle drî ûf sî verkoln,
dazs ein ander truogen haz.
doch erbôt siz einem baz
mit gebaerden; daz was niht der zweier wille guot.

5 waeren sî ze Kriechen! solde ich sî von danne holn,
sî beliben lange dort,
Gêneliup und Willebort.
dâ gelaege ouch lîhte der Hildewînes hôher muot.

da sie nicht besitzt
10 in ihrem Herzen Weibes Güte
und sich dabei doch Dienst erweisen läßt.
Ist jemand, den solch Kummer nicht verdrösse?
Ich versteh' nicht, daß mein Dienst und Singen nichts erreicht.

II

Was ich singe, ist wie Harfenspiel in Mühlenlärm.
Kein Wort nimmt sie davon auf.
Spricht dann jener Willebort: [hört!'
'Laßt uns ihr vor den Ohren steh'n, daß sie davon nichts

5 seht doch nur, ob ich ihm dafür denn nicht feind sein soll!
Der mir solchen Schaden tat
und mir ihre Huld versperrt,
er soll wissen, trifft es sich, ich tränke es ihm ein;

seinen Freunden wird
10 dann das Herz davon verwundet.
Er und Geneleub und Hildewin
haben mein Glück ins Gegenteil verwandelt.
Jedem wird dafür doch nur verzinntes Blech zu teil.

III

Diesen Sommer waren alle drei in sie vernarrt,
daß sie einander waren feind.
Für einen gab sie sich jedoch
freundlicher, was wiederum den andern nicht gepaßt.

5 Wär'n sie, wo der Pfeffer wächst! Hätt' ich es in der Hand,
sie blieben mir gar lange dort,
Willebort und Geneleub. [gedämpft.
Dort würde sicher auch Herrn Hildwins Hochmut noch

H: 70,20 mîner arebeit
10 habent sî mir vil gebrouwen.
ich sag iu daz wol ûf mînen eit,
daz si mir des selben suln getrouwen.
ez schadet, der ze langer vrist den tumben vil vertreit.

R IV IV B IV O IV R 24,4 B 15
O 30 c 123,4 d 3,10

Ich hân in durch mîne zuht ein teil ze vil vertragen,
daz mich nie gein in gevrumt
noch ze staten niht enkumt.
ich enkunde ir hulde nie verdienen noch ir gruoz.

5 ich enmac sîn allez mit gesange niht geklagen,
daz mir leides widervert.
mirst sîn alze vil beschert.
mir enwil diu saelde nindert volgen einen vuoz.

swelhen ende ich var,
10 sô laet sî mich immer eine.
got vor ungedulde mich bewar!
mîn gelücke ist wider sî sô kleine.
von iuwern schulden hân ich disiu leit, her Engelmâr.

W-F: angezweifelt

R V V B V O V R 24,5 B 16
O 31 c 123,5 d 3,11

Sît von iuwern handen Vriderûn den spiegel vlôs,
so ist unbildes vil geschehen,
des genuoge müezen jehen,
H: 71,1 dazs in hundert jâren nie sô vil dâ vor geschach.

5 beidiu laster unde schaden sî doch nie verkôs
noch verkiesen niht enwil.
iuwers schimpfes was ze vil.
daz diu hant erkrumbe, diu die spiegelsnuor [zerbrach,

Was haben sie mir nur
0 eingebrockt an Leid und Kummer!
Das versichr' ich euch bei meinem Eid,
daß Gleiches sie von mir erwarten können.
Es schadet, wenn den Dummen man zu lange Nachsicht zeigt.

IV

Nachsicht zeigt' ich ihnen viel zu viel aus Lebensart,
was mir gar nichts hat genützt
und mir nirgend Vorteil bringt.
Nie erreicht' ich ihren Gruß noch Wohlgewogenheit.

5 All das im Lied zu klagen, was mir Leides widerfährt,
das geht über meine Kraft.
Allzuviel ist mir verhängt. [Fuß.
Das Glück, es will mir nirgends folgen, auch nicht einen

Es läßt mich stets im Stich,
0 wohin ich mich auch immer kehre.
Gott bewahre mich vor Ungeduld!
Mein Heil ist ihnen gegenüber hilflos.
Von Eurer Schuld entstand all dieses Leid, Herr Engelmar!

V

Seit Friederun durch Eure Hand den Spiegel eingebüßt,
erhob sich Unheil riesengroß
(jedermann gesteht dies zu),
daß in hundert Jahren früher nie so viel gescheh'n.

5 Beides, Schande und den Schaden hat sie nie verschmerzt
und wird dies auch niemals tun.
Der Verhöhnung war's zu viel.
Daß die Hand lahm werde, die die Spiegelschnur zerriß,

die si selbe vlaht
10 âne golt ûz glanzen sîden!
sî was maneger hande sîdenslaht.
des was ir ze vil von iu ze lîden.
ouch het iuch iuwer gogelheit von iuwern sinnen brâht.

R VI VI B VII R 24,6 B 18
c 123,6 d 3,4

Ich was ie den wîben holder, danne sî mir sîn.
daz ich des enkelten sol,
daz enzimt in niht ze wol.
owê, daz diu liebe niht gemeiner triuwen pfligt!

5 des ist zwischen mir und einem wîbe worden schîn.
diust mir niht, als ich ir bin.
sô gêt mir mîn leben hin.
ez ist âne reht, daz liebe niht gelîche wigt.

dô diu liebe wac
H: 71,20 10 hie bevor gelîcher wâge,
dône het diu minne ninder krac.
niemen mich dar umbe mêre vrâge!
diu hât nu scharten hinne vür unz an den lesten tac.

R VII VII B VIII R 24,7 B 19
c 123,7 d 3,3

Dô man wîbes minne gegen der manne minne wac
innerthalp des herzen tür,
dô wac mannes minne vür.
nûne kan sich gegen der wîbe minne niht gewegen.

5 ich enweiz ab niht, wen ich dar umbe zîhen mac,
wer die wâren schulde habe.
zweier dinge gât uns abe: [pflegen,
daz wir man niht kiusche sîn noch rehter wâge

die sie selbst gedreht,
10 ohne Gold, aus heller Seide,
und die Seide mannigfacher Art!
Zuviel war dies für sie von Euch zu leiden.
Auch hatte Eure Tollheit Euch ganz von Verstand gebracht.

VI

Ich war stets den Frauen mehr gewogen als sie mir.
Daß ich dafür büßen muß,
das steht ihnen wenig an.
Ach, daß Neigung nicht zu gegenseit'ger Bindung führt!

5 Das ist zwischen mir und einer Frau ganz offenbar.
Sie ist zu mir nicht, wie ich's bin.
So vergeht mein Leben mir.
Es ist ohne alles Recht, daß Neigung ungleich wiegt.

Als sie ehedem
10 gleichgewichtig ist gewesen,
war die Liebe ohne jeden Riß.
Frage mich hierüber weiter keiner!
Liebe trägt nun ihre Scharte bis zum letzten Tag.

VII

Als man Frauenliebe gegen Mannesliebe wog,
innerhalb des Herzenstür,
da galt Mannesliebe mehr.
Nun fällt gegen Frauenliebe nichts mehr ins Gewicht.

5 Doch weiß ich wirklich nicht, wen ich dafür beschuld'gen [muß,
bei wem der wahre Grund hiefür.
An zweierlei gebricht es uns:
Wir Männer halten nicht an uns, es fehlt das rechte Scheit,

diu gelîche trage
10 herzenliebe gein der minne.
ir sult wizzen, swaz iu iemen sage,
er gewan nie herzen küneginne,
der niht enwirbet, daz er guoten wîben wol behage.

R VIII **VIII** B IX O VIII R 24,8 B 20
O 34 c 123,8 d 3,2

Reiner wîbe minne tiuwert hôhe mannes muot.
ist ir triuwe meineclîch,
deist in beiden lobelîch.
H: 72,1 wol im, der gein wîben sîner staete hüeten kan!

5 valschelôsiu minne waere beidenthalben guot.
wol dem herzen, daz si treit!
dem wirt sîner arebeit
wol gelônet. disiu maere merket, guote man!

sît den wîben holt,
10 gein den herzen ougen lachen!
ir sult wizzen: aller Kriechen golt
möhte ein herze niht sô vrô gemachen
sô reiner wîbe minne. deist ein vreudebernder solt.

R IX **IX** B VI R 24,9 B 17 c 123,9
d 3,1

Al diu crêâtiure, die der himel hât bedaht
und dar zuo diu erde treit,
hât niht hôher werdikeit
danne ein reine wîp; vor ir ein wol gevieret man.

5 swâ diu zwei beinander ruowent eine ganze naht,
da ist der Minne lanzen ort
wol bewunden hie unt dort.
sî hât zwischen herzenlieben schaden vil getân.

das gleichgewichtig hält
10 Herzensneigung und Begehren.
Wißt – entgegen jedem andern Spruch:
des Herzens Königin errang noch keiner,
der nicht das Wohlgefallen guter Frauen hat erlangt.

VIII

Reines Weibes Liebe adelt hoch des Mannes Sinn.
Hält gemeinsam Band sie fest,
sind sie beide preisenswert.
Wohl ihm, der bei Frauen zuverlässig weiß zu sein!

5 Wankellose Liebe wäre beiderseitig gut.
Wohl dem Herzen, das sie trägt!
Ihm wird, was es eingesetzt,
wohl gelohnt. Drum merkt euch, gute Männer, dieses Wort!

Seid den Frauen hold,
10 lacht sie an mit Herzens Augen!
Wißt, das Gold des ganzen Reichs Byzanz
vermöchte nicht ein Herz so froh zu machen,
wie reiner Frauen Liebe. Das ist freudenträcht'ger Lohn.

IX

Alle Kreatur, wie sie der Himmel überdeckt
und dazu die Erde trägt,
weist nichts höh'ren Wertes auf,
als eine reine Frau; vor ihr ein Mann von festem Sinn.

5 Wo diese zwei zusammenliegen eine ganze Nacht,
da ist der Minnelanze Blatt
an jeder Seite wohl verhüllt. [bracht.
Viel Schaden hat sie zwischen Herzgeliebten schon voll-

sus getâner nôt
H: 72,20 10 kan diu Minne wunder machen,
trüebiu ougen, nâch der trüebe rôt,
sus und sô mit manger hande sachen.
si wundet mangen, daz im bezzer waere ein senfter tôt.

X B X O VI B 21 O 32
c 123,11 d 3,5

Ich bin einem wîbe lange gar unmâzen holt
staeteclîchen her gewesen.
ân die trouwe ich niht genesen.
nû beliben frô die liute (merket mîne klage!),

5 törste ich gein ir sprechen allez, daz ich selbe wolt,
daz doch guote fuoge hât
und niht an ir êre gât,
daz doch wol geschaehe, waere ich gên ir niht ein [zage.

swenne ich von ir bin,
10 sô hab ich vil guote sinne.
kum ich zuo ir, sô ist hin der sin.
daz sint allez herzenlîche minne.
sus ungesprochen mit gedanken gât diu wîle hin.

XI B XI O VII B 22 O 33
c 123,10 d 3,6

Mit gedanken wirt erworben niemer wîbes kint.
dâ von spreche ein man enzît,
daz im an dem herzen lît,
H: 73,1 und besuoche, ob ez diu minneclîche danne tuo!

5 swes er im gedenket, daz ist ir vil gar ein wint,
des enmac si wizzen niht.
dâ von ist ez gar ein wiht.
dâ gehoeret underwîlen guot geriune zuo.

Solch beschaffnes Leid
10 kann die Liebe Wunder wirken,
trübe Augen, nach der Trübe rot,
so und so mit vielerlei an Dingen.
Sie verwundet oft, daß besser wäre sanfter Tod.

X

Ich bin einem Weibe lange ohne Maßen gut
gewesen in Beständigkeit.
Kein Leben gibt es ohne sie.
Die Leute blieben froh (auf meine Klage merkt genau),

5 wagte ich nur alles ihr zu sagen nach Begehr,
was doch guter Art entspricht
und nicht an ihr Ansehn geht,
was sich auch erfüllte, wär' ich vor ihr nicht verzagt.

Bin ich fern von ihr,
10 sind aufgeweckt mir alle Sinne,
komm' ich zu ihr, dann bin ich wie betäubt.
Das folgt alles aus der Herzensliebe.
So geht die Stunde ohne Wort nur mit Gedanken hin.

XI

Niemals erringt man nur mit Denken sich ein junges Weib.
So sage denn ein Mann beizeit,
was ihm auf dem Herzen liegt,
und erprobe es, ob auch die Schöne es dann tut!

5 Was er so bei sich nur denkt, bedeutet für sie nichts.
Sie erfährt ja nichts davon.
Deshalb ist es ohne Wert.
Vielmehr tut zuweilen ein geschicktes Flüstern not.

êst unmâzen guot,
10 swer gein wîben tar gesprechen.
daz verkêret mangen staeten muot
und kan vestiu herzen wol zebrechen.
des volge ein man, daz ist mîn rât, ob er ez gerne tuot!

XII c XII c 123,12
d 3,12

Milter fürste Friderîch, an triuwen gar ein flins,
dû hâst mich behûset wol.
got dir billîch lônen sol.
ich enpfienc nie rîcher gâbe mêr von fürsten hant.

5 daz waer allez guot, niwan der ungefüege zins.
des diu kindel solten leben,
daz muoz ich ze stiuwer geben. [ein pfant.
des wirt zwischen mir und mînen friunden schiere

lieber herre mîn,
H: 73,20 maht dû mir den zins geringen,
dînes heiles kempfe wil ich sîn
und dîn lop wol sprechen unde singen,
daz es vil lûte erhillet von der Elbe unz an den Rîn.

L 53

W-F: WL
Nr. 29
H: 85,6

R I I C I R 18,1 C 117 c 113,1

Owê, lieber sumer, dîner süeze bernden wünne,
die uns dirre winder mit gewalte hât benomen!

lebt ab iemen, der ez zwischen iu versüenen künne?
ez ist manic herze gar von sînen vröuden komen,

Es ist unschätzbar gut,
10 wagt einer ein Gespräch mit Frauen.
Oft verändert es selbst festen Sinn
und kann wohlverwahrte Herzen brechen.
Ein Mann befolge dies, das ist mein Rat, tut er es gern.

XII

Friedrich, freigieb'ger Fürst, an Zuverlässigkeit ein Fels,
Du gabst mir ein gutes Haus.
Mit Fug und Recht lohn' es dir Gott.
Nie hat eines Fürsten Hand mich reicher noch beschenkt.

5 Das wäre alles gut, wär' nicht der übermäß'ge Zins.
Meiner Kinder Unterhalt
geht als Steuer völlig drauf.
Deshalb stehe ich bei meinen Freunden bald in Schuld.

Mein lieber Landesherr,
10 wärs möglich, mir den Zins zu senken,
will ich Vorkämpfer deines Heiles sein
und deinen Preis in Wort und Ton verkünden,
daß von der Elbe bis zum Rhein er mächtig widerhallt.

L 53

I

Ach, um deine Süße spendende Wonne, lieber Sommer,
die uns dieser Winter mit Gewalttat hat geraubt!

Lebt jemand, der verstünde, Frieden zwischen euch zu [stiften?
Viele Herzen haben alle Freuden eingebüßt,

5 diu sich vröuten dîner zît
immer gein dem meien.
winder niemen vröude gît
wan den stubenheien.

R II **II** C VIII R 18,2 C 126 c 113,2

Vrômuot vert in trûren nû von lande hin ze lande,
ob sie iemen vinde, der in ganzen vröuden sî.

wer ist nû sô sicher, der ir irren boten sande,
dem sî künde, sî sî alles ungemaches vrî?

5 wer ist nû sô vreuden rîch,
dâ si sî gesinde,
wan der vürste Vriderîch?
kom, dâ sî den vinde!

W-F: ange-zweifelt

III C IX C 127 c 113,3

H: 85,22

Sî hât mit versuochen elliu tiutschiu lant durchwallen,
dazs eht leider niemen gar in ganzen vröuden vant.

swar si ie kam, dâ vant si niht wan trûren bî in allen.
nû hât sî ir spehe ûz in daz Ôsterlant gesant.

5 diu vert wider unde vür
allez tougenlîchen,
ob si in vröuderîcher kür
vinde Vriderîchen.

R III **IV** C X R 18,3 C 128 c 113,4

Wil er sî behalten, sî wil gerne dâ belîben.
sî was in dem willen, dô der bote von im schiet.

5 die jedes Jahr dem Maimond zu
auf deine Zeit sich freuten.
Winter niemand Freude gibt
außer Stubenhockern.

II

Frohmut zieht in Trauer nun von Lande hin zu Lande,
ob sie finde, wer in ungetrübter Freude lebt.

Wer ist so sorgenfrei, der ihr Unsteten Boten schickte,
dem sie bestät'ge, allen Ungemachs nun frei zu sein?

5 Wer ist jetzt so freudenreich,
daß sie dort heimisch würde,
als nur der Herzog Friederich?
Komm' sie zu seinem Hofe!

III

Alle deutschen Länder hat zur Probe sie durchzogen,
ohne leider wen zu finden, der der Freude lebt.

Wohin sie kam, da fand sie nur Kopfhängerei bei allen.
Jetzt hat ihre Späher sie nach Österreich gesandt.

5 Die durchzieh'n es kreuz und quer
heimlich und verborgen,
ob sie den Herzog Friederich
im Stand der Freude fänden.

IV

Wenn er sie nur behalten will, will gerne sie dort bleiben.
Hiezu war sie entschlossen, als der Bote von ihm schied.

sî und ir gespilen wellen dâ die zît vertrîben.
wê, wer singet uns den sumer niuwiu minneliet?

5 daz tuot mîn her Troestelîn
und mîn hoveherre.
der gehelfe solte ich sîn.
nu ist der wille verre.

IVa–c C XI–XIII

R IV V C II R 18,4 C 119 c 113,7
C 118 in der Zählung
übersprungen

Weiz ab iemen, war die sprenzelaere sîn verswunden?
der waen ninder einer in dem lande sî beliben.

H: 86,1 wê, waz man ir hiete ûf Tulnaere velde vunden!
ez ist wol nâch mînem willen, sint si dâ vertriben.

5 alle dûhten sî sich wert
mit ir langem hâre,
hiuwer tumber danne vert.
seht an Hildemâren!

R V VI C VI R 18,5 C 124 c 113,8

Der treit eine hûben, diu ist innerthalp gesnüeret
und sint ûzen vogelîn mit sîden ûf genât.

dâ hât manic hendel sîne vinger zuo gerüeret,
ê si sî gezierten; daz mich niemen liegen lât.

5 er muoz dulden mînen vluoch,
der ir ie gedâhte,
der die sîden und daz tuoch
her von Walhen brâhte.

Mit ihren Spielgefährten will sie dort die Zeit verbringen.
Wer trägt uns nun im Sommer neue Liebeslieder vor?

5 Das tut mein Herr Tröstelein
und der Herzog selber.
Helfen sollte ich dabei,
doch fehlt mir weit der Wille.

IV a–c

V

Weiß aber wer, wohin die Stutzer sich verzogen haben?
Ich glaube, daß kein einz'ger in dem Land verblieben ist.

Ha, was fand man sonst von ihnen auf dem Tullner Felde!
Mir ist es wahrlich recht, daß sie von dort vertrieben sind.

5 Alle fühlten sie sich groß
mit ihrem langen Haare,
dümmer heu'r als vor'ges Jahr.
An Hildmar könnt ihr's sehen.

VI

Der trägt eine Haube, die hat innenseitig Schnüre,
und außen sind mit Seide kleine Vögel aufgenäht.

Da haben viele Händchen ihre Finger rühren müssen,
bis sie sie geschmückt. Da kann mich keiner Lügen zeih'n.

5 Meinen Fluch erleide der,
der sie ausgedacht hat,
und die Seide und das Tuch
her aus Welschland brachte.

R VI **VII** C III R 18,6 C 120 c 113,9

Habt ir niht geschouwet sîne gewunden locke lange,
die dâ hangent verre vür daz kinne hin ze tal?

in der hûben ligent sî des nahtes mit getwange
und sint in der mâze sam die krâmesîden val.

5 von den snüeren ist ez reit
H: 86,20 innerthalp der hûben,
vollecliche hände breit,
so ez beginnet strûben.

VIIa–b C IV u. V

R VII **VIII** C VII R 18,7 C 125
c 113,10

Er wil ebenhiuzen sich ze werdem ingesinde,
daz bî hoveliuten ist gewahsen unde gezogen.

begrîfents in, si zerrent im die hûben alsô swinde.
ê er waene, sô sint im diu vogelîn enpflogen.

5 solhen kouf an solhem gelt
niemen sol versprechen.
jâ hât vil daz Marichvelt
solher zügelbrechen.

Trutzstrophen

I c 113,13

H: S. 217 Der von Riuwental der spottet mîner vogelîne,
diu mir ûf mîn houben nâten minneclîchiu wîp.

VII

Habt ihr nicht seine gedrehten, langen Locken schon betrach-
die da baumeln weit herab an seinem Kinn vorbei? [tet,

In der Nacht, da liegen eingeschnürt sie in der Haube
und sind ganz genau so wie die Handelsseide gelb.

5 Von den Schnüren ist's gelockt
innerhalb der Haube,
reichlich breit wie eine Hand,
wenn sich's zu sträuben anfängt.

VIIa–b

VIII

Frech will er mit edlem Ingesinde gleich sich stellen,
das am Hof herangewachsen und erzogen ist.

Fassen sie ihn, sie zerreißen ihm so schnell die Haube,
daß, eh' er's vermutet, ihm die Vögel sind davon.

5 Für solchen Einsatz solchen Gewinst
sei man sich gewärtig!
Auf dem Marchfeld gibt's genug
solcher Zügelbrecher.

Trutzstrophen

I

Der von Reuental, der spottet über meine Vöglein,
die liebenswerte Frau'n auf meine Haube mir genäht.

trîbt erz mit sîm sange, daz ez hillet bî dem Rîne,
ich bring in in schande, sam mir Hildemâres lîp!

5 kumt er in die Zelle her
zuo der Persenicken,
Hildemâr und Irenber
wellent in bestricken.

II c 113,14

Wê, waz wil her Nîthart mîner gickelvêhen houben?
die möht er mich wol mit sînen hulden lâzen tragen.

wil er sich des selben spottes gein uns niht gelouben,
wir entrihten im den sînen elenlangen kragen.

5 sît er niht erwinden mac
an uns mit sîm sange,
wir zerütten im den nac,
wil erz trîben lange.

W-F: unecht

IVa C XI C 129 c 113,5

H: S. 214

In kan allen liuten nû ze tanze niht gesingen
als wîlent, dô der guote wille mich ze sange jagt.

wie sol ich ze fröiden manic trûric herze bringen,
diu vor manegen jâren gar an fröiden sint verzagt?

5 dâ man ê der fröiden pflac,
dâ ist niht wan trûren.
des gît maneger vollen sac
sînen nâchgebûren.

Treibt er's mit seinen Liedern, daß es widerhallt am Rheine,
in Schande bring' ich ihn, so wahr ich Hildmar selber bin!

5 Kommt er gar hieher nach Zell,
zu dem Perschlingbache,
Hildemar und Irenbär
legen ihn in Stricke.

II

Weh, was hat Herr Neidhart nur mit meiner bunten Haube?
Die könnte er mich doch wohl tragen lassen, mit Vergunst!

Will er sich dieses seines Spottes auf uns nicht entschlagen,
wir richten ihm den ellenlangen Kragen passend zu.

5 Nachdem er uns mit seinem Lied
nicht will in Frieden lassen,
wir zerzausen ihm's Genick,
will er's lange treiben.

IVa

Ich bin nun nicht mehr imstande, allen Menschen zum Tanz [vorzusingen
wie einstmals, als der gute Wille mich zum Lied getrieben [hat.
Wie soll ich all den niedergeschlagenen Herzen zur Freude [verhelfen,
die vor vielen Jahren schon allen Mut zur Freude verloren [haben?
5 Wo man ehemals der Freude gehuldigt hat,
da herrscht nichts als Trübsinn.
Davon geben viele einen vollen Sack
ihren Nachbarn.

W-F: unecht

IVb C XII C 130 c 113,11

H: S. 216

Die Hildemârs gelöschten schuoh die sint von rôtem [ledere;
dâ sint tschappel an genât mit bilden für diu knie.

diu schouwet er und strîchet sîniu kleider, daz ein ve-
niht an im belîbet. seht, der ist noch einer hie; [dere

5 der schouwet ofte sîn gewant
und strîchetz nâch den sîten
beidenthalben mit der hant,
daz im die röcke iht wîten.

W-F: unecht

IVc C XIII C 131 c 113,12

Ê daz er den tanz ân einen kluogen gürtel waere,
H: S. 217
ê liez er sich mit gewalte von dem lande jagen.

den treit er vil hôhe alsam ein stolzer Mîssenaere.
daz wil ich mit sange nû den hoveliuten klagen.

5 einez daz muoz im geschehen,
seht, des wil ich wetten:
swâ si in bî dem pfluoge sehen,
daz si in gar enpfetten.

W-F: unecht

VIIa C IV C 121 c 113,6

H: S. 215

Doch kan ich vergezzen niht der tumben dorfknappen.
die hânt mir an Friderûnen leides vil getân.

seht, der weiz ich einen, der tregt an im eine kappen.
der wil sîner gogelwîse mich durch niht erlân.

IVb

Die Saffianschuhe Hildmars sind aus rotem Leder; [genäht.
da sind Bandschleifen mit Abbildungen vor die Kniee an-

Nach ihnen schaut er und putzt seine Kleider, daß keine
[Feder
an ihm hängen bleibt. Weiter: noch einer von ihnen ist
[zugegen;
5 der schaut dauernd nach seiner Garderobe
und streicht sie an den Seiten
rechts und links glatt mit der Hand,
daß ihm die Röcke nicht abstehen.

IVc

Ehe er beim Tanz ohne einen hübschen Gürtel wäre,
ließe er sich gewaltsam aus dem Lande jagen.

Den trägt er sehr vornehm wie ein feiner Herr aus Meißen.
Das werde ich jetzt im Lied den Hofleuten klagen.

5 Eines wird ihm passieren,
seht, darum will ich wetten:
Wo sie ihn beim Pflug erwischen,
werden sie ihm sämtliche Kleider vom Leib reißen.

VIIa

Doch kann ich die dummen Dorfburschen nicht vergessen.
Die haben mir an Friederun viel Leid angetan.
[mantel.
Seht, einen von ihnen kenne ich, der trägt einen Kapuzen-
Der will mich mit seinem Übermut um keinen Preis ver-
[schonen.

5 er ist geheizen Ungenant
und dünket sich sô raeze.
er springet an froun Geppen hant.
hey, waz er îsens aeze!

W-F: unecht

VIIb

C 122 in der Zählung übersprungen

C V C 123

Ich wând iemer fride hân, seht, vor dem ungenanden,
der mich dâ von Riuwental sô gar verdrungen hât.

nû welnt mich die mâge sîn vertrîben von dien landen,
Uoge und jener, der dâ vor an einem tanze gât

5 (derst geheizen Werenbolt),
Ranzen Orgerûne.
seht, sô wirde ich niemer holt
einem, heizet Brûne.

Frau Welt

L 54

Mel. 16

W-F: WL
Nr. 34
H: 95,6

I

R 40,1 c 91,1 d 7,1

Sumers und des winders beider vîentschaft
kan ze disen zîten niemen understân.
winder der ist aber hiwer mit sînen vriunden komen.

er ist hie mit einer ungevüegen kraft.
5 erne hât dem walde loubes niht verlân [benomen.
und der heide ir bluomen unde ir liehten schîn

sîn unsenftikeit
ist ze schaden uns bereit.
sît in iuwer huote! er hât uns allen widerseit.

5 Er heißt Ungenannt
und hält sich für so verwegen.
Er tanzt mit Dame Geppe.
Ha, was der Eisen frißt!

VIIb

Ich bildete mir ein, seht, Ruhe zu haben vor dem
der mich dort aus Reuental verdrängt hat. [Ungenannten,

Nun will mich seine Sippschaft aus dem Land verjagen,
Uge und jener, der dort an der Spitze eines Tanzes geht,

5 (er heißt Wernbold),
Ranzes Orgerune.
Seht, außerdem werde ich niemals gewogen
einem, der Braune heißt.

Frau Welt

L 54

I

Die Feindschaft zwischen Sommer und dem Winter kann
niemand hindern, wie die Jahreszeit nun ist.
Der Winter ist auch heuer wieder mit seinen Freunden da.

Er hat eine bitterböse Schar bei sich.
5 Gelassen hat dem Wald er nicht ein einz'ges Blatt,
geraubt der Heide ihre Blumen und den hellen Glanz.

Seine Feindlichkeit
lauert uns zu Schaden auf.
Seid auf eurer Hut! Er hat uns allen aufgesagt.

II R 40,2 c 91,2 d 7,2

Alsô hân ich mîner vrouwen widersagt.
sî endarf mîn niht ze dienestmanne jehen.
ich gediene ir williclîchen nimmer einen tac,

sît si guoten vriunt in vîndes stricke jagt.
5 ich wil mir ein lange wernde vrône spehen,
H: 95,20 diu mich hin ze gotes hulde wol gebringen mac.

die verliust si mir;
deste wirs getrouwe ich ir.
sî sol wizzen, daz ich ir ze vrouwen wol enbir.

III R 40,3 c 91,3 d 7,3

Ist daz niht ein wandel an der vrouwen mîn?
swer ir dienet, dem ist kranker lôn beschert.
sî verleitet manegen, daz er in dem drûhe lît.

des muoz leider liebes lônes âne sîn,
5 der ouch in ir dienste hin ze helle vert.
er ist saelic, swer sich von ir verret bî der zît,

daz er ze mittem tage
sînen phenninc hie bejage,
den er um die vesperzît verdienet mit im trage.

IV R 40,4 c 91,9 d 7,4

Swaz ich nû gesinge, daz sint klageliet.
dâ envreut sich lützel leider iemen von.
ê dô sang ich, daz den guoten liuten wol gezam.

sît daz mich daz alter von der jugende schiet,
5 muoz ich dulden, des ich ê was ungewon.
niemen sich verzîhe, im geschehe vil lîhte alsam!

II

Genau so hab' ich meiner Herrin aufgesagt.
Entbehren muß sie mich als ihren Lehensmann.
Mit Willen bin ich keinen Tag mehr für sie dienstbereit,

da guten Freund sie in des Feindes Stricke treibt.
5 Mir suchen will ich einen währnden Herrendienst,
der sichren Wegs zu Gottes Huld zu führen mich vermag.

Um diese bringt sie mich.
Desto übler trau' ich ihr.
Sie wisse: der Verzicht auf sie als Herrin fällt mir leicht.

III

Ist das ein Schandfleck an der Herrin nicht vielleicht?
Jedem, der ihr dient, wird übler Lohn beschert.
So irre führt sie einen, daß man in der Falle steckt.

Daher bleibt ohne erwünschten Lohn selbst der,
5 der in ihrem Dienst sogar zur Hölle zieht.
Glücklich jeder, der sich noch bei Zeiten von ihr trennt,

daß er zu Mittag schon
sich sein Entgelt hier erringt,
das er, wenn es Abend wird, dann rechtens bei sich trägt.

IV

All meine Liedkunst jetzt ist nur noch Klageton.
Da erfreut sich leider niemand mehr daran.
Einstmal sang ich, was der Hofgesellschaft sehr entsprach.

Seit das Alter von der Jugend mich getrennt,
5 muß ich ertragen, was ich ehdem nicht gewohnt.
Bestreite niemand, daß es ganz bestimmt ihm auch so geht!

wirt er als ich grâ,
H: 96,1 sô ist missebieten dâ.
sô der wolf inz alter kumt, sô rîtet in diu krâ.

V R 40,5 c 91,4 d 7,5

Ê dô kômen uns sô vreuden rîchiu jâr,
dô die hôchgemuoten wâren lobesam.
nu ist in allen landen niht wan trûren unde klagen,

sît der ungevüege dörper Engelmâr
5 der vil lieben Vriderûne ir spiegel nam.
dô begunde trûren vreude ûz al den landen jagen,

daz si gar verswant.
mit der vreude wart versant
zuht und êre. disiu driu sît leider niemen vant.

VI R 40,6 c 91,13 d 7,6

Der mir hie bevor in mînen anger wuot
und dar inne rôsen zeinem kranze brach
unde in hôher wîse sîniu wineliedel sanc,

der beswârte nie sô sêre mir den muot
5 als ein dinc, daz ich von Willekinde sach.
do'r den krumben reien an ir wîzen hende spranc,

dô swanc er den vuoz,
des mîn vreude swinden muoz.
H: 96,20 er und Gätzeman gewinnet nimmer mînen gruoz.

VII R 40,7 c 91,12 d 7,7

Er spranc winsterthalben an ir wîzen hant.
houbet unde hals gie im vil vaste entwer,
dem gelîche, als der des lîbes niht gewalten mac.

Wird er grau wie ich,
so behandelt man ihn schlecht.
Wenn der Wolf ins Alter kommt, dann reitet ihn die Kräh'.

V

Einstmals gab es freudenreiche Zeit für uns,
als die Frohgestimmten waren preisenswert. [Land,
Nun herrscht nichts als Trauer nur und Klage rings im

seit der ungezogne Tölpel Engelmar
5 den Spiegel der lieben Friederun entrissen hat.
Da hat Kopfhängerei die Freude überall verjagt,

daß nichts von ihr verblieb.
Mit ihr zugleich hat man verbannt
Zucht und Ehre. Diese drei seitdem verschollen sind.

VI

Der mir einst in meinen Anger ist gestapft
und Rosen sich zu einem Kranze hat gepflückt
und aus vollem Halse seine Liebschaftsliedel sang,

der hat meinen Sinn mir nie so sehr beschwert
5 wie ein Ding, das ich mit Willekind erlebt.
Als er an ihrer weißen Hand den Krummen Reigen sprang,

da schwang er den Fuß,
daß alle Freude mir dahin.
Ihn und Gätzemann sprech' ich nie wieder freundlich an.

VII

Zur Linken tanzte er an ihrer weißen Hand.
Kopf und Kragen flogen ihm die Kreuz und Quer
wie einem, der die Herrschaft über sich verloren hat.

dô wart mir der oede krage alrest bekant.
5 wê, wer brâhte in ie von Atzenbrucke her?
dâ hât er gesungen vor vil manegen vîretac.

des tuot er wol schîn.
er wil alsô tiuwer sîn [mîn.
als der durch daz röckel trat der lieben vrouwen

VIII R 40,8 c 91,6 d 7,8

Minne, wer gap dir sô rehte süezen namen,
daz er dir dâ bî niht guoter witze gap?
Minne, hôhe sinne solten dîn geleite sîn.

ich muoz mich ze manegen stunden vür dich schamen.
5 dû verliusest dicke dînen riutelstap.
daz dû swachen vriunden gîst dîn haerîn vingerlîn,

dêst dîn êre kranc.
daz dû, vrouwe, habest undanc!
in dîn haerîn vingerlîn ein kneht den vinger dranc.

IX R 40,9 c 91,7 d 7,9

Daz siz niht dem ritter an den vinger stiez,
H: 97,1 dô iz in der niuwe und in der wirde was!
dannoch hete siz dem knehte wol vür vol gegeben.

ich weiz rehte niht, war umbe sî daz liez.
5 lîhte was der kneht ir ougen spiegelglas.
Minne ist sô gewaltic, dâ si hin beginnet streben,

Minne ist sô gemuot,
der mit werke ir willen tuot,
daz si dâ hin minnet, dâ ir êre ist unbehuot.

Da sah ich den wüsten Kropf zum ersten Mal.
5 Wer hat ihn nur von Atzenbruck je hergebracht?
Den Reigen vorgesungen hat er dort oft Feiertags;

das versteckt er nicht.
Gelten will er ebenso
wie der, der meiner lieben Dame auf das Röckchen trat.

VIII

Minne, wer gab solchen süßen Namen dir,
daß er nicht auch richtigen Verstand dir gab?
Minne, hohe Weisheit sollte dein Geleite sein.

Schämen muß ich mich nur allzu oft für dich.
5 Immerzu verlierst du deinen Ehrenstab.
Daß du an unedle Freunde deinen Haarring gibst,

ist deines Ansehn's Fall.
Daß du, Dame, seist verwünscht!
Ein Knecht hat seinen Finger in den Haarring dir gesteckt.

IX

Daß sie ihn nicht dem Ritter an den Finger stieß,
als er neu und noch in seinem Werte war! [gereicht.
Dann hätte sie dem Knecht ihn immer noch für gut

Ich verstehe nicht, warum sie so nicht tat.
5 War der Knecht doch ihrer Augen Spiegelglas?
Minne ist so souverän, wo ihr Begehr erwacht,

sie ist so gesinnt,
wenn ihr Verlangen man erfüllt,
daß sie auch dort sich schenkt, wo ihre Ehre auf dem Spiel.

Trutzstrophe

H: S. 231

Her Nîthart, ê was iuwer sanc gemeine gar.
nû welt ir in um die ritter eine hân.
tugenthafte knehte iu nimmer solten werden holt.

ob ein kneht eins vingerlînes naeme war,
5 dar um soltet ir in ungeniten lân.
ritter solten tragen billîch sîden unde golt.

haerîn vingerlîn
solten wol gemaeze sîn
einem knehte, daz er sînen vinger stieze drîn.

L 55

W-F: WL
Nr. 28
H: 82,3

M

R I I C I R 13,1 C 11 c

Si klagent, daz der winder
koeme nie vor manger zît
scherpfer noch sô swinder. [gem
sô klag ich: mîn vrouwe diust noch herticlîch

5 sist wider mich ze strenge.
got ir ungenâden niht
immer gar verhenge
nâch ir willen über mich! sist wirser danne guot

ich hân mîniu jâr
10 ir gedienet âne mâze.
niemen sol mir wîzen, ob ich mîne vrouwen lâze.
dâ vinde ich liebes lônes niht als grôz als umbe ein h

R II II C II R 13,2 C 12 c

Verschamtiu umbetrîbe,
sünden schanden reizelklobe,

Trutzstrophe

Herr Neidhart, einst war Euer Lied für alle da.
Jetzt beschränkt ihrs völlig auf den Ritterstand.
Wackere Knechte sollten Euch nie mehr gewogen sein.

Wenn ein Knecht solch einen Ring in Obhut nimmt,
5 laßt von Eurer Mißgunst freundlichst ihn verschont!
Rittern steht mit Fug und Recht ja Gold und Seide zu.

Ringe nur aus Haar
dürften dann doch passend sein
für einen Knecht wohl, daß er seinen Finger in sie steckt.

L 55

I

Sie klagen, daß der Winter
schärfer nie seit langer Zeit
noch so rasch gekommen.
Ich doch klage: meine Herrin bleibt erbarmungslos.

5 Zu viel ist ihre Strenge.
Gott, ihrer Gnadenlosigkeit
laß nicht immer Freiheit
gegen mich, wie sie es will, die schlimmer mehr als gut!

Alle meine Zeit
0 diente ich ihr ohne Grenzen.
Niemand darf mir Vorwurf machen, wenn ich sie nun lasse.
An Liebeslohn find' ich an ihr nicht mehr als für ein Haar.

II

Schamlose Vagabundin,
Lockspalt aller Sündenschmach,

lôsiu hoverîbe!
dienet man ir immer, sî gelônet nimmer wol.

5 ir lôn ist süeze selten.
H: 82,20 vrouwen unde guotiu wîp
habe ich niht ze schelten.
dise rede ich wol von mîner vrouwen sprechen sol.

diust an êren kranc.
10 dem gebâret sî gelîche.
dô ichs alrest erkande, dô was sî sô tugentrîche,
daz ich ir mîniu liedelîn ze dienste gerne sanc.

III C III C 13 c 88,3

Nu hât si sich verkêret.
schamelôser, valscher diet
ist ir hof gunêret.
triuwe, kiusche, guot gelaeze vindet niemen dâ.

5 die wâren ê gesinde.
des ich noch gedenke wol
aldâ her von kinde. [anderswâ.
swers nu vinden wil, der muoz si suochen

sî sint von ir stat
10 âne ir willen hin gedrungen.
wîlent was ein munt berihtet wol mit einer zungen.
nu sprechent zwô ûz eime; des ir hof die menge hât.

W-F: angezweifelt

IV C IV C 14

Mîn vrouwe ist wandelbaere.
H: 83,1 got und elliu guoten dinc
diu sint ir gar unmaere.
swer die besten minnet, demst si nîdic und gehaz.

freche Herrenhure!
Steter Dienst für sie bleibt immer ohne guten Lohn.

5 Ihr Lohn ist nichts als bitter.
Damen, gute Frauen trifft
jedoch nicht meine Schelte.
Diese Worte sind auf meine Herrin nur gezielt.

Ihre Ehre fault;
10 dem gleicht völlig ihr Verhalten.
Als ich ihr einst begegnete, war sie so reich an Edlem,
daß ich ihr meine Liedchen hab' so gern als Dienst gebracht.

III

Doch jetzt ist sie gefallen.
Ihr Hof ist allen Ansehns bar
durch Volk, das falsch und schamlos.
Treue, Reinheit, edle Haltung findet niemand dort.

5 Einst waren sie dort heimisch.
Das lebt in Erinn'rung mir
noch aus jungen Jahren.
Wer sie jetzt noch finden will, der suche andernorts!

Von der alten Statt
10 sind sie weggezwungen worden.
Einst hielt sich ein Mund für wohlbestellt mit einer Zunge.
Nun sprechen zwei aus einem; viel besitzt ihr Hof der Art.

IV

Haltlos ist die Dame.
Gott und jeden hohen Wert
wirft sie weg als nichtig.
Wer edlen Frauen zugetan, verfolgt ihr Neid und Haß.

5 swer sich ze gote naehet,
er sî eigen oder vrî,
der wirt von ir gesmaehet.
zuht und êre stüende mîner vrouwen verre baz.

sist der werke vrî,
10 diu nâch hôher wirde ringen.
ich hoer niht ir lop ze hove schalleclîchen singen.
nu seht, ob ich ze vrouwen wol an ir behalten sî!

R III V C V R 13,3 C 15 c 88,4

Mîner vrouwen êre
diust an allen liden lam
unde strûchet sêre.
sist gevallen, daz siz überwinden nimmer mac.

5 si lît in einer lachen,
daz si niemen âne got
reine kan gemachen.
sî gewinnet nimmer mêre rehten süezen smac.

H: 83,20 sünden rîchen man,
10 hüetet iuwer vor ir wâze!
stêt in iuwer huote dâ ze kirchen und ze strâze!
ir saelden siechen vrouwen, verret iuch her wider dan!

W-F: ange-zweifelt

VI c 88,5

Ahzic niuwer wîse
loufent mir nu ledic bî,
diech ze hôhem prîse
mîner vrouwen lange her ze dienste gesungen hân.

5 ditze ist nû diu leste,
die ich mêre singen wil,
an vröuden niht diu beste, [verstân.
als ir an dem wunderlîchen sange iuch müget

5 Sucht jemand Gottes Nähe,
seis Freier oder Eigenmann,
für den kennt sie nur Schmähung.
Zucht und Ehre stünden meiner Herrin besser an.

Streben ist ihr fremd,
10 das sich müht um hohe Würde.
Kein Loblied höre ich bei Hof von ihr mit Schall ertönen.
Seht denn, ob ich mit ihr als Herrin gut beraten bin!

V

Meiner Herrin Ehre
ist an allen Gliedern lahm,
strauchelt allerwege.
Sie ist gestürzt, daß sie sich niemals mehr davon erholt.

5 Sie liegt in einer Pfütze,
daß sie niemand außer Gott
rein vermag zu waschen.
Niemals mehr erlangt sie wieder echten, süßen Duft.

Männer, sündenvoll,
10 hütet euch vor ihrem Stanke!
Seid auf Wacht, wo immer ihr euch außer Haus befindet!
Ihr Frauen ohne Gottes Gnade, weicht davor zurück!

VI

Achtzig neue Lieder
begleiten mich nun herrenlos,
die zu hohem Ruhme
lang aus meinem Mund ertönt in meiner Herrin Dienst.

5 Dies ist nun das letzte,
das ich je noch singen will,
an Freuden nicht das beste,
wie ihr an dem wunderlichen Ton ersehen könnt.

diust sô künstelôs
10 beide an worten unde an rîme,
daz mans ninder singen tar ze terze noch ze prîme.
ich klage, daz ich solhe vrouwen ie ze dienste erkôs.

W-F: ange-zweifelt

VII C VIII C 18

Nu nimt genuoge wunder,
wer diu selbe vrouwe sî,
diech mit sange besunder
mit mîm hôhen lobe sô rehte wol getiuret hân.

5 si heizet Werltsüeze.
H: 84,1 daz mich unser herre got
vor ir befrîen müeze!
guotiu wîp diu enhabent mir ze leide niht getân.

mîner vrouwen nam
10 derst von wîben underscheiden.
mir und mêre liutes muoz wol in ir dienste leiden.
swâ man lop erkennet, da ist ir lop unlobesam.

R IV VIII C VI R 13,4 C 16 c 88,7

Ich hiet ein ureliuge,
daz ich lange hân getragen
mit vil grôzer smiuge.
daz hât mir versüenet wol der vürste ûz Ôsterlant.

5 die geilen dorefsprenzel,
die dâ wâren in dem geu
alle voretenzel,
der vüert iegeslîcher nû ein îsenîn gewant

in die herevart,
10 dâ der vürste hin gebiutet.

Es ist so ohne Kunst
10 sowohl an Worten wie an Reimen,
daß man es nirgendwo zu singen wagt, zu keiner Stunde.
Ich klage, daß ich solche Herrin je zu Dienst gewählt.

VII

Nun wundern sich wohl viele,
wer denn diese Dame sei,
die so einzigartig
meines Liedes hohes Lob zu Ansehn hat gebracht.

5 Sie heißt: das süße Leben.
Wenn mich doch nur Gott, der Herr,
von ihr befreien möchte!
Gute Frauen haben mir zu Leide nichts getan.

Meiner Herrin Art
10 hat mit Frauen nichts gemeinsam.
Mir und vielen andern wird es leid in ihren Diensten.
Wo man Lob zu wägen weiß, ist ihr Lob nicht mehr Lob.

VIII

Ich führte eine Fehde;
ich stand sie wirklich lange durch
mit viel großen Nöten. [beigelegt.
Der Fürst von Östreich hat sie nun mir trefflich

5 Die tollen Bauerngecken,
die da alle hier im Gau
Tanzführer sind gewesen,
jeder schleppt von ihnen sich nun mit dem Eisenkleid

zu der Heerfahrt ab,
10 zu der der Fürst sie hat befohlen.

jungiu wîp, ir werdet selten mê von in getriutet.
si sint nu hereliute, Bereliup und Irenwart.

R V IX C VII R 13,5 C 17 c 88,8

H: 84,20 Irenwart und Uoge,
die von rehte solten phlegen
bûwes mit ir phluoge,
die sach man ze Wienne koufen currît unde platen.

5 Uoge der kouft eine,
dar zuo zwei vil dickiu leder
vür diu schinebeine.
wer solt im ze Ruste mêre tanzens vor gestaten?

er hât einen neven
10 dâ bî im ze Michelhûsen.
wil der rihter hôher bî der Persenicke mûsen,
dâ ist ir vil, die strît ûf kirichtagen künnen heven.

X C IX C 19 c 88,9

Swer einen vogel haete,
der mit sange dur daz jâr
sînen willen taete,
der solt underwîlen zuo dem vogelhûse sehen

5 und gebe im guote spîse!
sô sung im der selbe vogel
gerne süeze wîse [jehen.
H: 85,1 und müeste er im mit willen guoter meisterschefte

wolte er sînen sanc
10 gerne hoeren in dem meien,
sô solt er in den winter mit geraete ein lützel heien.
die vogele sagent mit sange guoter handelunge danc.

Junge Frauen, jetzt ist es vorbei mit dem Gekose. [wart.
Kriegsleute sind sie jetzt, Freund Bärleub und Freund Iren-

IX

Irenwart und Uge,
die von rechtens mit dem Pflug
Feld bestellen sollten,
sah man Panzer, Lederkoller sich zu Wien ersteh'n.

5 Uge kaufte einen
und zwei dicke Leder noch
für sein Schiengebeine.
Wer erlaubt' ihm noch zu Rust den Vortanz weiterhin?

Nun hat er bei sich
10 zu Michelhausen einen Neffen. [„Mäusefangen",
Ging' der Richter Perschling aufwärts noch aufs
fänd' er viele, die auf Streit sich feiertags versteh'n.

X

Wer einen Vogel hielte,
der durchs Jahr mit seinem Sang
ihm zu willen wäre,
der sollte doch zuweilen nach dem Vogelkäfig seh'n,

5 ihm gutes Futter reichen.
Dann säng' ihm der kleine Matz
gerne süße Liedchen,
und zugesteh'n müßt' er ihm willig gute Meisterschaft.

Möchte er sein Lied
10 gerne hören in dem Maien, [verpflegen.
dann sollt' er ihn den Winter durch mit Futter gut
die Vögel dankens mit Gesang, hat man sie gut gehegt.

L 56

Mel. 18

W-F: WL
Nr. 30
H: 86,31

I

R 20,1 c 90,1

Allez, daz den sumer her mit vreuden was,
daz beginnet trûren gein der winderlangen swaeren [zît.
sanges sint diu vogelîn geswigen über al.

gar verdorben sint die bluomen unde gras.
5 schouwet, was des kalten rîfen oben ûf dem walde [lît!
ez ist wol von sînen schulden, ist diu heide val.

daz ist ein gemeiniu klage,
diu mich vröuden wendet.
H: 87,1 daz ist an mînem lesten tage
10 leider unverendet.

II

R 20,2 c 90,2

Sô nimt lîhte iuch wunder, waz diu klage sî, [geseit.
diech durch bezzerunge mînen lieben vriunden hân
ich wils iuch bescheiden, daz ir sprechet: „ez ist wâr."

bî der werlde niemen lebet sünden vrî.
5 ja ist ez sô ie lenger sô ie boeser in der kristenheit.
mîne tage swindent unde kurzent mîniu jâr.

solde ich dâ bî vröuden phlegen,
diu niht von herzen gienge,
und dienest lâzen under wegen,
10 der mich baz vervienge?

R III III O I R 20,3 O 18 c 90,3

Swenne ich sündehafter solte in riuwen baden, [sanc.
sô wil sî, mîn vrouwe, deich ir kinden singe niuwen
sô muoz ich mich ir gewaltes mit verzîhen wern.

L 56

I

Alles, was den Sommer her in Freuden war,
das verfällt dem Trübsinn für die winterlange, harte Zeit.
Ringsum sind die Vöglein all mit ihrem Sang verstummt.

Gras und Blumen – alles völlig hingewelkt.
5 Seht doch, was an kaltem Reife oben auf dem Walde liegt!
Seine Schuld ist es allein, daß nun die Heide fahl.

Klage ist das allgemein,
die mich von Freuden wendet.
Das ist mit meinem letzten Tag
10 leider nicht zu Ende.

II

Vielleicht seid ihr neugierig, was die Klage meint, [gebracht.
die ich der Bess'rung wegen meinen lieben Freunden vor-
Ich will's euch so erklären, daß ihr zustimmt: „Es ist
[wahr."
Hier in dieser Welt lebt niemand frei von Schuld.
5 Fürwahr, je länger um so schlimmer ist es in der Christen-
Meine Tage schwinden; kürzer wird der Jahre Zahl. [heit.

Soll Freude ich ergeben sein,
die nicht von Herzen käme,
und mich entziehen jenem Dienst,
10 der mir besser nützte?

III

So oft ich Schuldbeladner will ins Reuebad, [Sang.
wünscht sie, die Herrin, sich für ihre Kinder einen neuen
Dann bleibt auf ihren Anspruch mir nur noch die Kündigung.

sî endarf mich nimmer mê an sich geladen. [gedanc.
5 von ir dienest umbe ein scheiden sô stêt aller mîn
ich bin in dem willen, daz ich wil die sêle nern,

diech von gote geverret hân
H: 87,20 mit üppiclîchem sange.
der engel müeze ir bî gestân
10 und hüete ir vor getwange!

IV O II O 19 c 90,5

H: 87,33 Mîn vrouwe diu ist elter danne tûsent jâr
unde ist tumber, dan bî siben jâren sî ein kindelîn.
mit sô swacher fuore wart mir vrouwe nie bekant.

sî hât mich verleitet an daz ende gar [diener mîn.
5 und hât noch gedingen zeinem immer wernden
alsô sagte mir ein bote. den het si mir gesant

unde enbôt mir offenbâr
ir dienest unde ir minne.
H: 88,1 dô widersagte ich ir vil gar,
10 si valschiu triegaerinne!

R IV V O III R 20,4 O 20 c 90,4

H: 87,23 Êrelôsiu vrouwe, wê, waz welt ir mîn?
lât iu tûsent junge dienen hinne vür an mîner stat!
ich wil einem herren dienen, des ich eigen bin.

ich enwil niht langer iuwer senger sîn.
5 daz ich iu ze dienest ie sô mangen geilen trit getrat,
daz ist mînes heiles, mîner sêle ungewin.

Für immer ist's mit ihrem Ruf zu sich vorbei! [Dienst für sie.
5 Mein ganzes Denken kreist nur um das Scheiden aus dem
Ich bin des Willens, daß ich mir die Seele rette noch,

die ich von Gott so weit entfernt
mit dieser eitlen Liedkunst.
Der Seele steh der Engel bei
10 und schütz' sie vor der Hölle!

IV

Mehr als ein Jahrtausend ist die Herrin alt
und trotzdem törichter im Sinne als ein siebenjährig Kind.
Von solch elender Art kenn' keine andre Herrin ich.

Bis an des Abgrunds Rand hat sie mich irrgeführt [Diener sei.
5 und macht sich Hoffnung noch, daß ich für alle Zeit ihr
So hat ein Bote mir gesagt. Den hat sie mir gesandt

und bot unverhüllt mir an
Dienst und ihre Liebe.
Da sagte ich ihr gänzlich auf:
10 Betrügerin, Ihr falsche!

V

Ehrvergessne Herrin, was wollt Ihr von mir?
Laßt Euch die vielen Jungen dienen künftighin an meiner
Ich will einem Herren dienen, dem ich eigen bin. [Statt!

Ich will nicht längerhin mehr Euer Sänger sein.
5 Daß ich Euch zu Dienste je so sorglos viel im Tanze schritt,
das ist meines Heiles, meiner Seele Ungewinn.

daz ich iuch dô niene vlôch,
daz ist mîn meistiu swaere,
und mich ze herren niht enzôch,
10 des lôn noch bezzer waere.

VI c VI c 90,6

H: 88,3

Sît die wîsen alle heizent gotes kint [kinder schar
(waere ich danne wîs, sô koeme ich mit in an der
zuo der samenunge; da ist mir leider verre hin)

und der Werlde holden alle tôren sint,
5 herre got von himelrîche, gip mir dîn geleite dar!
kraft ob allen kreften, nû gesterke mir den sin,

daz ich mîner sêle heil
um dich verdienen müeze
und immer wernder wünne teil
10 durch willen dîner süeze!

R V VII R 20,5 c 90,7

Swenne ich an ein trûren wende mînen muot,
sô kumt einer unde sprichet: „guote, singet etewaz!
lât uns mit iu singen, tuot uns vröudehelfe schîn!

swaz man nû gesinget, daz ist niht ze guot.
5 mîne vriunde sprechent, ir gesunget wîlen verre baz.
sî nimt immer wunder, war die dörper komen sîn,

die dâ waeren hie bevor
H: 88,20 ûf Tulnaere velde."
ez vert noch einer mit ir spor,
10 des üppekeit ich melde.

Daß ich mich Euch nicht längst entzog,
das ist mein größter Kummer,
den Weg zu einem Herrn nicht nahm,
10 der bessern Lohn gewährte.

VI

Weil die Klugen alle Gottes Kinder sind [Schar
(Wäre ich denn klug, käm' ich mit ihnen an der Kinder
zur Gemeinschaft; dahin ist der Weg mir leider weit.)

und Toren alle Lehensleute der Frau Welt, [dorthin,
5 Herr und Gott vom Himmelreich, so gib mir dein Geleit
Kraft ob allen Kräften, mache mir den Sinn nun stark,

daß ich meiner Seele Heil
durch Dienst für dich erringe
und Teil an ew'ger Herrlichkeit
10 um deiner Süße willen!

VII

Wenn ich so an ernstes Grübeln kehr' den Sinn, [ein Lied!
dann kommt einer her und spricht: „Guter, komponiert
Laßt uns mit Euch zusammen singen, helft zur Freude uns!

Was man jetzt so singt, ist nichts Besonderes. [von einst.
5 Der Freunde Meinung ist, weit besser war doch Euer Lied
Sie fragen dauernd, wo die Tölpel hingeraten sind,

die man ehemals hier fand
auf dem Tullner Felde."
Einer läuft noch in dem Gleis,
10 von seiner Narrheit hört denn!

R VI VIII R 20,6 c 90,8

[lies *Limenzûn?;* vgl. 61, VI, 10]

Erst geheizen rehtes namen Limizûn.
er und einer sîn geselle (derst getoufet Holerswam),
er ist ninder hie, der ie gesaehe ir beider gaten.

des einen hâr ist reideval, des andern -brûn. [gel nam
5 erst noch toerscher, danne der uns Vriderûn ihr spie-
oder jene, die ze Wienne wîlen kouften platen.

ir beider buosem sint beslagen
wol mit knophelînen,
zweier zîle alumbe den kragen,
10 dazs ot verre schînen.

R VII IX R 20,7 c 90,9

Ir hüete, ir röcke, ir gürtel die sint zinzerlîch,
ir swert gelîche lanc, ir schuoch unz ûf daz knie ergât
[gemâl.
alsô truogen sîs den sumer ûf den kirichtagen.

üppiclîches muotes sint si ellenclîch, [tal.
5 daz si waenent, sî sîn künftic von der Treisem hin ze
wie moht mîn vrou Süezel Limezûnen daz vertragen,

daz er an ir hende spranc
den reien? von der tschoyen
H: 89,1 sîn houpt er zoedeclîchen swanc
10 gein ir zem turloyen.

W-F: unecht

X O IV O 21 c 90,11

H: S. 220 Nû wil ich den oeden gouchen urloup geben,
daz si in ir niuwen troyen hiuwer sprenzen alsô
[vert,
unde enwil niht mêre singen von ihr gogelheit.

VIII

Passend hört er auf den Namen Flickenzaun. [schwamm
Von ihm und einem seiner Spießgesellen namens Hohler-
hat ihresgleichen keiner noch erblickt; den gibt es nicht.

Des einen Haar ist hell- des andern braungelockt. [gel nahm,
5 Dumm-dreister ist er noch als der, der Friederun den Spie-
oder jene, die sich Panzer kauften einst zu Wien.

Der Brustteil beider ist besteckt
mit Knöpfchen ganz vortrefflich,
zwei Reihen um den Kragen geh'n,
10 daß sie weithin blitzen.

IX

Hüte, Joppen, Gürtel sind so „attraktiv".
Die Schwerter sind gleich lang, der Schuh, der bunt ver-
[ziert, geht übers Knie,
so trugen sie den Sommer auf den Kirchweihtagen sich.

Hoffärtig alle beide, bilden sie sich ein, [Tal".
5 so gut wie sicher sei ihr Kommen von der Traisen in „das
Wie konnte Dame Süßchen Flickenzaun nur zugesteh'n,

daß er den Reigentanz mit ihr
gesprungen! Vor Vergnügen
drehte widerlich den Kopf
10 er ihr zu beim Turloy.

X

Nun will ich den dummen Kerlen Erlaubnis geben,
daß sie sich in ihrer neuen Jacke heuer ebenso spreizen wie
[voriges Jahr,
und ich will nicht mehr von ihrer Narrheit singen.

jâ wil ich mich rihten in ein ander leben.
5 heiz ot weten, umbegürten sî ir langiu gazzenswert!
den sint ir vezzel vollenclîchen mêr wan spannen
[breit.

daz sî erloubet über al,
durch daz si mir niht vluochen.
sin dürfen mich ze Riuwental
10 dâ heime niht mêr suochen.

Ich will mich nun auf ein anderes Leben einstellen.
5 Laß sie umschnallen, ihre langen „Gassenschläger"-
[schwerter umgürten!
Deren Riemen sind mindestens mehr als eine Spanne breit.

Das sei ihnen durchaus erlaubt,
damit sie mich nicht verwünschen.
Sie brauchen mir in Reuental
10 daheim nicht mehr nachzustellen.

LIEDER DES C-BLOCKES

Sommerlieder

FRÜHLINGSTREIBEN

L 57

N.
W-F: SL
Nr. 4
H: 5,8

I   C 245   c 56,1

Heid, anger, walt in fröuden stât.
diu hânt sich bereitet
mit ir besten wât,
die in der meie hât gesant.
sî wir alle
5 frô mit schalle!
sumer ist komen in diu lant.

II   C 246

Wol ûz der stuben, ir stolzen kint,
lât iuch ûf der strâze sehen!
hin ist der scherfe wint
unde ouch der vil kalte snê.
hebt iuch balde
5 zuo dem walde!
vogelîn singent, den was wê.

III   C 247

H: 5,20

Diu sint ergetzet leides gar.
ir sult mirz gelouben!
nemt sîn selbe war,
waz der sumer erzeiget hât!
er wil rîchen
5 sicherlîchen
manegen boum mit loubes wât.

FRÜHLINGSTREIBEN

L 57

I

Heid', Anger, Wald sind freudenvoll.
Sie haben sich mit ihrem
besten Kleid geschmückt,
womit der Mai sie hat bedacht.
Sei'n wir alle
5 jubelfröhlich!
Sommer ist jetzt da im Land!

II

Nun aus der Stube, Mädchenschar!
Laßt euch auf der Straße seh'n!
Fort ist der scharfe Wind
und der eisigkalte Schnee.
Ohne Säumen
5 eilt zum Walde!
Vöglein singen nach der Qual.

III

Sie sind entschädigt für ihr Leid.
Ihr dürft mir es glauben!
Nehmt's nur selber wahr,
was der Sommer offenbart!
Er wird sicher
5 reich ihn machen,
jeden Baum, mit Kleid von Laub.

IV C 248[a] c 56,2

Die nû vor grôzer huote megen,
die suln balde *ir bestez* H nach C
virtacgwant an legen,
lâzen sich dar inne ersehen!
wir suln schouwen
5 vor den ouwen
maneger hande bluomen brehen.

V C 248[b] c 56,3

Swie Riuwental mîn eigen sî,
ich bin disen sumer
aller sorgen frî,
sît der winter ist dâ hin.
ich wil lêren
5 die jungen êren
H: 5,37 freude. dar nâch stêt mîn sin.

L 58

N.
W-F:
SL Nr. 5
H: 6,1

C I I C 258 c 53,1

Der walt stuont aller grîse
vor snê und ouch vor îse.
derst in liehter varwe gar.
hebt iuch dar,
5 stolziu kint,
reien, dâ die bluomen sint!

C III II C 260[a] c 53,2

Ûf manegem grüenem rîse
hôrte ich süeze wîse

IV

Die's nun trotz aller Hut vermag,
lege sich ihr bestes
Festtagskleid rasch an,
daß man sie bewundre drin!
Vor den Auen
5 zu betrachten
gibts vielfält'gen Blumenglanz.

V

Heißt mein Besitz auch „Reuental“,
ich bin diesen Sommer
alle Sorgen los,
da der Winter nun vorbei.
Lehren will ich
5 junge Menschen
Freude achten. Dies mein Sinn.

L 58

I

Grau ist der Wald gestanden
ganz vor Schnee und Eise;
nun ist er heller Farbe gar.
Komm nun her,
5 Mädchenschar,
tanzen, wo die Blumen sind!

II

Auf vielen grünen Zweigen
hört' ich kleine Vöglein

singen kleiniu vogelîn.
  bluomen schîn
5 ich dâ vant.
  heide hât ir lieht gewant.

C II III C 259 c 53,3

Ich bin holt dem meien.
  dar inne sach ich reien
mîn liep in der linden schat.
  manic blat
5 ir dâ wac
H: 6,18 für den sunnenheizen tac.

Dazu L 2.3

L 59

Ps-N.?
H: LVI, 1

I C 288

In gesach sô schône
  den walt mit loube nie bedaht.

kleine vogele, in maneger hande dône
  ir süeze braht

5 sî singent, sumerlîch gesanc.
  ein ende hât der winder lanc.
daz sagent uns boten frône.

II C 289

Wunne ist in den ouwen
  den fröidegernden ûf getân.

stolze megde, ritter unde frouwen,
  ir werde man,

singen süße Melodie.
Blumenglanz
5 fand ich da.
Heide trägt ihr helles Kleid.

III

Gunst biet' ich dem Maien.
In ihm sah ich im Schatten
der Linde meiner Liebsten Tanz.
Blatt für Blatt
5 fächelt' ihr
Schutz vor sonnenheißem Tag.

L 59

I

Ich habe noch nie den Wald
so schön mit Laub bedeckt gesehen.

Kleine Vögel singen in mancherlei Tönen
ihren süßen Schall,

5 den sommerlichen Gesang.
Der lange Winter hat ein Ende.
Das verkünden uns Boten des Herrn.

II

Wonne tut sich in den Auen
für alle Freude Verlangenden auf.

Ihr stattlichen Mädchen, ihr Ritter und Damen,
ihr edlen Männer,

5 ir hebt iuch dar mit rîcher schar.
jâ ist diu heide rôsenvar.
ir mugent sî gerne schouwen.

L 60

I c 3,1 z 29,1

Ps-N.
H: XL, 7

Ez sint allez klageliet
wîlent für, des ist niht lanc,

daz von tiutschen landen schiet
wunne vil und froelîch sanc.

5 daz mac nû niht anders sîn.
einer sprichet: 'ez ist mîn'.
dem ist wol mit sîner habe.
'nû lât abe
allen unnutzbaeren schimpf'!
10 waz ob mîn schimpf hât ungelimpf?
wan ich trage schimpflîchen muot
âne guot.
swie dem sî, sô wil ich doch
von schimpflîchen dingen
15 schimpflîchiu liedel singen.
ez kumt noch dar
daz manic schar
dar nâch beginnet springen.

C I II C 189 c 3,2 z 29,2

Jârlanc wirft der jungen vil
H: XLI, 1 ûf der strâzen einen bal.

dast des sumers êrstez spil.
der selbe gogelîche schal H: da mit hebent sî den

5 ihr begebt euch dorthin in prachtvoller Schar.
Ja, die Heide ist rosenfarbig.
Nun könnt ihr sie gerne betrachten.

L 60

I

Es gibt nur noch Klagelieder
von damals an – das ist nicht lang,

seitdem aus deutschen Landen
alle Freude und fröhlicher Gesang verschwunden sind.

5 Es ist nun mal nicht möglich, das zu ändern.
Der eine sagt: „Das ist mein Eigentum."
Dem ist es behaglich mit seinem Besitz.
„Nun hört auf
mit allem nutzlosen Scherz!"
0 Was, ob mein Scherzen ungehörig ist?
Denn ich trage fröhlichen Sinn
ganz unbegütert.
Wie dem auch sei, so will ich dennoch
von fröhlichen Sachen
.5 fröhliche Liedchen singen.
Es kommt noch dahin,
daß manche Schar
danach zu tanzen beginnt.

II

Das Jahr über treiben viele junge Leute
auf der Straße Ballspiel.

Das ist das erste Spiel im Sommer.
Solches ausgelassene Treiben

5 *meldet* einen zîtelinc. H: sî meldent
dast ir schimpf und ist ein dinc
des ich gerne lange enbir.
waz ob mir
des dorfes neve gibt einen stôz?
10 des unfuoge ist alsô grôz,
swenne er wepfet in der schar
her unt dar.
er kan fliehen unde jagen,
mit dem balle triegen.
15 *sô hebent* umbe den giegen H: dar nâch hânt
ie zwei unt zwei
ein hoppaldei
reht *sam* sî wellen fliegen. H: als

C II III C 190 c 3,3 z 29,3

Boppe jöuchet enent her
sam er habe ein wilt ersehen.

sô kumt einer, heizet Ber,
schehende umbe und wil ouch spehen

H: XLII, 1 5 ob der bal im werden müge.
unzîtiger kranches flüge
mac man wunder schouwen dâ.
jarâ jâ,
wie die megde den selben lobent!
10 wie sî glîent, wie sî tobent,
swenn er den bal ûz werfen sol!
sost in wol.
swenne er welt wem er den bal
durch die lüfte sende,
15 sî bietent im ir hende:
'nû bist duz mîn

5 verrät, daß einer unpassend dabei ist.
  Das macht ihnen Spaß und ist etwas,
    worauf ich gerne für immer verzichte.
    Was, wenn mir
der Dorflümmel einen Stoß versetzt?
10 Seine Derbheit ist so groß,
    wenn er in der Schar
    hin und her fegt.
Er versteht auszuweichen und zu verfolgen,
        mit dem Ball hinters Licht zu führen.
15 So vollführen um den Narren
    je ein Bursche und ein Mädchen
    ein Gehüpfe,
  ganz, als ob sie fliegen wollten.

III

Boppe saust von der andern Seite her,
  als habe er ein Wild erspäht.

Dann kommt einer, Bär genannt,
  Ecken schlagend, und will sehen,

5 ob er den Ball bekommen könnte.
  Verfehlte „Kranichflüge"
    kann man da genug beobachten.
    Ja, ja, ja,
wie die Mädchen diesen Burschen loben!
10 Wie sie schreien, wie sie toben,
    wenn er den Ball ausspielen soll!
    So gefällt es ihnen.
Wenn er überlegt, wem er den Ball
        durch die Luft zuwerfen will,
15 strecken sie ihm die Hände entgegen:
    „Du bist doch

geveterlîn!
wirf mir her an ditze ende!'

C III IV C 191 c 3,4 z 29,4

Unserm neven Küenzel tuot
niht sô wol sô daz diu kint

Jiutelîn und Elsemuot
vor im ûf dem anger sint.

5 „swer den bal dâ *kan* bejagen, H: mac
der sol *in engegen* tragen." H: diu; lop ze vorderst
dâ von Rumpolt, Krumpolt lief
unde rief:
'wirf mir her, ich wirf dir wider!'
10 er stiez manege dierne nider,
als in sîn unfuoge hiez.
dar nâch stiez
H: XLIII, 1 Erkenbolt ein diernelîn,
daz lief nâch dem balle.
15 er stiez ez in dem schalle
übr Eppen bein.
dem kinde erschein
ein kniekel von dem valle.

V c 3,5 z 29,5

Daz tet mir wol halbez wê,
wan ich het sîn war genomen

daz über al den anger mê
nie sô schoenez was bekomen.

5 doch begreif daz kint den bal.
dô verklagte ez gar den val.

mein Gevatterchen!
Wirf ihn mir hieher!"

IV

Unserm Lümmel Künzel ist
nichts so lieb, als daß die Mädchen

Jeutchen und Elsemut
ihm gegenüber auf dem Anger sind.

5 „Wer den Ball zu fangen versteht,
der soll ihn entgegen bringen!"
Deshalb rannten Rumpold, Krumpold los
und schrien:
„Wirf mir her, ich werfe dir zurück!"
10 Sie stießen einen Haufen Mädchen um,
wie es ihrer Grobheit entsprach.
Gleich danach stieß
Erkenbold ein Dirnchen um,
das dem Ball nachlief.
15 Er ließ es in dem Getümmel
über Eppes Bein stolpern.
Dem Mädchen wurde bei dem Sturz
eine Kniekehle sichtbar.

V

Das tat mir nur zur Hälfte leid,
denn ich hatte das beobachtet,

daß über den ganzen Anger,
nie so was Schönes gelaufen war.

5 Doch das Mädchen bekam den Ball zu fassen.
Da jammerte es gar nicht über den Sturz.

froelîch hoppelt ez dâ abe.
manic knabe
lief im gar unstetelîch nâch.
10 sî schrirn alle: 'vâhâ vâch!',
dô daz kint den bal ûf warf.
niemen darf
sprechen daz kein diernelîn
den schimpf baz kunde schicken.
15 ez kan mit ougen blicken
und mit der hant
den wurf erkant
sô hovelîch verzwicken.

L 61

Mel. 19

Ps-N.
H:
XXX, 6

I B 69 c 11,1 f 3,1 z 6,1

Willekomen, meien schîn!
wer möht uns ergetzen dîn?
wan dû kanst vertrîben pîn.
daz seit uns wîsiu diet.

5 Winter der ist hie gelegen
ûf dem velde und in den wegen.
willeclîch gap er den segen
dô er von hinnen schiet.

nû wil Meie uns heide aber êren
10 und diu kleinen vogellîn ir süeze stimme lêren,
daz sî eht balde in dem walde ir niuwen sanc
[gemêren.

II B 70 c 11,2 f 3,2 z 6,2

Wâ sint nû die jungen liut
die treten nâch der gîgen?

Fröhlich hüpfte es weiter.
Einige Burschen
liefen ihm unaufhaltsam nach.
0 Sie schrien alle: „Fange, fang!“,
als das Mädchen den Ball emporwarf.
Niemand hat Grund
zu sagen, daß sonst ein Dirnchen
den Spaß hätte besser treiben können.
5 Es versteht mit Augenzwinkern
und mit der Hand
den angedeuteten Wurf
so prächtig mit Finten zu tarnen und ins Ziel zu schicken.

L 61

I

Willkommen, Glanz des Mais!
Wer könnte uns dich vergessen lassen?
Denn du verstehst Qual zu vertreiben.
Das sagen uns erfahrene Leute.

5 Der Winter hatte sich auf dem Felde
und auf den Wegen gelagert.
Gerne gab er uns den Segen,
als er von uns Abschied nahm.

Nun will der Mai uns die Heide wieder beschenken
10 und die zierlichen Vöglein ihre süße Stimme lehren,
daß sie halt rasch im Wald ihren neuen Sang vervielfachen.

II

Wo sind nun die jungen Leute,
die nach der Fidel tanzen?

die gên dâ hin gên Zeisenmûr;
H: XXXI, 1 da ist ein gelopter tanz.

5 dâ gânt zwên in einer hiut,
die hoeret nieman swîgen.
sî sint mit lûter stimme sûr.
ietweder treit *ein* kranz — H: den (nach B)

dem die bluomen sint gel unde brûne.
10 Engelmâr der wil sich setzen hiut gên Friderûne
mit einem *niuwen* reien, *dar an gât manc* [Walberûne.
H: –; dâ sich zweien manege

III — B 71 c 11,3 f 3,3 z 6,3

Sô hânt sich gesament her
mägede mêr dan hundert.
sî welnt sich ûf dem anger weten
ze einer niuwen schar.

5 von Botenbrunnen Irenber,
des samenung mich wundert.
der wil dâ ze helfe treten
sîm vetern Engelmâr.

mit dem loufet Liutwîn und zwên Vellen, [gesellen.
10 Eppe und *Leppe*, Reppe und *Steppe*; die vier sint
mit in kumt Lenk und Schrenk und Wenk und ouch [drî junge Krellen.
H: Steppe und Leppe
H: sô

IV — B 72 c 11,4 f 3,4 z 6,5

H: XXXII, 1 Sô kumt Lumpolt, Rumpolt, Krumpolt,
Berhtram und Gôze, Sigelolt,
Engeldîch und Amelolt,
und jener Engelram,

Die gehen hin nach Zeiselmauer,
da gibt es einen verabredeten Tanz.

5 Da gehen zwei im gleichen Lederwams,
die hört niemand einmal still sein.
Sie gehen mit geller Stimme auf die Nerven.
Jeder trägt einen Kranz,

der hat gelbe und braune Blumen.
10 Engelmar will sich heute gegen Friederun durchsetzen
mit einem neuen Reigen, in dem genug Bauerntölpel tan-
[zen.

III

Versammelt haben sich andererseits
eine Unzahl Mädchen.
Die wollen sich auf dem Anger zusammentun
zu einer neuen Gruppe.

5 Irenbärs von Pottenbrunn
Aufgebot überrascht mich.
Er will seinem Vetter Engelmar
tanzen helfen.

Mit ihm laufen Leutwin und zwei Velle, [pane.
10 Eppe und Leppe, Reppe und Steppe; dies sind vier Kum-
Mit ihnen kommen Lenk und Schrenk und Wenk und dazu
[drei junge Krelle.

IV

Ferner kommen Lumpold, Rumpold, Krumbold,
Berchtram und Goße, Sigelold,
Engeldich und Amelold
und jener Engelram,

5 Baldentrit und Irenfrit,
Roswîn, Gôzwîn und der smit.
die hânt alle dörpelsit.
dar umb bin ich in gram.

sô kumt Hildmâr und sîn bruoder Ranze,
10 Ezzel, Wezzel, Brezzel, Bezzel und der junge Lanze.
die siht man besunder gân gên Zeisenmûr zem tanze.

V B 73 c 11,5 f 3,5 z 6,4

Bernhart unde Regenwart,
Liutolt, Riutolt, Sigehart.
Enzman ist sîn krage verspart
vast in ein îsnîn tülle.

5 sô kumt mîn her Erkenbolt
und der meier Manegolt.
die gânt alle ûf minne solt.
des dünkt sich waehe der Grülle.

Berewîn giht er well durch îsen schrôten.
10 Holerswam und Bezeman vor den sô muoz ich rôten.
H: XXXIII, 1 die lât *niht*, ir veht sî an, ê daz sî vellen tôten!

H: niht dan

B VI VI B 74 c 11,6 f 3,6 z 6,6

Nû hân ich iu der oeden gouch
ân zwên fünfzic genennet.
dannoch sint ir leider drî,
die verbietent mir daz göu.

5 die habent mangen snoeden louch
mit hunger überrennet.
seht, sî dünkent sich sô vrî
und muoz ich sîn ir underströu.

5 Baldentritt und Irenfried,
Roswin, Goßwin und der Schmied.
Die führen sich alle als Bauern auf.
Darüber bin ich auf sie erbost.

Dann kommen Hildmar und sein Bruder Ranze,
10 Etzel, Wetzel, Bretzel, Betzel und der junge Lanze. [gehen.
Die sieht man abgesondert nach Zeiselmauer zum Tanze

V

Des weiteren Bernhard und Regenwart,
Leutold, Reutold, Sigehart.
Dem Enzmann ist sein Hals
fest in einen Eisenkragen eingeschlossen.

5 Außerdem kommen Monsieur Erkenbold
und der Meier Mangold.
Die gehen alle auf Minnelohn aus.
Darin dünkt sich der Grülle kunstreich.

Bärwin behauptet, er wolle durch Eisen schneiden. [werden.
10 Hohlerschwamm und Bezemann, vor diesen muß ich rot
Laßt sie nicht, stellt euch ihnen entgegen, ehe sie jemand
[totschlagen!

VI

Nun habe ich euch von den widerlichen Kerlen
achtundvierzig aufgezählt.
Leider gibt es noch drei,
die mir den Gau verbieten wollen.

5 Die sind schon über manchen windigen Schnösel
hungrig hergefallen.
Seht, die fühlen sich so hemmungslos,
daß sie mich wie ihr Strohlager behandeln.

Gîselbreht, rüer in die hundes hiute!
10 Limmenzûn und Friderûn die dringent ûf die liute.
sich hebt ein spil, es waer ze vil vor einer rîchen
[briute.

B VIII VII c VII B 76 c 11,7 f 3,7
z 6,7

Dô lag ich in dem vazze gesmogen
nâhe bî dem wîne,
unz daz sich huop ein *zweien*, H: unze; zwein
dâ von ein schedelîn geschach.

5 her Engelmâr wart sêre betrogen
und die genôze sîne.
H: XXXIV, 1 ober*thalb des meien* H: -halben ires mein
er Friderûn den spiegel brach.

dô huop sich ein limmen unde ein kelzen. [helzen.
10 dô sach ich zwô niuwe klingen mit zwein waehen
mit den sô wart her Engelmâr geriht ûf eine stelzen.

B VII VIII c VIII B 75 c 11,8 f 3,8
z 6,9

Ich het genuoc, *dô mir mîn kneht* H: Mir; ich dô gewan
sô schiere kom ze statten. H: do man mir
und heten sî mich aldâ gewest,
ich waer dô langer niht gespart.

H: vil gefuoge treip ich dan
5 *doch treib ich fuoge, des het ich reht.*
wol viere in îsen watten H: ich sach
ich sach; daz wâren . . . . gest. H: vier
von den lac manger roc zerzart.

Engelmâres buoze diu bleip staete.
10 mit dem linken fuoze er wol in einen leffel traete.
ez waer *niht guot, der in* der kluokheit *über*haben
H: mir leit, der; in über [haete.

Geiselbrecht, nun trommel auf dem Hundefell!
0 Flickenzaun und Friederun drängen auf die Leute.
Nun geht ein Spiel los, das wäre sogar für eine reiche Hoch-
[zeit zuviel.

VII

Ich selber hatte mich in ein Faß gekauert
ganz nahe beim Wein,
bis man sich zu einem Paartanz formierte,
wovon ein bißchen Schaden entstand.

5 Herr Engelmar mußte sehr den Kürzeren ziehen
mitsamt seinen Kumpanen.
Oberhalb ihres Meien
riß er Friederun den Spiegel weg.

Da entstand ein Gebrüll und Geschimpfe. [Griffen.
10 Zwei neue Klingen erblickte ich mit zwei kunstvollen
Mit diesen wurde Freund Engelmar für einen Stelzfuß
[zugerichtet.

VIII

Ich hatte genug, als mir mein Bursche
so rasch zu Hilfe kam.
Hätten sie mich hier gewußt,
ich wäre nicht länger verschont geblieben.

5 Doch verhielt ich mich vorsichtig; das war mein gutes Recht.
Etwa viere sah ich in Eisen herumstapfen;
das waren schlimme Gäste.
Von denen lag eine Anzahl Röcke zerfetzt.

Engelmars Sühne blieb für immer.
10 Am linken Fuß legte er ganz richtig einen Stelzfuß an.
Es wäre nicht gut, wenn ihm einer die Geschicklichkeit er-
[spart hätte.

H: XXXV, 1 B IX **IX** c IX B 77 c 11,9 f 3,9 z 6,8

Holerswan und Bezeman [lies: *Holerswam* nach cf: vgl. V, 10 u. 56, VIII, 2]
die wurden sêre verhouwen.
dar umb sô gaebe ich niht ein ort,
und würdens alle erslagen.

5 ich beit niht mêr. dô huop her Ber
ein *schumpfieren vor den* vrouwen. H: schumpfentiur vor
sâ zehant hôrt ich ein wort,
des muoste ich gar verzagen.

Erkenbolt rief oben in der gazze:
10 '*ir herren, wert* mir nimmer holt, her Nîthart *lige* im vazze.'
wie balde ich vlôch *die* oeden gouch, sô *sî* got immer hazze.

H: ir enwert; ligt H: den; in

IX

Hohlerschwamm und Bezemann
wurden schwer verwundet.
Nicht das geringste gäbe ich dafür,
wenn sie alle erschlagen würden.

5 Ich säumte mich nicht länger. Herr Bär
fing ein Geschimpfe in Gegenwart der Damen an.
In diesem Augenblick hörte ich ein Wort,
das mir den Rest von Mut verlieren ließ.

Erkenbold rief oben in der Gasse: [hart im Faß liegt!"
10 „Ihr Herren, seid mir immer böse, wenn nicht Herr Neid-
Wie rasch machte ich mich von den widerlichen Kerlen da-
[von; Gott möge sie ewig hassen!

MUTTER UND TOCHTER; GESPIELIN

Dazu L 5. 6. 8

L 62

N.
W-F: SL
Nr. 6
H: 6,19

I   C 260b c 68,1

„In dem tal
hebt sich aber der vogele schal,
wan sie grüezent alle nû den meien.
den wolgemuoten leien
5 den wil ich helfen reien“,

II   C 261 c 68,2

Sprach ein meit
zuo ir muoter. „mirst geseit
hiuwer alrerst von des knappen singen.
ob ich im hulfe springen,
5 mir müeste wol gelingen.“

III   C 262 c 68,3

„Liebez kint,
trieger allenthalben sint.
liebiu tohter, volge mîner lêre!
dâ von mac wol dîn êre
5 sich hoehen immer mêre.“

IV   C 263 c 68,4

Jeniu bôt
manegen eit; daz tet ir nôt.
„ob er mich des lîbes ie gebaete,

MUTTER UND TOCHTER; GESPIELIN

L 62

I

„In dem Tal
ertönt wieder Vogelsang,
denn sie grüßen alle nun den Maien.
Allen frohen Leuten
5 will ich tanzen helfen“,

II

ein Mädchen sprach
zu ihrer Mutter, „mir ist gesagt
heuer erstmals von des Knappen Liedern.
Spräng' ich mit ihm im Tanze,
5 da müßt' es gut mir glücken.“

III

„Liebes Kind,
überall Betrüger gibts,
liebe Tochter, folge meiner Weisung!
Dann mag sich wohl dein Anseh'n
5 beständig dir erhöhen.“

IV

Jene schwur
Eids genug; sie hatte Grund.
„Wollt' er jemals meine Gunst erbitten,

sô sîs unlange staete,
5 diu valde an mîner waete!

V C 264 c 68,5

H: 7,1

Wan ich hân
zuo den mannen keinen wân."
alsô sprach diu junge zuo der wîsen.
sie hiez sich schône brîsen
5 und huop sich von der grîsen.

VI C 265 c 68,6

Sâ si spranc
mêr dan einer klâfter lanc
und noch hôher danne ie magt gesprunge.
diu minneclîche junge,
5 si bat, daz man ir sunge.

N.
W-F: SL
Nr. 2
H: 3,22

L 63

C I I C 222 c 55,1

Der meie der ist rîche.
er füeret sicherlîche
den walt an sîner hende.
der ist nu niuwes loubes vol.
5 der winter hât ein ende.

C II II C 223 c 55,2

H: 4,1

„Ich fröu mich gegen der heide
ir liehten ougenweide,
diu uns beginnet nâhen".
sô sprach ein wolgetâniu maget,
5 „die wil ich schône enpfâhen.

so halte er nicht lange,
5 der Faltenwurf am Kleide,

V

denn mir fehlt
zu den Männern jede Lust."
Genau dies sprach die Junge zu der Alten.
Sie ließ sich prächtig schnüren,
5 ließ die Ergraute stehen.

VI

Sogleich sprang sie
mehr als einen Klafter weit
und höher als ein Mädchen je gesprungen.
Die junge Liebenswerte
5 bat um das Lied zum Reigen.

L 63

I

Der Mai ist reich und mächtig.
Er bringt in seinem Schutze
den Wald als sein Gefolge.
Der ist umhüllt von neuem Laub.
5 Der Winter hat ein Ende.

II

„Die Augenpracht der Heide,
wie ich mich darauf freue,
sie ist uns wieder nahe!",
ein hübsches Mädchen sprach also,
5 „die will ich fein empfangen!

C III III C 224 c 55,3

Muoter, lât ez ân melde!
jâ wil ich komen zu velde
und wil den reien springen.
jâ ist es lanc, daz ich diu kint
5 niht niuwes hôrte singen".

C IV IV C 225 c 55,4

„Neinâ, tohter, neine!
ich hân dich alterseine
gezogen an mînen brüsten.
nu tuo ez durch den willen mîn,
5 lâz dich der man niht lüsten."

C V V C 226 c 55,5

„Den ich iu wil nennen,
den muget ir wol erkennen.
ze dem sô wil ich gâhen.
H: 4,20 er ist genant von Riuwental,
5 den wil ich umbevâhen.

VI c VI c 55,6

Ez gruonet an den esten,
daz alles möhten bresten
die boume zuo der erden.
nu wizzet, liebiu muoter mîn,
5 ich belge den knaben werden.

VII c VII c 55,7

Liebiu muoter hêre,
nâch mir sô klaget er sêre.
sol ich im des niht danken?
er giht, daz ich diu schoenest sî
5 von Beiern unz in Vranken."

III

Mutter, macht kein Aufsehn!
Ich will hinaus ins Freie
und will den Reihen springen.
Es ist lang her, daß ich nichts Neu's
5 die Mädchen singen hörte."

IV

„Nein, Tochter, nie und nimmer!
Ich hab' dich ganz alleine
an meiner Brust gezogen.
Um meinetwillen laß es sein,
5 nach Männern zu gelüsten!"

V

„Den ich Euch jetzt nenne,
den müßt Ihr ja doch kennen.
Zu ihm will ich hineilen.
Er ist genannt von Reuental;
5 den will im Arm ich haben!

VI

Es grünt an allen Ästen,
daß ganz die Bäume möchten
brechen auf die Erde.
Ja, Mutter, daß ihr es nur wißt:
5 der Junker würde böse.

VII

Verehrte liebe Mutter,
er ist nach mir nur Seufzen,
soll ich ihm das nicht lohnen?
Er sagt, daß ich die Schönste sei
5 von Baiern bis nach Franken."

L 64

N.
W-F: SL
Nr. 8
H: 8,12

I C 280 c 67,1

Fröut iuch, junge und alte!
der meie mit gewalte

den winder hât verdrungen,
die bluomen sint entsprungen.

5 wie schôn diu nahtegal
ûf dem rîse
ir süeze wîse
singet, wünneclîchen schal!

II C 281 c 67,2

H 8,20

„Walt nu schône loubet.
mîn muoter niht geloubet.

der joch mit einem seile“,
sô sprach ein maget geile,

5 „mir bunde einen fuoz,
mit den kinden
zuo der linden
ûf den anger ich doch muoz.“

III C 282 c 67,3

Daz gehôrte ir muoter:
„jâ swinge ich dir daz fuoter

mit stecken umbe den rugge,
viel kleine grasemugge.

5 wâ wilt dû hüpfen hin
ab dem neste?

L 64

I

Freut euch, Junge und Alte!
Der Mai hat den Winter

mit Macht hinweggetrieben,
die Blumen sind entsprossen.

5 Wie schön die Nachtigall
auf dem Zweige
süße Weise
singt, o wonniglicher Klang!

II

„Der Wald steht schön im Laube.
Doch Mutter nur verbietet.

Selbst wer mit einem Seile“,
sprach ein mutwillig Mädchen,

5 „mir bände einen Fuß,
mit den Mädchen
zu der Linde
muß ich auf den Anger doch!“

III

Das hörte ihre Mutter.
„Ich worfel dir den Hafer

mit Stecken um den Rücken,
du lächerliche Grasmück’!

5 Wohin willst du denn bloß
vom Neste hüpfen?

sitze und beste
mir den ermel wider in!“

IV — C 283 c 67,4

„Muoter, mit dem stecken
sol man die runzen recken

den alten als eim sumber.
noch hiuwer sît ir tumber,

H: 9,1
5 dan ir von sprunge vart.
ir sît tôt
vil kleiner nôt,
ist iu der ermel abe gezart.“

V — C 284 c 67,5

Ûf spranc sî vil snelle.
„der tievel ûz dir belle!

ich wil mich dîn verzîhen;
dû wilt vil übel gedîhen.“

5 „muoter, ich lebe iedoch,
swie iu troume.
bî dem soume
durch den ermel gât daz loch.“

Dazu L 10. 12. 13

L 65

N.
W-F: SL
Nr. 7
H: 7,11

I — C 266

„Ez meiet hiuwer aber als ê.
von dem touwe“,

Sitz' und schnüre
mir den Ärmel wieder an!"

IV

„Mutter, mit dem Stecken
soll man die Runzeln glätten

den Alten wie 'ner Trommel.
Dies Jahr seid ihr noch dümmer,

5 als von Geburt ihr seid.
Ihr kommt ja um
vor lauter Kram,
ist nur der Ärmel Euch vom Kleid."

V

Rasch war sie aufgesprungen.
„Bell' aus dir der Teufel!

Ich will von dir nichts wissen;
du wirst ganz ungeraten!"

5 „Daran sterb' ich nicht,
wie Euch auch träume.
An dem Saume
durch den Ärmel geht das Loch."

L 65

I

„Es mait heuer wieder wie sonst.
Von dem Taue",

sprach ein frouwe,
„springent bluomen unde klê.
5 nahtegal diu singet ûf der linden
ir süezen sanc.
Merze vor den reien spranc.
bî dem sult ir mich vinden.“

II C 267

„Tohter, wende dînen muot
H: 7,20 von dem touwe!
ganc her, schouwe:
disiu maere sint niht guot.
5 warne dich engegen dem scherpfen winder!
⟨wilt aber hin,⟩ (ergänzt von H.)
ahte niht ûf Merzen sin;
des rede drinc hin hinder!

III C 268

Und reie alsô, swiez dir ergê,
ob er dich triege,
daz ein wiege
vor an dînem fuoze iht stê!
5 sich, sô wirt dîn fröude harte kleine
und mac geschehen,
sô dû bluomen wellest sehen,
daz nâch dir iht weine.“

IV C 269

„Muoter, ir sorget umbe den wint.
mirst unmaere
solhiu swaere.
wîp diu truogen ie diu kint.
5 ich wil mîner fröude niht enlâzen

sprach ein „Dämchen“,
„sprießen Blumen und der Klee.
5 Die Nachtigall läßt von der Linde hören
ihr süßes Lied.
Merze fing den Tanz schon an.
Bei dem sollt ihr mich finden!“

II

„Tochter, kehre dein Verlangen
ab vom Taue!
Komm her, prüfe:
diese Nachricht ist nicht gut.
5 Triff Vorbereitung für den scharfen Winter.
Doch willst du hin,
merke nicht auf Merzes Sinn;
weis' von dir sein Reden

III

und tanze so, wie's dir auch geht,
will er dich täuschen,
daß keine Wiege
dir etwa vor dem Fuße wippt!
5 Sieh, dann ist es aus mit deiner Freude,
und so wird's sein,
wenn du Blumen sehen willst,
daß dir etwas nachweint!“

IV

„Ihr sorgt euch, Mutter, um ein Nichts.
Mir verschlägt nicht
solcher Kummer.
Weiber brachten Kinder stets.
5 Ich verzichte nicht auf mein Vergnügen

H: 8,1

durch iuwern rât.
reichet mir mîn liehte wât!
diu wiege var verwâzen!"

V

C 270

Nu hoeret, wie ez ir ergie!
si biegen beide
dô mit leide.
diu muoter einen rechen vie.
5 den begreif diu tohter bî der groeze.
sie nam zehant
in der alten ûz der hant.
dô gienc ez an die stoeze.

W-F: unecht

VI

C 271

H: S. 106

Sie stiezen beide ein ander wol.
diu alte sprach:
„ditz ungemach
nam vernt ich von dir niht vür vol.
5 nu bin ich leider kranc an mînem lîbe
. . . .
gaebest dû Merzen tûsent marc,
er naem dîn niht ze wîbe."

L 66

Ps-N.
H: XLVI, 20

I

C 206

'Töhterlîn, dû solt *[die man]* niht minnen [Vorschlag Sievers', s. W. Kom.]
ê dû kumest ze vier und zweinzec jâren.

wie sol ich der selben rede beginnen?
ez minnete noch ein kint nie bî zwelf jâren.'

weil Ihr so wollt.
Bringt mir nur mein helles Kleid,
die Wiege fahr' zum Teufel!"

V

Nun hört noch, wie es ihr erging!
Sie zankten beide
sich erbittert.
Die Mutter einen Rechen griff.
5 Die Tochter faßte ihn am dicken Ende.
Sie riß sogleich
ihn der Alten aus der Hand –
Da gings los mit Stößen!

VI

Gründlich balgten beide sich.
Die Alte sprach:
„Den Verdruß
hätt' vor'ges Jahr ich nicht geschluckt.
5 Jetzt bin ich leider schwach an meinem Körper.
. . . .
Selbst für eine Masse Geld
nähm' Merze dich nicht zum Weibe."

L 66

I

'Töchterchen, du sollst [keinen Mann] lieben,
ehe du Deine vierundzwanzig Jahre hast.

Wie soll ich nur die Rede anfangen?
Es hat noch nie ein Kind mit zwölf Jahren geliebt.'

5 „müeterlîn,
lâ daz sîn!
ich wil iemer leben nâch dem willen mîn.“
‘tohter, dâ: tender lender lenderlîn.

II C 207

Töhterlîn, genc ûz dem boumgarten
unde volge dîner muoter lêre!

dû solt niht tumber liute rede warten.
tuostû daz, des hâstû prîs und êre.’

5 „müeterlîn,
lâ daz sîn!
ich wil iemer leben nâch dem willen mîn.“
‘tohter, dâ: tender lender lenderlîn.’

Unechter Zusatz:

IIa C 208

H: S. XLVI, Fußnote

„Regenspurc, Passouwe unde Wien*en* C; H: Wiene
die müezen mir von schulden wol gevallen.

dâ sint kint, den wil ich gerne dienen.
lachent si, doch bin ich vor in allen.

5 diu sint guot,
hôchgemuot.
waz ob mir ir eteslîchiu liebe tuot?“
‘tohter, sô wis eht gegen den mannen fruot.

III C 209

H: XLVII, 1

Töhterlîn, gedenke an Friderûnen,
wie diu wart mit einem man ze schalle.

5 „Mütterchen,
laß das bleiben!
Ich wünsche fortab nach meinem Willen zu leben.“
‘Tochter, da: tender, lender, lenderlein!

II

Töchterchen, komm heraus aus dem Baumgarten
und folge dem Rate deiner Mutter!

Du darfst nicht auf das Geschwätz unerfahrener Leute hören.
Folgst du mir, dann findest du Lob und Ansehen.’

5 „Mütterchen,
laß das bleiben!
Ich wünsche fortab nach meinem Willen zu leben.“
‘Tochter, da: tender, lender, lenderlein!’

IIa

„Regensburg, Passau und Wien
müssen mir mit Fug und Recht gut gefallen.

Dort gibt es junge Leute, denen ich gerne zu Diensten bin.
Lachen sie, bin ich ihnen trotzdem über.

5 Sie sind trefflich,
hochgestimmt.
Was, ob mir das eine oder andere Angenehmes tut?“
‘Tochter, dann verhalte dich halt den Männern gegenüber [klug!

III

Töchterchen, erinnere dich an Friederun,
wie die mit einem Mann ins Gerede gekommen ist.

dô wolte sî mit im ze vil gerûnen,
dô machte er ir daz hâr ze einem balle.

5 daz geschach.
ich daz sach
daz er ir den spiegel von der sîten brach.
tohter, dâ: tender lender lenderlîn.'

L 67

Ps-N.
H:
XIV, 1

I B 42 c 64,1 z 30,1

Fröut iuch, kinder, über al!
uns kumt ein liehter meie.

vor dem walde ist michel schal
von vogelen manger leie,

5 die der kalte winter von ir vröuden hât gedrungen,
der uns die liehten rôsen twanc.
die vogele hoehent ir gesanc.
des habe der liehte meie danc!
die bluomen sint entsprungen.

II B 43 c 64,2 z 30,2

'Ich frewe mich', sprach ein tumbiu maget,
'ich hoer die vogele schallen.

die sint an freuden unverzaget.
daz muoz mir wol gevallen.

5 man siht ûf dem anger vil der bluomen manger leie.
der brich ich zwei krenzelîn
mir und dem gesellen mîn.

Sie wollte mit ihm zu viel tuscheln,
da schlang er ihr das Haar zu einem Ball.

5 So geschah es.
Ich habe es gesehen,
wie er ihr den Spiegel weggerissen hat.
Tochter, da: tender, lender, lenderlein!'

L 67

I

Freut euch, ihr Mädchen, überall!
ein heller Mai kommt uns!

Vor dem Walde ist ein mächtiges Schallen
von Vögeln aller Art,

5 die der kalte Winter ihrer Freude beraubt hatte,
der uns die hellen Rosen hat welken lassen.
Die Vögel erheben ihren Gesang.
Dafür sei dem hellen Mai Dank!
Die Blumen sind nun aufgeblüht.

II

'Ich freue mich', sprach ein junges Mädchen,
'ich höre die Vögel singen.

Die sind von Freude erfüllt.
Das behagt mir aus vollem Grund.

5 Auf dem Anger sieht man die verschiedensten Blumen.
Davon pflücke ich zwei Kränzlein,
für mich und meinen Freund.

saelic müeze er iemer sîn!
an sîner hant ich reie.'

B IV III c III B 45 c 64,3 z 30,3

„Tohter, wer hât dir gesaget
von der gesellescheftе?

diu rede mir niht wol behaget.
sie kumt von minne krefte."

H: XV, 1

5 'muoter, daz ich minne daz ist mir niht an gebunden.
ez ist mir von iu an geborn.
den ich ze friunde habe erkorn,
und waere ez al der welte zorn,
den minne ich zallen stunden.'

B III IV c V B 44 c 64,5 z 30,4

„Tohter, wis mir undertân,
und wiltû êre lernen!"

'muoter, ir habt einen man.
alsô het ich vil gerne.

5 daz ir mir daz reht niht gebt daz ir doch haben wellet,
dâ von ist diu helle vol.
muoter, iust des nahtes wol
mit minne als ez von rehte sol.
sus habt ir iuch gesellet.'

B V V c IV B 46 c 64,4 z 30,5

„Tohter, beite noch ein jâr,
daz ich dich baz berâte!"

Beglückt möge er fortab sein!
An seiner Hand tanze ich den Reihen!'

III

„Tochter, wer hat dir etwas gesagt
von solchem Umgang?

Dein Gerede paßt mir ganz und gar nicht!
Da steckt Liebelei dahinter!“

5 'Mutter, daß ich liebe, das ist mir nicht angeflogen.
Das ist mir von Euch angeboren.
Den ich mir als Freund ausgesucht habe,
und wäre die ganze Welt darüber entrüstet,
den liebe ich Tag und Nacht.'

IV

„Tochter, sei mir folgsam,
wenn du lernen willst, was Ehrbarkeit ist.“

'Mutter, Ihr besitzt einen Mann.
Genau das möchte ich auch.

5 Daß Ihr mir das Recht nicht zugesteht, das Ihr doch selbst [beansprucht,
dadurch ist die Hölle voll.
Mutter, Euch ist es des Nachts gut
von Liebe, wie das auch sein soll.
So habt Ihr Euch zweisam gemacht.'

V

„Tochter, warte noch ein Jahr,
daß ich dich besser verheirate!“

'müeterlîn, ir sagtet wâr, H: muoter, iuwer rede ist wâr
würd ez mir niht ze spâte.

H: XV,20

5 het ich liep an arme als ir, sô waere ich vröuden rîche.
muoter, ir habt einen man H: ir habt einen lieben man
der iuch vil wol getriuten kan.
diu sate krâ und ouch diu wan,
der leben ist ungelîche.'

L 68

Ps-N.
H: LI,1

C I I C 255 c 31,1 f 15,1

Wol ûf und hin,
swer nû reien künne!
uns wil komen ein guot gewin
von maneger hande wünne.
5 fröit iuch gegen des meien zît!

über al
hœrt man in dem walde
kleiner vogele süezen schal.
ir stimme ist manecvalde.
10 diu heide in liehter varwe lît.

sîn ist zît,
winder, var von hinnen!
wir sîn der sumerwünne worden innen.

II c 31,2 f 15,2

'Wol mich wart',
sô sprach ein maget geile,
'daz ich mich hân her gespart.
daz lît an mînem heile
5 daz ich noch bin âne man.

'Mutter, was Ihr sagt, wäre ja ganz richtig,
würde es mir nicht zu lange dauern.

5 Hätte ich einen Liebsten im Arm wie Ihr, dann könnte ich von
Mutter, Ihr habt einen Mann, [Freuden reden.
der Euch lieb zu haben versteht.
Die satte Krähe und die hungrige,
deren Leben ist ungleich.'

L 68

I

Wohl auf und hin,
jeder, der zu tanzen versteht!
Uns steht ein guter Gewinn
an bunter Freude bevor.
5 Freut euch auf die Zeit des Mais!

Überall
hört man im Walde
den süßen Schall zierlicher Vögel.
Ihre Stimmen sind so verschiedenartig.
10 Die Heide liegt in hellem Farbenglanze da.

Es ist höchste Zeit,
Winter, mach dich davon!
Spüren wir doch die Sommerwonne.

II

'Wohl mir',
sagte ein liebestolles Mädchen,
'daß ich mich bisher aufgespart habe.
Das ist mein Glück,
5 daß ich noch ohne Mann bin.

rîcher wân H: guoter
H: LI,20 *dunket* mich *noch* wæger tuot; michels
danne armes lôn enphân. H: denne eins alten umbevân
waz hülfe mich ein træger,
10 solte er mit mir slâfen gân?

tuot hindan!
ich wil einen jungen.
wirt mir der sô ist mir wol gelungen'.

C II III C 256 c 31,3 f 15,3

Ir gespil
gap ir des antwürte:
„zwâr, vor nieman ich daz hil,
swenne ich mich gegürte
5 in einen borten, *deist mîn reht,* H: der ist sleht

sô bin ich
H: LII,1 rehte als wol geschaffen.
beidenthalben umbe mich
tretet hindan, ir affen!
10 ich wil einen edeln kneht.

kein Gôzbreht
kumt ze mînem lîbe,
mich mache ein edel kneht ê zeinem wîbe.

C III IV C 257 c 31,4 f 15,4

Ein edel kneht,
wirt mir der ze teile,
bûren bin ich dannoch reht.
waz schât daz mînem heile,
5 ob ich in freude ein röckel slîz?

irresal,
des wil ich mich mâzen

Hoffnung auf einen Vornehmen
scheint mir ausschlaggebender
als der Lohn eines Geringen.
Was hülfe mir ein Schlapper,
10 sollte er mit mir schlafen gehn?

Weg damit!
Ich will einen jungen.
Bekomme ich einen solchen, dann steht es um mich gut.'

III

Ihre Freundin
gab ihr als Antwort:
„Wahrhaftig, vor niemandem verheimliche ich das,
wenn ich mich mit einer Borte
5 umgürte – dazu habe ich ein Recht –,

dann sehe ich
wirklich gut aus.
Auf beiden Seiten um mich herum
macht, daß ihr fortkommt, ihr Affen!
10 Ich will einen jungen Edelmann.

Kein Goßbrecht
kommt mir zu nahe,
bevor mich ein Edelmann zu einem Weibe macht.

IV

Wenn ich einen Edelmann
kriege,
bin ich für einen Bauern dann immer noch gut.
Was schadet das meinem Leben,
5 wenn ich in Lust ein Röckchen verschleiße?

Auf ein trübes Dasein
werde ich Verzicht geben

(daz zimt mînen zöpfen val),
al mîn trûren lâzen.
10 dar an legte ich mînen flîz.

mîn lîp wîz
müest mich iemer riuwen,
H: LII,20 solde er mir niht hôchgemüete briuwen."

V c 31,5 f 15,5

Der zorn wart grôz
von der meide muoter.
'tohter mîn, nim dîn genôz
(lîht wirt dir ein guoter)
5 ê du eins edeln müezest sîn.'

„iuwer twanc
müet mich alsô sêre.
her Nîthart uns den reien sanc.
waz hilfet rede mêre?
H: LIII,1 10 er liebet wol dem herzen mîn."

'töhterlîn,
volgest dû mîner lêre,
sô widervert dir beide wirde und êre.'

VI c 31,6 f 15,6

Diu tohter sprach:
„muoter, ûz iuwerm munde
sô sint alle manne swach.
ir spreht als ich niht kunde H: reht
5 trœsten sendes mannes muot.

jâ bin ich
rehte als minneclîche.
swer nû welle triuten mich,

(so paßt es zu meinen blonden Zöpfen)
und all meine Bekümmerung lassen.
10 Darauf habe ich mein ganzes Trachten gerichtet.

Meine makellose Figur
müßte mir immer leid tun,
sollte sie mir nicht Lebensfreude verschaffen."

V

Der Mutter des Mädchens
schwoll der Zorn gewaltig.
'Tochter, nimm einen deinesgleichen
(bestimmt findest du einen Tüchtigen),
5 bevor du dich einem Adeligen hingibst!'

„Eure Zumutung
ist mir genauso lästig.
Herr Neidhart hat uns den Reigen vorgesungen.
Was soll es weiterer Rede?
10 Er behagt meinem Herzen."

'Töchterchen,
wenn du meinem Rat folgst,
dann erlangst du Ansehen und Ehre.'

VI

Die Tochter sagte:
„Mutter, nach Eurem Gerede
taugen alle Männer nichts.
Ihr sprecht, als verstünde ich nichts davon,
5 die Sehnsucht eines Mannes zu stillen.

Ich bin doch wahrhaftig
wirklich liebenswert.
Wenn nun einer mich lieben will,

der sî an freuden rîche
10 unde an allen dingen fruot.

ez ist guot
daz man bî der blenke
die briune rüere, daz man sîn gedenke."

VII c 31,7 f 15,7

Diu muoter sprach:
'phî dich *dîner* wîse, H: mit dîner
H: LIII,20 prüevestu *dir* ungemach. H: dîn
bezzer wære der grîse
5 der dich hielte in êren wol

denne ein man
der dich gar versmæhet
und dir niht der êren gan.
wizz, swer sich vergæhet,
10 der wirt alles leides vol.

hâstu dol
nû mit dîner briune,
so wizze, dîner schanden werden niune!'

dann sei er froh beschwingt
10 und in allen Dingen tüchtig!

Es ist gut,
wenn man bei dem Weißen
das Braune anrührt, daß man es nicht mehr vergißt."

VII

Die Mutter antwortete:
'Pfui über dich und dein Lied,
wenn du dir Unheil stiftest!
Besser wäre dir der Ergraute,
5 der dich ehrenvoll hielte,

als ein Mann,
der nur Verachtung für dich hat
und dir kein Ansehen gönnt.
Wisse, wer sich übereilt,
10 der stürzt sich in Leid.

Kommst du in Beschwernis
mit deinem Braunen,
wisse, daß deine Schande neunfach wird!'

DIE TANZLUSTIGE ALTE

Dazu L 15. 16

L 69

N.
W-F: SL
Nr. 3
H: 4,31

I — C 237 c 60,1

Ûf dem berge und in dem tal
hebt sich aber der vogele schal.
hiure als ê
gruonet klê.
5 rûme ez, winter, dû tuost wê!

II — C 238 c 60,2

Die boume, die dâ stuonden grîs,
die habent alle ir niuwez rîs
vogele vol.
H: 5,1 daz tuot wol.
5 dâ von nimt der meie den zol.

III — C 239 c 60,3

Ein altiu mit dem tôde vaht
beide tac und ouch die naht.
diu spranc sider
als ein wider
5 und stiez die jungen alle nider.

DIE TANZLUSTIGE ALTE

L 69

I

Auf dem Berg und in dem Tal
hebt sich wieder der Vögel Sang.
Jetzt wie stets
grünt der Klee.
5 Weiche, Winter, du bringst Schmerz!

II

Die Bäume, die da standen welk,
sie haben all ihr frisch Gezweig
Vögel voll.
Das erquickt.
5 Das verzollt für sich der Mai.

III

Ein altes Weib rang mit dem Tod,
beides, Tag und auch die Nacht.
Die sprang hernach
wie ein Bock
5 und stieß die Jungen alle um.

N.
W-F: SL
Nr. 1
H: 3,2

L 70

I C 210

Ein altiu diu begunde springen
hôhe alsam ein kitze enbor;
si wolde bluomen bringen.
„tohter, reich mir mîn gewant!
ich muoz an eines knappen hant,
5 der ist von Riuwental genant.
traranuretun traranuriruntundeie."

II C 211

'Muoter, ir hüetet iuwer sinne!
erst ein knappe sô gemuot,
er pfliget niht staeter minne.'
„tohter, lâ mich âne nôt!
ich weiz wol, waz er mir enbôt.
5 nâch sîner minne bin ich tôt.
traranuretun traranuriruntundeie."

III C 212

Dô sprachs' ein alte in ir geile:
„trûtgespil, wol dan mit mir!
ja ergât ez uns ze heile.
wir suln beid nâch bluomen gân.
war umbe solte ich hie bestân,
H: 3,20 5 sît ich sô vil geverten hân?
traranuretun traranuriruntundeie."

L 71

Ps-N.
H: L,6

I C 232 c 52,1

Ein altiu vor den reien trat,
diu mêr dan tûsent runzen hât.

L 70

I

Tanzwut packte eine Alte,
sprang hoch wie ein Kitz empor,
ihr Wunsch war „Blumen“ brechen.
„Tochter, reich’ mir meinen Staat!
Ich muß an eines Junkers Hand,
5 den heißen sie von Reuental.
Traranuretun, traranuriruntundeie!“

II

‘Mutter, bleibt doch bei Verstande,
er ist ein Herr von solchem Sinn,
der hält’s nicht nur mit einer.’
„Tochter, setz’ mir bloß nicht zu!
Ich weiß gut, was er mir entbot.
5 Nach seiner Liebe bin ich krank.
Traranuretun, traranuriruntundeie!“

III

Einer Alten rief sie lüstern:
„Trautgespielin, komm mit mir,
Glück haben wir ganz sicher!
Wir wollen Blumen pflücken gehn!
Wozu blieb’ ich denn etwa hier,
5 nachdem ich so viel Freunde hab’?
Traranuretun, traranuriruntundeie!“

L 71

I

Eine Alte führte den Reigen an,
die eine Unzahl Runzeln hatte.

'tohter, hüet dâ heime wol!
ich bin worden fröiden vol.'

II C 233 c 52,2

„Muoter, wie ist iu geschehen?
waz habt ir hiure hie gesehen?
nu ist sîn mêr dan fünfzec jâr
daz ir truoget grâwez hâr."

III C 234 c 52,3

Sî swanc sich ûf reht als ein vogel.
'jâ wil ich hiure sîn vil gogel.
seht an mîne sîten junc!
diu tuot manegen geilen sprunc.

IV C 235 c 52,4

Tohter, nû hüete mir der tür
und lâ mich springen wider unt für
und nim des knappen tougen war
der dâ treit daz valwe hâr.'

V C 236 c 52,5

„Muoter, ich wil iuch vertreten.
ein hübescher man hât mich gebeten.
der kürzet uns die wîle lanc."
H: L,25 her Nîthart disen reien sanc.

L 72

Ps-N.
H:
XXXV,12

I B 78 c 51,1

Winder,
balde hin ûf dînen wec!

'Tochter, gib daheim gut acht!
Ich bin voll froher Stimmung.'

II

„Mutter, was ist mit Euch nur los?
Was habt ihr denn heuer hier erblickt?
Nun sind es doch schon mehr als fünfzig Jahre,
daß Ihr graues Haar habt."

III

Sie schnellte sich hoch recht wie ein Vogel.
'Ja, heuer will ich ganz toll sein.
Seht meine jugendliche Taille!
Die macht noch viele frohe Sprünge.

IV

Tochter, nun gib auf die Türe acht
und laß mich vorwärts und rückwärts springen,
und gib heimlich auf den jungen Herren acht,
der blondes Haar trägt!'

V

„Mutter, ich will an Eurer Stelle sein.
Ein feiner Herr hat mich gebeten.
Der wird uns die Zeit vertreiben."
Herr Neidhart hat diesen Reigen gesungen.

L 72

I

Winter,
rasch fort auf deinen Weg!

der sumer der ist komen.
er hât die nahtegal mit sange brâht.

5 hinder
muost dû rehter schandenflec!
dîn leit hab ich vernomen.
dô wart selher wunne niht gedâht

dô der liebe sumer von hinnen schiet
10 und die nahtegal nieman beriet.
er diep, der vogelaere!
er ist mir des unmaere
daz er *[vogele ie]* sô vil gebriet. [Ergänzung W.; H: . . . . ir]

II B 79 c 51,2

Ez meiet.
gar wunneclîchen stêt der walt,
der ê verdorben was.
H: XXXVI,1 er hât niuwiu kleider an geleit.

5 nû reiet!
ûf dem anger was ez kalt.
dâ stêt nû grüenez gras.
in hât der liebe sumer wol bekleit.

liehter ougenweide nieman sach
10 sît *vert daz* man die rôsenbluomen brach. H: daz
nû singents aber balde,
die vogele in dem walde.
linde, in dîner waete ist ir gemach.

III B 80 c 51,3

Lûte
alsô rief ein eltiu briu:
'wâ sint diu mîniu kint,
daz sî niht enreient an der schar?

Der Sommer ist gekommen.
Er hat die Nachtigall mit ihrem Sang gebracht.

5 Verschwinden
mußt du, wahrer Schandenfleck!
Dein Kummer entgeht mir nicht.
Solche Freude kam einem nicht in den Sinn,

als der liebe Sommer davon mußte
10 und sich niemand um die Nachtigall bekümmerte.
Dieser Dieb, dieser Vogelsteller!
Er ist mir deshalb verhaßt,
weil er so viel Vögel als Braten vertilgt hat.

II

Es mait.
Herrlich steht der Wald,
der vorher zugrundegerichtet war.
Neue Kleider hat er sich angelegt.

5 Nun tanzt!
Auf dem Anger ist es so kalt gewesen.
Nun steht dort frisches Gras.
Der liebe Sommer hat ihn trefflich eingekleidet.

Helle Augenweide erblickte niemand mehr,
10 seit man voriges Jahr die Rosenblüten gepflückt hatte.
Bald schmettern sie wieder ihr Lied,
die Vögel im Walde.
Linde, in deinem Gewand fühlen sie sich behaglich.

III

Laut
rief eine alte Schachtel solchermaßen:
„Wo sind meine Mädchen,
daß sie nicht mit den andern den Reigen tanzen?

5 Trûte,
brinc her mir sî elliu driu!
jâ selwet sî der wint!
ich wil mit in selbe komen dar.

habe ich mich versûmet, deist mir leit.
H: XXXVI,20 10 nû treit der wille mich zer linden breit,
dâ die megede alle
mit hovelîchem schalle
in vil schoenen zühten sint gemeit.'

IV B 81 c 51,4

Balde
nâm sî Jiuten an die hant.
sî zogeten ûf daz velt.
sî sprach: 'ich tuon noch hiute mangen sprunc'.

5 in valde
lac ir vîrelîch gewant.
sî trabte und gienc enzelt.
wer möht ir gevolgen, waer sî junc?

ir steppe was gekrispet harte wol.
H: XXXVII,1 10 schiere wart der anger megede vol.
sî spranc in *dem gebaere* H: den gebaeren
als alle ir eigen waeren.
wê daz ir daz ieman wîzen sol!

V B 82 c 51,5

Hilde
zuhte ûf den ir(r)en fuoz. H: zuhte . . . ûf ir fuoz
ir lîp der was gemeit.
hôher danne ein hinde sî dô spranc.

5 Gêrhilde,
grôzer swaere was ir buoz.

5 Traute,
bring sie mir alle drei her!
Der Wind bräunt sie ja noch!
Ich will selber mit ihnen hinkommen.

Wenn ich mich verspätet habe, ist mir das leid.
10 Nun zieht es mich zur breiten Linde,
wo die Mädchen alle
mit Treiben wie am Hofe
so, wie sich's gehört, vergnügt sind."

IV

Rasch
nahm sie Jeute an die Hand.
Sie spazierten auf das Feld.
Sie sprach: „Heute leiste ich mir noch manchen Sprung."

5 In Falten gelegt
war ihr feiertägliches Kleid.
Sie trabte und sie ging im Paßgang.
Wer wäre im Stande, ihr zu folgen, wäre sie noch jung?

Ihr Gestepptes war sehr schön gekraust.
10 Rasch war der Anger voll von Mädchen.
Sie sprang und tat dabei,
als ob alle ihr zu eigen wären.
Ach, daß ihr das jemand vorwerfen soll!

V

Hilde,
schwenkte hoch ihren raschen Fuß.
Die ganze Person war voll Vergnügen.
Höher als eine Hirschkuh sprang sie im Tanz.

5 Für Gerhild
war aller schwere Kummer dahin.

dâ lac ein wise breit.
dâ entsprungen bluomen kurz unt lanc.

'dar sô wil ich reien', sprach sî dô,
10 'daz enlâze ich durch niemannes drô,
ich breche ir zeinem kranze
und trage sî zuo dem tanze.
sumer, ich bin dîner künfte frô.'

Es lag da eine große Wiese,
darin blühten kurze und lange Blumen.

„Dorthin will ich den Reigen springen", sagte sie,
10 „Daran lasse ich mich durch niemand hindern,
daß ich mir nicht einen Kranz von ihnen pflücke
und sie zum Tanze trage.
Sommer, über dein Kommen bin ich froh."

LIEBHABER

L 73

Ps-N.
H:
XXXVII,18

I

C 20

Wol mich, iemer wol
der wunneclîchen zît,

swenn ich sî sehen sol
diu mir ze herzen lît!

5 ir minneblicke
sint die stricke
die mich vânt âne strît.
ir schoene ist fröiden zil.
sî gît swem sî wil
10 fröide und êren vil.

II

C 21

Wîbes lôn ist wert
nâch sender arebeit.

H:
XXXVIII,1

swer sîn ze rehte gert,
dem ist er vil bereit.

5 hôchgemüete
gît ir güete,
trôst für sendiu leit.
ir schoene ist fröiden zil.
[sî gît swem sî wil
10 fröide und êren vil.]

[Ergänzung von H.]

LIEBHABER

L 73

I

Wohl mir, immer wohl
über die schöne Zeit,

Wenn ich sie sehen darf,
die ich im Herzen trage!

5 Ihre Liebesblicke
sind die Bande,
die mich kampflos zum Gefangenen machen.
Ihre Schönheit ist der Gipfel der Freuden.
Sie gibt, wem sie nur will,
10 die Fülle der Freude und der Ehre.

II

Weibes Lohn ist ein Wert
nach sehnsuchtsvollem Mühen.

Wer nach ihm in richtiger Weise verlangt,
für den liegt er reichlich bereit.

5 Hochgestimmten Sinn
gibt ihre Güte,
Entschädigung für das Leid der Sehnsucht.
Ihre Schönheit ist der Gipfel der Freuden.
Sie gibt, wem sie nur will,
10 die Fülle der Freude und der Ehre.

III C 22

Ir reiner lîp ist guot.
des waene ich selbe wol,

wan er sô rehte tuot
daz ich des jehen sol,

5 sî verkêre
mir die sêre
diech von ir schulden dol.
ir schoene ist fröiden zil.
[sî gît swem sî wil
10 fröide und êren vil.]

L 74

Mel. 20

Ps-N.
H:
XXVII,9

I B 64 G 2 P 1 c 19,1 w 8,1

Freut iuch, wolgemuoten kint!
uns wil des süezen meien wint
ergétzèn der léidè
die der veige winter kalt
5 uns hiure hât getân.

freut iuch gegen der lieben zît.
ez gruonet schône widerstrît
der wált ùnd diu héidè.
dicke liep nâch leide kumet.
10 dâ gedenket an.

ungemüete machet alt.
hôher muot kan jungen.
des bin ich *an* ganzen fröuden worden balt. H: in
H:
XXVIII,1
des hát mìch diu líebè diu gúotè betwúngèn.

III

Ihre Person ist die Güte selbst.
Davon bin ich überzeugt,

denn sie handelt genau so,
daß ich das aussagen muß,

5 sie beseitige mir ganz
mein Leid,
das ich ihretwegen erdulde.
Ihre Schönheit ist der Gipfel der Freuden.
Sie gibt, wem sie nur will,
10 die Fülle der Freude und der Ehre.

L 74

I

Freut euch, wohlgemute Mädchen,
uns will der Wind des süßen Mai
das Leid vergessen lassen,
das der verfluchte kalte Winter
5 uns heuer angetan hat.

Freut euch auf den lieben Frühling!
Herrlich grünt im Wettstreit
der Wald und die Heide.
Oft kommt Freude nach Leid.
10 Daran denkt!

Trübsinn macht alt.
Beschwingter Sinn versteht zu verjüngen.
Deshalb bin ich zu vollen Freuden schnell zur Hand.
Dazu hat mich die Liebe, die Gute gebracht.

II B 65 P 2 c 19,3 w 8,3

Swaz ich bluomen ie gesach,
swaz ich rôsen ie gebrach
den súmer ∧̀, den méièn,
die sint ungelîch gevar
5 den rôsen die sî truoc

in ir schoezel, der sî mir
zeinem krenzel *gap von ir*! H: gap ein; got lôn ir
die hét sî gehéièn,
daz ich nie bekante mê
10 rôsen alsô kluoc.

rôsen ûz ir belgelîn
volle niht entlochen,
der wart mir ein krenzel ûf daz houbet mîn.
daz hét ȇ diu líebè vil díckè versprọ́chèn.

III B 66 P 3 c 19,5

Iemer müeze ich sîn ein diep,
sî mir niht daz krenzel liep.
sî sól mìrz gehál̀tèn
sô sî aller beste kan,
5 daz siz ieman gebe,

wande ez mir sô rehte kumet
als ez mir selben sî gefrumet.
sîn réif ìst gespáltèn
nâch der wünschelruoten stân.
10 geblüemet als ez lebe,

wol gestricket sunder nît
ist ez ûf mîn houbet.

II

Was ich je an Blumen erblickt habe,
was ich je Rosen gepflückt habe,
im Sommer, im Mai,
die haben nicht die Farbe
5 jener Rosen, die sie

in ihrem Schößchen trug, von denen sie mir
für ein Kränzchen von ihr schenkte.
Die hatte sie gezogen,
daß ich niemals mehr
10 so zarte Rosen gekannt habe.

Rosen aus dem Knospenhäutchen,
noch nicht voll geöffnet,
davon bekam ich ein Kränzlein auf mein Haupt.
Das hatte mir bisher die Liebste gar oft verweigert.

III

Ewig müßte ich als Dieb gelten,
wäre mir das Kränzchen nicht lieb.
Sie soll es mir bewahren,
wie sie es nur bestens vermag,
5 daß sie es niemand anderem gibt.

Denn es paßt mir so gut,
wie sie es mir selbst gemacht hat.
Sein Reif ist gespalten
gemäß dem Stehen der Wünschelrute.
10 Blumig, als ob es lebe,

gut und neidlos ist es mir
um mein Haupt geschlungen.

wizzent, ob siz krenzel iemen fürbaz gît,
H: XXIX,1 daz sî̍ mìch entê̍rèt, der sínnè beróubèt.

IV B 67 G 3 P 4 c 19,4 w 8,4

Man solz tugentlîch verstân
wie daz krenzel sî getân
sô líeplȋch gestríckèt. H: wie; Hs B: von hare gestricket
keiner bluomen ist sô vil
5 sô der brûnen dâ.

niemen mirz verkêren sol.
nie kein krenzel wart sô wol
ze fréudèn geschíckèt.
swer das krenzel ûfe treit,
10 der wirt niemer grâ.

saelic sî daz engerlîn
dâ die bluomen springen.
dâ mac ouch der reif vil wol gewahsen sîn.
sî sól nìeman lâ̍n wàn mir éinè gelíngèn.

V B 68 G 4 P 5 c 19,2 w 8,2

Swem von liebe liep geschiht
und diu liebe liebes giht,
swem líebè gelíebèt
der muoz liebe liebes jehen.
5 liebe machet stolzen lîp,

liebe machet wol gestalt,
liebe ist rehter liebe balt.
diu líebè verdíebèt.
lieber muoter liebez kint,
H: XXX,1 10 dem manne liebez wîp,

Wißt, wenn sie das Kränzchen jemandem weiterreicht,
daß sie mich entehrt und von Verstande bringt!

IV

Man soll es scharfsinnig verstehen,
wie das Kränzlein beschaffen ist,
das so lieblich geflochten ist.
Keine Blumen sind so viel
5 wie die braunen darin.

Niemand soll mir das zum Schlechten auslegen!
Kein Kränzchen war jemals so gut
zu Freuden geeignet.
Jeder, der das Kränzchen auf hat,
10 wird niemals grau.

Glücklich muß das Angerchen sein,
wo diese Blumen sprießen.
Da wird wohl auch der Reif entstanden sein.
Sie darf es niemandem glücken lassen als mir allein!

V

Wem von Liebe Liebes geschieht
und wem die Liebe Liebes sagt,
wem Liebe lieb ist,
der muß der Liebe Liebes zugestehen.
5 Liebe macht stattlich,

Liebe macht schön,
Liebe ist rasch bereit zu rechter Liebe. –
Die Liebe macht zum Dieb:
Lieber Mutter das liebe Kind,
10 dem Manne das liebe Weib,

liebem bruoder swester liep
stelen kan diu liebe.
liep an rehtem liebe ist liebe ein tougendiep,
(wan) líep daz wìrt an líebè durch líebè ze díebè.

Fassung HAUPTs von V

Swem von liebe liep geschiht,
swem diu liebe liebes giht,
swâ líebè gelíebèt,
dâ mac liebe liebes jehen.
5 liep machet stolzen lîp,

liebe machet wol gestalt,
liep tuot in ganzen fröuden balt,
diu líebè verdíebèt.
lieber muoter tohter liep,
10 dem manne liebez wîp,

lieben bruodern swestern liep
stelen kan diu liebe.
liebe ist ganzer liebe ein lieber tougendiep,
líep màchet líebè durch líebè ze díebè.

L 75

Ps-N.
H:
XLV,9

I — C 201

Ich erwinde niemer,
sîne werde mir.

einiu, heizet Diemel,
vil wol getrûwe ich ir.

5 ez mac ir niht versmâhen
des ich sî ie gebat.

liebem Bruder die liebe Schwester
versteht die Liebe wegzustehlen.
Liebes an rechtem Liebem ist ein heimlicher Dieb der Liebe.
(denn) Liebes wird an Liebe um der Liebe willen zum Dieb.

Fassung HAUPTs von V

Wem von Liebe Liebes geschieht,
wem die Liebe Liebes sagt,
wo Liebe lieb ist,
da kann Liebe Liebes zugestehen.
5 Liebes macht stattlich,

Liebe macht schön,
Liebes macht bereit zu ganzen Freuden,
die Liebe macht zum Diebe.
Lieber Mutter die liebe Tochter,
10 dem Manne das liebe Weib,

lieben Brüdern liebe Schwestern
versteht die Liebe wegzustehlen.
Liebe ist für ungeteilte Liebe ein lieber heimlicher Dieb,
Liebes macht Liebe um Liebe willen zum Dieb.

L 75

I

Ich ruhe nicht,
bis sie mir zuteil wird.

Es ist eine, die heißt Diemel.
Ich vertraue ihr völlig.

5 Es ist unmöglich, daß ihr nicht gefällt,
worum ich sie immer gebeten habe.

sî sol sich niht vergâhen,
  mîn velt gât an ir trat.
Ekeman der roufet Ekemammen.
10 dâ von sô habe ir rôten munt zesammen.

II C 202

Ich het an sî gewendet
H: XLV,20 gar allen mînen muot.

ich wânde ich hetez volendet.
  sî sprach: 'wâ ist daz guot?'

5 „ich kan iu niht gezeigen
  des mînen guotes mêr
wan Riuwental mîn eigen.
  daz brâht mîn muoter her.
frouwe, daz wil ich iu gippen gappen."
10 'herre, daz sult ir iu hippen happen.'

III C 203

Der ich mich mit willen
  ie ze dienste bôt,

an der hân ich ersehen
  einen gürtel rôt.

5 swaz ich ir gewinke,
  daz ist ir an mich zorn.
glesîn ist diu rinke,
  von kupfer ist der dorn.
H: XLVI,1 ich nam sîn war, ez was ein smaler rieme.
10 den brâhte ein ritter ir dâ her von Wiene.

IV C 204

Ich kom ir nâch geslichen
  in ein fürholz.

Sie soll sich nicht übereilen,
mein Feld grenzt an ihre Weide.
Ekemann rauft Ekemamme.
10 Deshalb halte sie ihren roten Mund im Zaum.

II

An sie habe ich
all meinen Sinn gewandt.

Ich glaubte, schon am Ziel zu sein.
Sie fragte: 'Wo ist das Besitztum?'

5 „Ich weiß Euch nicht mehr
an Besitz zu zeigen
als meinen Eigenbesitz Reuental.
Den hatte mir meine Mutter eingebracht.
Herrin, den will ich Euch giben, geben."
10 'Herr, den könnt Ihr für Euch beholten, behalten.'

III

Der ich mich mit meiner ganzen Willfährigkeit
stets zu Dienste geboten habe,

an der habe ich einen
roten Gürtel entdeckt.

5 Was ich ihr auch winke,
auf mich ist sie nur ergrimmt.
Gläsern ist die Schnalle,
von Kupfer der Dorn.
Ich gab acht, es war ein schmaler Riemen.
10 Den hatte ihr ein Ritter von Wien mitgebracht.

IV

Ich kam ihr an einen
Waldsaum nachgeschlichen.

ir fröide diu was michel
bî einem ritter stolz.

5 ich kom dar nâch gegangen.
des wart ich unfrô.
diu wîle werte unlange,
nider druht er sî dô.
er gap ir schiere in ir wîzen hentel
10 einez, heizet man den gimpel gempel.

V C 205

Dô sî den gimpel gempel
in die hant genam,

sî sazte in an daz wempel.
er druhte in durch die gran.

5 'nû rüerâ dû den hozel bozel vaste,
daz der gimpel gempel iht geraste.
urrâ burrâ, wer gât dâ?'

L 76

Ps-N.
H:
XLIV,25

I C 198

Mir ist hiure widervarn ein saelikeit. [einem vîretage.
ich kom da ich eine trünne junger wîbe vant an

des wart ich wol inne, ez was den kinden leit [klage.
daz ich sô selten kom zuo in gegân. des hetens alle

5 zeiner spende kom ich dâ wir wâren gar gemeine.
von haselnüzzen muoste ich dô ze jungest geben zwô
[für eine.

Ihr Vergnügen war nicht klein
mit einem stattlichen Ritter.

5 Ich kam hernach dazu.
Erfreut war ich nicht.
Es dauerte nicht lange,
da drückte er sie auf den Boden.
Rasch gab er ihr in ihre weißen Händchen
10 etwas, was man den Gimpel-Gempel heißt.

V

Als sie den Gimpel-Gempel
in die Hand genommen hatte,

setzte sie ihn auf ihr Leibchen.
Er drückte ihn durch die Grannen.

5 „Nun wackel mit dem Bintern-Hintern fest,
daß der Gimpel-Gempel nicht etwa zur Ruhe kommt.
Uff, uff, wer geht denn da?"

L 76

I

Mir ist heuer ein Glück zuteil geworden.
Ich kam wohin, wo ein Haufen junger Weiber an einem
[Feiertag beisammen war.
Da kriegte ich es zu merken, daß es den Mädchen leid war,
daß ich so selten zu ihnen kam. Darüber beklagten sie sich
[alle.
5 Zu einer Gabenverteilung kam ich; wir hatten eine Gemein-
[schaft gebildet.
Von Haselnüssen mußte ich schließlich zwei für eine geben.

II C 199

Diu eine sprach: 'ich wil iu mînen zinzel geben
ûz mîner hant in iuwer hant. ir sult mich wern, ob [mir sîn got gesage.'
ich sprach: „frouwe, wis ân angest! sul wir leben,
dû sihest daz ich dich wil weren gar ân alle klage.

H: XLV,1
5 waer dâ nieman wan wir zwei, sô werte ich dich vil [schône.
sî daz ich dir sîn iht behabe, lâ michs engelten an [mîm lône!"

III C 200

Ich kom eins morgens dâ ich sî aleine vant.
ich sprach: „frouwe, ich wil dich weren und niht [behaben des . . .
. . . . 'nû her', sprach sî zehant
. . . .
5 dô spilten wir ich weiz wol wes. sî greif mir an mîn ôre.
'hei', sprach sî dô, 'jâ waene ich gwunnen hân. ich [bin niht iuwer tôre!

L 77

Ps-N.
H: XLIV,1

I C 195

Ez verlôs ein ritter sîne scheide.
dar umb wart einer frouwen alsô leide.

sî sprach: 'herre, ich wil iu eine lîhen,
der wil sich mîn leider man verzîhen.

5 des ist niht lanc daz ers verwarf.
und kumt er mir der ir bedarf,

II

Die eine sagte: „Ich will Euch mein Süßes geben [das eingibt."
von Hand zu Hand. Ihr sollt mir gewähren, falls Gott mir

Ich antwortete: „Herrin, seid ohne Sorge! Behalten wir das [Leben,.
dann wirst du sehen: ich gewähre dir zu voller Zufrieden- [heit.
5 Wären nur wir zwei hier, ich gewährte dir ganz groß.
Falls ich dir etwas vorenthalte, laß mirs an meinem Lohn [entgelten!"

III

Eines Morgens traf ich sie allein an. [vorenthalten ...
Ich sagte: „Herrin, jetzt will ich dir gewähren und nicht
. . . . „So komm", sagte sie sogleich.
. . . .
5 Da spielten wir beide, ich weiß wohl, was. Sie faßte mich am [Ohr.
„Hei!", sagte sie, „ich meine, ich habe gewonnen! Ich bin [nicht Eure Dumme!"

L 77

I

Ein Ritter hatte seine „Scheide" verloren.
Hierüber sprach eine Dame ihr großes Bedauern aus.

Sie sagte: „Herr, ich will Euch eine leihen,
auf die mein leidiger Gatte keinen Wert mehr legt.

5 Es ist noch nicht lange, daß er sie verschmäht.
Und begegnet mir einer, der sie gebrauchen kann,

wie wol ich in dran handel!
dem gibe ich sî gar âne allen wandel.'

II C 196

„Frouwe, lât mich eine rede wizzen,
ob sî zuo dem orte iht sî verslizzen."

'nein sî, ûf mîn sêle und ûf mîn triuwe!
ich gap sî mînem leiden man für niuwe.

5 sî ist dicke als ein bret,
niuwan an der einen stet,
dâ ze dem hengelriemen.
daz enschadet iu noch ander niemen.'

III C 197

Er wolt sîn mezzer in die scheide schieben.
dô begunde sich diu klinge biegen

her wider rehte gegen deme hefte;
H: XLIV,20 doch brâht er sî drin mit sîner krefte.

5 schiere het er wider gezogen.
„ez habe ein swarziu krâ gelogen,
wer solte des getrûwen?" [„Wohl Worte des Ritters" W. Kom]
'zieht wider: diu würze ist noch niht gebrûwen!'

wie gut ich ihn in dieser Hinsicht behandle!
Ich gebe sie ihm in bestem Zustand.“

II

‘Gnädigste, vergewissert mich hierin,
ob sie auch am Rande nicht verbraucht sei.’

„Keineswegs, auf Ehre und Seligkeit!
Ich hatte sie meinem leidigen Gemahl als ganz neu gegeben.

5 Sie ist dick wie ein Brett,
mit Ausnahme an einer Stelle,
dort bei dem Aufhängriemen.
Doch das schadet weder Euch noch sonst jemandem.“

III

Er wollte nun sein Messer in die Scheide stecken.
Da bog sich die Klinge,

und zwar zurück gegen den Griff.
Doch mit Aufwand aller Kraft brachte er sie hinein.

5 Sogleich zog er sie wieder.
‘Da müßte denn doch eine schwarze Krähe gelogen haben!
Wer sollte das für möglich halten?’
„Zieht weiter, die Suppe ist noch nicht fertig!“

ZEITAKTUELLES

L 78

N.
W-F: WL
Nr. 37
H: 102,32

C I I c I C 192 c 54,1

Marke, dû versinc!
dîn lant daz lît uneben.

ich unde manec Flaeminc
muoz hie unsanfte leben.

5 der ê dâ heime tiutschiu büechel las,
der muoz hie rîten umbe fuotergras.
in riuwet, daz er niht dâ heime enwas.

C II II c II C 193 c 54,2

H: 103,1

Bischof, nu rûme ez hie,
daz dirz vergelte got!

ein wîp ich heime lie,
diu ist ein toerschiu krot.

5 die überredet vil lîhte ein ander man.
jâ garnet siz, verhenget sin ir an,
und riuwet mich, daz ich si ie gewan.

III c III c 54,3

Jâ ist ir mêr wan ich,
die ouch von hinnen strebent

ZEITAKTUELLES

L 78

I

Zum Teufel, Steiermark!
Du bist ein rauhes Land.

Für einen Mann von Art
lebt man hier unbequem.

5 Wer sonst zuhause deutsche Verse las,
muß hier zum Futterholen auf den Gaul.
Bedauerlich, daß man daheim nicht blieb.

II

Bischof, räum' dies Land,
Gott vergelt' es dir!

Ein Weib ließ ich daheim,
blitzdumm eine Gans,

5 die übertölpelt leicht ein andrer Mann.
Sie büßt es, wenn sie ihm Erlaubnis gibt,
und reut's mich dann, daß ich sie je geholt.

III

Es sind noch mehr als ich,
die's auch von hier wegtreibt

also (sô dünket mich),
wan sî in sorgen lebent,

5 wiez umbe ir ieglîchs wîp dâ heime stê.
diu sorge tuot eim armen knehte wê,
H: 103,14 daz ieman fremder an sîn bette gê.

IV c V c 54,5

H: 103,22 Sô wol dir, Beierlant!
jâ waere ich gerne in dir.

dâ hân ich wîp erkant,
der ich unsanfte enbir.

5 dêst lanc, daz ich ir keine nie gesach
(des muoz mîn herze lîden ungemach),
H: 103,28 und deich ze mîner Matzen niht ensprach.

C III V c IV C 194 c 54,4

H: 103,15 Ditz ist ein ringiu vart,
die wir gein Beiern tuon.

her bischof Eberhart,
nu sî ein staetiu suon,

5 sît ich der Marke den rugge hân gekêrt.
des bat ich got; nu hât er michs gewert.
daz ungemach troumt mîner Matzen vert.

Dazu L 17. 18. 53

genauso (glaube ich),
weil sie voll Sorge sind,

5 wie's daheim mit ihren Frauen steht.
Der Argwohn setzt den armen Landsern zu,
daß nicht ein Fremder in ihr Bett sich stiehlt.

IV

Gepriesen, Baierland!
Ja, gern wär' ich in dir.

Frauen kenn' ich dort,
die ich gar sehr entbehr'.

5 Lang ist's, daß ich keine mehr erblickt.
(davon ist das Herz mir sehr beschwert),
und mit meiner Mathi nicht geplauscht.

V

Die Fahrt ist unbeschwert,
die wir nach Baiern tun,

Herr Bischof Eberhard,
sei'n ewig wir versöhnt,

5 seit hinter mir die Steiermark nun liegt.
Das bat ich Gott, nun hat er mirs erfüllt.
Die Plag' hat Mathi vor'ges Jahr geträumt.

Winterlieder

WINTERTREIBEN UND LIEBESHÄNDEL

L 79

Ps-N.
H:
XVI,1

I c I c 103,1

Sumer guot,
dich wil der arge winter überwinden.
dâ von valwet alliu bluot.

wê, waz tuot
5 der kalte rîfe leides an den kinden,
diu dâ wâren hôchgemuot,

diu hiuwer froelîch sungen,
tanzten unde sprungen
dô blüemelîn ûf drungen.

B I II c II B 47 c 103,2 d 9,1
[Fassung W.s nach cd,
s. Kom.]

Do ich ersach,
daz daz loup sich lôste von den tolden,
wie leide mir ze muote was!

und ich sprach:
5 „Mîn herre winter, daz er derren wolde!“
bluomen und daz grüene gras

dô verswant. von kinden
nieman kunde vinden
freude bî der linden.

WINTERTREIBEN UND LIEBESHÄNDEL

L 79

I

Guter Sommer,
der schlimme Winter will dich überwinden.
Davon welken alle Blüten.

Ach, was schafft
5 der kalte Reif den Mädchen Leid,
die so froh gewesen sind,

die heuer so fröhlich gesungen,
getanzt und gesprungen hatten,
als die Blümchen gekommen waren.

II

Als ich merkte,
daß das Laub von den Wipfeln fiel,
wie leid mir da zu Mute war!

Und ich sprach:
5 „Herr Winter, daß er eingehen wollte!"
Blumen und das grüne Gras

sind dahin. Kein Mädchen
wäre mehr im Stande, Freude
bei der Linde zu finden.

B II **III** c III B 48 c 103,3 d 9,2

H: XVI,20

Bickelspil
habent in den stuben junge liute.
unverdrozzen man sî siht.

vrouwen vil
5 wellent daz sî jârlanc trûtwîn triute.
doch lâz ichz dar umbe niht.

zwirent zehen und niune
sint die ich dâ ziune,
swenn ich die toerschen briune.

B III **IV** c IV B 49 c 103,4 d 9,3

H: XVII,1

Disen zûn
wan ich eine kan geflehten niemen
für der Minne wurzegart.

Friderûn
5 neme ir Fridebrehten, Diemuot Diemen;
sam tuo Merbot Meregart,

Hilte Hiltebolden,
Adel Adelolden,
Hereburc Herolden.

B IV **V** c V B 50 c 103,5 d 9,4

Elle ir nem
Elefriden, Berhte Berhtolden;
sam tuo Werlint Werenher.

wol gezem
5 Gotelint dem hübschen Gotebolden;
sam tuo Heilwîc Heilegêr,

III

Würfelspiel
treiben junge Leute in den Stuben.
Unverdrossen sieht man sie.

Viele Frauen
5 wollen, daß derselbe Liebste sie das ganze Jahr liebkose.
Doch deshalb lasse ichs nicht bleiben.

Zweimal zehn und neun
flechte ich zum „Zaun“,
jedesmal, wenn ich die „Dummen“ zeichne.

IV

Diesen „Zaun“
versteht außer mir allein niemand
vor dem „Gewürzgarten der Minne“ zu flechten.

Friederun
5 nehme sich Friedebrecht, Diemut Diemen,
ebenso Merbot den Mergart,

Hilde Hildebold,
Adel Adelold,
Herburg Herold.

V

Elle nehme sich
Elefried, Berchte Berchtold,
ebenso Werlind Wernher.

Passend wäre
5 Gotelind dem eleganten Gotebold,
ebenso Heilwig dem Heilger,

Irmel Irmelsteinen.
Jiutel wolte ouch einen;
der envinde ich keinen.

VI c VI c 103,6 d 9,5

Deist ir zorn.
welle sî, sô neme ir *Geppe*mannen. H: Gabel
H: XVII, 20 'daz waer frouwen Geppen leit.

êst verlorn
5 swaz man ir ze friedel biutet dannen,
die dâ pflegent der gogelheit.'

zürnet niht, frou Jiute!
wie schiere ich daz gebiute
daz iuch Merkel triute.

H: XVIII,1 B V VII c VII B 51 c 103,7 d 9,6
[s. W. Kom. zu XVIII,1]

'Merkelîn
der sol triuten mîne vroun Merkîsen.'
nein, sî hât in überhügt.

„daz lât sîn",
5 sprach diu Minne, „nôt diu brichet îsen.
sî mac niht des ir dâ mügt."

mirst komen inz gehürne
deich disen zûn verdürne.
dennoch melt mîn kürne.

Dazu L 24. 25

L 80

Ps-N.
H: LIII,31

I C 272

Winter, dû wilt aber twingen
bluomen ûf der heide wît,

Irmel dem Irmelstein.
Jeutel möchte auch einen;
für sie finde ich keinen.

VI

Darüber ist sie zornig.
Wenn sie will, so nehme sie den Geppemann.
„Das wäre Dame Geppe leid.

Es ist zwecklos,
5 was man ihr sonst als Liebsten anbietet,
die nur ausgelassen sind."

Schimpft nicht, Frau Jeute!
Sogleich ordne ich an,
daß Merkel Euer Liebster wird.

VII

„Merkelchen
soll Madam Merkisen lieben."
Nein, sie hat ihn versetzt!

'Laßt das nur',
5 sprach die „Minne", 'Not bricht Eisen.
Sie will nicht, wie ihr wollt.'

Ich habe mir's in den Kopf gesetzt,
daß ich den Zaun jetzt schließe.
Noch mahlt meine Mühle!

L 80

I

Winter, wiederum willst du die Blumen
Auf der weiten Heide in Zwang nehmen,

gel, rôt durch die grüene ûf dringen.
schouwent waz dâ rîfen lît

H: LIV,1

5 dâ man hiure ûf dem plân
in des süezen meien touwe
sach die liehten rôsen stân.

II

C 273

Wol dan in die stuben tanzen,
Wergant, Liutfrit, Pilgerîn,

Wate und Vorhtliep, Einmuot, swanzen,
Ilsunc, Fruother, Berewîn!

5 Engelmâr sol niht verdagen
Frideliep, Gumpreht, Einwîc, Gôzbreht,
daz die vier den megden sagen,

III

C 274

Schaffen daz man schône begieze
in der stuben über al,

H: die schaffen

daz die jungen niht verdrieze.
datz dem meier ist der schal.

5 dâ hoert man den govenanz.
Küenzel, Heinzel, lât dâ schouwen
daz mit zühten gê der tanz!

IV

C 275

Gêrtrût, Künze, Geppe und Gîsel,
Jiute diu sî ouch gebeten,

mit Gelb und Rot dich durch das Grün zwängen.
Seht nur, was Reif dort liegt,

5 wo man heuer auf der Wiese
im Tau des süßen Mai
die hellen Rosen hat stehen sehen!

II

Wohlauf denn zum Stuben-Tanz,
Wergant, Leutfried, Pilgrim,

Wate und Furchtlieb, Einmut, dreht euch,
Ilsung, Fruther, Bärwin!

5 Engelmar soll es dem Friedlieb,
Gumbrecht, Einwig, Goßbrecht nicht verschweigen,
daß die vier den Mädchen sagen,

III

Anschaffen, daß man (den Boden) überall
in der Stube gut begießen soll,

daß es die Jungen nicht beschwert.
Dort beim Meier ist das Treffen.

5 Da hört man den Gofenanz.
Künzel, Heinzel, laßt es sehen,
daß der Tanz, wie es sich gehört, vor sich gehe!

IV

Gertrud, Künze, Geppe und Geisel,
Jeute seien auch eingeladen,

H: LIV,20

Hetze, Metze, Berhte und Prîsel,
Heilwîc diu sol helfen treten.

5 Friderûn diu sî ouch gemeit.
diu sag Ilsmuot, Wilbirc, Trûten,
daz die drîe ouch sîn bereit.

L 81

Ps-N.
H: XLVII,9

I C 213 c 131,1

Zergangen ist manc sumertac
und des meien blüete,
dâ von uns liep geschach.

nû treit man den schavernac
5 für die bluomenhüete
die man ûf angern brach.

ir schouwet an die linden,
wie senelîch diu stât,
die der kalte winder
10 alsô verderbet hât.

II C 214 c 131,2

H: XLVII,20

Jenner sich vermachet hât — H: Jener
in eine troin. sîn rieme
ist zweier spanne breit.

sîn hâr im ûf die ahsel gât.
5 jâ waene ich daz er iemen
einn mûlslac vertreit.

H: XLVIII,1

sîn swert ist wol gesliffen,
ein misekar er truoc.

Hetze, Metze, Berchte und Preisel,
Heilwig sollen auch tanzen helfen.

Friederun sei ebenfalls aufgelegt;
sie sage Ilsmut, Wilbirg, Trute,
daß die drei sich auch bereit machen.

L 81

I

Vergangen sind die vielen Sommertage
und die Blüte des Mai,
was uns Freude gebracht hatte.

Jetzt trägt man den Schabernack
statt der Blumenhüte,
die man auf Angern gepflückt hatte.

Ihr betrachtet die Linde,
wie sie so voll Sehnsucht dasteht,
die der kalte Winter
so zugrundegerichtet hat.

II

Jenner hat sich in ein Wams
eingemummt. Sein Gürtel
ist zwei Spannen breit.

Sein Haar fällt ihm auf die Achsel.
Ich vermute, daß der von niemandem
eine Ohrfeige einsteckt.

Sein Schwert ist scharf geschliffen.
Ein Gnadenmesser trug er daneben.

zwêne vor im pfiffen,
10 der drite den sumber sluoc.

III C 215 c 131,3

Sich huop in der stuben schal
von den getelingen.
der sumber lûte erdôz.

dâ tanzten megde über al.
5 dô zuhte er von dem ringe
Guoten ûf die schôz. H: die guoten

nâch einem vingerlîne
verlenkte er ir die hant.
dô sante ir bruoder Grîne
10 nâch hilfe sâ zehant.

IV C 216 c 131,4

Dar kom der lange Rehewin
und des meiers bruoder.
die truogen starkiu swert.

ein alter haz was under in
5 entworfen umbe ein fuoder
ûf der strâze vert.

H: XLVIII,20 er leinte an einer wende.
wie *wênc er des* genôz! H: wênic ers
er sluoc in in die zende
10 daz in daz bluot begôz.

Dazu L 26. 27. 28

Zwei haben vor ihm die Pfeife geblasen,
10 der dritte hat die Trommel geschlagen.

III

In der Stube erhob sich ein Lärm
von den Bauernburschen.
Die Trommel dröhnte laut.

Es tanzten die Mädchen an allen Ecken.
5 Da zerrte er aus dem Tanzring
Gute auf seinen Schoß.

In Begier nach einem Ringe
verdrehte er ihr die Hand.
Da schickte ihr Bruder Greine
10 sofort nach Unterstützung.

IV

Der lange Rechwin kam herbei
und der Bruder des Meiers.
Die hatten kräftige Schwerter bei sich.

Eine alte Feindschaft war zwischen ihnen und Jenner
5 entstanden, wegen eines Fuders
auf der Straße, vergangenes Jahr.

Jenner lehnte sich gegen eine Wand.
Das nützte ihm gar nichts.
Rechwin schlug ihm gegen die Zähne,
10 daß er voll Blut war.

L 82

Ps-N.
H: XLVIII,24

I

A 26 Lutold von Seven
C 227(1) C 5(2) her Friderich der kneht

Die liehten lieben süezen tage reine
die sint zergân
owê leider von der trüeben zît,

dâ von ich waere ganzer vreuden eine,
5 wan dur den wân
der mir liebet unde nâhe lît

umbe ein kint
dar alle mîne sinne
gewendet sint.
erwirbe ich sîne minne
H: XLIX,1
sô wirde ich geil
10 unde hân der werlde mînen teil.

II

A 27 Lutold C 228(1) C 6(2) Friderich

Daz ist ein wîp dar ich mich hân gewendet
nû manegen tac.
an der vinde ich niht wan kindes muot.

mich hât mîn herze lange dar gesendet
5 *daz* ringe wac
H: da'z
ir genâde, als ez noch leider tuot.

haete ir lîp
nâch mînem willen güete,
sî waere ein wîp
diu mich von ungemüete
wol schiede gar.
10 nu ist des niht. noch singe ich iemer dar.

L 82

I

Die hellen lieben, süßen, reinen Tage
sind dahin,
ach leider, durch die trübe Zeit,

wodurch ich von allen Freuden verlassen wäre,
5 wenn es nicht ein Hoffen gäbe,
das mir angenehm ist und mir am Herzen liegt,

eines Mädchens wegen, auf das alle meine Sinne
gerichtet sind. Gewinne ich ihre Liebe,
dann werde ich froh
10 und habe meinen Teil an der Welt.

II

Das ist ein Weib, dem ich nun lange Zeit
zugetan bin.
Doch an ihr finde ich nichts als (spröden) Mädchensinn.

Mich hat mein Herz seit langem dorthin gesendet,
5 was ihrer Gunst
nichts bedeutet hat, wie es das leider noch tut.

Besäße sie Güte, so wie es nach meinem Willen wäre,
dann wäre sie ein Weib, die mich von Betrübnis
wohl gänzlich schiede. [meine Lieder dar.
10 Das ist nicht der Fall. Doch bringe ich ihr noch immer

III C 229

Sist unverbolgen und dâ bî bescheiden.
daz ist vil wâr.
al ir fuore ist von der gogelheit.

sî kan sich lieben unde nieman leiden
5 al dur daz jâr.
dâ von ich ir tugende hân geseit.

dur daz wil ich ir minne gerne vâren.
H: XLIX,20 mir was sô wol, ich sach sî frô gebâren
dô ich bî ir was
10 unde ir habt daz hemde unz siz gelas.

IV C 230

Dô bat mich diu vil minneclîche singen
den mînen sanc.
des was ich mit triuwen vil gemeit.

wan brâhte ir snüere. sî begunde twingen
5 die runzen lanc.
ich was in dem halse niht bereit.

daz verstuont diu guote vil gefuoge,
daz ich mich schamt. sî schankt mir mit dem kruoge,
daz mir diu kel
10 wider würde heiter unde hel.

V C 231

Ir birenmost den tranc ich alsô swinde;
des was sî frô.
dô sanc ich uns beiden gar genuoc.

III

Sie ist sanften Gemütes und dabei klug.
Das stimmt völlig.
Ihre ganze Lebensart ist fern von Ausgelassenheit.

Sie versteht, sich angenehm und niemandem leid zu machen,
5 das ganze Jahr.
Deshalb spreche ich ihr alle Vorzüge zu.

Hieraus bin ich voll Verlangen nach ihrer Liebe.
Mir war so wohl, als ich sie in froher Stimmung sah,
als ich bei ihr war
10 und ihr das Hemd hielt, bis sie es geschnürt hatte.

IV

Da bat mich die Liebenswerte, ihr
mein Lied vorzutragen.
Darüber war ich aufrichtig erfreut.

Man brachte ihr Schnüre. Nun begann sie
5 die langen Falten festzulegen.
Am Hals aber war ich nicht dazu bereit.

Das konnte die Gute taktvoll verstehen,
daß ich verlegen war. Sie schenkte mir aus dem Krug ein,
daß mir die Kehle
10 wieder klar und hell würde.

V

Ihren Birnenmost stürzte ich rasch hinunter;
darüber freute sie sich.
Dann trug ich Lieder vor, bis es uns beiden genug war.

vil zühteclîche sprach sî zir gesinde
vil liebe alsô:
H: L,1 'bring uns aber einen vollen kruoc,

daz wir den tac mit fröiden hie verslîzen,
die brûnen nüzze mit ein ander bîzen.'
dô sprach diu dirn:
10 'dar zuo schenke ich mîner teigen birn.'

Sie wußte, was sich gehörte, und sagte zu ihrer Bedienung
5 sehr freundlich:
„Bring uns nochmals einen vollen Krug,

daß wir den Tag hier fröhlich zubringen,
die braunen Nüsse miteinander knappern!“
Da sagte die Magd:
10 „Dazu stifte ich meine weichen Birnen.“

MINNEDIENST

Dazu L 33. 34. 37–39. 41–43. 45

L 83

N.
W-F: WL
Nr. 15
H: 57,24

I — C 240 c 109,1

Nu sage an, sumer, war wiltû den winter hine fliehen?
geruochestû sîn gerne, ich leiste dir geselleschaft.

ich wil mich von mînem üppiclîchen sange ziehen.
mîne widerwinnen mit dem tievel sint behaft.

5 die enlâzent mir an mînem liebe niht gelingen.
daz ist ein schade bî der scham.
Gîselbolt und Engelram
die leident mir mîn singen.

II — C 241 c 109,2

Die selben zwêne die gehellent hin nâch Engelmâren,
der gewalteclîchen Friderûne ir spiegel nam.

tretzic unde hoenic sints an allem ir gebâren,
die selben zwêne dörper, Gîselbolt und Engelram.

5 des wil helfen Erkenfrit und Uozeman der reide.
die viere dringent mich hin dan.
gwunnes einen tumben wân
gein in, daz waer mir leide.

MINNEDIENST

L 83

I

Sage, Sommer, mir, wohin willst du den Winter fliehen?
Legst du Wert darauf, dann leiste ich Gesellschaft dir.

Willens bin ich, die doch nichtige Liedkunst aufzugeben.
Meine Widersacher sind vom bösen Feind umstrickt.

5 Sie hindern es, daß ich Erfolg bei meiner Liebsten habe.
Schmach und Schande sind vereint.
Geiselbold und Engelram
verleiden mir das Singen.

II

Die beiden gleichen Engelmar so wie ein Ei dem andern,
der mit Gewalt den Spiegel Friederun entrissen hat.

Trotzig und beleidigend ist alles ihr Gebaren,
der beiden Bauernlümmel Geiselbold und Engelram.

5 Mit im Spiel sind Erkenfried und Locken-Ußemann.
Die vier drängen mich von ihr.
Beeindruckten sie sie gar,
was brächte mir das Kummer!

III C 242 c 109,3

H: 58,1 Sumer, ich verklage niemer dîne manege ziere,
dâ uns dirre kalte winter von gedrungen hât.

mich verdringent aber geiler sprenzelaere viere
von der wolgetânen, diu mich niemer des erlât,

5 ich enmüeze singen, swenne mir diu guote lône,
als der lieben gnâde sîn.
vrouwe, nû tuo gnâde schîn
vor mîner tage nône!

IV A 5 C 243 c 109,4

Mîne tage loufent von der hoehe gegen der neige.
frouwe, troeste mich, die wîle ich ûf der hoehe stê!

ob ich dir mit rehter staete herzentriuwe erzeige,
sô schaffe, daz ir boeser wille iht an mir ergê!

5 mîne swaere sint von dînen schulden manicvalte.
der schaffe ein ende, saelic wîp,
ê daz mîn vil tumber lîp
in senden sorgen alte!

V A 4 C 244 c 109,5

Ie lenger unde ie lieber ist si mir, diu wolgetâne,
ie lenger unde ie leider bin ich ir. daz ist mir leit.

bin ich vrô, daz kumt von einem herzelieben wâne,
H: 58,20 sît si mir ir hulde und ir genâde widerseit.

5 trôstes und gedingen wil ich niemer werden âne.
trôstes ich noch nie vergaz,

III

Sommer, niemals kann ich deine Pracht genug beklagen,
von der dieser kalte Winter uns hat weggedrängt.

Mich jedoch verdrängen die vier übermütgen Stutzer
von der Schönen, die mich niemals von der Pflicht befreit,

5 für sie zu singen, immer wenn die Gute Lohn mir spendet,
wie's ihrer Gnade grad entspricht.
Herrin, zeige endlich sie
vor meines Lebens Mittag!

IV

Meine Tage eilen von der Höhe zu der Neige.
Herrin, sag' mir zu, solang ich auf der Höhe bin!

Wenn ich mit echter Treue Herzverbundenheit dir weise,
Schaff', daß sich ihr böser Wille nicht an mir vollzieht!

5 Meine Kümmernisse sind um deinetwillen viele.
Beende sie, begnadigt Weib,
noch bevor ich armer Tor
im Leid der Sehnsucht altre!

V

Je länger um so lieber, das ist sie für mich, die Schöne;
je länger um so leider bin ich ihr. Wie mich das schmerzt!

Bin ich noch froh, geschieht's allein aus herzenslieber Hoff- [nung,
zum Trotz, daß sie mir ihre Gunst und Gnade widersagt.

5 Zuversicht und feste Hoffnung laß ich niemals fahren.
Zuversicht verließ mich nie,

sô diu schoene vor mir saz
alsam ein voller mâne.

Dazu L (47). 48. 50. (51). 52. 53

N.?
W-F: WL
Nr. 21
H: 65,37
ange-
zweifelt

L 84

I A Niune 47 C Rubin von Rüdeger 4 c 65,1

Wolde sîn die freudelôsen niht an mir verdriezen,
sô sunge ich noch den freudegernden mînen wânaldei.
[niezen,
H: 66,1 ich gertes gegen den muotes armen niemer niht ge-
die freude niht in selben kouften umbe ein halbez ei.
5 hôhe junge man die sîgent an ir hôchgemüete.
sô wîchent aber diu minneclîchen wîbel an ir güete.

II c 65,2

Dise rede die hât ein wîp vil wol an mir bewaeret.
diust herzen unde muotes herter denne ein adamant.
die hân ich gar lange für die besten her vermaeret,
sît daz ich sî ze trûte mir vor allen wîben vant.
5 solhes fundes wirt gedanket nimmer mînen ougen.
diu habent mich verwîset gar. nu stênt si an ir
[lougen.

III c 65,3

Owê, daz sî nâch wâne des dem herzen ie verjâhen,
si heten under wîben noch sô guotes niht gesehen;

wenn die Schöne vor mir saß
wie der Vollmond herrlich.

L 84

I

Wollte es die Trübsalblaser nicht an mir verärgern,
säng' ich noch für die Lebensfrohen meinen Wahnaldei.

Von den Sauertöpfen würd' ich nichts für mich erwarten,
die selber sich nicht Freude schafften, nicht um einen Deut.

5 Den edlen jungen Männern schwindet aller Lebensfrohmut,
den liebenswerten Frauchen fängt die Güte an zu fehlen.

II

Das hat eine Frau als völlig wahr an mir erwiesen.
An Herz und Sinne ist sie härter als ein Diamant.

Sie habe ich ein Leben lang berühmt gemacht als Beste,
seit ich als meine Liebste sie vor allen Frau'n entdeckt.

5 Doch dieser Fund bleibt ewig ohne Dank für meine Augen.
Die haben mich ganz falsch geführt; nun wollen sie es
[leugnen.

III

Ach, daß sie ins Blaue dies dem Herzen stets erklärten,
sie hätten unter Frauen nie so Gutes je erblickt!

daz si wider unde für, niht ûf und umbe sâhen,
dô si einen staeten friunt dem herzen wolten spehen.

5 Ich enwil si nimmer mêr ze boten für gesenden.
dâ sî mich hiezen werben, dâne kan ich niht
[volenden.

IV

c 65,4

Sinne rîchem manne mac an wîbe misselingen,
ob er der ougen willen mit den werken wil begân.

seht, ob s' einen tôren niht in ungelücke bringen!
H: 66,20 ich was der mînen willen alze sêre undertân.

5 daz ich in ze vil ir twerhen blicke hân verhenget,
dâ von ist daz herze mîn mit trûren wol gemenget.

V

c 65,5

Hete ich an ein ander wîp den mînen muot gewendet,
mir waere lîhte gelônet baz, dan mir gelônet sî.

mîner langen tage ich vil mit trûren hân verswendet.
herzekünigîn, ich was dir ie mit triuwen bî;

5 lâz das herze mîn alsô in trûren niht verderben!
frouwe, nâch der werlde lône wil ich langer werben.

VI

c 65,6

Zwîvel mînes lônes und der werltfreude krenke
diu zwei diu machent, daz ich mînes sanges wil ver-
[pflegen.
dar zuo fürhte ich sêre, daz er mich ze helle senke.
ich wil die swaeren bürde schiere ab mînem rucke
[legen.

Daß sie vorwärts und zurück, nicht auf und ringsum sahen,
als einen zuverläß'gen Freund sie suchten für das Herz!

Ich werde sie auf keinen Fall als Boten mehr aussenden.
Wo sie mich umtun hießen, komme ich zu keinem Ziele.

IV

[glücken,
Verständ'gem Mann kann es durchaus bei einer Frau miß-
wenn er den Wunsch der Augen mit der Tat vollziehen
[will.
Seht, ob sie dann einen Dummkopf nicht ins Unglück stür-
Ich war dem Willen meiner Augen allzu untertan. [zen!

Daß ich zu viel ihre schrägen Blicke zugelassen, [Kummer.
davon ist das Herz mir wahrhaft gut durchmengt mit

V

Hätt' ich meinen Sinn auf eine andre Frau gerichtet,
wäre mir vielleicht ein bessrer Lohn zuteil als nun.

Viele Sommertage habe ich verbracht mit Kummer.
Herzenskönigin, ich war aufrichtig immer dein!

Laß das Herz mir nicht derart in Kümmernis verderben!
Herrin, nach dem Lohn der Welt will ich noch länger
[streben!

VI

Zweifel an dem Lohn, Hinfälligkeit der Erdenfreuden,
sie bewirken noch Verzicht auf meine Sangeskunst.

Zudem befürchte ich, daß sie mich in die Hölle senke.
Die schwere Bürde will ich rasch von meinem Rücken
[tun.

5 daz wir vil gesünden, deist von hove niht erloubet.
jâ zimt ez niht uns beiden, mir und mînem grîsen
[houbet.

VII c 65,7

Ir ist vil, die wundert daz umb Uozen unde umb
[Anzen,
daz ich ir sô lange in mînem sange hân verswigen,

dar zuo ir beider bruodersüne Lutzen unde Lanzen.
genuoge waenent des, daz sî mir wellen an gesigen.

5 nein, si mugen mir ir boesen willen wol erzeigen.
dâ mite kunnen sî mich mînes sanges niht gesweigen.

VIII c 65,8

H: 67,1 Disen winter tanzent sî bî mîner ougen wünne. [stat.
des pflâgens ouch den sumer, swâ si sîn gewunnen

nû gelinge in allen, als ich in von herzen günne,
in und etelîchem, der ir alsô nâhen trat!

5 owê, daz ez ie geschach ze mîner angesihte!
wizzet, daz ich noch ein niuwez liedel von in tihte!

L 85

Ps-N.
H:
LIV,24

I C 285 c 110,1

Mich müet daz die winde kalt
mit gewalt
manicvalt
hânt verderbet al den walt,
und des winders twingen.

5 Daß wir in Sünden leben, ist vom 'Herren' nicht gestattet.
Es steht uns beiden schlecht an, mir und meinem grauen
[Haupte.

VII

Viele gibt's, die wundert es für Uße und für Anze,
daß ich über sie so lang in meinem Liede schwieg,

wie über Lutze auch und Lanze, ihrer beider Neffen. [Kopf.
Nicht wen'ge glauben gar, sie wüchsen mir noch übern

5 Nein! Zwar hindert nichts sie, bösen Willen mir zu zeigen,
doch sind sie nicht damit im Stand, mein Singen zu ver-
[hindern.

VIII

Diesen Winter tanzen sie nah meiner Augenwonne.
Das taten's auch den Sommer, wo's Gelegenheit nur gab.

Nun glück' es ihnen so, wie ich's von Herzen ihnen gönne,
ihnen und noch manchem, der ihr derart nahe trat!

5 Wehe, daß das je in meiner Gegenwart geschehen!
Wißt, daß ich ein neues Liedchen über sie noch dichte!

L 85

I

Es belastet mich, daß die kalten Winde
mit vielfacher Gewalt
den Wald verdorben haben,
und dazu der Zwang des Winters.

5 des klag ich den grüenen klê,
jârlanc mê
daz der snê
tuot den kleinen vogelen wê,
daz sî niht ensingen.

ich klage ouch daz des meien bluot
10 muoz sô gar verswinden,
daz den jungen sanfte tuot.
bî der grüenen linden,
dar ich meien was gegân
H: LV,1 (rîchen wân
ich des hân),
15 dâ vant ich die guoten stân
vor den jungen kinden.

II C 286 c 110,2

Diu reine guote ist sô gar
in ir schar
schône gevar.
balde huop ich mich aldar
durch der lieben güete.

5 sî het geschürzet ir gewant
mit ir hant,
daz ein lant
von ir schoene wirt bekant.
got sî wol behüete!

liebez herze, dû solt leben
10 schône in mînem lîbe.
sî kan dir wol fröide geben,
sendez leit vertrîbe.
von ir zinzelehten brust
kumt gelust

5 Deswegen beklage ich den grünen Klee,
und weiter für das Jahr aus, daß der Schnee
den kleinen Vögeln so zusetzt,
daß sie nicht mehr singen.

Ich beklage auch, daß das Blühen des Mai
10 so völlig vergehen muß,
das den jungen Leuten doch so angenehm ist.
Bei der grünen Linde,
wohin ich gegangen war, um den Mai zu feiern
(Reiche Hoffnung habe ich deswegen.),
15 da habe ich die Gute stehen sehen
an der Spitze der jungen Mädchen.

II

Die reine Gute ist in ihrer Gruppe
von vollkommener Schönheit.
Rasch machte ich mich dorthin auf
um der Güte der Lieben willen.

5 Sie hatte ihr Gewand mit der Hand
geschürzt, so daß ein Land
berühmt wird durch ihre Schönheit.
Gott behüte sie!

Liebes Herz, du sollst es gut
10 in mir haben.
Sie kann dir Freude geben,
alle Sehnsucht vertreiben.
Von ihrer verführerischen Brust
entsteht ein Gelüste, daß du Drang verspürst,

daz dû must
15 ir munt vor liebe hân gekust
dem minneclîchen wîbe.

III

C 287 c 110,3

H: LV,20

Ein reiniu frouwe wolgetân
diu sol lân
irren wân,
zallen zîten êre hân
und huote an allen orten.

5 ist sî danne alsô gemuot
daz sî tuot
allez guot
unde ir êre hât behuot,
sî gêt zer wunne porten,

diu dâ gegen ir offen stât
10 in sô rîcher wende.
wol ir diu die kiusche hât
mit sô wîzer hende!
wol ir diu daz kiusche kleit
alsô breit
an geleit!
15 der wirt fröide vil bereit
iemer mêr ân ende.

L 86

Ps-N.
H:
XXXVIII,19

I

c 126,1

Nû riuwet mich der walt und al diu heide
und dar zuo der kleinen vogele singen.

5 ihren Mund vor Entzücken zu küssen,
dem liebenswerten Weibe.

III

Eine reine, schöne Dame
soll allen abwegigen Wahn lassen,
jederzeit Ansehen haben
und Behütung, wo sie sich aufhält.

5 Ist sie außerdem so gesinnt,
daß sie alles, was trefflich ist, tut,
und ihre Ehre bewahrt hat,
dann geht sie zum Tor der Wonne ein,

das vor ihr offen steht
10 inmitten einer prachtvollen Fassade.
Wohl ihr, die alle Makellosigkeit besitzt,
sie, die Weißhändige!
Wohl ihr, die das Kleid der Makellosigkeit
sie voll umhüllend angelegt hat!
15 Für sie ist alle Freude zubereitet
von nun an ohne Aufhören.

L 86

I

Nun dauern mich der Wald und die ganze Heide,
und dazu das Singen der zierlichen Vögel.

der kalte winter tuot uns vil ze leide.
der wil uns mit sînen banden twingen.

5 mîn darf ûf dem anger nieman warten.
lâzet alle bluomen varn.
wir suln uns mit freuden scharn
jârlanc in einer stuben warn.
dâ singe ich iu von mîner Engelgarten.

II c 126,2

Ir lât die törpel ungebaere trîben.
die kunnen niht wan güefen unde ringen.

sô wil ich ir und allen guoten wîben
daz beste gerne sprechen unde singen.

5 wünschet daz mîn sanc ir müeze gevallen,
daz ich den lôsen an gesige
und der schoenen bî gelige
der ich mich nimmer mêr verwige!
diu ist mir ein wandel vor in allen.

C I III C 23 C[b] 1,2 c 126,3

H: XXXIX,1

Uns kumt ein sinnelôsiu samenunge,
der ich iu zwelfe und noch mêr wil nennen:

her Hebenstrît von Hôhenvels der junge
und Amelunc, den mugt ir wol erkennen,

5 Walbreht unde Willebreht der lange,
Îsolt, Eppe und Engelhart,
Uote und Otte und Îsenbart,

Der kalte Winter fügt uns viel Leid zu.
Der will uns in seine Fesseln schlagen.

5 Mich braucht auf dem Anger niemand zu erwarten.
Laßt alle Blumen nur dahin sein.
Wir werden uns für den Rest des Jahres
vergnügt in einer warmen Stube zusammentun.
Da singe ich euch ein Lied von meiner Engelgart.

II

Laßt die Bauernkerle sich ungehörig benehmen!
Die verstehen nichts als zu schreien und zu toben.

Ich aber will von ihr und allen guten Frauen
gerne nur das Beste sprechen und singen.

5 Wünscht, daß mein Lied ihr Gefallen finden möge,
daß ich den Frechen den Rang ablaufe
und bei der Schönen liege,
auf die ich niemals Verzicht gebe!
Sie entschädigt mich für sie alle.

III

Eine unsinnige Gesellschaft kommt uns da zusammen.
Von ihr nenne ich euch zwölf und noch mehr:

Herr Hebenstreit von Hohenfels der junge [zulernen.
und Amelung. Ihr werdet Gelegenheit haben, ihn kennen-

5 Walbrecht und der lange Willebrecht,
Eisold, Eppe und Engelhart,
Ute und Otto und Eisenbart,

Egenbreht und Megenwart,
die tuont mir leit an mînem anevange.

C III **IV** C 25 C^b 1,4 c 126,4

Nû weiz ich einen der sich sêre vlîzet
wie er mich beswaere an Engelgarte.

jâ weiz ich niht waz er der guoten wîzet.
im mac geschehen als jenem Durinkharte,

5 den ir muoter mit der pfannen schalke
harte an sînen drüzzel sluoc.
des er lützel ie gewuoc,
ân daz erz von hinnen truoc.
dâ von hüete er sich und mîn her Valke.

C II **V** C 24 C^b 1,3 c 126,5

Sî frâgent wer sî sî diu saeldenrîche
von der ich hovelîche hân gesungen.

sî wont in tiutschen landen sicherlîche.
H: XL,1 daz künd ich den alten und den jungen.

5 si ist in einem kreize, der ich diene,
von dem Pfâde unz an den Sant,
von Elsâze in Ungerlant.
in der enge ich sî vant.
noch ist sî zwischen Pâris unde Wiene.

Ferner L 55 u. 56

Egenbrecht und Megenwart,
die schädigen mich bei dem, was ich beginne.

IV

Nun weiß ich einen, der alles daran setzt,
wie er mir mit Engelgart Kummer bereitet.

Ja, ich weiß wirklich nicht, was er der Guten vorwirft.
Ihm kann es geschehen wie jenem Duringhart,

5 dem ihre Mutter mit dem Pfannenknecht
gehörig auf das Maul schlug.
Das hat er ganz fest verschwiegen,
nur daß er die Spuren mit sich forttrug. [Falke.
Deshalb nehme sich der andere in acht, und auch Monsieur

V

Sie fragen, wer die Glückliche denn sei,
von der ich so ganz nach Hofes Art gesungen habe.

Sie wohnt auf jeden Fall in deutschen Landen.
das gebe ich jung und alt bekannt.

5 Sie, der ich meine Dienste widme, wohnt in einem Kreis
zwischen dem Po und dem „Sand“,
zwischen Elsaß und Ungarn.
In diesem engen Umkreis habe ich sie entdeckt.
Noch immer wohnt sie zwischen Paris und Wien.

Göli

L 87

Mel. 21

Göli
H:
XVIII,10

C I O I **I** B I B 52 C 6 O 13 c 41,1

„Willekomen, sumerweter süeze!
der wíntèr sî lángè!
sîner kelte hât *uns wol* benüeget“, — H: er uns

sprach ein maget, „schiere komen müeze
5 diu zít dàz ich gángè
hin zem reien harte wol beklüeget.

niuwe betzeln unde rîse
ich ze hâre binde.
wol *ich nâch* des reien wîse — H: sing ich
10 *trite den* ahsel*noten* lîse. — H: nâch der; note
nâch der gîgen tanze ich niht ze swinde.

C II O II **II** B II B 54 C 7 O 14 c 41,2

[B 53 = L 90, I]

Jârlanc *gât daz* loup *ûf* über egge — H: gruonet; al
und grúonèt ze wáldè. — H: vil schône
H:
XIX,1
ûf dem anger hebent sich die tenze.

lûte rüeret ez der sumberslegge.
5 gezwínglîchen báldè
respent unde *reffent* iuwer swenze, — H: rispent; rifelnt

die *ir reient* sunder lougen — H: wir tâlanc dem
ûf *den* wasen slîzen!
offenbâr und niht ze tougen

L 87

I

„Willkommen süßes Sommerwetter!
Der Winter bleibe lange aus!
Von seiner Kälte haben wir genug“,

sprach ein Mädchen, „bald möge
5 die Zeit da sein, daß ich zum Reigen
fein geputzt gehe.

Neue Hauben und Schleier
binde ich auf mein Haar.
Trefflich nach der Melodie des Reigens
10 trete ich geruhsam den „Schultertanz“.
Nach der Fiedel tanze ich nicht zu schnell.

II

In diesem Jahre sprießt das Laub an allen Ecken und Enden
und grünt frisch im Walde.
Auf dem Anger beginnen die Tänze.

Laut rührt die Trommel der Paukenschläger.
5 Ohne Verzug
rafft und haltet eure Schleppen zusammen,

die sonst zweifellos beim Reigen
auf dem Rasen zerreißen!
Ganz offen und nicht zu verborgen

10 *sult ir* spehen mit den ougen — H: wir suln
wer die sîn die sich der tenze flîzen".

H: XXII,8 — C III O III **III** B: L 89, III B 58 C 8 O 15 c 42,3

'*Deist ein hübscher knappe, Kuonze* der weibel. — H: Der vierde daz ist Küenzelîn,
sîn hấr ìst gekríspèt,
wan erz an dem reien *dicke rîbet.* — H: der uns zuo; vil getrîbet

an der schar ist er ein rehter treibel.
5 gefúoclîch er zíspèt.
mit dem fuoze er schupfet unde rîbet.

jarâja *den* ahselnoten — H: die
kan er wol ze prîse,
meisterlîch den houbetschoten
10 *singen* nâch des reien knoten. — H: springen
hôher sprünge ist er ein angerwîse.

C IV **IV** B III B 55 C 9

H: XIX,10
Ich wil *Kuonzen kempfe sîn zer* linden
ze schálle ùnd ze rúomè, — H: kempfe wesen zuo der
sam mir Elsen lîp und ouch ir sêle.

wan muoz mich in sîner schare vinden.
5 her Kúonze ìst ein blúomè,
swie *in* allez lützet *mîn* vrou Bêle. — H: doch; in

Gîselbrehten den sî rüemet
waz sol der ze schalle?
erst von wîben gar vertüemet.
10 swie si in kroenet unde blüemet,
erst ein schebel und sîner friunde ein galle.'
H: XIX,20

10 sollt ihr mit den Augen ausfindig machen,
wer die sein sollen, die sich um die Tänze bemühen!"

III

'Das ist ein feiner junger Herr, Kunze, der Weibel.
Sein Haar ist gekräuselt,
weil er es am Reigen oft hin und her schwingt.

In der Schar ist er ein richtiger Antreiber.
5 Er schleift, wie sichs gehört, mit den Füßen.
Mit dem Fuße schleudert und schwingt er.

Wahrhaftig, den Schultertanz
versteht er vorzüglich,
meisterhaft den „Kopfschüttler"
10 zu singen nach des Reigens Gänge.
Für hohe Sprünge ist er ein Kenner auf dem Anger.

IV

Ich will für Kunze Vorkämpfer an der Linde sein
mit lautem Preis,
so wahr ich Else mit Leib und Seele bin.

Man wird mich in seiner Gruppe finden.
5 Herr Kunze ist eine Blume,
wenn ihn auch Madam Bele heruntersetzt.

Gieselbrecht, den sie herausstellt,
was ist denn an dem zu rühmen?
Bei Frauen ist er ganz unten durch.
10 Wie sie ihn auch verherrlicht und schön hinstellt,
er ist ein Schubbejak und eine Galle für seine Freunde.'

C V **V** C 10

„Waz hât Else an Gîselbreht gerochen?
des wúndèrt mich sḗrè
daz sî in sô offenlîchen strâfet.

sî hât im sîn lop vil gar zerbrochen.
H: XX,1 5 nû tűeje ès niht mḗrè!
er tanzet wol sô Kuonze heime slâfet.

swa man tanzet alder springet,
dâ ist er vor in allen.
mit gewalte in nieman dringet.
10 . . . .
des muoz er uns kinden wol gevallen.“ –

C VI O IV **VI** B IV B 56 C 11

„Gîselbreht, dû solt den sumber rüeren.
der dṓn dùrch die híutè
machet lîhte klaffendiu gehelze.

ich wil den tanz durch daz gedrenge füeren.
5 sich sámnènt die líutè.
daz ir dekeiner kroene alder kelze!

swer durch zuht niht tanzen welle
noch durch gemellîche,
der enmache kein geschelle.
10 hie wirt lîhte ein strûchgevelle,
daz *semelîche* spottes werdent rîche.“ H: die

C VII O V **VII** B V B 57 C 12

H: der tanz von dem

Dô huop sich *ein tanzen unde rûzen.*
H: XX,20 der dṓn *über* bíundè H: dur
schal reht als ez in ein ander brunne.

V

„Was hat Else nur an Gieselbrecht zu rächen?
Ich bin wirklich erstaunt,
daß sie ihn öffentlich so bloßstellt.

Sie hat ihn völlig um sein Prestige gebracht.
5 Das lasse sie für die Zukunft bleiben! [schläft.
Er tanzt (noch) prächtig, wenn Kunze daheim (schon)

Wo man tanzt oder springt,
da ist er an der Spitze.
Mit Gewalt drängt ihn niemand weg.
10 . . . .
deshalb gefällt er uns Mädchen mit allem Grund." –

VI

„Gieselbrecht, du sollst die Trommel schlagen!
Der Ton aus dem Fell
läßt sicher die Schwertgriffe klirren.

Ich werde den Tanz durch das Gedränge führen.
5 Die Leute strömen zusammen.
Daß keiner knurre oder schwatze!

Wer weder aus Anstand tanzen will
noch aus Ausgelassenheit,
der mache keinen Lärm!
10 Hier entsteht leicht ein Straucheln und Fallen,
so daß manche genug an Spott auszustehen haben."

VII

So begann nun ein Tanzen und Dahinstürmen.
Der Schall ging über die Beunde
ganz, als ob alles in Flammen stünde.

hôhe sprünge, rôte backen*knûze*. H: knusse; rôte: C
5 die stárkèn gefríundè
H: XXI,1 schirmden mîn vroun Bêlen vor der sunne.

Ringe der weibel bî der stûchen H: Ringew
mîn vroun Elsen fuorte.
hôher sprünge, sunder tûchen
10 und nie hâres breit gestrûchen,
fuor der weibel, dêr sî niender ruorte.

L 88

Göli H: XXIV,18

C I I B I B 59 C 1

'Winter, hin ist dîn gewalt.
nû hât Sumer sîn gezelt
ûf geslagen an die bîneweide.

wol geloubet stât der walt.
5 grüener varwe sint diu velt.
liehte bluomen entspringent ûf der heide.

Meie, ich fröwe mich dîner kraft.
dû gîst uns vil süezer morgentouwe.
H: XXV,1 dû tuost Sumer sigehaft.
10 bî dem Rîne ûf gruonent werde und ouwe.
jârlanc kumt uns vröude und ougenschouwe.

C II II B III B 61 C 2

Vil der brûnen klingen treit,
die verwettet hânt den tanz,
Fridebolt und al sîn cumpâ*nîe*, H: –

Hohe Sprünge, *mutwillige* Backenstöße. [so C; H.-W.: rote]
5 Die große Schar der Freunde
schützten Madame Bele vor der Sonne.

Ringe der Weibel führte
Madame Else am Ärmel.
Mit hohen Sprüngen, ohne zu „tauchen“,
10 ohne um Haares Breite zu straucheln,
tanzte der Weibel, so daß er nie an sie stieß.

L 88

I

‘Winter, mit deiner Macht ist es vorbei.
Nun hat der Sommer sein Zelt
aufgeschlagen auf der Bienenweide.

Schön belaubt steht der Wald.
5 Grünfarben sind die Felder.
Helle Blumen entsprießen auf der Heide.

Mai, ich freue mich über deine Fülle.
Du gibst uns süßen Frühtau.
Dem Sommer bringst du den Sieg.
10 Am Rhein ergrünen Inseln und Auen.
Nun kommt uns für das Jahr Freude und Augenweide.

II

Viele tragen schimmernde Klingen,
die den Tanz versprochen haben,
Friedebold und seine ganze Kumpanei,

lengiu swert, ze mâzen breit,
5 sleht, ze beiden eggen ganz.
sî *went* sich vor allen vögeten *vrîen.*
H: welnt; vre. nî [W. Wb.

Otte, kome daz ôsterspil,
sô lâ mich den dînen rât besinnen.
Künze diu hât friunde vil.
10 lâz an mich! dêswâr ez stât mit minnen.
Fridebolt, dû füere den tanz von hinnen!

C III III B II B 60 C 3

Fridebolt, setz ûf den huot!
wol*gevriunter* gang uns vor, H: gemu
bint dîn Ôstersahs zer linken sîten,

wis durch Künzen hôchgemuot,
5 leite uns für daz dink*hûs*tor, H:
H: XXV,20 lâ den tanz al ûf den wasen rîten!

werdest underdrungen dâ,
sô lâ swertes knopf ûf brust erknellen!
slach die stahelbîzen nâ,
10 daz die Kolmârhüete ûf kopfe erhellen!
nieman lâ dir laster breit ûf wellen!' –

IIIa c IV C 19 (am Ende Göli)

C IV IV B IV B 62 C 4

H: XXVI,1 „Vrou Künze, joch ist iuwer trût
under valken niht ein ar
noch eins lewen klâ under andern tieren.

lange Schwerter, mäßig breit,
5 glatt, an beiden Schneiden ohne Scharten.
Sie wollen sich von allen Vögten freimachen.

Otto, wenn das Osterspiel aufzuführen ist,
dann laß mich über deinen Rat nachdenken!
Künze hat viele Freunde.
10 Überlaß es mir! Fürwahr, ich meine es im Guten.
Friedebold, führe du den Tanz hinaus!

III

Friedebold, setz den Helm auf!
Von Freunden begleitet geh uns voran,
dein Österreicher Schwert gürte zur Linken,

sei Künzes wegen hochgestimmt,
5 führe uns vor das Rathaustor,
laß den Tanz auf dem Rasen vor sich gehen!

Solltest du weggedrängt werden,
dann laß den Schwertknauf auf die Brust knallen,
schlage den Stahlbeißer drauf,
10 daß die Kolmar-Helme auf dem Kopfe dröhnen!
Laß von niemandem Schimpf auf dich wälzen!' –

IIIa

IV

„Frau Künze, Euer Liebster ist wahrhaftig
kein Adler unter Falken
noch die Klaue eines Löwen unter anderen Tieren.

wie getorste er über lût
5 werden alde ie komen dar
dâ man *sach* die tenze rifelieren? [W: Prät. (nach B) angebra

dâ *muoz* er den troialdei H: r
selbe zwelfte von der linden rûmen.
lîhte wirt im einz ald zwei.
10 wil sich einer in dem hanfe iht sûmen,
der bedarf zer rehten hant des dûmen.

C V V B V B 63 C 5

Der selbe teilet unde welt
unde witert swie er wil,
dâ von sleht ouch in der hagel selten.

H: XXVII,1
vrou Künze, deist iu vor gezelt.
5 ir lobent Fridebolten vil.
des mac Else und Elle wol engelten.

Fridebolt ist hin geleit.
sîner minne ist er vil gar erlochen.
Elle mir daz rîsel treit
10 einest alder zwirent in der wochen.
Otten tanz der wart noch nie zerbrochen."

H-W: Für Göli unecht

IIIa C 19 (am Ende von Göli)

H: XXV,26
Nie versûmde noch vermeit
Fridebolt sîn scharpfez ort.
er vergaz nie swertes in der scheide.

swen sîn langez sahs versneit,
5 der gesprach nie ach noch wort.
Otte, daz mac dir wol komen ze leide.

Wie könnte er es wagen, öffentlich
5 aufzutreten oder je dorthin zu kommen,
wo man die Tänze drehen *sah?* [sieht?]

Da muß er den Tanz
zu zwölft an der Linde räumen.
Leicht kriegt er eines oder zwei.
10 Will sich einer im Hanf etwa versäumen,
der braucht an der rechten Hand den Daumen.

V

Wer selber teilt und wählt
und das Wetter macht, wie er will,
der wird freilich selber vom Hagel nie getroffen.

Dame Künze, das ist auf Euch gemünzt!
5 Ihr lobt Friedebold etwas sehr.
Das geht an Else und Elle hinaus.

Friedebold ist kassiert.
Von seiner Minne hat er eine trockne Kehle.
Elle trägt mir das Schleierchen
10 einmal oder zweimal in der Woche.
Der Tanz, den Otto führt, ist noch nie vereitelt worden."

IIIa

Nie unterließ es Friedebold,
seine scharfe (Schwert-)Spitze einzusetzen.
Sein Schwert hatte er immer in der Scheide bei sich.

Wen seine lange Klinge zerhieb,
5 der gab keinen Laut mehr von sich.
Otto, das kannst du leicht zu spüren bekommen.

sich hebt ringen, striuchelstôz,
slahen swert ûf herten stahel dicke. H: slac
jener, dirre und des genôz:
10 sêre verdriuzet mich ir wâfen blicke,
ê daz ichs under ougen baz verbicke.

L 89

Göli
H: XXI,7

I C 13

Wol gezieret stât diu grüene heide.
daz lóup ǜber égge
kiust man bî den tolden wunneclîche.

jâ tuont uns die dörpel vil ze leide,
5 gewínnènt sî héggè
hiure undr ein ander vil gelîche.

der ich wil nennen vier genôz,
die sint unbescheiden.
einer heizet Madelgôz,
10 der treit einen kolben grôz,
der wil uns reien bî der linden leiden.

II C 14

Welt ir wunder von den zweien hoeren?
die dǘnkènt sich spáehè,
sô sî diu swert gespannent umbe ir sîten.

dêst Erkenbolt mit sîm gesellen Stoeren.
H: XXII,1
5 die trétent sȍ wáehè
und gênt dort hübeschen her von Hôhenlîten.

So beginnt ein Ringen, Stoßen, das einen straucheln läßt,
Schlagen der Schwerter auf harten, dicken Stahl.
Jener, dieser und sein Kumpan:
10 mir ist das Blitzen ihrer Waffen lästig,
bevor ich es nicht mit den Augen besser unterscheide.

L 89

I

Schön geschmückt liegt die grüne Heide da.
Das Laub, rasch entsprossen,
spürt man lieblich an den Wipfeln.

Ja, die Bauernkerle tun uns viel Leid an,
5 falls sie heuer Rückendeckung
aneinander gleichmäßig finden.

Von ihnen nenne ich vier Kumpane,
das sind rücksichtslose Burschen.
Einer heißt Madelgoß,
10 der hat einen großen Kolben bei sich,
der will uns das Tanzen an der Linde verleiden.

II

Wollt ihr Wunder von den beiden anderen hören?
Die kommen sich gar überheblich vor,
wenn sie sich die Schwerter umgürten.

Das ist Erkenbold und sein Freund Störe.
5 Die tanzen so kunstvoll
und kommen zum Hofieren dort von Hohenleiten her.

der *vierde* heizet Amelolt H: dri
mit sînem hiubelhuote.
der ist den zweien niht ze holt.
10 sî habent ez wol umb in verscholt.
ersnellet ers, ez kumt in niht ze guote.

H: XXII,8 als III bei L 87 B 58 C 8 O 15 c 4

L 90

Göli H: XXII,19

I B 53 C

Wis willekomen, nahtegal ein vrouwe! H:
dîn dôn der ist *[vil]* rîche [Vorschlag W
H: XXIII,1 maneger süezen stimmen an dem morgen.

dû zierest rehte wol die grüenen ouwe,
5 swenn dû sô wunneclîche
singest und dîn trûren hâst verborgen.

dâ von solt dû des meien pflegen.
des vröut sich mîn gemüete.
des habe ich mich vil gar verwegen.
10 die kalten rîfen sint gelegen,
diu heide stât in wunneclîcher blüete.

II C 16 c 4

Ich wil iu klagen mîne schumpfentiure
von einem dörper spaehen.
der hât mich mîner *sinne* gar beroubet. H: li

sô krûsen loc gesach ich vert noch hiure.
5 den selben krispel waehen
den wir bekennen bî des lewen houbet,

derst wol anderhalp Franzeis,
ein stöuber under wîben.

Der vierte heißt Amelold
mit seinem Haubenhelm.
Der ist auf die zwei nicht gut zu sprechen.
10 Daran haben sie selber die Schuld.
Erwischt er sie, dann kommt es ihnen nicht zu gute.

L 90

I

Sei willkommen, Nachtigall, du Herrin!
Dein Ton, der ist so reich
an vielen süßen Stimmen des Morgens.

Du schmückst so recht die grüne Aue,
5 immer wenn du so lieblich
singst und deine Trauer verborgen hast.

Deshalb sollst du dich des Maies annehmen.
Darüber freut sich mein Gemüt.
Hierzu habe ich mich entschlossen.
10 Die kalten Reifnächte sind vorbei,
die Heide liegt in wonnesamer Blüte da.

II

Ich will euch meine Niederlage klagen,
die ich von einem tollen Bauernkerl erlitten habe.
Der hat mich um allen Verstand gebracht.

So krause Locken habe ich in meinem Leben noch nie gesehen.
5 Derselbe kunstvolle Krauskopf,
den wir am Löwenhaupt erkennen,

der ist wohl zur Hälfte ein Franzose,
ein Stöberhund unter Weibern.

sîn burse machet in puneis.
10 sîn kursît ist ein Schampeneis.
H: XXIII,20 jâ müge wir vor dem dörper niht belîben.

Bartsch, SMS, 433: für Göli unecht

III

Nû schouwet an den wunderlîchen koppen,
wie er sich wil erwüeten
alsam ein frecher fül an einem zoume!

jâ râte ich daz dem gemelîchen poppen,
5 er sol sich wol behüeten
H: XXIV,1 daz er im von dem anger gerne roume

ê daz im werde ein *[smurre]* wît [Vorschlag
von scharpfes swertes orten,
dâ von vil manger tôt gelît
10 und nimmer mêr gehebet strît
und setzet niht mêr schapel ûf die borten.

IV C 17

Er hât gewunden krûse valwe locke,
am ende widerstürzet.
daz machet im diu hûbe mit den snüeren.

wolgevalten sost er in dem rocke,
5 vil ebene geschürzet.
nieman sol in ungetwagen rüeren.

er ist sô haele, wurrâ wei!
wer kunde im gelîchen?
lieber mîn her portenschei,
10 ir sint ein süezer knappe offei.
stêt in dem ringe und lât dar nâher strîchen!

C 18 s. L.

Sein Beutel läßt ihn nach „Parfüm“ stinken.
10 Sein Pelzüberrock stammt aus der Champagne.
Ja, mit diesem Bauern können wir nicht Widerpart halten.

III

Nun schaut den seltsamen Gockel an,
wie er sich wütig geben will
wie ein ungebärdiges Füllen am Zaum!

Ja, ich rate dem ausgelassenen Maulhelden,
5 er soll sich gut in acht nehmen,
daß er freiwillig den Anger räumt,

bevor ihm ein ausholender Hieb geschlagen wird
von scharfen Schwertspitzen,
weswegen schon viele tot gelegen sind
10 und nicht mehr Streit beginnen
und keinen Kranz mehr auf die [Hut-]Borte setzen.

IV

Er hat gedrehte krause blonde Locken,
am Ende aufgestellt.
Das bewirkt die Haube mit den Schnüren.

In schönen Falten steckt er in dem Rock,
5 gleichmäßig aufgeschürzt.
Niemand rühre ihn mit ungewaschenen Händen an!

Er ist so glatt, hoppla hei!
Wer könnte sich mit ihm vergleichen?
Mein lieber Monsieur Türstock,
10 Ihr seid ein süßer junger Herr, meiner Treu! [kommen!
Nun haltet stand im Ring und laßt es an Euch heran-

EINFÜHRUNG

DIE ÜBERLIEFERUNG

Wie bei jedem Werk der mittelalterlichen Literatur gleich welcher Sprache ist auch für eine Beschäftigung mit dem mittelhochdeutschen Dichter Neidhart die erste Frage die nach der textlichen Sicherung des Werkes.

Es ist aufgrund der Art mittelalterlicher Überlieferung in Form von Handschriften, die oft nur der Zufall auf unsere Tage hat gelangen lassen, keineswegs von vorneherein sicher, daß wir nach Bestand und Wortlaut das betreffende Denkmal oder das Gesamtwerk einer literarischen Persönlichkeit vollständig, echt und in zuverlässiger Gestalt besitzen. Dies zu klären und nach Möglichkeit zu erreichen, ist die Aufgabe der Textkritik, d. h. die Herstellung eines kritischen Textes, der, soweit als irgend möglich, dem Original aus der Hand des Vfs. nahekommt. Die Disziplin der Paläographie leistet dabei der Philologie unerläßliche Dienste: die Bestimmung der Handschriften nach Zeit, Landschaft oder Ort und nach Art ihrer Herstellung, ob z. B. ein oder mehrere Schreiber an ihr beteiligt waren.

Für Neidhart ist die handschriftliche Überlieferung auf den ersten Blick verheißungsvoll gut. Wir besitzen 22 Handschriften und Bruchstücke (darunter auch 3 frühe Drucke), die sich von der 2. Hälfte des 13. Jahrhunderts bis ins 16. Jahrhundert erstrecken und – soweit sie lokalisierbar sind – vom baierisch-österreichischen Raum ins Ostfränkische, Alemannische und Niederrheinische reichen. Gerade die ältesten Handschriften gehören der Gattung der Sammelhandschriften an, d. h. in ihnen wurde zusammengetragen, was den zeitgenössischen Auftraggebern und Redaktoren erreichbar und wichtig war.

Dieser Befund läßt bereits bestimmte Schlußfolgerungen

zu: Neidharts dichterisches Schaffen liegt den ältesten melhandschriften voraus; wir kommen also gut bis in Mitte oder sogar in die 1. Hälfte des 13. Jahrhunder spätete Zeit Neidharts. Die andere Schlußfolgerung ist das Werk Neidharts durch das ganze spätere Mitte und über einen weiten Raum gefragt und damit wir geblieben ist.

Hinzu tritt die Feststellung, daß 5 von den 22 H schriften zusammen 56 Melodien enthalten, von dene zweifach bezeugt sind, so daß wir insgesamt 69 Aufz nungen besitzen. Die einzelnen Melodien sind bestim Textgruppen, Strophen gleichen metrischen Baues, zug net. Dieser Sachverhalt erlaubt ebenfalls bereits ge Schlußfolgerungen. Er ist gemessen an der sonstigen Ü lieferung von mhd. Lyrik der Zeit vor und um Nei einmalig. Denn bis Neidhart und noch über ihn hinaus entweder überhaupt keine oder für den einzelnen Dich z. B. Walther von der Vogelweide – nur ganz wenige M dien überliefert, oder sie werden in den betreffenden H schriften zwar einem bestimmten Dichter jener Ep zugeschrieben, aber nicht dessen eigenen, sondern frem späten Texten unterlegt. So wieder beispielhaft bei Wa in Meistersingerhandschriften. (Es ist in diesen Fällen eine schwierige Forschungsaufgabe, die Authentizität Melodiezuweisung zu klären.) Die Verbindung von M dien und Texten in den Neidharthss. geben demgegen immerhin eine gewisse Sicherheit, daß die jeweiligen M dien in der Tat zu Gedichten Neidharts verwendet wo sind, oder was jedenfalls die Überlieferungsträger als Neidharts angesprochen haben. Dieser Umstand läßt allgemeineren Schluß zu, daß jene Lyrik des 12/13. J hunderts, der Neidhart zugehört, im Prinzip sangbar wesen, als „Sangverslyrik" zu verstehen ist.

Die nähere Beschäftigung mit diesem solchermaßen be eindrucksvollen Befund offenbart jedoch die ganzen Sch rigkeiten mittelalterlicher Überlieferung. Jede Handsc zeigt variierenden Sprachstand und Wortlaut, sowie eine außerordentlich verschiedene Zahl von Gedichten, die sie als Werk Neidharts ausgibt. Es ist hiebei zu beobachten, daß in der einen oder anderen Handschrift Strophen anderen Verfassern zugeschrieben werden, die sonst als Neidhart gehörig registriert sind.

Auch wo Melodien zweifach überliefert sind, was wie gesagt dreizehnmal der Fall ist, zeigen sich zwischen den beiden Fassungen z. T. wesentliche Differenzen. Das nötigt zu dem Verdacht, daß auch die nur einmal bezeugten Melodien bis zu ihrer erhaltenen Aufzeichnung Veränderungen haben erfahren können, die zunächst nicht kontrollierbar sind.

Was ist bei derartigem Sachverhalt das echte Werk Neidharts nach Umfang, Sprachgestalt und Melodien? Dieses primäre Erfordernis aller wissenschaftlichen Beschäftigung mit literarischen Denkmälern ist für Neidhart ein derzeit noch keineswegs endgültig gelöstes Problem.

Der Bestand der Handschriften gliedert sich nach dem Umfang des darin von Neidhart Überlieferten in 3 Gruppen auf:

1. Handschriften kleinen Bestandes. Es sind einmal Sammlungen und Bruchstücke mit nur wenigen Strophen: die Pergamenthandschriften (mit Großbuchstaben bezeichnet) des 13./14. Jahrhunderts M (Carmina Burana) mit 1 Strophe, K mit 6 Strophen, G 9 Strophen, C^b 26 Strophen. Die beiden Neidhart-Blätter dieses Bruchstückes C^b stammen gemäß Haupt (S. VI) aus derselben Urschrift wie C (s. u. 2); es wird deshalb im weiteren zu C gestellt. Dazu P (Straßburg 1351, von H.-W.-F. als p bezeichnet) mit 5 Strophen. Zum anderen sind es Papierhandschriften (mit Kleinbuchstaben bezeichnet) des 15. Jahrhunderts: mit je 7 Strophen die drei Handschriften h (Liederbuch der Clara Hätzlerin), ko (Kolmarer Liederhandschrift) und m (Augsburg?), dann k

(das Liederbuch des Jacob Käbitz) mit 11 und st (Stockholm) mit 13 Strophen.

Größere Strophenzahl besitzen: O (zwei Doppelblätter der Stadt- und Universitätsbibliothek Frankfurt vom Niederrhein aus dem 14. Jahrhundert) 34 Strophen, A (die Kleine Heidelberger Liederhandschrift vom Ende des 13. Jahrhunderts) 39 Strophen und B (die Weingartner Liederhandschrift von der Wende des 13. zum 14. Jahrhundert) 82 Neidhart zugeschriebene Strophen, worin aber 5 dem Konrad von Kilchberg gehören.

2. Eine mittlere Gruppe von 132 bis 383 Strophen. Hier sind zu nennen: Hs. d (der Heidelberger Universitätsbibliothek) mit 132 Strophen, s (die seit 1945 verschollene sog. Sterzinger Miscellaneen-Hs.) mit 162 Strophen, w (die sog. Schratsche Hs. zu Wien) mit 163 Strophen, C (die Große Heidelberger Liederhandschrift) mit 233 Strophen („Einiges Verlorene ist im Abdruck Melchior Goldasts erhalten: Paraenetici veteres. Insulae 1604" W.-F.S.X), f (der Staatsbibliothek preußischer Kulturbesitz Berlin) mit 261 Strophen, z (die 3 Drucke des Neidhart Fuchs) mit 353 Strophen, von denen aber 6 Oswald von Wolkenstein gehören. Endlich R (die Riedegger Hs. in Berlin) mit 383 Strophen.
3. Die Hs. c mit 1098 Strophen.

Wenn man von den kleinen Bruchstücken absieht, die aus der Sache heraus unvollständig sind, differenzieren die ganz oder nahezu vollständig erhaltenen Sammelhandschriften zwischen A mit 39 und R mit 383 Strophen, während c mit seinem Umfang allein steht.

Differenziert ist auch der Melodienbestand. Von den 56 einfach und 13 doppelt bezeugten Melodien entfallen 1 auf ko, 5 auf das Bruckstück O, 9 auf w, 9 auf s. Eine Sonderstellung nimmt mit der Hauptmasse von 45 Melodien wieder c ein.

Angesichts dieser Differenz wird man zunächst nach den

ältesten Zeugen fragen, die Neidhart zeitlich am nächsten stehen. Hier bietet sich als älteste eine Gruppe an, die um die Wende des 13. Jahrhunderts und im 14. Jahrhundert entstanden ist. Abgesehen von den nur eine Strophe (Lied 17 I) enthaltenden Carmina Burana von der Mitte des 13. Jahrhunderts fallen ins Gewicht einmal die bekannten alemannischen Sammelhandschriften des mittelhochdeutschen Minnesangs vom Ende des 13. Jahrhunderts an: A (39 Strophen), B (77 Strophen), C (233 Strophen), zum anderen die Hs. R (383 Strophen), sie alle aber ohne Melodieaufzeichnungen.

Von ihnen zieht die Hs. R das besondere Augenmerk auf sich: sie gehört, wie nun wohl sicher anzunehmen, noch dem Ende des 13. Jahrhunderts an, stammt aus niederösterreichischem Adelsbesitz, d. h. aus der Landschaft, in der Neidhart von etwa 1230 bis zum Ende seines Schaffens (um oder nach 1237) gelebt hat. Neben epischen Werken: Iwein, Pfaffe Amis, Dietrichs Flucht und Rabenschlacht, enthält sie an Lyrik außer 3 Minneliedern nur Neidhart; sie ist also hier betont an ihm interessiert. Sie trägt auch neben der Handschrift C, die das umfangreichste gleichzeitige Repertoire an Lyrik insgesamt aufweist, das meiste von ihm zusammen. So konzentriert sich das Interesse zunächst auf diese beiden Handschriften und ihr gegenseitiges Verhältnis.

Sie differieren um 150 Strophen, die C weniger als R hat.

Für die Darstellung des Befundes und das Ziel, welche Lieder als solche und welche der den einzelnen Liedern zugewiesenen Strophen als echt anzusprechen sind, wird es einsichtiger, im folgenden von den Liedern statt von den Strophen auszugehen, d. h., wie oben S. XIII erwähnt, de facto von den Tönen, welchen die einzelnen Strophen zugehören.

In diesem Verstand zeigt die
Hs. R einen Bestand von 56 Tönen,
Hs. C einen Bestand von 52 Tönen, 2 Töne zusätzlich bei Goldast, also ursprünglich 54.

Ein Vergleich zeigt, daß hievon 23, mit Goldast 25 T
R und C gemeinsam sind. Somit hat R 33, bzw. 31 T
ohne Stütze in C und C 29 Töne ohne Stütze in R.

Die 23 gemeinsamen Töne sind: L 2. 3 (C^b). 5. 8 (mit
10. 12. 13. 17. 18. 24. 25 (C nur VII, O K zusammen
ganze Lied). 26. 27. 28. 31 (VI als Göli). 34. 39 (C^b). 41
I. II). 45 (C^b). 48. 50. 53. 55; für 47 und 51 erweist a
Goldast einstige Kenntnis für C.

Hinzukommt, daß von den 33 Tönen R.s außerhalb
C sich 10 ganz oder zum Teil in den anderen, zur älte
Gruppe gehörigen Hss. A, B, K und O finden: L 6. 16.
38. 42 in A, 15. 33 in B, in B und O 43 (samt A mit VI
52, in O allein 56. 35 Lieder von R sind also urspr., d. h.
schl. Goldast, in den anderen älteren Hss. gedeckt, 21 nic

Auf der anderen Seite kennen die gleichen Hss. A, B,
6 Töne von den 29 durch R nicht gedeckten in C. D
sind: L 82 (mit A), 83 und 84 (mit A neben c). 87 (
B O). 88 (mit B). 90 (mit B in I). Außerhalb von C un
enthält nur B noch 5 Lieder: 61. 67. 72. 74 (mit G u. P).
Insgesamt sind also 34 Töne (L 57–90) nicht in R vertrete

Dieser Sachverhalt ergibt immerhin eine opinio com
nis literarisch interessierter Kreise um 1300 für einen
stand von 41 Tönen als 'Neidharte'.

Dies scheint mir eine erste und wichtige Basis für
Frage nach der inneren Echtheit des unter dem Na
Neidhart Überlieferten zu sein. Anderseits ist diese op
communis über das, was 'Neidhart' ist, bereits weit über
Menschenalter von der Lebenszeit des Dichters entfe
Verschiebungen in der Auffassung dessen, was Neidhart
oder noch sein kann, sind im Prinzip möglich. Hier s
Neuansätze der Forschung notwendig.

Solcher Vorbehalt erscheint noch begründeter durch
Feststellung, daß bei den zwei- oder mehrfach bezeu
Tönen gerade die Gruppe A B G K O P gegenüber C
vor allem R nur ganz wenige Strophen je Ton gemein
bezeugt, oder – so besonders A – anderen Vfs. zuschre

und zwar A dem Gedrut L 6 u. 34, Niune 41 u. 84 (C: Rubin von Rüdeger), Luthold von Seven 82 (C^2: Friderich der kneht). Umgekehrt ist es bei den in C unter dem Namen Göli angeführten Liedern: B schreibt die drei, die es davon kennt, Neidhart zu, nämlich 87 (mit O). 88. 90 (89 hat nur C). Beachtet man noch, daß hiebei die Hs. C und die Gruppe A B K O P geographisch dem Westen des deutschen Sprachgebietes angehören, während R österreichisch ist, so muß man folgern, daß die Substanz und die Sicherheit jener opinio communis um 1300 über das, was 'Neidhartisch' sei, im Alemannischen (und Mitteldeutschen) erheblich geringer ist als im Ursprungsland Österreich.

Man wird schon aus diesen Befunden geneigt sein, der Hs. R mehr Gehör zu geben, auch im Hinblick auf die 21 Töne, die R zusätzlich aufweist, und man wird das, was die anderen Hss. ohne Deckung in R als Neidharte bezeichnen, primär an den Beobachtungen an R kritisch prüfen.

Nun tritt zu dieser Bezeugung des 13./14. Jahrhunderts diejenige des 15. Jahrhunderts, alles überragend die Riesensammlung der Hs. c.

Es ist höchst auffallend, daß mit ihr das 15. Jahrhundert weit mehr an 'Neidhart' anbietet als die der Zeit des Dichters erheblich näher stehende ältere Hss.-Gruppe. Wobei sehr zu beachten ist, daß c im 16. Jahrhundert in Nürnberger Besitz nachweisbar, vielleicht auch dort, zwischen 1461 und 1466, entstanden ist. Sie steht also dem geographischen Lebensbereich Neidharts (zumal in seiner früheren baierischen Zeit) wiederum näher als die übrigen Hss. In dieser Hinsicht bildet sie mit R immerhin eine gemeinsame Gruppe.

Mit solchem Sachverhalt deckt sich die erste Feststellung: die Hs. c bestätigt den Bestand von R mit 52 von dessen 56 Tönen, allerdings mit einem erheblich größeren Strophenbestand. (Von den restlichen 4 Tönen sind nur 2 ausschließlich in R bezeugt: L 21 und 36; Lied 16 ist wenigstens als Ton mit 1 Strophe [VI] in A gestützt, Lied 23 durch die junge Hs. d [und den Druck z]).

Die 2. Feststellung: c deckt den größeren Teil der Töne von C, nämlich 44 von 54, wobei 19 dieser 44 Töne zu den nicht in R gedeckten 29 Tönen gehören, wobei c die vier Göli-Lieder Neidhart zuschreibt; 25 sind mit den gemeinsamen identisch. 10 C-Töne bleiben also auch von c ungedeckt, wobei nur einer, nämlich L 82, noch in A begegnet (dort und ein 2. Mal in C nicht Neidhart zugeschrieben). Ausschließlich in C überliefert sind Lied 59. 65. 66. 70. 73. 75. 76. 77. 80. – Die 5 B-Lieder des C-Blockes kennt c ebenfalls.

3. Feststellung: bei dieser Deckung von R, B und C wird c z. T. von den übrigen kleineren Sammlungen des 15. Jahrhunderts unterstützt.

Das alles besagt: der weit überwiegende Teil der um 1300 als Neidharte zusammengetragenen Töne, nämlich 76 (d. s. 52 in R, 19 in C und 5 in B) von 90 (d. h. 56 in R, zusätzlich 29 in C und 5 in B), ist der Hs. c und damit dem 15. Jh. ebenfalls bekannt und wird als 'Neidhart' angesprochen. Wichtig ist dabei, daß gerade wieder der älteste (und österreichische) R-Bestand entschieden vollständiger von c gedeckt wird als der an sich geringere und unsicherere Bestand des C-Blockes.

Das rückt einerseits wiederum R in den Vordergrund der Beachtung und ist anderseits ein Erweis hoher Zuverlässigkeit von c in der Zuweisung des Liedgutes. Es ist von dem Zusammengetragenen in R fast nichts verlorengegangen und auch nichts desavouiert worden.

Doch was ist nun mit der Mehrzahl der noch nicht im 13./14. Jahrhundert registrierten Neidharte? Hier wird mit der Überfülle des Zugekommenen die Frage der Echtheit brennend.

War diese Fülle von Tönen und Strophen, die das 15. Jahrhundert anbietet, wirklich für die Sammler des 13./14. Jahrhunderts unerreichbar, falls sie damals überhaupt schon vorhanden, d. h. im mündlichen Vortrag gebraucht war? Sind sie alle Eigentum des historischen Dichters Neidhart?

Von hier greift die Frage aus: ist der um 1300 dargebotene Bestand überhaupt authentisch? Wie steht es vor allem mit den in den älteren Hss. gegenseitig nicht gedeckten Tönen und Strophen? Sind in der Zeit zwischen Neidhart und der Entstehung der auf uns gekommenen älteren Hss. Neidharts Gedichte treu überliefert worden?

Das sind Zweifelsfragen, die aus dem Sachverhalt der differenzierten Überlieferung von Anfang an erwachsen sind.

Sie finden eine Stütze in dem Umstand, daß Strophen schon von R, O und C ab überliefert sind, worin Neidhart angesprochen und wobei gegen Aussagen des bezogenen Liedes polemisiert wird. Nächstliegende Vermutungen waren, sie als Äußerungen von Gegnern, also als Zudichtungen anzusehen (vgl. Simon S. 34 f.). Eine jüngste Untersuchung von B. Wachinger schreibt diese sog. Trutzstrophen z. T. Neidhart selbst zu; ebenso Bertau, Bayer. Lieder S. 311 ff.

Immerhin, es treten Strophen bereits im Bestand von R und in anderen Hss. Lieder auf, worin Neidhart in der 3. Person als Gegenstand der Aussage erscheint und ihm bestimmtes – meistens nicht sehr feines – Verhalten und Tun unterstellt wird. Dieser Sachverhalt deckt sich mit der literarhistorischen Erscheinung des späteren Mittelalters, daß Neidhart als Figur in Schwänken und Spielen auftritt, den sog. Neidhart-Schwänken und -Spielen zumal des 15. Jahrhunderts. Wenn Neidhart selbst Gegenstand von Dichtung geworden ist, läßt sich leicht vermuten, daß auch Lieder und Strophen in Neidharts Manier entstanden und ihm zugeschrieben worden sind. Schon ein erster Überblick vermittelt den Eindruck, daß vieles zumal des 15. Jahrhunderts, aber auch schon im 13./14. Jahrhundert Überlieferte schwerlich ein und derselben Persönlichkeit zugehören könne, original wäre. Die wissenschaftliche Problematik liegt bei der Frage der Abgrenzung: Was ist Neidhart, was ist „Pseudo-Neidhart"?

Diese Frage hat primär die Forschergeneration des 19. und

des beginnenden 20. Jahrhunderts beschäftigt, ohne bis h
zur Ruhe gekommen zu sein. Sie stand im Zusammenh
mit der vorrangigen Aufgabe, aus der handschriftli
divergierenden Überlieferung einen kritischen Text,
den möglichst originalen Bestand und Wortlaut des We
Neidharts herzustellen.

Ergebnis dieser Bemühungen war die grundlegende
bis heute im Prinzip noch nicht überholte Ausgabe
Moriz Haupt 'Neidhart von Reuental', Leipzig 1857.

In ihr fiel die grundsätzliche Entscheidung über die E
heit des Bestandes und seine Textgestalt. Moriz Ha
schreibt S. IX seiner Ausgabe:

„Unter allen diesen urkunden zeichnet sich die Riedegger h
schrift aus, nicht sowohl durch fehlerlosigkeit im einzelnen
durch besonders sorgfältige schreibweise als dadurch daß sic
ihr nur selten willkürliche änderungen erkennen lassen. des
muste die gestaltung des textes auf diese handschrift gegrü
werden, und wo sie fehlerhaft ist durfte ich nicht vorschnel
den andern handschriften greifen, sondern oft konnte durch
änderung aus ihr das richtige oder genügende gewonnen werde

Auch in der meist richtigen strophenfolge steht diese h
schrift den andern voran, und noch mehr darin dass in sie
weniges unechte aufgenommen ist, wogegen schon in B und
mehr in C unechte strophen und lieder eingang gefunden ha
in cf und gar in z das unechte überwiegt. was in R nicht s
das hat keine äussere gewähr der echtheit; aber einige li
und einige strophen denen sichere beglaubigung fehlt habe
aufgenommen weil kein innerer grund gegen ihre echtheit spr
ton und inhalt dem dichter gemäss schienen. die mehrzahl de
die anmerkungen verwiesenen strophen wird auch ohne dass
überall die beweise der unechtheit ausführlich dargelegt h
kein verständiger für echt halten; einige mögen echt sein, aber
vorsicht habe ich sie in die anmerkungen gestellt, die ich ü
haupt, wie die Lachmanns zu Walther von der Vogelweide,
einen wesentlichen theil des buches anzusehen bitte. in einem
hange zu dieser vorrede habe ich, mit ausnahme der 5 strop
30 bis 34 in B, die in C dem Grafen Konrad von Kirchb
gehören, die unechten oder zweifelhaften lieder aus den ha

schriften R B C zusammengestellt, um wenigstens diese quellen auszuschöpfen und weil die betrachtung dieser lieder für die würdigung der erweiterungen echter lieder von nutzen ist. noch weiter gehn und auch die unechten lieder der handschriften cdf und des alten druckes aufnehmen durfte ich nicht, wenn nicht Neidharts echte dichtung von unechter und schlechter, das alte von dem neuen überwuchert werden sollte. diese bei seite gelassenen dichtungen sind trotz der rohheit der meisten nicht unwichtig für die geschichte der sprache, der sitten und der poesie; ich habe mich nothwendig viel mit ihnen beschäftigen müssen, aber für eine andere zeit zurecht gelegt was ich zu ihrer herstellung und erklärung beitragen kann."

An der hieraus begründeten Auslese und Textherstellung hat sich seitdem wenig geändert. Die von Edmund Wiessner besorgte 2. Auflage von 1923 und die sich hierauf stützende Ausgabe Wiessners in der Altdeutschen Textbibliothek von 1955 sowie deren Neuausgabe durch Hanns Fischer 1963 und 1968 mußten sich im Wesentlichen mit Revisionen des Hauptschen Textes begnügen.

Für die hier besonders interessierenden Echtheitsfragen stellt sich der Status gemäß der letzten Revision von Fischer wie folgt dar:

Von den 56 Tönen der Hs. R gilt nur L 22 als unecht, jedoch sonst eine Reihe von Strophen der 'echten' Lieder. Damit sind auch die 23, bzw. 25 mit R gemeinsamen Töne der Hs. C zum alten Bestand gerechnet.

Von dem nicht durch R gedeckten Bestand von 29 Liedern in C erfreuen sich L 57. 58. 62. 63. 64. 65. 69. 70 (d. s. SL 1–8 bei W.-F.) einer (freilich hier ganz oder z. T. angezweifelten) Anerkennung, mit Ausnahme der für unecht gehaltenen Strophe C 271 in L 65, ebenso L 78 (WL 37) und 83 (WL 15), mit einem Fragezeichen Wiessners (ZfdA 63, 37) L 84 (WL 21, in C nur Str. I und diese dem Rubin von Rüdeger zugeschrieben, ebenso in A unter Niune. Als Ganzes wird das Lied nur in c Neidhart zuerkannt.) Es sind also 11 von den 29 Tönen, 9 von den 19 durch c gedeckten, d. h. L 65 u. 70 stehen nicht in c.

Vergleicht man dieses Forschungsergebnis von 55 + 11 = 66 echten Liedern an der Überlieferung des 13. und 14. Jahrhunderts, dann ergibt sich eine Verschiebung gegenüber jener opinio communis von 41 'Neidharten'. Und zwar zugunsten der österreichischen Überlieferung von R, deren von der opinio communis nicht gedeckter Überschuß von 21 Liedern (o. S. 504) mit einer einzigen Ausnahme (L 22) als echt angesehen wird, während einige der zur opinio communis gehörenden Lieder zu Pseudo-Neidharten erklärt werden; es sind die fünf nicht von R, sondern durch A B C G O P z. T. gegenseitig gestützten Lieder 74. 82, sowie die drei Göli-Lieder 87. 88. 90.

Eine weitere Verschiebung gegenüber der opinio communis ist die (wenn auch bezweifelte) Anerkennung der oben genannten 9 nicht von anderen älteren Hss. gestützten Lieder in C (die aber mit der Ausnahme von Lied 65 u. 70 auch in c stehen): 57. 58. 62. 63. 64. 65. 69. 70. 78. (Sonst sind nur noch die außerhalb von R stehenden, nur z. T. von A und C mitgedeckten c-Lieder 83 [A IV, V] und 84 [AC I] aus der opinio communis als echt erwogen.)

Diese Verschiebung deckt sich bemerkenswert und damit Vertrauen verdienend mit der Feststellung (s. o. S. 504 f.), daß gerade die westlichen Repräsentanten eine geringere Sicherheit verraten und einen kleineren Bestand zu jener opinio communis beitragen. Man weiß also im österreichischen Raum sicherer und besser, was 'Neidhart' ist, bzw. sein kann. In diesem Sinn bestätigt sich das Forschungsergebnis im großen ganzen. Man kann abschließend daraus folgern: Neidharts lyrisches Werk ist im deutschen Südosten verwurzelter gewesen als außerhalb.

Bei den Hss. des 15. Jahrhunderts ist für deren dominierenden Repräsentanten, die Hs. c, der Befund bemerkenswert.

Hs. c ist bei den in R und C als echt anerkannten Liedern mit einem hohen Anteil vertreten, nämlich mit 51 ihrer 52 Töne in R, mit 9 von den als echt möglichen 11 in C. Hingegen werden von der enormen Fülle von Strophen, die c außerhalb von R und C allein oder gemeinsam mit anderen älteren und jüngeren Hss. besitzt, nur ganz wenige als echt anerkannt. Entschieden größer ist die Zahl der durch R (und C) ungedeckten Strophen von c (u. a. Hss.) zu echten Liedern, die als unecht beurteilt werden. Es sind, nach Simon S. 119, insgesamt 120 Strophen. Und was c allein oder gemeinsam mit anderen Hss. an geschlossenen Liedern außerhalb von R anbietet, wird – abgesehen von den 9 mit C gemeinsamen als echt möglichen (s. o. S. 510 Lied 57. 58. 62. 63. 64. 69. 78. 83. 84) – als 'Pseudo-Neidharte' angesprochen. Es sind nach Haupts Auffassung über 70 Lieder in c von 87 unechten im ganzen (vgl. Simon S. 119).

Hanns Fischer formuliert als Ergebnis aus diesen Auffassungen:

„Beide [nämlich R und c] sind sichtlich um größte Vollständigkeit bemüht – in R lassen die Nachträge am Rand dieses Bestreben besonders deutlich erkennen –, aber während die erstrebte Vollständigkeit in der frühen Handschrift R auf das echte Neidhartgut zielt, das im ganzen ohne Verfälschung überliefert ist, erscheint in c Echtes und Unechtes in bunter Mischung, ja die Neidhart selbst zuzuweisenden Lieder sind förmlich überwuchert von einem dichten Geranke von Nachahmungen aller Qualitätsabstufungen. R sammelt noch Neidharts Œuvre, c eine ganze Neidhartische Gattung“ (S. XIV).

Dieses Ergebnis bleibt trotz dem einleuchtenden und im ganzen wohl auch zutreffenden Resümee Fischers auffallend. Einerseits erweist sich c als ein zuverlässiger Bewahrer des in R (und C) als echt angesehenen Bestandes, anderseits sei nahezu alles darüber Hinausgehende unecht. Schon diese statistische Feststellung fordert zu dem immer lauter werdenden Zweifel heraus, ob die ebenfalls aus dem deutschen Südosten – Nürnberg – stammende Hs. c nicht gegenüber R als Bewahrerin von Neidharts persönlichem Werk zu gering gewertet worden ist. Dieser Zweifel kombiniert sich mit der

weiteren kritischen Frage, ob es den bisherigen Bemühu
in der Tat gelungen ist, den Umfang dessen, was Neic
zuerkennbar sei und was ihm nicht gehören kann,
Nachahmung und Weiterbildung anderer Hände ist, g
gend zu bestimmen. Hier ist neue grundlegende Arbei
die Zukunft zu leisten. Einen ersten Ansatz hiezu b
Gerd Fritz (s. Bibliogr.).

Ähnlich steht es mit den *Melodien.*

Abgesehen von den 5, z. T. defekten Aufzeichnungen
Bruchstückes O aus dem 14. Jahrhundert finden sie
sämtlich erst in Handschriften des 15. Jahrhunderts (kc
s), zumal (mit 45 Aufzeichnungen) in c. Damit wird die
ge ihrer 'Echtheit' ebenso akut wie für die Texte d
Hss. Die Forschung ist bis jetzt noch zu keinem immane
Kriterium gelangt. Man scheidet lediglich zwischen M
dien, die zu Tönen gehören, die aufgrund von Überliefe
und bisheriger Textkritik als echt angesprochen werden,
solchen, die zu 'Pseudo-Neidharten' überliefert sind.
gariter gilt demzufolge die eine Gruppe ebenfalls als '
die andere als 'unecht'. Das ist als rein provisorisch a
sehen.

Zu den gemäß den dargelegten Prinzipien als echt er
ten Liedern stellen sich 17 Melodien. Die betreffenden
der sind alle in R bezeugt, von den Melodien 15 in c, da
3 gemeinsam mit O (M 5. 11. 15), eines mit w (M 12), n
Melodien existieren außerhalb von c (M 9 in s. M 10 in
Zu den 'Pseudo-Neidharten' der alten Hss. sind nur 4
lodien überliefert. Hievon finden sich 2 wiederum
(M 19 u. 20, diese zugleich auch in w); eine (M 3) ist zu
einzigen als unecht angesehenen R-Lied 22 in s notiert
letzte (M 21) in O. Außer diesen vieren gibt es dann
weitere 35 Melodien zu unechten Liedern in den jüng
Hss. (Die 35. Melodie hat erst jüngst Helmut Lomnitz
ZfdPh. 90 [1971] S. 214 in der Hs. w als Pseudo-Neid
[w 11]: 'Mönchs- oder Kuttenschwank' nachgewiesen
publiziert.)

Aus solchen dargelegten Befunden und dem Forschungsstand ergeben sich die Folgerungen für die Ausgabe.

Das Schwergewicht nach Alter, geographischer Herkunft und Forschungsmeinung liegt auf der Hs. R, sowohl, wo sie durch andere alte Hss. gestützt wird, als auch (zumeist mit c) allein steht. Es empfiehlt sich deshalb, den Gesamtbestand von R nach seinen Tönen und Strophen zu bringen (auch wo unechter Bestand vermutet wird), d. h. 56 Töne, samt denjenigen Strophen außerhalb von R zu R-Tönen, die von der bisherigen Forschung als echt oder möglicherweise echt angesehen werden. Mit diesem R-Block, der m. E. ein Minimum des Neidhartschen Gutes umfassen dürfte, sind auch die von R gedeckten 25 Töne in C und jene 10 außerhalb von C in A, B, K u. O (s. S. 504) erfaßt. Aufgenommen sind außerdem die in den Hss. A B C O stehenden Strophen, die als unecht gelten (bei L 50 des Zusammenhangs wegen auch Strophen aus c). Sie sind dem R-Bestand des jeweiligen Liedes angehängt unter Bezeichnung ihrer Stelle in der betreffenden Hs. Ihre Aufnahme dient der vollständigeren Feststellung der Abweichungen in A–O von R. Die anderen, nicht von R gedeckten Töne der älteren Hss.-Gruppe, d. h. von B und C, schließen sich zu einem zweiten Block von 34 Tönen zusammen, der im wesentlichen als Pseudo-Neidharte angesprochen wird. Er erscheint in der Ausgabe als eine zweite Abteilung, C-Block genannt, in der somit auch jene sonst nicht bezeugten 9 C-Lieder stehen (57. 58. 62. 63. 64. 65. 69. 70. 78, s. S. 510), die Haupt als nicht gesichert echt angesprochen hat, und die bei W.-F. die Sommerlieder 1–8 sowie das Winterlied 37 bilden. Auch hier werden wie bei R, dem Editionsverfahren Haupts und Wießners folgend, diejenigen Strophen der Hs. c, welche man bisher als zugehörig beurteilt hat, d. h. als 'echt', in den Liedkörper einbezogen. Wie weit solches Verfahren allzu subjektiv ist, muß weitere Forschung klären. An sich stellt ja c mit den anderen Handschriften des 15. Jahrhunderts einen dritten, einen c-Block dar, der nach einer eigenen Darstellung ruft.

Aber vielfach erreichen die in den Handschriften des 13
Jahrhunderts bewahrten Lieder eben ihre letzte, fas
Rundung erst bei Einbezug derjenigen zum gleichen To
hörigen Strophen im c-Block, die die Evidenz einer
sprünglichen Zugehörigkeit an sich zu tragen scheinen.
die Zusammenschau von R- u. C-Block vermag ein
näherndes Bild des fluktuierenden Liedlebens, wenig
soweit es die literarischen Sammler erfaßt haben, in
zweiten Hälfte des 13. Jahrhunderts zu geben: wie N
harts Lieder aufgegriffen werden, variiert (vielleicht s
von Neidhart selbst, s. u. S. 631) und weitergedichtet
können. Deshalb werden die vier von C einem Göli z
schriebenen Lieder (s. o. S. 505) als L 87–90 gesonder
Beispiel eines möglichen, hier namentlich (und histo
faßbaren Nachdichters gebracht. Aus dem gleichen G
werden sämtliche Trutzstrophen (auch die erst im 15.
hundert bezeugten) im Anschluß an die bezogenen L
abgedruckt.

Von den Melodien erscheinen dementsprechend in
Ausgabe alle zu den R-Liedern gehörigen (M 1–18) s
jene drei, die zu Liedern ('Pseudo-Neidharten') im C-I
überliefert sind (M 19–21).

VERZEICHNIS DER LIEDER (L) UND MELODIEN (M) NACH DEN HANDSCHRIFTEN

mit der Strophenreihung der Ausgabe

(Die Trutzstrophen sind hierbei durchgezählt)

L	R	C-Block			c-Block		
1	I–VII			c	I–VII		
2	I–VII	C I–VII.IIIa. VIa.			I–VII		
3	I–X	C^b VI.VII.VIIIa			I–X.VIIIa		
4	I–V				I–V		
5	I–VII	C I–V		cf	I–VII		M1:c
6	I–IX		A I.III–VII		I—IX		
7	I–V			c	I–V		
8	I–VII	C II–V.IIIa. VIa	A II–V.VIa		I–VII		
9	I–VI			c	I.III–VI		
10	I–IX	C I.III-X		cf	I.III–IX		M2:c
11	I–VII			c	I–VII		
12	I–V	C I–IV			I–V		
13	I–VIII	C I–VII.Va			I–VIII		
14	I–IX				I–IX		
15	I–VII		B I–VII		I–VII		
16	I–VIII		A VI				
17	I–XI	C I–VI.VIII–IX	M I		I–XII		
18	I–VII	C I.II.IV–VI			I–VII		
19	I–VIII				I–IX		
20	I–VIII				I–VIII		
21	I–VI						
22	I–IV			c	I–IV	s I–III	M3:s
23	I–IV			d	I–IV	z II–IV	
24	I–VII	C I–VII		c	I–VII		M4:c

	R	C-Block		c-Block	
25	I–III.IV	C VII	K II–VII	cd I–VII	M5:
	–VII		O I–III.V–VI		
26	I–VII	C I–VII C^bVI		cd I–VII	
27	I–VII	C^b I–VIII		c I–VIII	M6:
28	I–VII	C I–IV.VI–VII		I–VII	
29	I–V			I–V	
30	I–VII			I–VII	
31	I–VI	C VI (Göli)		I–VI	
32	I–VII			I–VII	
33	I–VII		B I–XI	c I–XI	z I–V.
34	I–VI	C I–V.IIIa	A I	c I–VI.IIIa	z I–II
					IIIa
35	I–VI			c I–VI	
36	I–IV				
37	I–VII		A I–III	I–VII	
38	I–V		A I–IV	c I–V	M7:
39	I–V	C^b I–IV	A I.III/IV	cd I–VI	M8:
40	I–VII			c I–III.VIII	d I–IV
41	I–VII.				d I–VI
	IX.XI	C^b I.II	A I–VI.IX	c I–XII	s I–V
					XI–
42	I–IX		A I.IV–V	cd I–IX	
43	I–VIII		A VIII	c I–VIII	
			B I–II.IV–VIII		
			O I–II.IV–VIII		M10
44	I–V			cd I–V	
45	I–VII	C^b I.III–VII	A II.	c I–IX	
			O I.IV–V.		M11
			VIII–IX		
46	I–VI			I–VI	
47	I–III.	C III (Gold-			
	V–VII	ast)		cdsw I–VII	M12
48	I–VII	C I–VII		cd I–VII	
49	I–VIII			c I–VIII	M13
50	I–VI	C I–VII.Va.		I–VII. Va.	M14
		VIdVIf		VIa–f	
51	I–II.V–			I–IX	
	VI.VIII	C III (Goldast)			

R	C-Block		c-Block	
I–IX.		**B** I–XI **O** I–V.VIII.X–XI	**cd** I–XII	M15:c O
I–II.IV–VIII	**C** I–VIII. IVa–c VIIa–b		**c** I–X.IVa–c VIIa	
I–IX			**c** I–IX **d** I–X	M16:c
I–II.V. VIII–IX	**C** I–V.VII–X		**c** I–III.V. VI.VIII–X	M17:c
I–III.V. VII–IX		**O** III–V.X	I–X	M18:c
	C I–V		**c** I.IV–V	
	C I–III		I–III	
	C I–II			
	C II–IV		**cz** I–V	
		B I–IX	**cfz** I–IX	M19:c
	C I–VI		**c** I–VI	
	C I–V		I–VII	
	C I–V		I–V	
	C I–VI			
	C I–III.IIa			
		B I–V	**cz** I–V	
	C I.III–IV		**cf** I–VII	
	C I–III		**c** I–III	
	C I–III			
	C I–V		**c** I–V	
		B I–V	**c** I–V	
	C I–III			
		BP I–V **G** I.IV–V	**c** I–V **w** I–II.IV–V	M20:cw
	C I–V			
	C I–III			
	C I–III			
	C I–II.V		**c** I–V	
		B II–V.VII	**c** I–VII **d** II–VII	
	C I–IV			
	C I–IV		**c** I–IV	
	C I–V **C²** I.II	**A** I–II		

	R	C-Block		c-Block	
83		C I–V	A IV–V	c I–V	
84		C I	A I	I–VIII	
85		C I–III		I–III	
86		CC^{b} III–V		I–V	
87		C I–VII	B I–IV.VI–VII	I–III.V–VII	
			O I–III.VI–VII		M:
88		C I–V.IIIa	B I–V	I–III–V.IIIa	
89		C I–II		I–II	
90		C I–II.IV	B I	II–IV	

ZUR EDITION DER NEIDHART-MELODIEN

(Die Melodien stehen am Schluß des Buches)

Von HORST BRUNNER

Die Quellen der Neidhartmelodien – v. a. O und c – sind im einzelnen oft recht problematisch; in der Qualität sind sie nicht mit den notierten Sangspruch- und Meisterlieder-hss. des 14./15. Jahrhunderts – allen voran der Jenaer und der Kolmarer Liederhandschrift (in letzterer steht lediglich ein unechter Neidhart) – zu vergleichen.

Von O, der ältesten Hs. mit Noten, sind nur wenige Fragmente, noch dazu in sehr schlechtem Zustand, erhalten. Die Notenaufzeichnungen darin sind reich an Fehlern. Vor allem weichen die im Gegensatz zu den anderen Hss. regelmäßig in vollem Umfang ausgeschriebenen Stollenmelodien oft regelwidrig voneinander ab und zwingen den Herausgeber zu Eingriffen.

Die Schwierigkeit bei der weitaus umfangreichsten Quelle c beruht vor allem darauf, daß der Text nicht den Noten unterlegt ist, wie in den anderen Hss. Die Noten sind vielmehr den Textstrophen vorangestellt. So erweist sich vielfach bereits die Textunterlegung als ein schwieriges Interpretationsproblem. Hinzu kommt noch, daß auch c zahlreiche Notationsfehler enthält.

Solange eine kritische Ausgabe der Neidhartmelodien noch aussteht, ist jede Edition ein Provisorium. Unsere Wiedergabe bemüht sich zwar um kritische Reinigung der Melodien, will aber doch die vielen Unsicherheiten, die dabei bleiben, nicht verbergen. Aus diesem Grunde sind den Melodien die folgenden ausführlichen kritischen Anmerkungen beigegeben. Sie – die vom Benutzer stets herange: werden sollen – wollen verhindern, daß der Notentext „gesichert" erscheint.

Zum Notenbild sei folgendes bemerkt: alle Mel wurden in den G-Schlüssel umgeschrieben. In den Hs scheinen die Melodien – wie einstimmige Weisen im fast stets – in der Regel ohne eine nähere Bestimmun Rhythmus. Da bei der Rhythmik nichts präjudiziert we sollte, habe ich eine „neutrale" Form der Wiedergab wählt. Zwar bietet es der Charakter der Melodien beinahe von selbst an, sie im Dreierrhythmus vorzutr doch läßt sich auch Geradtaktigkeit nicht ausschließen. Rhythmusfrage ist derzeit noch umstritten und es sc fraglich, ob eine endgültige und eindeutige Lösung haupt möglich und angemessen ist.

1. L 5

Z. 2: ein weiteres d am Anfang gestrichen.

Z. 6/7: die Textunterlegung folgt Lomnitzers Ausgabe (N Schmieder, Hatto/Taylor und Rohloff bieten andere sungen.

2. L 10

b-Vorzeichnung ergänzt.

Z. 1: Auftakt D gestrichen.

7. 3: der in Strophe II und III nötige Auftakt (G) und folgende Note (a) sind ergänzt.

3. L 22

Z. 9: das zweite F über *(um-)be* ist ergänzt.

4. L 24

b-Vorzeichnung ergänzt.

Z. 5: Auftakt E gestrichen.

5. L 25

a) In O sind 1. und 2. Stollen ausgeschrieben. Bis auf den ringfügigen Unterschied in Z. 1 stimmen sie genau überein.

Z. 1: im 1. Stollen über *gibe* ein weiteres F in der Hs., das gestrichen ist.

Z. 5: G a F über *-ne dan-ne* sind ergänzt.

Z. 6: der in Strophe III und V nötige Auftakt (G) ist ergänzt.

b) Z. 6: der Auftakt steht bereits in der Handschrift.

6. L 27

Z. 2: der Auftakt und die darauffolgende Note (h h) sind ergänzt.

Z. 6: Auftakt D gestrichen.

7. L 38

Z. 1: b-Vorzeichnungen ergänzt. Bertau AfdA 72, S. 25 nimmt an, die ersten sechs Noten müßten lauten a d d d d a, „da der Ton h (b) im ganzen Stück gemieden wird".

Z. 6: die zweite und dritte Note sind vielleicht in d d zu verändern (vgl. Z. 4).

8. L 39

b-Vorzeichnungen ergänzt.

Z. 5: *Amelunges* bis Z. 7 *zallen:* Bertau AfdA 72, S. 25 vermutet, daß hier die Melodie um eine Terz zu hoch geraten ist.

Z. 6: die erste Note (a) ist ergänzt.

Z. 7: die beiden ersten Noten (G a) sind ergänzt.

9. L 41

b-Vorzeichnung ergänzt.

Z. 1: die drittletzte Note (a) lautet in der Hs. vielleicht h (b).

Z. 2: Auftakt a gestrichen.

Z. 3: das zweite G über *un-de* ist ergänzt.

10. L 43

Wie bei allen Melodien in O sind auch hier die beiden Stollen ausgeschrieben. Sie weichen in Einzelheiten voneinander ab. Es wurde versucht, eine auf beiden Stollen beruhende Fassung des Aufgesangs herzustellen.

Z. 1: die erste Note lautet im 2. St.E; die letzte Note (a) fehlt im 1. St.

Z. 2: die zweite und dritte Note (d e) fehlen im 1. St. irrtü lich; die fünfte Note lautet im 2. St. d.
Bertau AfdA 72, S. 25: „Der Schluß der Zeile 2 au befremdet. Transponiert man die Noten von Zeile 2 (ü *mir*) bis Zeile 3 (über *swies*) um eine Quinte nach unt gibt die Melodie nicht nur einen besseren Sinn, sond es wird auch die Korrespondenz zu Zeile 4 ... de licher" (ebenso Kur AfdA 77, S. 71 ff.).

Z. 3: über *joch* (1. St.) ist ein zweites, überflüssiges a gestrich

Z. 4: der 1. St. hat a (statt b) als zweite Note; der 1. St. über *re-de lâ-zet* die Noten a a G F; der 2. St. hat i *iu* F.

Z. 7: Auftakt G gestrichen.

Z. 8: ein überflüssiges D am Schluß ist gestrichen.

11. L 45

a) In dieser Fassung sind die beiden Stollen ausgeschrieben.

Z. 1: im 1. St. steht am Anfang ein weiteres, überflüssiges C

Z. 4: so die Melodie des 1. St.; im 2. St. lauten die Noten *guo-te mit ir wil-* G F F D C (vgl. Bertau AfdA S. 28).

Z. 8: nach der vierten Note C wurde ein weiteres, überflüs C gestrichen.

12. L 47

Lomnitzer stellt in seiner Ausgabe S. 94 mit Recht fest, beiden – nur in Einzelheiten voneinander verschiedene Fassungen dieser Melodie würden sich „wechselseitig korr ren". Die korrigierte Fassung der Melodie (vgl. Lomn Nr. 16) unterscheidet sich von der Überlieferung in c und Folgendem:

Z. 2: Hs.c hat über *(hil-)fe* G.

Z. 3: Hs.c hat über *(haz-)zes* G.

Z. 4: Hs.c hat über *ru(-cke)* E.

Z. 5: lautet in Hs.w C D | E D | D C | C.

Z. 6: die beiden ersten Noten lauten in Hs.w G F; in w über *wil(-le)* e; der Schluß über *dir stât* folgt w, Hs. G | haG.

Z. 9: Hs.w hat über *sîn ge-* d d. Der Schluß *(mit ge-wa lî-cher hant)* nach Hs.c, wobei das E über *mit* ergänz

Auch der Schluß der Fassung w wäre nicht unmöglich; er lautet:

F F | D C | H H | DC |
mit ge-wal-tic-lî-cher hant.

13. L 49

b-Vorzeichnung ergänzt.

Z. 5: Auftakt b gestrichen.

Z. 8: über *ir mit* ist ein drittes b der Hs. gestrichen.

Z. 9: c über *(un-)de* ist ergänzt.

Z. 10: Auftakt D gestrichen. Die ganze Zeile steht in der Hs. fälschlich eine Terz höher.

14. L 50

Z. 3/4: vgl. Bertau AfdA 72, S. 29. In Z. 4 sind die ersten drei Noten (D E F) ergänzt.

Z. 5: die erste Note (E) ist ergänzt.

15. L 52

a) In c ist nur der Aufgesang überliefert. Eine Rekonstruktion des Abgesangs versucht Rohloff (Nr. 42).

Z. 4: b-Vorzeichnungen ergänzt. Ein weiteres, überflüssiges F am Schluß ist gestrichen.

b) In O ist die Melodie zwar vollständig, aber sehr fehlerhaft notiert. Eine Rekonstruktion versucht Bertau AfdA 72, S. 26 f. Unsere Wiedergabe hält sich enger an die Überlieferung als Bertaus Vorschlag. Wieweit sie das Richtige trifft, muß offenbleiben.

b-Vorzeichnung in O nicht generell.

Z. 1–4: In O sind die beiden Stollen ausgeschrieben. Sie weichen fast durchweg in mehrmals wechselnden Intervallen in der Tonhöhe voneinander ab. Mit Rücksicht auf die überlieferte Abgesangsmelodie und ihre Lage beruht unsere Wiedergabe des Aufgesangs auf dem 2. St. in O. Der 1. St. lautet in der Hs. folgendermaßen:

E E | G G | b a | a G | F a | G F | FE
Nu klag ich die bluo-men und die lieh-ten su-mer-zît

E E | G E | G E | DC
und die wün-nec-lî-chen tage.

D D | C B | C B | A
dâ bî hân ich ei-ne klage,

E E | E E | G G | a b | c b | c c | ba
diu mir tou-gen-lî-che mane-ge vröu-de hât be-nome

Z. 1: die ersten acht Noten stehen in der Hs. versehe eine Terz höher.

Z. 5/6: ob die beiden Zeilen wirklich so lauten, ist unsicher. Bertau AfdA 72, S. 26 f.

Z. 7: die Noten über *die-nen* (c c) sind ergänzt, die da folgenden über *lât* lauten in der Hs. c h(b).

Z. 9: im b des Auftaktes sind die beiden b über *mir is* Hs. zusammengezogen. F über *(die-)nest* ist ergänz der Hs. sind hier einige Noten und Textsilben w schnitten (der Vers war in O etwas länger als ir kritischen Ausgabe!). Die Noten über *ver-vât* steh der Hs. eine Sekund höher.

16. **L 54**

Z. 1: Auftakt a gestrichen.

Z. 3: Auftakt F gestrichen.

Z. 3, 4, 6: b-Vorzeichnungen ergänzt.

17. **L 55**

Z. 5: Auftakt C gestrichen.

Z. 7: das zwischen G und E über *mî-ne* stehende F der ist gestrichen.

18. **L 56**

Z. 5: die Strophen II–VI und IX haben in dieser Zeile takt.

Z. 6: das zweite E über *mî-nem* ist ergänzt.

19. **L 61**

Z. 3: letzte Note (a) ergänzt.

Z. 4: ein weiteres D über *seit uns* ist gestrichen.

Z. 5: letzte Note (a) ergänzt.

Z. 6: G über *(klei-)nen*, d über *ir* und über *(stim-)me* ergän

Z. 7: Auftakt (c) und letzte Note (D) ergänzt.

20. L 74

b-Vorzeichnung ergänzt.

a) Z. 8/9: diese beiden Zeilen stehen in der Hs. fälschlich eine Terz höher.

b) Z. 5: die letzte Note lautet in der Hs. fälschlich E.

Z. 9: die letzte Note lautet in der Hs. fälschlich C.

21. L 87

Die Blätter, auf denen die Melodie steht, sind so stark beschnitten, daß die Noten teilweise weggefallen sind. Das Fehlende läßt sich jedoch wenigstens zum Teil ergänzen, insbesondere weil auch hier wieder beide Stollen ausgeschrieben sind.

Z. 1: im 2. St. lautet die vierte Note c. Nach der vierten Note (a) ist ein (weiteres) a gestrichen. Die Noten über *su-mer* sind nur im 1. St. erhalten.

Z. 2: über *lan-ge/gan-ge* sind nur im 2. St. die Noten vollständig erhalten, im 1. St. nur E.

Z. 3: die erste Note (D) und die Noten über *uns/wol* (FE) sind nach Z. 8 ergänzt. Vom 1. St. sind die Noten über *-ner kel-te hât er*, vom 2. die über *be-klüe-get* erhalten.

Z. 8: die fehlenden Noten über *(gî-)gen tanze* sind nach Z. 3 ergänzt.

Einen Versuch zur Ergänzung der Lücken in Z. 1, 4, 6, 7 unternimmt Rohloff (Nr. 55):

a b c a a b a G aGF F
Z. 1: *Wil-le-ko-men, su-mer-we-ter süe-ze*

C E G G G FE G F
Z. 4: *niu-we be-tzeln un-de rî-se*

C E G F ...
Z. 6: *Wol sing ich des ...*

D F G F E ED ...
Z. 7: *nâch der ah-sel-no-te ...*

DIE AUSSAGE

Als Lyriker des Mittelalters ist Neidhart in seiner Aussage primär Stimme der Gesellschaft, vor die er mit seinem Lied im Vortrag tritt. Was sie bewegt, erhebt, bedrückt und in Zweifel versetzt, Fragen ihrer Existenz, macht der mittelalterliche Dichter im Wort bewußt, Fragen und Antworten, mit welchen er sich zugleich identifizieren oder von ihnen auch distanzieren kann. Es sind Fragen von Zuständen und Verhalten, wie sie vor allem die Gattung des Spruches – um bei diesem umstrittenen, aber praktischen Begriff zu bleiben – behandelt. Es ist die drängende Frage, die vor allem eine Gesellschaft erfüllt, in der auch das innere Leben des einzelnen sich nicht in privater Stille, sondern in der Gemeinschaft, in der Öffentlichkeit des 'Hofes', vor den Augen aller vollzieht: was geschieht, wenn in dieser Öffentlichkeit, in der geselligen Begegnung der Herren und Damen, der zündende Funke zwischen Mann und Frau überspringt und das freie Spiel des Eros, ohne Rücksicht auf Bindungen, beginnen will? Diese Frage aus der Lebensmitte jeder Gesellschaft findet ihre Spiegelung im Liebesgedicht, in der hochhöfischen Zeit, der Neidhart zugehört, insbesondere im Minnesang.

Hier hat Neidhart seinen Einsatz. Das Neue und Ungewohnte, ja Unerhörte, was er als seinen unverwechselbaren Beitrag liefert, ist, daß er die Frage der Begegnung der Geschlechter in eine Ebene verlegt, die man bisher – mit Ausnahme des etwa um eine Generation älteren, aber mit Neidhart durch rund zwei Jahrzehnte zeitgenössischen Walther von der Vogelweide – nicht gesehen hat oder nicht hat sehen wollen. Neidhart tat dies nach Aussage und Melodik seiner Sangversdichtung, mit einer Wirkung, die einem

Durchbruch gleichkam und deren Faszination bis ans Ende des Mittelalters reicht in lebendiger Aneignung, Umwandlung und Nachdichtung. Ja bei der Wiederauffindung in unserer Zeit vermochten Neidhart-Melodien erneut Eingang in das gesellige Liedgut zu finden.

Die Begegnung zwischen Mann und Weib vollzieht sich bei Neidhart vor dem Hintergrund des Mit- und Nebeneinanderexistierens von Grundherrschaft und Hintersassen, von Adel und Bauernschaft in Herrenhof und Dorf. Gerade in einem Augenblick, und das war vielleicht ein auslösendes Moment, wo dieses Nebeneinander agrarischer Ober- und Unterschicht in ein bestimmtes Spannungsverhältnis geraten war. Die Bauernschaften des südostdeutschen Raumes – des Raumes Neidharts –, in einem gewissen wirtschaftlichen Aufstieg begriffen, beginnen in Nachahmung und bereits auch einem – man möchte fast sagen – neureich-protzenhaften Übertrumpfen mit der Herrschaft gleichzuziehen, zunächst äußerlich: man bemüht sich auch seinerseits, sich nach höfischer Mode zu kleiden, sich höfisch zu benehmen, höfisch zu sprechen; aber bereits sind auch Intentionen spürbar, sich Zugang in den Stand der Herren zu verschaffen – so wie dies einst und noch den aus der Schicht meist unfreier Hofbediensteten in den Adel, wenn auch zunächst der untersten Schicht, aufgestiegenen Ministerialen gelungen ist.

Solcher sozialer Hintergrund wird von Neidhart erstmalig in dichterische Aussage gefaßt; so der hiehergehörige Vorgang, daß Bauern von Herzog Friedrich II. von Österreich standeswidrig, aber in politischer wie militärischer Notlage, zum Heeresdienst herangezogen werden (L 55, VIII). (Literarisch stellt der 'Helmbrecht' Wernhers des Gartenære eine solche 'Abwanderung' des jungen Bauernsohnes in Herrendienst, allerdings eines Strauchrittertums, dar.) Bauerntöchter drängen sich an den Herrensitz (so L 10, VI ff., s. z. Stelle), selbst wenn er alles andere als attraktiv ist (L 12, V; 30, VII; 31, VI). Gewissermaßen als Gegenzug kann der kleine Ritter sich ganz offenbar ein solches Bauernmädchen als *vrouwe* bei sich und als Schwiegertochter seiner Mutter denken (L 1, V; 31, VI – 26, VII – vgl. die Ehe des Armen Heinrich mit der Meierstochter!). Ins dichterische Wort faßt Neidhart auch – und das ist bereits eine seiner zentralen Aussagen – die Reaktion von 'oben'. Man beobachtet derartige Vorgänge mit zunehmender Irritation, ja dem Gefühl einer Bedrohung, zumal wenn man selbst, etwa als kleiner Ministeriale, sich wirtschaftlich und leistungsmäßig von den eigenen Hintersassen überflügelt sehen muß. Die Reaktion ist einerseits die Abschirmung im höhnischen Gelächter, womit man die Entgleisungen und bäuerischen Verzerrungen in der Nachahmung quittiert, anderseits Empörung über die Anmaßung, sich mit ihnen, den Herren, gleichstellen zu wollen. Und man ruft nach Maßnahmen, die das beseitigen (L 51, V. VI. Gegenstrophe).

Aktualisiert zum dichterischen Geschehen wird diese Konfrontation, indem Neidhart aus der Lyrik seiner Zeit und ihres höfischen Lebens die Frage aufgreift und dahingehend variiert: was geschieht, wie geschieht es, und wie verhalten sich die Betroffenen, wenn bei solcher Begegnung der Herren und der Bauernschaft im gegenseitigen Raum von Herrschaftsbereich und Dorf nun der Funke zwischen Mann und Weib im Dreiecksverhältnis von Ritter, Mädchen, Bauernburschen zündet und der Balztanz um das Weib beginnt?

Der Dichter führt in der Ich-Form lyrischer Aussage Verhalten, Empfindungen und Erlebnisse vor, die teils dieses Ich als Berichter eines Vorganges, als eine 'Stimme' mitteilt, teils als vom Vorgang betroffenes, handelndes Ich ausspricht, das sich als Ritter präsentiert, von dritten Personen im erzählten Vorgang als Herr Neidhart, in den baierischen Liedern dazu als Der von Reuental benannt wird. Es ist eine der reizvollsten, aber auch schwierigsten Aufgaben der Interpretation, die sich noch immer nicht als voll gelöst erweist, zu scheiden, ob und wann in diesem Ich der Dichter Neidhart, quasi in eigener Sache, spricht, wann er dieses Ich der 'Person', dem Ritter als einer Rolle, leiht, die ihren eigenen Part spricht. Das gilt auch und gerade bei Aussagen, die einen biographischen Charakter zu tragen nahelegen.

DER HINTERGRUND

Erleben von Sommer und Winter, Festtagstreiben

Als eine der Eigenarten Neidhartischer Dichtung erscheint die fast ausnahmslose Stellung der Aussage unter den Aspekt der jeweiligen Jahreszeit, ob Frühjahr und Sommer oder der Winter herrschen. Diesem Natureingang korrespondiert die im Gedicht ausgesprochene Haltung des Menschen.

Frühling und Sommer heißt beschwingtes Leben, Ballspiel und Tanz in freier, blühender, von Vogelsang und Sonnenwärme erfüllter Umwelt (wie z. B. Lied 10 in breiter Schilderung zeigt). Winter bedeutet Eingeschlossensein in den Stuben, Klage über seine Unbill, das Dahinsein von Sommer, Blumen und Vogelsang, Sehnsucht oft im Rückblick auf den Sommer (z. B. Lied 33) und Mißmut (Lied 56 etwa enthält all dies beispielhaft) – kurz ein Preisgegebensein an eine feindliche Gewalt, die den Menschen vorzeitig altern läßt (Lied 28; 40). Auf diesen typischen Eingang begründet sich die herkömmliche Einteilung von Neidharts Werk in Sommer- und Winterlieder.

Dabei liegt weitgehend nicht bloße Beschreibung der Naturphänomene vor; diese Neithartsche Natur ist oft als handelnde Wesen dargestellt. Frühling, Sommer, Winter sind Herren, die über Wald, Heide, Blumen und Vögel sowie über die Menschen herrschen, Freude oder Leid über sie verhängen. So zeigt ein Lied des C-Blockes (L 63) den Mai als mächtigen Gefolgsherrn, der den Wald an seiner Hand heranführt, der nun mit jungem Laub geschmückt ist. In einem zweiten Lied (L 64) hat er den Winter mit dem Einsatz seiner Macht vertrieben. In gleicher Weise wird umgekehrt der Winter gesehen: Feindschaft besteht zwischen ihm und dem Sommer; mit seinen Freunden bildet er eine bitterböse, unüberwindliche Schar. Die Feindschaft des Winters lauert allen auf: Krieg hat er angesagt! (L 54). Nun hat er den Thron des Sommers eingenommen, seine Herrschaft übertrifft die des Sommers unendlich und seine Gefolgschaft raubt ihn am hellen Tage aus (L 47). Vermag denn niemand Frieden zwischen ihnen zu stiften, stöhnt der Dichter (L 53). Der Winter wird so als eine fremde, feindliche Macht verstanden, die ins Land einbricht und eine gesetzlose Gewaltherrschaft übt. Raub kennzeichnet sie: Raub an den Wehrlosen (L 50), Raub der Blumenpracht (L 24); der Rosen auf der Heide (L 29), ihres hellen Schimmers, des Laubes (L 54). Personifiziert können ebenso die Begleiter des Winters sein: der Reif ist ein 'Kröter' *(oukolf)*, der die Blumen quält (L 28, II), der das Laub gnadenlos welken läßt (L 24). Reif und Schnee haben der Lerche Krieg angesagt (L 23), wie überhaupt das beinahe in jedem Winterlied beklagte Verstummen des Vogelsanges, des Liedes der Nachtigall dem grausamen Vorgehen des Feindes 'Winter' angelastet wird. Vor solchem Bild des Winters ist die Frage konsequent: „Sommer, wohin willst du fliehen?" (L 83), und die Feststellung, daß alles, was zum Sommer gehört, sein *gesinde*, bar aller Freuden geworden ist (L 49).

Der endliche Wechsel der Jahreszeit wird dann ebenso konsequent als Sieg des Sommers verstanden. Der Mai wird dementsprechend apostrophiert: mit all seiner Fülle *(al sîn kraft)* und allem, was ihm angehört *(sîn gesellescbaft)* beendet er allen Kummer; er ist der Sieger (L 21). Nun hat er sich auf einen grünen Zweig geschwungen (L. 13, III). Er löst die Blumen aus den Fesseln des Reifes (L 15, IV); er sendet der Wiese Rosen (L 1, III); von Vogelsang, Klee und Laub beansprucht er den Zoll für sich (L 69, II); er heilt die Wunden, die der Winter geschlagen (L 14, IV). Gesandte des Maies sind Wald und Heide, die seine Ankunft melden (L 6, I). Sie können also ebenso als lebendige Wesen gesehen werden wie das Gesinde des Winters: sie tragen die neuen Kleider, die der Mai ihnen gesandt hat (L 57, I; 15, I); damit sind Laub, Rosen (L 11, I), Blumen (L 4, II) gemeint. Die Blumen auf der Wiese haben Augen, in die der Tau fällt (L 2, III). Dann kann der Frühlingswald als ein Händler dargestellt sein, der seinen Kram aufgeschlagen hat und Freudensamen, Vogelsang zum Kauf anbietet (L 16, III). Umgekehrt zeichnet dieselben Dinge die Angst vor dem wiederkommenden Winter, so die roten Blüten vor dem Reif; sie stehen vor dem Wald in Trauer (L 28, I, II), und schließlich ist die Heide so aller Blumen beraubt, daß ihr nichts verblieben, um ihre Scham zu decken (L 42, I). Sie ist so zugrunde gerichtet, daß sie bei Hofe klagen will (L 47, II). Die Lehensleute *(holden)* des Sommers sind von ihren Gütern *(huoben)* geflohen (L 47, III).

Im ganzen sind das Bilder von den Jahreszeiten, die dem politisch-kriegerischen Leben der Zeit entnommen sind: die Herrschaft des Sommers ist für Mensch und Kreatur das eigene Reich, das zu ihnen gehört und zu dem sie gehören; der Sommer ist ihr Lehensherr, der ihnen allen Freude, Gaben und Leben verleiht, während der Winter als ein rex iniquus, ein Tyrann sie in einen Zustand der Recht- und Friedlosigkeit versetzt, den nur die endliche Wiederkehr des Sommers, des rechtmäßigen Herren, endet.

Unbedingt gilt das für die Auffassung vom Winter. Beim Frühling mischen sich noch andere Bilder ein: er schwingt sich auf grünen Ast (L 13, III); der Frühlingswald schlägt seinen Kram auf (L 16, III); immer wieder ruft der Dichter zu seinem Empfang auf (z. B. L 1, I). Und einmal wird ein solcher Empfang angedeutet: auf die Botschaft vom Kommen des Maies, den die Vögel mit ihrem Gesang bereits loben, stellen die jungen Leute *ir geleite* zusammen, ziehen auf den Anger und empfangen dort den Mai (L 19, VI). Das läßt an Brauchtum vom Einholen des Maies, der Huldigung von Maikönig und Maikönigin denken, mit ausgelassenem Treiben und Krambuden, mit anschließendem ersten Tanz, den auch das gleiche Lied schildert (vgl. Elisabeth Lea). Häufig ist zudem vom Dichter mit der Ankündigung von Frühling und Sommertanz die Aufforderung an die Mädchen verbunden, sich zu *zweien*, d. h. sich mit dem Gesellen oder Liebsten für die Sommerzeit zusammenzutun (z. B. L 5, I; 10, V). Möglich ist also, daß dieser landadeligen Gesellschaft im Erleben des Frühlingskommens ihre Einheit von politischer und agrarischer Existenz deutlich im Gedicht bewußt gemacht wird und dort Gestalt gewinnt.

Das sommerliche *Ballspiel* erwähnt der R-Block nur kurz: als Spiel der Mädchen am Abend (L 15, II) und von Mädchen, die ihren Ball in die Hand des Reuentalers werfen (L 7, V. 13, VII). Zu bunter Farbigkeit als Hauptthema entfaltet es ein Lied des C-Blockes (L 60, II ff): es sei das erste Spiel des Sommers – und das erinnert an Walthers *saehe ich die megde an der strâze den bal werfen sô koem uns der vogele schal* –. Es geht hier um wetteiferndes Zuwerfen, Fangen und Rückwerfen des Balles innerhalb einer Schar von Burschen und Mädchen. Der Vorgang läßt vermuten, daß es in Lied 7 und 13 um ein vom Mädchen aus gewolltes, flirtendes Zusammenspiel mit dem Ritter innerhalb einer solchen Gruppe geht – und das verstärkt die Schlußpointe jener R-Lieder.

Eine weit größere Rolle spielt der *Tanz* für die Aussage der Lieder, verständlich aus der engen Verbindung von Lied und Tanz. Neben Fiedel, Leier, Pfeife und Trommel als Begleitinstrumente (L 25, II; 27, III; 46, IV; 61, VI; 81, II; Göli 87, VI) wird wiederholt das den Tanz begleitende Lied erwähnt (L 8, I), oft als neues Lied, das mit dem neuen Sommer bekannt wird (L 63, III), das der Kreuzfahrer zum Sommer für die Mädchen an der Straße mitbringt (L 18, VI), das die Mädchen nun erproben sollen (L 3, III). Es ist wieder gerade das Lied des Ritters wie seine Rolle als Vorsänger für den Tanz (L 3, V, VI; 12, V; 23, II; 62, II). Diese Vorsänger-Rolle hat besonderes Gewicht bei Neidhart: hier findet der Ritter seine Funktion im Tanz, hieran entzündet sich vornehmlich die Rivalität zwischen ihm und den Bauernburschen. Verschiedentlich werden sie als Vorsänger oder Vortänzer genannt: des Sommers (L 36, IV), Feiertags (L 54, VII); einer namens Friedrich (L 24, V), in direkter Rivalität mit dem Ritter ein Hildebold (L 41, II). Die Kunst, meisterhaft „Schultertanz" und „Kopfschüttler" gemäß den Gängen des Reigens singen zu können, wird bei Göli (L 87, III) gerühmt. In der Vorsängerschaft liegt zugleich ein eigener erotischer Reiz für die Mädchen. Die Gefahr der Verführung sei hier besonders groß; ihretwegen warnt die Mutter vor dem Gimpel-Gempel-Sänger, d. h. dem Ritter (L 11, V), im C-Block vor einem Vortänzer namens Merze (L 65, I ff.), ebenda vor dem „Knappen" (L 62, II, III), wie anderseits das Mädchen offen nach dem Reuentaler als dem Vortänzer begehrt (L 63, V).

Wie sich Rivalitäten über der Auswahl des Tanzführers bilden, und wie begeistert unter den Frauen jede Wortführerin ihren Kandidaten herausstellt, schildern, illustrierend zu den Andeutungen bei Neidhart, zwei Lieder seines Nachahmers Göli: die Entscheidung fällt unter Streitgesprächen. Im ersten Lied (87) wird – nach dem Natureingang – die Frage aufgeworfen, wer heuer die Tanzführer sein sollen. Eine Sprecherin Else schlägt rühmend den Weibel Kunze vor und ein Gieselbrecht wird heruntergesetzt (III, IV). Die angesprochene Frau Bele empört sich über die Entwürdigung ihres Protegés Gieselbrecht und weiß ihn zu rühmen (V). Da reißt der Weibel die Entscheidung an sich und entschädigt Gieselbrecht durch die Rolle des Trommelspielers, der damit immerhin Takt und Tempo des Tanzes bestimmen kann. Ähnlich im zweiten Lied (88): Frau Künze ergreift die Initiative, verweist einen Otto aufs Osterspiel (weil er wohl hiefür und nicht fürs Tanzen zuständig sei) und inauguriert ihren Erkorenen, Friedebolt, als Tanzführer, wobei er sich robust durchsetzen möge (II, III). Doch Otto weiß sich zu wehren und besteht auf der Tanzführung (IV, V).

In solchen Fällen bilden sich Gruppen innerhalb des Tanzes, wie die um Frau Bele und um den Weibel. Ein Pseudo-Neidhart, das Lied vom Weinfaß (L 61) zeigt, wie Burschen und Mädchen als geschlossene Gruppen gegeneinander tanzen und einen bestimmten Reigen durchtrotzen können (II). Das Sommerlied 3 könnte in Strophe IV eine solche Situation meinen, daß hier erst Burschen und Mädchen geschlossen „springen" und sich dann (Str. V) paarweise gruppieren. Diese Möglichkeit ist für die Interpretation dieses Liedes wichtig (u. S. 550 f.).

Getanzt wird Sommer und Winter. Im Sommer auf dem Anger mit der Linde (z. B. 15, IV), auf dem Rasen, vor dem Dinghaus (Göli 88, III), abends kreuz und quer auf der (Dorf-)Straße (L 41, III, auch 40, III) oder dort den Tag über, daß die Tänze wie „geschmierte Wagen gingen", wobei die Schwerter an die Fersen klingen (L 33, I). Im Winter geht der Tanz in der Stube vor sich, in einem Holzbau (*berevrit* L 35, II), im Meierhof (L 31, IV), auf dem Hausflur (L 28, III); wir hören wie die Mädchen namentlich eingeladen werden (L 24, III); dann wird die Stube ausgeräumt, werden die Türen geöffnet (L 25, III), der frohe Lärm dringt durch die Fenster (ebda., II). Nach dem Tanz geht man zum Plaudern auf die Plätze (L 42, VI). Wie dabei Flirt und Abweisung, Einspruch der Mutter entstehen können, zeigt das Lied 28, III ff.

Man pflegt in Sommerreigen und Wintertänze zu scheiden. Das Wort *reie* meint vor allem den Frühlings- oder Sommertanz, wobei man in langer Reihe hintereinander im Freien, meist auf dem Anger, unter der Linde, auf der Heide, umherzog, wenn auch nicht alle Belege in den Winterliedern eindeutig auf Sommererinnerungen beziehbar sind. Das Wort *tanz* ist jedenfalls auch für den Sommer bezeugt: L 35, IV *(ûf dem anger)*. Mit *reie* verbindet sich zumeist *springen*; einmal heißt es *treten* (den *krumben* [s. d.] *reien*) L 35, IV. Im wesentlichen ist der *reie* also ein Springtanz und unterscheidet sich hierin von *tanz*, das sich mit *treten, gên* und *slîfen*, *umbeslîfen* (44, IV, 6) verbindet. Springen und Schleifen erfahren gerne eine Betonung: das Schleifen ist den Jungen besonders lieb, es macht sie ganz verrückt (L 44, IV); der Weibel bei Göli schleift mit den Füßen, wie es „sich gehört“ (L 87, III, 5). Das Springen ist eine besondere Kunst: gefragt ist, wer so gute Sprünge lehren könne (L 6, V), – und das ist natürlich der Reuentaler; „er muß mich seine tollen Sprünge lehren“, trotzt ein Mädchen auf (L 12, IV). Die Tanzsprünge können zur Herausforderung werden, zum Trotz gegen einen Unwillkommenen wie den rivalisierenden Dichter-Ritter (L 41, IV); ebenso L 39, II). Dazu gehört auch ein besonderes Schwingen des Fußes (L 87, III, 6), zumal beim „Krummen Reigen“ (L 54, VI). Man kann sich auch den Fuß bei solchen Sprüngen vertreten – zur Schadenfreude des Ritters (L 46, IV).

An Tanznamen erscheinen neben dem *krumben reien* ein *gofenanz* (L 24, II; 26, III) und ein *ridewanz* (L 44, IV, vergleiche auch L 25, II) für Stubentänze, ohne daß Name und Sache deutbar wären. Göli kennt Schultertanz *(ahselnote)* und Kopfschüttler (*houbetschote*; L 87, III). Weiter begegnen *hoppaldei* (soweit man *hopelrei* liest L 60, II), *treieros* (L 12, V; 30, III), *troialdei* (L 88, IV), wohl auch *turloye* (L 56, IX).

Zum Tanzvergnügen tritt im Winter das *Würfelspiel* in den Stuben (L 26, I, II), wieder unter den jungen Leuten (L 79, III). Ein Würfelmeister leitet das Spiel, oft derselbe, der im Sommer die Tänze organisiert hat (L 36, IV). Er führt ein strammes Regiment; da muß Disziplin gehalten werden hinsichtlich allzuvielen Schwatzens, Lachens und Augenflirts (*winkelsehen* [s. d.]: L 26, II). Vor allem über die Mädchen geht es her; manchen Schlag auf die Hand müssen sie einstecken (ebda.). Ein aufgeblasener Herr Gunteram ist dem Ritter dabei ein Dorn im Auge; er treibt es gar zu toll, bis die „Herrin Schelle“, ein Glockenzeichen, das Spiel-Ende anzeigt (L 27, I, II).

Ein Lied des C-Blockes schildert als Stubenspiel neben

Würfelspiel – und vielleicht in Zusammenhang damit – den „Zaun" (L 79, III ff.): neunzehn Pärchen mit gleichklingenden Namen werden zusammengestellt und so vor dem „Gewürzgarten der Minne", wohl dem Spielzentrum mit einem Mädchen 'Minne' (sie mischt sich Strophe VII ins Gespräch) als Zaun „geflochten". Im vorliegenden Fall gibt es Streit, da sich für ein Mädchen, Jeute, kein namensgleicher Partner findet, aber der (in der Ich-Rolle spielende) Arrangeur trumpft trotzdem das „Zaunschließen" durch (vgl. s. v. *zûn* u. *ziunen*).

Zum Bild solchen Sommer- und Wintertreibens der bäuerlichen Jugend gehört ihr äußeres Erscheinungsbild, die *Tracht*, nicht nur, weil sie unaufhörlich ins Wort der Dichtung gefaßt wird, sondern auch direkt Gegenstand von Aussage und Kritik ist, besonders die Kleidung der Burschen. Es ist Festtagstracht, die bei Tanz und Spiel angelegt wird.

Mehrmals stellt Neidhart das Bild des jungen Mädchens im Festkleid vor uns hin (L 1, V), als Schluß des Liedes (4, V). Es kann aus roter Seide sein, der Rock schleppenlos (L 26, VII), ein Mantel darüber (ebda. IV); besser trifft sie der Liebste so fein angezogen als im „Hauskleid" (in *swacher waete*, ebda.). Im Sommer werden helle Kleider getragen (L 15, III; 65, IV) und vor allem spielt das Faltenkleid eine Rolle. Der Faltenwurf ist am Tanzkleid (L 9, III, s. *ridieren*; L 62, V), am Rock (L 3, IV); faltig geschnürt werden die Hüften (L 3, IV; 5, III), das Kleid (L 5, III). Hiebei kann es delikat werden, wenn der Verehrer dabeisein und – etwas schüchtern – das *hemde* zum Fälteln halten darf (L 82, III, IV). Zum Kleid gehört der Kopfputz. Eine (vom Dichter beklagte) Mode war, ihn tief in die Stirn zu setzen (L 24, IV). Er kann gestickt sein (L 30, VI *hüetel*); er unterscheidet sich von der Kopfbinde der Frauen, die ums Haar gebunden wird (L 13, IV). Oft sind es Schleider *(rîse)*, die die Mädchen tragen (L 30, VI; 45, IV); sie können zum Tanz auch abgestreift werden (L 3, IV). Auch Flitterkopfputz wird genannt (L 45, IV: *glanziu schapel*) oder Seide ins Haar gewunden (L 2, V).

All dies: Schleier, Flitter und dazu der Blumenkranz, den Mädchen und Burschen beim Tanz aufhaben, sind zugleich begehrte Liebespfänder für die Verehrer (L 15, VII), wie sie anderseits ihren Mädchen Kränze schenken (L 13, II), auch erbeten (L 14, III). Sie tauschen sie gegen Flitterkopfputz ein (L 45, IV); es kann auch zu plumpem Abreißen von Schleier und Kranz kommen (ebda.) und auch Prügel kann es wegen Besitzes eines solchen Blumenkranzes geben (L 33, V). Es geht auch sonst nicht immer fein her beim gegenseitigen Wegnehmen der Liebespfänder: ein Mädchen stibitzt ihrem Ritter rote Schuhe *(golzen)* und gibt ihm dafür einen Kranz (L 15, VII); der Reuentaler entreißt seinem Mädchen einen Glasgriffel (L 30, II). Der Fingerring spielt eine Rolle: um ihn wird gespielt (L 31, IV); er wird beim *krumben reien* grob vom Finger der Dame gerissen und es wird ihr dabei die Hand verdreht (L 35, IV). Rivalitäten treten auf: ein Bursche schenkt einer Tänzerin ein Stück Ingwer; ein anderer reißt es ihr weg und trägt es seitdem in seiner Seidentasche verborgen (L 41, V). In diesen Kreis gehört der Vorgang um den Spiegel Friederuns, der sich wie ein roter Faden durch Neidharts Lieder zieht: diesen Spiegel hatte Engelmar der Friederun von der Seite gerissen (L 3, VI und oft), was der Ritter nie verwinden konnte. Seitdem seien gute Sitte und Frohmut aus dem Lande verschwunden.

Diese spannungsgeladene Atmosphäre von Erotik und Rivalität, die solche Burschen- und Mädchenschaften naturgemäß erfüllt, führt dazu, daß die Mütter ihr Möglichstes tun, ihre Töchter dem verfänglichen Treiben fernzuhalten. Sie verschließen Schuhe, Schleier und Hut (L 7, II); wenn es sein muß, geht das Töchterchen dann eben ohne seinen Feststaat zum Tanz mit „ihrem“ Ritter, in den sie sich verguckt hat (L 9, III–VI). Oder es bricht brutal den Kasten auf und nimmt in Gegenwart der hilflosen Mutter Faltenrock und Gürtel heraus (L 13, VI, VII). Es kann auch umgekehrt geschehen: wenn die Mutter selbst noch zu tanzlustig (und liebestoll) ist, sperrt ihr die Tochter den Kopfputz weg (L 15, VI).

Die ganze verborgene Erotik der Liebessymbolik des Kranzschenkens schöpft ein Lied des C-Blockes verhüllend-unverhüllt aus (L 74), indem es den Kranz von Rosen aus dem Schoß der Liebsten auf gespaltenem Reif scheinbar ganz unschuldig auf das Haupt des Liebsten passen läßt; „glücklich muß das Angerchen sein, wo diese Blumen sprießen"!

Wesentlich weniger sympathisch wird der Festtagsstaat der Burschen betrachtet, der Rivalen um die Frau. Welche Stutzerpracht da zusammengetragen wird! Zwei Beispiele mögen es stellvertretend demonstrieren: eine Gruppe von Bauern erscheint in engen Röcken mit Stutzer-Mänteln und roten Hüten, in schwarzen Hosen und Schnallenschuhen mit seidener Tasche (worin der Ingwer liegt: L 41, V). Zwei andere Burschen (auf dem Tullnerfeld) stecken in „attraktiven" Röcken, deren Brustteil mit Knöpfchen besetzt ist. Ebenso sind ihre Hüte und Gürtel; ihre verzierten Schuhe reichen bis ans Knie – so erschienen sie im Sommer an den Kirchtagen (L 56, VIII, IX). Rotes Tuch gefalle den Mädchen beim Tanz (L 40, V). Lange, gesteppte Falten gibt es am Feiertagsrock; Bruststück und Ärmel sind mit Seide benäht (L 43, IV) oder mit Pelz besetzt, innen schwarz, außen weiß (L 45, VII). Ja, und eine neue Jacke ist aus 24 zierlichen Tuchstückchen zusammengesetzt (L 25, V). Handschuhe können bis über den Ellenbogen reichen (L 41, VII), Gürtel sind metallbelegt (L 35, II) usw. Neben den Hüten tragen die „Bauernkerle" kostbare Hauben: Zottelmützen (L 37, V), zierliche Hauben (L 35, VI). Zu ihnen gehört eine imponierende Lockenpracht (L 51, V; 53, V, VII; 81, II), die zusammen mit Hildmars wundersamer Haube Vorbild für Wernhers Helmbrecht-Haube wurde: Seiden-Vögel sind außen aufgenäht; Schnüre innen verursachen die langen gewundenen Locken bis übers Kinn herab (L 53, VI, VII).

All solcher Staat ist *hovelîch gewant* (L 45, VII), Nachahmung höfischer Mode; die Röcke sind nach *hovesite*, aus österreichischem Tuch – der Teufel soll den Schneider holen! (L 35, II), genau wie den Verfertiger von Hildmars Haube aus welschem Tuch (L 53, VI). Und wenn man sich auch äußerlich wie ein echter Flamländer zu benehmen versucht (L 37, V) und in seine Rede flämische Brocken einstreut (L 45, VII), so steckt man doch so richtig bauernklobig in solchem Staat (L 25, VI), nach Meinung des vornehmen Herren; das gesamte Auftreten dieser Burschen trage ja nur den Spott der Verständigen ein (L 33, VI).

Diese so gesehenen stutzerhaften jungen Burschen führen zugleich martialische Waffen – bei ihren Festen und Tänzen. Sie schleppen sich mit Riesenschwertern (L 25, V; 42, IX), wie eine Hanfschwinge lang (L 38, III), die sie umgeschnallt tragen (L 37, V), gespreizt nach hinten (L 35, VI; 27, I: *rûmegazze)*, und die beim Tanz an die Fersen klingen (L 33, I), ebenso klingt der Griff (ebda. II). Stolz sind die Burschen auf den „Hinterring" an der Schwertscheide (L 40, VI; 41, VII), den scheibenförmigen Knauf (L. 40, VI), in den sogar ein Spiegel eingelassen sein kann (L 38, III f.), den geflochtenen Korb (L 42, IX), überhaupt eine Waffe aus gehärtetem Stahl, die Spitze vergiftet – wehe dem, den sie trifft (ebda.)! Ein anderer Held des gleichen Liedes zeichnet sich (neben einer rotseidenen Busenschnur) durch ein kupferrotes langes Gnadenmesser aus (ebda VI). Natürlich ist man auch gegen jeden Angriff gefeit: ein Haubenhelm etwa schützt seinen Träger absolut (L 40, IV); Eisenpolster sind in die Wämser eingenäht (L 23, IV). So kann denn die Keilerei beginnen, die mehrfach geschildert wird (z. B. L 24, V, VI; 33, V, VI samt [fraglichem] VII), gerade als „Kirchweihrauferei" (L 55, IX).

Was hier in dieser Weise in Neidharts Werk von bäuerlichem Leben angesprochen wird, ist nur ein bestimmter Ausschnitt: das Festtagstreiben der Unvermählten, der Burschen und Mädchen. Wiederholt wird „feiertags" als Zeit des Geschehens genannt: für den Tanz (L 24, II), für das Tragen des Kranzes (L 11, III), das Anlegen der Tracht (L 43, IV), das Vorsingen (L 54, VII), die Zusammenkünfte und die Rivalitäten (L 26, IV; 33, IV; 40, IV). Aus dem ganzen Umkreis strömen die Burschen zusammen (L 42, IV). Wie Burschen und Mädchen auch gegeneinander beim Tanz antreten können, zeigt das C-Lied 61: wenn man *Friderûn* – wie überall sonst in ‘echten’ und ‘unechten’ Neidharten (entgegen Haupts Meinung z. Stelle) – als Frauenname faßt, steht sie an der Spitze einer größeren Gruppe von Mädchen, der gegenüber sich ihr Gegenspieler Engelmar mit seinen Burschen mit einem neuen Reigen durchsetzen will (II, III) – bis er ihr den Spiegel abreißt und eine große, blutige Schlägerei beginnt (VII ff.).

Dieses Laufen der Burschen von Festtag zu Festtag findet für den einzelnen sein Ende mit der Heirat. Zwei Lieder sprechen das aus: in L 43, V, VI ist es für einen Berewolf mit dem ‘Übermut’ *(gogelheit)* vorbei, da ihm heuer Biterolf seine Tochter Trute zur Ehe gab. Nun heißt es Säcke schleppen und mit dreimal Kohl am Tage zufrieden sein; Sorge folge ihm nun bis an sein Grab. Die andere Stelle (L 35, VI) ist ebenso zu verstehen: statt der Schwerter tragen die Burschen nun die Reutel, d. h. das Ackergerät, womit man den Pflug von der Erde säubert, als Symbol für die Bauernschaft. Und die jungen Herren – unter ihnen Engelmar, der Spiegelräuber – benehmen sich dabei, als hätten sie nie einen guten Tag erlebt. Als Sonderfall endet die politische Lage das sorglose Treiben: das Aufgebot Herzog Friedrichs des Streitbaren zum Heereszug (L 55, VIII, IX); wohl in diesem Zusammenhang sind die Stutzer alle aus dem Tullnerfeld verschwunden (L 53, V). Ein anderer Fall ist die bevorstehende Ankunft des Kaisers (s. u. S. 597 ff.): es mache allem Vorsingen und Tanzen ein Ende; Erneuerung des Verbotes für Bauern, lange Haare und modischen Prunk zu tragen, sei zu erwarten (L 51, V, VI).

Ein Ende der sorglosen Sommer- und Festzeiten ist auch

den Mädchen mit der Heirat gesetzt. Ein Lied (L 7) stellt dar, wie sich ein solches junges Ding gegen die Bindung an einen (offenbar nicht sehr attraktiven) Freier und dessen Haushalt sperrt und droht, stattdessen ballspielend mit dem Reuentaler weiter zu flirten. Parallel ist die Haltung des Mädchens von L 10, das lieber gute Heirat und Verwandtschaft daran geben will, als Tanz und Liebschaft mit dem Ritter zu entsagen (doch s. dazu z. Stelle S. 558).

Dem Feiertagstreiben der dörflichen Jugend gesellt sich der Ritter bei. Durch den gegenseitigen Bezug zwischen Ritter und Dorfjugend (dann auch über die Feiertagssituation hinaus) kommt die Bewegung des jeweiligen Liedes zustande.

Dabei lassen Andeutungen erkennen, daß Der von Reuental im Geschehnisbild der Lieder nicht allein steht, sondern als einer, wenn auch repräsentativ, unter anderen Edelleuten, die sich unter die Dorfjugend mischen. Im Gespräch der Mädchen kann von „einem" Ritter die Rede sein, ohne Namensnennung (wenn auch stillschweigend der Reuentaler gemeint ist: L 6, VII; 9, IV. VI; 14, VI); ähnlich ist *ein ritter von Riuwental* (8, VI) verstehbar. Vor gleichem Hintergrund steht der Ps.-N. des C-Blockes 68, wo Str. III. IV von Liebschaft mit *einem edeln knehte* gesprochen wird. Die vom Ritter oft um Rat und Beistand in seinen Liebesaffären und Auseinandersetzungen mit den rivalisierenden Burschen angerufenen „Freunde" – gleichen Standes dann doch wie er selbst – müssen schließlich ihrerseits Erfahrung in solchem Umgang besitzen (z. B. L 29, II; 32, II; 38, II; 39, IV; 43, III). Umgekehrt mengen sich Bauernmädchen als Tänzerinnen in ritterliche Gesellschaft und lösen dadurch das Liedgeschehen aus (so 10, VI ff., mit der Warnung der Mutter: Belästige nicht die Ritter an dem Reigen!). Das weist darauf hin, daß neben dem Sommertreiben der Dorfjugend ein gleiches der „Herrschaft" in der Aussage Neidharts gegenwärtig ist. Der Nachahmer Göli führt ein solches, in seinem Fall wohl patrizisches, sommerliches Tanzgeschehen vor (L 87 u. 88).

Das Sommertreiben im Freien (und seine Fortsetzung in den Stuben des Winters) ist so der Ort, wo die beiden in Gut und Dorf zusammenlebenden Stände der Herren und Hintersassen sich im Spiel begegnen und *sich zweien*, wo einer der Anstöße liegt, Mode, Gewohnheiten und Anschauungen des anderen, des höheren Standes kennenzulernen und nachzuahmen, auch und gerade in der Begegnung der Geschlechter, wo – wie Neidharts Lieder es zeigen – der Ritter umgekehrt mit den Burschen gleichziehen kann. Solches Sich-Treffen beim Tanz meint vielleicht das (doch echte?) C-Lied 59, wenn in ihm *megde*, *ritter*, *vrouwen*, *man* gemeinsam auf die Heide ziehen.

Ein Resultat solcher in den Liedern – und auch in der historischen Wirklichkeit – geschehener oder vorausgesetzter Begegnung der beiden Stände und der (von Neidhart satirisch beleuchteten) Nachahmung ist der Gebrauch höfischer Anrede zwischen den Partnern: Mädchen, Burschen, Ritter (s. s. v. *herre*, *höfsch*, *maget*, *vrouwe*), wie überhaupt der Gebrauch höfischen Wortgutes bei den Personen der Lieder, allerdings oft in charakteristischer Nuancierung (s. etwa s. v. *dienen*, *êre*, *hôchgemüete*, *holt*, *hövescheit*, *leit*, *liebe*, *mâze*, *minne*, *stæte*, *triuwe*, *vröude*). Es steht neben erst seit Neidhart literarisch bezeugtem Wortgut, das man *cum grano salis* als landadelig-bäuerlich ansprechen darf – beides eine Spiegelung des Wechselspieles zwischen den beiden Ständen, der Hereinnahme dieser kleinen Welt unterhalb der großen Höfe in die Dichtung durch Neidhart. Wie die Kleidung putzt man auch die Rede höfisch auf, einschließlich des 'Flämelns: (s. s. v. *vlæmen*). Dementsprechend mengt der Dichter seinen Wortschatz.

Das Bild des Ritters in seinem charakteristischen Prunk erscheint auch einmal in zwei zusammengehörigen Trutzstrophen zu dem Lied 45, vom Blickpunkt der Bauernburschen her gezeichnet: mit Panzerhemd, Glitzer-Helm, den Beizvogel auf der Faust und Sporen am Fuß – gewissermaßen das Gegenbild zur Schilderung der Bauern durch den Ritter.

Sonst ist der herrschaftliche Zustand gerade des 'Reuentalers' in Neidharts Zeichnung jedoch keineswegs glänzend. Das „Haus", das ihm zur Bewirtschaftung anvertraut wurde (L 3, VI; 24, VII), entpuppt sich als ein wahres „Jammertal". Es erfordert – jedenfalls unter der Regie des Reuentalers – Zuschuß von Korn und Salz (24, VII); Armut und Mangel blicken aus allen Ritzen, und dementsprechend sind Leben und Umgang, unter der Fuchtel einer *meisterinne* (1, V), dort dürftig und roh (L 12, V; 30, VII; 31, VI). So bildet 'Reuental' eine ritterliche Existenz ab, die einerseits in krassem Gegensatz zu dem sorglos-modischen Feiertagsgehaben der Dorfjugend steht, sich jedoch anderseits nicht sehr von dem harten Alltag unterscheidet, der Burschen und Mädchen nach der Verheiratung erwarte, nach der Aussage Neidharts (ihr geht Karl Bertau nach und probt hieraus eine Schlußfolgerung auf eine mögliche Heimat Neidharts im Berchtesgadnischen durch: Bayr. Lieder S. 301 ff.).

Vor solchem, mehrfach im Wort beschworenen Hintergrund muß man die Begebenheiten der Lieder sehen, zumal für Den von Reuental, wenn ihn der Dichter sich als wirtschaftlich schlecht gestellten kleinen Ministerialen – so darf man wohl folgern – in der Pose und mit den Ansprüchen des 'Ritters' und als ernst genommen werden wollender Minnesinger unter die bäuerliche Jugend mengen läßt, von der er de facto sozial nicht weit absteht und dementsprechend behandelt wird.

Die Lieder

DIE LIEDER DES R-BLOCKES

Sommerlieder

Ist die im Augenblick des Lied-Vortrages beschriebene Jahreszeit das Frühjahr oder der Sommer, so wird sie als eine fortbestehende Gegenwart der Sommerfreude und des Sommertreibens mit diesem, mit dem Aufruf dazu, im Präsens dargestellt. Die Begebenheit des Liedes selbst, Ereignis, Gespräch, wird als einmaliger Vorgang während dieser Sommerzeit im Präteritum ausgesagt, doch so, daß das Vergangenheitsgeschehen unmittelbar an das dauernd Gegenwärtige ansetzt, als wäre die Aussage des Dichters eben gemacht, so daß unmittelbare Bezüge zwischen der (dauernden) Gegenwart und dem einmaligen, als solchem im Bericht eben vergangenen Vorgang entstehen können; so wenn in Lied 6 im Gegenwartsbericht von den *brieven* des Maies die Rede ist (III) und im Vergangenheitsvorgang des Gespräches zwischen zwei Gespielinnen das eine Mädchen, eingeführt mit einem *„sprach ein maget"* (IV), unmittelbar auf die *brieve* Bezug nimmt: *„die wil ich gerne hoeren"*. Es ist die im Augenblick der Vortragsverwirklichung des Gedichtes für den Hörer gegebene Gleichzeitigkeit des Dauernden und des einmalig Abgeschlossenen. Daneben kann die Gegenwart der Jahreszeit auch in die Rede der betreffenden Person des Liedes einbezogen sein, daß etwa eines der Mädchen die Freude der Sommerzeit und ihres Treibens präsentisch ausspricht. Dies ist aber nur dann anzunehmen, wenn die Aussage den Jahreszeiteneingang als Bestandteil der Rede zwingend macht, sei sie nun indirekt oder direkt mit einem „sprach" eingeführt (L 12. 13. 15. 16 – 62. 65; Göli 87–88 scheint insgesamt nur aus Rede und Gegenrede zu bestehen).

Bei dem Einbezug des Ritters in das Festtagstreiben der Jugend ist der Ritter zunächst einmal aktiver Teilnehmer an den Lustbarkeiten auf gleicher Ebene wie die bäuerlichen Vorsänger und Vortänzer. In einem C-Lied (das als echt gilt) spricht er für den Sommer als seinen Sinn aus, den jungen Menschen Freude wertvoll zu machen (*freude êren*: L 57, V). Und so fordert er die Mädchen zu Frohsinn und zum Anlegen sommerlich-festlicher Kleidung auf: „Auf dem Anger sollen wir den Tanz springen!“ (L 3). Ebenso ist er für den Winter entschlossen, zur Unterbindung aller Melancholie (von der „schweren Jahreszeit“) ein neues Tanzlied beizutragen (L 23, II). Aber sofort greift in den Sommerliedern die Thematik die erotische Spannung auf, die sich zwischen vorsingendem Tänzer und den Mädchen einstellt, und die nun ebenso zwischen Ritter und Mädchen entsteht, alles vor dem Hintergrund von Frühlingsfreude und Tanzlust. Die Sommerlieder gliedern sich dabei in zwei Hauptgruppen von Vorgängen auf: in Gespräche zweier Gespielinnen und in Gespräche zwischen Mutter und Tochter. Zwei Lieder gehören dem Motiv der tanzlustigen Alten zu. Es bleiben drei Lieder übrig, die zwischen Mädchen und Ritter spielen, wobei Themen anklingen, die sich durch das ganze Werk Neidharts ziehen. Diese Gruppe ist deshalb für den Eingang geeignet.

Aufgebaut sind die Sommerlieder in bestimmter Weise. Die das Lied beginnende hochgestimmte Schilderung des angebrochenen Frühlings vollzieht sich in zweierlei Art: als Anruf und als Stimme. Der Anruf fordert die Mädchen auf, die Sommerfreude zu vollziehen, zu Spiel und Tanz sich zu *zweien* mit dem (Sommer-)Liebsten (L 1. 2. 3. 4. 5. 6. 8. 9. 11. 13, auch 14, I. 15). Die Stimme spricht das Dasein des Frühlings mit all seiner Beglückung aus (L 7. 10). Beides, Anruf und Stimme (was auch kombiniert erscheint: L 3. 11), kann von Personen des Liedes, dem Mädchen, aufgegriffen und fortgeführt werden (L 7. 10. 63) oder ausschließlich als Aussage des Mädchens gegeben sein (L 12. 13. 15, der Alten:

16. 62. 64. 65; Göli 87. 88). Solchem Eingang folgt die Antwort, in der zweiten und dritten Gruppe als Gespräch oder Zank zwischen den Mädchen oder mit der Mutter, mit den gegebenen Folgen (bei Göli die Auseinandersetzung um den Tanzführer). Jedesmal bricht hieraus ein Geschehen oder Verhalten auf, worauf hin das betreffende Lied letztlich konzipiert erscheint und in innerem Bezug zu dem in Anruf oder Stimme Ausgesprochenen steht.

Mädchen und Ritter. L 1–3

In den beiden ersten Liedern besteht der Antwort-Teil im Selbstgespräch eines Mädchens auf den Anruf: als ein Ja und Bereitschaft zu Sommerlust und Erfüllung, jedoch belastet mit dem Aber der Verhinderung durch die *huote* (1, IV, 4–8), dem Im-Zaum-gehalten-werden durch die Ordnung der 'Gesellschaft', in L 2, IV, 4 geradewegs als *bant* bezeichnet. Nur heimliches Lösen der Fessel ist möglich (1, IV, 6). Themen-Entfaltung liegt insoweit vor, als das Mädchen in **L 1** nur beklagend diese Verhinderung ausspricht, dasjenige in **L 2** sich dabei offen und voll innerer Beglückung zu dem Freund bekennt, zum Tanz mit ihm, der sie Tag und Nacht zu sich nach Reuental wünsche – dem Ritter. Die (als echt angezweifelten) Strr. VI u. VII mit ihrem Ansprechen der lösenden, weckenden Atmosphäre des Mai-Abends runden zum Eingang des Liedes mit Vogelsang und Mailust zurück. – Das Lied 1 liegt an sich in zwei Konzeptionen vor: der von Hs. R und der von c. Der Tendenz der Ausgabe gemäß ist hier der R-Fassung gefolgt: dem Selbstgespräch des Mädchens in IV antwortet in Str. V als 'Wechsel' ein Selbstgespräch des Freundes: ein bewundernder Preis und begehrendes Verlangen, sie in Reuental als *vrouwe* zu besitzen – des Ritters also wie in L 2, aber auch hier mit der Aussprache der Verhinderung: durch die Zustände in eben jenem Reuental, hier in Gestalt der *meisterinne.* Daran schließen, als Worte des liebenden Mannes, Bekenntnis steter gegenseitiger Herzensverbundenheit, Leid des Getrenntseins und Beglückung im Wissen um *vriunt* und *triuwe.* – In der wissenschaftlichen Diskussion ist die Echtheit dieser beiden Strophen VI und VII nicht unbezweifelt geblieben und die Fassung c (die durch Reihung von V hinter VI und VII diese Strophen dem Mädchen gibt) hat derzeit das Übergewicht über R erlangt (s. die Ausgaben W.-F. und W. Kom.). Jedoch solange die Frage nach dem Verhältnis zwischen R und c hinsichtlich getreueren Bewahrens nicht wirklich geklärt ist, bleiben derartige Entscheidungen reines Ermessensurteil.

Das **L 3** gibt eine Reihe von lebhaft diskutierten Fragen auf und ist mehrfach abgewertet worden – sicher unberechtigt. Zunächst das erkennbare Thematische. Im Preis des Frühlings sind Stimme und Anruf in diesem Liede kombiniert. Die Antwort geschieht nicht in Rede, sondern in einem Geschehen, je auf Stimme und Anruf folgend: Rosen schmücken die Wiese – „von ihnen sandte ich Friederun einen hübschen Kranz“ (II). Ihr Mädchen, schmückt euch, „den Tanz sollen wir springen!“ Und so geschieht es: „Wie ein Püppchen sprang Friederun im Faltenrock mit der Schar“ (IV). Der Vorgangsbericht geht weiter: Engelmar beobachtete sie auf der anderen Seite; als sich die Paare bildeten, „sollte ich – der Ritter – das Tanzlied singen, aber ich war dazu nicht imstande – mitten in der freudebringenden Frühlingszeit“ (V). Das ist jene (o. S. 547 benannte) Präteritalebene der einmaligen Vorgänge während der im Augenblick des Liedes vorliegenden Jahreszeit. Diese dauert über den Vorgang hinaus an; das vergegenwärtigt der Schlußsatz von Str. V mit seinem Präsens: *sô diu sumerwünne manegem herzen vreude gît.* Das ist zugleich wie eine Aufnahme der die lustvolle Zeit verkündenden Stimme. Und dieser antwortet wieder ein Geschehen: „Sie verlangen von mir Lieder.“ Aber jetzt nicht als abgeschlossener, präteritaler Vorgang, sondern als dauernder. Ebenso dauernd ist die Verhinderung (wie in den L 1 u. 2): die Sorge um das 'Haus', die Empörung über Engelmars Spiegelraub (VI). Dieser ist ein einmaliges, gewesenes Ereignis, (natürlich) präterital berichtet. Aber dieses Präteritum weist auf die anderen präteritalen Vorgänge des Liedes zurück: Kranzsenden, Friederuns Tanz, deren Beobachtung durch Engelmar, Antritt zum Paartanz und Ausbleiben des Tanzliedes von seiten des Ritters. Hängt dies alles, und damit auch der Spiegelraub, miteinander zusammen? Unter den Winterliedern gibt es einige, die Engelmar und Friederun unbefangen, d. h. ohne Bezug auf den Spiegelraub, nennen (L 23, II, 9; 24, II, 10; V, 2; 26, V, 10); er hat sich da noch nicht ereignet. Wo er vorausgesetzt ist, wird von ihm als etwas Geschehenem Erwähnung getan. Der Vorgang selbst wird jedoch bei Neidhart nirgendwo episch berichtet. Im vorliegenden Lied ist in Strophe VI der Raub als geschehen bezeichnet; Str. IV macht ganz den Eindruck, als existiere er noch nicht. In keinem Lied Neidharts stehen Situation vor dem Raub und Feststellung des geschehenen Raubes so unmittelbar nebeneinander wie hier. Da liegt die Schlußfolgerung nahe: zwischen den beiden Situationen (des Tanzens Friederuns *bî der schar* und des Beginns des Paartanzes), d. h. bei der Umgruppierung (*. . . begunde zweien),* versteht der Dichter den Raub als geschehen, und das ist dann das Ereignis, das den Ritter nicht zum Einsatz kommen ließ, der Schock, der dem Neidhart-Ritter zeit seines Lebens bleibt. Die (im Wortschatz s. v. *bescheiden*) als möglich erscheinende Bedeutung der Wendung *stunde bescheiden* macht dann *stunde* als jenen Zeitpunkt fixierbar, wo die Paare das Zeichen zum Tanz erwartet hatten (ich komme also zu einer anderen Auffassung der Stelle als Ulrich Gaier S. 24 ff.). – Möglicherweise leistet der Ps.-N. 61, das Lied vom Weinfaß, Hilfestellung. Wenn die dortige Interpretation eines Gegeneinandertanzens von Burschen und Mädchen, unter Anführung von Engelmar und Friederun, richtig ist, ebenso diejenige von *zweien* (Str. VII, 3 – entgegen

W.Wb. s. v.) als sich zum Paartanz gruppieren, dann ist der dort unmittelbar daran anschließende Spiegelraub in der selben Situation erfolgt, wie hier in L 3 angenommen ist – Sichtbarwerden einer Erzähltradition, die vielleicht von Neidhart her die Vorstellung vom Spiegelraub während einer bestimmten Tanzfigur besaß? Denn von L 61 her kann man die Wendung Str. IV, 4–6 *Vriderûn spranc bî der schar* und das *anderthalben* Z. 7 bei Engelmar analog als den Vorgang eines Gegeneinandertanzens von Burschen und Mädchen verstehen, dem die Gruppierung zum Paartanz (das *sich zweien*) folgt – ein alter und weitverbreiteter Tanzbrauch. –

Wie der von Neidhart immer wieder berufene Spiegelraub (mit dem Gewicht, das ihm Neidhart gibt) schon bald zu weiterem Ausmalen gereizt hat, zeigen, neben dem L 61 des C-Blockes, die in R, dazu in C^b (und c) folgenden, einhellig als unecht angesprochenen Strr. VII–X. Sie tragen ausladend das in Strr. IV u. VI (und auch sonst) Neidhartisch verhüllt Angedeutete um Engelmar und den Raub des Spiegels, der samt Schnur als unerhörte fremdländische Kostbarkeit erscheint, zusätzlich Entwendung eines Puppenwiegerls, nach. Der Hieb gegen den *tœrschen Beier* Engelmar schmeckt nach Entstehung in Österreich, während das Lied 3 selbst in Neidharts baierische Zeit gehört. – Zum Namen *Engelmâr* s. u. *Riuwental* im Ortsnamenverzeichnis.

Summiert man die thematische Entfaltung dieser drei ersten Lieder, so sprechen sie eine innere Spannung aus: den Gegensatz lustvoller Sommerfreude, die zu Lösung und Hingabe ruft und freudvoll begrüßt wird, zu einem Gehemmtwerden, das von den Gegebenheiten der Umwelt her enttäuschend und schmerzvoll bewußt wird. Als letzte Aussage jedes der drei Lieder bleibt Unerfülltheit und Sehnsucht: beim Manne nach dem geliebten Weibe (L 1), bei dem Mädchen nach dem auf sie wartenden Freund (L 2). Wenn man in L 3 die Zusendung des Rosenkranzes (mit dessen unüberhörbarer Symbolik) durch den Reuentaler an Friederun als die zarte Andeutung einer begehrenden Verbundenheit mit ihr versteht, dann ist der Spiegelraub als gewaltsame Aneignung eines Liebespfandes durch einen anderen – im Augenblick des vielleicht ersten Frühlingstanzes im Jahr, wo sich die Paare für den Sommer finden – die brutale Ausspielung des Rivalen bei der Begehrten, und noch dazu des Ritters durch den Bauernburschen Engelmar! Man versteht, daß dieser Vorgang (an sich einer unter vielen ähnlichen, s. o. S. 538) dem 'Ritter' ein unvergeßbares Zeichen zu werden vermag, daß die Welt, der er sich zugehörig fühlt, aus den Fugen geht. Und das wird hier vom Dichter gekoppelt mit der Bürde des Reuentals und dessen Armseligkeit – eine Infragestellung von Existenz in diesem Liede, die im Werk Neidharts nicht mehr verstummen wird.

Gespielinnen. L 4–8

In den Gesprächsliedern zwischen zwei Freundinnen sieht es allerdings zunächst so aus, als sei die Welt noch heil.

In einem der Lieder, das deswegen als **L 4** den Reigen eröffnen soll, antwortet das Mädchen dem Anruf der Freundin, ihr zu Frühlingslust und Tanz unter der Linde zu folgen, bereitwillig und ohne Andeutung irgendeiner Behinderung – nur mit der Bitte um Verschwiegenheit, denn sie weiß, wer – ungesagt – unter der Linde anzutreffen ist. Der Dichter entläßt den Hörer mit dem Bild des erwartungsvollen jungen Mädchens im festlichen Gewand, das ihr unverzüglich gebracht worden ist – nichts steht lustvoller Erfüllung im Wege.

Heil sieht die Welt zunächst auch in jenem Gesprächslied **L 5** aus, wo nun das Ereignis unter der Linde, zu dem die Mädchen in L 4 eilen, direkt genannt ist: *ein tanz von höfschen kinden*, der zu erwarten steht (II). Ein Glanz von Eleganz und Hövischheit ist über die Frühlingsstimmung im Anruf des Sommereingangs gestreut. Um rechte Hövischheit geht es auch im Gespräch der beiden Freundinnen (IV–VII). Der resignierenden Skepsis des einen Mädchens gegenüber der Existenz echten Frauendienstes, angesichts der Lässigkeit und Unzuverlässigkeit der jungen Herren – es geht dabei um die Werte der *vreude* und *êre*, um Steigerung des Persönlichkeitswertes des um eine Frau (in hohem Dienst) sich mühenden Mannes – begegnet die Freundin mit der eigenen Erfahrung: es gebe echten Dienst durchaus genug; um sie selbst mühe sich ein Mann, der über all das verfüge, was Schwermut und Unlust *(trûren)* vertreiben kann. Als Kronzeuge und Garant stellt das Mädchen schließlich Den von Reuental vor, den weitum bekannten Sänger. So ist denn alles gut; voll Erwartung des Kommenden lohnt es, sich schön zu machen für den Tanz der *höfschen kinde.* – Die falschen Töne in den Worten der beiden Mädchen sind jedoch nicht zu überhören: da ist das unhöfische *zâfen* für sich hübsch machen (IV, 1); man ist bereit, die heimliche Liebe des Ritters mit Gutem zu lohnen (worin besteht dies?); man streitet nicht ab, weg zu ihm zu streben, man drängt zu ihm und seiner Bekanntschaft (was die Frage nach dem Werbenden und Gürtelgabe VI verraten) – was erwarten sich diese *höfschen kint* von jenem hohen Dienst, den sie dem Ritter zuerkennen, und wie verwirklicht dieser ihn? Ist das alles in der Tat so höfisch, wie es sich nach dem ersten Anschein gibt?

In einem weiteren Gesprächslied (**L 6**) läßt Neidhart die Zuhörer Zeugen des Vollzuges solch erwarteter und erwünschter 'hohen Minne' werden. Da ist der faszinierende Tänzer, der für den Sommer die tollsten Tanzpassagen zu lehren weiß, daß sich das junge Mädchen dauernder Jugend dadurch versichert glaubt, und die ihre Erwartung zu höchster Stimmung steigern (IV). Als es aus ihrer Weigerung, den Lehrer solcher *hôher sprünge* zu verraten, zu bösem Wortwechsel und Vorwurf groben Benehmens mit der Freundin kommt, spielt sie ihren Trumpf aus: sie kenne einen Ritter (sicher den, der ihr die hohen Sprünge beigebracht), der sie sanft in sein Bett trüge und nicht etwa grob hineinwürfe – eine solch feine Dame sei sie in Wirklichkeit, und mit dieser wage es die Freundin, sich zu verfeinden! Der Ritter seinerseits, in dessen Rolle nun der Dichter spricht, bekennt unverhüllt, daß er das Mädchen zu seiner Liebsten gemacht habe. In der damit verbundenen Versicherung ewiger Liebe und der Bereitschaft, sie gegen alle Neider (die überhaupt im Lied nicht sichtbar sind) mit Hilfe seiner Freunde zu verteidigen, liegt eine Ironie, die all diese kraftvollen Versicherungen wieder aufhebt zu einem bloßen Spiel des Augenblicks. Dies ist also der hohe Minnedienst des Ritters vom Schlag des Reuentalers – daß sein Name hier nicht fällt, ist ja wohl nur die „Verschwiegenheit" des Mädchens (V, 5) – und das, was diese Mädchen sich davon erwarten: die Sinnenlust und Besessenheit des sommerlichen *sich zweiens*. Vor ihr verfliegt alle höfische Verbrämung, die sich bei den Mädchen als unbegriffene modische Nachahmung höherständischer Lebensformen herausstellt – sie sind in Wahrheit gar nicht die *höfschen kint*, als die sie der Schalk Neidhart erst vorgegaukelt hat. Nicht anders beim Ritter, wo er – in der Wirklichkeit der Konzeption Neidharts nur armseliger Krautjunker, doch mit dem Nimbus des Hofmannes – als Mitspielender in die von unbezwingbarem Eros erfüllte Atmosphäre vital-triebhaften Sommerlebens eintaucht, so sinnenbegierig und bedenkenlos wie Mädchen und Burschen – s. den Vortänzer Merze im C-Lied 65!

Wie solcher hemmungsloser Lebenstrieb mit den Ordnungen menschlichen Daseins zusammenstoßen kann, spielen ebenfalls Sommerlieder durch, die hierin die Andeutung eines Gehemmtseins vitaler Erfüllung in den Liedern 1 und 2 weiterführen.

Unter den Gespielinnenliedern ist es das **L 7**. Da wird die Erwartung unbeschwerten Sommerspieles mit Feststaat und Tanz durchkreuzt von der Werbung eines Kleingütlers *(vrîheistalt)*, mit all seiner damit verbundenen Dürftigkeit der Existenz, um die Hand des Mädchens; der Druck der ganzen Sippschaft steht dahinter *(dô zugen si mir daz röckel ab dem lîbe)*, aktiv in der Mutter, die der Störrigen Schuhe, Schleier und Hut zur Strafe wegsperrt. Die jähe Konfrontation zwischen Wollen und Müssen – zwischen Traumbild unbeschwerter Selbsterfüllung (in einem „adelsmäßigen" Leben) und Wirklichkeit der Lebenshärte – verdichtet sich in der aufsässigen Äußerung des Mädchens gegenüber der Gespielin, den „Bauern" (man höre, wie verächtlich das hingeworfen wird!) mit all seinem menschlichen und wirtschaftlichen Anspruch und Ungenügen (all das steckt in dem vieldeutigen *dingelîn*) sitzen zu lassen und sich dem Ballspiel – und d. h. dem Flirt – mit dem Reuentaler hinzugeben, der ihr „angemessen" sei. Im Klang der Worte steckt verborgen der Triumpf des 'Reuentalers', der unwiderstehliche und sinnenverwirrende Erfüller geheimer Wünsche zu sein. – Zugleich wird in diesem Lied der Gegensatz zwischen Mädchen und Mutter angeschlagen, der in der anderen Hauptgruppe der Sommerlieder vordergründig ist. Zuvor steht aber noch ein letztes Gespielinnenlied zur Erörterung.

Der Tenor dieses **L 8** steht diesmal schon von Anfang an im Gegensatz zur Sommerfreude des Augenblicks: beim sprechenden Ich, das sich von seiner eigenen „Stimme" der Sommerankündigung distanziert (II), bei den beiden Freundinnen (III ff.). Liebesleid wegen eines Geliebten, der fern ist, bedrückt die eine Gespielin und läßt sie der Freundin tiefe Verschwiegenheit raten, wenn hinter deren Kummer das Gleiche stehe (IV, V). Da vertraut diese ihr an, daß es „ein Ritter von Reuental" sei, dessen Sangeskunst ihr Herz bezwungen habe; nun möge Gott ihn ihr erhalten (VI). Sangeskunst des Reuentalers: man muß schließen, es ist der Ritter wiederum als Vorsänger und Führer des Tanzes, der ein Mädchen gefesselt hat, im gleichen Umkreis des Sommertreibens, und die Frage steht dahinter: ist es nicht wiederum die erregende Erotik des Verlangens nach dem bewunderten Mittelpunkt der Sommerfreude, mit der Nuance, daß es auch hier der Ritter ist, der solchen Mittelpunkt bildet? Es folgt eine VII. Strophe, worin das sprechende Ich die sorgenvolle Sehnsucht nach einem wärmenden Dach über dem Kopf laut werden läßt. Man darf die Strophe wohl nicht einfach als eine angehängte Bitte um Obdach „am Lengenbache“ des – nun nach Österreich abgewanderten – Dichters absondern; dafür ist sie stimmungsmäßig zu sehr mit dem Lied verbunden. (So auch Günther Schweikle S. 256 ff.) Vielleicht soll sie zugleich mit aussprechen: nach dem Unbehausten sehne sich das Mädchen, der keine Stätte sein eigen nennt, und der den angerufenen Schutz des Himmels in der Tat bedarf. Hinter dem Liebesleid des Mädchens steckt dann zugleich wieder der Drang nach einer fiktiven Welt, die mit dem Scheinglanz des Ritterlichen lockt, aber in Wirklichkeit ohne Geborgenheit ist. Dabei erscheint der Unbehauste zugleich und wiederum als der „Singer“, dem um dieser seiner Kunst willen die Herzen zufliegen, als der Musikant, der als solcher um Aufnahme bittet. Das deutet (gemäß dem Nachweis Bertaus, Bayr. L. S. 300) der Ortsname *Lengenbach* an: Lengenbach ist das Spielmanns- und Musikerdorf des Tullner Feldes.

Mädchen und Mutter. L 9–14

Die Partnerin des Mädchens wechselt; an die Stelle der Freundin tritt die Mutter. Eine Gruppe von Liedern führt aus, wie die Mutter vergeblich warnend die Tochter von dem gefährlichen Sommerflirt mit dem Vortänzer, dem vornehmen Herrn, abzuhalten versucht. Die Lieder zeigen eine Steigerung in der Deutlichkeit und der Erbitterung.

In einem Lied (**L 9**) bittet die Tochter noch um Nachsicht und Verständnis für ihre Sommerliebelei mit „einem“ Ritter, in den sie sich mit *beiden ougen* verguckt hat. Doch die Mutter antwortet kummervoll mit dem Wegsperren von

Festtagsstaat und Schuhen, und als das ohne Wirkung bleibt, endet sie mit der aufgebenden Frage, wer denn nun eigentlich jener Zerstörer des bisherigen Einvernehmens (*triuwen* VI, 6) sei: folge deiner Mutter!

In einem anderen Fall (**L 10**) will die Mutter einen erwünschten Freier, den „jungen Meier", gegen die fragwürdige Hofbekanntschaft des Töchterchens, die Liebschaft mit dem Ritter, ausspielen. Sie warnt das Mädchen, sich in die Gesellschaft der Ritter einzudrängen, die ihr nicht anstehe und wofür sie den Schaden tragen werde, doch die Tochter kontert: sie sei dem Ritter schon gewachsen, der sie nach Wunsch zu lieben verstünde, anders als so ein Bauer – man höre die Parallele zu L 7! – und sie trutzt auf: alle Freundschaft und Verwandtschaft sei sie bereit, aufs Spiel zu setzen um dessen willen, dem sie offen ihre Liebesbereitschaft zu erkennen gegeben. Die Leute sollen es nur wissen: ihr Sinn ziehe sie nach Reuental! – Zu überlegen ist, ob das auffällige und lexikographisch wohl noch nicht voll erfaßte *gehersen* in VII, 2 nicht noch mehr aussagt: etwa sich das Regiment zutrauen – auf dem Herrensitz, als Wagnis einer Mesalliance anstelle der hochnäsig verschmähten standesgemäßen Einheirat in den Meierhof. So oder so: der unverblümte Ausbruch aus den gesetzten Ordnungen ist eklatant.

In **L 11** rückt die Mutter ihrer Tochter Jeute, die mit ihrer Tanzkunst *vor den knappen allen* prahlt, die Verfänglichkeit solcher Liebelei mit dem – in Str. III das Mädchen lockenden? – (ritterlichen) Vorsänger vor Augen: er habe sich offen gerühmt, sie zu Fall zu bringen! Die Mutter behält zwar der aufsässigen Tochter gegenüber, die ihr die sommerliche Gartenarbeit vor die Füße wirft und unbedingt zum versprochenen Tanz mit dem „Gimpel-Gämpel"-Sänger will, das letzte Wort mit der Ankündigung einer entsprechenden Tracht Prügel – aber: genutzt hat es nichts.

Denn in einem weiteren Lied (**L 12**) läßt der Dichter einer Mutter der Tochter vor die Seele rücken, wie es der Freundin Jeute im vergangenen Jahr ergangen sei: ein Kind war die Folge ihres Gimpel-Gämpel-Tanzes mit dem Junker! Aber das macht keineswegs Eindruck auf das liebestolle Ding – die neuen Lieder des Reuentalers, sein Geschenk von Kranz und roten Schuhen „von jenseits des Rheins", seine tollen Tänze, die er zu lehren verstehe, das lockt – genau wie das Mädchen in L 6. Und so bleiben als letztes Wort der Mutter nur die bösen Erfahrungen, die der *stolzen meit* in Reuental, dem „Jammertal", nicht erspart bleiben werden.

Die Faszination des ritterlichen Tänzers und Liebhabers zeigt sich jedesmal als unüberwindlich, und so erlebt der Hörer (**L 13**) die Szene voller Auflehnung und Brutalität mit, wie die *stolze maget* der Mutter alle Befugnis abspricht und in ihrer Gegenwart mit Gewalt den Kasten aufbricht, worin Faltenkleid und schmaler Gürtel verwahrt liegen – und in die Hand des Reuentalers warf sie ihren bunten Ball, als bewußt flirtendes Zusammenspiel mit ihm (s. o. S. 533). Es ist aus Neidharts Worten ein herber Ton über solches Verhalten von Lieblosigkeit in Str. VI herauszuhören. Gegen solchen Schlußton muß man den Preis des angebrochenen Frühlings aus dem Mund desselben Mädchens stellen – wie auch in den anderen Liedern (10, 11, 12) von der Aufsässigkeit der Töchter; der Lockruf zu ungehemmter Frühlingslust ist es ja auch hier, der sie alle Rücksicht brechen läßt. – Als Folge fordert im ersten Teil von L 13 das Mädchen die Freundin auf, den Kopfputz aufzusetzen: „Du weißt ja, daß ich zu einem Ritter will!" Das hat die Mutter heimlich gehört, und sie kontert sofort: „Dein lockerer Sinn ist offenkundig; binde dir dein Haar nur gleich als Frau auf!", d. h. mit deiner Unberührtheit ist es vorbei.

Diesen Sachverhalt spinnt Neidhart weiter (**L 14**): ein Mädchen ist trotz Frühlingsbeginn tief niedergeschlagen. Die Mutter ahnt: ein Mann wird daran schuld sein, und das Eingeständnis der Tochter von einem sinneberaubenden Kuß durch einen Ritter bestätigt es nur: „Du merkst jetzt

Mannesliebe.“ Da helfe nur noch Heimlichkeit und der „alten Künze“ samt ihrem liederlichen Schwatzen aus dem Weg zu gehen. Der Ritter, d. h. hier: *ein ritter*, ohne Namensnennung des Reuentalers, erscheint erneut als der bedenkenlose Verführer, der sich zudem geheimer Künste (eines Zauberkrautes) bediene (VII). Sein Verhalten wie das des verführten Mädchens stehen in schroffem Widerspruch zu der Mahnung der Eingangsstrophe zu beherrschter Lebensfreude und Vermeidung von allem, was Schande bringt. Eine zweite Fassung der Hs. c (c 20,4 ff.) setzt sie an die vierte Stelle, nach dem Natureingang (mit dem Wunsch einer *vrouwe* nach einem Kranz vom Freund: III, 4, dem ‘normalen’ Beginn von Sommertreiben und Liebschaft); dann entsteht ein noch unmittelbarerer Bezug zu dem mit Str. V einsetzenden Vorgang im Gespräch mit der Mutter: die Tochter hat sich gegenteilig verhalten und die Folgen sind eingetreten.

Die beiden Gruppen ‘Gespielinnen’ und ‘Mutter und Tochter’ zeigen also eine klare Themenentfaltung, die ein bewußtes Gestalten von seiten des Dichters nahelegt, auch wenn – wie es der Fall ist – die Lieder zu verschiedenen Zeiten und Orten (Baiern, Österreich) entstanden sind. Neidhart schöpft ein einmal angeschlagenes Thema aus. Und so führen diese beiden Gruppen von Sommerliedern von anscheinend harmloser Frühlings- und Sommerfreude zur Enthüllung eines menschlichen Verhaltens, das von der Spannung zwischen vitalem Lebens- und Lusttrieb, der alle Fesseln abwerfen will, und dem Widerstand durch die Bindungen menschlichen Existierens in gesetzten Ordnungen beherrscht wird, Spannungen, worin sich Abgründe unbedachten Spieles mit dem sinnenverwirrenden Eros, Mißachtens der Wirklichkeit, Lieblosigkeit und Bedenkenlosigkeit gegenüber dem anderen auftun.

Die lebenslustige Alte. L 15 und 16

Das Verhältnis zur Mutter kann auch anders erscheinen. Die Sommerlust, die das Mädchen zu beredtem Preis bringt (**L 15** I–IV), lockt auch die Mutter: sie will – als Aufpasserin – mit der Tochter zur Linde, sie fühlt sich trotz ergrauter Locken noch durchaus jung – sie entspricht damit sogar ironisch der Aufforderung in der Mädchenrede (III): „die Alten seien um so jünger" – und verlangt nach ihrem Kopfputz. Da läuft die Sache umgekehrt: die Tochter ist es jetzt, die der Mutter den Kopfputz wegschließt, bis sie ihr leid wird (VI. VII). Das Lied rundet sich zum Anfang und zu den übrigen: die Tochter ist das Mädchen mit den roten Schuhen (L 12): jetzt hören wir, daß sie diese dem Ritter stibitzt und ihm dafür beim Tanz ein Kränzchen verehrt hat (VII). Das hier angeschlagene Thema von der lebenslustigen Alten setzt sich mit einem weiteren Lied der R-Gruppe fort (**L 16**). Da ist der Frühlingspreis in den Mund einer Alten gelegt, und sie ist es, die das Bild vom Wald als Krämer aussprechen darf (s. o. S. 532), den Vogelsang will sie selbst zur Heilung ihrer Wunden kaufen, denn – so stellt sich heraus – ihr Gemüt ist durch Frau Minne in hellen Aufruhr versetzt; mit dem Pfeil von rotem Golde ist sie auf den Tod verwundet (IV–VI). Ein junges Mädchen kann das nur staunend zur Kenntnis nehmen, daß der „Alten ganzer Sinn nach Liebeslust *(vreude)* drängt" – und hier schließt der Dichter in der Thematik seiner Sommerlieder einen Ring, indem er auf Liebesnot seines ritterlichen Ichs verweist, wie er gelegentlich angedeutet hat. Freude ist nur dort, wo keine Sehnsuchtsqual bedrängt und Herzensliebe sich erfüllt. Das klingt nach einem Ergriffensein des ganzen Menschen von einem Du – aber welche Erfüllung und welches Du meint der Dichter? Die Winterlieder entfalten diese Thematik voll. Das Bild von der tanzlustigen Alten zeichnen Lieder des C-Blockes weiter aus.

Die zeitaktuellen Lieder **17–22** folgen S. 594 ff.

Winterlieder

Wie schon o. S. 536 erwähnt, finden sich auch unter den Winterliedern solche, die zunächst die Lustbarkeiten in den Stuben, und was dabei im Spiele ist, primär zum Gegenstand haben. Der Ritter ist als einer der Arrangeure dabei; Verwicklungen, die dann in anderen Liedern thematisch vordergründig werden, klingen an.

Parallel zu dem stilistischen Vorgehen in den Sommerliedern wird das Dasein des Winters und das zu ihm gehörige Treiben, die daraus entstehenden Spannungen zwischen den Geschlechtern, zwischen den Burschen selbst und darin inbegriffen zwischen teilnehmendem Ritter, Mädchen und Burschen, präsentisch berichtet, als das Dauernde der (im Winterlied gegenwärtigen) Jahreszeit. Präterital ist der Rückblick auf den (für den Augenblick des Winterliedes) vergangenen Sommer, und was dort geschehen ist. Präterital wird aber auch wie im Sommerlied das einmalige, im vorliegenden Lied nun geschehende Ereignis berichtet, das aber im Augenblick des Vortrages abgeschlossen ist, so daß im jeweiligen Lied präsentische und präteritale Aussage unvermittelt nebeneinander stehen und ineinander übergehen können. Als Beispiel diene das Lied 24: hier ist in I–IV präsentisch von den Vorbereitungen zum Stubentanz die Rede, bis zum Tanzbeginn (V); die Rivalitäten um die Mädchen und die daraus entstehenden Keilereien samt Schlichtung (V–VI) stehen übergangslos im Präteritum: *Frideliep bî Götelinde wolde gân.* Dasselbe Verfahren ist auch bei den Liebeshändeln des Ritters der Fall (s. u. S. 566 ff.), die präterital im präsentischen Winterlied erzählt werden.

Wiederum parallel zu den Sommerliedern kann aber auch die Winterklage einer Person des Liedes in den Mund gelegt sein, die mittels eines präteritalen *sprach* eingeführt wird (und die Klage natürlich präsentisch ausspricht): L. 28, I. Dabei können, wie in dem angezogenen Lied, beide Verfahren nebeneinander stehen: in Strophe II führt das Ich des Dichters Winterwirkung und Freude auf das hernach wiederkehrende Sommertreiben (präsentisch) fort. Hieran anschließend trägt dann der Präteritalbericht das (abgeschlossene) Ereignis des Liedes vor: *ich kom an eine stat...* (III).

Wintertreiben. L 23–27

Der Winter drängt nun alles in die Stuben. Zu Tanz und Frohsinn dort wird der ritterliche Sänger seinen Beitrag, ein eigenes neues Tanzlied stiften (**L 23**, II, 4, vgl. o. S. 548). Der Vorgang spielt in der Stube Engelmars, die als geeignet gelobt wird, an der kühlen Halde (II, 9). Es ist jener Engelmar der Spiegelaffäre mit Friederun, die hier aber noch außerhalb des Blickes liegt und also hier noch nicht geschehen ist. – Dann erscheint der Ritter als der Hauptveranstalter (**L 24**): die Mädchen sollen ihre Schlitten richten; den Rat erfahrener Freunde braucht er für den richtigen Ort zur Tanzlustbarkeit, die Einladungen gibt er aus und bittet dabei die „Damen", die Tücher nicht so tief in die Stirne zu setzen. Am Kopf tat ihnen ja noch keiner etwas. Weiter sorgt er, daß beim Würfelspiel der Leiter gegen die Mädchen nicht zu grob verfahre (L 26, II; 27, I. II), wie der Tanz verlaufen, wer mit wem „gehen" soll und vor allem kümmert er sich (**26**, IV) um das Mädchen Künze, daß sie sich hübsch anziehe, auch ein Zauberkraut sich ins Kleid binde, denn der Freund sei da! Ist er es selbst? Die Schlußverse lauten: (VII)

> Wer das Land nach Weibern ganz durchzöge,
> ihrer keine gönnt ich mehr...
> als Schwiegertochter meiner lieben Mutter.

Vor diesem Hintergrund des Wintertreibens hebt sich nun – zunehmend deutlicher werdend – die innere Spannung dieser Lieder ab. Zunächst besteht sie unter Mädchen und

Burschen selbst; der Ritter ist nur indirekt Betroffener bei dem Klatsch der Mädchen (26, V. VI), bei den Burschen ist er – vergeblicher – Schlichter: vier haben sich gegen einen Angeber von Weitenbrühl dahinten (s. S. 769 f.), namens Lanze, zusammengetan, aber dieser sei so martialisch gerüstet, daß nur ein Kindskopf mit ihm anbinde (L 23, III f.). Als nach den Einladungen (L 24, III f.) der Tanz beginnt, entsteht Streit, wer mit wem gehen will: Friedliep und Engelmar geraten aneinander; nach der notdürftigen Schlichtung zerrt Eppe die Geppe dem Gumpe von der Hand – der Schlichter muß mit der Reutel dazwischen fahren – und schließlich fliegt dem Eppe auch noch ein rohes Ei an die Glatze (V, VI) – eine echte bäuerliche 'Kirchweih'-Turbulenz. Angemerkt sei, daß der Dichter im selben Ton wie das Lied, also aus bestimmter Absicht, eine Verwünschung des Reuentalers über die wirtschaftliche Last des 'Hauses' anfügt – die eigene Turbulenz neben der der 'Kirchweih'? Gleiches Nebeneinander ist bei L 40 und besonders L 41 festzustellen. Dann aber zeigt sich auch der vornehme Herr engagiert: auf einen der namentlich genannten Burschen (**L 25**, IV ff.) gießt er seinen ganzen Spott und Groll aus und reißt ihn als unmöglichen Modegecken herunter. Der Grund: er habe ein Auge auf ein bestimmtes Mädchen (VI), und am Ende zeigt sich, daß der Ritter selbst ihr „verlangend diene“ und bereit sei, ihr seinen ganzen „wertvollen“ Besitz Reuental zu eigen zu geben, sein hochgelegenes Siena! (VII). Es ist zum Bersten im Gelächter herrlich, wie Neidhart diesen seinen Ritter hier die Allüren eines großen Herren spielen läßt, als habe er mit seiner Bruchbude Reuental so etwas Großartiges zu verschenken, daß er es mit jenem machtvollen Zentrum staufischer Herrschaft in der Toskana vergleichen könnte, wie es Siena damals ist – jedem Romfahrer unter den ritterlichen Zuhörern bekannt. Dies noch als Angebot einem Mädchen gegenüber – Engelbolts Ave – das der Ritter selbst als einem Grafen würdig bezeichnet (dem er selbst ständisch nicht das Wasser reicht).

Falls man überhaupt die Aussage-Bezüge eines solchen Neidhartschen Liedes – wie im Prinzip bei aller mittelalterlichen Lyrik – so konsequent aufeinander abgestimmt verstehen darf und nicht nur mehr oder weniger lose gereiht, dann ließe sich ein Bogen zur ersten Strophe des Liedes ziehen: ist die in Str. VII Verehrte, ist jene Ave von Str. VI identisch mit 'ihr' in Str. I? Dort lockt jedenfalls eine Frau (im bäuerlichen Bild von Huhn und Weizen) den minnesingerisch Werbenden zum Dienst mit dem Lied, spielerisch und vielleicht sogar frivol, wenn sie die gleiche ist, die sich ganz offenbar, dann gleichzeitig, den Flirt jenes *halingære* gefallen läßt. Noch mehr Grund, die sichtbare Schlappe mit dem ganzen Hohn des „Höherstehenden" zu kaschieren.

Noch deutlicher zeigt das letzte Lied der Gruppe, wie ein solcher hoher Herr sich irritiert und böse geben kann, wenn die Bauernburschen in seinem Wohnbereich das Gleiche sich zu tun erdreisten, wie er selbst: wenn sie um Reuental zu viel herumscharwenzeln (L 27, VI), auf seine Pirsche schleichen und den „Kopf verdrehend vor seine Dame treten" (V), Burschen, die noch dazu mit Leier und Trommel den Ton angeben (III). Da schlüpft der Dichter gänzlich in die Rolle des reißigen Kriegsmannes, der es mit seinem „Weibelstab" auf ein Spiel mit den Frechen ankommen (III. IV), großsprecherisch und siegessicher das „tolle Treiben" platzen lassen will. Den letzten Grund erfährt man auch: der eine Bursche hat der 'Dame' einen Ball (als Liebespfand) entführt (VI) – nichts anderes, als was sich der adelige Herr (in L 30) mit einem Griffel als selbstverständlich erlaubt. Die beiden Trutzstrophen, die das Lied bereits in R u. C^b begleiten, greifen auch – gewiß ironisch gefärbt, wie die ganze Entrüstung des Liedes selbst – das nicht weniger großmäulige Parieren des Schlages durch die Gegner auf.

Der Gegensatz Ritter – Burschen aus Rivalität um die 'Dame' ist also hier voll entfaltet. Ein Hauptthema der Winterlieder ist angeschlagen, hier, in dieser Gruppe noch herausentfaltet aus dem Wintertreiben als solchem, das den jeweils ersten Teil der Lieder bildet. Der Ritter ist also einbezogen in dieses winterliche Treiben der jungen Leute, er nimmt daran teil und er läßt sich ebenso einfangen von der erotischen Geladenheit des Miteinanders von Burschen und Mädchen – er spielt auch hier mit.

Liebeshändel des Ritters. L 28–32

Die Liebesabenteuer, die Neidhart seinem ritterlichen Ich andichtet, schließen wiederum eine Gruppe Lieder unter ein Thema zusammen, das das in der ersten Gruppe Angedeutete ausweitet und zugleich Parallele zu den Sommerliedern bildet. Dort sind es freilich die Mädchen, die sich besessen von dem Reuentaler zeigen; jetzt erweist er sich als der Aggressive, der um nichts bedenkenloser als die deswegen beschuldigten Burschen (der ersten Winterlied-Gruppe) ist.

L 28 führt, nach dem Eingang mit Winterkummer und Sommerhoffnung, vor, wie ein solches Verhältnis entstehen kann. Der Ritter „kam an einen Ort“, wo eine ganze Zahl von jungen 'Damen' einen Tanz im Hausflur veranstaltet. Als der Ritter mit einer „anbandeln“ will, erfährt er den energischen Einspruch der Mutter des Mädchens (III). Dieses beschwichtigt seine Mutter, sie habe nichts für den Verehrer übrig (IV), seinetwegen habe sie im Vorjahr Prügel hinnehmen müssen; er ist also hierorts bekannt und er spricht dann auch vom Brauch „meiner Pfarre“ hier, Mädchen, die zu sehr von Liebelei bedroht sind, anderswohin zu geben (VI). Mit diesem Einwurf unterbricht der Dichter seinen Erlebnisbericht; er tut es im Zusammenhang damit, daß er den Zuhörer mit seinen (nun im Präsenz gehaltenen) Überlegungen in den Glauben versetzt, alles sei noch offen – bis der Neueinsatz im Präteritum (VII) den Erfolg des Don Juan verkündet.

Derber und direkter verhält sich der edle Herr in einem

anderen Fall (**L 29**): eine Magd, die er beim Flachsschwingen für ihre Bäuerin entdeckt, habe er kurzweg zu überwältigen versucht (II). Aber das war eine handfeste und nicht auf den Mund gefallene Person, der er physisch unterlegen ist. Erschöpft von der Balgerei verzehrten sie friedlich sechs gebratene Birnen – ohne das Obst wäre er jetzt mausetot, versichert der Dichter ironisch zwinkernd und zum Schein seine Torheit beklagend (IV). Und ihre harte Behandlung – den Spott dafür, bei den Freunden, die er eingangs (II) wegen ihrer Störrigkeit um Rat gebeten, nimmt er lachend auf sich – machte sie schließlich auf einer Flachsdörrplane an einer Hecke hinterm Haus der Muhme wieder gut ... Und wieder ist die Ironie hörbar: „Das beste Stück von meinem Gut ward ihr dafür: Seufzereck erhielt von mir die Dame“ (V). Nichts als Seufzer sind ihr von der ganzen Affäre – für die Folgen? – geblieben.

Dann variiert das Thema weg von leichter Erfüllung zu einem spröderen Verhalten der Schönen. Das eine Lied ist jenes vom Griffelraub (**L 30**, s. o. S. 538). Das rote, in einer Krambude erworbene Glasding hatte er dem Mädchen als Liebespfand entführt (II). Sie sei das Weib, dem sein ganzes Sehnen gehöre (I. VII), doch sie habe von Jugend auf nichts als Versagen für ihn übrig gehabt (I) – Phraseologie hohen Dienstes dem Bauernmädchen gegenüber; man gibt sich beiderseits ‘höfisch’ (vgl. hiezu unter *vrouwe*). – Jetzt fordert sie beim Schaukeln schnippisch und entschieden den Glasgriffel vom Ritter zurück, mit der Androhung, sein Lied und seinen Tanz zu ignorieren, und mit der zweideutig-kecken Parade: sie wüßte auch ohne solches Liebespfand ihr Ziel zu erreichen – wenn sie es wollte! Sie also versteht es: *stolzem ritter wol gehersen* (L 10, VII). Geschlagen muß denn auch der Ritter den Griffel zurückgeben (III. IV). Das wird Anlaß, sie als Frau hochzupreisen – nur die Füßchen seien ihr sehr zerschrunden! (VI) – wieder also eine Gelächter auslösende Paradoxie von Minneherrin und Wirklichkeit des Bauernmädchens; sehnsüchtig gedenkt er der

Zeit, wo sie beide ausgelassen Heu ans Hofende getragen und zum Zaun gestampft haben – der 'Ritter', de facto der kleine Ministeriale! Vgl. S. 544; er versichert seine ewige Liebe mit Wunsch nach Erfüllung, mit dem schneidenden Gegensatz, daß diese Erfüllung sie in die Brutalität und Armut des 'Reuentals' bringen würde (VII).

Zwei Lieder sind durch einen Sachbezug verbunden: die Verehrte als Rübenklauberin zu Reuental (**L 31**, II; **32**, I). Diese Bauerndirne macht den Ritter so hochgestimmt, daß er über den ganzen verdrießlichen Winter hinweg auf die kommende Rosenzeit schaut (31, I), denn sie, die Schöne, mache sein ganzes Empfinden so frei; sie sei ein tadelloses Weib – und da kommt nun der Schlag, der die Zuhörer Neidharts sicher im Lachen hat bersten lassen: „Den ganzen Garten macht sie leer von Rüben!" (II). Einmal habe sie dem Ritter ihre Liebe so halb geschenkt, trotz anfänglicher Sprödigkeit (III), doch dann drängten sich Rivalen heran, vielleicht bei jener Zusammenkunft, die der Dichter, unterbrechend?, einschiebt (IV). Das Mädchen – vorausgesetzt, daß es die Rübenklauberin ist – mußte vor einem von ihnen an einen anderen Ort ausweichen und der Ritter neue Schuhe deswegen durchlaufen (V). Jetzt hat man ihn bei ihr, der Rübenklauberin, die seine Tanzpartnerin sein sollte (L 32, I), verleumdet; drei waren es in diesem Jahr, die „ihr wie Bienen in die Ohren summten" (II), daß er glaubt, sie weit wegbringen zu müssen (III). So tief sind die Bauerntölpel ihm ins Revier gedrungen, daß einer von ihnen denselben obszönen Griff gewagt hat (IV), den der Ritter sich der Flachsschwingerin gegenüber erlaubt hat (L 29). Neben der Drohung mit der Rache durch die Brüder hören wir wieder die Prahlerei mit dem Eingreifen des Ritters (V), unüberhörbar ironisiert durch den Schwur „bei meinem Schuh";
nicht minder ironisierend übertrieben ist die Ankündigung des Gegenschlages in der (R-)Trutzstrophe. Nie berichtet der Dichter vom Vollzug des einen oder des anderen. Vielleicht ist es – wie der Hinweis auf die Zusammenkunft in L 31, IV

– Rückführung des Vorgangs in die umfassende Geselligkeit der Burschen-Mädchenschaft, daß Neidhart in einer Strophe VI (von L 32) einen der Bauernburschen sein Liebesverlangen (und Trutz) aussprechen läßt. Auf der Seite des Ritters aber steht noch die Versicherung von L 31, VI in der Luft: hätte er noch Wahlfreiheit, nähme er die Schöne zu seiner Herrin – oder Gattin? (obwohl er trotzdem nicht auf sie verzichten will). Auch in diesen beiden Liedern zieht sich (wie in L 29, V) als roter Faden die Diskrepanz zur Wirklichkeit des hier agierenden Ritters durch: die Armut und Roheit auf dem Sitz Reuental, die diejenige erwartet, die dem Ritter dorthin folgen sollte (L 30, VII; 31, VI).

Minnedienst. L 33–56

Der größere Teil der Winterlieder schließt sich zu einer vielgestaltigen Gruppe zusammen, die dem Typus dessen entspricht, was die Zeit im besonderen als Minnesang mit dem den Liedern zugrundeliegenden Minnedienst versteht, in der eigenartigen Ausprägung, den diese Lyrik bei Neidhart gefunden hat. Was zumal von den bisher dargestellten Gruppen unterscheidet, ist, daß die 'Dame' solchen Minnedienstes – bis auf ein Lied (L 33) – jede Erhörung des Verehrers von sich weist. Die Lieder spielen dieses Faktum durch und erklären, wieso es zu solcher steten Abweisung des unermüdlich 'Dienenden' kommt.

War es bei den Liebeshändeln eindeutig ausgesprochen, daß es sich um Bauernmädchen handle, auch wenn sich der Ritter (in L 30. 31. 32) Allüren des Minnedieners umhängt, so bleibt jetzt für den Hörer die Standeszugehörigkeit der umworbenen Frau schwebender. Der als 'Dame', 'Herrin' des Liedes angesprochenen wird keine der bäuerlichen Merkmale wie den Mädchen der Liebeshändel und des Wintertreibens zugelegt (vom Gerstenschneiden wunder Finger L 26, II, *rôsenvarwer triel* 'Gosche' ebda. V, zerschundene Füße L 30, VI, Flachsschwingerin L 29, II, Rübenklauberin L 31, II; 32, I). Es ist nur von ihren äußeren und inneren Qualitäten als Weib und vom Verhalten dem Werbenden gegenüber die Rede, mit Worten, die dem Hörer vom Minnesang eines Walther, Reinmar, Morungen usw. geläufig waren. Das schockierend andere ist, daß ebendiese *vrouwe* zugleich dem Umgang und dem plump-derben Zugriff von Bauernburschen ausgesetzt ist, die in solcher ihrer Weise mit dem Ritter in Konkurrenz um dieselbe Frau treten, und daß sie sich derartigem Umgang keineswegs entzieht. Es ist wie bei den Sommerliedern eine Welt, wo Adelig-Höfisches und Bäuerisch-Antihöfisches ineinanderspielen und – im Winterlied – hart aufeinandertreffen. Dabei werden die bäuerlichen Rivalen von Lied zu Lied mit anderen Namen eingeführt, so daß es immer wieder andere Burschen sind, mit denen es der Ritter zu tun hat. Hieraus wird es aber fraglich, ob dann auch die *vrouwe* dieser Minnelieder noch als ein und dieselbe Person angesprochen werden darf, oder ob nicht vielmehr bestimmte Verhaltensweisen und deren Beurteilungen an jeweils *der* Herrin des betreffenden Liedes aufgezeigt werden, ohne daß die Frage einer Identität dieser *vrouwen* relevant würde. Dann ist aber weiter zu fragen, ob auch das Ich des Dichters, das als Subjekt der Lieder auftritt, primär nicht einen biographischen Ablauf, sondern wiederum Verhaltensweisen bestimmter Art demonstrieren soll: des einem höfischen Minnekult verhafteten Mannes beim Zusammenstoß mit einer andersartigen erotischen Welt, nämlich der bäuerischen.

Da sich in der Gesamtrückschau auf die hierher bezüglichen Minnelieder Neidharts Variationen im Verhalten der drei Partner dieser Lieder: des Ritters (in dessen Maske das Ich des Dichters fungiert), der *vrouwe* und der Rivalen, in gezielter Richtung zu erkennen geben, erschließt sich die Aussage des Dichters am einsichtigsten, wenn man dem Weg der Variationen bei der Interpretation folgt und die Minnelieder darnach aufreiht. Wenn dabei in der folgenden fortlaufenden Darstellung vom Verhalten des „Ritters", der „Dame", der „bäuerlichen Rivalen" die Rede ist, so soll das nicht biographisch, sondern im oben dargelegten Sinn als Beobachtungen an den im jeweiligen Lied auftretenden drei Personengruppen verstanden werden.

Im technischen Vollzug dieser Thematik ergibt sich für die betreffenden Minnelieder im Prinzip eine Dreiheit des Aufbaus: der Natureingang der Winterklage (mit oder ohne Rückblick auf den vergangenen Sommer), das Minnewerben, meist mit Minneklage, um die „Herrin" und die Gegenaktion der Bauernburschen. Diese Dreiheit kann sich in verschiedener Bezugsetzung verwirklichen: Winter- und Minneklage können vereinigt sein, ebenso Winter- und Rivalentreiben. Die Blöcke sind aufteilbar, etwa daß Minneklage oder Preis der Herrin nach dem Bauerntreiben wieder aufgenommen werden, oder der Minneteil wird mit einer eigenen Formel abgebrochen, z. B. *disiu rede lige alsô* (L 42, III), und das Bauerntreiben gegen den Ritter setzt als selbständiges Stück an.

Minnewerben um die 'Dame'. L 33–42

Das **L 33** kann den Anfang der hier zuerst zu behandelnden Gruppe bilden, da es noch eng mit der vorhergehenden verknüpft ist; es ist fast ganz auf Bauerntreiben und Rivalität gegen den Ritter abgestellt, der dadurch sein Verhältnis zur Erwählten bedroht sieht. Noch ist nichts von Ablehnung durch sie zu hören; im Gegenteil, ein Gefühl des Bedrängtseins von den Burschen schiebt der Dichter ihr jedenfalls unter (VI). Im Verhältnis zum Ritter erscheint die Dame selbst nur als Gegenstand von Dienst und unaufhörlicher Verbundenheit für ewige Zeit, von Entzückung, wenn er sie schön gekleidet erblicken darf, weder Mond noch Sonne glichen sich ihr (III) – so wie eben ein Minneritter ewige Ergriffenheit für seine Dame versichert. Aber sie bleibt –

wie stets bei solchem Dienst – dem Ritter fern. Sonst liegt das an der höfischen *huote*, doch hier sind es die Bauernburschen, die sich zwischen Ritter und Dame drängen. Ruhig wird zuerst der Vorgang prächtigen Tanzes als sehnsüchtige Sommererinnerung geschildert: leise und gleichmäßig ging der Tanz vonstatten, daß die Schwerter an die Fersen klangen (I. II) – doch dazwischen steht ein Bild, das sofort den Eindruck höfisch gemessenen Benehmens in der Diskrepanz aufhebt: der so geschilderte Tanz ging „wie ein geschmierter Wagen"; zum bäuerlichen Bild passen die Namen in Strophe II. Die abwertende Arroganz des Sprechers wird Wort in der Behauptung aufgeblasener Nichtigkeit der Tänzer und im Vergleich mit dem einstigen Spiegelräuber Engelmar; jetzt seien es diese hier, die dem Ritter die Freude raubten und die Geliebte fernhielten (II). Daraus bricht dann (in Strophe IV) der Groll los gegen die Verhinderer, falls einer dem Ritter die Gunst der Herrin abspenstig machen wolle. Da wird er (wie in L 27) zum überlegenen Soldaten, der mit einem solchen Kerl fertig wird. Doch eine Bitternis steckt bereits darin: die Dame – wir erfahren ihren Namen Elsemut – habe durchaus das liederliche Flüstern des Rivalen geduldet (IV) – ob sie sich wirklich so rasch trösten würde, wenn sich die „Tölpel" gegenseitig erschlügen, wie es der Reuentaler infolge gegenseitigen Streites (VI) erhofft? Eine VII. Strophe in R führt die (erhoffte) Schlägerei (als Bruchstück) vor; sie wird allgemein als 'unecht' angesehen.

Umgekehrt wird der Ritter als unerwünschter Rivale von den Bauern betrachtet (**L 34**). Eine ganze Anzahl dieser selbstbewußten Burschen wird genannt, denen es der Ritter gerne heimzahlte (III), und einer ist dem Herren besonders feind, da er glaubt, ihm für einen Korb beim Tanz die Schuld geben zu müssen (IV). Dafür zerstampfte er ihm die Heuwiese zu Reuental, Blumen pflückend und Liebesliedchen schmetternd (V). Die Trutzstrophe (in R) zeigt zusätzlich das Auftrumpfen gegen alle Anmaßungen des

Ritters. Dabei gestaltet der Dichter bereits eine Distanz, die die 'Dame' zwischen sich und dem Ritter legt; sie will seine Besessenheit durch sie nicht zur Kenntnis nehmen, und ohne Eindruck bleiben die Lieder, die er in bereits langem Dienste sommers und winters für sie geschaffen habe, als wenn das alles erst ein Anfang wäre (I. II). Bangnis beschleicht ihn, ob er überhaupt imstande sei, so zu singen, daß er damit ihre Huld gewinnt (II). – Anderseits hält die Hochstimmung des Dienens an (wie sich das gehört); der Ritter bleibt auch im Winter zuversichtlich im Gegensatz zu den anderen Menschen (**L 35**). Die Frau erwartet dies von ihm und ihr Gebot werde er sein Leben lang erfüllen; gebe Gott, daß sie ein gutes Ende noch gewähre (I). Und so wäre alles gut, wenn er nur in Ruhe von den Burschen gelassen würde. Die Hoffnung, von ihnen ungestört zu bleiben, hat getäuscht; sie machen seiner Dame den Hof (II. III), ja, wie einst Engelmar den Spiegel, riß ihr einer sogar den Ring beim Sommertanz vom Finger und verdrehte ihr dabei die Hand (IV); keiner trat den „dreisten Kröpfen" entgegen (V). Aber eine Genugtuung ist doch dabei: für Engelmar und diejenigen, die ihm den Anger zerstampft hatten, ist die gute Zeit vorbei; die Bauernarbeit hat sie beschlagnahmt. So möge nur auch die anderen noch ein „Salzsack auf dem Rücken zahm" machen! (VI).

Andere Lieder zeigen immer wieder ein Zusammentun von Burschen, um einen Erfolg des Ritters zu verhindern. So **L 36**, II. Sie sind ihm wohl bekannt: es sind die Vortänzer im Sommer und die Tonangeber in den winterlichen Unterhaltungsstuben. Sie gönnen ihm das junge Mädchen nicht, um das es hier geht (IV). Freilich, so sehr er (noch) von Hoffnung erfüllt ist (I), und wie eine Erhörung alle Sehnsuchtsqual mit einem Male enden würde, von seiten der Erkorenen geschieht nichts dergleichen (III)! In **L 37**, I und II muß der Ritter feststellen, daß er kein Ende seiner Klage finde, so daß sich ein Verdrießen an dem ewigen Dienst zu erkennen gibt. Liegt es zwar nach wie vor an den Rivalen (III. V), so wird doch seine Beschwörung der 'Herrin' dringlicher; sie möge sich den Prahlhänsen entziehen, an denen er sich ja doch noch schadlos halten werde (IV). Aber Töne der Verzweiflung stellen sich ein (VI), und das Lied schließt mit einem flehendlichen Anruf an Frau Minne selbst, der er verfallen sei, sich nicht in solchem Maße gnadenlos zu verhalten (VII).

Denn, so führen zwei andere Lieder aus, immer unverkennbarer wird hinter der Gleichgültigkeit eine Abneigung gegen den unentwegten Liebhaber deutlich. In **L 38** spricht er von Haß, den die Geliebte zeige. Er weiß nicht mehr aus noch ein und braucht Rat für seine Nöte (II). Gewiß weiß die *vrouwe* (IV, 9) sich durchaus zu distanzieren, wenn die Burschen es zu toll treiben, und sie gab sich sehr vornehm, als der 'Ungenannte' sie nötigen wollte, in seinen Spiegel am Schwertknauf zu blicken (IV). Aber sie läßt sich trotzdem den Umgang mit den Burschen vom Ritter keineswegs verleiden (V). Ein andermal (**L 39**) wurde die 'Dame' angeblich wider ihren Willen von jenem Schamgriff überrumpelt, über den der Ritter so empört und tief beleidigt ist (III) (so daß die Trutzstrophe [erst in c d überliefert] ihm ironisch zur Mäßigung raten kann). Taub stellt die Frau (**L 40**) sich für alles, was der adelige Verehrer singt und für sie ist. Verstünde er, zärtlich zu tuscheln (wie die Burschen), darauf würde sie hören (II). Sie und die Winterdrangsal lassen ihn in kurzer Zeit altern, und er ist ihr Narr bei vollem Willen (I. II).

So ist nun eine *Abneigung* formuliert; das Verdrängtwerden durch die Gegner ist Faktum geworden (ebda. 40, II), und entsprechend ist der Triumph der Feinde auf das Gerücht hin, der Ritter habe seiner Sangeskunst nun abgeschworen (III). Als Absicht – ohne sie freilich zu verwirklichen – spricht er es in einem weiteren Lied auch aus (**L 41**, II), nachdem er sich wiederum über alle Vergeblichkeit klargeworden ist, und er den Glauben daran verlieren will, daß sie überhaupt jemals Männern geneigt werde, auch den Rivalen nicht (ebda.). Diese Hoffnung bildet für den Ritter einen Trost (**L 42**, III), auch wenn sie dauernd mit ihr tuscheln und ihn zu verdrängen suchen (ebda.).

Angesichts solchen inneren Müdewerdens schiebt sich ganz folgerichtig das Verhalten der Bauern in den hier bezogenen Liedern 38–42 stärker, z. T. ganz stark, in den Vordergrund. Das ist die Belästigung der Dame von seiten jenes Ungenannten (**L 38**, III. IV); den ganzen Sommer über springen die Betreffenden zudem den Tanz mit ihr (V). Der Schamgriff von **L 39** erscheint geradezu als überlegter Trutz gegen den Ritter, denn sie haben sich zu viert gegen ihn unter „wiederwärtigsten" Sprüngen verschworen, und der eine unter ihnen war es dann (II. III). **L 40** schildert die Bauern in ihrem Auftreten so, daß der Ritter Tolleres noch nie erlebt habe, diese Weiberhelden! (IV. V). Und ihr Benehmen den Frauen gegenüber! Der eine griff ein Mädchen, mit dem er den ganzen Sommer hindurch getantzt hat, obwohl sie ihn angeblich am liebsten abgewiesen hätte, ungeniert an die Hüfte (VI). Zu allem Ärger hinzu geht dem Ritter noch ein Kornstadel in Flammen auf (VII). Prompt erklärt er das Unglück als Brandstiftung eines *ungetriuwen*. In der konternden Trutzstrophe (freilich erst jung und mit abweichendem Namen des 'Täters' bezeugt) muß er sich hohnvoll sagen lassen, daran sei nur sein freches Mundwerk schuld: was brauche er Leuten, nur weil sie ihm unsympathisch seien, schreckliche Dinge anzudichten? Nun wisse er dafür, was es mit Funken in Reuental auf sich habe! Der antwortende 'Gegner' spinnt also die Unterstellung der Brandlegung als verdiente Rache des beleidigten Bauern weiter. – Das feiertägliche Zusammenkommen von weither (**L 42**) geschehe nur aus Trutz gegen den Ritter (IV); dabei kommt es wieder zum obszönen Griff (ebda.). Außerdem riß der Bauer ihr beim Drehtanz noch den Hängeärmel ab, angeblich mit Absicht (IV. V). Ein aus der Scheide gleitendes Gnadenmesser stach eine andere Dame an die Rippe (VI, unecht?). Bei solchen Geschehnissen kommt es zu erneuten

Feindschaften unter den Bauern (V). Wie hier die Ironie Neidharts an dem ganzen Geschehen einschließlich des ritterlichen Ichs durchbricht, zeigt der Abschluß des Liedes (VII–IX). Da taucht ein neuer Bursche auf, ein ganz martialischer Kerl, der wegen des Ingwer-Stückes (L 41, V) Händel sucht, mit einem Schlachtschwert, vor dem jedermann nur tot liegenzubleiben vermag. Es sei vortreffliche Arbeit, mit giftgeätzter Spitze – entsetzlich! (Die Reihung des Liedes entgegen R richtet sich an dem Auftreten der beiden namentlich genannten Burschen *Fridebrecht*: IV–VI, *Ber*: VII–IX, aus.)

L 41 zeigt eine von den übrigen Liedern der Gruppe etwas abweichende Konzeption und nimmt auch hinsichtlich der 'persönlichen' Strophen IX–XI eine Schlüsselstellung ein. Da werden diesmal der Ritter und sein Rivale, der Bauer Hildebolt, gemeinsam mit der Vergeblichkeit ihres Werbens um die *vrouwe* des Liedes konfrontiert (I. II). Wenn Hildebolt auch zu der Burschengruppe gehört, die den Ritter auf jede Weise von *lieber stat* wegdrängt (III. IV, wie auch in L 42, III, 8), so entsteht doch dabei Feindschaft zwischen Hildebolt und einem seiner Kumpane, Willeger, der sich ebenfalls den Sommer hindurch um dieselbe *vrouwe* bemüht (III, 2–4). Das führt zum Wegreißen des Ingwerstückes, Hildebolts Liebes-Geschenk an die 'Dame', durch Willeger (V), und hieraus entsteht eine solenne Prügelei zwischen den Burschen – während der Ritter nur noch indigniert beobachtet. Sie geht auf Kosten Hildebolts (VI); dabei nimmt ein anderer, in den Augen des Ritters herausfordernd gekleideter Bursche heldenhaft Reißaus (VII. VIII). Die Bezeugung des Liedes ist weiterhin nicht ganz eindeutig: bis Str. VI einschließlich reihen die Hss. R u. A die Strophen in gleicher Abfolge in ihren fortlaufenden Texten, bestätigt von den Hss. d u. s. Die Str. VII wird dagegen von einer zweiten Hand in R am Blattrande nachgetragen (während VIII nur von c bezeugt ist), desgleichen die weiteren Strophen IX und XI, von denen IX in A an

VI angereiht ist. Sie beinhalten die Einziehung von *eigen unde lêhen* Des von Reuental und seine Aufnahme durch den Herzog von Österreich in *Medelicke* (d. i. Melk, wahrscheinlicher als Mödling, s. u. Ortsnamen). Die beiden Strophen werden (nach der Aussage von A für IX, und soviel aus c und s erkennbar) jedenfalls dem Abschluß der Rauferei, also nach VII und dem (inhaltlich dazugehörigen) VIII (in c) gefolgt sein. Entzug von Lehen und Eigen kann nur der Lehensherr verfügt haben; die Aussage vom Verlust der Hulde des Herren in X (nur in c) erscheint hiemit stimmig. Wenn in XI von Feinden die Rede ist, die dem Verstoßenen Übleres (als eingetreten) zugedacht haben, so wird vom Sprecher unterstellt, daß es Intrigen seien, die den Entzug veranlaßt hätten. Rückblickend von der neuen Geborgenheit bedauert der ehemalige Reuentaler zugleich, je von Eppe und Gumpe so viel gesungen zu haben (XI). Das bezieht sich auf L 24 mit seiner 'Kirchweih'-Rauferei gerade zwischen diesen beiden Burschen um eine Tänzerin. Das Lied 41, an das der Abschied von Reuental angeschlossen ist, entläßt den Hörer mit einer gleichen, nur noch gesteigerten Szene. Das sieht nicht nach Zufall aus. Diese Szenen verbildlichen am handgreiflichsten das zutiefst unhöfische Wesen solchen bäuerlichen Treibens, in das sich der Reuentaler hat einbeziehen lassen durch seine Teilnahme, die ihm bitter empfundene Feindschaften eingetragen hat.

Identifiziert der 'Reuentaler' die Feinde, die ihm die Huld seines Herren verscherzt haben, fiktiv mit Leuten vom Schlag eines Eppe und Gumpe? Oder bedauert der Dichter, vor Leuten, die sich nun als Feinde erwiesen haben, von den Dörpern zu Reuental vorgetragen zu haben (so wie in L 56, VII Freunde, nun in Österreich, Lieder über die dortigen Dörper wünschen)? Wann spricht Neidhart von sich, wann in der Rolle des 'Ritters'?

Im Klingenwechsel von Sang und Gegensang hält die (in c und s bewahrte) Trutzstrophe zu Lied 41 (gleich welcher Verfasserschaft) dem aus Reuental entwichenen Herrn Neidhart ein Resümee seiner selbst vor Augen, worin Maske und Person dahinter gleichzeitig gemeint erscheinen. Das Bild von der Krähe, die vom Stecken auf das Saatfeld fliegt, dementiert die Entlassung in Ungnaden: Herr Neidhart habe sich in Wahrheit nur eine fettere Pfründe (in Österreich) verschaffen wollen; was er sonst als Der von Reuental „getrieben" (der nach eigenen Worten Kinder zu versorgen habe: L 40,VII, und somit auch verheiratet ist), sei mit seiner Schürzenjägerei schlichter Ehebruch und, das vorliegende Gedicht ansprechend, alle Entrüstung über die Burschen lächerliche Übertreibung: Eichel statt kostbaren Ingwers! Womit denn Herr Neidhart von Reuental, so wie er sich als 'Ich' präsentiert, in frech-fröhlicher Opposition 'fertiggemacht' ist. Zugleich demonstrieren die beiden Trutzstrophen von L 40 u. 41 die dortigen Strophen 'persönlichen' Inhaltes als zum Liedganzen gehörig verstanden; das ist dann auch für die Str. VII von L 24 anzunehmen. – Zum Namen *Riuwental* s. bei Ortsnamen.

Es ist zu dieser Gruppe im gesamten ein Doppeltes zu bemerken: der Ritter wird verbitterter und müder 'Dame' und 'Dienst' gegenüber, die Rivalen werden dreister und siegessicherer, während der Dichter, unsichtbar hinter dem Ich des 'Ritters' stehend, eine distanzierende, entschärfende Ironie zunehmend hinter seinem Worte spüren läßt.

Lebenslange Erfolglosigkeit. L 43–49

In den fast gleichbleibenden Tenor des unentwegten Mühens um die Dame und der immer neuen, immer wieder gleiche Ferne zur Geliebten bewirkenden Rivalität der Bauernburschen, die sich um dieselbe Frau bemühen, drängt sich in einer weiteren Gruppe von Liedern der Gedanke der endlosen Zeit und der Sinnlosigkeit des ganzen Minnetums, bei aller Pflicht und Willen, gegen bessere Einsicht durchzustehen, um nicht jede letzte Hoffnung und damit alles Mühen zu verlieren. Diese Gruppe wirkt wie die Konsequenz zu den Verhaltensweisen in der vorhergehenden.

Der folgerichtige Gedanke wird in **L 43** voll angeschlagen, das sich deshalb an die Spitze setzen läßt. Sommer und Winter erscheinen nun dem Erlebenden als dasselbe: als endlos lang. Denn auch der Blumenglanz vermag schließlich die Qual der Sehnsucht nicht mehr zu überdecken, wenn die Liebe einem einen bösen Tort spielt; solch ein Kind sei niemand, zumal, wenn nach jahrelangem Mühen – 30 Jahre, d. i. ein Menschenalter (II, 8) – die Angebetete noch fragt, „was ich Narr denn wolle" (I). Bei allem verbissenen Entschluß, noch weiter zu singen, muß er doch die Frage stellen, ob die ewige Verweigerung des Lohnes nach all dem Dienst ihn nicht in den „Stand der Schädigung" versetzt habe (II). Aber es gehört nun ebenso zum Durchspielen des Themas 'Minne', trotzdem mit dem höchsten Lobpreis für die Dame zu schließen (VIII); es lohnt sich, ein ganzes Leben ihr zu widmen und tiefes Schweigen nach wie vor zu wahren, wer 'sie' eigentlich denn sei (VII). Wenn dann in dem mittleren Teil die Bauernburschen durch ihr Auftreten dafür verantwortlich gemacht werden, daß dem Ritter „jedes Mal der Krug breche" (III), dann erscheint hinter der höfischen Minnemaske der 'Dame' wiederum eine Frau, die sich den Flirt mit den Burschen gefallen läßt, als wenn es keinen Ritter für sie gäbe. „Frech" rekelt sich der modisch geschmückte Bauer im Schoß der Angebeteten – angeblich gegen ihren Willen (IV). Alle seien sie dem Ritter übel gesonnen, ohne daß sie selber wüßten warum (V). Aber ebenso spielt dieses Lied (wie schon L 35) die Erfahrung aus, daß es auch ein Ende alles „leichtfertigen" Treibens gebe, jedenfalls für die einzelnen. An einem wird es gezeigt: er hat Frau Trute zur Ehe bekommen; nun ist es vorbei mit dem „Schlemmerdasein". Dreimal Kohl am Tage und der Sack an seinem Hals, das ist der ungewohnte Lebenslauf fortan (V. VI). So spielt dieses Gedicht alle Möglichkeiten thematisch durch.

Aus der Minnethematik beginnt sich Anklage und Zweifel der Geliebten gegenüber herauszuschälen.

Wer die Sommerfreude dem Ritter nicht gönnt, erfahre keine Hilfe, auch die Schöne nicht – heißt es **L 44**, I – die es offenbar auf Trennung anlege, wenn sie auch, wie immer wieder versichert, die Vortrefflichste (II, 6) sei. Daraus das Motiv, daß die harte Ablehnung in Wirklichkeit nicht ihrer wahren Art entsprechen könne; pflichtgemäß glaube er das (II, 11 ff.). Aber gerade, wenn der Dichter dann in **L 45**, II in seinem poetischen Ich die Erwählte einsam mit seinen Gedanken umkreist, gebiert sich aus dem Erleben die Frage, ob diese Frau wirklich Weibesgüte besitze, ob sie als „edle Frau" nicht doch noch den Sinn etwa ändere? Sie *habe* doch die Möglichkeit, alle Schwernis für den Werbenden zu beenden (I).

Die Begründung, trotz allem Zweifel an der Herzensgüte der Frau an sie zu glauben und Gesinnungsänderung noch zu erwarten, wird darin gesehen, daß das Nein der Dame unentwegt eben den Rivalen angelastet wird. Sie drängen den Ritter von ihrer Neigung weg (L 44, III); sie hören nicht auf, mit ihr zu tuscheln (IV); sie verstehen es mit Weibern besser als in jedem anderen deutschen Gau (V). Sie stellen sich betont gegen den Minneritter, auch und gerade wegen seiner Liedkunst (45, III). Sie sind von dem brennenden Wunsch erfüllt, ihn bei „ihrem" Mädchen auszustechen (L 46, IV, 10). Immer neue Schelten findet das Ich des Dichters für die Gegner (L 48, II. III), oder der ‘Angeber’ sei falsch und hinterlistig; seine Freundlichkeit habe Widerhaken wie ein Spieß. Alles in allem sei es dessen Verschulden, daß der Pflug dem Dichter-Ich nicht mehr gehe (L 49, VII. VIII). Dazwischen die Hoffnung, einen solchen Kerl doch wieder in seinen Wald zurückschicken zu können (L 48, V), um dessentwillen er auf dem Schemel und der andre oben auf der Bank sitze (VII). Der Ritter findet entrüstet immer wieder neue Verfehlungen gegen das, was „sich gehört". So tritt einer der Rivalen der Dame beim

Schleifendrehen die Schleppe ab (L 44, III). Zwei andere sammeln den Flitterkopfputz der Mädchen gegen frische Kränze ein; der eine von ihnen reißt dabei einem Mädchen auch den Schleier mit vom Kopf (L 45, IV). Grund, den Burschen – unter hörbarer Ironisierung *(zerren – zar)* des sich distanzierenden Dichters – näher aufs Korn zu nehmen, ihn mit Engelmar zu vergleichen, Drohungen auszustoßen und höhnisch festzustellen, wie der Modegeck beim Sprechen sich bemühe zu „flämeln" (V–VII). Das fordert zwei Trutzstrophen (in O überliefert) heraus, wo dem vornehmen Herrn Vergeltung für seine dauernde Hechelei angekündigt, aber ebensowenig vollzogen wird wie die wiederholte Drohung des Ritters (vgl. hiezu bei L 54).

In solchem Wechselspiel von Liebesklage und Bauernschilderung ist festzustellen, daß in der weiteren Themenentfaltung zur Lebensklage hin die Auseinandersetzung mit der Herrin selbst grundsätzlicher und breiter wird und der Bauerntadel demgegenüber dann sogar zurücktritt. Das macht sich in den Liedern 46–49 bemerkbar. Es sind die Gegensätze des endlos lebenslangen, vergeblichen Werbens und des Festhaltens und immer drängenderen Beschwörens der Dame.

So heißt es in **L 46** in der Winterklage, kein Pfad führe fortab mehr zur Linde zurück; der Winter lege die Heide und die Menschen zu lange in Fesseln (I. II). Parallel erduldet der Dichter bitteres Ungemach von einem Weibe, dem er lebenslang seinen Dienst gewidmet, oftmals mit seinem Lied, und niemals Lohn dafür empfangen habe (II). So führt hier kaum ein Weg zur 'Freude' mehr zurück. Aber trotzdem wieder das Bekenntnis des Nichtwankens: „Man sei freien Willens Narr aller guten Frauen ... auch wenn des Glückes Scheibe nicht nach Wunsche rollt ... bis ans Grab" (III). Nach dem üblichen Hieb auf die Burschen (IV, s. o.) unterstreichen die beiden Schlußstrophen die tiefe Hoffnungslosigkeit, die Oberhand gewinnt: Dienst ohne Beglückung führe keiner bis ans Ende; vergebene Liebesmühe... Hoffnung flieht... die Sangeskunst erfahre nur mehr Spott... nur Ohrenraunen gehe mehr ein... auf Zweifel ist der Sang gestellt, nicht mehr auf echtes Lob... das sei das Ergebnis, daß ihm Minne einst geraten habe, sich mit Sang um ihre Gunst zu bemühen (V. VI).

Parallel weitet sich einmal die Winterklage auf drei Strophen aus, mit paralleler Motivik (**L 47**): Feindschaft und Haß überfluten Sommer und Natur. Hier ist die Vermenschlichung des Winters als Feind und Räuber besonders ausgeprägt: Der Winter wird seine Absicht zu Ende führen; er hat die Herrschaft des Sommers mit Unterdrückung und Gewalt inne. Seine Gefolgsleute rauben den Sommer mit offener Gewalt aus. Dem Wald ist bös mitgespielt, die Heide so verderbt, daß sie bei Hofe Klage erheben will. Die Lehensleute des Sommers sind von ihren Huben gewichen. Alles ist zugrunde gerichtet, und die Menschen – ohne Hoffnung mehr auf Lebensfreude – müssen Finger und Zehen, Augen und Brauen vor dem winterscharfen Reif bewahren, der einen jungen färbe, als wäre er schon grau (I–III). Und nun die Schließung des Gedankens auf die Minne: all dies Klagen über Winter und Hoffen auf Sommerfreuden im Lied – all das sei Dienst für sie, die Herrin, die das nur für Scherz nehme, ein Bemühen – trotz aller auch hier vorgespielter Hoffnung – das für den Ritter doch ganz umsonst bleibe (IV. V). Nachdem er sich auch hier der Schädigung durch einen 'Bauernkerl' bewußt geworden (V. VI), schließt er bitter, daß er noch nie den Fuß, auf dem Rad des Glückes stehend, in den Pfad des Heiles gesetzt habe (VII).

Dies bleibt der Ton: harte Zeit, Ablehnung des Dienstes, Ferne der Geliebten (**L 48**, I. VI) sind ungefüge Last, die selbst dem Kaiser übermächtig wäre (VII). Die sehnsuchtsvollen Klagelieder drängen ihr in die Ohren wie Wasser in den Fels, sie verschmähe ihn als Geliebten (II). Schuld, natürlich, sind die Burschen (II ff., vgl. S. 580).

Wie das Resümee aller Leiderfahrung wirkt in dieser

Thematik die Strophe III des **L 49** (in ihrer Stellung sehr umzweifelt wie überhaupt die Strophenreihung; sie folgt hier c, wobei die Abfolge III. IV nach c auch von R, als VII. VIII, gestützt wird; zur Umstellung der Abgesänge in IV, V u. VIII s. W. zu H. 93, 1 u. Kom. S. 202 f.): die Rose, die das Ich des Dichters sich einst in Freude gepflückt hatte, ist keine richtige gewesen; ein ungefüger Dorn hat es beim Pflücken verletzt. In Zukunft will es nur noch solche Rosen pflücken, die von allem Makel frei sind. Dies steht in Zusammenhang mit der nun als Anklage wirkenden Frage: wie kommt sie, die einzig Erwählte, dazu, allen treuen Dienst für null und nichtig zu erklären (I). Reue klingt an. Trotz allem Festhalten an der Lehre, daß Beständigkeit das Glück doch noch erjage und dieses der Gnadenlosigkeit ein Ende setzen möge (II), muß der Ritter feststellen, daß gerade um seiner Unerschütterlichkeit willen ihr Haß ihn überschütte (IV) – der Dorn, der ihn so tief verletzt hat. Der Gedanke der Ehrenrührigkeit tritt auf, falls die Dame ihre Ohren nicht verschlossen halte und sich taub stelle für die Einflüsterungen der Gegner; denn was sie ihr zumuten, gehe gegen ihre Ehre (V)! Rechte Rosen sind von allem Makel frei! Auch das klingt an Ort und Stelle wie ein Resümee, wenn er, der durch Leid Ergraute, auch jetzt all das Erfahrene seit dem Augenblick beginnen läßt, wo Engelmar den Spiegel an sich gerissen hat: er, der heute noch den Spiegel besitze, trage letzten Endes die Schuld, daß „ich so grau“; seit der Zeit bis heute habe sich ihm alles, was er unternommen, in immer neues Herzeleid verwandelt (VI). Wie ein bitterer Kehrreim klingen die beiden parallelen Schlüsse zu V und VI:

Das ist lieberfüllten Herzens Kummer,
woran in tiefer Heimlichkeit so schwer mein Herze trägt –
Das ist leiderfüllten Herzens Kummer
von der Liebe, die mein Herz für seine Liebste trägt.

Abrechnung. L 50–53

Anklage, Kritik, Grundsätzliches sind angeschlagen.

Die Verehrte ist eine Räuberin aller Sinne, mitten im Frieden, wie der Winter die Menschen Jahr für Jahr ausraubt; sie ist gnadenlos (**L 50**, I), mitleidlos, auch wenn sie ihren Ritter auf dem Rade sähe, ein Magnet, der den Mann zu gleichem Unheil anziehe wie der Magnetberg die Schiffe (II). Ja wenn – immer wieder formuliert es der Dichter – die Ausdauer das Glück riefe, trotz allem Gegenwirken des Rivalen (III), für den der Ritter den härtesten Fluch – auch dies Steigerung gegen früher – bereithält: verdammt zur Versagung jeder Liebe von guten Frauen (IV), dann wäre alles Liebeshoffen vollendet. Freilich müßte die Dame hierfür ihren Eid brechen, denn sie hat allen Männern (dem Ritter, den Burschen, allen Wankelmütigen) abgeschworen (V). Auch das ist eine neue, starke Aussage gegen die Frau; aber sicher ist sich der Ritter nicht, ob sie sich nicht doch nur ihm versagt und dem Burschen ihre Liebe schenkt – dann aber kein neues Lied des Frauenlobes mehr (V)! An diesem Punkt wendet sich, wie bei der Strophe über den Rosendorn, die Kritik gegen sich selbst zurück: das Herz folge den Augen zu schnell, ohne zu prüfen, ob der „liebe Augenfund" wirklich ohne Makel sei – ein solcher sei ihm bei schönen Frauen noch nie zuteil geworden (VI)! *liebe* (die innere Verbundenheit) und *schoene* (die äußere blendende Erscheinung) müßten verbunden sein; in seinem Fall sei *liebe gast* (d. i. fremd), während die *schoene ingesinde* sei.

Schwerste Anklage bedeutet der Vorwurf geheimer Zauberkünste, womit die Dame ihren Verehrer in Tag und Traum das Blendwerk ihrer Liebe vorgaukle (**L 51**, II). Er ruft die Freunde um Gegenmittel an (III); er selbst sei nicht imstande, sich von ihrem Bann zu lösen, es sei denn, sie ändere ihm selbst den Sinn (d. h. sie befreie ihn selbst durch Aufhebung des Zaubers von der Wahn-Liebe zu ihr). Was zuerst Frage war (L 45, II), verdichtet sich nun zur klaren Aussage: diese Frau besitzt nicht Weibesgüte (IV; Haupt S. 241: gegen die Echtheit dieser nur in c bezeugten Strophen, d. i. III und IV, spricht kein entscheidender Grund). Sie ist unempfindlich gegen alles (höfische) Lob, denn sonst würde sie die Fähigkeit zur Zurückhaltung und Wahrung des Ansehens unter Beweis stellen und sich nicht wie von Verstand geben (IV). Dann springt das Lied zu den Bauernburschen über (V ff.), wobei der Tenor ins Zeitgeschichtliche greift (u. S. 597 ff.).

Die Abrechnung mit der Dame setzt **L 52** fort. Wieder wird betont, daß die *vrouwe* nicht Weibesgüte besitze; sie sei gnadenlos und lasse sich dennoch 'Dienst' gefallen, ohne je an Lohn zu denken. Für jedermann muß das empörend sein (I)! Wie mit der Dame rechnet der Ritter dann mit den Rivalen grundsätzlich ab: zuviel Nachsicht aus Lebensart habe er ihnen gezeigt, sie, die sich vor ihre Ohren postieren, so daß sein Lied wie Harfenspiel im Mühlenlärm unhörbar bleibe, eine Nachsicht, die sie nur mißbraucht haben (II–IV). Ebenso hart und ausführlich rechnet er nochmals mit Engelmar ab: „Seit Friederun durch euere Hand den Spiegel eingebüßt, erhob sich Unheil riesengroß . . . daß in hundert Jahren früher nie so viel geschehen.“ Als Schaden und Schande wird diese Entwendung eines Liebespfandes für Friederun erklärt; die Hand soll lahm werden, die die kostbare, eigenhändig aus Seide gedrehte Schnur zerrissen hat. Seine Tollheit habe den 'Tölpel' ganz von Verstand gebracht (V). –

Aber nicht nur mit Dame und Bauern, auch mit sich selbst als Liebhaber und mit allen Liebhabern der Gegenwart rechnet der Dichter-Ritter ab. Dabei wird das Wesen der Liebe vom Verhalten der Menschen abgehoben. Der Ausgang ist, daß der Dichter-Ritter mehr Liebe zu den Frauen besessen habe, als sie ihm entgegengebracht haben. Das sei zwischen ihm und einer Frau (der 'Dame') ganz offenbar, und so gehe sein Leben dahin. Er postuliert:

Neigung müsse gleichgewichtig sein, also gegenseitig gleich stark, das Gegenteil sei „ohne Recht“. Er stellt die Vergangenheit, wo Liebe infolgedessen ohne Riß gewesen sei, der Gegenwart gegenüber, wo nun die Liebe ihre Scharte für immer trage (VI). Das Verhalten des Ritters war hierin also richtig, und ebenso richtig galt in der Vergangenheit Manneslíebe – ich interpretiere: die Liebe des Mannes zur Frau, soweit sie „innerhalb der Herzenstür“ beschlossen war, d. h. von der Kraft des Herzens getragen war, als Herzensliebe – höher als Frauenliebe, d. h. die Liebe der Frau zum Mann, die jetzt, in der (verfallenden) Gegenwart allein noch alles gelte. Über die Schuld an dem Gegenwärtigen könne er sich nicht äußern. Aber sicher sei, daß zwei Dinge den Männern heute fehlen: die Selbstbeherrschung *(kiusch)* und das rechte Maß, die freudvolle Verbundenheit des Herzens *(herzeliebe)* in Gleichgewicht zu halten mit dem Verlangen des Eros *(minne)*. Aber nur der gewinne sich eben seine Königin des Herzens, der das Gefallen guter Frauen zu gewinnen verstehe (VI. VII).

Das ist eine Quintessenz allen Minnedienstes. Sie erfährt eine nochmalige Formulierung in dem Satz: „Reines Weibes Liebe adelt hoch des Mannes Sinn“, wobei *reiner wîbe minne* sowohl objektiv wie subjektiv verstehbar ist: daß schon das Ringen nach einer edlen Frau den Mann adle – das ist seit je Minnelehre gewesen –, aber ebenso auch, wenn die Frau sich zum Manne neige. Denn wieder wird die Beiderseitigkeit betont, die alle Qual und Not erlöschen lasse. Deshalb: verhaltet euch richtig, ihr Männer (VIII)! Und nun stimmt der Dichter geradezu eine Hymne auf solch gegenseitige Liebe an, wo die Lanze der Liebe nicht mehr verwunde. – Aber wie oft tut sie es, so sehr, daß ein sanfter Tod besser wäre (IX).

Das führt wieder zur Kritik am Verhalten zurück. Wann verwundet die Liebe bis auf den Tod? Wenn der Mann sich nicht richtig verhält, so daß er das Wohlgefallen edler Frauen findet. Hier wird offenbar, daß auch für das Ich des Ritters klare Bewußtheit zum richtigen Verhalten in der Minne gehört, nicht dumpfes Gefühl, und daraus keine Befangenheit in Gegenwart der Frau. Gerade dies aber schreibt der Dichter seinem Ich zu: „Bin ich fern von ihr, sind aufgeweckt mir alle Sinne, komm ich zu ihr, dann bin ich wie betäubt ... so geht ohne Worte die Stunde nur mit Denken hin" (X). Aber: mit Denken allein erwerbe man eben kein junges Weib. Der Mann spreche sich aus und erprobe, ob die Schöne es dann tue! Dasjenige sei also not, was gerade die Rivalen, die Bauernburschen so gut verstehen: geschicktes Flüstern. Solches Gespräch vermöge selbst wohlverwahrte Herzen zu brechen (XI).

Man ist versucht zu schlußfolgern: in solchem Nichtsprechen mit der Erkorenen, im Werben nur mit dem Lied, das unbeachtet und unverstanden bleibe, lege Neidhart den Schlüssel für das Mißlingen des Ritters bei der Schönen, die gleichzeitig von Burschen umworben wird. Weil er nur „hochhöfisch" um das Mädchen mit seiner Liedkunst wirbt, als ob sie eine 'Dame' sei, wird er überspielt von denen, die die Kunst naiven Werbens um das Weib beherrschen, des Flüsterns, Raunens und des dreisten Griffs – die er bei den Liebeshändeln selber zu spielen weiß. Das höfische Verhalten am ungeeigneten Ort wird ad absurdum geführt.

Ad absurdum wird anderseits das Verhalten der Bauern geführt, wo sie ihren Bereich überschreiten und in äußerlicher Nachahmung höfischen Lebens den armen Landedelmann durch unangebrachten Modeprunk der dörflichen Stutzer überspielen. Das Lied von der Haube (**L 53**) spricht die Kritik im Grundsätzlichen aus. Zwar seien die Stutzer (infolge der Einberufung zum Heeresdienst, s. S. 600) vom Tullnerfeld verschwunden, aber einer ist geblieben: Hildmar. Und er steht nun für alle. Und für alles widerständische Treiben, dessen sich die Bauern schuldig gemacht, steht die Haube, die wunderbare, seidene mit aufgestickten Vögeln. Deren Schnüre im Inneren des Nachts die langen blonden Haare so lockig werden lassen (V–VII). Und nun der tödliche Stoß (gegen den die beiden Trutzstrophen – die die Hs. c zweckentsprechend am Ende ihrer mit C gemeinsamen weiteren Hildmar-Strophen [C XII. XIII] bringt – nur prahlerische Drohungen zu stellen wissen):

> Frech will er mit edlem Ingesinde gleich sich stellen,
> das am Hof herangewachsen und erzogen ist.
> Fassen sie ihn, sie zerreißen ihm so schnell die Haube,
> daß, eh er's vermutet, ihm die Vögel sind davon (VIII).

Das ist es letztlich, worüber sich Neidharts Ritter durch alle Winterlieder hindurch aufs Tiefste empört und beleidigt fühlt: daß sich der Bauernbursche mit ihm, dem Adeligen, gleichzustellen wage als Rivale beim gleichen Weib, in der modischen höfischen Tracht. Noch wimmle das Marchfeld von solchen Zügelbrechern (ebda.). Parallel aus dem Streit zwischen Sommer und Winter entwickelt, den niemand zu schlichten vermag, stellt der Dichter im ersten Teil des Liedes dar, daß alle heitere Lebensfreude *(vrou vrômuot)* aus dem Lande gewichen sei und heimatlos umherirre (I. II). Es biegt in die Thematik aktueller Geschehnisse über, wenn der Dichter sie dann in das Österreich Friedrichs des Streitbaren, seines Lehensherrn, zurückkehren läßt (III). Freilich nicht mehr für ihn selbst; andere müssen nun die neuen Liebeslieder singen. Ihm, Neidhart, fehle der Wille dazu (IV).

Frau Welt. L 54–56

Die Auseinandersetzung mit Dame und Rivalen führt Neidhart in einer letzten Gruppe von drei Winterliedern weiter. Aber zugleich beginnt die Maske der individuellen Herrin zu sinken und dahinter erscheint letztlich die Gestalt der Frau Welt. Minnedienst ist nun Verfallenheit an sie. Bei den Liedern 55 und 56 ist die Frage nach der Art der Überlieferung dringlich. Denn Hs. R deckt nur einen Teil der als echt angesehenen oder erwogenen Strophen; die nicht von ihr gedeckten sind aber zugleich für die Aussage Neidharts von wesentlichem Gewicht. Anderseits stellen die Fassungen in R durchaus in sich geschlossene Lieder dar. Hier wird der Gesamtkomplex besprochen; die Aufgliederung in R- und C-Block wird angedeutet und an der betr. Stelle im C-Block genauer erörtert.

In **L 54** wird der Winter noch einmal ausdrücklichst als der harte, fremde Herr verstanden, der als erbarmungsloser Feind einbricht, mit einer bitterbösen Schar, und auch den Menschen hat er 'aufgesagt' (I). Das sind Parallelen zwischen Jahreszeit und Geschehen im Gedicht. Die Aufsage wird das Stichwort für das Verhältnis zur Dame im gleichen ersten Lied. „Genauso hab ich meiner Herrin aufgesagt" (II). Sie ist jetzt nicht einfach bloß 'Dame'; sie erscheint als Lehensherrin, deren 'Mann' der Ritter ist. Eine Lehensherrin schlimmster Art freilich. Sie steht geradezu auf der Seite des Feindes. Sie ist Feind, wie der Winter Feind ist. Sie lockt ihre Leute in die Falle; übel lohnt sie, selbst wenn einer in ihrem Dienste in die Hölle führe. – Sie ist also entgegen aller Pflicht eines Lehensherrn bar aller *hulde* und aller *triuwe* (d. i. Verbundenheit und Zuverlässigkeit) dem gegenüber, der sich zum Dienst verpflichtet hat. – Mit dem Wort 'Hölle' reißt der Dichter zugleich noch weiter den Hintergrund auf: glücklich sei deshalb der, der sich beizeiten von dieser Herrin trenne, daß er am Mittag schon den Tageslohn rechtens erworben habe (II. III). Das Zitat aus dem Neuen Testament zeigt eindeutig, daß es in diesem Liede dem Dichter um den Gegensatz von Diesseits und Jenseits geht. Das Alter mit seinen Klagetönen bestimmt die Melodie (IV), und die Klagetöne sind ihrerseits seit jenem Augenblick aktuell, wo der „ungezogene Tölpel Engelmar den Spiegel meiner Friederun entrissen hat"; Zucht und Ehre sind seitdem mit der Freude verbannt (V). Das unbeherrschte Verhalten der Menschen verdichtet sich wiederum (VI. VII) im Verhalten eines Bauernburschen mit seinem empörenden Schwingen des Fußes beim Tanz, was weitere bittere Erinnerungen heraufbeschwört: an den Zertreter des Angers (L 34, V), an den, der der Dame die Schleppe abgetreten hat (L 44, III f.).

Damit ist das Thema des Eros angesprochen. Das führt zu einer grundsätzlichen Abrechnung auch mit Frau Minne selbst. Der Vorwurf beginnt mit dem 'oftmaligen' *(dicke)*, d. i. steten Verlust ihres Reutelstabes. Das ist jenes bäuerliche Gerät zum Säubern des Pfluges; mit der Reutel wird mehrmals der Streit zwischen den Burschen geschlichtet. Es ist wie ein Abzeichen des bäuerlichen Standes. So wird nach diesem Abzeichen des Säuberns und Schlichtens, der Wahrung bäuerlichen Seins, Frau Minne hier der bäuerlichen Welt zugeordnet, innerhalb welcher das Minnegeschehen zwischen Ritter und 'Dame' ja abläuft. Der Verlust dieses Stabes bedeutet dann Verlust der ordnenden Fähigkeit der Frau Minne. Sie verfällt selbst der Unordnung. Und so wird ihr weiter vorgeworfen: bar der Weisheit und des Verstandes setze sie ihre Ehre aufs Spiel und werfe sich dem Knecht hin, dem sie ihren Haarring preisgebe, anstatt daß sie ihn dem Ritter an den Finger stecke. Hernach wäre er für den Knecht immer noch gut genug gewesen. Doch – das ist die Quintessenz – wer ihr Begehr erweckt, wer ihr Verlangen erfüllt, der ist eben „ihrer Augen Spiegelglas"; der das versteht und es deshalb ist, das – so sprechen es die letzten Lieder insgesamt aus – ist eben der „Knecht" und nicht der „Ritter", der Herr des Minnedienstes (VIII. IX). Das ist wieder Todesstoß und Absage an die höfische 'Minne', die sich so mit der Absage an die Lehensherrin verbindet. Das Wort *kneht* ist schillernd: *kneht* ist Bauer, *kneht* ist aber auch innerhalb der adeligen Gesellschaft, wer nicht (oder noch nicht) Ritter ist. Das Wort steht hier, verglichen mit Neidharts sonstigem Gebrauch (s. s. v. *kneht*) überraschend an Stelle von *gebûwer*, *getelinc*, *dörper* – wen meint Neidhart nun? Schillernd wird das Wort auch von der Trutzstrophe (in Hs. d) zurückgegeben: was greift Herr Neidhart die *knehte* unter seinen Zuhörern, und damit die Gemeinschaft um seine Liedkunst brechend, derart an? Man kontert so frech wie er: als Ritter, dem ja Gold und Seide zu tragen zieme, habe er überhaupt nichts mit einem „Ring aus Haar“ zu tun, den sich die ‘Nicht-Ritter’ zu Recht an den Finger steckten. Fühlten sich Zugehörige zur ‘Gesellschaft’ von Neidharts Herausstellung unhöfischen Verhaltens zwischen Mann und Frau irritiert betroffen und jetzt durch den, im Zusammenhang des Liedes jedenfalls zweideutigen Gebrauch von *kneht* als un-ritterlich bloßgestellt? Neidhart exemplifiziert zwar seine Kritik unhöfischen Verhaltens zwischen Mann und Frau (trotz aller höfischen Verbrämung) – vordergründig – an den *getelingen*, bei den ‘Damen’ seiner Minnelieder aber doch schon ständisch undurchsichtiger, in den Sommerliedern und bei den ‘Liebeshändeln’ jedoch auch und gerade am ‘Ritter’. Zielt er also auch auf Seinesgleichen? Wäre es etwa dann der versteckte Angriff der Trutzstrophe, Herr Neidhart solle bei „Gold und Seide“ des Ritters: höfischem Minnedienst und Minnesang (herkömmlicher Art) bleiben, statt die Herren mit ihren erotischen Engagements boshaft als *knehte* durch die Hechel zu ziehen (vgl. L 45, Trutzstr. II)?

Wer diese Herrin eigentlich sei, enthüllt das **L 55**: hart und gnadenlos wie der Winter (I) sei sie weiter nichts als ein schamloser Lockvogel „aller Sündenschmach“, eine freche Herrenhure, die übel lohnt (II), für die (wie III u. IV in C ohne R fortsetzen) Zucht und Ehre, die seit dem Spiegelraub dahingegangen sind (s. S. 589), anstößig geworden sind. Diese bittere Anklage ist demgemäß auf den Gegensatz von einst – als laudatio temporis acti – und dem verfallenen Jetzt gestellt, in der Person der Herrin. Einst, in den jungen Jahren des Erlebenden, war sie „reich an Edlem“ (*tugentrîche*, II); Treue, Reinheit, edle Haltung waren an ihrem Hofe heimisch, aber jetzt seien sie von der alten Stätte „weggezwungen“ worden, so daß man bei Hofe nichts an Lob mehr von ihr hört, d. h. dort, wo Kenner und hochgesinnte Menschen versammelt sind. Ja, wer den hohen

Werten nachstrebt, „Gottesnähe sucht", den verfolge ihr Neid und Haß (III. IV). So ist ihre Ehre „an allen Gliedern lahm"; sie ist gestürzt und „liegt in einer Pfütze, daß sie nur noch Gott reinzuwaschen vermag" (V, wieder in R neben C).

Die Konsequenz hieraus (in VI, nach c. VII, nach C) ist das endgültige Ausscheiden aus dem Dienst einer solchen 'Herrin'. Für den Dichter war seine Liedkunst der Dienst. Achtzig Lieder sind ihm nun herrenlos geworden, und jetzt wird er das letzte, das kunstloseste, als Klage anstimmen (VI). Zur Enthüllung dieser lebenslangen Herrin, die der Dichter so einzigartig mit seiner Kunst zu Lob gebracht habe, gehört schließlich auch der Name, der dem Hörer gewiß schon auf der Zunge lag. Der Dichter hat hier noch eine feine Nuance bereit: nicht einfach *„vro Welt"* nennt er sie; prägnanter den Kern ihres Wesens umschreibend nennt er sie *Werltsüeze* (VII), das betörende, verlockende und zugleich ins Verderben Führende steckt darin, das süße Leben ohne Blick auf Gott.

Wie es nun mit Frau Welt vorbei sei, so ist es auch mit den rivalisierenden Bauernburschen vorbei. Es ist kein Zufall, daß Neidhart gerade in diesem gleichen Lied (nun auch wieder nach R) von der aktuellen Tatsache berichtet, daß die Einberufung zum Heeresdienst durch Herzog Friedrich dem Treiben ein Ende gesetzt und der Fürst damit die Fehde des Ritters „trefflich beigelegt" habe (VIII). Ironisch überlegen malt der Dichter das Ende ihres Treibens aus, wie sie nun, statt mit Weibern zu kosen, sich ihre lächerliche Ausrüstung in Wien erstehen. Freilich – übrig sind noch genug, und der Richter fände bei genauer Überprüfung noch manchen, der sich auf 'Kirchweihrauferei' verstünde (und damit für den Kriegsdienst geeignet wäre – IX). Vielleicht gehört die Strophe X (in C) insofern zur Thematik des Liedes, als sie mit dem Hinweis auf die Gesangskunst (des Vogels) indirekt Frau Welt noch einmal anspricht: bei guter Behandlung im Winter (d. h. in der Zeit der Feindschaft) würde der Vogel im Mai sich wieder mit Singen hören lassen . . .

Ist es also mit allem Welttreiben nun vorbei? Das dritte Lied dieser Gruppe (**L 56**) spricht erneut von Verfall und von Welt- wie Winterklage bis ans Lebensende (I), und es erzählt, wie der Dichter aus zunehmendem Verfall der Welt und Schwinden der Lebenszeit – hiermit wird die Klage, die zur Besserung den Freunden vorgetragen wird, begründet – diesseits abgewandt (II) sich ins Reuebad begeben will, wie ihn aber gerade in solchem Augenblick die 'Herrin' wieder zu sich zu rufen versuche (III), die Herrin, die nun als mehr als ein Jahrtausend alt und dennoch unklüger als ein Kind angesprochen wird. Umgekehrt zu allem Bisherigen ist sie nun die Werbende; Dienst und Minne bietet sie unverhüllt an, aber kompromißlos bleibt die Abweisung des Mannes (IV in O. V). Lied und Tanz sind der Dienst für „Frau Welt“ gewesen; als 'eitel' (*üppiclich* – III) und (sträflich) 'sorglos' (*geil* – V) bezeichnet, symbolisieren sie das nur auf Irdisches gerichtete Leben. Daraus resultiert der große Aufschrei zur „Kraft ob allen Kräften“ um Stärke für den Weg zum Heil der Seele (VI, nur in c). Aber wie von der Herrin, wird in solchen Augenblicken der Dichter auch von den Freunden zurückgerufen zum diesseitigen 'Dienst' (so setzt nun R wieder fort). Es sind die Freunde, die der Dichter-Ritter so oft um Rat angegangen hat; jetzt greifen sie aktiv ins Geschehen des Liedes ein, mit der Frage und Aufforderung: wo sind die Bauerntölpel vom Tullnerfeld denn nur hingeraten? Singt davon! Ihr versteht es besser, als was man jetzt so singt! (VII). Und der Dichter folgt dem Ruf: einer, zwei solche Tröpfe sind noch da – insofern schließt sich ein thematischer Ring zum Lied 55, IX – und erneut hört und sieht man ihr aufschneiderisches polterndes Tanzen. Es ist, als wäre nichts geschehen: keine Rüge an unhöfischem Verhalten, keine Aufsage an Frau Welt, kein Aufschrei zu Gott – das sinnenplumpe, triebhafte Leben geht unberührt davon weiter, im

Bild des lärmenden Bauerntanzes mit seinen nach Herrenart aufgeputzten 'Knechten'. Ja diese sehen sich bereits aus ihrer hinterwäldlerischen Verborgenheit (an der Traisen) in das 'Tal' (der Donau), d. h. in die große Welt, einziehen. Und „Dame Süßchen" – Weltsüße? – verschmäht keineswegs den Tanz an ihrer Hand!

Zeitaktuelles. L 17–22, L 51 u. 53

Zeitgeschichtliches und Zeitkritik sind schon mehrfach in den Winterliedern angeklungen. Eine Reihe von Sommer- und Winterliedern befaßt sich ausdrücklicher damit.

Zwei Lieder stellen den Sprecher als auf dem Kreuzzug befindlich dar. Das eine **(L 17)** zeigt ihn jenseits des Meeres (IV, 7), im Augenblick, wo er einen Boten in die Heimat senden will, oder, falls der Bote säumt, d. h. wohl gar nicht geschickt werden kann, die Botschaft am liebsten selber bestellen möchte. Der Zeitpunkt ist der Frühlingsanbruch zu Hause. Deshalb ist das Gedicht nach Form und Thema ein Sommerlied (I. II). Aber der Tenor ist auf Sehnsucht nach der Geliebten wie in den Winterliedern gestellt, Sehnsucht jedoch aufgrund räumlicher Trennung (I. III). Außerdem wird das Lied beherrscht von der Klage über Mißachtung und Schikanen durch die „Welschen" (II. VI), über die Strapazen des Klimas: „Wir fristen nur das Leben, mehr als das halbe Heer ist tot!" (VIII), ein Narr, wer, in längst angeschlagener Hoffnung (*siech geharre* – XI) den August noch bleiben wolle. Indem so de facto die Frühlingsschilderung ein Sehnsuchtstraum des Dichters aus dem bestehenden Leid ist, stellt sich zugleich die Situation des Winterliedes, wenn auch nicht wörtlich dar. Betont schließt das Lied, nachdem es in Strophe IX das Glück des Beisammenseins mit der Liebsten bis ins Alter und des Liedschaffens ausgemalt hat, mit dem lapidaren Satz: der beste Ort für einen Mann sei daheim in seiner Pfarre (XI). Das ist Absage an die Idee des Kreuzzuges überhaupt, aus dem Blick der heimatlichen Geborgenheit.

Das zweite Lied (18) zeigt den Dichter bereits auf der Heimfahrt: „Wir nähern uns dem Rheine“ (V). Demgemäß ist es auf Freude – entsprechend der Frühlingswonne (I. II) – gestellt: wie Mädchen und Burschen *gezweit* den langen Sommer hindurch tanzen sollen (III. IV), so kündigt der Dichter neue Lieder an, daß sich die Mädchen die Finger lecken sollen (VI); der besondere Gruß gilt dem „lieben, holden Weibe“ zu Landshut (VII).

Das an beiden Liedern Herauszuhebende ist das völlige Fehlen jeder Kreuzzugsbegeisterung, wie sie aus den Liedern von Hausen, Hartmann, Johannsdorf und Walther tönen, allerdings alle vor dem Aufbruch verfaßt, während hier (und bei Freidank) die Lieder, die Situation während des Unternehmens voraussetzend, Ernüchterung durch die krasse Wirklichkeit zeigen. Konkrete Andeutungen, auf welchen der in Frage kommenden Kreuzzüge die beiden Lieder zu beziehen seien, zumal, ob auf den von 1217 ff., von Herzog Leopold VI. von Österreich, König Andreas von Ungarn und anderen, darunter auch französischen Kreuzfahrern, unternommen, oder auf denjenigen Friedrichs II. von 1228/29, ergibt nur die Str. XI von L 17: es sei Narrheit, bei all der sich verflüchtigenden Hoffnung noch bis zum August bleiben zu wollen. Kriegshandlungen bis in den August hinein (und darüber hinaus) sind (gemäß dem Nachweis Bertaus, Bayer. Lieder, S. 303 ff.) nur für den Sommer des Jahres 1218 bezeugt, und zwar für Vorgänge in Ägypten (während Friedrich II. nur vom 7. September 1228 bis 1. Mai 1229 im Orient war). Es war im Sommer 1218 im Nildelta vor Damiette eine verzweifelte Situation, in welcher der mit einem Heer aus Italienern, Franzosen und Engländern inzwischen dazugestoßene päpstliche Legat Pelagius von Albano, Kardinal von Santa Lucia, unter gleichzeitiger Beanspruchung des Oberbefehls, ein Durchhalten wenigstens bis zum August durchsetzen wollte. Diese Situation spricht Neidhart offenbar in L 17 mit VI, 7; VIII, 5; XI, 1–6 an, und zwar in deprimierter Stimmung: nur heim, wo Freude in gesellig-beschwingtem Leben: Tanz und Liebe warten. – Wenn man darüber hinaus *er* in XI, 4 und den Satz in Zeile 7 als – auch oder ausschließlich – auf den Kardinal und seine Politik gemünzt ansehen will: „So ein Mann ist nirgends besser am Platz als daheim in seiner Parochie (Santa Lucia)" (Bertau a. a. O. S. 306), müßte man Verfasser und Hörern sehr genaue Kenntnisse der Vorgänge in der höchsten Führungsspitze, sowie das Interesse daran, unterstellen – was beides dem ganzen Tenor des Liedes entsprechend vielleicht doch zweifelhaft ist (vgl. hiezu Maria Böhmer S. 69 f.).

Auch in der Heimat, in Österreich, ist der Ton der Zeitanspielungen auf herbe Kritik gestellt. So etwa, daß der wundervolle Mai überhaupt keine Freude hervorzurufen vermöge; Österreich ist von Leid und Jammer erfüllt. Nur die in Aussicht stehende Ankunft des Kaisers wecke einige Hoffnung (**L 19**, I–III). Niemand sorgt für Friede und Wiedergutmachung; Sünde und Schande bilden eine Gemeinschaft. Und wenn die jungen Leute nun auch den Mai einholen (IV–VII; vgl. o. S. 532), die Schlußstrophe (VIII) weiß doch nur festzustellen, daß der Frohsinn eben aus Österreich entwichen sei. Auf ihn wie auf Friederuns Spiegel müsse man verzichten, freilich noch eher auf den Spiegel als auf den Frohsinn; ihn sollte man auf Händen tragen, falls ihn jemand zurückbrächte. Dann – so ist wohl zu folgern – hätte auch der Spiegelraub seine Bedeutung verloren. Auch in ein Gespielinnengespräch, thematisch anknüpfend an L 5, IV ff. (s. S. 554), ist schwere Zeitklage, ja Anklage eingebaut (**L 20**); sie gipfelt in der Schlußstrophe im Hinweis auf die Kriegsnot durch Deutsche und Böhmen (VIII). Das Lied variiert im Mittelteil die Anklage gegen Frau Minne von L 54, VIII u. IX und stellt in Fortführung des Gespräches der beiden Mädchen über das überhandnehmende unehrenhafte Verhalten der Männer, denen

Kupfer lieber statt Gold sei, den Frauen gegenüber (II–IV) ein bisher in Deutschland nicht erlebtes, sich selbst entehrendes Verhalten der Männer in der Liebe fest. Nun ist anstelle der Herzensliebe vergangener Zeit, wo der Mann sich einer Frau innerlich verbunden gefühlt hat, die falsche Minne obenauf (V, VI). Zugleich ist es Altersklage des Dichters, der die Lebenszeit (30 Jahre) ausspielend resigniert: „das Leben beginnt mir schwer zu werden" (VII), und der der Sommerfreude des Eingangs die eigene Erfolglosigkeit im Minnedienst entgegenstellt (I). Hinzu tritt **L 21**. Nur zögernd und nur aus Pflicht stimmt Neidhart dieses Sommerlied an und nur bedingt spricht er die „frohe Nachricht" vom Anbrechen der schönen Jahreszeit aus, falls sein Lied auf Menschen stoße, die über die Not der Zeit hinweg sich dennoch der Freude und allem Tüchtigen gewidmet haben. Die Jugend wird angesprochen: „Wo Jugend nicht nach Freude strebt, ist Ehre verdrängt vom Wege" (VI).

Die Hs. R enthält noch vier Strophen eines Mailiedes, das allerdings seit Haupt – als das einzige Lied von R – für unecht erklärt wird (**L 22**). Thematisch schließt es sich der Zeitkritik an, indem es in der letzten Strophe eine Sittenlehre zur Besserung der Welt andeutet (IV). Sonst ist es eine in R einmalige Kombination von Sommerlied mit der typischen Minneklage des Winterliedes über Vergeblichkeit des Dienstes. Zur Freudlosigkeit ist der Verfasser verdammt, wie es allen ergehe (I).

Anreiht sich hier der zweite Teil des Liedes 51, dessen erster (I–IV) zur grundsätzlichen Abrechnung mit der Dame gehört (s. o. S. 584). Die anschließende Wende an die Bauern wird zeitaktuell, indem sie auf den Ton des Liedes 55, VIII f. abgestimmt ist: aus ist es mit dem Modetreiben. Der Kaiser komme über die Tölpel wie der Hagel; mit Locken- und Kleiderpracht, mit Vorsingen und Blumenkränzen sei es nun vorbei (V. VI), so sehr, daß eine Gegenstrophe die Betroffenen lieber auswandern läßt. Der Kaiser: damit ist das Stichwort für den Lobpreis auf die Politik des

Herzogs gefallen, dessen Lehensmann ja Neidhart ist. Alle sollen sich um den Herzog scharen, seine politischen Ziele seien so erfolgversprechend, daß das Kommen des Kaisers überhaupt überflüssig werde; darum: ordne der Kaiser die Länder am Rhein (VII. VIII)!

Das politische Programm, das hier propagiert wird, entspricht den Plänen und Unternehmungen des Babenberger Herzogs in den Jahren 1234 und 1235. Der Herzog beabsichtigte, mit einer „Staatsaktion großen Ausmaßes“ (Klein S. 136) in die innenpolitischen Wirren Ungarns einzugreifen (und auf solche Weise weite Gebiete des Balkans unter seinen Einfluß zu bringen). Zugleich war Kaiser Friedrich II. 1234 von Sizilien aus nach Deutschland unterwegs, um dort, vor allem in den Rheinlanden, mit scharfen Maßnahmen Frieden und Ordnung wiederherzustellen und die Rebellion des Kronprinzen, König Heinrichs, niederzuwerfen. Auf dem Weg dorthin, im Hoflager zu Neumarkt, hatte Herzog Friedrich eine Begegnung mit dem Kaiser und von ihm die enorme Summe von 2000 Mark Silber zur Durchführung eines Krieges gegen Böhmen und vor allem Ungarn gefordert. Nach der Ablehnung derartiger Pläne durch den Kaiser, der sich nicht in einen unvermeidlich hieraus ergebenden Reichskrieg verwickelt sehen wollte, stellte sich der Herzog in Gegensatz zum Kaiser und unterstützte weiter die Verschwörer in Ungarn, die das Ziel hatten, die Stephanskrone durch Mitwirkung des Babenbergers dem Kaiser als Lehensherren anzutragen. Trotz Verrat dieser Pläne und vernichtender Gegenschläge gegen die Verschwörer ließ sich Herzog Friedrich im Herbst 1235 zum Einfall in Ungarn verleiten, wurde aber schon durch die überlegenen Grenztruppen zurückgeschlagen, und die ungarischen Heere verwüsteten Österreich bis unter die Mauern von Wien. Gleichzeitig fielen die Böhmen von Norden her ein.

Der Augenblick der besten Wirkungsmöglichkeit der Propaganda Neidharts könnte in der Tat (wie schon Credner und Wießner urteilten) die Zeit kurz vor der Begegnung des Herzogs mit dem Kaiser in Neumarkt 1235 sein – wenn auch der Zeitpunkt vor dem Einfall in Ungarn nicht ausgeschlossen erschiene. Jedoch vor Neumarkt steht die Ankunft des Kaisers zum Zweck der Wiederherstellung der 'alten Ordnung' noch bevor (Str. V. VI u. Gegenstrophe): wenn aber sich alle um den Herzog scharten und er, der dazu im Stande sei, seine 'Befriedungspläne' im Osten durchzuführen Gelegenheit erhalte, dann brauche der Kaiser sich gar nicht erst in Österreich einzumischen, sondern könne die Wiederherstellung der Ordnung durchaus dem Herzog überlassen (VII. VIII). – Dabei kann und muß (vorerst) die Entscheidung zwischen den vorgeschlagenen Konjekturen *den* und *des* (für verderbtes *da der pfatt* c) Ermessenssache bleiben. Folgt man dem Vorschlag Hermann Pauls (und nun K. K. Kleins S. 134 f.) für *den*, meint die Stelle: der Herzog wird, in Gemeinschaft mit anderen Fürsten, den 'Weg' (d. h. die Verhältnisse) wiederherstellen, wozu er, der Erste unter allen (VII, 5–6), in der Lage sei. Liest man mit Haupt und Wießner *des*, dann enthält der Satz eine diplomatische Verbeugung vor dem Kaiser, gerade falls die Neumarkter Verhandlungen erst bevorgestanden hätten: man wolle ja nur das Eingreifen dessen, der – versteht sich – alle an Würde und Tatkraft überrage, vorbereiten und erleichtern, ein Eingreifen, das dann (und das ist der Teufelsfuß dahinter) überhaupt gar nicht mehr nötig werde. (Die Völkernamen in VIII, 7 u. 8 bezögen sich nach Klein S. 138 als Walachen, Deutsche und Ungarn auf Siebenbürgen).

Der Zusammenbruch von Herzog Friedrichs Politik schuf derart trostlose Zustände in den Stammlanden, daß die Klage Neidharts über die Flucht Vrômuotes aus Österreich, das Verschwinden allen Frohsinns (L 19, VIII) sowie aller Freude auf den Sommer (I) in diese Zeit: ab Herbst 1235 durchaus paßt. Einzigen Hoffnungsschimmer vermöge nur noch die zu erwartende Ankunft des Kaisers zu bringen (I). Die Notwendigkeit kaiserlichen Eingreifens bestätigt auch die Trutzstrophe; nur ist sie skeptisch: allzuoft sei es von Neidhart bereits angekündigt worden. Als der Kaiser dann in der Tat durchgriff, führte dies im Januar 1237 zur Ächtung des Herzogs und Einziehung seiner Stammlande als Reichsgut. Die Strophe VIII von L 20 klingt wie der Hinweis auf einen Interventionsversuch, den Strafvollzug der Acht durch deutsche und böhmische Truppen, dem man im Frühjahr 1237 entgegensah, bis nach der Aussaat aufzuschieben.

Man pflegt von einem weitern Preislied Neidharts auf seinen Herzog zu sprechen: **L 53** mit den Str. II–IV, worin die Niederlassung der heimatlos gewordenen Frau Frohmut bei Friedrich verkündet wird. Die Forschung sieht den Anlaß teils (so zuletzt Wießner, Ausgabe 1955, S. 8) in dem prunkvollen Fest der Vermählungsfeier der Schwester Herzog Friedrichs zu Stadlau im Mai 1234, teils (so Schmolke) in der Zeit der Depression nach dem Zusammenbruch, wozu das (dann vorausgegangene) Verschwinden aller Lebensfreude in Österreich (L 19, VIII) und der Hinweis auf die Einberufung der Bauern zum Heeresdienst im selben Lied 53, V passen würde, die in L 55, VIII. IX geschildert ist und in diesen Zeitraum gehören wird. Der Preis Friedrichs klänge in solchem Zusammenhang wie der Versuch einer Rehabilitierung des Herzogs vor der höfischen Öffentlichkeit. In gleichen Zusammenhängen könnte man dann auch die innere Verpflichtung des Dichters sehen, um des (wiederherzustellenden) Ansehens des Landes willen doch nochmal aufzutreten (L 21).

Jedenfalls, in zwei Bittstrophen, die eine um ein Haus (L 50, VII), die andere um Ermäßigung der unerschwinglichen Steuer der Kinder wegen (L 52, XII), hat Neidhart sich anheischig gemacht, das Lob des Fürsten so im Liede zu verkünden, daß es sowohl im Paradies wie vom Rhein bis zur Elbe widerhalle. Die Lieder 51 und 53 sind Beispiele für solchen Lieddienst des Lehensmannes Neidhart. Lieddienst sind auch die übrigen Stellungnahmen zu den Drangsalen der Zeit – ohne dabei persönliche Haltung in Urteil und Kritik preiszugeben.

Neidhart erweist sich somit als orientiert in den politischen Vorgängen Österreichs der Jahre 1235–37, auch was die besonderen Pläne des Herzogs auf dem Balkan betrifft, vermutlich als direkt beauftragt zu entsprechenden öffentlichen Äußerungen. Das läßt auf engere Zugehörigkeit des Dichters zum herzoglichen Hof selbst schließen. Eine Stütze für (damit verbundene) aktive Teilnahme auch an dessen geselligem Leben ist der Hinweis im 'Preislied' L 53, IV, 5 ff., daß schon *mîn hoveherre* (d. h. der Herzog) und ein Herr Tröstelin (urkundlich 1239–58 in Österreich) bereit sein werden, die neuen Liebeslieder zu schaffen; er wünsche davon entbunden zu bleiben.

Daten des Dichters

Durch die Hinweise auf politische Verhältnisse und Ereignisse in Österreich sowie durch eine dichte Belegreihe österreichischer Orts- und Gewässernamen (s. Verzeichnis) wird eine Anzahl von Liedern als in die österreichische Zeit des Dichters gehörig festgelegt. Das sind unter den Sommerliedern L 19. 20. 21, unter den Winterliedern 42. 44. 45 und durchgehend L 47–56. Ohne Ortsbezeichnung, aber thematisch zu den anderen passend, sind nur L 43 u. 46.

Aus dem Hinweis in der 'Abwander'-Strophe 41, XI auf den *edeln vürsten ze Oesterrîche*, sowie die Anrede in den Bittstrophen L 50, VII u. 52, XII geht hervor, daß von Anfang an der Herzog selbst, und zwar Friedrich II., als Schirmherr des Dichters angesprochen ist. Die österreichische Zeit Neidharts kann damit erst nach dem Regierungsantritt Friedrichs 1230 begonnen haben.

Vorausgeht eine baierische Zeit, die mit der (allerdings nur in c belegten) Str. X desselben Liedes 41 und dem Namen der (Herzogs-)Stadt Landshut (18, VII), vielleicht auch durch ein Holling oder Halling in L 25, IV, 9 (s. s. v. *halingære*), kaum durch *Wîtenbrüel* (s. d.) L 23, III, 5 stützbar ist. Jedenfalls gehört *Riuwental* (s. Ortsnamen), selbst wenn der Name nur Fiktion wäre, vor die österreichische und damit in die baierische Zeit des Dichters. Die Lieder, die das Sigel *Riuwental* tragen, sind von den Sommerliedern 1. 2. 5. 7. 8. 10. 12. 13. 15 – im C-Block (s. d.) die Sommerlieder 57. 63. 70. L 3, VI spricht von der Last des *hûses*, was mit *Riuwental* zu identifizieren ist. In L 6. 9. 14 ist vom 'Ritter' ohne Namensnennung die Rede, aber sichtlich der 'Reuentaler' gemeint. Das Kreuzfahrerlied 18 bringt Landshut, und damit gehört L 17 ebenfalls hieher. Ohne diesbezügliche Angaben bleiben nur L 4. 11 (nennt *knappen* IV, 3) u. 16. – Von den Winterliedern nennen *Riuwental* L 24. 25. 27. 30. 31. 33. 34. 35. 40 u. 41. *Siufteneck* in L 29, V ist offenkundig zum 'Reuental' gehörig; *Wîtenbrüel* erscheint im L 23; die 'Rübenklauberin' des L 32, I, 9 ist eine Rückerinnerung an 'kurz vorher' *(næhste)*, d. i. L 31 (mit *Riuwental*), also hieher gehörig. L 23 erwähnt Engelmar, L 26 Friederun, beide ohne Bezug auf den Spiegelraub (s. L 3), sind daher zumindest thematisch 'früh' und auch daraus dann bairisch. Nur die Lieder 28 und 36–38 haben keine derartige äußere Marke. –

Die L 8 und 41 stehen in einem gewissen Übergang. In L 8 wird der Ritter (vom Mädchen) noch als *von Riuwental* (VI) bezeichnet; die Str. VII bittet bereits um Aufnahme *bî dem Lengenbache.* Überlegungen kostete das L 41 (das vom Entzug Reuentals berichtet): die Niederschlagung Hildebolds (VI, 6) will in L 42, VII dessen Schwestersohn von *Berenriute* rächen; dieses wird als Bernreit in Österreich beansprucht. Spielt L 41 demnach bereits in Österreich, oder ist *Berenriute* eine 'nachträgliche' Korrektur Neidharts, als er L 42 für österreichische Ohren konzipierte? Allerdings ist zu beachten, daß es auch im Bairischen den Ortsnamen *Bernriut* gibt, s. ON s. v.

Für den Dichter selbst lassen sich aus den gegebenen Andeutungen gewisse Daten gewinnen. Der Bezug der Kreuzlieder 17 und 18 auf das Unternehmen von 1217 erweist Neidhart als bereits im zweiten Jahrzehnt des 13. Jhs. als Dichter tätig. Der Hinweis Wolframs von Eschenbach in Willehalm 312, 12 auf den *geubühel* Herrn Neidharts (im Zusammenhang mit dem Schwert Rennewarts) zeigt, daß Neidhart als Dichter von Winterliedern im selben zweiten Jahrzehnt schon einen Namen hatte. Ob aber die Botschaft nach Landshut (L 18) und der Hinweis auf den *herren*, dessen *hulde* Der von Reuental verloren habe (in der c-Str. 41, X) ein unmittelbares Dienstverhältnis zum baierischen Herzog Ludwig I. dem Kehlheimer (1183–1231) oder Otto II. dem Erlauchten (1231–1253) beinhaltet, ist keineswegs sicher. Die Formel *eigen unde lêhen* (41, IX, 4) wirft eigene rechtshistorische Fragen auf; Bertau, Bay. L. S. 302, versucht sie für eine Ansiedlung Neidharts im Berchtesgadnischen, zusammen mit der Anrufung des dortigen Schutzheiligen St. Zeno (in der Trutzstr. zu L 32) zu nutzen. Falls der Steiermark-Zug unter einem Bischof Eberhard des C-Liedes 78, wie glaubhaft, Neidhart gehört, wäre er wohl in diese baierischen Bezüge zu stellen (s. zur Stelle). – Das letzte Datum für Neidhart ergibt der Hinweis des Liedes 20, VIII auf den Achtvollzug des Jahres 1237 gegen Herzog Friedrich. Wie lange sich Lebens- und aktive Schaffenszeit des Dichters noch darüber hinaus erstreckt hat, entzieht sich der Kenntnis. Eine Müdigkeit, zu dichten, macht sich jedoch um diese Zeit bemerkbar (L 21. 53). Der Tod seines Lehensherrn Friedrich II. 1246 wird jedenfalls nicht mehr erwähnt.

Interessant ist, wie die Themenentfaltung der Lieder mit deren Entstehung in einer früheren baierischen und späteren österreichischen Lebenszeit des Dichters in einer gewissen Parallele steht.

Den jüngeren Jahren in Baiern gehören, im ganzen gesehen, Lieder unbeschwerterer und unbedenklicher Lebenslust an: wo die Herzen dem 'Reuentaler' zufliegen, wo der Dichter Ergriffenheit einer echten Liebe verhalten andeutet und sogar die alten Weiber wieder frühlingstoll werden läßt (L 1–15, dazu auch die als echt angesprochenen C-Block-Lieder 57. 58. 62. 63. 64. 69. 70 – L 65 handelt parallel von jenem Merze) – wo der Dichter weiter seinen Ritter teilnehmen läßt an Fest- und Wintertreiben der jungen Leute, mit all ihrem Frohsinn, ihrem Gezänk, Tratsch, ihren Keilereien und eigenen Reibereien mit den Burschen, wo der Ritter in seinen Liebeshändeln die Gunst der Mädchen derb und unbekümmert nimmt, wo er sie bekommt (L 23–32). – Daneben steht in dieser Zeit ein Minnesang (in den Liedern 33 jedenfalls bis 40), der in der inneren Haltung noch etwas von dem, was bis Neidhart Minnedienst war, ahnen läßt: absolute Verehrung der 'Dame' in gehöriger Distanz, aber noch voll Selbstbewußtsein und Zuversicht trotz allem, im Gefühl, die Dame nehme den Dienst durchaus ernst. Freilich auf der anderen Ebene der Auseinandersetzung mit den 'Burschen'. Aber ihrer Rivalität begegnet der Ritter jetzt noch forsch, und behauptet, sie ihrerseits in die Enge getrieben zu haben (weswegen ihm die Heuwiese zertrampelt worden sei), und schließlich gebe es ja auch ein Ende solcher Rivalität (L 33–35).

Die dabei anklingenden Töne des Zwiespaltes zwischen Zweifel und Verfallensein an die Frau, einer Verhärtung in der Haltung der 'Dame' und der Rivalen (L 36–40) setzen die Minnelieder in der österreichischen Zeit noch fort (L 41 u. 42). Dann aber, mit dem Aussprechen fortschreitender Lebenszeit, erscheinen hier im Österreichischen die Lieder von lebenslanger Erfolglosigkeit (L 43–49), von der Abrechnung mit Dame und Rivalen (50–53), mit Frau Welt (L 54–56). Parallel gehen diese Themen mit dem Ansprechen der Zustände in Österreich, mit der Kritik am Verhalten der Menschen und mit einem Müderwerden am eigenen Schaffen. Es ist ein örtlicher und – im vierten Jahrzehnt des Jahrhunderts spielender – zeitlicher Gleichlauf zwischen den späten Sommerliedern 19–21 und den Minneliedern 42–56. Hinzunehmen darf man die (zumindest als echt erwogenen) Lieder 83 und 84 des C-Blockes, in welchen ebenso Altersresignation anklingt.

Es ist menschlich glaubhaft, daß der Mann, der seiner Rolle im Lied die Erschütterung über die dahingehende Lebenszeit in den Abend, über lebenslange Vergeblichkeit des Mühens (und sei es noch so absurd wie das des Neidhartschen Ritters um eine 'unhöfisch' reagierende und sich verhaltende Frau), über geglaubten und beobachteten Verfall von Land und Welt, aussprechen läßt, dabei selbst zunehmend auf durchschrittenes Leben wird zurückgeblickt haben.

LIEDER DES C-BLOCKES

Neidhart und Pseudo-Neidharte

Die Lieder des C-Blockes, d. h. diejenigen Lieder, die in einer oder mehreren der Pergamenthandschriften des 13./14. Jhs. außer R erscheinen, bilden zwei Gruppen: jene, die mit 35 Liedern zugleich in R vertreten ist, und eine zweite, mit 34 Liedern, die sich nicht in R finden; diese sind es, die in der Ausgabe den C-Block mit den Liedern 57–90 darstellen.

Um ein Bild von dem zu gewinnen, was den Sammler-Kreisen des alemannisch-rheinischen Raumes bis in das 14. Jh. hinein als Neidhart gilt, sind in die Analyse auch die zugleich in R vertretenen 35 Lieder (nochmals) einzubeziehen. Diesmal in Hinsicht auf die Differenzen zwischen den Fassungen in R und jenen in der C-Gruppe, nach Reihung und Anzahl der zu den betreffenden Liedtönen beigebrachten Strophen, um so die Aussage 'Neidharts' zu fassen, wie sie sich in diesem Kreis präsentiert.

Die nur im C-Block vertretenen Lieder 57–90 werden in der gleichen Weise wie oben die R-Lieder 1–56 analysiert, d. h. mit Einbezug auch jener, zumeist in der Hs. c vertretenen Strophen in den jüngeren Papierhandschriften, die als evident zu den C-Block-Liedern gehörig angesehen werden.

Der Rahmen der Themen-Entfaltung, wie er für den R-Block erarbeitet werden konnte, ist auch für die C-Block-Lieder anwendbar. An ihm wird die Differenzierung zu den R-Liedern besonders sichtbar werden.

Sommerlieder

Frühlingstreiben. L 57–61 (mit L 2. 3)

An die Spitze stellt sich ein Lied (**L 57**), das schon oben (S. 548) erwähnt wurde: worin der Ritter als der Arrangeur der Frühlingsfreude erscheint, der die Mädchen aus den Stuben in die Maipracht herausruft und jedes, das sich der Aufsicht zu entziehen vermöge, auffordert, festtägliches Kleid anzulegen. Er selbst will, trotzdem ihm Reuental als (wirtschaftlicher) Klotz am Bein hängt, aller Sorgen los sein, um den jungen Menschen zur Freude zu verhelfen. Ein dreistrophiges Liedchen (**L 58**) ruft nochmals die Mädchen heraus auf die Heide, die ein helles Kleid von Blumen trägt. Und nun klingt jene erotische Spannung an, in die in der entsprechenden R-Gruppe die Thematik sofort überspringt (S. 548), jetzt aber vom Dichter her gefaßt: im Lindenschatten hat er die Liebste tanzen sehen, während Blatt für Blatt ihr Kühlung zugefächelt hat (III). Gemeinsam mit R hat C das **L 2** von der Besessenheit vom Reuentaler, doch in merkbar anderer Konzeption. Die Eigenart von L 2: Naturbilder am Eingang (I–III) und Ende (VI, VII) hat C zwar ebenfalls, jedoch vertauscht: I und II bilden mit VII zwischen sich den ausklingenden Schluß; der Einsatz des Liedes beginnt mit III: Tau auf der Wiese, mit dem Freund sollen die jungen Frauen geschmückt zum Tanz! Der Mittelteil (IIIa. IV. VI. VIa. V) zeichnet in C (also mit zwei Zusatzstrophen) das Thema des Liedes: Bereitschaft, aber unter Behinderung durch die *huote*, stärker aus als R. Dem unbedingten Ja des Mädchens Jeutel (IIIa) antwortet Udelhilt (wie in R), sie flöge dem Liebsten ans Herz, wenn er ihre Fesseln lösen könnte (IV), der Mai beschwinge ja alle sehnsuchtsvollen Herzen (VI). Doch dem antwortet die Besorgnis nun eines dritten Mädchens, die Mutter sperre doch wohl den Feststaat weg (VIa): der Reuentaler sehne sich Tag und Nacht nach ihr, die ihn selbst ewig liebe! (V) – Thematisch schlösse sich das **L 3** an, aber Hs. C^b hat nur Bruchstücke davon (VI, VII, VIIIa), zeigt also immerhin Kenntnis in den Kreisen um den C-Block von L 3 und deutet auch für ihn die Existenz jener (bereits) in R vorhandenen Ausweitung des Spiegelraubes an.

Dann schwenkt im C-Block die Thematik ab: in einem zweistrophigen Liedchen (**L 59**; vielleicht nur der Anfang eines größeren Liedes?) sehen wir Herren und Damen auf die rosenfarbige Heide ziehen, und dort entfaltet sich nun ein buntes Treiben. (s. a. 543) Ein Lied (**L 60**) schildert ausführlich und lebendig das Ballspiel der Burschen und Mädchen (als das erste Spiel des Sommers). Der Berichter übt erst (allerdings nur in c, 1) melancholisch Zeitkritik: Freude sei dahin – ein Motiv des späten Neidhart – die Reichen säßen auf ihrem Besitz; dann bekennt er sich aber als Unbegüterter doch zu einem frohen Gemüt (I). In seiner Schilderung des Ballspiels kehrt er trotzdem, die Bauernfeindlichkeit Neidharts ausspielend, das grobe Treiben heraus, wobei die klobigen Burschen die Mädchen überrennen (II–IV), bis ihn der Charme eines der gestürzten Mädchen so entzückt, daß er auch dem Spiel eine gute Seite abgewinnt (V). Ein Lied in B (**L 61**) hat einen Maitanz zum Gegenstand, wobei der Verfasser eine Unzahl (hundert) Mädchen und über 50 Burschen, davon 48 namentlich genannt, aufmarschieren läßt, alles skeptisch aus der Sicht des Bauernfeindes betrachtet. Unter ihnen treten Engelmar als einer der Tanzführer und Friederun als Anführerin der Mädchen auf, und gegen sie will Engelmar einen neuen Tanz durchsetzen (II) – es ist nicht nötig, mit Haupt und Wießner einen einmaligen Mannesnamen Friederun anzunehmen, was außerdem mit VII (Spiegelraub) in Widerspruch stünde. Der Berichter, der sich am Schluß als „Herr Neidhart“ vorstellt (IX), hat sich wohlweislich in ein Faß „beim Wein“ versteckt (VII). Denn infolge des Spiegelraubes – Engelmar reißt ihn Friederun (während des sich *zweiens* [s. d.], d. h. des Formierens zum

Paartanz?) „oberhalb ihres Maien“ weg – beginnt eine wilde und blutige Schlägerei, bei der Engelmar unterliegt und ein Bein verliert, so daß er fortab eine Stelze braucht (VII–VIII). „Herr Neidhart“, der das schadenfroh kommentiert, bringt sich dann gerade noch rechtzeitig in Sicherheit (IX). „Neidhart im Faß“ ist ein Motiv der Schwänke über Neidhart. Der Vorgang des Spiegelraubes bleibt in allen anderen Liedern hinter der Bühne; entweder ist er noch nicht geschehen (s. bei L 3) oder er wird als geschehen vorausgesetzt. Schon aus sachlichen Gründen ist man mit diesem Lied jedenfalls bereits jenseits von Neidharts Verfasserschaft; es ist ein Pseudo-Neidhart.

Mutter und Tochter, Gespielin. L 62–68 (mit L 5. 6. 8. 10. 12. 13)

Die Gespielinnenrolle ist im C-Block schwach vertreten. Bei den mit R gemeinsamen Liedern begegnen in C, abgesehen von seiner Variante des L 2 (s. o. bei L 58), allein **L 5** mit seinem Ausspielen höfischen Denkens durch die Mädchen, allerdings nur mit Str. I–V, so daß die Pointe, der Reuentaler ist es, fehlt, sowie **L 8** (Alram von Gresten zugeschrieben, in A dem jungen Sperlvogel). Hier sind Str. III u. VI gegen IIIa u. VIa ausgetauscht – vielleicht Ergebnis mündlichen Liedlebens – mit dem Verhalt, daß in VI die Pointe: Nennung des Reuentalers, zugunsten eines lahmen „guten Rates“ getilgt ist. – **L 6** ist in Hs. A (zwar als Gedrut), übereinstimmend mit R im Umfang des Zankes der beiden Freundinnen (I–VII, außer II) überliefert.

Das Mutter-Tochter-Thema entfaltet sich dagegen ‘konsequent’. Zuerst findet ein noch friedliches Gespräch zwischen den beiden statt (**L 62**): der Frühling ist da; das Mädchen will zum Tanz hinaus, gelockt von den Liedern des Knappen, von denen es zum ersten Mal gehört hat. Die Mutter warnt vor Betrügern, die Tochter entgegnet dem mit kräftigen Versicherungen – und prächtig geschnürt tut sie sich in mächtigen Sprüngen hervor. Das andere Mal (**L 63**) versagt die Mutter in strikten Worten ihre Erlaubnis; aber es sei doch der Reuentaler, den die Kleine im Arm halten wolle! Seine Sehnsucht nach ihr und seine Lobsprüche müsse sie doch lohnen (V–VII). Das Gespräch wird böser (**L 64**), je weniger sich die Tochter halten läßt, hinaus auf den Anger zur Linde zusammen mit den Mädchen zu gehen (II) – wobei eine Begegnung mit dem Reuentaler in diesem C-Lied jedoch nicht ausgesprochen wird –; aber auf die Drohung mit dem Stock und den Befehl zu häuslicher Arbeit (den Ärmel anzunähen – III) hat das Mädchen nur ungezogenen Hohn (IV. V). Hier schließen sich die zwei C-Lieder im R-Block an (**L 12** u. **L 13**): Jeutes warnendes Beispiel schlägt das Mädchen in den Wind; sie verzichte nicht auf die „tollen Sprünge" an der Hand des Reuentalers. (Die Warnungen der Mutter vor Reuental: V, fehlen in C.) Im anderen Lied muß sie bitter zusehen, wie das eigene Kind den Schrank aufbricht, um zu ihrem Feststaat zu gelangen.

Und dann kommt es in der Fortführung der Thematik in C schließlich zu Keilerei zwischen Mutter und Tochter. Bei **L 10** wird eine solche in C an den Schluß angehängt (X), als Antwort auf das Geständnis des Töchterleins, ihr Sinn ziehe sie nach Reuental. Nun jagt die Mutter sie nach einer ordentlichen Tracht Prügel dorthin. Im übrigen zeigt dies L 10 schwierige Überlieferungsfragen auch hinsichtlich der Strophenreihung; weder in R noch in C befriedigt sie. Beide Fassungen spiegeln eine Verwirrung der eigentlichen Konzeption: Zum Tanz mit dem Ritter! Daraus ein Wechselgespräch zwischen Mutter und Tochter, das deren Versessenheit auf den Reuentaler von Replik zu Replik stärker enthüllt. – In dem C-Lied **65** entbrennt der Streit um einen Tanzführer Merze, zu dem das Mädchen sich gezogen fühle (I). Es ist an diesem Lied, das abgesehen von Haupts Bedenken wegen der alleinigen Bezeugung in C als echt angesehen wird (s. W.-F.) auffällig, daß anstelle des Reuentalers eine dritte Person, jener Merze erscheint (vgl. den Kommentar Wießners zur Stelle), was sonst nur in Pseudo-Neidharten noch begegnet (s. u. L 77). Wessen Standes dieser Merze ist, wird zwar nicht ausgesprochen, die Tochter wird als *vrouwe* (I) apostrophiert, der Vorgang ist aber alles andere als höfisch. Der Rechen, womit sich Mutter und Tochter schlagen (V), reißt die bäuerliche Umwelt eindeutig auf. „*vrouwe*" entpuppt sich so als böse Ironie, *freude* (III. IV) ist der Tanz an Merzes Hand mit all der Hintergründigkeit des Frühlingstreibens. Die Möglichkeit der Verführung wird von der Mutter befürchtet (III), von der Tochter keineswegs in Abrede gestellt; die Folgen werden jedoch beiseite geschoben: „Weiber haben seit je Kinder gebracht . . . hol der Teufel die Wiege" (IV). Erfüllung der Lust der Frühjahrszeit ist das einzig Gültige. So demonstriert das Lied Verfänglichkeit von Frühlingstanz und Vorsänger an sich; es müssen keineswegs immer Ritter und Reuentaler sein.

Die weiteren Lieder dieser Thematik, alle als unecht angesprochen, werden noch eindeutiger im erotischen Bezug; so **L 66**: das Töchterchen solle mit der Liebe warten, bis es 24 Jahre alt sei; es wünscht demgegenüber fortab nach seinem eigenen Willen zu leben, so daß der Mutter wiederum nur Andeutungen des zu Erwartenden bleiben: im Hinweis auf Friederun, in dem Lall-Kehrreim, der (s. Wießners Kommentar zur Stelle) einen Wiegen-Rhythmus meinen könnte. In einem Lied in B (**L 67**) räumt die Tochter nach dem üblichen Sommereingang und in der Freude auf den Tanz mit dem Freund (I. II) unverblümt ein, daß sie liebe, daß sie hierin aber nur der Mutter folge, die ja einen Mann habe, so daß es ihr des Nachts „gut von Liebe" sei, „wie das auch sein soll". Geradezu eine Auflehnung gegen die gültige Ordnung beinhalten die Worte: „Daß ihr mir das Recht nicht zugesteht, das ihr doch selbst beansprucht, dadurch ist die Hölle voll" (IV), und im gleichen Sinn schließt sie mit dem sprichwortartigen Bild: „Die satte Krähe und die hungrige, deren Leben ist ungleich" (V).

Das Lied, worin nun auch die Gespielin zu Wort kommt (**L 68**), läßt es eindeutig werden, worum es diesen Mädchen bei ihrer Liebe geht. Beide triumphieren zu Beginn des Mais, daß sie noch unverheiratet sind (II) und alle Chancen offen stehen, einen Edelmann zum Liebhaber zu gewinnen (II. III). Die blonden Zöpfe, die makellose Figur geben das Recht zu vollem Lebensgenuß (IV); hernach seien sie für einen Bauern immer noch gut genug (ebda.). Helmbrecht, (mit dem Recht aus den blonden Haaren) und Neidharts Winterlied 54 mit der Abrechnung mit Frau Minne, daß ihr Haarring aus zweiter Hand für einen „Knecht" noch gut genug sei, klingen an. Schon den Bezügen nach dürfte dieses Lied also nach-neidhartisch sein. Die Mutter stellt sich wiederum vergeblich solcher sauberen Lebensauffassung entgegen, und unbeschönigt prallen die Gegensätze aufeinander: es geht um volle Hingabe: „Es ist gut, wenn man bei dem Weißen das Braune rührt". Und die Mutter beschwört die neunfache Schande, „kommst du in Beschwernis mit deinem Braunen" (VII). Zielen diese Lieder nur auf das Gelächter über das Obszöne, oder werden nicht – untergründig – auch Verhaltensweisen krasser als im 'echten' R-Block, aber kritisch wie dort angesprochen?

Die tanzlustige Alte. L 69–72
(mit L 15. 16)

Neidharte des R-Blocks kennen als eine Seite menschlicher Existenz auch die noch lebenslustige alternde Frau, die tanzlustige Alte; zwei Lieder (15 u. 16) behandeln das Thema (s. o. S. 561), wobei **L 15** auch in der Hs.B (also im C-Block) mit Vertauschung von I u. IV vertreten und von **L 16** wenigstens die Strophe VI der Hs. A bekannt ist. Es ist nun der C-Block wieder, der vor allem die erheiternde Seite daran ausspinnt.

Da ist das schon im Sterben liegende alte Weib, das mit

dem beginnenden Sommer, dem Mai, neue Lebenskraft gewinnt und hernach (im Tanz) „wie ein Bock springt und alle jungen umstößt“ (**L 69**). Eine andere, von Tanzwut gepackt und hoch wie ein Kitz springend (**L 70**), glaubt sich felsenfest vom Reuentaler geliebt, trotz dem Hinweis der Tochter, daß ein solcher Junker es ja doch nicht nur mit einer einzigen habe, und will mit einer gleich alten Gespielin zusammen zum Blumenpflücken gehen, für den Tanz natürlich. Damit ist für dieses Thema das Gespräch mit der Tochter eingeführt, die mit ihrem ‘vernünftigen’ Warnen die unbezwingliche Lust der Alten noch greller zurückspiegelt, zumal dann, wenn die Tochter selber am liebsten an die Stelle der Mutter beim Ritter treten würde. Das ist im **L 71** der Fall, wo die Mutter von der erstaunten Tochter entdeckt wird, wie sie bereits den Reigen anführt und nun die Tochter (IV) beauftragt, das Haus zu hüten und auf den jungen Mann mit dem blonden Haar zu achten – mit dem die Tochter offenbar selbst eine Verabredung hat (V). Die Notiz „Herr Neidhart hat diesen Reigen gesungen“ (V) macht die Echtheit des Liedes zumindest unsicher.

Das letzte Lied dieser Gruppe (**L 72**) entfaltet noch einmal sommerliches Treiben als Bild, angeschlossen an das ‘Alten’-Motiv. Da ist neu die Vorstellung des (scheidenden) Winters als Vogelsteller, der „soviel Vögel als Braten vertilgt hat“ (I). Der Reigen ist bereits im Gange, als eine Alte ihre drei Töchter dort vermißt und sie rufen läßt (III). Mit Jeute, einem mehrfach in R genannten Mädchen, an der Hand spaziert sie auf das Feld in feiertägigem Festkleid und gibt sich dort, als wäre sie noch jung, und kommandiert (als Reigenführerin) die Mädchen, als ob sie ihr „zu eigen wären“ (IV). Dann werden noch Hilde und Gerhild genannt, die der Alten kaum nachstehen (V); vielleicht sollen sie mit Jeute zusammen ihre drei Töchter sein (III). Das Bild schließt sich zum Blumenpflücken für den Tanz und zur nochmaligen Freude über das Kommen des Sommers (V). Im ganzen dominiert die Komik der Situation, auch bei den zwei jungen Mädchen.

Liebhaber. L 73–77

Übrig ist eine Gruppe, die z. T. als Sommerlieder gehen, d. h. die Freude über den anbrechenden Sommer als Eingang zeigen, aber in ihrer Thematik keine Entsprechung mit der R-Gruppe zeigen: Liebesaffären des Dichters, die R als Winterlieder gestaltet, wenn auch öfters im Rückblick auf den Sommer (s. o. S. 566 ff.) Das ist wieder eine Differenzierung zwischen R- und C-Block.

Zunächst ist ein Lied da (**L 73**), das den Sommerpreis im Eingang mit der Bedingung des Liebesglückes verknüpft, mit der Frau, die den Mann wehrlos zum Gefangenen macht (I). Dann folgen zwei Strophen hymnischen Lobes auf die Dame, die ihrem Verehrer Freude, Ansehen, Hochgestimmtheit zu verleihen vermöge, hochhöfische Werte also. Die weiteren Lieder sprechen den erotischen Bezug demgegenüber immer unverblümter aus. Das Kranzlied (**L 74**; vgl. o. S. 539) setzt sehr harmlos mit Sommerpreis und Anruf der jungen Mädchen ein (I). Eine, die Liebste, hat dem Verehrer einen Rosenkranz geschenkt, wie er noch keinen je gesehen habe. Am Stichwort „Rose", der Liebesblume, setzen nun die Zweideutigkeiten ein, mit dem, was der „Kranz" eigentlich meint. Diese Rosen aus ihrem Schoß, kaum erblüht, sind die zartesten; das Kränzlein davon bekam er aber für sein Haupt (II). Sie soll es ihm bewahren und keinem anderen weiterreichen. Denn es passe ihm so gut. Dann ist vom Reif die Rede (um den die Rosen geflochten sind), er sei „gespalten" – völlig eindeutig – „gemäß dem Stehen der Wünschelrute", aber das ganze wieder um den Kopf geschlungen (III). Dazu ist die Mehrzahl der Blumen „braun", und glücklich muß das „Angerchen" sein, wo diese Blumen sprießen, und wo auch der Reif entstanden sein wird (IV). Mit Enthüllung und Verschleierung spielt dieses erotische Poem. Den Abschluß bildet eine wortspielerische Betrachtung über das Wesen der Liebe als Beglückung und Dieb zugleich (V). (Die Schwierigkeit der Überlieferung macht es angezeigt, hier die Fassung Haupts und Wießners nebeneinanderzustellen.)

Das nun bereits in den Bereich der Zote greifende Gegenstück (**L 75**) zeigt den abgewiesenen Liebhaber, die Abweisung motiviert mit dem fragwürdigen Besitz Reuentals, auf den die Umworbene gern verzichte (II). Am Waldrand, wohin er nachgeschlichen und am Höhepunkt zu stören Gelegenheit hat, wird er Zeuge der 'Beglückung' eines Rivalen; dieser hatte sich durch das Geschenk eines roten Gürtels aus Wien bei dem Mädchen eingeschmeichelt. In primitiver Obszönität und Gelalle bleibt nichts unausgesprochen (IV. V). – Dieses Lied zeigt Sommersituation (IV), jedoch ohne Jahreszeiten-Eingang, entfernt sich also hierin vom Stil der übrigen, zumal der R-Lieder. Das teilt es mit den beiden letzten Liedern, die jahreszeitlich ganz unbestimmt bleiben; nur ihre Thematik läßt sie anreihen. Über diese braucht kein Wort verloren zu werden, *Zinzel* (s. d.) und 'Scheide' sind eindeutig genug (**L 76** u. 77). „Natürlich schillern mit *scheide* auch die Ausdrücke *hengelrieme*, *mezzer*, *klinge* und *heft* zweideutig" (Wießner Kommentar S. 244). Wenn man sich auch nicht mit Moriz Haupt über den 'Schmutz' dieser Lieder (Anm. zu XLIV, 17) zu entrüsten und sie schon deswegen Neidhart abzuerkennen braucht, spricht anderes gegen die Verfasserschaft, so die Ungewöhnlichkeit, daß im Lied 77 statt vom Ich von einem Ritter, also einer dritten Person, und einer vernachlässigten Rittersfrau gesprochen wird. Ebenso ist in L 75 von keinem Bauernmilieu mehr die Rede; der 'Dritte' ist hier ebenfalls ein Ritter, und wenn auch Lied 76 mit seiner Mädchenzusammenkunft an eine ähnliche Situation in dem R-Winterlied 28 erinnert, so ist im vorliegenden Bruchstück doch der fehlende Jahreszeitenbezug auffällig, wenn man auch sachlich wegen der Haselnüsse an Herbst und auch – Zusammensein in der Stube? – an Winter denken kann.

Zeitaktuelles. L 78
(mit L 17. 18. 53)

Die Handschrift C (mit c) enthält noch ein Gedicht (**L 78**), das ebenfalls jahreszeitlich nicht festgelegt ist, aber wohl im Sommer spielt. Es hat nichts mit Sommer- und Winter-Thematik als solcher zu tun, berührt sich aber, als von einer Fahrt in die Steiermark berichtend, mit den beiden Kreuzzugsliedern. Sein historischer Bezug und sein Verfasser sind in der Forschung sehr umrätselt, doch scheint nichts Gewichtiges gegen Neidhart selbst zu sprechen. Mit einem Bischof Eberhard (V) ist der Verfasser in die Steiermark gezogen, in ein hartes und unbequemes Soldatenleben, wo keine Möglichkeit für die Lektüre „deutscher Verse" existiere; er wünscht deshalb die ganze Steiermark zum Teufel und fordert den Bischof zur Rückkehr nach Baiern auf. Dorthin, in die Heimat, treiben ihn und die anderen *armen knehte* Sehnsucht und Besorgnis um ihre Frauen, die so leicht zu übertölpeln seien, daß sich nicht in ihrer Abwesenheit ein „Fremder in ihr Bett stehle" (III). Der zweite Teil (IV. V) zielt auf die Rückkehr, und nun freut sich der Verfasser auf seine Mathi, die er oben als „dumme Kröte" bezeichnet hat (II). Jetzt findet er auch versöhnliche Worte für den Bischof. Er tut jedenfalls so, als stünde er in einer gewissen Vertraulichkeit mit ihm (V). Möglicherweise ist das Gedicht eine Art 'Auftragsdichtung', mit der der Verfasser, Neidhart?, dem Unternehmer der Fahrt, dem Bischof, im Namen der Beteiligten den Abbruch und die Rückkehr nahelegen sollte. Das würde die Sonderstellung des Gedichtes im Gesamtwerk der 'Neidharte' erklären.

Ein Bischof Eberhard ist als Erzbischof Eberhard II. für Salzburg von 1200–1246 bezeugt. Die Steiermark, in Urkunden Marchia genannt, gehörte zu seinem Sprengel. Aufenthalte des Erzbischofs dort sind urkundlich häufig bezeugt. Falls Bertau (Bay. Lieder) mit seinem Versuch recht haben sollte, Neidhart in der Reichenhaller Gegend heimisch sein zu lassen (s. o. S. 603), wäre eine Fahrt unter Eberhard II. in die Steiermark erklärbar: das Augustiner-Chorherrenstift sei zu Neidharts Zeit von Salzburg abhängig gewesen (Bertau S. 303).

Von den zeitaktuellen Liedern in R kennt C nur die beiden Kreuzfahrtlieder **17**, doch unvollständig und in verwirrter Strophenfolge (gegenüber R und – bis auf Str. X – c), **L 18**, ohne Str. III u. VII. Bemerkenswert ist, daß der C-Block keines der Lieder besitzt, worin österreichische Zustände angesprochen werden (L 19. 20. 21. 51); nur **L 53** begegnet mit den *Vrômuot*-Strophen II. III. IV (s. d.).

Winterlieder

Bei den Winterliedern ist der Befund, daß die entschiedene Mehrzahl zu dem auch in R Bezeugten gehört; sie ist somit dort besprochen. Deshalb genügt es, hier nur im Umriß ihren thematischen Tenor nochmals zu vergegenwärtigen und durch die ausschließlichen C-Block-Lieder zu ergänzen.

Wintertreiben und Liebeshändel. L 79–82 (mit L 24. 25. 26. 27. 28)

Eine Anzahl Lieder befaßt sich mit der Unterhaltung der jungen Leute im Winter. Ein Lied (der Hs. B) stellt **(L 79)** nach der Winterklage fest, daß man jetzt in den Stuben unverdrossen Würfelspiel treibe. Im Anschluß daran arrangiert der Verfasser den 'Zaun' (s. o. S. 537), den keiner wie er zu flechten verstehe (IV); es klingt, als wolle er damit den Frauen, die das ganze Jahr an ein und demselben Liebsten festhalten wollen, ein Schnippchen schlagen und ihnen, nach dem Gleichklang der Namen, einen anderen zuschieben (III). Anscheinend vermag er auch das Schließen des Zaunes durchzutrumpfen (VII).

Dieses Lied reiht sich auch insofern den R-Liedern an, als dort wie hier der Dichter zunächst einer der Arrangeure der Unterhaltungen ist, so wie es in R 'das Schlittenlied' (**L 24**) und das vom 'Goldhuhn' (**L 25**) schildern. In L 24 bringt C die Str. VII von der wirtschaftlichen Last in Reuental an zweiter Stelle – Winter (I) und 'graues Haar' stehen hier nebeneinander, dann beginnt erst der Liedvorgang. – Das in O K (neben R) überlieferte Lied 25 ist in C selbst nur mit der letzten Strophe VII vertreten. Immerhin bietet das C-Lied **80** ein paralleles Arrangieren des Stubentanzes, samt Namensaufzählungen, wobei parallel auch hier Engelmar und Friederun ohne Spiegelraub, d. h. also in einer Situation vor ihm erwähnt werden. Auch der Gofenanz erscheint als Tanz und das Mädchen Jeute, alles direkte Anklänge an die R-Lieder 23 bis 27.

Die in den gleichen R-Parallelen L 24 und 25 auftretende Bauernkritik und die Keilerei in L 24 begegnen in dem C-Lied **81**, wo der 'Angeber' Jenner einem Mädchen den Ring abreißt und ihr dabei die Hand verdreht (III) – derselbe Übergriff wie in R-Lied 35 – nur jetzt mit blutrünstiger Folge unter den Burschen selbst (IV). Das Würfelspiel (**L 26. 27**), der beginnende Flirt des Ritters, Tratschereien der Mädchen (L 26, III f.) und die ersten Reibereien mit den Burschen (L 27, III ff.) sind auch dem C-Block eigen. Die Strophenreihung ist abweichend, bemerkenswert bei L 26: Hs. C läßt nach der Anordnung der Einladung (IV) das Mädchen Künze sofort kommen, das dem Ritter als Gattin recht gut gefiele (VII. V), aber ein Flirt mit ihr scheitert am Tratsch der Mädchen (V. VI). R reiht den Tratsch um Künze so ein, als wenn er ein früheres Ereignis wäre, und dann läßt R sich Künze schön machen für das (jetzt in den Str. III. IV präsentisch angekündigte) Tanzvergnügen (VII), wobei der Stoßseufzer wegen der *snüere* fällt. – In L 27 vertauscht C^b (gegen R u. c) Str. V mit IV. – Die beiden Lieder führen thematisch auch im C-Block hinüber zu zwei Liebesaffären des Ritters. Die eine, **L 28** (mit Vertauschung der Str. VI u. VII in C gegen R u. c, wobei V in C überhaupt fehlt), bahnt sich bei winterlicher Zusammenkunft an und führt trotz dem Eingreifen der Mutter zum Erfolg, wobei dann in C die hier schließende Str. VI als ein Ausblick in die Zukunft fungiert. – Die andere Affäre berichtet das C-Lied **82**. Das ist ein lustiges Machwerkchen. Der (unbekannte) 'Dichter' hat sich zwecks Erhalt eines schönen modischen Eingangs zwei Strophen aus einem Lied Friedrichs des Knechts entliehen und daran, ab Str. III, seine eigenen Verschen im selben Ton geklebt, wobei er sich lediglich die Binnenreime in den ersten beiden Zeilen des Abgesangs gespart hat. Den Inhalt macht er recht pikant: nach einem Lobpreis für die Dame (III), der freilich nicht so ganz zu der zurückhaltenderen Aussage seines literarischen 'Spenders' (II) stimmt, duldet sie, gut gelaunt, die Anwesenheit des Verehrers, während sie ihr Kleid anlegt, wobei er ihr sogar beim Fälteln behilflich sein darf (III). Er ist zwar etwas schüchtern, als es an die Halspartie geht (IV), aber ihre freundliche Nachsicht und ihr Birnenmost bringen ihn wieder auf die Beine. Er darf außerdem seine Lieder vortragen, und als es beiden genug war, geht das Beisammensein mit aufmerksamer Bewirtung weiter, wobei unter dem Schleier anscheinend harmloser Worte wie „braune Nüsse knabbern“, „weiche Birnen stiften“ (V) die Situation einen frivoleren Beiklang erhält. –

Minnedienst. L 83–86
(mit L 33. 34. 37. 38. 39. 41. 42. 43. 45. [47]. 48. 50. [51]. 52. 53)

Beim Minnelied im eigentlichen Sinn, der dritten Abteilung der Winterlieder, ist nun noch entschiedener die Mehrzahl des C-Blockes in R vertreten; sie geben verkürzt die Themenentfaltung von R wieder, wie dort aus Bauerntreiben und Rivalität zum Ritter herausgesponnen.

In **L 33** hat bereits R, aus Andeutung von Str. V u. VI, eine Keilerei in VII (deren Echtheit bestritten wird). Hs. B, die bis Str. V in der Reihung mit R gleichzieht, hat sie ebenfalls (als B 6 nach V), und führt als VIII–XI die Entstehung einer weiteren bis zum blutrünstigen Ende vor; dann fügt sie den frommen Wunsch von VI an – all dies gemeinsam mit Hs. c (117, 9–117, 13; 117, 20). **L 34** baut in C mit IIIa noch eine Gruppe Reuentaler Bauern ein und führt die Schilderung des Treibens mit V (Zertreten der Heuwiese) und IV (Eifersucht desselben Burschen) fort.

Dem Ritter wird eine Distanz der 'Dame' zu ihm spürbar, die dann ebenso in **L 37** angesprochen erscheint. L 37 ist innerhalb des C-Blockes durch A mit I–III vertreten, der Klage über diese Distanz und Rivalität der Burschen. – Der Ritter glaubt einen Haß der Erwählten zu fühlen, wenn sie auch zu den Burschen immerhin einen gewissen Abstand hält – sie weigert sich in den Spiegel zu blicken: **L 38** (durch A mit I–IV vertreten). Anderseits läßt sie sich allerdings auch von der obszönen Derbheit eines der vier 'Verschworenen' überrumpeln: **L 39** (in AC^b I–IV).

Ein Lied schließt sich an, in dem der Ritter auf seine Liedkunst verzichten will. Das geschieht in jenem **L 41**, worin der Dichter sein ritterliches Ich zusammen mit dem Bauern Hildebolt als vergebliche Werber um dieselbe Frau vorstellt (II), und dann Hildebolt um des Ingwerstückes willen in eine schwere Prügelei mit seinem Kumpan Willeger verwickelt wird (V. VI). Bis dahin gehen R und Hs. A (als einzige des C-Blockes, zudem noch mit falscher Zuweisung des Liedes an Niune) konform; hernach begegnen sie sich nur noch in der Str. IX, worin Der von Reuental den Entzug seines Lehens mitteilt. Der Teil I–VI bildet mit seiner inhaltlichen Geschlossenheit einen festen Block, der sich in seiner gesamten Überlieferung entgegen dem lockereren Teil VII–XI als konstant erweist: in dem österreichischen R wie für den alemannischen Kreis in A, und dazu in den Hss. des 15. Jhs. c, d, s, die nach Nürnberg (c), in den Donauraum (d) und ins Tirolische (s, mit weitem Einzugsbereich) gehören. Beachtenswert ist anderseits, wie die beiden räumlich fernen Hss. c und s in der Reihung auch des zweiten Teiles, abgesehen von den Zusatzstrophen, einhellig sind, was wieder eine gewisse Sicherung für die in R nur als Nachtrag auf dem Blattrand gebrachten Strophen aus dem 2. Teil ergibt. – Jedenfalls, mit I–VI entspricht L 41 auch in A der Neidhartschen Themenentfaltung.

In gleicher Weise stimmen zu ihr die A-Strophen des **L 42**: I. IV. V; sie bringen gerade die Unmöglichkeit bäuerlichen Verhaltens: Verleumdungen (I), obszönen Griff (IV), Abreißen des Hängeärmels (V).

Interessant ist **L 43**, da die beiden Hss. B O für den C-Block eine andere Konzeption als in R erkennen lassen. Hs. R stellt den Bauernteil mit Str. III–VI zwischen den 'Minneteil' (I. II – man pflegt mit O und c den Natur-Eingang voranzustellen – und VII. VIII), B O lassen ihn dem Minneteil folgen, indem sie die 'Frage nach der Schönen' (VII. VIII) vorwegnehmen. Ebenso verhält sich Hs. c. Hs. B reiht somit II. I. VII. VIII – V. VI und schließt, nicht gerade glücklich, mit Hetzemann IV. Hs. O reiht besser: I. VII. VIII. II – IV. V. VI. (Str. III fehlt beiden Hss. B O – c 9, 4 bringt sie, wie R, als Einleitung des Bauernteils; II steht bei c als 10, 1 vor fünf unechten Strophen: W.Kom.) Es sieht so aus, als ob neben der schwierigeren (und deshalb vielleicht originaleren) geteilten Fassung des Liedes, wie sie R vertritt, eine leichter eingängige mit dem wirkungsvollen Schlußbild von Kohlgericht und Schleppen der (Salz-)Säcke im Umlauf gewesen ist – und sich durchgesetzt hat, wie c annehmen läßt. Die Thematik bleibt dabei dieselbe und gilt damit auch für den C-Block: Sommer und Winter sind nun gleich lang, aus der endlosen Vergeblichkeit alles Dienens heraus, (nun weiter in der Reihung des C-Blockes:) mit dem Widerspruch zwischen hohem Minnepreis für die Dame trotzdem und dem Flirt des modeprotzigen Rivalen mit ihr. Wo schließlich doch auch solchem

Treiben einmal ein Ende gesetzt ist, indem einer der Burschen in den harten Ehestand gerät. – Schließlich erscheint auch im C-Block der Zweifel an der Güte der Frau überhaupt (**L 45**, I. II) und läßt alles ungehobelte Treiben der Gegner dem Ritter (III) wie der Dame gegenüber (IV) mit dem Spiegelraub Engelmars an Friederun vergleichen (V), was sich in Rachegedanken gegen den jetzigen Übeltäter und in ein vernichtendes Abwerten seiner Person umsetzt (VI. VII). Die Abfolge der Strophen in O bestätigt die (an sich auch stimmige) Zusammengehörigkeit von IV und V nach R, demgegenüber die abweichende Reihung in C^b als gestört erscheint (VI anstelle von II, das in C^b fehlt, aber immerhin als A 3 im C-Block existiert, V mit seinem Rückgriff auf IV nach VII, das – an sich möglich – an IV angeschlossen ist).

An dieser Stelle läßt sich ein Lied anreihen, das allein in C (und c [mit Str. IV. V auch in A]) bezeugt ist, ein Zusätzliches der C-Gruppe also (**L 83**). Es fällt durch einen zweimaligen Natureingang (in I u. III) auf (woran man Anstoß genommen hat und zwei Lieder konstruieren wollte, s. Kommentar zu 58, 3; Wießner ebda. stellt die Echtheitsfrage). Im ersten Eingang möchte der Dichter am liebsten zusammen mit dem Sommer vor dem Winter fliehen und seine „nutzlose Liedkunst“ aufgeben, weil seine Gegner jeden Erfolg bei der Liebsten zunichte machen (I). Es sind vier vom Schlage Engelmars (II). Im zweiten Eingang sind es ebenfalls dieselben vier übermütigen Stutzer, die ihn von der Schönen verdrängen (und deshalb schwerlich ein neuer Liedeingang), von ihr, die den Dichter keinesfalls von der Pflicht befreit, für sie zu singen (III). Eine harte Ironie scheint mir in den folgenden Worten zu liegen: „Immer, wenn die Gute Lohn mir spendet, wie es ihrer Gnade gerade entspricht“. Es entspricht in Wirklichkeit nie ihrer Gnade, Lohn zu spenden. Das drückt der Ausruf aus: „Herrin, zeige endlich sie vor meines Lebens Mittag!“ (III). Lebensmittag und Hinabeilen der Tage von der Höhe zur

Neige sind Neidhartsche Gedanken, die dieses Lied in eine ganz bestimmte Umgebung von ähnlichen stellen. Dasselbe ist der Fall mit der folgenden Zwiespältigkeit des Erfülltseins von der Frau und der Erkenntnis vom Verdrängtwerden und dem Leidwerden bei ihr: „Je länger um so lieber, das ist sie für mich, die Schöne; je länger um so leider bin ich ihr!" (IV. V), sie, die in ihrer mondhaften Schönheit den Mann trotzdem zu immer wieder neuem Hoffen reizt (V).

So schließt sich dieses Lied eng den übrigen an, die mit R gemeinsam sind. Sie halten auch weiterhin den gleichen Tenor: harte Zeit, Ablehnung des Dienstes, ferne der Geliebten, verschlossene Ohren, so **L 47** in C (wovon aber nur Goldast Str. III bewahrt hat). Bei **L 48** liegt derselbe Fall wie bei L 43 vor. R umklammert mit seinem Minneteil (I. II, 1–4 – VI. VII) den Bauernteil mit der Hauptfigur Madelwig (II, 5–V). Diese Umklammerung zeigen, wieder analog dem Vorgang bei L 43, aber diesmal als die weniger überzeugende Alternative, die jungen Hss. cd aufgehoben, indem VI. VII an I angeschlossen sind und darauf der Bauernteil II–V folgt. (So in c, während d – weniger glücklich – III. II setzt.) Für den C-Block liegt bei der Hs. C kein klares Bild vor. Ihre Reihung I. IV. II. V. VII. III unterbricht mit IV zwischen I u. II, dann II zwischen IV u. V so sehr eindeutige Zusammenhänge und zerstört mit der Setzung von III an den Schluß die hinführende Konzentration auf Madelwig, die in Rc mit III nach II vorliegt, so daß man doch wohl von einer verwirrten Wiedergabe des Liedes durch C wird sprechen müssen. Es bleibt für den C-Block nur die Feststellung, daß L 48 auch in der Gestalt nach C immerhin seine Thematik erkennen läßt.

An den Liedern der 'Abrechnung' (L 50–53) hat der C-Block mit den Liedern 50. 52. 53 Anteil (L 51 hat nur Goldast mit Str. III für C gerettet). Dabei hat jedes dieser Lieder wieder seine Probleme. In **L 50** steuert C (mit c) die Strophe vom 'lieben Augenfund' (als C 5) bei. So weit R reicht (I–V), stimmt die Reihenfolge in C (und auch c) damit überein, außer daß Str. II (R 44, 2; c 93, 2) in C nach dessen 'Augenfund' (VI) kommt. Das bleibt als eine von Rc abweichende Auffassung verstehbar. Dann folgen in C drei Strophen 7, 8 u. 9, die ohne Anschluß an C 6 noch an R 44, 5 sind. Bestenfalls können C 7 und C 8 einen Zusammenhang bilden; C 9 ist völlig alleinstehend. Die drei Strophen finden sich auch in c, und zwar dort in einem Zusammenhang weiterer (in R und C nicht vorliegender) Strophen. Von ihnen steht C 8 als c 93, 6 nach R V und führt dessen Thema weiter; die anderen Strophen c 93, 8 bis 12 bilden einen in sich stimmenden Block, der an VI anknüpft und weiterleitet zu anderen Bauernburschen. An der in c gegebenen Stelle, als c 93, 11, paßt C 7 in den Zusammenhang. Für dessen Zustandekommen ist als Minimum c 93, 9 oder 10 vor C 7 (= c 93, 11) notwendig; c 93, 12 wäre ein gewisser guter Abschluß. C 9 steht dagegen auch als (folgendes) c 93, 13 außerhalb jeden Zusammenhangs. Der Befund drängt zu der Annahme, daß als Vorstufe für C ein Minimalstrophenkomplex des L 50 (neben R) I–V. Va. VI. VIb oder/und c. VId und – ohne erkennbare Verbindung – VIf vorgelegen haben wird. Diese Vermutung sagt aus, daß neben der kurzen Fassung R eine längere existiert haben muß, die sich bruchstückhaft in C, vollständiger in c niedergeschlagen hat. Für die Thematik heißt dies, daß in der längeren Fassung einerseits Rivalität zwischen den Burschen und dem Ritter und dessen Besessenheit von der *vrouwe* durch Va und VIa noch stärker ausgedrückt wird, daß anderseits das sich jeder Beschreibung entziehende Benehmen der Burschen im Übermaß erweitert ist – was dem Dichter unmöglich vorkam (IV, 7), leistet der Nachahmer! Außerdem wird das Lied entgegen der Lokalisierung in Österreich (*Botenbrunne* IV, 2) klischeehaft mit *hern Nîthart* als *von Riuwental* signiert (VIe).

L 52 ist jenes, das grundsätzlich mit Dame, Rivalen und rückblickend mit dem Spiegelräuber Engelmar abrechnet und am Einst und Jetzt ebenso grundsätzlich das Wesen echter und falscher Minne, richtigen und falschen Verhaltens des Liebhabers umreißt. Aber gerade für diesen Grundsatzteil (VI–XI) differenziert sich die Überlieferung. Der erste Teil hingegen (I–V), ich möchte sagen: das gewohnte Minne-Bauernlied Neidhartscher Prägung, mit der schließenden Konfrontierung mit dem Spiegelraub, ist in allen Handschriften (R; BO; cd) gleich gereiht (auch in d, nur hier als zweiter Teil des Ganzen). Das ist das Feste, auch im Vortragsleben des Liedes. Die einmaligen grundsätzlichen Gedanken des Liedes waren dagegen dem Verändern, sei es bewußt oder unbewußt, ausgesetzt. Hs. R besitzt vom gesamten überlieferten Bestand nur VI–IX. Das ist die Erörterung über das Wesen echter und falscher Minne und Minneverhaltens, sich steigernd zum hymnischen Preis des reinen Weibes, des Mannes von festem Sinn und der gegenseitigen Erfüllung – oder die Folge ist schweres Leid. Angeschlossen ist dieser Teil in VI, 5 an den vorhergehenden durch den Hinweis auf das Verhältnis zu einer ganz bestimmten Frau – der Minneherrin. Diese Reihung und dieser Bestand von R wird von d insofern gestützt, als diese Hs. dieselben Strophen VI–IX als Anfang des Liedes bringt, nur in umgekehrter Abfolge IX. VIII. VII. VI. – Für den C-Block bestätigt B ebenfalls den Bestand; nur zeigt es den hymnischen Preis von IX vorgezogen IX. VI. VII. VIII – der Anschluß an den ersten Teil wird dadurch allerdings verdeckt. Aber dann haben B und O gemeinsam über R hinaus die Strr. X und XI, worin noch eine letzte Quintessenz, die Zurückführung zum Ich des Dichters, beigebracht wird, das falsche Verhalten des 'Minners', im Gegensatz zu jenem, der den Umgang mit Frauen 'versteht'. Hs. B schließt die beiden Strophen an ihre Folge IX. VI. VII. VIII an; Hs. O (die VI. VII nicht aufweist) fügt X. XI gar nicht unpassend unmittelbar dem Minne-Bauernteil (I–V) an und bricht ab mit dem Preis der reinen Frau von VIII, (soweit überliefert) ebenfalls eine gute Komposition. (Hs. c endlich ist in der Reihung mit R für I–IX identisch und fügt XI. X an; die Dokumentation X. XI in BOd dürfte aber auch sinngemäß das Übergewicht haben).

Bei dem ebenfalls Grundsätzliches ansprechenden **L 53** unterscheiden sich R und C in der Reihung, auch und gerade der inhaltlichen Blöcke, und in der Strophenzahl, die bei C höher liegt: 13 in C gegen 7 in R. Das Wichtige ist die Platzvertauschung der Preisstrophen auf Herzog Friedrich, d. i. *Vrômuotes* Niederlassung in Österreich (II. IV – III fehlt in R und wird angezweifelt), mit dem Bericht von Hiltmars Haube (V–VIII). Hs. C steht hierin also mit der von ihr repräsentierten Konzeption gegen die von R und c. Außerdem haben also Cc zusätzliche Strophen. Die eine Gruppe VIIa. b (als C IV. V) ist in die Haubengeschichte eingezwängt; diese läuft in C in der Folge V. VII. VI. VIII ab, also nach der Einleitung V erst mit den Locken in der Haube (VII), dann mit der Haube selbst (VI) und den Folgen für Hiltmar (VIII). Zwischen Locken und Haube ist nun als C IV. V eine 'Erinnerung' an den Ungenannten (L 38, III) und seine Sippschaft eingeschaltet, und anschließend muß sich der Hörer wieder mit der Haube beschäftigen (C VI). Ähnlich steht es mit dem dreistrophigen Einschub IVa–c. Er führt mit C XI zunächst, im Anschluß und in der Aussage durchaus passend, die Unlust des Dichters, neue Minnelieder zu komponieren, weiter aus. Dann aber geht es in C XII u. XIII ganz unvermittelt mit Hiltmar weiter, dessen Apostrophierung mit C VII (d. i. Str. VIII) bereits abgeschlossen schien. Das ist alles ein rechtes Durcheinander, auch im Vergleich zu Hs. c, die in der inhaltlichen Abfolge: erst *Vrômuot* (c 113, 2–4), dann Hiltmar (c 113, 7–10) mit R übereingeht. Die mit C gemeinsamen Plus-Strophen stehen dort einmal (als c 113, 5–6 gleich C XI und IV!) am Ende des Vrômuot-Teiles (zwischen IV u. V) und stellen damit doch einen gewissen Übergang her, zum andernmal (als c 113, 11—12 gleich C XII. XIII) als Fortführung des Hiltmar-Teiles (nach VIII), wenigstens sachlich passend. Ergebnis: Es hat also ein Ausbau der Thematik, wie sie R spiegelt, schon bis zur Zeit der ersten Niederschriften stattgefunden; er hat sich in C in einer unbefriedigenden Liedgestalt niedergeschlagen, gekonnter (vielleicht als Resultat weiterer Bemühungen von Vortragenden) in der Hs. c – im Nürnberg des 15. Jhs. Wenn man so will, eine konsequente Weiterspinnung der Aussage Neidharts.

Ein Lied außerhalb von R läßt sich in seinem Tenor hier anschließen, das in seiner Bezeugung sehr zwiespältig ist und auch deshalb Echtheitszweifel erfahren hat: **L 84**. Haupt hat es als echt verteidigt; Wießner (ZfdA 61, 166) zweifelt es an. Es ist für Neidhart nur in c bezeugt; A und C kennen allein die erste Strophe, schreiben diese aber dem Niune (A) und dem Rubin von Rüdeger (C) zu. Ihnen ist also auch der Ton kein Neidhart. Es beginnt ohne Natureingang und spielt die Lebensfrohen gegen die Trübsalblaser aus; auch ihm schwindet der Lebensfrohmut und die 'liebenswerten' Frauen besitzen nicht mehr die echte Güte (I). Eine Zeitkritik, die mit der von R-Liedern zusammenstimmt. Auch in der Erfahrung des Werbenden: die Frau, die der Sänger ein Leben lang als Beste berühmt gemacht hat, erweist sich härter als ein Diamant (II). Parallel dem 'lieben Augenfund' (von L 50) sind die Augen die Schuldigen, die ihn falsch beraten haben (III. IV). Wieder kommt es dadurch zu einer Zwiespältigkeit im Wollen: einerseits die flehentliche Bitte an die Herzenskönigin, nicht in Kümmernis verderben zu müssen; „nach dem Lohn der Welt will ich noch länger streben“ (V). Anderseits eine volle Absage an eben diese Welt: Zweifel am Lohn, Wertlosigkeit der Erdenfreuden, Furcht vor dem Versenktwerden in die Hölle; daher rasch weg mit der schweren Bürde vom Rücken! Sündenleben stehe ihm und seinem grauen Haupte schlecht an (VI). Das sind wieder parallele Gedanken zu den Altersliedern Neidharts von derselben Lebensschwere. Parallelität ist es auch, daß zum Abschluß die Rivalen erscheinen, mit der zu L 56, VII gleichlautenden Frage, was mit den Liedern hierüber denn sei (VII), und mit der Versicherung, daß ihr Treiben – Tanz mit der Augenwonne – mißglücken möge und ein neues Lied darüber schon noch entstünde (VIII). Noch ist der Dichter weniger distanziert als im Parallellied 56, wo er nichts mehr selber will, sondern nur noch berichtet.

Die beiden letzten Lieder dieser Gruppe, die der C-Block allein noch aufweist, erreichen nicht mehr die Gedankenhöhe von L 83 und 84. Das eine **(L 85)** ist nach der Winterklage ein rückerinnernder Preis der 'Guten', die der Dichter an der Spitze der jungen Mädchen, als die schönste in ihrer Gruppe, gesehen hat (I. II). Daran entzündet sich Freude und Verlangen (II) und eine Darlegung schließt sich an, wie sich eine reine, schöne Dame zu verhalten habe, daß sie zum Tor der Wonne einzugehen vermag, das inmitten einer prachtvollen Fassade vor ihr offenstehe (III) – wohl das Bild der Porta Paradisi eines Münsters.

Das andere Lied **(86)** hat nun wieder, im Anschluß an den winterlichen Natureingang, den Gegensatz Ritter – Dame – Bauern. Die Hörer sollen dem Dichter ein Gelingen seiner Liedwerbung und damit ein Obsiegen über die *lôsen* wünschen, daß er bei der Schönen liegen könne (II); sie führe den Namen Engelgart (I). Unter dem Bauernverein, aus dem 12 mit Namen genannt werden (III), ist einer, der dem Ritter und seiner Engelgart besonders zusetzt. Er könne aber dabei leicht von der Mutter einen Pfannenknecht über den Kopf gehauen bekommen, wie es schon einem anderen passiert sei (IV). Dann spielt das Lied (V, von C C^b gegen c als IV) die Frage aus, wer denn nun die Erkorene eigentlich sei. Der Verfasser weicht ähnlich Neidhart in 43, VII, aber simpler aus, indem er das Mädchen 'genau' zwischen weit entlegenen Gebieten zu Hause sein läßt. Gattung 'Neidhart' ist das Lied gewiß, doch braucht es deswegen nicht von ihm selbst zu stammen. (Die Parallele mit 43, VII spricht auch für Reihung gemäß c: die Frage steht am Ende.)

Frau Welt. L 55. 56

Von den drei Frau-Welt-Liedern hat der C-Block bei L 55 u. L 56 Anteil. Für **56** ist es (neben c, das alle Strophen kennt) nur die niederrheinische Hs. O; sie kennt aber nur die mittlere Strophengruppe III, IV u. V. Aber hier leistet sie einen wichtigen Beitrag: sie steuert (mit c) Str. IV bei, die R selbst nicht besitzt; es ist die von der Tausendjährigkeit der Herrin und zugleich Torheit eines siebenjährigen Kindes. Ebenso von der Umkehrung der Ordnung, die aber für die Frau Welt charakteristisch ist: sie, die Herrin, bietet Dienst und Minne an, die hinterlistige Betrügerin. Das Eigentum Neidharts an der Strophe ist kaum ernsthaft zu bezweifeln (s. Haupt S. 218, Anm. 33, trotz Wießners Bemerkung, ebda., von einer inhaltlichen Entbehrlichkeit); kontrovers war nur die Reihenfolge, da c IV u. V vertauscht. Doch V schließt (mit Credner S. 74) besser an VI an, so daß O hier überlegen erscheint. – Frage und Zweifel, ob die Str. VI vom Aufschrei zur „Kraft ob allen Kräften", die allein in c überliefert ist, Neidhart selbst zugeschrieben werden darf, bleiben dabei ungelöst. Ihr Aussage ist immerhin in V (ROc) angelegt und wird dann in VII (Rc) abgebogen. Str. VI ist eine Intensivierung der Abkehr; ihre Sicherung für Neidhart wäre allerdings dringlich. Das ist eine der Aufgaben einer grundlegenden Erhellung der Aussage-Leistung von c. Sie ist auch m. E. besser, als die bisherigen Forschungen andeuten. – Hs. O besitzt (als O 21) eine weitere Strophe, die in c (als 90, 11) zusammen mit der – sonst unbezeugten – 90, 10 (H. S. 219) den Bauernteil in R fortsetzt. Für die (bruchstückhafte) Hs. O ist es *die* Abkehrstrophe als Folge der Lebensklage in V (O 20), allerdings mit ihrer Unvermitteltheit: Bauern statt Frau Welt, und gewisser Widersprüchlichkeit: erst anderes Leben, dann Scheu vor der Verwünschung durch die Bauern, sowie den (displazierten) Rückgriff auf Reuental, nachträglichen Zusatzes oder Austausches (mit VI–IX) höchst verdächtig.

Bei **L 55**, das oben in seinem Gesamtbestand besprochen wurde, ist die Echtheitsfrage ebenso dringlich. Denn hier liegen in R und C zwei Fassungen vor (während c in der Mitte steht). Die Hs. R besitzt nur die Strophen I. II. V. VIII u. IX. Sie runden sich jedoch zu einem geschlossenen Ganzen, das in nuce dieselbe Aussage enthält wie die Gesamtheit der Strophen in C: die gnadenlose Herrin (I) ist nichts als ein schamloser Lockvogel aller Sündenschmach ohne echten Lohn für Dienst, während sie ehemals so reiche Vorzüge hatte, daß der Dichter ihr bereitwillig zu Diensten mit seinen Liedchen war (II). Dahin ist ihr Ansehen; sie ist in eine Pfütze gestürzt, daß nur noch Gott sie rein zu waschen vermag. Daher nehme sich Mann und Frau vor ihrem Stank in acht (V)! Dann folgt der Bauernteil, die zwei Strophen VIII und IX, worin es ebenso mit allem Vortanzen und Liebschaft der Burschen vorbei ist und die Fehde des Ritters mit ihnen ein gutes Ende gefunden hat – sie müssen nun Heeresdienst leisten. Allerdings, es wären immer noch genug Kirchweihraufer aufzuspüren. – In C wird das Einst und Jetzt, das in II angeschlagen ist, in seiner Gegensätzlichkeit noch breiter dargelegt in Form schwerer Anschuldigungen gegen die 'Herrin' und ihre Hofhaltung, so daß es mit allem Ansehen vorbei sei und die Frage sich aufdrängt, ob man mit ihr als Herrin noch gut beraten sei (III mit c; IV ohne c). Vor allem aber ist es die 'Werltsüeze-Strophe' (VII), die allein C beisteuert, und noch dazu an wenig passender Stelle, nämlich im Anschluß an die beiden Bauernstrophen VIII und IX. Aber sofern es richtig ist, sie als eine überlegte Pointe des Dichters zu verstehen, wie es oben S. 592 (entgegen der Deutung Wießners zu H 83, 36) geschehen ist, wird man sie Neidhart nicht abstreiten dürfen, nur weil sie allein in C erhalten ist. Ähnlich liegt es bei der 'Vogelstrophe' am Schluß (X), die C und c beisteuern (die Strophe VI von den 80 Liedern ist allein in c überliefert).

Jedenfalls wird es an diesem Liede besonders deutlich,

wie die beiden Überlieferungsblöcke R für den österreichischen, C für den alemannisch-rheinischen Raum Differenzen innerhalb desselben Liedes aufweisen können, die sich bis in das Verständnis des Liedes und seines Umfanges bemerkbar machen. Sie lassen die Spanne bewußt werden, die zwischen der Zeit Neidharts und den erhaltenen Niederschriften liegt. Das wirft die ungelöste Frage auf, wie das Leben der Lieder, in mündlicher Vortragsexistenz wie schriftlicher Fixierung, in jener Spanne vor sich gegangen ist bis hin zu der Möglichkeit verschiedener Fassungen bei Neidhart selbst.

Göli L 87–90

Der Dichter Göli ist vielleicht mit einem Stadtritter *Diethelmus Goli(n) de Baden* als *civis Basiliensis* identisch, der 1254–76 urkundlich nachgewiesen und vor 1280 gestorben ist. Möglicherweise sind die in L 87 auftretenden Personen Kuonze der Weibel und Frau Bêle Masken Basler Bürger. (Vgl. Verfasserlexikon und Simon, Bibliographie.)

Die vier Lieder, die C einem Göli zuschreibt, während alle anderen Handschriften des C-Blockes sie Neidhart geben, schildern Tanz und Bauernsituation.

Die beiden **L 87** (BCO; W. zu H. XXII, 8) und **L 88** (BC) stellen dar, wie ein Sommertanz zustande kommt und der Tanzführer bestimmt wird; das Nähere ist bereits o. S. 534 beschrieben. Das Lied 87 schließt dabei mit der Vorführung des Tanzes selbst mit seinem Gelärm, seinen Sprüngen und Stößen. Man sieht die beiden Parteien, die eine um Frau Bele gedrängt, während anderseits der Weibel seine Dame Else elegant am Ärmel führt, ohne irgendeinen Tanzfehler dabei zu machen. Er ist also doch der „Richtige“. Zu L 88 trägt C am Ende seiner Göli-Lieder eine Strophe (als 19) nach (die c zwischen III und IV reiht), worin die Aufforderung zu handfestem Widerstand (III) in ein wütendes Handgemenge übergeht, von dem im folgenden jedoch keine Rede mehr ist. Man dürfte sie Göli mit Recht absprechen.

Von den zwei Bauernliedern stellt das eine (**L 89** in C) die Burschen als die Friedensstörer hin – zu *hegge* s. s. v. –, viere davon sind besonders rücksichtslose Kerle, mit schweren Kolben bewaffnet. Sie wollen den anderen das Tanzen unter der Linde verleiden. Aber dabei sind sie unter sich verfeindet, und es kann leicht zur Schlägerei kommen. Dagegen wird im letzten Lied **L 90** (Str. I auch in B) zur Sommerzeit – die Nachtigall ist hier die Herrin des Natureingangs – ein wahrer Modegeck und Weiberheld vorgeführt, der sich auf französisch trägt (II), der aber dabei doch an die unrichtige Adresse kommen könnte (III, nur in c) und zuletzt mit Ironie überschüttet wird (IV).

Rückschau

Rückblickend auf die Sammlungen des C-Blockes läßt sich summarisch sagen, daß die 35 Lieder, die gemeinsam mit R sind, sich mit dem im C-Block nicht bezeugten 21 in R zu einer einheitlichen, Lebensfragen fortschreitend und tiefer, resignierender aufwerfenden Thematik und zu einem bestimmten Bild 'Neidharts' zusammenschließen. Auch dort, wo Verschiedenheit in der Reihung und im Strophenbestand, ein kleineres Plus oder Minus in R oder Handschriften des C-Blockes, vorhanden ist. Das zeigte sich für C bei den Liedern 2. 3 (in C^b). 5. 8. 12. 17. 18. 24. 26. 27 (C^b). 28, bedingter bei 48; für A bei L 6. 8. 37. 38. 39 (mit C^b). 41 (mit C^b). 42; dann noch für B (mit O) bei L 43, und O (mit C^b u. A) bei L 45. Gelegentlich bedeuten Zufügungen im C-Block eine wesentliche Nuancierung grundsätzlicher Aussagen von R, so die Strophe vom 'Augenfund' durch C in L 50, die Str. X u. XI über falschen Minner und rechten Liebhaber durch B O in L 52 und vor allem die 'Weltsüße'- und die 'Vogel'-Strophe durch C in 55 und von der tausendjährigen *vrouwe* durch O in 56. Damit leistet der C-Block, allen zuvor C selbst, einen wertvollen Beitrag zur Sicherung dessen, was man sich unter Neidhart vorstellen kann.

Sonst aber biegt das, was der C-Block über R hinaus bringt, vom R-Bild ab ins Grobschlächtige, Oberflächlichere, Erotischere bis ins Obszöne; was äußerlich 'Neidhartisch' ist, dominiert hier. Insofern liegt eine schon jetzt zu bestätigende Berechtigung darin, hier von 'Pseudo-Neidharten' zu sprechen.

Das wird bereits bei einer Reihe von Zusatzstrophen, den meisten, zu R-Liedern deutlich: Verprügelung der Tochter durch die Mutter in L 10, blutrünstige Keilerei zwischen Bauern in L 33 und 50, dummprotziges Benehmen hier, in 34 und vor allem 53 (Hiltmar und der Ungenannte). Das setzt sich bei den von R nicht gedeckten selbständigen Liedern des C-Blockes fort – den 34 Liedern 57–90.

Bei den Sommerliedern ist das ausgeprägter der Fall als bei den Winterliedern, abgesehen davon, daß der klare, auch innere Unterschied zwischen beiden zuweilen verwischter erscheint. Bei den Sommerliedern ist ein Abweichen in der Thematik erkennbar: ins Anekdotische (Ballspiel L 60), in Tanzrivalität (bei Göli), ins Schwankhafte (Weinfaß L 61), bei den stärker ausgeführten Mutter-Tochter-Szenen von der inneren Bitterkeit des Geschehens (Schrankerbrechen in R) und der Gefährlichkeit blinden erotischen Verlangens ins Äußerliche der Prügelei, der frivolen Hingabe (L 65. 67. 68), bei der 'Alten' in vielleicht schon etwas makabre Komik abgleitend. Das gleiche bei der Liebhaber-Thematik: hier gehen die zusätzlichen Lieder vom Zweideutigen des Kranzgedichtes (L 74) rasch in die reine Zote von 'Männerwitzen': Belauschen, *zinzel*, 'Scheide' (L 75. 76. 77) über.

In den Winterliedern dominiert der Zusammenfall mit R. Wo der C-Block eigene Lieder bringt, knüpfen sie am Äußerlichen an, dem Arrangement der Lustbarkeiten ('Zaunflechten' L 79, Stubentanz L 80); sie wiederholen den Ringraub und das Handverdrehen (L 81), biegen das Minnelied strengen Stiles in das Harmlos-Laszive ab (L 82) oder wissen nur von üblichem Frauenpreis (L 85) und Bauernsatire (L 86 und Göli). Lediglich in zwei Liedern wird die Schwere der Problematik von R weitergeführt, in L 83 die Angst der Lebensmitte, in vergeblichem Ringen um die lebenslang Verehrte zum Abend abzusinken. Das andere Lied (L 84) ist streng genommen nur ein c-Lied, also erst in jüngster Schicht bezeugt, das aber weit näher bei R als bei den zusätzlichen C-Liedern steht, indem es die Zwiespältigkeit in Einsicht und Wollen Wort werden läßt. So trägt es mehr das Siegel Neidharts als der Nachahmung.

Im ganzen ist es ein beachtliches Faktum, daß im Bereich der Winter- und Minnelieder der österreichische Neidhart-Typus von R auch im alemannisch-rheinischen Westen einen festen Block, den Kern der Vorstellung von dem, was Neidhart ist, bildet. Lockerer dagegen, offener für Weiterbildung und Nachahmung ist die lebensleichtere Art der Sommerlieder.

SUMMA

Hinter den beiden Gesichtern Neidharts im R- und C-Block steht der Dichter, mit dem, was er letzten Endes hat aussagen wollen, durch den Schleier der Überlieferung und der vorgehaltenen Maske, durch die und hinter der er spricht, vielleicht in Umrissen doch faßbar.

Es spielt sich zunächst ein vordergründiges Geschehen ab. Das sprechende Ich der Lieder zeigt sich einerseits in der Rolle des erfolgreichen Liebhabers – in den Sommerliedern, in den Liebeshändeln –, anderseits in der des eine unglückliche Figur spielenden Minneritters.

Erfolgreicher Liebhaber ist man, wo man, gleichziehend mit den sonst so von oben herab betrachteten *getelingen*, verführerisch auf die von Sommerlust und Liebeserwartung getriebenen Mädchen zu wirken versteht: als der faszinierende Vortänzer und Liedersinger wie der unbedenklich und derb zugreifende Don Juan, behangen zudem in den Augen der sich als höfische 'Damen' gebärden wollenden Mädchen mit dem Nimbus des besonders liebeserfahrenen 'Ritters'. Nicht als der einzige unter seinesgleichen: Der von Reuental ist *ein* Ritter unter anderen, und jene Freunde, die er bei seinen Liebeshändeln anspricht oder um Rat bittet, erscheinen als durchaus 'sachverständig'.

Sie gelten dem 'Ritter' als solche gerade auch dort, wo der Dichter ihn ein ganzes Menschenleben lang immer verbissener und schließlich verbittert den hoffnungslosen Minnenarren am falschen Ort in allen Phasen von Minnedienst durchspielen läßt (und so diesen letztlich ad absurdum führend) – bei Frauen, die sich eine Zeitlang dieses Spiel durchaus gefallen lassen (L 52, I, 11), ja es fordern (L 35, I; 83, III) und frivol mit Verheißungen locken (25, I; auch 41, IV,

5), an deren Einlösung sie jedoch nicht denken (43, I; 44, I; 47, IV, 11; 52, I, auch, mit tiefer Ironie, 83, III, 5 – s. o. zur Stelle). Frauen, die sich gleichzeitig den derb-erotischen Lockungen von 'ihresgleichen' keineswegs unzugänglich zeigen. Und dieser dumpfe Flirt, das bäuerische Treiben im Dörpertanz mit Dame Süßchen, geht weiter, als der Ritter längst, vom Grauen des Lebensabends gepackt, der Herrin Welt den Abschied zu geben sich anschickt (56, V. IX). Tiefe Resignation einem Dasein gegenüber, wo nur das unhöfische Protzen und Poltern der 'Niedrigen', der *knehte* und *getelinge,* das Bleibende und Vordringende ist.

Diesem mehr Vordergründigen gegenüber stehen leisere und innigere Töne. Ein Bild zarter Liebe, echten sehnenden Ergriffenseins von einem Du, das Gegenseitigkeit verlangt und finden kann, und darin volle Erfüllung menschlicher Existenz in der beseligenden Hingabe und im tiefen Weh der Liebe erfährt. Es ist ausgesprochen in einem verhaltenen Ergriffensein durch Friederun – das jener Engelmar brutal zertritt (L 3), von der Liebsten unterm Lindenschatten (L 58), eine Sehnsucht (L 8, II; 16, VIII), im Kreuzlied 17 nach lebenslanger Gemeinschaft mit der Liebsten, der *meisterinne* in seinem Dorf, im beglückenden Wissen unaufhebbarer Verbundenheit (L 1, VI. VII), Sehnsucht ebenso bei der Frau (L 8, III ff.). Es spricht im Abwägen von falscher und echter Minne, bei der Frau (L 20, III. IV), bei dem Mann (L 20, V. 52, VI. VII), alles Zart-Sehnsüchtige umfassend als Preis *herzelieber minne* gegenseitiger Erfüllung im Begehren und Schenken von Ich und Du (L 52, VIII. IX).

Solche Aussagen schaffen Distanz sowohl zu dem panischen Treiben bloßer Lusterfüllung wie aber auch zu seinem Gegenteil, esoterischem Minnedienst als einem Werben mit Lied und Ritterdienst um letzte Huld eines Weibes, das eben in Wirklichkeit doch nur im lockenden Spiel des Eros gewinnbar ist. Das sprechen die Strophen X und XI jenes L 52 deutlich aus. Erst in der Ganzheit der Gegenseitigkeit ist *hôhiu minne* wirklich hoch (L 20, VI). Als sie das in der Vergangenheit war, da stand sie in der Obhut der *herren*, und Frau Minne war nicht genötigt, von Verstand gekommen (L 54, VIII), sich und ihre Ehre an den *kneht* wegzuwerfen, weil er es ist, *der mit werke ir willen tuot* (L 54, IX).

Dieses Ausspielen von *ritter* gegen *kneht* und Bauer wirft die Frage auf, ob das Vorführen eines modisch-höfisch herausgeputzten Bauerntums und dessen Übertrumpfens des Ritters nicht auch Demonstration am extremen Fall – wie gern in mittelalterlicher Dichtung – für bestimmtes Verhalten an sich sein könnte, daß also, zumindest ebenfalls, Verhalten innerhalb adeliger Gesellschaft selbst durch das Bauerntreiben satirisch beleuchtet wird: ‘bäuerisch’ geht es auch in den eigenen Reihen zu (bis hinein in den Umgangston: L 30, VII, 5 ff.), und zum Narren macht sich (wie der Minneritter), wer demgegenüber *hövischheit* durchzutrotzen versucht; ihr fehlt die tragende Kraft. (Hieraus ließe sich dann gewisse pikierte Reaktion aus dem Publikum in den Trutzstrophen, nicht nur zu L 54, verstehen.) Die hohe Zeit echter Herzensliebe stellt der Dichter ja als laudatio temporis acti (20, VI) dar – als ein Gewesenes angesichts der Verfallenheit der Welt. Damit ist letztlich auch solches tiefes Beglücktsein, ein in Wahrheit Adeligsein, überschattet vom letzten Bild: Frau Welt, die Gefallene, im Tanz der Bauerntölpel (L 56, IX). – Und Friederuns Spiegel, jenes Zeichen einer höfischen, im Bild des Raubes aus den Fugen gegangenen Welt, ist weiter im Besitz des ‘Bauern’ (49, VI).

Die Kunstform

LIEDER MIT MELODIEN

Aufbau von Strophe und Melodie

Die Gunst der Überlieferung von Melodien zu Texten Neidharts ermöglicht es, den Aufbau seiner Strophe in ihrer Ganzheit als Lied, d. h. im Zusammenspiel von Vers und Musik beispielhaft auch für die nur als Wort auf uns gekommenen Töne zu beobachten. Dabei ist sich aber zu vergegenwärtigen, was an Aussage über die jeweiligen Melodien die Art mittelalterlicher musikalischer Notation – die keineswegs die Perfektheit moderner Notenschrift besitzt – überhaupt zu leisten vermag. Die in den Neidhart-Handschriften angewandten Notenzeichen legen Tonfolge und Tonhöhe Silbe für Silbe fest, d. h. im Prinzip eine Note für je eine Sprechsilbe, mit Ausnahme der Tonverzierungen, der sog. Melismen, wo eine Silbe einer kürzeren oder längeren Tonfolge unterlegt ist (Beispiele in M 1 und 5). Die Melodieführung und ihr Bezug zum Text sind dadurch erkennbar. Nicht fixiert ist jedoch die Quantität des einzelnen Tones: die Noten sind unmensuriert (mit Ausnahme in Hs. c für M 2 und in Hs. w für M 12 und 20), so daß Dauer des Tones und hieraus die Taktart der Melodie, ob gerader oder ungerader Takt, z. B. $^{2}/_{4}$- oder $^{3}/_{4}$-Takt vorliegt – neben einer Reihe anderer Fragen mittelalterlicher Musiktheorie, z. B. modaler Interpretation – nicht erkennbar sind. (Dies ist auch der Grund für die rhythmisch neutrale Übertragung vorliegender Ausgabe mittels Notenköpfen ohne Längenwerte, um alle Interpretationsmöglichkeiten offen zu halten, auch die z. Z. am meisten gebräuchliche ungeradtaktige. Wo klingender Ausgang angenommen wird, erscheint, der einen Textsilbe entsprechend, nur 1 Notenkopf im

'Takt'; möglicher stumpfer Ausgang wird nicht angezeigt, sondern der rhythmischen Interpretation überlassen.) Aussagefähig sind die Notationen also für Aufbau und Gliederung der Strophe, nicht aber für die Singdauer der Silben und damit für wesentliche Formen der Kadenz. Bei drei Melodien (der Ausgabe): M 2. 12. 20 zeigen dagegen die Notationen von c und w gewisse Ansätze zu einer Mensurierung, die für Rhythmik und Metrik Aussagemöglichkeiten andeuten (dem freilich in der Forschung erst noch weiter nachgegangen werden müßte; s. dazu u. S. 657 f.).

Winterlieder

Was nun den soweit als Gesamtform erkennbaren Aufbau von Strophe und ihrer Melodie betrifft, eröffnet sich der beste Zugang zu Neidharts Kunst bei den Winterliedern. Denn hier bedient sich der Dichter ausschließlich jener Strophen- und Melodieform, die in romanischer wie deutscher Lyrik gerade des hohen Minnesangs bereits feste Tradition geworden und hieraus nach ihrer Struktur bekannt ist: die Kanzone. (Im Romanischen liegen zudem eine erhebliche Anzahl Melodien vor.) Kanzonenbau haben außerdem von den Sommerliedern im C-Block jene, die von der Forschung als Pseudo-Neidharte angesprochen werden, einschließlich die vier Lieder Gölis, ferner das als Ps.-N. beurteilte, mit Melodie überlieferte Sommerlied 22. Insgesamt sind von den 21 zum R- und C-Block gehörenden Melodien 19 Kanzonen, davon 15 zu 'echten' Liedern (im R-Block) M 4–18; M 3 ist jene zu dem R-Lied 22, M 19 und 20 sind Sommerlieder des C-Blockes (L 61 und 74), M 21 ist ein Lied Gölis (L 87). In den Sommerliedern Neidharts dagegen erscheint überwiegend eine von der Kanzone verschiedene (zweiteilige) Strophenform, deren Existenz außerhalb Neidharts zwar vermutbar, aber nicht bezeugt ist. Zudem haben wir nur zwei Melodien, die zu solchen Sommerliedern des R-Blockes gehören: M 1 und 2.

Das Wesentliche der Kanzone ist ihre Dreiteiligkeit: zwei, nach Hebungszahl, Ausgang und Reim gleichgebauten Stollen (I. = II.) als Aufgesang (A) – die Verse selbst können innerhalb ihres Stollens gleich oder verschieden gebaut sein – folgt als 3. Teil ein Abgesang (B). Er kann, wiederum nach Hebungszahl, Kadenz und Reimbindung, frei gegliedert sein, als ein durchgehendes Stück (III., z. B. M 6), oder unterteilt (III. IV. V., z. B. M 13), als ungleichversig (d. h. mit verschiedenen Verslängen, z. B. M 15) oder gleichversig, so daß Paarigkeit wie im Aufgesang entstehen kann (III. = IV., z. B. M 11). Insgesamt ist nun festzustellen, daß auch die Neidhartschen Melodien diesen Bau der Kanzone nachvollziehen. Die Melodiezeilen, Distinktionen genannt (mit griechischen Buchstaben bezeichnet), decken sich mit den Verszeilen; die Tonfolge des 2. Stollens ist regelmäßig eine wörtliche Wiederholung des 1. Stollens. Die Paarigkeit des Aufgesangs ist somit primär musikalisch bedingt. Im Abgesang schreitet die Melodie frei weiter, ohne aber im gleichen Maße mit den (in der Reimbindung sich bekundenden) Versgruppen konform gehen zu müssen wie im Aufgesang. Als Ganzes entsteht aus dem Zusammen- oder Widerspiel von Metrik und Melodie eine hörbare Bauform der Strophe AA | B.

Dabei kommt es häufig vor, daß Teile von Distinktionen wörtlich oder variiert sich im weiteren Verlauf der Strophe wiederholen (in eckigen Klammern über der Melodiezeile vermerkt). Strukturbildend für die Kanzone wird dies, wenn an bestimmten Stellen des Abgesangs vollständige Distinktionen aus den Stollen wiederkehren. (Das wird mit der Formel AA | B^A angedeutet). Das ist vor allem dann der Fall, wenn mittels solcher Wiederholungen der Schluß des Abgesangs in den der Stollen zurückbiegt. Gleichen sich beide Schlußdistinktionen wörtlich, spricht man (mit Friedrich Gennrich) von Rundkanzone; wird die gesamte Stollenmelodie am Schluß des Abgesangs wiederholt, sprechen die Meistersingerhandschriften von 'drittem Stollen'. Es liegt dann ein sog. Reprisenbar vor, darstellbar in der Formel AA | BA. Die Rundkanzone ist vor und während Neidharts Zeit in Frankreich wie Deutschland in Gebrauch (s. z. B. Walthers Palästinalied); der Reprisenbar begegnet, soweit aus der Überlieferung feststellbar, in mhd. Lyrik jedoch erst in der zweiten Hälfte des 13. Jahrhunderts, zuerst bei den vorwiegend in der Jenaer Liederhandschrift gesammelten ostmitteldeutschen Sangspruchdichtern, im Spätmittelalter im Repertoire der Meistersinger.

Die Beobachtungen am Neidhartschen Melodiegut müssen nun ergeben, ob und wieweit hier von den angedeuteten Möglichkeiten der Variation der Kanzone Gebrauch gemacht wird.

An diese Frage führt sogleich das erste Beispiel heran: L 41 mit der M 9, das – als einziges Melodie-Beispiel – gewissermaßen die schlichte Grundform der Kanzone zeigt: vierzeiligen Aufgesang mit Kreuzreim ab | ab (als die beiden Stollen) und dreizeiligen Abgesang cxc. Entsprechend die Melodie: Stollen – Gegenstollen αβ | αβ, der Abgesang durchkomponiert als γδε. – Jedoch, und hier beginnt das Spiel der Variationen: Teile der Stollen-Distinktion β werden in δ und ε wiederholt, und zwar so, daß ε gänzlich aus β besteht, aber nur aus dessen 2. Teil. So schließt zwar die Strophe mit dem Stollen, aber eben nur mit dessen Ende; Neidhart spielt hier mit der Möglichkeit der Rundkanzone, indem er sie andeutet und zugleich vermeidet.

Die anderen, mit Melodie bezeugten Lieder zeigen erweiterte Kanzonenform, zunächst zum Bau des *Aufgesangs*.

Da begegnet einmal der *Dreireim*- und *Vierreim*-Stollen nach der Reimformel abc:|| und abcd:|| mit dem entsprechenden Melodiebogen αβγ, bzw. αβγδ (z. T. mit melodischen Rückgriffen). Das sind die Lieder M 4. 7. 8. 16. 18 für Dreireim, M 6. 10. 11. 13 für Vierreim, also mit 9 Liedern von 15 die gute Mehrzahl. Hinzu kommt der 'Pseudo-

Neidhart' M 21 mit Dreireim und den Distinktionen $\alpha\beta^1\gamma$:||. Daneben stehen Textstrophen, die im Aufgesang *Schweifreim* besitzen. Die Grundform aab | ccb ist nicht mit Melodie bezeugt; sie begegnet ohne solche in dem Lied 51. Melodien sind nur zu Liedern mit erweitertem Schweifreim von vier bis sechs Zeilen, insgesamt 5 von den 'echten' Liedern, samt 3 von den 'Pseudo-Neidharten' überliefert. Von den oft komplizierten Variationsmöglichkeiten des Schweifreimes erscheinen unter den Melodie-Liedern drei Typen: Die 'Erstreime' (Peschel S. 133) der Grundform (aa) werden (beliebig) vermehrt, hier bis zu fünf (aa ... ab). Das betrifft M 19 und 12, auch 17 (wo der zweite a-Reim durch Waise vertreten wird: axab | cxcb, sofern man nicht xa, bzw. xc als Langzeile versteht; dann läge allerdings die Grundform: aab | ccb vor. Unter den unechten ist es das R-Lied 22 mit M 3, das hierin der M 12 entspricht. Der andere Typ verwendet als erweiterten Erstreim zwei Paarreime (aabbc | ddeec): M 14. In der unechten M 20 steht eine Waise an vierter Stelle, wobei der dadurch echolose b-Reim zum Schweif gezogen wird: aabxc | ddbxc. Der 3. Typ ist die Umklammerung des Erstreimes mittels eines vorgezogenen 2. Schweifes (abbc | addc), vertreten durch M 5 und 15.

Die Melodien antworten unterschiedlich auf diese Schweifreime (bei M 5 und 15 liegen Doppelfassungen vor, wobei sich die zu M 15 hinsichtlich des Bezuges zum Schweifreim unterscheiden). Die eine Gruppe, die Mehrzahl von 5 Melodien (einschließlich der einen Fassung von M 15), ignoriert das Reimspiel des Schweifes und komponiert den Stollen parallel zu den Drei- und Vierreimen durch: $\alpha\beta\gamma\delta\varepsilon$. Das sind von den Erstreim-Erweiterungen M 17 und 19, die beiden Paarreim-Schweife M 14 und 20 und von den umklammerten Erstreimen die Fassung O von M 15. Die Austauschbarkeit von Schweif- und Mehrreimen bei ein und derselben Melodie belegt das Gedicht (L 61) vom Weinfaß auf M 19: der Schweifreim der Strophe I wiederholt sich nur in Strophe IV. V, die anderen Strophen II. III. VI. VII. VIII. IX zeigen statt dessen Vierreim (abcd:||); s. a. S. 656. Aber es ist auch anders möglich: gerade bei dem 3. Typ bringen die Fassung c von M 15 und beide Fassungen von M 5 eine Betonung der umklammerten Erstreime – sie sind zudem durch kürzere Gleichversigkeit von den längeren gleichversigen Schweifen abgehoben – durch die Setzung α-$\beta^1\beta^2$-γ und machen diese Sonderform auch melodisch hörbar. Bei den beiden letzten Melodien, den stark erweiterten Erstreimen M 12 und 3 ist wieder ein anderer Bezug festzustellen, wobei Textvers und Melodievers zur Betonung von Schweif (und Stollenende) zusammenspielen. M 12 ist an sich eigenartig: da die (Stollen-)Distinktionen $\gamma\delta$ (die auch den Abgesang bestimmen) Transpositionen von α sind, besteht der Stollen nur aus drei Grunddistinktionen auch textlich verschiedener Zeilenlänge, aus α, β^1 und ε, die sich auf die Grundform des Schweifreimes verteilen: die Erstreime aa und den Schweif b, der sich mittels seiner 7-Hebigkeit (wohl als 8s.) und eben Distinktion ε hörbar von der Dreihebigkeit des Eingangs und der Vierhebigkeit des Fortgangs absetzt. Das ist eine metrisch-musikalische Unterstreichung der Schweifreim-Form. M 3 verfährt im Prinzip gleich: die drei im Wechsel wiederkehrenden Varianten von β lassen ebenfalls die Grundform aab unter der Erweiterung hörbar werden, in Verbund mit dem, hier auf Dreihebigkeit (d. i. 4s.) verkürzten Schweif und Stollenende.

Der Befund ergibt soviel, daß die Melodieführung den Schweifreimbau unterstreichen kann – er braucht kein bloßes Reimspiel zu sein. Der Komponist kann diese Möglichkeit fakultativ wahrnehmen und lassen.

Solch freies Spiel charakterisiert auch den Aufbau des *Abgesangs.* Er erstreckt sich hier von Drei- bis Fünfzeiligkeit mit ebensovielen Distinktionen, und zwar als Dreireim: M 3 (gleichversig). 6. 12. 16. 19. (mit Waise cxc) 9, umarmender Reim: M 4. 5. 7 (paarig). 14. 17, und Kreuzreim: M 10. 11. 18. 20, dabei paarig 11 und 18, Kreuzreim mit zusätzlich schließendem Erstreim M 8. 15. Eine besondere Kombination ist hiebei die Vertauschung von Erst- und Zweitreim am Ende (de-dde) bei Göli M 21, sowie die Vorausstellung eines Kurzzeilenpaares als Aufgesangsbeginn (ee) in M 13, was die Melodie mittels Doppeldistinktion $\varepsilon^1\varepsilon^2$ heraushebt.

Sonst verhält sich die Melodieführung in zweifacher Weise.

1. Der Abgesang ist, gleichgültig welchen Reimbaus, durchkomponiert; es reiht sich Distinktion an Distinktion (abgesehen von den [oben S. 643] genannten Rückgriffen auf Tonmaterial vorausgehender Distinktionen). Das ist der Fall bei M 4. 6. 8. 11. 15. 16, sowie bei der „unechten“ M 3. Dies ist gewissermaßen der 'normale' Typus des Abgesangs, woraus sich die Kanzonenbauform AA | B ergibt.

2. Die Struktur solchen Abgesangs verändert sich, wenn Tonwiederholungen in der Weise erfolgen, daß der Schluß des Abgesangs in den des Stollens zurückbiegt. Betrifft es die letzte Zeile beider Teile, entsteht (s. o. S. 643) die Rundkanzone. Die Identität der Schlußdistinktionen von Stollen und Abgesang zeigt Neidhart jedoch nur ein einziges Mal: bei M 7, wo γ^2 sich nur durch Initial-Variation von γ^1, dem Stollenende unterscheidet; die Schlüsse fallen zusammen. Identität weist außerdem Göli M 21 auf. In den beiden anderen Fällen zeigt sich wie in der o. S. 644 behandelten M 9 nur eine Annäherung an die Rundkanzone, indem in M 10 und 13 die Schlußdistinktionen ϑ, bzw. ι nur einen Teil des Stollenschlusses δ geben, wiewohl in M 13 der Taktzahl nach eine Wiederholung des ganzen δ möglich wäre. Volle Identität wird hier offensichtlich vermieden.

In den *Schweifreimstrophen* begegnen strukturbestimmende Wiederholungen aus dem Stollen über die Schlußdistinktion zurück. In M 17 wiederholen die beiden letzten Zeilen die Stollendistinktionen $\beta + \gamma$ und δ, dieses allerdings mit leichter Variation, so daß auch keine Rundkanzone im strengen Sinn vorliegt. In M 5 (nach beiden

Fassungen) greift die Wiederholung sogar auf α zurück, den Stollen-Eingang, jedoch nur auf dessen $2^1/_2$ erste Takte und zugleich in Koppelung mit β^1 (als Distinktion ε). Erst die folgenden β^2 und γ stellen eine identische Distinktionen-Wiederholung dar. Genaugenommen besteht bei solcher Setzung der Abgesang nur aus der einleitenden Distinktion δ, d. h. aus dem Steg; das übrige ist Wiederholung des Stollens, aber die volle Identität mit ihm wird erst am Ende erreicht, so daß letztlich doch nur der Eindruck einer Rundkanzone bleibt – ein Spiel mit dem Hörer, das als ein Vermeiden starrer Festlegung erscheint.

Sein Formenspiel setzt der Komponist mit M 14 fort. Hier springt er vom Stollenende mit α^2 und β^2 unvermutet auf den Stolleneingang zurück, als ob gar kein Abgesang folge. In der Streckung von β^2 um einen Takt gegenüber β^1 und Anschluß von ζ konstituiert er aber dann doch Abgesang, läßt ihn sich aber sogleich durch fortschreitende Rückgriffe auf γ in eben dieser Distinktion ζ, dann auf δ und ζ mit darin steckendem Stollenschluß γ in der Distinktion η, wieder dem Stollen nähern und am Ende beinahe identisch werden – aber eben nur beinahe.

Die beiden Pseudo-Neidharte des C-Blockes M 19 und 20 bewegen sich auf gleicher Linie. M 20 liegt in zwei leicht differenzierten Fassungen (c und w) vor. Beide beginnen den Abgesang mit dem Stollen-Eingang α^2, biegen aber erst in η mit Material der Distinktion γ wieder zu ihm zurück; c schließt mit $\delta + \varepsilon^2$ so gut wie identisch mit dem Stollenende, w hat anstelle von ε^2 jedoch eine eigene Kadenzvariation und vermeidet dadurch 'Rundkanzone'. M 19, das Lied vom Weinfaß, bringt vom Abgesang (wie M 5) nur den Steg (ε) und setzt seine beiden anderen Zeilen aus dem Ablauf $\alpha^2 + \beta$, $\gamma^2 + \delta$ zusammen. Das ist – stärker noch als in M 5 – melodisch der ganze Stollen, nur daß die Variationen in α und β eine völlige Identität (noch) vermeiden.

Neidhart in M 5 und der Nachahmer von M 19 kommen

damit dem Dritten Stollen ganz nahe und es ist die – erst durch weitere Forschung zu klärende – Frage: liegt ein bewußtes Vermeiden des Dritten Stollens, d. h. ein Spiel mit seiner bereits bekannten Möglichkeit vor, oder bereitet solches Spiel mit dem Beinahe ihn, den Dritten Stollen, als regelmäßige, wörtlich wiederkehrende Bauform erst vor? Im Gegensatz zur Rundkanzone wird der Dritte Stollen jedenfalls in den vorhandenen Melodien nie wörtlich gebracht. So oder so: Neidhart entzieht sich in seinem Formenspiel ebenso dem ihn eindeutig festlegenden Zugriff wie im Spiel seiner dichterischen Aussage.

3. Eine weitere Möglichkeit zeigt M 18. Im Gegensatz zu dem textlich gleichgebauten Abgesang der M 11 (B III. = IV.), der durchkomponiert ist (εζηϑ), zeigt der Abgesang von M 18 Wiederholung der Distinktion δ auf Reim d, also δε-δζ, hierin parallel dem textlichen III. = IV. Hieraus resultiert eine Gesamtbauform der Strophe aus einem identisch-paarigen Teil: dem Aufgesang, und einem variierend-paarigen: dem Abgesang, die sich als AA | B^1B^2 wiedergeben läßt. Damit steht diese Melodie an der Grenze zwischen Kanzone, d. h. einer dreiteiligen Strophe, und einer, die dies nicht ist, sondern zweiteilig, aus zwei verschiedenen, aber in sich paarig gegliederten Doppelsätzen. Eine Form, die neben und unabhängig von der Kanzone als eine eigene Formgattung, wohl aus einer Zweiteiligkeit A | B entwickelt (s. Beyschlag, Verskunst S. 80) von Walther bis Oswald von Wolkenstein und weiterhin begegnet. An die Kanzone erinnert in M 18 der Gegensatz der Dreizeiligkeit der Bauglieder A zu der Zweizeiligkeit von B^1 und B^2. Darf man solches 'Stehen an der Grenze' wiederum als gezielt-verschleierndes Formspiel Neidharts verstehen? Der Vergleich mit M 11 macht deutlich, wie solche, im Vortrag unüberhörbare Differenzierung textmetrisch gleicher Lieder nur bei Vorhandensein der Melodie erkennbar ist. –

Schließlich ist, über die spezielle Form der Kanzone hinaus grundsätzlich jedes Strophenlied – auch die anschließend noch zu behandelnden drei- und zweiteiligen Formen der Sommerlieder – betreffend, noch das gegenseitige Verhältnis der Zeilen- und damit Distinktionenlänge innerhalb der Strophe sowie dasjenige der syntaktischen Eingliederung der Aussage in den Bau von Zeile, Melodie und Strophe zu beachten.

In der Strophe als Ganzes oder getrennt nach Auf- und Abgesang (bzw. anderer Drei- oder Zweigliederung) tritt Gleichlauf oder Gegensätzlichkeit der Zeilen-(und Distinktions-)Längen in buntem oder gezieltem Wechsel auf. Etwa als Wechselspiel von Vierern, Sechsern, Achtern u. a. (mit Ausnahme auch stumpfer Ausgänge) über die ganze Strophe hin wie bei M 4. 7. 8. 9. 10. 12. 16. 21, auch möglicherweise mit ungeradtaktigen Zeilen: Dreiern und Fünfern in M 14 und 17. Oder als hörbarer Gegensatz von Auf- und Abgesang (oder einem 1. oder 2. Teil), mit Vierern, also Gleichversigkeit auf der einen, Sechser- und Achtertakten, d. h. Ungleichversigkeit auf der anderen Seite: M 6. 19. 20; umgekehrt Vierer-Achter, bzw. Sechser-Achter gegen Vierer des Abgesangs in M 11. 18. Andere Art von Spannung bildet sich, wenn kürzere Zeilen von längeren umschlossen sind wie in M 5 innerhalb des Aufgesangs (Zweier – mit Melodiewiederholung! – von Sechsern) und in der auch im Abgesang spannungsreichen M 15 (Vierer von Siebenern, wenn nicht stumpfen Achtern). Ebenso wenn zwei Zweier (von der Melodieführung unterstrichen) einem sich von Vierer zu zwei Sechsern und einem Achter steigernden Abgesang vorgebaut sind: M 13. Dieses hier beispielhaft an den Liedern mit überlieferten Melodien Aufgewiesene kann als typisch für den weit überwiegenden Teil aller Lieder des R- und C-Blockes angesprochen werden. Der Gegensatz hiezu: die völlige Ausgeglichenheit der Strophe mittels durchgehender Gleichversigkeit begegnet nur in zwei Kanzonenliedern ohne überlieferte Melodie: in L 23 als Vierertakte und in L 84 als Achtertakte, sowie das (unechte) Sommerlied 71, wieder mit Vierertakten.

Die syntaktische Eingliederung der Aussage in die Strophe, d. h. Zusammenfall oder Überschneidung syntaktischer Einheiten mit der Gliederung von Vers, Melodie und Strophe, ist bei Neidhart besonders reich entfaltet und (wiederum bei allen echten und großenteils auch unechten Sommer- wie Winterliedern mit und ohne Melodiebezeugung) reizvoll zu beobachten. Ich verweise nur summarisch auf Enjambement in den Melodie-Liedern 41, V (M 9) und 50, V (M 14), auf Zeilensprung von Auf- zu Abgesang in L 46, I. II. III. und in L 44, I. II. III, wo jeweils der Schweif des 2. Stollens syntaktisch mit dem Abgesang verbunden wird, und anderes mehr.

Die Gesamtheit all solcher Beobachtungen jeweils an einem Lied läßt etwas von der faszinierenden Leichtigkeit und Mannigfaltigkeit des Gestaltens und zugleich Verschleierns erahnen, die Neidhart auch in der Formkunst proteushaft souverän beherrscht.

Sommerlieder

Es stehen zur Besprechung noch die beiden Melodien zu den Sommerliedern aus. Sie bieten einen überraschenden Befund. Der für die Sommerlieder als charakteristisch angesehenen Strophenform entspricht nur Melodie 2. Die Melodie 1 gehört zu einer Textstrophe des Liedes 5, die eine Kanzone darstellt; d. h. sie zeigt die Bauform der Winterlieder mit zwei einander entsprechenden Stollen ab | ab samt Abgesang aus zwei Gliedern cc und xc (als Langzeile). Die Melodie jedoch ist durchkomponiert. Den beiden Eingangsdistinktionen αβ (dem Textstollen entsprechend) folgt nicht deren Wiederholung (als 2. Stollen), sondern eine Fortführung mit γδ, der sich die Abfolge εζηϑ (mit Rückgriffen aus ε) im 'Abgesang' anschließt. Das ergibt eine ebenfalls dreiteilige, aber sich im 'Aufgesang' mit dem Textbau überschneidende Bauform, die als AB | C umschreibbar ist.

Man kann diese Struktur mit Friedrich Gennrich zur Abgrenzung von der Kanzone als Oda continua bezeichnen (die noch die weitere Spielform kennt, daß auch der 2. Textstollen verschieden vom ersten sein kann; darüber S. 664).

Die Melodie 2 repräsentiert als einzige die 'Sommerliedform' im eigentlichen Sinn. Eindeutig nach Text- und Melodiebau ist, daß gegenüber Kanzone und Oda continua ein Drittes vorliegt, dessen Struktur jedoch keineswegs evident ist. Vom Textbau her bietet sich als eine Gliederung nach Zeilenlänge und Paarreimung an: aa als klingende Sechstakter, bb als stumpfer Sechs- und Viertakter (s. hiezu S. 657) und xb als endgereimte Langzeile aus klingendem Sechser und vollem Vierer, ein Strophenbau, der im späten 12. Jahrhundert Parallelen besitzt. Die Melodie scheint dem entgegen mit der Wiederholung von γ^1 am Schluß als γ^2 und mit der aus Grundton D und Rezitationston a bestehenden kurzen Distinktion δ einen Hinweis auf eine Zweiteilung zu geben. Wo liegt aber die Abgrenzung? γ^1 bildet mit dem letzten Ton E keine Finalis, d. h. keinen melodischen Abschluß (er wäre mit dem vorhergehenden D gegeben), sondern weist auf δ weiter. Dieses bietet mit seinem a ein apertum, d. h. einen echten Halbschluß und wirkt mit den drei Tönen als rhythmischer Stau. Anderseits schließt sich ε mit der schwebenden Umspielung des Rezitationstones a unmittelbar an δ an und leitet zur Schlußkadenzierung in γ^2 über, das nun auf D endet. So bildet δ den Drehpunkt einer Zweigliederung, ohne daß diese eindeutig abgrenzbar wäre – wiederum ein Charakteristikum Neidhartscher Kunst, mit Möglichkeiten schillernd zu spielen. Die syntaktische Fugung geht parallel: in den meisten Strophen ist der auf δ treffende Satzteil ausschließlich oder enger mit B verknüpft, nur in Strophe I und V umgekehrt mit A. Der Vortrag vermag also im ganzen dem Kenner die Feinheit der wechselnd betonungsmöglichen Absetzung der beiden Strophenteile voneinander nachvollziehbar zu machen.

Melodie-Führung

Über die Melodieführung Neidharts selbst, ihre mögliche Typik und das Verhältnis zur Sprache kann in dieser ja nur hinweisenden Einführung in Neidharts Kunst nicht weiter gehandelt werden. Es sind Probleme, die tief in die besonderen und weithin noch ungeklärten Fragen mittelalterlicher Musik hineinführen.

Interessenten verweise ich auf einen ersten Versuch dieser Art von Klaus Heinrich Kohrs: Zum Verhältnis von Sprache und Musik in den Liedern Neidharts von Reuental. Er stellt Tanz und Tonalität als die beiden Elemente heraus, die die Eigentümlichkeiten der Neidhartschen Lieder erklärten, auch in den Liedern zu den sog. Pseudo-Neidharten. (Diese 'unechten' Texte könnten, wie schon H. J. Moser in seiner Geschichte der deutschen Musik I, S. 204, vermutet, Kontrafakte zu echten Neidhart-Tönen repräsentieren, was freilich durch eingehendere Untersuchungen erst erhellt werden muß.) Kohrs zeigt als Ergebnis „eine Komplexität von Phänomenen im Verhältnis von Sprache und Musik" (S. 620) bei Neidhart auf: Es erscheine autonome, aber primitive musikalische Gestaltung (etwa in Dreiton-Gruppen – z. B. M 5 Distinktion $\beta^1\beta^2$ nach Hs. c), die den Vers selbst total bestimme (S. 620), und zwar als „Eigengesetzlichkeit einer am Instrumentalen und Rhythmisch-Tänzerischen orientierten Musik" (S. 608), mit der sich „das Prinzip der Reihung einzelner Melodieglieder als eines der Charakteristica Neidhartischer Musik" (S. 611) verbinde. Dem gegenüber stünden Prinzipien der Spruchmelodik, die weitgehend der Sprache (als geformter Sprache) verpflichtet seien; es handle sich um die Erscheinung der 'Fallzeile' (wie z. B. in M 5 nach Hs. c, wo die Melodie des Stollens in α und γ^1 von der Oktav d auf die Quint a und später von a nach D, dem Schlußton herabsteige: S. 616), sodann, „offenbar als Relikt des Rezitativs und des daran anknüpfenden Spruches, einige Melodien mit Initium und mehr oder weniger ausgeprägtem Tonus currens“ (S. 614) – als Beispiel die ersten drei Zeilen von M 11 nach Hs. c mit Initium D-a, Verharren auf den Tonus currens a (dessen Umspielung in Dist. β) und Abstieg in γ auf den Schlußton D (S. 617 f.). – Schließlich finde sich, quasi als Synthese beider Extreme, eine relativ selbständige Melodiegestalt, die sich sekundär mit dem Text arrangiere (S. 620). Sie sei die „typischste Form der Neidhartischen Melodik (auch die prozentual häufigste), Melodien, die nach dem Prinzip des ‘Bewegungsausgleichs’ gebaut sind, also meist in ihrem ersten Teil aufsteigen bis auf einen tonal ausgezeichneten Spitzenton, um sodann – in der zweiten Hälfte – wieder abzusteigen und auf der Quint oder Terz oder Prim, seltener auf der Quart oder der Untersekund zu kadenzieren“ (S. 614). Fälle gebe es hiebei, worin „die melodische Gestalt eindeutig vom Textmetrum und von der Sprachgestalt affiziert ist, was sich in Tonverdoppelungen dokumentiert. Im Auf- und Abstieg in der Skala erhalten jeweils Hebung und Senkung denselben Ton, wodurch ein Element der Deklamation in den Melodieverlauf hineinkommt. Dies geschieht vor allem in den Liedern (nach Schmieders Ausgabe) c 16, c 6 (2. Zeile), c 123 (1. Zeile) und c 124“ (S. 618). Von diesen Beispielen steht c 123 als M 15 in der Ausgabe; allerdings weicht die Fassung O (ebda.) in der Doppelung z. T. ab! Vgl. aber auch M 2 vor allem in der Dist. α und γ^1! Solche sekundäre Arrangierung sei vor allem festzuhalten: „der Musik fließen aus Quellen, die außerhalb des Minnesangs liegen, neue Elemente zu – Tonalität, Tanzeinflüsse, Bordunpraxis – und diese Elemente setzen die Musik in den Stand, dort, wo sie sich am Text realisieren soll, sich mit größerer Eigenständigkeit zu entfalten.“ (S. 620)

In summa: Diese Formulierungen Kohrs decken sich jedenfalls mit dem literarhistorischen Befund einer Eigenständigkeit Neidharts in Aussage wie Vers- und Strophenform gegenüber dem bisherigen Minnesang. Außerhöfische, vermutlich heimische Einflüsse erscheinen hier wie in der

Melodieführung wirksam, eben eine Mehrschichtigkeit, mit der Neidhart souverän und zwiegesichtig zugleich zu spielen versteht.

Zum Versbau

Kadenz und Dreiertakt

Eine prägende Formgestalt beim Endreimvers und damit der Strophe als Bauform auch und gerade als Hör-Erlebnis ist der Versausgang, die Kadenz. Das Auftreten und der wechselseitige Bezug von weiblichen und männlichen Ausgängen, darunter der spezifisch mittelhochdeutschen: der zweisilbig-männlichen, der klingenden und der stumpfen Kadenzen, bestimmen neben Eingang (dem Auftakt), Hebungszahl und (Silben-)Füllung den Vers und damit auch Individualität der jeweiligen Strophe und ihr Zusammentreten zum 'Ton' (d. h. zum Gedicht). Die Melodie tritt notwendigerweise in Bezug zu diesen Textformen, so daß diese zugleich wesentliche Bestandteile der Bauform des Liedes als Vortrag sind. Für ihre exakte Bestimmung läßt uns aber die (o. S. 641 beschriebene) Art der mittelalterlichen Notation im Stich; als nichtmensuriert sagt sie nichts über die jeweils gemeinte Tondauer aus. Sie zu kennen, wäre aber gerade zur Fixierung der spezifischen mhd. Ausgänge notwendig: um entscheiden zu können, ob ein Ausgang weiblich voll (wv) oder klingend (k) zu lesen und zu singen ist (z. B. *heide* M 1 als |♩ ♩| oder |𝅗𝅥 ♩|), ob ein männlicher Ausgang als voll oder stumpf, d. h. mit Pause (z. B. M 13, Zeile 1 *winder dîniu meil* als dreitaktige Zeile ... |♩∧| oder viertaktige, mit pausierter 4. Hebung als |♩∧|∧́∧|). Ansteht auch die Frage, wie die textmetrischen zweisilbig-männlichen Ausgänge, d. h. zweisilbige Wörter mit kurzer Stammsilbe, z. B. *tragen*, musikalisch gewertet wurden. Oft stehen solche zweisilbigen Wörter auf einer einzigen Note (z. B. M 4, Z. 7 u. 10 *zogen* : *vlogen*), so daß man den Ton beim Singen 'spalten' muß, oft aber auch auf zwei Noten, die nicht immer eindeutig als Melismen geschrieben sind (z. B. M 4, Z. 3 *nomen*).

Nach dem Stand der Forschung muß man zur Bestimmung solcher Ausgänge die textmetrischen Vorstellungen der Melodie unterlegen und z. B. in L 45 mit M 11 *leide* in Z. 1 und *beide* in Z. 5 als |𝅗𝅥|♩∧|, d. h. klingend interpretieren. Bestätigung können möglicherweise Melismen geben, d. h. wenn an entsprechender Stelle (lange) Stammsilbe zwei Noten (wie in M 11 *win-der* in Z. 2 und *hin-der* in Z. 6) oder mehreren Noten unterlegt ist (z. B. M 5 nach Hs.O mit *wei-ze* : *hei-ze* Z. 1 u. 5, *sin-ge* : *rin-ge* Z. 4 u. 8, *wæ-re* : *bæ-re* Z. 9 u. 12). Sehr oft bleibt aber auch hier der Entscheid für klingenden oder weiblich-vollen Ausgang Ermessenssache, da Melismen ja auch in zweisilbigen Takten erscheinen, wo sie keine Dehnung bestätigen können, z. B. M 10, Z 1 u. 11. 12, Z. 15. 18, Z. 9. 21, Z. 1. Den Gebrauch klingenden Ausgangs beweisen Fälle, wo mv Ausgang mit k an gleicher Stelle in verschiedenen Strophen zu derselben Melodie tauscht: Ps.-N. 61 mit M 19 in den Strophen II. III und VI–IX je Zeile 2 und 6. Gerne richtet man sich auch darnach, ob durch Ansatz von klingendem und stumpfem Ausgang synaphischer Zeilen-Übergang oder Geradtaktigkeit und Gleichtaktigkeit mit verbundenen Zeilen entsteht (z. B. M 10, Z. 1–3. 5–7); zu Wechsel zwischen wv u. k kommt man durch solche Erwägungen im Abgesang bei Göli 87 (M 21), wo Z. 7. 9. 10 als wv und Z. 8 u. 11 als k erscheinen. Ebenso bleibt es meist Frage der rhythmischen Auffassung, ob man eine Vers- und damit Melodiezeile als voll, und dann oft ungeradtaktig, oder stumpf, d. h. mit Pause oder musikalischer Dehnung, und damit geradtaktig ansprechen will, z. B. wenn die (Langzeilen-)Formel 4+3 zur Debatte steht, z. B. M 6, Aufgesang.

Die Frage ist nun aufzuwerfen, ob jene Ansätze zu einer Mensurierung in den M 2, 12 und 20 nicht Aussagen beisteuern könnten.

In der Hs. c ist die Notation der M 2 von späterer Hand (als die übrigen Melodien) eingetragen. Sie verwendet für betonte Silben (d. h. Hebungen) und für Zeilenschlußtöne unkaudierte (◆), für unbetonte Silben kaudierte (♩) Noten, die als *longae*, bzw. *breves* angesprochen werden. Man versteht ihre Anwendung als Andeutung eines Dreivierteltaktes (𝅗𝅥 ♩). Nachdem solche *longae* bei weiblichem Zeilenschluß *(sâhen : nâhen; -vangen)* auf Haupt- und Nebensilbe stehen (◆ ◆), müßte dies eine Längung und Betonung auch der Nebensilbe ausdrücken und damit der von der metrischen Deutung geforderten kl. Kadenz (sắ-hèn = |–́|x̀∧) nahekommen und sie in gewissem Sinn bestätigen. Die metrisch zunächst mehrdeutige Kurzzeile 4 (*aber als ê*: 2m, 3m oder 4s?) scheint wegen der Setzung dreier *longae* (◆◆◆) jedenfalls als drei einsilbige Takte |–́|–́|–́| (*aber* ist wegen Kürze Spaltung, s. d. anderen Str., z. B. *ûfe hân* V, 4), zumindest in der Interpretation des 15. Jahrhunderts, verstanden und gesungen worden zu sein (wobei Vortragslängung zu 4s – wie zu 6s in Z. 3 – durchaus möglich sein könnte). – Die Wiedergabe der Melodie deutet die Notation der Hs. c an.

In einer weiteren schwierigen Frage gibt die mensurierende Notation von w eine gewisse Stütze. Sie verteilt in einigen Liedern, darunter M 12 und 20, *semibreves* und *minimae* parallel der Notation in c für M 2, wenn auch nicht ganz konsequent, auf betonte (◆) und unbetonte (♩) Silben (s. die Wiedergabe von M 20 nach w 8). – Dabei stützt die Verteilung von drei *minimae* auf die Stammsilbe (als Melisma) und einer quadratischen Note auf die schließende Nebensilbe wieder die Deutung als kl. Ausgang |–́|x̀∧ in Z. 3, 8, 12 u. 14, sowie eine Lesung als 4s in Z. 5 und 10, etwa als |♩♩♩|▬
t – â – n

In der Zeile 3, bzw. 8 jeder Strophe des zur M 20 gehörigen L 74 tritt (neben kl. Ausgang) sog. beschwerte Hebung im 1. Takt ein: *ergét-zèn der [leí-dè]*: (|–́|x̀×|). Die

Notation von w 8 unterlegt die beiden Silben *get* und *zen* (also auch die Nebensilbe) mit je einer *semibrevis* (◆); sie wird dadurch einen Vortrag mit Längung und Betonung als 𝅗𝅥́ 𝅗𝅥̀ angedeutet haben – wieder immerhin eine Bestätigung der postulierten beschwerten Hebung als existent.

In der letzten Strophenzeile 14 des Liedes wiederholt sich beschwerte Hebung viermal und ergibt eine viermalige rhythmische Reihung von Haupt-, Neben- und Schwachton: *des* | *hât mìch diu* | *líebè diu* | *gúotè be-* | *twúngèn.* Man interpretiert dies als einen Dreiertakt (sog. Daktylus), der verschiedentlich in mhd. lyrischer Dichtung anstelle des üblichen alternierenden Zweiertaktes auftritt, der aus Hebungs- und Senkungsteil (mit den im Mhd. möglichen Füllungsfreiheiten) besteht: | x́ x |. Der Dreiertakt hat demgegenüber in der Grundform einen Hebungs- und zwei Senkungsteile: | x́ x x | ; sie werden meist in der oben gezeigten Abfolge als Haupt-, Neben- und Schwachton verwirklicht, als ein der beschwerten Hebung paralleler Doppeltakt: | –́ ⁞ x̀ x | (wiederum mit verschiedenen Auflösungsmöglichkeiten). Solcher Dreiertakt begegnet bei N. in L 11, Z. 1 u. 2. 34, Z. 2/3 u. 6/7. 37, Z. 2 u. 5; bei Göli L 87 u. 89 je Z. 2 u. 5 – und eben im Ps.-N. 74, Z. 14. Aber hier läßt uns die Notation (der M 20) in w im Stich: gemeinsam mit der Hs. c hat w anstelle des aus Hs. B u. P erkennbaren Dreiertaktes (wie er in Zeile 14a dargestellt ist) einen alternierenden Gang: | *dés hât* | *mích die* | *líeb mit* | *írer* | *gúet be-* | *twúngèn*; sie unterlegt dem Text entsprechend abwechselnd *semibreves* und *minimae*, wie Z. 14 zeigt. Der stützende musikalische Beweis für Dreiertakt fällt somit mangels Bezeugung aus. Aber gemäß der Notation in Z. 3 ist er im Prinzip ansetzbar. (Zum Problem bei N. s. jüngst Bertau, Bayer. L. S. 315).

LIEDER OHNE MELODIEN

Für die nicht mit Melodien überlieferten Lieder bleiben nur die Beobachtungen aus der Textform (die in der Verslehre verarbeitet sind) und vorsichtige Schlußfolgerungen von den vorhandenen Melodien her. Derartige Analogieschlüsse sind, dem Sachbefund entsprechend, nur für den Bau der Strophe, nicht für den des Einzelverses (einschließlich der Kadenz) ziehbar. In der folgenden Aufstellung sind sämtliche Lieder erfaßt, auch die nach ihren Melodien schon oben besprochenen.

Winterlieder

Auf sicherstem Grund steht man wiederum bei den Winterliedern. Ihre Textform zeigt ja ausschließlich die Dreiteiligkeit (A I. = II. B III.); die zu ihnen gehörigen 15 Melodien (M 4–18) sind ausnahmslos Kanzonen (AA | B). Dreiteiligkeit haben aber auch die Pseudo-Neidharte unter den Sommerliedern des C-Blockes (einschließlich Göli), und die zu ihnen gehörigen Melodien 19–21 sind wiederum Kanzonen (wie ja auch M 3 zu dem [Pseudo-]Sommerlied 22 im R-Block). Daraus ist immerhin die Schlußfolgerung möglich: es werden auch die Winterlieder und die entsprechenden dreiteiligen Sommerlieder des C-Blockes ohne Melodien als Kanzonen komponiert gewesen sein. Das bedeutet, daß man bei ihren metrisch gleichgebauten Stollen Melodiewiederholung im zweiten Stollen annehmen darf und für den Abgesang Durchkomponierung der Distinktionen, unter Vorbehalt von Melodierückgriffen der festgestellten Art. Als Melodie-Formel (für die einfachste Kanzonenform) ergibt sich die Aufstellung αβ | αβ || γδ. Diese kleinste Kanzone ist (nur im C-Block) mit L 84 vertreten, zugleich mit strenger Gleichversigkeit von 8 Takten je Zeile und Distinktion. Sein Strophenbau läßt sich nach Metrik und (vermutbarer) Melodie umschreiben als:

A I. = II. 8k.a | 8s.b : αβ : ||
B III. 8k.c | 8k.c : γδ

Dabei sind die Kadenzen nur aus dem Textbau ableitbar. Über die Melodieführung der vier Distinktionen αβγδ läßt sich (natürlich) nichts aussagen; sie bleiben nur theoretischer, aber als Existenz und nach Distinktionenlänge erschließbarer Ansatz. Bis zu diesem Maß an Aussage gelangt man bei allen Kanzonenstrophen ohne Melodiebezeugung. Das Bauschema variiert sich nur nach dem Umfang der Erweiterungen der Grundform. Die Erweiterungen bewegen sich im Umkreis des an den Melodien Festgestellten.

Es erscheinen demgemäß als Bauformen des *Aufgesangs*: *Kreuzreim* ab : αβ :|| im R-Block L 30. 40. 48. 53, dazu mit M 9 L 41. Im C-Block L 78. 83. 84, als Ps.-N. angesprochen L 66. 67. 73. 75. 76. 80. 86; in L 75 könnte Überlieferungsstörung vorliegen. – *Paarreim* aabb : αβ :|| erscheint einmal in L 77. Kanzonenform ist hier aus dem Gegensatz der klingenden Sechser aa bb als Stollen zu dem vollen Viererpaar cc und der klingenden Vierer-Sechser-Kombination dd als Abgesang annehmbar. – *Dreireim* abc : αβγ : || im R-Block L 23. 26. 28. 29. 31. 32. 35. 37. 46. Mit Melodien L 24 (M 4). 38 (M 7). 39 (M. 8). 54 (M 16.). 56 (M 18). Im C-Block die Ps.-N. 79. 81. 82 u. Göli 88. 89. 90; L 87 mit M 21. – *Vierreim* abcd : αβγδ :|| im R-Block L 36. Die übrigen haben alle Melodien: L 27 (M 6). 43 (M 10). 45 (M 11). 49 (M 13). Im C-Block Ps.-N. 72. – *Fünfreim* abcde : αβγδε :|| erscheint nur im R-Block als L 33 u. 42. – Es folgen die *Schweifreime*. Ihr Prinzip ist an den Melodien des R-Blokkes 5. 12. 14. 15. 17 der Lieder 25. 47. 50. 52. 55 und des als unecht geltenden Sommerliedes 22 mit M 3, im C-Block an M 19 u. 20 der Ps.-N. 61 u. 74 erörtert. Ohne Melodie erscheint die Grundform des Schweifreims aab | ccb in L 51, vierfacher Erstreim Ps.-N. 85. Doppelschweif aabc | ddbc besitzt L 34. Wie die Schweifreim-Melodien lehren, kann mit einer Spiegelung dieser Versart im Melodiebau nicht eo ipso gerechnet werden. Man muß primär vermuten, daß die Stollen-Distinktionen parallel den Drei- und Mehrzeilern als αβγ usw. gereiht waren.

Eigene Fragen werfen die Lieder 44 und 68 mit ihrer Reimfolge ab ab c | de de c auf. Zunächst wird man von Schweifreim sprechen, der mittels Kreuzreim erweitert (Peschel S. 139: Kreuzreime mit Schweifbindung) und dessen Melodie den übrigen als parallel anzunehmen ist. Nun hat aber L 44 gleichversige Kreuzreimpaare als 4 k. 4 m., denen der Schweif mit 4 k. antwortet:

A I.4k.a | 4m.b | 4k.a | 4m.b | 4k.c
II.4k.d | 4m.e | 4k.d | 4m.e | 4k.c

Jeder Stollen für sich genommen sieht wie eine Kleinkanzone innerhalb der Kanzonenstrophe aus: ab | ab || c. Das läßt die Frage stellen, ob dies nicht etwa die Melodie nachgezeichnet habe in der Gestalt αβ | αβ || γ, mit Wiederholung im 2. Stollen. (Nur dann dürfte man mit Peschel, Anm. 57, von 'Kanzone im Stollen' sprechen.) Derartige Melodien gibt es: bei Wizlav von Rügen *Wol ûf ir stolzen helde* in der Jenaer Hs. (s. E. Jammers, Ausgewählte Melodien S. 243), gerade auf Schweifreimvers, und Hugo von Montfort *Ich var ûf wâc* (s. die Ausgabe von P. Runge S. 37; zur Frage s. Beyschlag, Verskunst S. 93). – Bei Ps.-N. 68 dagegen variiert die Zeilenlänge im Reim a und d: Wechsel von 2 zu 4 Takten:

A I.2m.a | 4k.b | 4m.a | 4k.b | 4m.c
II.2m.d | 4k.e | 4m.d | 4k.e | 4m.c

Hier kommt man in Richtung auf Melodie-Kanzone sowieso höchstens bis zu einem Ansatz αβ | γβ | δ :||, wenn man nicht überhaupt bei αβγδε :|| als nächstliegender Vermutung bleibt. 'Kanzone im Stollen' liegt jedenfalls nicht vor.

Die Bauformen des *Abgesangs* decken sich im R-Block im

wesentlichen mit dem Befund an den Melodien, z. T. auch im C-Block. In diesem Sinn finden sich:
Dreireim ccc : γδε[1] im R-Block L 30. 34, in den Mel.-L 27 (M 6). 41 (M 9 mit Waise cxc). 47 (M 12). 54 (M 16). Im C-Block L 78 u. Ps.-N. 79, mit M 19 Ps.-N. 61. Dreier mit Waise (cxc) hat Ps.-N. 80. – *Umarmender Reim* cddc: γδεζ im R-Block L 26. 28. 29. 32. 42. 44. 51, in den Mel.-L. 24 (M 4). 25 (M 5). 38 (M 7). 50 (M 14). 55 (M 17). Im C-Block L 83. Mit reimlosem Vorsatz als xe ff e in L 36. – *Kreuzreim* cdcd : γδεζ im R-Block L 33. 35. 53, in den Mel.-L 43 (M 10). 45 (M 11). 56 (M 18). Im C-Block Ps.-N. 81, mit M 20 Ps.-N. 74. *Vorreim* (als Kurzpaar) zum Kreuzreim ist nur einmal im R-Block zu L 49 mit M 13 vorhanden: ee fgfg : $\varepsilon^1\varepsilon^2$-ζηϑι, zusätzlich schließender Endreim cdcdc : γδεζη ebenfalls nur im R-Block: L 23. 40. 48 und mit Mel. L 39 (M 8) u. 52 (M 15). – Ohne parallele Melodiedeckung sind *Reimpaar* cc : γδ und *Paarreime* ccdd : γδεζ als Abgesangsform vertreten. Und zwar Paarreim einmal im R-Block L 31, im C-Block Ps.-N. 66 (als Doppelpaar cccc). 77. 82 (ab Str. III, s. o. S. 619), mit schließendem Erstreim ccddc : γδεζ im R-Block L 46, im C-Block Ps.-N. 72. Das Reimpaar ist im R-Block nur mit schließendem Reim aus dem Aufgesang (abc :) als ddc in L 37 belegt, im C-Block als cc in L 84 u. Ps.-N. 76.

Vielsagend ist nun, daß im C-Block, und zwar ausschließlich bei Liedern, die als Ps.-N.e angesprochen werden, Abgesangsbildungen auftreten, die sich in den 'echten' Neidharten nicht finden. Es könnte also Ausweitung des Formen- (und vielleicht auch Melodie-)Kanons über den Gebrauch bei Neidhart selbst vorliegen (was bei den hier nicht erfaßten 'unechten' Melodien zu 'Pseudo-Neidharten' durchaus der Fall zu sein scheint), falls es bei dieser, ja nur vorläu-

[1] Zur Schema-Bezeichnung gehe ich von der Grundform, dem vierzeiligen Aufgesang abab aus. Im Individualfall verschieben sich die Buchstaben entsprechend in der Abfolge des Alphabets.

figen Scheidung überhaupt bleibt. Es betrifft Dreireim, Kombinationen mit Reimpaar und Paarreim sowie Kreuzreim. Da erscheint *Dreireim* mit Umarmung in Ps.-N. 67 u. 86 als c ddd c, Reimpaar mit Rückgriff auf den Aufgesang in Kombination mit Dreireim L 73 als ccb ddd, in 68 als Aufnahme des Schweifes c (allerdings als Zweier) als cff.

Ein ausholendes Gebilde von sechs Paarreimen mit Kombinationen bildet der Abgesang von Ps.-N. 60: Nach einem einfachen Kreuzreim-Aufgesang mit Viertaktern ab ab folgt eine Gruppe von vier Paarreimen cc dd | ee ff; sie gliedert sich in zwei Hälften durch die Taktzahlen-Kombination (männlich) 4 + 4 + 4 + 2 mit Wiederholung. Dadurch setzt sie sich als ein auch melodisch hörbares Stück von der zweiten Gruppe ab, die reimmäßig als xgg hh g und taktmäßig wechselnd als 4m. + 4 k. + 4 k. + 2m. + 2m. + 4k. gegliedert ist. Falls die Melodie in der ersten Gruppe nicht als γδεζηϑικ durchkomponiert, sondern als Doppelbauglied || γδεζ : || wiederholt war, ergäbe sich dem Textbau A I. = II. B III. = IV. V. VI. entsprechend eine Kleinkanzone im Abgesang mit dem Gesamtbau der Strophe AA || BB | CD (vgl. Beyschlag, Verskunst S. 93).

Kreuzreim mit Reimpaar hat Ps.-N. 75 als cd cd ee, mit Schweifreim 85 als dede | ffffe. Da dieser Schlußschweifreim genau dem der Stollen entspricht, liegt metrisch Dritter Stollen vor; die Möglichkeit auch melodischer Entsprechung ist gegeben, doch sind die Überlegungen auf S. 647 hiezu zu beachten.

Göli hat insofern eine eigene Bauform, als er, wie schon M 21 zu 87 (o. S. 647) gezeigt, Erst- und Zweitreim des Abgesangs am Ende vertauscht: de dde in 87. 89. 90 (wobei in M 21 Rundkanzone durch γ vorliegt, o. S. 647). In 88 setzt er durch die Vertauschung ein Reimpaar ans Ende: ded ee (also ähnlich Ps.-N. 75).

Sommerlieder

Unter den Neidhart zugeschriebenen Sommerliedern zeigen vier: L 5. 8. 12. 64 Dreiteiligkeit nach der Formel A I. = II. B III. Davon ist L 5 mit jener M 1 überliefert, die wegen Durchkomponierung des 2. Stollens als Oda continua nach der Bauform AB | C anzusprechen war (s. o. S. 651) – immerhin wenigstens *eine* Melodie, die solche Kompositionsform für Neidhart als existent erweist. Da auf der anderen Seite dreiteilige Sommerlieder des R- und C-Blockes, zwar alle als 'Pseudo-Neidharte' angesprochen, mit Kanzonen-Melodien überliefert sind (M 3 zu 22. 19 zu 61. 20 zu 74 und 21 zu dem Göli-Lied 87, s. o. S. 642), muß es offen bleiben, ob die zwei weiteren, als echt gehaltenen, dreiteiligen, aber melodielosen Sommerlieder im R-Block: L 8 u. 12, sowie das als echt diskutierte L 64 im C-Block analog zu M 1 als Oda continua oder doch als Kanzone komponiert waren. Hat Neidhart – im Falle von Oda continua – seine Scheidung in Winter- und Sommerlieder auch nach der Form unterschieden: Kanzone für Winterlieder, Nicht-Kanzone für Sommerlieder, und haben die Nachahmer diese Scheidung durch den Übergang zur – konventionell gewordenen – Kanzone verunklart?

Sicherer kann man bei solchen Sommerliedern folgern, die zwar eine deutliche Dreiteiligkeit erkennen lassen, aber keine Stollengleichheit aufweisen. Sie sind deshalb schon von ihrer Textform her als Oda continua anzusprechen. Es handelt sich im R-Block um die Lieder 3. 9. 15 und im C-Block um L 59 (bei dessen Echtheitsfrage schon Haupt zu LVI, 1 im Zweifel war). Im einzelnen ist zu beobachten: der einleitende Paarreim in L 9 zeigt als a-Reim 2m. | 5m. | der b-Reim – der für den 2. Stollen in Frage käme – dagegen 6k. | 4k.; der einleitende Kreuzreim abab in L 59 wechselt von 4k.a | 4m.b | zu 6k.a | 2m.b. Beiden folgt eine Terzine: in L 9 als 4k.c | 4k.c | 6k.c, in L 59 als 4m.c | 4m.c | 4k.a. In L 15 wechselt auch die Reimstellung: Reimpaar aa gegen Kreuzreim bcbc als 6w.a | 6w.a gegen 4k.b | 2m.c | 4k.b | 2m.c. Dann schließt ein Vierer an als 2k.d | 4k.x | 2k.y | 4k.d (man könnte hier fast von Pausenreim sprechen). L 3 endlich zeigt eine weitere Besonderheit: Das einleitende Reimpaar aa hat als Erstreim einen Achttakter, der wegen seiner Binnenkadenz als eine Langzeile aus 4k.x | 4k.a zu verstehen ist. Den Zweitreim bildet ein Sechstakter als 6k.a. Diesem Reimpaar folgt ein zweites als bb, jedoch wieder verschieden aus 4k.b | 4k.b bestehend. Nun schließt sich reimmäßig eine Terzine als 2m.c | 4k.x | 4m.c an. Dieses xc kann wiederum als 8-taktige Langzeile gemeint sein; sie gleicht bis auf den Ausgang m. gegen k. der Eingangslangzeile xa. Dadurch rückt anderseits das kurze 2m.c rhythmisch sowie auch nach der syntaktischen Zugehörigkeit (in allen [echten] Strophen I–VI) an das Reimpaar bb an. Man könnte also, falls die Melodie hier mitgegangen ist, zwei Dreiergruppen xaa und bbc mit korrespondierendem Längenwechsel 4-4-6 gegen 4-4-2 als Bauglieder ansetzen (was der Textabdruck nachvollzieht). So oder so: eine Dreiteiligkeit ist in den vier Liedern jedenfalls erkennbar, aber jeder der drei Teile ist so verschieden von den anderen gebaut, daß die Melodien in der Tat keine stollenmäßige Wiederholung haben aufweisen können. Sie sind deshalb auch in den ersten zwei Baugliedern jedes der vier Lieder durchkomponiert gewesen. Sie entsprechen damit dem Begriff der Oda continua als AB | C. In der Grundform gleichen sie somit der M 1; die Textstrophe zeigt dagegen diesmal ebenfalls die Oda-continua-Formel A I. + II. B III.

Im Gegensatz zu diesen Gebilden analog der M 1 stehen die anderen zahlenmäßig überwiegenden Sommerlieder des R-Blockes und die Sommerlieder 57. 58. 62. 63. 69. 70 des C-Blockes (die gemeinhin Neidhart zuerkannt werden), sowie der Ps.-N. 71. Sie sind weder Kanzone noch Oda continua; man pflegt sie gegenüber diesen dreiteiligen Gattungen als zweiteilig anzusprechen.

Die einzige diesbezügliche Melodie: M 2, zeigt trotz gewisser Mehrdeutigkeit (s. o. S. 652) ein Weiterweisendes klar: die Zweiteiligkeit ist – und muß es sein – auch mit einer gliedernden Gleichheit oder Gegensätzlichkeit der Zeilen- und damit Distinktionenlänge verbunden. Hier, in M 2 zu L 10, steht, parallel der Melodieführung, ein erster Teil mit drei Sechsern (6k.a | 6k.a | 6s.b) einem zweiten Teil mit 6k. | 4mv und der als 'Drehpunkt' wirkenden vorausgehenden (gemäß Notation als 3m oder 4s zu verstehenden) Z. 4 als Terzine b | xb gegenüber. Allerdings ist das Reimpaar bb hiebei aufgeteilt – ein mehrfach wiederkehrendes Problem.

Sucht man nach einer solchen hörwirksamen Gegensätzlichkeit der Zeilenlängen, dann bieten sich als Fälle möglicher Zweiteilung die Lieder 2. 6. 7. 13. 14. 18. 19. 20. 63. 69. 70 an, alle mit Reimpaar aa oder Dreireim aaa (L 20) und xaa (L 2) als erstes Bauglied beginnend (Langzeile ist xa wohl L 70, je Zeile 2); mit Dreiern oder Vierern verschiedener Art setzen sich die Strophen dann fort. Ps.-N. 71 bietet infolge völliger Gleichversigkeit seines einfachen vierzeiligen und viertaktigen Baues mit männlichen Ausgängen keine Beurteilungsmöglichkeit für eine eventuelle Zweiteiligkeit. Analog der Melodie 2 (und dem Oda-continua-Lied 3, s. o.) kann die Frage auftauchen, dem einleitenden Reimpaar aa den Erstreim der nächsten Gruppe, also b, als Schweifreimterzine zuzuschlagen, zumal bei Längengleichheit und klarem Gegensatz zum Folgenden wie im L 57 (wo jeweils die zweite Zeile Langzeile xa wie oben in L 70 sein wird) und L 58, besonders, da auch die syntaktische Gliederung in allen Strophen der beiden Lieder parallel läuft. Auch L 4 (als 2a 6a 4b | 6b 4b) u. L 62 (als 2a 4a 6b | 4b 4b) könnte man in Erwägung ziehen. Eine eigene Stütze gibt neben der gegensätzlichen Zeilenlänge in L 11 für ein Gliederung in aa | xb bb der hörwirksame Wechsel von Dreiertakt in aa zu Zweiertakt in xb bb (s. dazu S. 658). – Eine Einheit, und damit ein erster Teil wird bei *umarmendem* Reim abba vorliegen, besonders wenn der Innenreim gleichversig abgesetzt ist vom Außenreim (4a-2b 2b-4a) und diese Phrase sich ihrerseits von der nachfolgenden, dann den zweiten Teil bildenden Gruppe absetzt. So bei L 21 u. 65 (wo 4c 4c 4a und 6c 2d 4d 4c folgen). Möglich ist dies auch bei einer Aufteilung 4a-4b 2b-4a in L 16 (gegen folgendes 6a 6a) und L 17 (gegen 4c 2c 8a), und schließlich auch bei der Variante von L 1: 2a-4x 2a-6a (gegen 2b 4b 2c 4c des folgenden Teiles).

Diese Fälle mit ihrer bunten Variierung machen es immerhin soweit deutlich, daß jene postulierte Zweiteiligkeit von Strophen effektiv vorhanden war und sich im Vortrag hörbar verwirklichen ließ. Eine Formgattung, die als A | B als echte Kompositionsmöglichkeit neben der hieraus entwickelbaren AA | BB (o. S. 649), der Oda continua als AB | C und der Kanzone als AA | B im Stropheninventar der Zeit Neidharts und seiner Nachfolger zur Verfügung stand. Deutlich wurde wohl aber auch, wieviel des Angenommenen lediglich Vermutung, bestenfalls Möglichkeit bleiben muß, solange nicht Melodien Aufschluß geben. Vorausgesetzt, daß diese Melodien infolge ihrer späten Überlieferung in der Tat als für Neidhart selbst noch als einigermaßen authentisch angesprochen werden dürfen – schwankender Boden wie weithin in mittelalterlicher Philologie.

[illegible]

[illegible] in der Form [illegible] Aufteilung [illegible]

[illegible] Vorlage von [illegible]

[illegible]

Den Eingang [illegible]

[illegible] Kompositionen [illegible]

[illegible]

WORTERKLÄRUNGEN
BIBLIOGRAPHIE
KONKORDANZ

ABKÜRZUNGEN

adj.	Adjektiv
adv.	Adverb
AfdA	Anzeiger f. deutsches Altertum und deutsche Literatur
afr.	altfranzösisch
akk.	Akkusativ
av.	anormales Verbum
comp.	Komparativ
conj.	Konjektur
dat.	Dativ
dem.	Deminutivum
DWB	Deutsches Wörterbuch
DWg	Deutsche Wortgeschichte, s. Maurer-Stroh.
EG	Études germaniques
F.	(Hanns) Fischer
f.	feminin
gen.	Genitiv
germ.	germanisch
got.	gotisch
H.	(Moriz) Haupt
HDA	Handwörterbuch des deutschen Aberglaubens
HMS	Friedrich Heinrich von der Hagen, Minnesinger. 4 Bde. Lpz. 1838
Hs.	Handschrift
idg.	indogermanisch
inf.	Infinitiv
intens.	Intensivum
intr.	intransitiv
Kom.	Kommentar
L., L	Lied
La.	Lesart
m.	masculin
M	Melodie

M. 1 usw.	(im Wortschatz) Mack, s. d.
md.	mitteldeutch
MF	Minnesangs Frühling (Ausgabe)
mhd.	mittelhochdeutsch
mlat.	mittellateinisch
mnl.	mittelniederländisch
MS	Minnesang
N.	Neidhart
n.	neutrum
nd.	niederdeutsch
nhd.	neuhochdeutsch
nom.	Nomen
n. pr.	nomen proprium
nrhn.	niederrheinisch
obd.	oberdeutsch
ON	Ortsnamen
part. adj.	partizip. Adjectiv
PBB	Paul-Braune-Beiträge, d. s.: Beiträge zur Geschichte der deutschen Sprache und Literatur, hg. von Paul und Braune.
pl.	Plural
p. p.	Partizip präteriti
präp.	Präposition
praet-praes.	Präterito-Praesens
prov.	provenzalisch
Ps.-N.	Pseudo-Neidhart
R.	Rabbinowitsch (s. d.)
refl.	reflexiv
RWB	Deutsches Rechtswörterbuch
s. a.	siehe auch
SMS	Schweizer Minnesinger (s. Bartsch)
s. o.	siehe oben
st.	stark
s. u.	siehe unten
subst.	substantiv; substantiviert
s. v.	sub voce
sw	schwach
trans.	transitiv
v(b)	Verbum

W.	(Edmund) Wießner
Wb.	Wörterbuch
ZfdA	Zeitschrift für deutsches Altertum und deutsche Literatur
ZfdPh	Zeitschrift für deutsche Philologie

WÖRTERVERZEICHNIS

allerherzenlich, adj. einmalige Steigerung N. 48, VII, 1. M. 1 (s. v. *herzeclîch*).

aberhâke, swm, zu *aber* dagegen: 'Widerhaken'. N. 49, VIII, 4 (entgegen M. 3 kein Hápax Legómenon; s. Lexer Nachtr.). s. *gêr.*

afterreif, stm, Hinterring. Zu *after,* präp. hinten, hinter, und *reif* Ring: ein Ring am Schwert, der sich auf die Scheide rücken läßt. N. 40, VI, 5 und 41, VII, 3. M. 1.

ahselnote, swm, Tanzname, 'Schultertanz'? zu *ahsel* stswf. Achsel, Schulter, und *note (notte?)*; vgl. *notten,* swv, sich hin- und herbewegen (vgl. W.Wb.). Göli 87, I, 10 und III, 7. R. 7a.

ahselwît, adj, breitschultrig. 'Neubildung Ns.' (W.Wb.). 42, VIII, 6. M. 3.

âme, stf, Ohm, Maß. N. 16, III, 5. M. 1.

anehanc, stm, Anhang. N. 47, II, 13: Was (an den Bäumen) hängen bleibt; Hängeschnee. M. 1.

ânen, swv, *âne,* d. h. ohne werden. Im MF nur bei N. (in Winterliedern) nur refl.: verzichten, aufgeben (z. B. 41, I, 1). M. 1.

anewande, stf, Randstreifen des Ackers zum Wenden des Pfluges. N. 36, II, 13 bildlich: letzte Zufluchtsstätte. M. 1.

angerwîse, adj, wohl Neubildung Gölis 87, III, 11 (vgl. M. 3 A) zu *anger* und *wîse* 'kundig': Kenner (hoher Sprünge) auf dem Anger. R. 9a.

angesiht, stf, Ansehen, Sehvermögen; Angesicht; nur 84, VIII, 5 (W.Wb.) *ze mîner a.* vor meinen Augen; in meiner Gegenwart.

arebeit, stf, s. bei *leit.*

ätte, swm, Vater, urspr. Lallwort wie got *atta,* Vater;

nur in der „Pseudo“-Str. VII, 1 von 33; heute noch alemannisch verbreitet. R. 7a.

backenknûz. Nach Wießner Schlag auf die (Hinter-?) Backen), *-knûz* gemäß La Hs. c statt *-knus*. Nur Göli 87, VII, 4.

bâgen, stv, zanken, schreien. N. 10, IX, 1; 65, V, 2. M. 1.

bank, stf, Bank. N. 48, VII, 9. M. 1; (Ps.-)N. 50, VIf, 8.

barchân, stm, Barchent, ein Wollstoff. N. 23, IV, 2. M. 1.

base, swf, Base; Schwester des Vaters. (Ps.-)N. 3, VII, 1: der Vater. R. 7a.

bedaht, p. p. zu *bedecken,* swv,: be-, überdecken. N. 52, IX, 1. M. 1.

bedrungen, p. p. zu *bedringen,* stv, drängen, bedrängen: gedrängt, angedrängt. N. 33, I, 11 und 34, IV, 9. M. 1.

befrîen, swv, befreien. N. 55, VII, 7. M. 3.

behaft, p. p. zu *beheften,* swv, zusammenheften, einschließen, umstricken. N. 83, I, 4: umstrickt, besessen. M. 1.

behangen, p. p. zu *behâhen,* stv, behängen. Lesung sicher nur 11, II, 3; in 15, IV, 8 nach Bc (R: *bevangen* 20, 5); s. dazu M. 1 (mit Fehler Rc statt Bc).

behâren, swv, die Haare ausraufen. N. nur 20, VII, 3. M. 1.

behern, swv, mit Heeresmacht überziehen. N. nur 46, V, 6: berauben.

behiuten, swv, zu *hût*: schinden. N. nur 20, VII, 3 (gegen M. 3 nicht einmalig: Lexer Nachtr.).

behüeten, s. *huote.*

behûsen, swv, mit einem Haus versehen. N. 52, XII, 2. M. 1.

beklüegen, swv, fein machen, schmücken, s. *kluoc.* Nur Göli 87, I, 6. M. 3 A; R. 9a.

bekrenken, swv, zu *krank,* adj,: schwächen, herabsetzen, geringer machen. N. nur 27, VI, 7. M. 1.

belgen, stv, aufschwellen; refl. m. gen. zürnen. N. nur 63, VI, 4 mit unsicherer Lesung (c *belig*) und Deutung. Wenn *belgen* anzusetzen, dann ist es Conjunctiv und als trans. aufschwellen, erzürnen zu verstehen.

bellen, stv, bellen; keifen. N. 64, V, 2 in dem Sinn: fahre nur der Teufel in dich (und belle dann aus dir heraus!), gemäß der Vorstellung daß der, u. a. vom Teufel Besessene wie ein Hund belle (HDA s .v. Besessenheit). M. 1.

bereit(e), adj, aktiv: bereit(-willig), passiv: bereit gemacht, fertig. N. 17, IV, 1: adv. bereitwillig; schnell. M. 1.

berevrit, stm, N. 35, II, 2 conjiziert aus *bevrin* R, *peneriet* c (H. 60, 9). Ursprünglich hölzernes Turmgerüst zur Belagerung; N. wohl fester Holzbau, der (auch) zu Tanzzwecken verwendet werden konnte. Die Übertragung 'Holzgebäu' ist nur Notbehelf. M. 1.

beruochen, swv, sorgen für, zu *ruochen,* swv. N. 32, IV, 9 an conjizierter Stelle; refl. etwa: sich Genüge verschaffen. M. 1.

bescheiden, stv, bei N. berichten, erwählen, erklären, auslegen. (N. 15, VII, 1; 56, II, 3. Die Stelle 3, V, 5 ist umstritten. Die R-Fassung *der stunde ... bescheiden* läßt sich vielleicht durch die c-Fassung erhellen: *an das ich zu der stunde niht gemerken (marke* setzen, Zeichen geben) *kunde* 'ohne daß ich zu diesem Zeitpunkt das Zeichen zu geben nicht im Stande war', d. h. möglicherweise: das Zeichen zum Einsatz (des Tanzes). Dann könnte *der stunde* (als gen. d. Sache) *bescheiden* meinen: hinsichtlich des Augenblicks Zeichen geben, d. h. den Einsatz zum Tanzbeginn.

besingen, stv, N. 51, I, 5: mit Gesang erfüllen.

beslahen, stv, beschlagen, besetzen, einfassen. N. 35, II, 7; 56, VIII, 7. M. 1 (s. v. *wol beslagen*).

besorgen, swv, *ein hûs besorgen* verwalten, betreuen. N. 3, VI, 2 und 24, VII, 3. M. 1.

besten, swv, binden, schnüren, zu *bast,* stmn, Rinde, Bast. N. 64, III, 7. M. 1.

bestrîchen, stv, bestreichen. N. 34, III, 11 und in der Trutzstr, 8 als „Streich versetzen“.

betelîch, adj, zu *bete,* stf, Bitte: Was erbittet werden kann oder darf. N. 50, VII, 2. M. 1.

betouwen, swv, mit Tau bedecken. N. 21, IV, 2. M. 1.

betzel, swf, Haube. Göli 87, I, 7. R. 7a.

bevangen, p. p. zu *bevâhen,* stv. N. 2, VI, 7 mit Furchen umgeben, d. h. (rings) umackert; 10, I, 5 etwa: bedeckt.

beweinen, swv, beweinen N. 49, VIII, 8. M. 1.

bewellen, stv, zu *wellen,* stv, rollen, wälzen: in oder um etwas wälzen. P. p. *bewollen* N. 20, V, 3 gewälzt in, doch wohl mit W.Wb. s. v.: besudelt.

bewerren, stv, in Verwirrung bringen, stören, Schwierigkeiten machen, intr. in Verwirrung sein, p. p. *bewarren* und *beworren.* N. 32, II, 6 und 42, I, 14. M. 1.

bezzerunge, stf, Besserung, Verbesserung, (u. a. auch des Bodens), Entschädigung, Buße, Vorteil. An der einzigen Stelle N. 56, II, 2 dem Tenor des Gedichtes entsprechend als Besserung, sowohl subjectiv an sich selbst wie objectiv Welt und Leben gegenüber als ‘besondere Veränderung’ verstehbar (vgl. auch K. Bertau, Stil und Klage, 79 Anm. 6[a]).

bickelmeister, stm, zu *bickel,* stm, Würfel: Leiter des (winterlichen) Würfelspieles. N. 27, I, 9. M. 3.

bickelspil, stn, Würfelspiel. N. 26, I, 9. M. 1.

bîe, swf, Biene, stn, Bienenschwarm. N. 32, II, 9. M. 1; vgl. W.Wb. s. v.

binden, stv. N. 13, III, 4 und 24, III, 10 vom Festigen des *gebendes* (s. d.), vor allem beim Tanz; *binden ûf die brâ* den Kopfputz tief in die Stirne, bis auf die Brauen setzen.

bîneweide, stf, zu *bîn,* stswf, (neben *bîe,* swf, s. d.) Biene, und *weide,* stf, Futter, Weide(platz): Bienenweide (Wiese). Göli 88, I, 3. R. 9a.

biule, stswf, Beule. N. 30, VII, 7. M. 1.

biunde, stswf, Beunde, d. i. „eingefriedigtes Rottland in der Almende, im engeren Sinn nur das der Grundherrschaften“ (RWB s. v. *Beunde;* s. a. Kluge-Goetze s. v.). Göli 87, VII, 2.

blas, adj, N. 30, III, 4 als ‘gering, nichtig’. Zur Frage dieser Bedeutung s. W.Wb., M. 1, Kluge-Goetze s. v.

blenke, stf, weiße Farbe; das Weiß der Haut. Ps.-N. 68, VI, 12. M. 1 A.

blicken, swv, als blicken, sehen N. 37, VI, 6. M. 1.

blîde, adj, froh. N. 45, III, 6. Im MS vor N. bei Veldecke (urspr. nd.). M. 1.

bluomenhuot, stm, Kopfbedeckung aus Blumen. N. 45, IV, 11 und Ps.-N. 81, I, 5 (auch Walther von Metz 1. 2: W.Wb.). M. 1.

bluomenkranz, stm. N. 51, V, 2. M. 1.

bluomter (ôstertac), p. p. zu *blüemen,* swv, mit Blumen schmücken. (Ps.-)N. 50, VIa, 10. W. (zu 238, 10 und Kom. S. 219) verweist auf *bluomôstertac, ôsterbluomtac* für Palmsonntag. *ôsterlîcher tac, ôstertac,* auch *ôsterspil* mehrfach im MS und Epik Bild für die geliebte Frau.

bolz, stm, Bolzen. N. 39, V, 7. M. 1. – **bölzel,** stn. dem., Bölzchen. N. 46, V, 10 *bölzel schiezen* nach W.s Nachweis (ZfdA 61, 164) als Worte, Rede (mit „treffender" Spitze) an jemand richten (s. a. *rûnewart*). M. 1.

bône, stswf, Bohne, bildlich für Kleinigkeit, Wertlosigkeit, ein Nichts, ironisch 'ungemein wichtig'. N. 33, I, 14; (Ps.-)N. 50, VId, 14.

braemen, swv, verbrämen. N. 45, VII, 10. M. 1.

brâten, stv, braten. N. 29, IV, 4. M. 1.

bresten, stv, brechen. N. 43, III, 6 und 63, VI, 2. M. 1.

brîsen, stv, schnüren, einfassen. N. (nur in den Sommerliedern) mehrmals, z. B. 3, IV, 1; 5, VII, 7. M. 1.

briu, stf, Weib. Ps.-N. 72, III, 2. R. 9a.

briune, stf, Bräune; weibliche Scham. Ps.-N. 68, VI, 13 und VII, 12. M. 1 A. R. 6a.

briunen, swv, zu *brûn,* adj. braun, dunkelfarbig; von Waffen: glänzend, funkelnd. Von der Farbbezeichnung her kann *briunen* 'braun machen' die Bedeutung 'hervorheben, deutlich machen, erklären' annehmen. In 51, VIII, 1 aus dem folgenden *sticken unde ziunen* als 'durch ein Bild erklären' verstehbar. – In dem Ps.-N. vom „Zaunflechten" 79, III, 9 wird *die toerschen briunen* das Kennzeichnen bestimmter Personen des Spieles (die die „Dummen“ sind?) durch Farbe (vgl. unser *(an-)schwärzen*) meinen. Zu Wort und Sache vgl. S. 536 f., W.Wb und Elis. Heberling, Etymol. und philolog. Untersuchungen i. Anschluß an einige Tanzwörter Neidharts und seiner Schule. Diss. Münster 1945 – aus Deutungsversuchen im Sinn Jost Triers. M. 1.

briuwen, stv, brauen; bildl. machen, anstiften, verursachen. Erst seit N. literarisch (M. 1.): 18, VI, 3; 52, III, 10 u. einige Ps.-N.e.

brôt, stn, Brot. N. 25, VII, 6; 40, VII, 7. – *schoenez brôt* 31, V, 8 Weißbrot. M. 1.

brüeven, swv, etwas ins Werk setzen; beweisen, erproben. N. mehrmals (z. B. 24, II, 10); *sicherheit brüeven* sich verschwören N. 39, II, 3. – Für Ps.-N. 68, VII, 3 (ins Werk setzen) R. 6a; s. a. *werre* u. *tanzprüevaere.*

brûn, adj., s. o. *briunen.*

bruodersun, stm, Neffe väterlicher Seite. (Ps.-)N. 84, VII, 3. M. 3.

brütten, swv, refl. voll Verlangen sein, selten bezeugt. N. 32, VI, 1 und 40, V, 6.

büechel, stn. dem. Büchlein; auch dessen Inhalt: (gereimtes) kleineres lehrendes oder erzählendes Gedicht; Liebesgedicht. N. 78, I, 5. M. 1.

bunkel s. *punkel(în).*

buosem, stm, Busen. Bei N. Brustteil der Bekleidung: 40, III, 6; 43, IV, 4; 56, VIII, 7. M. 1.

buosemblech, stn, N. 45, VII, 7 ‘Metallblättchen als Zierde an der Brustbekleidung’ (Lexer). Wießner vermutet eher ‘Brustplattenpanzer’, wozu pl. *diu blech* (zu *blech,* stn) ‘Plattenpanzer’ stimmt. M. 3.

buosemsnuor, stf, Brustschnur. Nur N. 42, VI, 1. M. 3.

burse, stswf aus mlat. *bursa* Geldbeutel: Beutel, Tasche. Göli 90, II, 9. M. 1 a; R. 6a.

bürtic, adj, gebürtig. N. 45, III, 10. M. 1.

bûz, stm. Nur conj. W.s (statt Haupts *buc*) aus *pvch* R, *puchs* c: Schlag, Stoß N. 29, II, 9 (H. 47, 8).

denen, swv, dehnen, ziehen, zerren. N. 32, V, 6. M. 1.

derreblahe, stf, Plane zum (Flachs-)Dörren. N. 29, V, 6. M. 3.

diech, stn, Oberschenkel. N. 46, IV, 9: 'eng an seinem Bein', wie nhd. 'dicht auf den Fersen'. M. 1.

dienen, swv, **dienest,** stmn. Bezeichnungen für das Verhalten des Ritters, worin sich Verehrung und Einsatz für die Dame seines Herzens, die Minneherrin, kundgibt, samt den damit verbundenen Assoziationen an Lehensdienst (dem Herrn gegenüber) wie wohl auch an den „Sommerdienst" des jungen Mannes, des „Burschen" für die Erkorene, die Sommerliebste. Die Suffisance der Dichtung Ns. besteht darin, daß diese, hier in die Sphäre hochhöfischen Gesellschaftslebens gestiegenen Ausdrücke auch für das erotische Umwerben von Frauen „unhöfischen" Verhaltens oder Standes, Bauernmädchen, als Fingierung von Minnedienst, gebraucht werden (vgl. 5, V, 5 [dazu IV, 7]; 37, II, 5; 42, II, 8; 49, II, 2, auch 17, V, 2: der *meisterinne* [s. d.] gegenüber!). – In den Frau-Welt-Liedern dominiert die Vorstellung des „Lehensdienstes" der Herrin gegenüber (z. B. 54, III, 2. 5; 55, II, 4; VI, 4; VII, 11; 56, II, 9; IV, 8; V, 2). Vgl. *diener, herre, frouwe.* Einmal, in 6, VI, 5 ist *dienest* in der Verbindung *dienest unde triuwe* einer *maget* bei der Aufsage der Freundschaft der Gespielin gegenüber in den Mund gelegt. An der Stelle und innerhalb des gesamten Gebrauches bei N. schillert diese Verbindung neidhartisch zwischen Verbundenheit und Dienstwilligkeit (vgl. N. 39, IV, 9) und gespieltem falschen Ton von nur in Rittermund passenden Worten. (Vgl. auch RWB s. v. *dienen, diener, dienest.*)

diener, stm, bei N. nur im Frau-Welt-Lied 56, IV, 5 als 'Diener' in primärem Verstand als 'Lehensmann'.

dienestman, stm, Lehensmann, Ministeriale. Im MS offenbar erst ab N.; hier, im Frau-Welt-Lied 54, II, 2 vom Verhältnis des Ritters zur (Lehens-)Herrin. M. 1.

dierne, stswf. Aus ursprünglicher Bedeutung 'Jungfrau' zu 'Mädchen', (unfreie) 'Dienerin', 'weibliche Person geringeren Standes', schließlich abgewertet zu 'Dirne' (vgl. Kluge-Götze und RWB s. v. *Dirne*). Im MS (nach M. 1) erstmals bei N., jedoch nur 28, VII, 10 und, als comp. *dierenkint*, 36, IV, 8. Die Situation des L 28 mit seinen *höfschen kint* (III, 2) und der Anrede *vrouwe* (IV, 8; VII, 7), in L 36 das Minnewerben von Ritter (I; III, 4) und Rivalen (II, 5. 8) lassen es „Neidhartisch" schwebend bleiben, ob *dierne* hier neutral 'Mädchen' meint oder gezielt-frappierend die höfisch Drapierte als Bauernmädchen enthüllen will. – In Ps.-N. 60, IV, 10 *(dierne)*; IV, 13; V, 13 *(diernelîn)* sind es der Sache nach Bauernmädchen. In Ps.-N. 82, V, 9 bezeichnet es 'Magd'. Vgl. *maget* und *vrouwe.*

dingelîn, stn, dem. zu *dinc,* dem entsprechend mehrdeutig. Die (einzige) N.-Stelle 7, V, 2 kann 'Sächelchen', 'kleiner Haushalt' bedeuten und zugleich, *dinc* genitale sowie dem Zusammenhang entsprechend, 'penis' meinen, eine Doppeldeutigkeit, die durch *pflegen* 'in Obsorge nehmen' (vgl. *sînes wîbes pflegen* 'beiliegen') gestützt wird. M. 1.

dinkhûstor oder **dinkhoftor,** stn, beides Konjekturen aus *tinkvftor* C, *dinkel tor* B, *deines hauses tor* c (H. XXV, 19). Göli 88, III, 5. *dinkhof* ist Haupthof und Gerichtsstelle eines grundherrlichen Bezirks, *dinkhûs* Gerichtshaus, Gemeindehaus, Rathaus (RWB s. v. *ding* –). Wenn *dinkhûs* anzusetzen, ließe sich auch an städtische Umgebung denken.

dol, stf, Leiden, Beschwernis. (Ps.-)N. 68, VII, 11; R. 6a (M. S. 99, Anm. 1).

dorf, stn, Dorf. Samt Zusammensetzungen im MS erst ab N. (M. 1). Im Text erscheinen: *dorf* N. 17, III, 4; 34, V, 9; Ps.-N. 60, II, 9. *-getelinc* (s. d.). Variante in C statt *geil* (Ps.-)N. 34, III a, 9. *-knabe* (s. d.) N. 50, IV, 4. *-knappe* (s. d.) (Ps.-)N. 53 ,VII a, 1 (R. 7a). *-krage* (s. d.) (Ps.-)N. 50, VI e, 2 (M. 3 A). *-man,* Bauer. N. 49, VII, 4. *-sprenzel* (s. *sprenzelaere*) N. 55, VIII, 5 (M. 3). *-wîp,* stn., Bauersfrau. N. 25, II, 4.

dörpel, dörper, stm, abschätzig für Bauerntölpel, -lümmel. Urspr. mnl. Lehnübersetzung *dorpere* von afr. *vilain* (Bauer,

Nichtadeliger, ungebildeter Kerl), mit anderen Wörtern (des für vorbildlich geltenden) flandrischen Rittertums als *dörper*, mit Dissimilation *dörpel* ins Mhd. übernommen, später zu nhd. *Tölpel* weiterentwickelt. Drückt die abschätzige Distanz des (höfischen) Adeligen und Ritters gegenüber dem nichtadeligen, bäuerlichen Menschen, dann auch gegenüber dem sich unhöfisch Verhaltenden aus. In diesem Sinn von N. in die Lyrik eingeführt (vgl. M. 1), jedoch nur, aber häufig in den Winterliedern (z. B. 33, VI, 1; 41, IV, 6; 54, V, 4 *[der ungevüege dörper Engelmâr]*; 56, VII, 6), zur Kennzeichnung der Opposition des (sprechenden) Ritters gegen die – unhöfischen, bäuerlichen – Rivalen.

dörpelsit, stm. Ps.-N. 61, IV, 7: Benehmen wie 'Bauern'; vgl. *dörpersite* bei M. 3; R. 3a.

dörperdiet, stf, zu *diet* stfnm, Volk. N. 46, VI, 11: Bauernvolk. M. 3.

drangen, swv, belästigen, drängen. N. 10, VI, 2. M. 1.

drischelstap, stm, Schaft des Dreschflegels. N. 24, VI, 2. M. 3.

drîzec (jâr), 'dreißig Jahre' im Sinne von 'Menschenalter, Lebenszeit'. N. (z. B.) 18, II, 2; 43, II, 8; 47, VII, 6.

droschel, stf, Drossel. N. 10, II, 1. M. 1.

drüzzel, stm, Maul. N. nur 40, V, 9 (*drüzzelstôz,* M. 3) u. Ps.-N. 86, IV, 6. M. 2.

dult, stf, kirchliches Fest, Jahrmarkt. N. 34, IV, 4. M. 1. s. Kluge-Götze u. RWB s. v.

durchvarn, stv, durchziehen. N. 26, VII, 7. M. 1.

durchwallen, stswv, durchwandern N. 53, III, 1. M. 3, dagegen Lexer Nachtrag s. v. in Virginal 298, 7.

dürkeln, swv, durchlöchern, Loch reißen, zu *dürkel,* adj, löchrig (N. 31, V, 2, s. M. 4). N. 44, V, 13 u. 49, VII, 14, auch sonst selten M. 1.

ebenhiuze, stf, zu *hiuze,* stf., *hiuze,* adj. (s. d.) u. *hiuzen,* swv. Von deren Grundbedeutung 'munter, frech' aus versteht sich über das Vb. 'sich erfrechen', die 'Spitze bieten' das Subst. *ebenhiuze* als 'anmaßende Rivalität', 'freches Gleichziehen' in Tun und Verhalten. Das seltene Wort bei N. nur 44, V, 5. M. 1.

ebenhiuzen, swv refl, 'sich mit Frechheit an die Seite stellen'. N. 53, VIII, 1. M. 1.

ebenhûs, stn, Erdgeschoß. N. 31, VI, 6. M. 3.

ecke, swf, Schneide einer Waffe; Ecke, Kante. N. 27, IV, 4 Wortspiel zwischen Schwertschneide u. Kante des Spielwürfels (*spil* ebda. i. Doppelsinn). – *über egge* Göli 87, II, 1 und 89, I, 2 'an allen Ecken und Enden', vielleicht auch 'bunt durch einander', vgl. W.Wb. s. v. *ecke.*

egge s. *ecke.*

eide, swf, Mutter. Germ. Wort (got. *aiþei*), mhd. „nur im Bestande der 'Neidharte' heimisch" W.Wb., noch obd. mundartlich. N. 7, II, 5; 9, VI, 7; 12, II, 4; 15, V, 1. M. 1.

eigen, adj, auf Personen bezogen in lehensrechtlichem Sinn rechtszugehörig, unfrei, hörig, leibeigen, so *eigen oder vrî* N. 55, IV, 6 im Sinn 'jeder'; N. 56, V, 3 dem Herren, dem ich von rechtswegen zugehöre, d. h. Gott, während der Dienst für Frau Welt (freier) Dienst für einen Herren ist, dem gegenüber an sich keine rechtliche Verpflichtung besteht. – Von Sachen: in Eigenbesitz (im Gegensatz zu Lehensbesitz), zu freier Verfügung, z. B. N. 5, VI, 3; 25, VII, 12.

eigen, stn, Besitz, erbeigener Grundbesitz *(allodium)* im Gegensatz zu *lêhen (feodum)* (s. d.): *eigen unde lêhen* N. 41, IX, 4; ebenso *mîn eigen* N. 75, II, 7.

eine, adj adv, allein, einsam, frei von, ohne, m. gen. *mîn eine gestân* N. 10, VII, 6 frei bleiben von mir.

eines, gen adv, einmal. N. 41, VI, 6 (im Sinn: 'mit einem Mal, plötzlich').

einest, adv, Göli 88, V, 10: 'einmal'.

elle, swstf, Elle (Maß). N. 27, V, 11 und 47, I, 12. M. 1.

ellenclîch, adj, alle ohne Ausnahme (vgl. Lexer s. v. *alleclîche[n]*). Konjectur Ws. für *ellentrîch* (Rc) mannhaft, bzw. verstärktes *rîche,* (H. 88, 36) zu *ellen,* stn, Mut. N. 56, IX, 4; vgl. M. 1.

enblanden, stv, N. 18, IV, 1 als *sich enblanden lân* angelegen sein lassen, etwas mit Hingabe tun. M. 1.

enboeren, swv, erheben, zu *enbor,* adv, in die, der Höhe. N. 6, IV, 2 vom Springtanz. M. 1.

enbunnen, praet-praes zu *unnen* gönnen in *gunnen,*: mißgönnen. Mit der Vorsilbe *en* (neben häufigerem *er-*) N. 33, II, 13 und 44, I, 3. M. 1.

ende(c)lîchen, adv, zu *ende,* stnm, bis ans Ende, gründlich, vollständig; rasch. N. 17, VII, 1 u. 26, I, 1.

enpfetten, swv, entkleiden; (Pferd) ausschirren. Zu *pheit,* stnf, Hemd, Leibrock? (Vgl. Lexers Ansicht s. v. von einer „Verdünnung" aus *entpheiten*). (Ps.-)N. 53, IV c, 8.

entlûchen, stv, öffnen, aufschließen. Ps.-N. 74, II, 12. R. 7a.

entwer, adv, in die Quere, hin und her. N. 41, III, 4 und 54, VII, 2. M. 1.

entwerfen, stv, auseinanderwerfen; im Sinne von 'entstehen' Ps.-N. 81, IV, 5. R. 7a.

enzelt, adv, mit *gân, varn* im Paßgang gehen, vgl. nhd. *Zelter,* s. u. *zelt.* N. 42, VII, 6 bildlich vom Glücksrad (*schîbe* s. d.) 'gemächlich laufend'. Ps.-N. 72, IV, 7 scherzhaft von der „Gangart" des Reigens. s. M. 1.

epfeltranc, stmn, Apfeltrankwein. N. 31, I, 8, hier doch wohl (wie W.Wb.) als 'saures Getränk', soviel wie 'hart ankommen', vgl. M. 1.

erbîten, stv, erwarten. N. 23, II, 8. M. 1.

erblicken, swv, trans. (etwas) erblicken. N. 26, V, 2 als (durch Erblicken) feststellen. M. 1.

êre, stf, oft plur. *êren.* Ehre. In Neidharts Gebrauch das aus einem Verhalten herrührende Ansehen, Achtung, ebenso innere Selbstachtung, die das Verhalten bestimmt. Beide Begriffsgruppen können einander durchdringen (so 12, IV, 5; 39, IV, 3; 49, V, 12; 52, X, 7). In der Aussage geht es N. meist darum, daß im Verhalten zwischen Mann und Frau oder gegenüber der Gemeinschaft *êre* gefährdet, verspielt oder als (höfischer) Wert in Frage gestellt ist. Hieraus die

Kombinationen mit *vreude, zuht* (5, IV, 5; 54, V, 9; 55, IV, 8), Bezeichnung als *kranc* (54, VIII, 7; 55, II, 9), *unbehuot* (54, IX, 9), zumal in der Kritik an Frau Welt (55, V, 1) und an höfischer Minne (20, III, 3; 54, IX, 9; s. o. VIII, 7). – Bei *landes êre* in 21, I, 1 (u. VI, 7) schließt das Wort mit ein, was einem Gebiet, Herrschaftsbereich und dessen Gemeinschaften Achtung, Bedeutung, Nutzen und Wohlfahrt verleiht, hier: durch Vollzug höfischen Singens (vgl. K. Bertau, Stil u. Klage S. 93; RWB s. v. Ehre, 6, mit Belegen Basel 1286 und Freiburg 1293).

êrebaere, adj, im MS nur N. 43, VIII, 9: *êrebaere und wol gezogen* (von der „Dame") sich der *êre* gemäß benehmend. Vielleicht klingt bereits das später bezeugte bäuerliche 'ehrbar' mit an. M. 1.

êrelôs, adj, ehrlos. N. 56, V, 1 von 'Frau Welt' im Sinn eines *êre* außer acht lassenden Verhaltens. M. 1.

êren, swv, N. 57, V, 5 *vröude êren* hochschätzen, Achtung erweisen (und sich darnach verhalten), und Ps.-N. 61, I, 9 *êren* beschenken, ausstatten (mit dem was *êre* bringt oder steigert).

erginen, swv, das Maul aufsperren. Nur N. 29, III, 6. M. 3.

erknellen, stv, erschallen, knallen lassen. Göli 88, III, 8. R. 7a.

erkrumben, swv, intr, krumm, lahm werden. N. 52, V, 8. M. 1.

erlochen, p. p. zu *erlechen,* stv, intr. austrocknen, verschmachten, Göli 88, V, 8. R. 7a.

ermel, stm, Ärmel. N. mehrmals, z. B. 43, IV, 4; sonst im MS „erst von Neifen an" M. 1.

erreichen, swv, erreichen, treffen. N. 42, IX, 11. M. 1.

ersnellen, swv, ereilen, zu fassen bekommen. N. 27, V, 10; 33, V, 5; Göli 89, II, 11. Vgl. M. 1.

erwagen, swv, intr, erschüttert werden, in Aufruhr geraten. N. 16, V, 2. (M. 1 falsch s. v. *erwegen*).

erwinnen, stv, refl zu *winnen,* stv, sich abarbeiten, wüten, toben, rasen, als: sich in Raserei bringen N. 50, IV, 12 (vgl. d. Anmerkungen bei H. und W., Kom. zu 100, 14.

erziehen, stv. In 24, I, 7, der bisher einzig belegten Stelle, von *ziehen* im Sinne von '(falsch) führen' als: in Übeles führen, (übel) mitspielen, Gewalt antun. Vgl. M. 1 u. W.Wb (s. v. *erzogen*).

ete(s)-. Die Verbindung von ete(s)-, bei N. mit *-lîch* (27, V, 9 u. ö.), *-waz* (56, VII, 2), *-wenne* (47, V, 12 u. ö.) schafft Indefinita, die ein Bestimmtes, aber nicht Bekanntes oder nicht näher zu Bezeichnendes ausdrücken: einer, einige; etwas, ein wenig; irgendwann zu bestimmter Zeit (so wohl 32, IV, 6), zuweilen; *ete(s)wenne* kann hieraus in „mhd. Ironie" auch 'immer wieder, dauernd' aussagen (so 36, III, 13). Für 8, VI, 1 s. bei *mâl.* – Diese Indefinita können in Opposition zu (ursprünglichen) *ie*-Verbindungen stehen, die ein Beliebiges, völlig Unbestimmtes ausdrücken: *ie*, unbestimmt irgendwann, immer; *iemen* irgend einer, jemand; *iht* (< *io wiht*) irgend etwas, (und andere, alle bei N. häufig belegt). Vgl. Michels, Mhd. Elementarbuch § 232; Paul-Mitzka, Mhd.Gr.^{19}, S. 303 f.

gadem, stn, Haus von nur einem Raum; Gemach, Kammer, so N. 13, V, 5. M. 1. – Außerdem hochgelegener Verschlag; Stockwerk. Vgl. Kluge-Götze s. v.

galm, stm, Schall, Lärm. N. 25, II, 10. M. 1.

gämelîche, gemeliche, stf, Ausgelassenheit, Lustigkeit. N. 30, V, 5; 40, III, 4; Göli 87, VI, 8. M. 1 s. v. *gemelîche.*

gans, stf, Gans. Der Vergleich: Gans, die sicher ist, geschlachtet zu werden (Mhd.Wb. 1.478^b) nur bei N. 45, III, 12. M. 1.

ganze, swm, Gänserich. Bei N. als Spottbezeichnung 24, V, 7; 35, III, 8; 40, VI, 1. M. 1.

garn, p. p., gepflügt zu *ern,* stv, 32, VI, 3.

gate, swm, Genosse; seinesgleichen. 56, VIII, 3. M. 2.

gazze, swf, Gasse; Weg im Ort. N. 31, IV, 5 *(Friderîch in* *der gazzen)*; in 26, IV, 7 hat Rc *strazzē*, CC[b]d *gassen*; Ps.-N. 61, IX, 9. Vgl. M. 1.

gazzenswert, stn, Schwert, mit dem man eine „Gasse“ hauen kann (vgl. *rûmegazze*). (Ps.-)N. 56, X, 5. R. 3a.

gebende, stn, zu *binden,* stv, Kopfputz der Mädchen, vor allem beim Tanz, als schleierartiges Kopftuch. N. 30, VI, 3 (vgl. 4 *hüetel,* s. d.); 45, V, 5.

gebot, stn, Gebot. In N. 27, II, 4 was beim Würfelspiel angeboten wird, der Einsatz.

gebrech, stn, Gekrach, Lärm. Das im MS nur N. 45, VII, 3 belegte Wort bezieht sich hier auf das gerügte Auftreten eines *dörpers* und gehört mit *gebracht*, stmf (N. 19, IV, 4 vom Gesang der Nachtigall) zu dem Wortfeld *braht*, *brechen* und *brehen* im Sinne von ‘geräuschvoll, prunkvoll auftreten’ und ‘grell hörbar und sehbar’. So ist *pîneclîch gebrech* als unleidiges, protziges und zugleich (vor-)lautes Auftreten verstehbar. Die Stelle wäre deutlicher, wenn *muochen* (s. d.) ebda. 1, erklärbar wäre. s. a. M. 1.

gedon, stf, als *g. tuon* einem beschwerlich fallen, einen quälen. N. 43, VI, 11. s. M. 1.

gedranc, stnm, Gedränge. N. 42, VI, 8. ‘Hartmann und seine Schule meiden diese Bildung’ M. 1.

gedultec, adj. Für die einmal belegte Stelle N. 43, V, 9 fehlt gesicherte Deutung. Lexer s. v. ‘ablassend von’? Vgl. M. 1.

geharre, stn, das Harren. N. 17, XI, 4 verächtlich ‘Warterei’. Offenbar Neubildung Ns. W.Wb. M. 3.

geheize, stnf, Versprechen. Im MS (im Gegensatz zu *geheiz,* stm) nur N. 25, I, 5. M. 1.

gehelfe, swm, Gehilfe. N. 53, IV, 7. M. 1.

gehelze, gehilze, stn, Schwertgriff, Heft. N. 38, III, 6 und 42, V, 12; Göli 87, VI, 3. M. 1.

gehengen, stn, als subst. Inf. zu *gehengen*, swv, geschehen lassen, nachgeben, gestatten. N. 32, III, 3 und 42, III, 11 als *gehengen vinden* Gehör finden; s. M. 1.

gehersen, swv, zu *hersen (hêrsen)* Herr sein, mit dat.:

Herr sein; überlegen, gewachsen sein. N. 10, VII, 2. M. 2 u. 3.

gehilze s. gehelze.

geil, adj, von wilder Kraft; mutwillig, üppig; lustig, ausgelassen; begierig. Im MS seltener; häufig bei N., hier zumal den Bauernburschen und jungen Mädchen zugelegt; die Skala von 'fröhlich' (25, II, 8) – 'lebenslustig' (1, IV, 4) über 'ausgelassen – mutwillig' (46, IV, 11) bis zu negativer, auch erotischer Färbung (40, IV, 1; Ps.-N. 68, II, 2) durchschreitend. Vgl. M. 1.

geil, stn, **geile,** stf, zu *geil,* adj. Fröhlichkeit, Übermut (42, V, 1), Liebestollheit (16, IV, 6), Lüsternheit (70, III, 1). M. 1.

geilicheit, stf, zu *geil,* adj. N. 25, I, 10 'Übermut' (vgl. *petulentia* Diefenbach, glossarium, bei Lexer s. v.).

gelesen, stv, sammeln. In Ps.-N. 82, III, 10 das Kleid mittels Schnüren in Falten zusammenfassen: schnüren.

geloufte, swm, zu *loufen,* stv: Mitläufer, Spießgeselle, Kumpan. Sehr selten, N. nur 47, V, 15 M. 1.

gelpf, adj, von der Farbe: leuchtend hell, so N. 11, III, 3; 45, Trutzstr. I, 8; vom Schall: laut (nicht N.); vom Benehmen: übermütig, frech, so N. 6, VI, 2. Vgl. M. 1.

gelt, stnm, Vergeltung, Vergütung, Bezahlung, Einkommen, Wert. N. nur 53, VIII, 5: der *kouf* ist das Zerreißen der Haube, *gelt* die Leistung hiefür, der 'Einsatz', d. h. das sich Eindrängen in das Hofgesinde.

gemâl, adj, bunt verziert, farbig. Im MS im wesentl. erst ab N.: 34, V, 4 und 56, IX, 2. Vgl. M. 1.

gemeit, adj, lebensfroh, freudig, vergnügt. So auch N. 14, I, 4 und mehrmals bei Ps.-N.en. Die andere Stelle: N. 25, V, 1 läßt sich vielleicht, vom gesamten Kontext her, als Fortführung einer ahd. bezeugten Bedeutung *stultus* schwach an Geist, töricht (s. Ahd.Wb. und Lexer s. v.) zusammen mit 'keck', als Haltung eines sich dümmlichen Aufspielens, Angebens verstehen.

gemeliche s. *gämelîche.*

gemüete, s. *hôchgemüete.*

gemüffe, stn, (Nur) N. 40, III, 3. Bedeutung unklar. Sachlich bezieht es sich auf *gerüemic wesen* wegen angeblicher Aufgabe des Dichtens Ns., ein 'Bereden' dieses Verhaltes. Mögliche Verwandtschaft zu *mupf, muff,* stm, Verziehung des Mundes, Hängemaul, *muphen, müffen,* swv, den Mund spottend verziehen, legt eine Bedeutung 'spöttische Nachrede, Gemaule' nahe. M. 2 u. 3.

gemzinc, stm, etwa 'Gemserich', einer der sich wie ein Gemsbock gibt. In mhd. *gemz, gemeze* Gemse (s. Kluge s. v. *Gemse*).

genâdelôs, adj, zu *genâde,* stf. In der Verwendung 'ohne Erhörung' nur N. 52, I, 7. M. 1.

gephnaete, stn, zu *phnehen* schnauben, s. d.: aufgeblasenes Wesen. N. 37, V, 8 im Bild von der satten Taube. M. 2 u. 3.

geplätze, stn, zu *blâzen,* swv, blöken, weinen; so auch mundartlich bair.-österr. Im MS nur bei N. 31, I, 10 und 41, IX, 1 spöttisch als Geschwätz, Geplimper, Gesinge für seine Liedkunst.

gêr, stm, Speer, Spieß. Mit *aberhaken* (s. d.), Widerhaken, verbunden meint das Wort, zumal hier im bäuerlichen Bereich der (einzigen) Stelle N. 49, VIII, 4 (M. 1), den Fischspieß, „den *geren,* der wie eine dreizackichte gabel von eisen gemacht ist und in der mitten einen längeren spitz mit widerhaken hat" Hohberg, Technolog. Wb. 2, 502[b] in DWB s. v. Gehr.

geremen, swv, neben *remen*; vgl. nd. *es einem remmen* einem einen Streich spielen, es ihm eintränken (Lexer s. v.). N. 52, II, 8. M. 1.

gerenge, stn, zu *ranc,* stm, 'Ringen, schnelle Wendung, Bewegung': Gebalge. (Vgl. La C *gerangen* sich herumbalgen N. 10, VI, 2 für *drangen* 27, 16, vgl. auch *gerinc,* s. d.). N. 40, III, 8. M. 1.

gerinc, stm, zu *ringen,* stv, sich hin und her bewegen, abmühen, vgl. *gerenge*: Ringen, Streben, Bemühen. N. 47, V, 1. M. 1.

geriune, stn, zu *rûnen,* s. d., und *gerûnen,* ebda: Geflüster. N. 33, IV, 11 und 52, XI, 8. M. 1.

gerste, swf, Gerste. N. 26, II, 8. M. 1.

gerüemic, adj, als *gerüemic wesen* sich rühmen N. 40,III, 1. M. 3 (u. später, s. Lexer, Nachtrag s. v.).

gerûnen, swv, s. *rûnen.*

gerüste, stn, N. 25, VI, 1; hier 'Kleidung', ironisch verstanden, s. M. 1.

geschreie, stn, lautes Treiben. N. 9, II, 6 von sommerlich-fröhlichem Treiben (einschließlich Vogelgesang) u. 19, I, 5 von politischer Unruhe; s. a. M. 1.

gesiffeln, swv, zu *siffeln,* swv, gleiten, (mit den Füßen) schleifen. N. 11, IV, 6. M. 1.

gesippe, swm, Verwandter. (Ps.-)N. 50, VId, 13 (nach La. c; *sippe* C). R. 7a.

geslende, stn, zu *slinden,* stv, schlucken, verschlingen: Schlemmerei, Prasserei. Selten; N. nur 43, VI, 3 (Conj. für *gelende* R, *gelendes* B, *gelingen* c). M. 1.

gestränze, stn, großtuerisches Gestrolche. Zu *stranzen, strenzen,* swv, müßig umherlaufen, groß tun, fürs Mhd. zu folgern aus *strenze,* f, Stute, und *strenzer,* stm, Räuber (Lexer s. v.), beide erst in späten Vocabularien; vgl. die Streckform *strawanzen* vagabundieren und schwäb.-bair. *stranzen* müßig herumlaufen, groß tun. *gestränze* N. 27, I, 7 abschätzig für bäuerliches Sommertreiben, s. a. M. 1.

gesunden, swv, als trans. gesund machen, am Leben erhalten. N. 14, IV, 4. M. 1.

geswanzen, swv, sich tanzartig bewegen, schwänzeln, stolzieren. Nur N. 17, X, 4 belegt (Lexer s. v.; M. 1 s. v. *swanzen*). Mit *swanzen,* swv, sich schwenkend bewegen, aus *swankezen,* Intensivbildung zu *swanken,* swv, schwanken, taumeln (s. Kluge-Goetze s. v. *schwänzen*).

getelinc, stm, zu *gegate, gate,* stm, Zusammengehöriger, Genosse, Gatte: Verwandter, Genosse, Geselle; Bursche. Für N. (in den Winterliedern) die charakteristische Bezeichnung der Bauernburschen, aus der Sicht des Ritters, und daher schon von vorneherein mit abwertendem Unterton (s. 38, III, 2; 43, III, 7; 50, III, 14), mehrmals mit *geil* (s. d.) und *tump* verbunden (z. B. 41, III, 1 *der tumbist under geilen getelingen*). Vgl. *knappe*. M. 1.

getelse, Conjectur N. 27, III, 10 (R. *getels;* C[b] *gattelosen*, c *geteleze*, s. noch Haupts Anm. zu 50, 2), sonst nicht nachgewiesen. Im Context vom abschätzig beurteilten Auftreten von Burschen feiertags gebraucht. Zusammenhang mit *talmen,* sw, toben, oder *telz,* adj, unausgebacken, spundig, *telzen,* swv, streichen, schmieren, anstreichen (wie dies ähnlich Haupt z. St. erwägt)? Also 'polterndes Auftreten' oder 'Geschäker'. Hier neutral mit 'Flegelei' wiedergegeben. Vgl. M. 2 u. 3.

getreide, stn, was getragen wird, Erträgnis. N. 36, I, 6, was Heide und Wald tragen: Blumen und Laub. M. 1.

getroc, stn, Trug, Täuschung, Blendwerk. Zu *triegen*, stv, trügen. N. 51, II, 7. M. 1.

geu, göu, stn, Gegend, Landschaft, Gau. Im MS erst bei N., dort öfter (z. B. 33, IV, 14). M. 1 (s. v. *göu*).

geuchel, stn, umstritten. Als *giuchel* Art Kapuze, *göuchel*, dem. zu *gouch* Narr oder Törin (so Fastnachtsspiele), Scham gedeutet. Ich folge dem bisher am besten begründeten Vorschlag Wießners im Wb., das Wort als aus *goucheil*, stn, (= *gouchheil*) die Pflanze *anagallis* im Sinne eines Zauberkrautes zu verstehen. Vgl. M. 1 (s. v. *giuchel*). N. 26, IV, 7.

geuden, swv, prahlen, großtun, geräuschvoll auftreten; Verschwendung treiben. N. 46, IV, 1. M. 1 (s. v. *giuden*).

geugewete swm. Eine fragliche unbezeugte Conjectur aus *die zwêne gênt geweten* (R); *gewete,* swm, der mit einem andern Zusammengejochte, Genosse (zu *weten*, stv, s. d., binden, zusammenjochen, verbinden): Gaubrüder – oder Brüder. N. 47, VI, 1. M. 3.

geuphâ, swm, zu *phâ, phâwe* Pfau: 'Gaupfau' als Spottwort auf die pfauenhaft eitlen Bauern. N. 51, V, 10. M. 2 u. 3.

gevaere, adj, zu *vâren,* swv, nachstellen: nachstellend, bedacht auf etwas. Im MS erst ab N. 39, I, 10 (reimbedingte Conjectur Hs. aus *gevaerich* R, aber *givere* C[b]) in abschätziger Bedeutung. M. 1.

gevater, swm, Gevatter. N. 41, VI, 4; als dem. *geveterlîn* Ps.-N. 60, III, 17. M. 1. R. 3a.

geverte, swm, Gefährte, Begleiter, Freund. N. 70, III, 5. M. 1.

gevreischen, stv, zu *vereischen, vreischen* (N. 29, III, 9); Grundwort *eischen,* stv, forschen, fragen, fordern: durch Fragen erfahren, kennen lernen. N. 7, I, 2 und 40, IV, 1. M. 1.

gevriunt, adj, zu *vriunt,* stm, Freund, Geliebte(r), Verwandter (N. z. B. 1, VII; 17, VI, 1): mit *vriunden* und als *vriunt* vereinigt. Als subst. pl. *gevriunde* gegenseitige Freunde Göli 87, VII, 5. R. 7a.

gewalticlîch, adj, Gewalt habend, gewaltig, (über)mächtig. N. 47, I, 15 und 50, I, 9. M. 1.

gewant, stn, Gewand. In höfischer Lyrik und Epik häufiger nur bei N. für Mann und Frau, z. B. 4, V, 2; 45, VII, 4, bildlich für die Natur, z. B. 11, I, 4. Vgl. M. 1.

gewegen, stv. In höfischer Epik und Lyrik wenig. Bei N. intr. von 'Gegengewicht halten' ausgehend 'helfen, beistehen' 30, III, 1; refl. 'Gewicht halten' 52, VII, 4. Vgl. M. 1.

gewenen, swv, gewöhnen. Zu *wenen,* swv, dasselbe. Bei N. 43, I, 11 aus einer Grundbedeutung 'zugetan werden' etwa als 'zugehören' als Ergebnis eines sich Zuwendens.

gewentschelieren, swv, herumschwänzen. Nur N. 27, VI, 9. W.Wb.: volksmäßige Umbildung von *wandelieren* (Hs c), dieses zu *wandeln,* swv, wandeln, umhergehen. Vgl. M. 2 u. 3.

gewerft, stmn, mit *gewerp* (s. d.) Nebenform zu *gewerf,* stm, zu *werben,* stv, in der Grundbedeutung 'drehen': das sich Drehende; Tätigkeit. Die Form nur N. 17, IX, 7, auf seine Liedkunst bezogen; s. M. 1.

gewerp, stm, (s. o.) Bemühen, im Sinn: den Hof machen. N. 25, VI, 5 und 35, III, 5. M. 1.

gezecken, swv, s. *zecken.*

gezwinglîchen, adv, Göli 87, II, 5 statt *getwinglîchen?* als Verstärkung zu *balde.* R. 9a.

gickelvêch, adj, buntscheckig, zu *vêch,* adj, bunt. Im MS nur N. 13, VII, 5; auch sonst selten, s. M. 1.

gimpelgämpel, stm, mutwilliger Hüpfer, Springer; Springtanz; Penis. Zur Sippe um *gimp- gamp- gump-* für hüpfende Bewegung. N. 11, V, 2 u. 12, II, 7 abschätzig. Ps.-N. 75, IV, 10 u. V, 1 obszön. M. 1. Vgl. W.Wb. s. v.

gippen – gappen, vb, scherzhaft lallend für *geben*; vgl. *gippe,* stf, für *gebe,* stf: Ps.-N. 75, II, 9; s. *hippen – happen,* ebda. 10.

gir, stf, Verlangen. Nach Schirokauer PBB 47 (1923) 54 N. (nur 50, III, 7) der einzige Baier, der nur *gir* hat, nicht auch *ger, girde.*

gîtig, adj, begierig. N. 42, VIII, 7. M. 1.

glanz, adj, glänzend, hell. Im MS nur N. 30, VI, 3; 45, IV, 4; 52, V, 10. M. 1. Sonst häufig.

glatz, stm, Glatze. N. 24, VI, 9. M. 1.

glitzen, swv, glänzen. N. 45, Trutzstr. I, 10. R. 7a.

gnippe, swf, Messer, Stechmesser, Dolch. (Ps.-)N. 50, VI d, 12. R. 7a. Über *gnîp, knîp* (Lexer s. v.) zur Wortsippe um nhd. *kneip, kneif* „Messer, besonders des Schuhmachers, sodann des Gärtners und Winzers" gehörig (s. Kluge-Götze s. v. *Kneip*).

gofenanz, *govenanz,* stm., aus franz. *convenance,* mlat. *convenentia* Zusammenkunft, und zwar zu Spiel und Tanz; Art 'Tanz'. N. 24, II, 6; 26, III, 3; Ps.-N. 80, III, 5. M. 1. R. 6a s. v. *govenanz.*

gogelheit, stf, zum adj. *gogel* ausgelassen, lustig, üppig (Ps.-N. 71, III, 2. M. 1 A; R. 3a). Im MS erst N. (u. Ps.-N.) mehrmals (z. B. 52, V, 13), vom tollen, ausgelassenen, „unhöfischen" Treiben und Benehmen der Bauernburschen; s. M. 1.

gogelsat, adj, zu *sat,* adj, satt, voll: satt, voll, prall von Tollheit, Übermut, Dreistigkeit. N. 47, VII, 5. M. 3.

gogelwîse, stf, Ausgelassenheit, Übermut. (Ps.-)N. 53, VIIa, 4. R. 3a.

golze, swm, nur im Plural, Fuß- und Beinbekleidung, bei N. 7, II, 4; 12, III, 4; 15, VII, 3 (M. 1) zum (modischen) Feststaat der Mädchen gehörig. Nebenform zu *kolze*, letztlich aus lat. *calceus* Schuh, Halbstiefel (ital. *calza* Strumpf, *calzone* Hose, frz. *caleçon* Unterhose). Als *îserkolze* Fuß-Beinteil der Rüstung (Schultz, Höf. Leben II, 37); *spargolze* (Helmbrecht 223) nach letzter Deutung Schuhwerk mit Holzstäbchenverschluß (s. 8. Aufl. von Kurt Ruh). Ob bei N. im genaueren an (Tanz-)Schuh, Strumpf (so Suolahti, Franz. Einfluß [1929] S. 215) oder eine Art Strumpfschuh zu denken ist, muß offen bleiben. Die Übersetzung „Schuh" will nur als ungefähre Sachbezeichnung genommen werden.

gouch, stm, Kuckuck, übertr. Gauch, Narr; Buhler u. a. Bei N. häufige abschätzige Bezeichnung für die Bauern (z. B. 37, V, 7: „Hund"). Auch außerhalb Ns. in Gebrauch. M. 1.

goum, stf, prüfendes Aufmerken. N. 28, VII, 6 als *goum nemen* bemerken, wahrnehmen. M. 1.

Gôzbreht, Eigenname, Ps.-N. 68, III, 11 spöttische Bezeichnung für 'Bauer'.

gran, stswf, Granne; (stachlichtes) Haar: an der Scham Ps.-N. 75, V, 4. R. 7a.

grasemugge, swf, Grasmücke. Als Spottname (für ein Mädchen) N. 64, III, 4. M. 1.

grâwen, swv, zu *grâ* grau: grau, alt werden. N. 35, III, 1 u. 49, VI, 3. M. 1.

grif, stm, Griff. N. 39, V, 4; 50, VI, 5. M. 1.

grîfic, adj, zu *grîfen*, stv, greifen, mit *wesen* nach etwas greifen; aus, scharf sein auf etwas. Nur N. 37, II, 9. M. 3.

grille, swf, Grille. Als Plur. *grillen* übertr. Launen. Vielleicht erstmals N. 27, Trutzstr. II, 7, s. W.Wb. s. v.

grimmeclîch, adj, zu *grim* grimm. Im MS nur N. 29, V, 3 (ironisch) und – nach M. 1 – bei Winterstetten.

grîse, stf, graue Farbe, Grauheit, zu *grîs*, adj, greis, grau (N. z. B. 15, V, 7): N. 13, III, 1 u. 14, II, 1. M. 1.

grîsgevar, adj, graufarben. (Ps.-)N. 22, III, 7. R. 9a.

griule, stm, Kontraktion zu *griuwel,* stm, Schrecken; Grauen; Greuel. N. 30, VII, 5 'Schauermärchen'.

groeze, stf, Größe, Dicke. N. 65, V, 5 als das dicke Ende des Rechens. M. 1.

grüffel, grüfel, stn, Griffel. N. 30, II, 4; III, 5; dem. *grüffelîn* ebda. IV, 7. M. 1.

grûz, stf, gen. *griuze,* Korn von Sand oder Getreide. N. 44, V, 10 im Sinne von 'Geringfügigkeit'. M. 1 (fälschlich s. v. *griuze*).

güefen, swv, rufen, schreien. Ps.-N. 86, II, 2. R. 7a.

güffen, swv, (neben *güften,* swv, zu *guft,* stfm, lauter Ruf) refl. m. gen. sich rühmen. N. 40, V, 8 und 46, V, 11. Vgl. M. 1.

gumpelwîse, stf, ausgelassenes Treiben, Narrenweise. (Ps.-)N. 50, VIf, 5; R. 7a. Neben *gampelwîse* (zu *gampel,* stf, Scherz, Possenspiel) zu *gumpeln,* swv, Possen reißen, vgl. *gimpelgämpel.*

hagen, stm, als Dorn(busch), Hag, Hain N. 11, I, 1. M. 1.

haele, adj. Hier: schlüpferig, glatt. Göli 90, IV, 7 im Sinne von flott, geleckt M. 1 A. R. 7a.

halingaere oder **Holingaere,** stm. Die Lesarten der nur in Kcd überlieferten (und daher von H. 144 als echt angezweifelten) Strophe N. 25, IV, 9 variieren zwischen *hal-* und *hol*: *halingere* c; *hohlingere* K, *hőlinger* d. Zur Debatte stehen hieraus zwei Alternativen: einmal *halingaere*: Salinen(vor)arbeiter, gemäß bair.-österr. (steirischem) *hallinger,* dasselbe, (belegt in Salzburger Urkunden von 1423 u. 1515 bei Lori, Sammlung d. baier. Bergrechts, Mchn. 1764, u. bei Unger-Khull, Steir. Wortschatz S. 324 für Aussee) zu mhd. *hal,* stn, Salzquelle, Salzwerk, *halle,* stf, Platz für die Bereitung und Aufbewahrung des Salzes (DWB s. v.) vgl. mhd. *hellinger,* stm, Salzarbeiter (Beleg aus Aussee als *heillinger* Lexer s. v.); aber auch ein Ort (Kirch-) *Halling* (südlich von Waging), s. Bertau Bay. L. S. 303, Anm. 27, ist zu beachten: Mann aus Halling? – Alternativ lesen W–F *Holingaere* (einem Nachweis Konrad Hofmanns, s. H., a.a.O., folgend): Einwohner eines Weilers *Holling* in der Pfarrei Steinkirchen bei Landshut (das N. 18, VII, 3 nennt), Filiale Kirchberg. – Die Auflösung der Alternativen wäre für die Heimatbestimmung Ns. wesentlich. Zu beachten ist, daß die La *hal-* in c möglicherweise „umgekehrte" Schreibung für (dann primäres) *hol-* (gerade im Nürnberger Herkunftsraum der Hs. c) sein könnte. Der Wichtigkeit wegen werden ausnahmsweise beide Lesungen in Text und Übertragung parallel gebracht.

hanef, stm, Hanf. Göli 88, IV, 10 redensartlich. R. 7a.

hanifswinge, swf, Hanfschwinge. N. 38, III, 5. M. 3.

hantschuoch, stm, Handschuh. N. 41, VII, 5. M. 1.

haerîn, adj, von Haar. N. 54, VIII, 6 u. 9 u. Trutzstr. 7. M. 1. Ringe aus Haar gab es, vgl. *haarring,* stm, „fingerring, entweder ganz von haaren geflochten oder in goldner umfassung mit eingelegten haaren versehen" DWB s. v.

häselîn, adj, von der Haselnuß, aus Haselnußholz. N. 42, IX, 3. M. 1.

haselnuz, stf, Haselnuß. Ps-N. 76, I, 6. R. 7a. Wegen möglicher obszöner Bedeutung s. *nuz.*

heck, stn, **hecke,** stswf, Hecke. N. 29, V, 7. M. 1. Die Verbindung *hegge gewinnen* bei Göli 89, I, 5 ist noch ungedeutet. Sie ist nach Auskunft der Arbeitsstelle Deutsche Jägersprache (am Deutschen Seminar der Universität Erlangen-Nürnberg) auch in der jagdlichen Terminologie noch nicht nachgewiesen. In ihr ist *hecke,* auch *hegge,* naturgewachsener Zaun sowohl zur Bejagung des Wildes (mittels Netzen, Schlingen oder Fallen in den Durchlässen) als auch Zuflucht außerhalb der Jagdzeit, was sich aus der gemeinsprachlichen Bedeutung von *hecke,* als (wie jedes Dickicht) Schutz und Sicherheit für Wild und Vögel gewährend, herleitet. Von hieher könnte die Wendung *hegge gewinnen (undr ein ander)* bildlich als (gegenseitig) Schutz, Rückendeckung finden (bei der Störung des Tanzes) vielleicht verstanden werden.

heide, stf, Heide. Ebenes, unbebautes, wildbewachsenes Land, in Gegensatz zu urbar gemachtem Garten und Feld und zu *walt,* oft auch – gerade bei N. – von *wise, anger, ouwe* unterschieden (z.B. 21, V; 57, I, 1). Mit ihren Wildblumen (o. 21, V) ist *heide* ein Hauptort sommerlichen Treibens. (In diesem Sinn ist die Wiedergabe mit nhd. *Heide* zu verstehen.)

heien, swv, trans. pflegen, hegen, intr. wachsen, gedeihen. N. 10, V, 2; 20, II, 6; 55, X, 11. M. 1.

hel, adj, ursprüngl. tönend, schreiend (vgl. *hal,* stm, Hall, Schall), dann, vom Mhd. ab, daneben von der Farbe: (‘schreiend’) hell, weiß, glänzend. Im MS erst ab N. (M. 1) in der Bedeutung laut: 25 VII, 3; 27, II, 7 ‘schreiend’ von Schlägen (auf die Hand). Ps.-N. 82, IV, 10 die Kehle ‘hell’ (zum Singen).

helmel, stn, dem. zu *halm,* stm: ‘Hälmchen’. N. 46, IV, 10 den (längeren) Halm ziehen, d.i. den Rang ablaufen; nhd. umgekehrt: den kürzeren (Halm) ziehen. M. 1.

helze, stswf, Schwertgriff, Heft. Wie *gehelze* (s. d.) im MS zuerst N. 2, IV, 7; 33, II, 7; 42, IV, 13; Ps.-N. 61, VII, 10. M. 1.

hendel, stn., dem. zu *hant,* stf. N. 53, VI, 3; Ps.-N. 75, IV, 9. M. 1.

hengelrieme, swm, Hängeriemen. Ps.-N. 77, II, 7: Tragriemen an der Scheidenöffnung des Schwertes; hier obszön. R. 9a.

hereliute, stm. pl, Kriegsleute. N. 55, VIII, 12. M. 1.

herevart, stf, Kriegsfahrt. N. 55, VIII, 9. M. 1.

her(re), swm, Herr. Aus ahd. *hêriro* Älterer, Ehrwürdigerer, als Lehnübersetzung von mlat. *senior* (ital. *signore,* frz. *seigneur*) Standesbezeichnung und Anrede zunächst für Mitglieder des Herrenstandes (einschließlich der Reichsfürsten), der höheren Geistlichkeit, dann der einfachen Adeligen, auch der Ministerialen als Kennzeichnung für Mann von Adel. So werden bei N. Herzog (52, XII, 9), Bischof (78, V, 3), der eigene Lehensherr (41, X, 1); Gott als solcher (56, V, 3. 9) –

und natürlich auch an sich, z. B. 35, V, 9), übertragen der Winter (Ps.-N. 79, II, 5), sonstige Angehörige des Adelsstandes als *herren* bezeichnet, so *mîn her Troestelîn* (53, IV, 5 – urkundl. bezeugt zwischen 1239 und 1258 in Österreich, s. H.–W, Anm. zu 85, 34), Adelige (20, VI, 1 und VIII, 3). – Wenn anderseits Bauernburschen: Engelmar (39, II, 11; 52, IV, 13); Gunderam (27, I, 6), Werenbrecht (ebda. VI, 11), Ößekind (36, IV, 13) in Anrede oder Bericht des Dichters mit *her* tituliert erscheinen, so ist dies Ironie gegenüber den sich wie „Herren" aufspielenden *getelingen.* (Nach Hs. R wird 38, IV, 7 der „Ungenannte" von der „Dame" mit *liupper* (s. d.) *herre* ironisiert.) Ps.-N. 61, V, 5 und 86, IV, 9 greifen dies als *mîn her* ... auf, in dem Sinn: Monsieur E., F. Vgl. im übrigen den Gebrauch von *vrouwe.*

Erhält der Dichter selbst den Titel *herre*: in der Anrede des Mädchens (30, III, 4), das er ihrerseits höfisierend als *vrouwe* vorstellt (II, 1) und anspricht (IV, 1), in den Trutzstrophen als *her Nîthart* (z. B. zu 19, zu 27, zu 32, zu 45), so besagt das nach allem nur, daß er im Gedicht die (fingierte?) Rolle eines Herren und Ritters spielt. Seine biographische Zugehörigkeit zum Adel (im weitesten Verstand) macht erst das Zeugnis Dritter: *her Nîthart* bei Wolfram (Willehalm 312, 12), Wernher dem Gartenaere (Helmbrecht 217) und späteren möglicher.

Nicht ständisch – gemäß weiterer Anwendung des Wortes – ist *herre* in 36, IV, 4 als Anordnender, d. i. hier Leiter winterlicher Unterhaltungen der Dorfjugend. Vgl. RWB s. v. *Herr.*

hert, stm, Herd. N. 43, V, 12 in sprichwörterlicher Redensart, vgl. *richel.* M. 1.

herten, swv, härten, vom Stahl. N. 42, IX, 14. M. 1 (s. v. *wol gehertet*).

herticlîch(e), adv, hart. N. 55, I, 4. M. 1.

herzekünigin, stf, Herzenskönigin. Die Komposition (neben sonstigem *herzen künegîn*) nur N. 84, V, 4 (Echtheit!) u. Tristan nachgewiesen. M. 1.

herzenliebe, stf, zu *liebe,* s. d.: Herzensliebe als innere Verbundenheit N. 52, VII, 10.

herzenliep, adj, s. u. *liebe*: von Herzen lieb N. 49, V, 6; 83, V, 3. – Als Subst. Herzgeliebte(r) N. 6, IX, 3; 16, VIII, 6; 20, VI, 2; 52, IX, 8.

herzensenede, part. adj, verstärktes *sene(n)de* sehnsüchtig. Seltene Zusammensetzung; N. nur 8, III, 3. M. 1.

herzentriuwe, stf, Herzenstreue, -Verbundenheit (s. *triuwe*). Das Kompositum nur N. 83, IV, 3 (Echtheit!) nachgewiesen (s. W.Wb.); M. 3.

heu, stn, Heu, Gras. N. nur 30, V, 4.

hinder, präp, hinter. In der Wendung N. 28, VI, 1 *sorgen hinder sich* stellt W.Wb. s. v. 'verkehrt, unsinnig' zur Debatte, wohl in dem Sinn: 'unnötiger Weise'.

hippen-happen, vb, spielerisch wie *gippen – gappen* für *haben* behalten. Ps.-N. 75, II, 10. Vgl. zum Stamm *habhepfe,* mf, Hefe.

hirnschal, stf, Hirnschale, Schädeldecke. N. 49, VII, 14. M. 1.

hirse, swf, Hirse, N. 36, III, 3. M. 1.

hiubelhuot, stm, Haubenhut, Art Helm; (*hiubel* zu *hûbe,* swf, s. d.) N. 27, VI, 2; 40, IV, 9 u. Nachahmer; Göli 89, II, 8. M. 1.

hiufelbant, stn, zu *hiufel,* stfn, Wange: „Band (am Helm) zum Schutz der Wangen?" W.Wb (s. v. *hüffelbant* Hüftband, nach R; W. conjiziert nach C[b] *hvfel bant* H. 81, 38): N. 45, VII, 8. M. 3 (s. v. *hüffelbant*).

hiuselîn, stn. dem., zu *hûs,* stn: 'Häuschen'. N. 8, VII, 4 u. 50, VII, 3. M. 1.

hiuze, adj, munter, frech (s. u. *ebenhiuze*). Häufiger erst ab N.; hier abschätzig als 'frech' von den Bauernburschen: 46, VI, 11; 48, IV, 7; 49, VII, 4; 50, IV, 4. M. 1; als 'munter' (Ps.-)N. 2, IIIa, 2.

hôch, adj. In *hôhe wîse* hoher Ton wohl soviel wie laut, aus vollem Hals: 34, V, 11; 54, VI, 3.

hôchgemüete, stn, **hôchgemuot,** adj, die Verbindung **hôher muot,** stm, auch **gemüete** mit **hôch** (46, I, 11) sind

Zentralbegriffe höfischen Lebens und des Minnesangs. Bei N. begegnen sie als 'freudig erhöhte Stimmung, Sinnesart' vor allem auf Frühlings- und Sommerfreude (an Blumen und Vogelsang) und sommerliches Treiben bezogen (z. B. 1, IV, 1; 9, I, 2; 33, I, 6; 46, I, 11; 50, I, 5), mit Tanz und erotischer Spannung (5, I, 8; 24, IV, 3), an der Hand des Ritters (10, V, 6), aber auch mit untergründiger Mahnung zu Beherrschtheit (14, I, 3). Beim bäuerlichen Rivalen klingt die Vorstellung des Über- und Hochmütigen mit an (44, IV, 9: *üppic* [s. d.]; 52, III, 8). Der Begriff kann auch hochgestimmte Lebensfreude als Haltung meinen: bei der Rückkehr vom Kreuzzug (18, VII, 4), sonst freilich mit zeitkritischer Verschattung (54, V, 2; 84, I, 5; auch im [Ps.-]N. von Hs. R 22, IV, 1). Dieser Schatten liegt ebenso über der Aussage, wo „Minnedienst" und seine Entartung insbesondere gemeint ist (20, V, 1).

hof s. bei *höfsch.*

höfsch, adj, Kurzform für *hövesch,* zu *hof,* stm, im Sinne von Adels-Herren-Fürstensitz (so N. 39, IV, 11; 47, I, 6; 55, III, 3. 12), insbesondere als Ort höfischen, d. i. vornehmen Lebens und (konventionell) äußeren wie inneren Verhaltens und dessen Beurteilens (N. 55, IV, 11; auf Gottes „Hof" bezogen 84, VI, 5). Das Adj. *hövesch:* hofgemäß, feingebildet und gesittet; unterhaltend, gebraucht N. (als *höfsch*) von jungen Mädchen *(kint)* bei Tanz und Zusammenkunft (in dörflicher Umwelt), die sich damenhaft-höfisch geben oder zu geben glauben (und hernach aus der Rolle fallen): 5, II, 7 u. 28, III, 2; s. a. *hövescheit* u. *hübsch.*

höfschen, swv, den Hof machen, den Kavalier spielen. N. nur ironisch von *getelingen*: 36, II, 5; 43, IV, 8; 50, IV, 3. 13. s. *hübeschen.*

hol, adj, hohl. N. 38, III, 6. M. 1.

holde, swm, zu *holt* (s. d.). N. 47, III, 6 u. 56, VI, 4 in lehensrechtlichem Sinn als Dienstmann, Ministeriale. M. 1.

Holingaere s. *halingaere.*

holt, adj, hauptsächlich als Bezeichnung des rechtlichmenschlichen Bezuges zwischen Lehensherrn und Gefolgsmann: gewogen, gnädig, treu, ergeben, dienstbereit, wird es auf sonstiges adäquates Verhalten angewandt. So bei N. auf das Verhältnis zum Mai (2, II, 7), ganz besonders auf das zwischen Mann und Frau, zumal im Minnedienst (z. B. 34, II, 9; 52, VI, 1). s. RWB s. v. *hold*; vgl. *hulde.*

hoene, adj. (davon *hôn,* stm, Hohn, Schmach). N. 39, III, 11 in aktiver Bedeutung: kränkend, übermächtig. Vgl. M. 1.

hoenic, adj, gleich *hoene.* N. 83, II, 3. M. 3.

hoppaldei, stm, „ein bäuerischer Tanz" (Lexer s. v.). Das Wort ist jedoch – an der einzigen Stelle Ps.-N. 60, II, 17 (R. 7a) – unbezeugte Conj. aus *hopelrei* (C) und *hollpoldei* (c), worin *hoppeln* (s. *hoppenîe*) und *holpeln,* hüpfen, stekken werden. Bei Deutung von *-rei* als *reie* (s. d.) ergibt sich für *hopelrei* eine mögliche Bedeutung 'Hüpftanz'. Für *holpoldei* mit Ableitungssuffix *-oldei, -aldei* kann nicht ohne weiteres auf eine gängige Tanzbezeichnung geschlossen werden, eher auf 'lärmendes, lustiges Gehüpfe' (s. Ann. Harding S. 156, vgl. *wânaldei*). An der Stelle, auf das Ballspiel bezogen, besagen die Varianten etwa: ein Gehüpfe wie beim Hupftanz.

hoppenîe, stf, nur N. 38, IV, 10; zur Sippe um *hüpfen: hoppen, hoppeln* (Ps.-N. 60, V, 7 'hüpfen' R. 7a), auch *hoppaldai* (s. d.) gehörig, meint es wohl (unsinniges) Herumhüpfen (um jemand), närrisches Getue (wie hier des Burschen mit seinem Spiegel im Schwertgriff). M. 2 u. 3.

hose, swf, nur im pl, Beinbekleidung, urspr. vom Fuß bis zu Knie oder Schenkel, im Gegensatz zu *bruoch,* stf, Hose um Hüfte und Oberschenkel, also 'Hose' oder 'Strumpf'. Im MS nur N. 41, V, 2, hier jedenfalls das zwischen Schuhe und Leibrock sichtbare Beinkleid, Hose. M. 1.

houbetschote, swm, ein Tanz 'Kopfschüttler' (zu *schotelen,* swv, sich schütteln; *schut,* stm, das Schütteln und Geschüttelte u. a.) Göli 87, III, 9. R. 9a.

hoveherre, swm, wenig bezeugt. N. 53, IV, 6 im Sinne 'Herr des Hofes', d. h. hier Herzog Friedrich. Vgl. M. 1.

hoveliute, stm. pl, Hofleute, Bedienstete an Herren-Fürstenhof. N. 53, VIII, 2. M. 1.

hoverîbe, swf, zu *rîbe,* swf, ahd. *hrîpa (prostituta)*: Hof-Herren-Hure. Nur N. 55, II, 3. M. 2 u. 3.

hövescheit, stf, dem 'Hof' angemessenes, d. h. vornehmes, dem höfischen Codex gemäßes Verhalten. N. 15, III, 6 vom Verhalten bei Sommertreiben und Tanz („wie bei Hof"), ironisch als plumpe, mißglückte Nachahmung von Bauernburschen 37, V, 5 („flämisches" Benehmen, s. bei *Flaeminc)*; 38, IV, 4.

hovesite, stm, Lebensweise, Gebrauch des Hofes. Wenig bezeugt. N. 35, II, 5. M. 1.

hovetänzel, stn, Tänzchen nach höfischer Art. Nur N. 25, III, 12. M. 3.

hozel – bozel, stm, *podex,* lautspielend (wie *gippen – gappen, hippen – happen,* s. d. im gleichen Lied), sonst unbezeugt. Ps.-N. 75, V, 5. R. 9a.

hûbe, swf, Haube, N. 35, VI, 6; 37, V, 7; 53, VI, 1. Trutzstr. I, 2; II, 1 u. ö.; Göli 90, IV, 3. M. 1.

hübeschen, swv, Nebenform zu *höveschen, höfschen* (s. d.) den Hof machen. Form bei Göli 89, II, 6.

hübsch, adj, Nebenform zu *höfsch* (s. d.) in Ps.-N. u. a. 71, V, 2; 79, V, 5; Göli 87, III, 1.

hüetel, stn. dem. zu *huot,* stm. N. 13, IV, 4 Kopfbinde als Zeichen, „daß das Mädchen nicht mehr Jungfrau sei" (Haupt, Anm. zu 24, 31); 'Kopftuch' wohl 30, VI, 4. M. 1.

hüffel, stn. dem. zu *huf,* stf, Hüfte. N. 40, VI, 9 s. M. 1 (s. v. *huf*).

hulde, stf, Huld. Abstrakt-Bildung zu *holt* (s. d.). Wie dieses aus gleichem Bereich und in ähnlicher Anwendung, bei N. diesmal unmittelbar auch für das Verhältnis zum Lehensherrn (41, X, 1; auch 48, V, 9 zwischen Bauer und Herrn) und zur „Königin Minne" als Huldigungseid (37, VII, 6), entsprechend zu Gott (54, II, 6; aber auch nur als versichernde Floskel 7, III, 2). In der Mehrzahl der Fälle meint es, wie bei *holt,* die (erhoffte oder verweigerte, unerreichte) Liebesgunst der „Dame“ (33, IV, 1 u. ö).

huobe, stswf, Hufe, d. i. Stück Land von einem gewissen Maße. N. nur 47, III, 6 in Verbindung mit *holde* (s. d.) als ‘Lehensgut’.

huote, stf, als ‘Hut’ im Sinne von ‘sich behüten, in acht nehmen’ (wie als p. p. *unbehuot* N. 54, IX, 9, und *behuot* Ps.-N. 85, III, 6, zum swv *behüeten*): N. 49, I, 13; 54, I, 9; 55, V, 11. Parallel dem Terminus des MS als Behütung, Beobachtung der Dame durch die Gesellschaft (wie Ps.-N. 85, III, 4) nur 57, IV, 1 (und [Ps.-]N. 2, VIa, 6) als Verhinderung der Mädchen zur Teilnahme an Tanz und Liebschaft, vor allem durch die Mutter; in gleichem Sinn auch als p. p. *behuot*: N. 1, IV, 4.

hûsgenôz, stswm, Hausgenosse, Mitbewohner; Standesgenosse. Das geläufige Wort wird im MS nur bei N. 31, VI, 8 und in den Trutzstrophen zu 32 (3) und 40 (4), dann später gebraucht. M. 1.

ingewer, stm, Ingwer. Die Bezeichnung dieses indischen Gewürzes (seit 1200 im Deutschen) bei N. 41, V, 5 und (in bezug hierauf) 42, VII, 12 und Späteren. M. 1.

irre, adj, vom rechten Weg abgekommen, verirrt; daraus ‘unstet’. In diesem Sinn N. 53, II, 3 *ir irren*: ihr, der Unsteten (d. h. heimatlos gewordenen). – In 42, IV, 6 als (vom Maß abgekommen) ‘ungestüm’, im Sinn von ‘blind draufgängerisch, toll’. Wenn in Ps.-N. 72, V, 2 und 85, III, 2 *irren* (statt *iren*) zu lesen ist, meint es einerseits ‘ungestüm’ als ‘rasch’, anderseits ‘irr’ als ‘abwegig’.

irresal, stmfn, Irrung und ihre Folgen. Ps.-N. 68, IV, 6 verstehbar als ‘falsche Entscheidung’, die Nachteil, d. h. hier Verzicht auf Lebenslust, Trübsal bringt. R. 7a.

îs, stn, Eis. Im wesentlichen erst ab N. in Naturschilderungen des MS: 24, I, 1; 47, II, 13; die Farbe des Eises: 49, VI, 2; 58, I, 2. M. 1.

îsen, stn, Eisen. Im MS erst bei N. 50, II, 12 und Nachahmern; darunter sprichwörtlich *nôt diu brichet îsen* 79, VII, 5. M. 1.

îsenblech, stn, Eisenblech, als Rüstungsstück. (Ps.-)N. 33, X, 7. R. 3a.

îsenîn, adj, eisern. N. 23, IV, 8; 55, VIII, 8; Ps.-N. 61, V, 4. M. 1.

îsenrinc, stm, Eisenring (am Panzer). N. 42, IX, 6. M. 1.

iteniuwe, adj, verstärktes *niuwe*: wieder, ganz neu. N. 6, VI, 6 (im Sinne von Veränderung) und 49, VI, 12. M. 1.

jeten, stv, jäten. N. 11, VI, 6. M. 1.

jöuchen, swv, jagen, eilen. Ps.-N. 60, III, 1. R. 7a.

jugent, stf, Jugend. Die Stelle N. 21, VI, 5 ist eine zweifelhafte Conj. Ws. (s. Kom. z. 34, 16) für *tugende* der (einzigen) Hs. R, die weniger auf philologischen als interpretatorischen Gründen beruht, die W auch zur Angleichung von *wâren* als *waeren* an die von W. als Konjunktive aufgefaßten *sungen* (II, 3) und *rungen* (VI, 4) veranlaßt haben; s. dazu S. 597 bei L 21, vgl. *tugent*. Belegt ist *jugent* bei N. nur 54, IV, 4.

kal, adj, kahl. N. 24, VI, 7. M. 1.

kallen, swv, rufen, schreien, schwatzen. Im MS erst (in der angezweifelten) Str. N. 13, VIII, 5 (redensartlich) M. 1.

kelzen, swv, laut, schreiend sprechen; schelten. Ps.-N. 61, VII, 9; Göli 87, VI, 6. R. 7a.

kepelîsen, stn, spöttisch für Schwert (von Bauern) N 33, II, 6; (Ps.-)N. 50, VId, 10; M. 1. *k.* „wird ... ein bauernwerkzeug sein, das zugleich als waffe und travestie des schwertes in rittermunde brauchbar war." Wohl zu *kipf(e)*, Stemmleiste am Bauernwagen, und wie diese und *karrenmesser* (bei Fischart) säbelmäßig gebogen, im Gegensatz zum geraden Schwert (DWB s. v. *kipfeisen*).

keten, swstf, Kette. N. 47, VI, 3. M. 1; als Kettenpanzer (Ps.-)N. 50, VId, 5.

kîche, swf, Asthma, Keuchhusten; Ort, der den Atem

hemmt; Gefängnis. N. 27, V, 7, ironisch: man hilft ihm vom Husten, d. h. behandelt ihn drastisch. Vgl. M. 2 u. 3.

kint, stn, Kind, junger Mensch. Neben gängiger Bedeutung führt N. *kint* als Anrede und Bezeichnung für jüngere Leute, vor allem Mädchen, (wieder) literarisch ein (z. B. 2, II, 2; 24, III, 7; 30, VI, 6; 31, IV, 7), s. a. M. 1; vgl. *dierenkint* s. v. *dierne.*

kint, adj, jung, kindisch, einfältig. N. 15, III, 10; 23, IV, 11; 43, I, 5. s. a. M. 1.

kirche, swf, in der verbreiteten Verbindung *ze kirchen und ze strâze* soviel wie außer Haus, in der Öffentlichkeit, überall. N. 26, VI, 7; 55, V, 11.

kirchtac, stm, Tag des Kirchweihfestes. N. 55, IX, 12 und 56, IX, 3. M. 1.

kiste, swf, Kiste, (Kleider-)Kasten. N. 13, VI, 4.

kitze, stn, Kitzlein. N. 70, I, 2. M. 1.

kiuwen, stv, kauen. Bei N. 25, VII, 5 und 31, V, 8 in der Redensart *kiuwen für brôt* fortwährend mit jemand Umgang haben, zudringlich sein; s. M. 1. – *kiut* 29, III, 9 gehört zu *queden* 'reden'.

klâfter, stf, Klafter. N. 62, VI, 2. M. 1.

klagebaere, adj, von 'Klage tragend' aus hier 'klagenswert'. N. 25, I, 12. M. 1.

klageliet, stn, dem. *klageliedel.* N. 48, II, 1; 54, IV, 1; Ps.-N. 60, I, 1. M. 1.

klâr, adj, glänzend, schön, herrlich. Seit Wolfram v. Eschenbach häufiger (Kluge-Goetze s. v.). Im MS erst ab (Ps.-)N. 22, III, 9. R. 6a.

klenen, swv, schmieren, kleben, verstreichen (beim Lehmbau). N. 8, VII, 3. M. 1.

klieben, stv, spalten. N. 47, II, 10. M. 1.

klinge, swf, Schwertklinge. N. 27, Trutzstr. I, 1; Ps.-N. 61, VII, 10; obszön 77, III, 2; Göli 88, II, 1. M. 1 A; R. 7a.

klingen, stv, klingen. N. 33, I, 13; II, 7; 46, VI, 4 u. 6; 45 Trutzstr. II, 10. M. 1.

kluoc, adj. Als schmuck (von Dingen und Personen), fein

(gebildet), edel, tüchtig, von Wolfram aus d. Md. ins Obd. gebracht; von N. 38, IV, 4 (ebenso Ps.-N. 74, II, 10) in der Lyrik angewendet; s. a. M. 1.

knabe, swm, Knabe, (junger) Mann; Junker. Nicht im MS und Walther: M. 1. N. spricht einen Boten: 17, VI, 3, Bauernburschen: 44, V, 7 (ebenso Ps.-N. 60, V, 8), den „Reuentaler" 63, VI, 5 (im C-Block!) mit *knabe* an.

knappe, swm, Knabe, junger Mann, zunächst ohne ständischen Bezug; im Adel besonders der (junge) Mann ohne Ritterschlag. Bei N. (M. 1) vom Reuentaler (der an anderen Stellen als *riter* bezeichnet wird: 8, VI, 3; 15, VII, 5) in den Liedern 62, II, 3 und 70, I, 4; II, 2 des C-Blockes. Im R-Block 11, IV, 3 von jungen Männern beim Tanz, wobei ihr Stand unklar bleibt, im Winterlied 45, IV, 6 eindeutig von Bauernburschen. Möglicherweise ist *knappe* u. a. bäuerliche Eigenbezeichnung für den (ledigen) Burschen, im Gegensatz zu dem (herabsetzenden) *geteling* in Rittermund. – Göli nennt 87, III, 1 den Weibel *knappen,* in 90, IV, 10 einen stutzerischen Bauern. Vgl. DWB s. v. *knappe.* – s. a. *dorfknappe.*

kneht, stm. N. bezieht das Wort auf Bauernburschen, doch nicht, um sie als solche, sondern ironisch etwa als 'Kerl', 'Bursche' zu bezeichnen: 31, V, 1; 42, VIII, 3 u. 41, VIII, 7 (unecht?), nur einmal als „Dienstknecht" eines Bauern: 33, V, 7, im Ps.-N. 61, VIII, 1 als 'Bursche' des Ritters. Im Lied 54, VIII. IX stellt N. *kneht* in Gegensatz zu *ritter*, was zunächst auf bäuerlichen Rivalen verweist, in der Antwort der Trutzstrophe aber auf „nichtritterliche" Teilhaber an Ns. Kunst unter dessen (höfischem) Publikum zumindest umfunktioniert wird. *kneht* kann ja (wie *knappe*, s. d.) auch den Adeligen vor dem Ritterschlag oder Angehörigen des niederen Adels bezeichnen. – *armer kneht* 78, III, 6 meint in diesem Sinn „niederen adeligen in kriegsdiensten bei herren" (DWB s. v. *knecht*). Mitglied des Adelsstandes (in Gegensatz zu Bauer) bezeichnet *edel kneht* Ps.-N. 68, III, 13 u. IV, 1.

kniekel, swf, Kniekehle. Ps.-N. 60, IV, 18. R. 9a.

knoph, stm, (Schwert-)Knauf. N. 38, III, 8 und 40, VI, 6; Göli 88, III, 8. M. 1.

knophelîn, stn. dem, zu *knoph*: Gewandknopf. N. 56, VIII, 8. M. 1.

knote, swm, Knoten; Ps.-N. 87, III, 10 als Schlingungen, Gänge des Reigens. R. 7a.

knütelholz, stn, zu *knütel*, stm, Knüppel als scherzhafte Personifizierung. N. 39, V, 11. M. 3.

kôlekrût, stn, Gericht aus Kohl. N. 43, VI, 5. M. 1.

collier, stn, Halsbekleidung, Koller an männlicher und weiblicher Kleidung. Fremdwort aus frz. *collier*. Erst seit Ns. Zeit: 24, IV, 6; 40, V, 2. M. 1. s. v. *gollier*.

kopf, stm. Als Kopf, Schädel N. 37, IV, 8; Göli 88, III, 10. M. 1.

kopherrôt, adj, zu *kopher, kupfer,* stn: kupferrot. N. 42, VI, 5. M. 3.

koppe, swm, ungedeutet, Haupt vermutet Kapaun, Hahn. Göli 90, III, I. – Das DWB (s. v.) bringt frühnhd. u. mundartliche Belege für Kapaun, Hahn.

korenkaste, swm, Kornspeicher. N. 37, V, 9. M. 1.

koese, stn, Gerede, Geschwätz. N. 14, IX, 2. M. 1. Über ahd. *kôsa*, f. Rechtssache, aus lat. *causa*; dazu ahd. *kôsôn*, mhd. *kôsen* verhandeln; sprechen, plaudern.

krac, stm, Riß, Sprung. Selten. N. 52, VI, 11. M. 1.

kradem, stm, Lärm, Krach. N. 13, V, 4. M. 1.

krage, swm, Hals von Menschen und Tieren, meist abschätzig. Als Scheltwort für Bauerngecken N. öfters, z. B. 25, V, 12, s. M. 1.

krâme, stf, Krambude. N. 16, III, 1; 30, II, 5. M. 1.

krâmesîde, swf, Seide, wie man sie in der *krâme* kauft. N. 53, VII, 4. M. 1.

creatiure, stswf, Geschöpf. Unter den Lyrikern nach M. 1 erstmals von N. 52, IX, 1 übernommen und von ihm weiterwirkend.

kreiz, stm. Als Landkreis, Bezirk N. 30, VI, 2; 32, III, 4.

Ps.-N. 86, V, 5. – Ebenso dem. *kreizelîn* N. 49, VII, 5. M. 1.

krenke, stf, Schwäche, Hinfälligkeit. N. 84, VI, 1 (Echtheitsfrage!). M. 1.

krenzelîn, stn, Kränzchen. N. steht nach M. 1 unter den Lyrikern in vorderster Reihe in der Anwendung d. Deminutivs – allerdings nur mit zwei Belegen: 14, III, 4; 45, IV, 4; dazu Ps.-N. 67, II, 6.

krieche, swm, Grieche. *ze kriechen* N. 52, III, 5 'in Griechenland' meint soviel wie 'wo der Pfeffer wächst'.

kripfen (neben *gripfen*), swv, intens. zu *greifen*, swv, greifen, tasten. Als rasch packen, fassen (Ps.-)N. 10, X, 1.

krispel, stm, zu *krisp*, adj, kraus: Krauskopf. Göli 90, II, 5. R. 9a.

krispen, swv, *krisp* machen, kräuseln. Ps.-N. 72, IV, 9; Göli 87, III, 2.

kroenen, swv, zu *krôn*, stm, Gezwitscher: schwatzen, schnattern Göli 87, VI, 6. R. 7a.

kroph, stm, Kropf. Eigentlich Vormagen (einer Taube) N. 37, V, 9, abschätzig für 'Hals' 40, VI, 8; als Scheltwort 35, V, 2. M. 1.

krot, stf, Kröte. Als Schimpfwort N. 11, VII, 6 und 78, II, 4. M. 1.

krump, adj, krumm; *der krumbe reie* N. 35, IV, 2; 42, IV, 14; 48, IV, 2; 54, VI, 6. Ein Reihen, *den man dar hinken sol* (Beleg bei W.Wb. s. v.), in „krummen Verschlingungen" (A. Schultz, Höf. Leben [2] S. 545).

kruoc, stm, Krug. Redensartlich N. 43, III, 6; erotisch 31, III, 5, vielleicht auch in Ps.-N. 82, IV, 8 und V, 6. M. 1.

kumber, stm, s. bei *leit*.

kumberpîn, stm, kummervolle Pein N. 51, I, 9. M. 3.

cumpânîe, stf, Genossenschaft, Gesellschaft. Das frz. Fremdwort in der Lyrik erst bei Göli 88, II, 3. M. 1. A. R. 6a.

künden, swv, kundtun, anzeigen. In N. 53, II, 4 ist *künde* als vb. zu fassen, im Sinne von bestätigend mitteilen (daß sie nun, nach Erhalt der Einladung, *alles ungemaches frî* sei).

künftig, adj. Als *künftic wesen* N. 56, IX, 5 im Sinn von (mit Gewißheit) als kommend bevorstehen, s. DWB s. v.

kunkel, stf, Kunkel. (Ps.-)N. 10, X, 1. R. 7a.

künne, stn, Geschlecht. Im einzigen Beleg N. 42, IV, 8 als 'Scham' zu dem stfn *künne* aus lat *cunnus* gestellt. M. 1.

künstelôs, adj, kunstlos. N. 55, VI, 9. M. 1.

kunterfeit, stn, Fälschung, daraus 'Falschheit', so (Ps.-)N. 22, III, 12. R. 6a.

kürne, stf, Mühlstein, Mühle. Selteneres Wort. Bei Ps.-N. 79, VII, 9. R. 7a.

currît, stn. Wohl Lederharnisch. Aus dem Französischen der Gruppe *cuirasse* Lederharnisch, *cuiret* enthaartes, noch ungegerbtes Fell (s. Haupts Anm. 84, 23). Bei N. 55, IX, 4 wohl erstmals literarisch. M. 1; Suolahti s. 23.

kursît, stnm, Pelzüberrock über dem Harnisch, französische Mode. Göli 90, II, 10. M. 1 A. R. 6a.

lache, swf, Lache, Pfütze. N. 55, V, 5. M. 1.

lam, adj, lahm. N. 55, V, 2; (Ps.-)N. 22, IV, 10. M. 1.

lander, stn, Stangenzaun. N. 26, III, 10. M. 1.

lanke, stswf, Hüfte. N. 3, IV, 1; 5, III, 7. M. 1.

lanze, swf, Lanze. *Der minnen lanze* nur Epik und N. 52, IX, 6. M. 1.

last, stm, Last. Bildlich im MS nur N. 48, VII, 2, s. M. 1.

leder, stn, Leder; in dem besonderen Sinn 'Ledergamasche' zum Beinschutz im MS nur N. 55, IX, 6. M. 1.

leffel, stm, Löffel. Ps.-N. 61, VIII, 10 der löffelartige Aufsatz des Stelzfußes (W.Wb. s. v.).

lêhen, stn, geliehenes (d. h. vertraglich als Entlohnung für Dienstleistungen zur Nutzung überlassenes) Gut. Im eigentlichen Sinn *eigen* (s. d.) *unde lêhen* 'Eigen- und Lehensgut' N. 41, VIII, 4; bildlich ('Befugnis') 13, V, 1.

leideclîch, adv. In der Verbindung *aller leideclîch* (R, *alle laidigkait* c) adverbiell ('so leid als nur möglich') als auch (so W.Wb. s. v.) als *aller leide gelîch* 'jedes Leid' verstehbar: N. 38, V, 3. Wenn adverbiell, dann im MS nur hier: M. 1.

leie, swm, Nichtgeistlicher, Laie. Die Verwendung für 'Bursche', auch abschätzig (etwa über 'nichtgelehrt, ungebildet'), zuerst bei N. 18, III, 1; 27, VI, 5; 62, I, 4. s. M. 1.

leie, stf, Art, Weise. Aus lat. *legem* über afrz. *ley* 'Art', nach M. 1 zuerst von N. aufgenommen: 19, IV, 4; 20, II, 2; auch Ps.-N. 67, I, 4. R. 6a.

leim, stm, Lehm. N. 8, VII, 3. M. 1.

leinen, swv, lehnen; sich *ab im leinen* sich weg lehnen, aus dem Weg gehen. N. 42, IX, 8. (M. 1 unzutreffend.)

leit, stn, **nôt,** stf, u. a. Für die Bedrängnis durch den Winter bei Mensch, Tier und Natur, durch unerfüllte Liebe und Ablehnung von seiten der Umworbenen, durch die bäuerlichen Rivalen und die Auseinanderstzung mit ihnen gebraucht N. sowohl *leit* wie *nôt*: *leit,* des Winters: 6, II, 5 (Mensch); 57, III, 1 (Vögel); 4, II, 5 (Heide), der Liebe: für die Frau (8, III, 6 ff.); den Mann (38, II, 1) und Minneritter (37, VI, 2; 52, IV, 6), auch den bäuerlichen Rivalen (37, III, 9), durch Rivalen: die *getelinge* (49, VI, 4); ihr Auftreten (41, VII, 1); den Spiegelraub (52, IV, 13); die Brandstiftung (40, VII, 3) u. a.; als Beleidigung für die „Dame“ (39, V, 8). – *nôt,* des Winters: für den Menschen (16, I, 5); die Natur (21, V, 5), der Liebe: als verwundende Macht der Frau Minne (52, IX, 9); als *sendiu nôt* (17, I, 6 u. ö.), auch für die „Alte“ (16, VI, 3); des Minneritters (43, II, 12); Bedrängnis durch Rivalen (42, III, 12).

Neben *leit* und *nôt* erscheinen auch **arebeit,** stf: für Leistung und Erduldung im Minnedienst (52, VIII, 7; 46, V, 4); mit *senelîch* als Qual der Sehnsucht (45, I, 4; auf der Kreuzfahrt 17, IV, 4); als Bedrängnis durch die Rivalen (52, III, 9), **kumber,** stm: durch die Liebe (25, I, 12; 37, VI, 3), in Minnedienst (45, II, 8; 47, IV, 4) und durch die Rivalen (38, V, 10), auch für die Behinderungen des Winters (27, I, 5), **riuwe,** stswf, das aber mehr den Schmerz aus der Bedrängnis ausspricht (8, V, 3; 37, I, 5). In 56, III, 1 gehört *riuwe* dem religiösen Bereich an und enthält insofern den Begriff 'Reue'. – (*leit, nôt* und *kumber* begegnen außerdem bei sonstigen persönlichen Auseinandersetzungen: Hader zwischen Mutter und Tochter [*leit*: 7, II, 6; 11, VII, 4; 65, V, 3], Balgerei zwischen Ritter und Bauernmagd [ironisch *nôt*: 29, IV, 9], Bauernprügelei [*nôt*: 41, VI, 5; 42, IX, 13), die Last mit Reuental [*kumber*: 24, VII, 6], sowie für die schwierige Lage in Österreich [*leit, kumber*: 19, II, 1. 2; *nôt*: 21, II, 7]).

lerche, swf, Lerche. Durch N. 23, I, 5 in den MS eingeführt: M. 1.

liebe, stf, **liep,** adj. Aus der Bedeutung 'Angenehmes, Freudiges' hat sich beim Substantiv wie beim Adjektiv u. a. Bezug zum Verhältnis zwischen den Geschlechtern ergeben, und zwar im Sinne des Freudigen und innerer Verbundenheit. In diesem Verstand erscheinen *liebe* und *liep* so wie die verstärkenden *herzenliebe* und *herzenliep* (s. beides) wie bei Walther so bei Neidhart auch im Bereich erotischer Aussage (z. B. 17, III, 7; 43, I, 6; 50, V, 5; 83, V, 1, gerade auch in grundsätzlichen Aussagen wie in 49, III; 52, VI). Das substantivierte Adjectiv *liep* kann dabei 'Geliebte(r)' bedeuten, wie z. B. im Wortspiel von 1, VI. *Liebe, herzenliebe* als die innere Verbundenheit tritt so (wie bei Walther) in Gegensatz zu *schoene* als der (äußeren) Erscheinung (50, VI, 11) und ganz besonders in Parallele zu *hôher, rehter* und *valscher minne* (s. d.), diese, als (nur) erotisches Begehren, zur Ganzheit seelisch-leiblicher Verbundenheit steigernd oder davon distanzierend (20, VI; 52, VI ff.).

liedel(în), stn. Die Deminutivform ('Liedchen') nach M. 1 zuerst von N. eingeführt: 55, II, 12 (*liedelîn*), in dem fraglichen Lied 84, VIII, 6 (*lidlein* c) sowie Ps.-N. 60, I, 15. S. *klageliedel* u. *wineliedel.*

liepgenaeme, adj, lieb und angenehm. Nur N. 18, VII, 1. M. 3.

limen, swv, zusammenfügen, (wieder) ganz machen. Gemäß den Schreibungen N. 56, VIII, 1 *Lymizovn* R; *lun-*

nenczan (?) c (H. 88, 23) und Ps.-N. 61, VI, 10 *limmenzǒn* B; *lynnenczawn* f; *nym den zawm* c (XXXIII, 11) dürfte das (bei Lexer nicht erfaßte) vb. *limen* (ahd. *limen*) diesem imperativischen Namen *Limizûn* zugrundeliegen, der hieraus als *Limenzûn* conjicierbar erscheint, als 'Mache den Zaun, Flicke den Zaun'; vgl. Johannes Erben in Festschrift Walter Baetke, Weimar 1966, S. 118 ff.

limmen, stv, Laute wie ein wildes Tier von sich geben: knurren, brummen, heulen. N. 23, IV, 9; Ps.-N. 61, VII, 9 (etwa: ein Geheul). M. 1.

lîren, swv, die Leier spielen. N. 27, III, 5. M. 1.

lîte, swf, Bergabhang, Halde, nhd. *Leite.* N. 23, II, 10. M. 1.

liupper, adj. Eine Form Neidharts in der (scheltenden) Anrede für *lieber* (zu *liep,* adj.): '(Mein) Lieber'. 29, II, 10; 30, III, 4; 38, IV, 7. M. 1 (s. v. *liup*).

lobebaere, adj, lobenswert. N. 21, III, 4. M. 1.

lobeliet, stn, Loblied, Preisgedicht. Das dünn bezeugte Wort im MS nur N. 50, VII, 13. M. 1.

loben, swv, als *gelopter tanz* Ps.-N. 61, II, 4 ein durch Übereinkunft festgesetzter Tanz (s. W.Wb. s. v.), zu *loben* als versprechen, verabreden. R. 8a.

loc, stm, Locke. Nach M. 1 von den streng höfischen Dichtern gemieden, von N. und seiner Schule gebraucht: 15, V, 6; 43, IV, 6; 51, II, 10; 53, VII, 1. Göli 90, II, 4; IV, 1.

löschen, swv, mit *lösche,* stn, kostbares Leder, Saffian, versehen. (Ps.-)N. 53, IVb, 1. R. 9a.

lôsen, swv, horchen (auf das Singen der Vögel): N. 6, III, 3; 10, IV, 1; 11, II, 6. Allgemein: 'horch!' N. 25, II, 1. M. 1.

louch, stm, Lauch. Ps.-N. 61, VI, 5 reimbedingte Konjectur Wackernagels zu völlig anderen Lesarten (XXXIII, 6: *lanczē* c, *tancz* f, *virretag* B, *körpel* z); verstehbar nur als (abschätzig) 'Stengel, Schnösel' oder ähnlich. R. 7a.

lôz, stn, Los. Erscheint erst bei N. (M. 1), hier 46, II, 4 in der schwer deutbaren Wendung *dîn unstaetic lôz twinget* (in 16, VII, 3 Conjectur aus *klôz*). Der Sinn: ein vom Winter – dem fremden Gewaltherrn – ausgehender Zwang Menschen gegenüber, läßt *lôz* am besten von der Staats- und Rechtssphäre her als 'Zuweisung, erteilten (Macht-) Spruch' verstehen, der durch *unstaetic* als unverläßlich, willkürlich charakterisiert sein könnte: 'Willkürspruch'.

lunzen, swv, leicht schlummern, schlummernd verweilen, dösen. Das seltene Wort, heute 'vor allem bair.-österr.' (M. 1) im MS nur N. 43, IV, 5.

luoc, stn, Loch, Öffnung (am Schwertgriff). N. 38, III, 7. M. 1.

lüppen, swv, vergiften, d. h. ursprünglich mit *lüppe,* stnf, (d. i. Gift) bestreichen (wie hier die Schwertspitze). N. 42, IX, 11. M. 1.

lût, s. *überlût.*

maecheninc, stm, Schwert. Nur N. 42, IX, 1. M. 3 u. W. Wb s. v.; vgl. got. *mēki,* stn, Schwert.

mage, swm, Magen. (Ps.-)N. 33, IX, 14. R. 7a.

maget, *magt, meit,* stf, dem. *magedîn,* stn, Mädchen. Der häufige Gebrauch ist innerhalb des MS für N. charakteristisch (vgl. M. 1). Sachlich meinen *maget* und *magedîn* die unverheiratete (unberührte: N. 14, VII, 4) junge Frau, Jungfrau (in diesem Sinn für die Jungfrau Maria), mhd. bereits auch Dienstmädchen, Magd. Deshalb erscheinen *maget* und *magedîn* im MS selten, da hier *frouwe* (s. d.) als (höfische) Herrin und Dame Ziel der Aussage ist. Die Häufigkeit bei N. rührt auch aus dem Gebrauch außerhalb seiner Minnelieder, vor allem in den Sommerliedern, her. Dort stehen *maget* und *magedîn* in Verbindung mit Sommerlust, Tanz und Liebschaft (z. B. 5, I, 6; 10, III, 1; 15, I, 5; 19, VI, 5) gerade mit dem Ritter (2, I, 7 und IV, 3 u. ö.), als *junc* (1, I, 6; 9, III, 4 usw.), *geil* (1, IV, 4), *stolz* (s. d.: 11, I, 6; 13, VII, 5 u. ö.), *wolgetan* (5, III, 3) bezeichnet, hübsch gekleidet (1, V, 2; 4, V, 2). Es ist das junge Mädchen, das hier gemeint ist, wobei vom Wort her eine ständische Zugehörigkeit – ob Adel, Ministerialität, Bauernschaft – keineswegs ausgedrückt ist (auch Isolde heißt vor der Ehe *maget*), ja durch gelegentliches Ansprechen als *frouwe* (11, I, 2; 14, III, 4; 15, IV, 10; 65, I, 3) und Minneherrin (20, IV, 2: *wîben unde meiden*) zunächst schillernd sein kann.

In den Winterliedern begegnen *maget* und *magedîn* vereinzelter, aber nun jedesmal im Umgang mit *getelingen*; einmal beim winterlichen Würfelspiel (27, II, 1), dann ein paar Mal innerhalb der Minnelieder (L 33–53), jedoch in Sommerlied-Situation, von Burschen beim Tanz umflirtet (34, III, 9; 40, V, 4; VI, 3; 45, IV, 8), alles vom Ritter irritiert beobachtet.

Für die vom Ritter 'minnemäßig' und zugleich von *getelingen* Umworbene wird *maget* nicht gebraucht (und die als *maget* Benannten auch nicht als personengleich mit ihr dargestellt), sondern *frouwe* (vgl. 34, I, 8; IV, 4), *wîp* (vgl. 40, I, 9; 45, II, 9) oder „sie“ (45, I, 8; VI, 8); nur einmal heißt sie *dierenkint* (36, IV, 8, s. *dierne*), und das läßt immerhin wiederum Schluß auf möglichen *maget*-Stand solcher „Minneherrinnen“ zu.

mâl, stn. Als 'Zeitpunkt' im MS erst ab N. (M. 1) und hier nur in Verbindung *zeinem mâle* 16, VI, 6 'mit einem Male' und *eteswenne* (s. d.) *ze einem mâle* 8, VI, 2, wo es (mit deiktischem *ein*) etwa 'bei Anlaß', 'wenn es sich gibt' meinen könnte. – (Ps.-)N. 50, VId, 10 könnte *mâl* Marke des Schwertfegers meinen.

mangel, stm, nur N. 31, VI, 5. M. 1.

market, stm, (Jahr-)Markt. N. 40, IV, 4. M. 1.

massenîe, stf, (höfische) Gesellschaft. Franz. Lehnwort der ritterlichen Umgangssprache, von N. 31, IV, 3 auf bäuerliche Geselligkeit umgemünzt. M. 1.

mâze, stf. Der höfische Lebenswert der *mâze*, d. h. des Eben- und Gleichmaßes als Selbstbeherrschtheit und Vermeidung des Extremen in Verhalten und Tun, hat in der Dichtung Neidharts keine tragende Funktion. Nur gelegentlich streift der Wortgebrauch von *mâze* diese Sphäre des Ansichhaltens: 18, VI, 2; 30, IV, 1 (auch (Ps.-)N. 8, VIa, 1), und kann hier auch als Gegensatz: 55, I, 10 und im Adv. *unmâzen* maßlos (52, X, 1) anklingen. Sonst drückt *mâze* das (vergleichende) Entsprechen aus, auf persönlichem und ständischem Hintergrund: 7, V, 6; 10, VI, 3, sowie die Art und Weise eines Verhaltens und Tuns, eines Gegenstandes: 24, IV, 2; 28, VI, 3; 43, II, 8; 53, VII, 4. Auch hier begegnet *unmâzen* als 'außerordentlich': 52, XI, 9.

meie, swm, Meie, als Blumenstrauß. Ps.-N. 61, VII, 7. R. 7a.

meier, stm, Meier, Oberbauer, der im Auftrag des Grundherrn die Aufsicht über die Bewirtschaftung der Güter führt, in dessen Namen die niedere Gerichtsbarkeit ausübt und auch nach Umständen die Jahresgerichte abhält; Amtmann, Haushälter (Lexer s. v.), vielleicht auch erblicher Grundholde (s. Bertau Bair. Lieder, S. 302). Der Sache nach im MS nur N. (z. B. 10, VI, 6 u. ö.). M. 1.

meierhof, stm, Hof, den der Meier vom Grundherrn zur Benutzung hat (Lexer s. v.). N. 31, IV, 2. M. 1.

meil, stn, Fleck, Mal; (negatives) Zeichen. Von der Natur: N. 31, II, 1 und 49, I, 1; *âne meil* 'makellos': 43, VIII, 7. M. 1.

meilen, swv, beflecken. N. 36, I, 3; M. 1.

meister, stm, **meisterinne,** stf. Beide Wörter (die letztlich auf lat. *magister* zurückgehen) bezeichnen bei N., abgesehen von 26, II, 1 (Leiter des Würfelspieles s. *bickelmeister*), Funktionen im landwirtschaftlichen Bereich, die noch nicht deutlich genug faßbar sind. Aus 32, VI, 3 und 29, II, 3 ist am ehesten auf „Bauer“ und „Bäuerin“ als (zumindest) Verwalter eines Hofes, damit etwa „Dienstherr“ und „-herrin“ zu schließen. Die *meisterinne in dem Riuwental* (1, V, 6) und die (gespannte) Stellung zu einer dorthin gewünschten *vrouwe* (s. d.), sowie die *meisterinne* des Kreuzfahrerliedes 17, V, 1, der der Dichter Liebesgrüße schickt, sind noch sehr umrätselt (s. W.Wb. s. v.). Vielleicht sollte man aber doch am ehesten von den sichereren beiden ersten Belegen ausgehen und die Reuentalerin als „Schafferin", „Haushälterin" verstehen. Die *meisterinne* der Liebesgrüße gehört ebenfalls in ein Dorf (17, III, 4) – könnte daher auch „Schafferin" sein –, zu dem sich offensichtlich auch der Dichter gehörig hinstellt; sie wird mit der sehnsüchtig Erinnerten von I, 7; III, 5 und VIII, 7 ff. identisch sein.

mengen, swv, mengen, mischen. N. 3, II, 3. M. 1.

merlîn, stn, Amsel (bis tief ins 19. Jh. ein reiner Waldvogel M. 1), dem. zu *merl*, f, lat. *merula*. N. 19, V, 1. Bei Veldeke MF 59, 27 und Gutenburg 77, 36 die nrhn. Form *merlikîn*.

merz, stm, Handelsware, lat. *merx*. N. 40, IV, 8. M. 1.

mezzer, stn, Messer. N. 42, VI, 14 (d. i. ein *misencorde*, s. d.) und Ps.-N. 77, III, 1 (obszön). M. 1.

minne, stswf, Liebe. Neidhart gebraucht das, aus der Grundbedeutung 'Gedenken' über 'liebendes Gedenken' zur Bezeichnung auch des erotischen Bezuges zwischen Mann und Frau gelangte Wort im ganzen Umfang dieses Bezuges, dabei auch als Personifikation 'Frau Minne' (16, V ff.; 37, VII; 52, IX; 54, VIII f.) *Minne* ist bei Neidhart erotisches Begehren bis zur Hingabe (so 25, VI, 8; 32, IV–VI; 33, IV, 9; 44, III, 12; 50, IV) und kann diese auch allein meinen (wie 14, VII, 4; 31, III, 6); adäquat ist der Gebrauch beim vb. *minnen* (2, V, 7; 5, VI, 5; 31, II, 8), auch beim adj. *minneclîch* (51, II, 6). Wo N. das Wort im Sinne hochhöfischen Minnedienstes gebraucht, u. a. als *hôhiu* (20, VI, 1), *tougen* (gegenüber *valscher* ebda. III, 4), *werde* (ebda. VI, 5) *minne*, schließt es das verehrende Werben um die Gunst der Herrin ein, das letzte Erfüllung als (geheimes) Ziel erhofft, aber hierin Abweisung erfährt, so durchgängig in seinen Minneliedern (L 33–53, etwa 34, II; 37, VI, 8 (vb. *minnen*); 46, VI; 50, I, 13 (vb. *minnen*); III; V; den Rivalen unterstellt: 36, II, 8; 49, IV, 11). Auch im Kreuzzugslied 17 findet sich für das Verhältnis zur *meisterinne* (s. d.), neben *staeter liebe* (III, 7) entsprechende Aussage

(V; IX, 3). Durch Versetzung solchen Frauendienstes in die Atmosphäre bäuerlicher Umwelt, wo Bauernburschen um die Liebe derselben Frau werben wie der Ritter, beginnt das Wort neidhartisch zwischen gewolltem oder gespieltem höfischen Verhalten und dem unverhüllten erotischen Verlangen, auch beim Ritter, zu schillern. In den Liedern grundsätzlicher Aussage (20, VI; 52, VI ff.) umspannt *hôhiu minne* (20, VI, 1) die Ganzheit von Werben und Erfüllung (20, VI u. 52, IX), hierin im Gegensatz zu *valscher minne* stehend (20, III. VI; 52, VIII, 5), und wird in Bezug zu *liebe* (52, VI ff.), *herzenliep* (20, VI; 52, VII – s. beides) gestellt als dann erreichte Ganzheit leib-seelischer Verbundenheit und Hingabe. In 20, VI, 3 bedingen *liebe* und *minne* einander geradezu als innige Verbundenheit, Ergriffenheit und daraus entstehender Lustvollzug.

minneblic, stm, Liebesblick. Ps.-N. 73, I, 5. M. 1 A. R. 7a.

minnediep, stm, Liebesdieb, verstohlener Liebhaber. N. 6, IX, 4. M. 1. Nach N. häufiger.

minneliet, stn, Liebeslied. N. 53, IV, 4, hier im Sinn von Minnesang, vgl. *wineliedel.* M. 1.

misencorde, swf, (nach Wießner Kom.) aus mlat *misericors,* etwa Gnadenmesser: langes Messer, das neben dem Schwert getragen wurde (Lexer s. v. *misericar,* der eingedeutschten Form). Zur Sache s. W. Komm. zu 91, 24. N. 42, VI, 3 und Ps.-N. 81, II, 8 als *misekar.* M. 1.

Mîssenaere, n. pr, Einwohner der Markgrafschaft Meißen. *Ein stolzer Mîssenaere* (Ps.-)N. 53, IVc, 3: Wie Flamen und Sachsen gelten Thüringer und Meißner als vorbildlich für höfisch-ritterliches Benehmen und Mode, s. u. *vlaemeln.*

morgentau, stn, Morgentau. Göli 88, I, 8. R. 7a.

mort, adj, tot, aus frz. *mort* entliehen. N. 17, VIII, 5; 42, IX, 11. M. 1.

müeterlîn, n. dem. Mütterchen. Ps.-N. 66, I, 5; II, 5. R. 3a.

mûl, stn, Maultier; *dürre miule* soviel wie Schindermähren: N. 30, VII, 6. M. 1.

mûlslac, stm, Ohrfeige. Ps.-N. 81, II, 6. M. 1 A. R. 7a.

multer, swstf, 'Mehltrog'. N. 45, Trutzstr. I, 7 vermutlich „spöttisch die gebogenen Platten des Brustharnisches" (Haupt, z. St. 209, 19).

muochen, sw. pl. Das nur bei N. 45, VII, 1 belegte Wort ist bisher unerklärt. Im Zusammenhang könnte es etwa 'Flausen, Einbildungen' aussagen. Vgl. M. 2 u. 3.

muome, swf, Mutterschwester. N. 29, III, 9 u. ö. M. 1.

muot, stm. In der Verbindung *hôher muot* s. *hôchgemüete*.

muschâ mirz als Ausruf, nur N. 28, II, 7, ungedeutet, wohl mit Befehlsform auf *â* gebildet (W. Wb. s. v.). M. 2 u. 3.

mûsen, swv, mausen, Mäuse fangen. An der bei N. einzigen Stelle 55, IX, 11 ist m. E. bildlich-ironisch 'Mäuse fangen' gemeint, d. h. noch (versteckte) Kriegstaugliche ausfindig machen. Vgl. M. 1.

nâdelrunze, swf, mit der Nadel gelegte Falte, Steppfalte. Nur N. 43, IV, 1. M. 3.

naejen, swv, nähen, sticken. N. 30, VI, 4; 43, IV, 4; 53, VI, 2. M. 1.

neige, stf, Neige. N. 83, IV, 1. M. 1.

nest, stn, Nest. N. 64, III, 6. M. 1.

neve, swm, Neffe als Schwester- und Brudersohn; im weiteren Sinn: Verwandter. Im MS (nach M. 1) nur N. 55, IX, 9. Dazu in der Trutzstrophe II, 3. 4 zu 27. In Ps.-N. 60, II, 9 und IV, 1 etwa 'Kerl, Lümmel' (W. Kom. zu XLI, 5–8) für einen beim Spiel besonders tollen Burschen. Vgl. R. 8a.

nône, stf. Eigentlich die 9. Stunde (ab 6 Uhr gerechnet), dann Mittagszeit. So N. 5, VII, 8. Mittag des Lebens N. 83, III, 8. M.1.

nôt, stf, s. bei *leit*.

nüschelîn, stn, dem. zu *nüschel,* stm, Spange, Schnalle; *verzintez nüschelîn* an der (einzigen) N.-Stelle 52, II, 13 „spöttisch für etwas Wertloses" (W.Wb.), etwa im Sinne: letzten Endes leer ausgehen. s. a. M. 1.

nuz, stf, Schalenfrucht wie Nuß, Mandel. *Die brûnen nüzze* Ps.-N. 82, V, 8 möglicherweise auch obszön, vgl. *haselnuz* u. HDA s. v. *Nuß* („in Erotik bedeutsame Rolle"). R. 7a.

obedach, stn, Dach über etwas; Obdach, eigentlich und bildlich. N. 8, VII, 7; 46, II, 3. M. 1.

oede, oedeclîch, adj., **oede(c)lîchen,** adv. Das Wort, das an sich 'verlassen, leer', dann 'eitel' bedeutet, ist bei N. ein charakteristisches, häufig gebrauchtes Wort, um das Verhalten und Treiben der Bauernburschen negativ zu bezeichnen; von 'eitel' ausgehend, als 'widerlich, töricht, anmaßend' und dgl. (Als Beispiele 24, V, 7; 37, V, 7; 39, II, 4; 54, VII, 4; 56, IX, 9.) Vor N. erscheint *oede* nicht im MS: M. 1, die *-lîch*-Bildungen nur bei N.: M. 3 (in der schwäb. Mundart heute noch so üblich).

offei, Ausruf, aus afrz. *afoi* meiner Treu. Göli 90, IV, 10. M. 5 A.

ort, stnm, Spitze, Ende. Das häufige Wort nach M. 1 im MS nur bei N. 42, IX, 11; 52, IX, 6; außerdem häufiger in den Ps.-N.

ôstersahs, stn, zu *ôster,* adv, im Osten, östlich, und *sahs,* stn, langes Messer, (kurzes) Schwert (Ps.-Göli 88, IIIa, 4. R. 7a): österreichisches Schwert. Göli 88, III, 3. M. 2 A. u. 3. A. R. 9a.

ôsterspil, stn, Spiel zur Osterfeier. Göli 88, II, 7. M. 1 A. R. 7a.

ôstertac, stm, s. *bluomter.*

ougenschouwe, stf, Anblick für die Augen; Augenweide. Göli 88, I, 11. M. 1 A. R. 7a.

ougest, stm, der Monat August. N. 17, XI, 2. M. 1.

oukolf, Schimpfwort. Conjectur Haupts aus *avcholf* RC, *her augolff* c (45, 12). Vielleicht *-olf*-Ableitung zu *ouke, ouche,* swf, Kröte, etwa als „Kröter"? N. 28, II, 5. M. 2, s. E. Schwarz, Heimatfrage, S. 94 f.

palme, swmf, Palme, Palmzweig; *die palmen schiezen* (Ps.-)N. 50, VIc, 7 Zweige der Palmweide (als Brauchtum) auf den am Palmsonntag in feierlicher Prozession herumgeführten „Palmesel“ werfen (Lexer s. v.; vgl. W. bei H. zu 239, 35).

phellerîn, adj, aus kostbarem (Seiden-Woll-?)Stoff, zu *phell(e)*, stm, kostbare Seide (auch Wolle?). N. 41, V, 4. M. 1.

pfeit, stf, Hemd; hemdähnliches Kleidungsstück. N. 45, Trutzstr. I, 8. R. 7a.

phenninc, stm, Münze, Pfennig. N. 54, III, 8 im Sinne 'Lohn'. M. 1.

phîfe, swf, Pfeife. N. 44, IV, 8. M. 1.

phîfen, stv, Pfeife blasen; pfeifen. N. 46, IV, 3. Ps.-N. 81, II, 9. M. 1.

pfister, stm, Bäcker. (Ps.-)N. 34, IIIa, 7. R. 6a.

phlanze, stf. An der (einzigen) N.-Stelle 17, X, 7 swf: Pflanze. M. 1.

phluoc, stm, Pflug. N. 55, IX, 3; redensartlich 49, VIII, 14 (erfolglos bleiben). M. 1.

phnehen, stv, schnell atmen, schnauben, keuchen, schluchzen. N. 50, VI, 4. Conjectur Wießners (nach *pfhenett* c) gegen *brehen* C (H. 100, 34). s. *gephnaete.*

phose, swm, Gürteltasche, Beutel. N. 41, V, 4. M. 1.

pilgerîm (-în), stm, Pilger, Kreuzfahrer. In den Kreuzzugsliedern N. 17, VI, 5 u. 18, V. 5.

pîn, stm, Qual, Pein. Ps.-N. 61, I, 3. R. 6a.

pîneclîch, adj. Nur N. 45, VII, 3 (in Verbindung mit *gebrech* [s. d.]). M. 3.

plân, stm, freier Platz, Ebene, Aue. Ps.-N. 80, I, 5. R. 6a.

plate, swf, metallener Brustharnisch (über dem Lederkoller). N. 55, IX, 4 und 56, VIII, 6. M. 1.

poppe, swm, Großsprecher. Göli 90, III, 4. (appell. Verwendung des Namens Poppe (Lexer s. v.), Koseform von *Jacob* (DWB s. v.); schwäb.-alem. *poppel, boppel* Einfaltspinsel. R. 7a.

portenschei, stm. Der nur bei Göli 90, IV, 9 bezeugte Spottname ist noch ungeklärt. Die Deutungsversuche reichen von frz. Lehnwort *(portenoys, porte-joie)* bis zur Anknüpfung an *porte* Türe (z. B. Ps.-N. 85, III, 8) und *schî(e)*, swfm, Zaunpfahl (diphth. *schei*), wofür W. Wb. als 'Türstock' plädiert. R. 6a. 9a.

prîme, stf. In der Verbindung *ze terze noch ze prîme* N. 55, VI, 11 (M. 1) nicht eindeutig klärbar. Beide Termini *prîme* und *terz* können die kanonischen Stunden meinen (d. i. 6^h und 9^h); dann ließe sich die Wendung 'als zu keiner Zeit, zu keiner Gelegenheit' (Lomnitzer) interpretieren. Anderseits bedeutet *prîme* musikalisch 'Grundton', d. h. den ersten Ton einer Oktave, die erste Stimme. (DWB s. v.); *terz* wäre dann der 3. Ton. Daß die Wendung in diesem Fall 'ein- oder zweistimmig' besagen könnte, ist nach Bruno Stäblein (mündlich) ausgeschlossen.

puneis, adj, stinkend. Aus afr. *puneis* stinkend. Göli 90, II, 9. M. 3 A. R. 6a. 9a.

punkel(în), stn, Schlag, Stoß. N. 33, IV, 3; übertragen 'Streich': 26, VI, 5. M. 2 u. 3. Zu *punken*, swv, schlagen, stoßen.

rädeloht, redeloht, adj, radförmig, rund. N. 41, VII, 1. M. 2 u. 3.

ragehüffe, adj, mit emporstehenden, hohen Hüften; zu *ragen* swv, in die Höhe stehen, und *huf*, stf, Hüfte. N. 40, V, 6 und Trutzstrophe 6. M 1.

râm(e), stmf, Ziel; zu *râmen* (s. d.), das auch 'treffen' bedeutet. Daher *zu râme komen* in den Griff kommen. N. 49, VII, 14. M. 1.

râmen, swv. Das Wort besagt, auf ein Ziel gerichtet sein; es kann seine Erreichung einbeschließen. Von hieraus sind die drei Vorkommnisse bei N. interpretierbar: 6, IX, 6; 16, III, 6; 36, III, 13. M. 1.

rant, stm. Die (wohl heldenepische) Wendung *über schildes rant* besagt: über den Schild hin, indem man sich schon für den Kampf mit dem Schild gedeckt hat (Lexer s. v.). In N. 41, IV, 5 (M. 1) steht die Wendung in der gespannten Atmosphäre des „Trutztanzens" der Burschen, um den Ritter-Rivalen von der Umworbenen wegzudrängen. Inmitten des „Balzkampfes", der schließlich in Prügelei wegen des Ingwerstückes übergeht (V, VI), nickt das Mädchen dem „Gegner" immerhin ein wenig zu, wie über den schon erhobenen Schild hin – ehe es bitter für den Verlierer wird.

reche, swm, Rechen. N. 65, V, 4. M. 1.

recken, swv, u. a. ausstrecken, N. 64, IV, 2 im Sinne von 'glätten'. M. 1.

reie, swm, Reigentanz, **reien,** swv, den Reigen tanzen (meist *springen*, selten *treten*). Aus der Sache heraus im MS im wesentlichen erst bei N. (M. 1), doch hier, natürlich, häufig; nur je ein Beleg: 2, III, 6; V, 2. Zur Sache s. S. 535.

reit, adj, gedreht, gekräuselt, lockig. Bei N. vom Haar der Burschen (z. B. 32, V, 8; 53, VII, 5), als 'gefältet' von einem Mädchenrock: 3, IV, 5. M. 1.

reffen, swv, soviel wie *raffen,* swv, zupfen, eilig an sich reißen. Göli 87, II, 6. Vorschlag Wießners anstelle der Konjectur Haupts *rifeln* (zu XIX, 4; R. 7a). Wäre als 'an sich nehmen, zusammenhalten' (der Schleppen) verstehbar, vgl. *respen.*

respen, stv, raffen. Göli 87, II, 6 (Vorschlag Wießners für *rispen* [R. 7a] nach Haupt, s. d. XIX, 4). Vgl. *reffen.*

reizelklobe, swm, Kloben mit Lockspeise (*reizel,* stmn) zum Vogelfang. N. 55, II, 2 Schimpfname für „Frau Welt". M. 1.

rîben, stv, reiben. Nach M. 1 A u. R. 7a erst bei Göli 87, III. In Zeile 6 vom Schwingen des Fußes beim Tanz (vielleicht mit leichtem Schleifen auf dem Boden, s. auch *schupfen*). In Z. 3 die (bessere) Lesart von BCO (nach Wießner z. St. XXII, 10), doch nicht ganz deutlich: *ez rîben* heißt 'die Fiedel streichen' (Lexer s. v.); hier aber mit *wan* auf *hâr* bezogen: durch hin- und herreiben (beim Tanz), d. h., schwingen, sei das Haar gekräuselt, vgl. Wießners

Hinweis a.a.O.: *die rîbent an dem tanze dicke ir langez hâr,* Ms. 3.200[a].

richel, stf. N. nur 43, V, 12. Jüngerer Titurel 4449 H lehrt, daß *richel* ein Hindernis meint. In Kärntner Mundart ist *richel*, f, Egge, zugleich bildlich *einem eine richel in den Weg legen*, ihm ein Hindernis bereiten. Bei N. dann ironisch: dem nun verheirateten Burschen ist eine Egge in den Herd gelegt, d. h. mit dem Schlemmen ist es nun aus, vgl. unser 'einen Riegel vorschieben'. M. 2 u. 3.

rîde, stf, Wiederkehr? (Unbelegte) Konjectur Wießners zu der einzigen N.-Stelle 15, IV, 1 (M. 1) aus *reide* Rc, *raise* B (H. 19, 37). *reide,* stf, ist Drehung, Wendung. Lexer folgert aus kärntnischen Belegen auch Wiederkunft, Rückkehr (was zur Stelle paßte); Wießner: dann müßte *rîde* gelesen werden. Jedenfalls Ableitung zu *rîden,* stv, drehen, wenden (N. 40, VI, 8, intr. sich fortbewegen); *reide* könnte dann auch rasche Bewegung meinen, d. h. das (wieder) fröhliche Herumflitzen der Vögel als Frühjahrszeichen.

ridewanz, stm, eine Tanzart. N. 44, IV, 3; *ridewanzel,* stm, (passionierter) Ridewanz-Tänzer (Ps.-)N. 3, VIII, 4; *ridewanzen,* swv, den Ridewanz tanzen N. 25, II, 5. M. 1 u. 3 A; R. 6a. 9a. Zur Sache s. S. 536.

ridieren, swv, fälteln; aus frz. *rider.* N. 9, III, 6 (von Haupt 22, 15 konjiziert aus *rivieren* R, *riefieren* c, was 'zurechtlegen' bedeutet, s. Lexer, Taschenwörterbuch s. v.). M. 1.

rifelieren, swv, ungeklärt. Als *tenze rifelieren* Göli 88, IV, 6 (nach B) umgehen, umdrehen? (Suolahti 209. 10 u. Bartsch) M. 1

rîhe, swf. Hier wohl Dachrinne: N. 31, VI, 6. M. 1.

rihten, swv, refl. sich schicken, sich einrichten. (Ps.-)N. 56, X, 4. R. 7a.

rîm, stm, Reim, Reimzeile, Reimpaar; oft auch die Versform, künstlerische Form an sich, so wohl N. 55, VI, 10. M. 1.

rinke, swstf, Schnalle. Ps.-N. 75, III, 7. M. 2, Anm. 1. R. 3a.

rinkeloht, adj, mit Schnallen (*rinke*, s. d.) versehen. N. 41, V, 2. M. 2 u. 3.

rîse, swf; dem. *rîsel,* Art herabfallender Schleier; im weiteren Sinn das ganze *gebende* (s. d.). Bei N. mehrfach (z. B. 7,II, 4; 30, VI, 3; 45, IV, 9; *rîsel* Göli 88, V, 9). M. 1. R. 3a.

ritter als Bezeichnung des Reuentalers s. *knappe.*

riutel, stf, Pflugreute: Stab zum Beseitigen der sich an das Pflugbrett hängenden Erde. Bei N. als Zeichen der Bauerschaft (im Gegensatz zum bisherigen Festtagstreiben der Burschen) 35, VI, 5. Als Waffe (neben Dreschflegel) bei Keilerei 24, VI, 3. M. 1.

riutelstap, stm, dasselbe wie *riutel.* Das nur bei N. 54, VIII, 5 (in R) belegte Wort (*leit(e)stab* cd H. 96, 34) bezeichnet hier die Würde seines Trägers, der Frau Minne, als (außerhöfisch-bäuerische) ordnende Macht. M. 2 u. 3.

riuwe, stswf, s. bei *leit.*

rock, stm, dem. *röckel(în)* Frauen- wie Männerbekleidung. Bei N. mehrmals (z. B. 3, IV, 5; 43, IV, 2. – 13, VII, 1). M. 1.

rocke, swm, Spinnrocken (Ps.-)N. 13, VIII, 1. M. 1.

rôsenschapel, stn, Rosenkranz. Zu *schapel,* stn (s. d.), Kranz von Laub, Blumen als Kopfschmuck; das Kompositum nur bei N. 12, III, 2. M. 1 u. 3.

rôten, swv, rot werden. Ps.-N. 61, V, 10. R. 7a.

roufen, swv, (die Haare) raufen N. 12, V, 6; 33, V, 7; 37, VI, 7 und Trutzstr. zu 32, 3. 9, sowie Ps.-N. 75, I, 9. („Die Zeile scheint hoffnungslos verderbt" W. Kom. zu XLV, 17). M. 1.

rüebe, swf, Rübe. N. 31, II, 10; 32, I, 9. M. 1.

rüezel, stm, Rüssel. (Ps.-)N. 33, VIII, 7. R. 7a.

rûm, stm, Raum (zu Aufenthalt) N. 17, VIII, 7. M. 1.

rûmegazze, imperativischer Schwertname 'Räume die Gasse' (d. h. haue eine Gasse). Nur N. 27, I, 11. M. 3.

rûnen, gerûnen, swv., insbesonders, und gerade bei N., das Wort für Liebesgeflüster: flüstern, tuscheln, flirten (z. B. 28, III, 6. 8; 46, VI, 3).

rûnewart, stn, zu *wart*, bair.-österr., alemann. Nebenform von *wort*: heimlich geflüstertes Wort, Liebeswort, Tuschelei. N. 46, V, 10, Konjectur Wießners aus *in ruomewat* R (H. 64, 8): Prunkgewand (Lexer), ebenso M. 1, in Zusammenhang mit der Wendung *bölzel* (s. d.) *schiezen.*

runze, swf, Runzel. N. 64, IV, 2. M. 1.

rûzen, swv, Geräusch machen, sich mit Geräusch bewegen. Göli 87, VII, 1, Conjectur-Vorschlag Wießners (zu H. XX, 19) nach O für *von dem russe* (Flegel? R. 9a) Haupts, gemäß B u. C.

sahs, stm, s. *ôstersahs.*

sal, stm, Schmutz. N. 1, V, 1. M. 1.

salman, stm, zu *sal(e),* stf, rechtliche Übergabe eines *sal*, stm, d. i. laut Testament zu übergebendes Gut: Mittels- und Gewährsmann einer *sal*; Vormund, so N. 28, VI, 7, wo Wießner (H. zu 46, 14) eine scherzhafte Bezeichnung der Mutter des Mädchens vermutet. M. 1.

salz, stn, Salz. N. 24, VII, 4; 35, VI, 9. M. 1.

samenunge, stf, Versammlung, Zusammenkunft (N. 42, IV, 2), Gemeinschaft (56, VI, 3), auch in Ps.-N.; *mit einer samenunge* (N. 27, III, 3) Schar, Gesellschaft, Begleitung. M. 1.

sante, d. h. Sankt vor Heiligennamen. N. 32, Trutzstr., 1. R. 6a.

sat, adj, satt. N. 33, IV, 7; 37, V, 8. M. 1; vgl. *gogelsat.*

schalc, stm, *der pfannen schalc* Pfannenknecht, d. i. eisernes Gestell für Pfannen auf dem Herd. Ps.-N. 86, IV, 5, vgl. Lexer s. v. R. 7a.

schallecliche(n), adv, mit Schall, laut, hörbar. N. 55, IV, 11. M. 1.

schamel, stm, Schemel, Fußbank. N. 25, III, 1; 48, VII, 9. M. 1.

schamerôt, adj, schamrot. N. 25, VII, 7; 40, VII, 9. M. 1.

schampeneis, stm, aus der Champagne. Göli 90, II, 10. R. 6a.

schandenflec, stm, Schandfleck. Ps.-N. 72, I, 6. R. 7a.

schanze, stf, Glücksfall; gemäß der Entlehnung aus afr. *cheance,* lat. *cadentia* eigentlich Fall der Würfel, dann Glückswechsel, Glücksfall, Wagnis, bei dem es auf Gewinn und Verlust ankommt. An der (einzigen) N.-Stelle 27, IV, 5 umspannt es 'Glücksfall' im Würfelspiel (als Bild) und in der (blutigen) Auseinandersetzung mit den Burschen (die aber nur Angeberei bleibt). M. 1.

schapel, stn, Kopfschmuck, bes. der Mädchen, als Kranz von Laub, natürlichen oder künstlichen Blumen (aus frz. *chapel*). N. 45, IV, 4; Göli 90, III, 11. – Als Bandschleife (Ps.-)N. 50, VIe, 8; 53, IVb, 2 *(tschappel).* R. 6a. Vgl. *rosenschapel.*

schaperûn, stm, Kapuze, kurzer Mantel (frz. *chaperon,* mlat. *capa*). N. 41, V, 1. M. 1.

schaere, stf, Schere. N. 42, IX, 2; als dem. *schaerelîn* N. 51, Gegenstr., 10. M. 1; spöttisch für Schwert (Ps.-)N. 50, VIf, 9.

scharemeister, stm, Anführer (eigentl. einer Heeresabteilung). Bei N. 49, VII, 12 als Anführer der Burschen; wenn die Ortsbezeichnung *lugetal* symbolisch als „Lügental" gemeint ist (s. Haupts u. Wießners Anm. zu 93, 26, sowie Orts- u. Flußnamen), mag Wießners Deutung „er ist ein Hauptlügner" zutreffen. M. 1.

scharmezieren, swv, scharmützeln, Ps.-N. 22, III, 14 (sonst nur Limburger Chronik, s. Lexer s. v. *scharmizieren*). Konjektur Wießners (Kom. zu XII, 21) nach Sievers' Vorschlag statt Haupts *schamezieren* (verschämt tun?) aus *scham zieren* R, *schame(n)lirn* cs. M. 3 A. R. 9a.

scharte, swf, Scharte. N. 52, VI, 13. M. 1.

schavernac, stm, Wort mit mehrfacher Bedeutung, das noch nicht endgültig geklärt ist. Für die beiden Stellen N. 37, II, 9 und Ps.-N. 81, I, 4 (M. 1) hat man 'Hohn und Spott', 'Wein' und 'rauhhaarigen groben Hut' beansprucht. Für (italienischen) Wein (aus Capranica nach A. Schultz I 327, aus Chiavenna, s. Kluge-Götze s. v. *Schabernack*) ist

Bezeugung vorhanden, s. Haupt zu 54, 13 und Lexer s. v. Wein ist aber nur auf 81, I, 4 anwendbar, wenn man (wie S. Singer) das in beiden Hss. bezeugte *treit* willkürlich in *trinkt* (s. zu H. 54, 13) ändert. Als Gegensatz zu den sommerlichen *bluomenhüeten* entspricht jedenfalls 'Hut' für den Winter sachlich besser und ist philologisch unbedenklicher. Die Bedeutung 'rauhhaariger Hut' (dessen Façon nach Schultz aus demselben Ort Capranica stamme wie der gleichnamige Wein) oder 'Pelzmütze' (Lexer) ist seinerseits zugleich auch mit 37, II, 9 *rûher schavernac* gestützt. Diese Stelle läßt aber aus der Situation der Umtriebe gegen den Ritter eher an die Bedeutung 'Streich, Possen' denken (wobei *rûch* als 'grob' – vgl. Parz. 297, 7 *vil rûhes willen* – verstehbar ist); diese Bedeutung ist ebenfalls schon mittelalterlich belegt (s. Lexer und Kluge-Götze; vgl. auch *schavernacken,* swv, höhnen, verspotten). Vielleicht spielt N. hier, wenn er gerade *rûhen sch.* formuliert, wieder schillernd mit den verschiedenen Möglichkeiten, indem er das Bild eines mit einem groben Winterhut bedeckten 'Bauerntölpels' hinstellt und zugleich – mit dem Anschluß *und* – dessen grobhändige Quertreibereien gegen den Rivalen anklingen läßt.

schebel, stm, schäbiger Kerl, Schubbejak. Göli 87, IV, 11. R. 9a.

schedelin, stn. dem. zu *schade,* swm, Schaden. Ps.-N. 61, VII, 4. R. 7a.

schehen, stv?, rennen, eilen. Als *schehende umbe* beim Ballspiel Ps.-N. 60, III, 4 etwa so viel wie Ecken schlagen; an der Stelle wahrscheinlicher als die (mögliche) Bedeutung 'zwinkern' (so R. 7a), vgl. Anm. zu XLI, 21 u. Lexer s. v.

scheide, stf, Schwertscheide. N. 41, VII, 3; 42, VI, 14. Obszön Ps.-N. 77, I, 1. M. 1.

schîbe, swf, Scheibe; Glücksrad N. 18, VII, 2 u. ö. M. 1.

schîbeloht, adj, scheibenförmig. N. 40, VI, 6. M. 1.

schieben, stv, schieben, stoßen. N. 47, II, 9; Ps.-N. 77, III, 1. M. 1.

schinebein, stn, Schienbein. N. 55, IX, 7. M. 1.

schopf, stm, Schopf; Haarbüschel; Vorderkopf. N. 41, IV, 4. M. 1.

schoezel, stn. dem. zu *schôz*, stm, Schoß. Ps.-N. 74, II, 6. R. 7a.

schrâ, stf, Hagel, Reif, Schnee. N. 47, III, 14. M. 1.

schrage, swm, kreuzweis stehende Holzfüße als Untergestell eines Tisches (worauf die Tischplatte gelegt wird). N. 24, II, 9; 25, III, 2. M. 1.

schranc, stm. An der (einzigen) N.-Stelle 49, I, 14 in der Verbindung mit *dwerh* als Hintergehung, Trug zu verstehen (zu ahd. *skrenkan* schräg stellen, hintergehen, vgl. Kluge-Götze s. v. *Schrank*). M. 1.

schrei, stm, Geschrei. N. 20, II, 3. M. 1.

schreien, swv, zu *schrîen*, stv (N. 41, VI, 5. 6 u. mehrmals): zum Schreien bringen. N. (nur) 7, II, 1 vom Singen der Vögel.

schrit, stm, Schritt. Beim Tanz N. 17, X, 2. M. 1.

schumpfentiure, stf, Niederlage (afrz. *desconfiture*). Göli 90, II, 1. M. 1 A. R. 6a.

schumpfieren, swv. Vorschlag Wießners zu Ps.-N. 61, IX, 6, (für *schumpfentiur* H.s zu XXXV, 6) als subst. Inf. etwa als 'Geschimpfe'.

schünden, swv, reizen, antreiben, aufhetzen. N. 32, Trutzstr., 2. R. 3a.

schuoch, stm, Schuh. Mehrfach bei N. In 32, V, 9 als ironische Eidesformel. M. 1.

schupfen, swv, stoßen. Göli 87, III, 6. M. 1. A. R. 7a. s. a. *rîben*.

schürzen, swv, (Kleid) schürzen. Ps.-N. 85, II, 5; Göli 90, IV, 5. R. 7a.

seil, stn, Seil. Als Fessel N. 64, II, 3; zum Schaukeln 30, II, 7. M. 1.

seine, adv, zögernd. N. 31, III, 3, soviel wie 'überhaupt nicht'. M. 1.

seln, swv, rechtskräftig übergeben (vgl. *salman*). N. 28, VI, 8 etwa 'an anderen Ort bringen'.

selwen, swv, *sal*, d. h. dunkelfarbig, welk, trübe, schmutzig machen. Ps.-N. 72, III, 7 ein Mädchen durch den Wind: bräunen. (Das Schönheitsideal war zarte weiße Haut mit roten Bäckchen). M. 1 A.

senger, stm, Sänger, lyrischer Dichter; Minnesänger. N. 56, V, 4. Die seltener gebrauchte Form neben *singer*, stm, die N. nicht hat. M. 1.

sêren, swv, kann trans. verletzen, verwunden und intrans. wund sein oder werden bedeuten. Wenn es N. 8, IV, 8 als intrans. zu verstehen ist, tritt der Gebrauch nach M. 1 erstmals bei N. auf.

sippe, s. *gesippe*.

slâ, stf, (zu *slahen*, stv, schlagen), Spur, besonders vom Hufschlag der Pferde, dann allgemein Fährte, Weg. N. 32, I, 10 vom Tanz als Partnerin hinter dem Tänzer. M. 1.

slîfen, stv, schleifen, zuschleifen. N. 42, V, 12; Ps.-N. 81, II, 7; schleifend tanzen N. 40, VI, 7. M. 1.

slite, swm, Schlitten. N. 24, I, 1. M. 1.

slîzen, stv, trans. zerreißen, abnutzen. Ps.-N. 68, IV, 5; Göli 87, II, 8. R. 7a.

slündic, adj, schluckend, gierig. N. 29, III, 3, Conjectur A. Leitzmanns (ZfdPh 65. 33. 34) zu 47, 12 für *stundic* R (Haupt: „reif"), *süzz* c, zu *stundic* M. 1. *Slündic* ist allerdings nur als *gîl-*, *hundert-*, *kel-slundic* nachweisbar, s. Lexer s. v. *slundic* (*gîlslundic* jedoch nicht s. v. I 1015!).

smaehe, stf, verächtliche Behandlung, Verachtung. N. 38, IV, 2. M. 1.

smaehen, swv, schmähen, beschimpfen; schmählich, schlecht behandeln. N. 55, IV, 7. M. 1.

smer, stmn, Fett, Schmer. N. 48, IV, 5. M. 1.

smirn, smirwen, swv, schmieren. N. 33, I, 10. M. 1.

smiuge, stf, Biegung (zu *smiegen*, stv); Mühe, Not in N. 55, VIII, 3. M. 1.

smurre, swf, Hieb, Streich? Schwach belegt (s. Lexer s. v.); in Göli 90, III, 7 Conjectur für (verderbtes) *schnůre* der (einzigen) Hs c (H. XXIV, 2).

smutzemunden, swv, schmunzeln, zu *smutzen,* swv, den Mund zum Lachen verziehen. Daher die einzige Stelle N. 27, II, 9 auch (oder eher) als kichern zu verstehen. M. 2 u. 3.

snabelraeze, adj, schnabelscharf: scharf mit der Zunge, mit frechem Mundwerk. N. 48, III, 6. M. 1.

snoede, adj, aktiv Verachtung ausdrückend, rücksichtslos, so N. 50, VII, 9. Passiv verächtlich, ärmlich, erbärmlich, so Ps.-N. 61, VI, 5. M. 1.

snuor, stf, Sohnes Frau, Schwiegertochter. N. 26, VII, 10. M. 1.

soum, stm, Saum (an der Kleidung). N. 44, III, 14; 64, V, 7. M. 1.

spalten, stv, spalten, d. i. auseinandernehmen. N. 47, II, 10. – part. gespalten Ps.-N. 74, III, 8. M. 1.

spân, stm, Span; hobelspanförmige Ringelung der äußersten Haare. N. 24, VII, 2; 37, IV, 9; 51, V, 9. M. 1. – Als *widerspân* in ähnlicher Bedeutung (Ps.-)N. 50, VIe, 4.

spanne, swf, Breite der ausgespannten Hand, Spanne. (Ps.-)N. 56, X, 6; Ps.-N. 81, II, 3. R. 7a.

spannen, stv, spannen; jede Tätigkeit, mit der ein Ziehen verbunden ist. Bei N. *swert spannen* umschnallen: 37, V, 3; Göli 89, II, 3; *hôhe spannen* etwa 'spreizen' N. 35, VI, 4. M. 1.

spende, stf, Gabenverteilung. Ps.-N. 76, I, 5. M. 1. R. 7a.

spiegelglas, stn, Spiegel(glas). N. 38, III, 8. Bildlich Ideal, Ebenbild N. 20, V, 5; 54, IX, 5. M. 1.

spiegelsnuor, stf, Band, Schnur zum Auf- oder Umhängen des Spiegels. N. 52, V, 8. M. 1.

spiez, stm, Spieß (als unritterliche, bäuerische Waffe). N. 33, VI, 8. M. 1.

spiezgenôz, stm, Spießgeselle. „Bei N. zuerst belegt" W.Wb.: 44, III, 10 und IV, 13. M. 1.

spilestube, swf, Stube für (winterliche) Unterhaltung. N. 36, IV, 4. M. 1.

spor, stnm, Spur, Fährte. N. 56, VII, 9.

spor(e), swm, Sporn. N. 41, VII, 1; 45, Trutzstrophe II, 10. M. 1.

spottelachen, swv, spöttisch lachen über etwas. N. 46, VI, 2. M. 3 (jedoch auch Zimmerische Chronik 2. 320, 21 belegt, s. Lexer s. v.).

spränzelaere s. *sprenzelaere.*

spreckeleht, adj, gesprenkelt. N. 45, Trutzstr. II, 8 (hier der Beizfalke). R. 7a.

sprenzelaere, *spränzelaere,* stm, Stutzer, Geck. Zu *sprenzen,* s. d. N. von den Bauernburschen: 37, IV, 5; 53, V, 1; 83, III, 3. s. *dorfsprenzel.* M. 1.

sprenzen, swv, intr. sich spreizen, einherstolzieren. Zu einem verbreiteten Stamm *spranzen,* swv, sich spreizen, *spranz,* stm, das sich Spreizen, Geck. (Ps.-)N. 56, X, 2, jedoch Mutmaßung Hs. aus *hur*... (Loch im Pergament) *nzen* O, *springen* c (W. zu 220, 12: „in O stand vielleicht *tanzen*"). R. 7a.

staffel, stm, Nebenform zu *stapfel,* stswmf, Stufe. Nur N. 13, VI, 2 als Bein eines hölzernen Hausgerätes; sonst nur in bair.-österr. Mundart nachgewiesen, s. a. DWB s. v. *staffel* III, 2. M. 1.

stâl *(stahel),* stmn, Stahl. N. 16, VI, 5; M. 1.

stahelbîze, swf, Stahlbeißer, Schwert, „wohl eine Neubildung Gölis" (W.Wb. s. v.): 88, III, 9. M. 3 A. R. 3a; 9a.

staete, staetikeit, stf, u. **staete,** adj, **staeteclîchen,** adv. Diese, bei N. mit *staete* als Subst. und Adj. häufiger, mit *staetikeit* und *staeteclîchen* je einmal (49, II, 1; 52, X, 2) begegnende Wortsippe spricht eine zentrale Verhaltensweise hochhöfischen Menschentums an: die unwandelbare und zuverlässige Beständigkeit unter allen Umständen, im besonderen im Vorgang des Minnedienstes. *Staete* ist hier unbedingte Pflicht des Ritters der Dame seines Herzens gegenüber, auch und gerade bei deren Abweisung, aber auch Eigenschaft der Dame hinsichtlich ihres eigenen, wie auch immer beschaffenen Verhaltens. Die Rezeption bei N. geschieht einmal – in grundsätzlichen Aussagen – als Forderung von *staete* als Haltung sowohl beim Mann, zur Verwirklichung echter, gegenseitiger Herzensverbundenheit (52,

VIII, 4), als auch bei der Frau (als *staeter vriunt* 84, III, 4), sowie als Versicherung des Liebenden (im Kreuzfahrerlied 17, III, 7 und wieder im Lied 52, X, 2), als dessen Feststellung *staeten muotes* bei der Frau, der aber bei lebensklugem Verhalten des Mannes doch (in Erhörung) verwandelbar sei (ebda. XI, 11). Fehlen der *staete* ist Makel vom Urteil der Frau her (50, IV,14, wenn auch mit ironischem Unterton; 70, II, 2). Anderseits ist – im Umkreis des Minnesangs der Winterlieder – der Besitz von *staete* unentwegt Beteuerung des werbenden Neidhartschen Ritters (33, III, 3; 38, II, 9; 45, VI, 10; 49, I, 14; II, 1. 6; IV, 1; 83, IV, 3). Sie erhält jedoch angesichts der Zugänglichkeit der *frouwe* des jeweiligen Liedes für außerhöfisch-bäuerisches Umwerben durch Rivalen und ihres gleichzeitigen Ignorierens oder Abweisens alles „Dienens" von seiten des Ritters den Beigeschmack verzweifelten, ja verkrampften Haltenwollens sinnlos gewordener Position – ein Adabsurdum-Führen herkömmlichen Minnedienstes vom Begriff der *staete* her, der, wo sinnvoll, für Neidhart durchaus echter Wert ist. Vgl. hiezu *triuwe.*

Das Adjektiv *staete* tritt außerhalb des umschriebenen Bereiches als Bezeichnung des Haltbaren und Dauernden bei Sachbezügen auf: Kleiderfalten (62, IV, 4), politischer Frieden (20, VIII, 6), persönliche Aussöhnung (78, V, 4), schließlich, dem zentralen Bereich sich nähernd, als Beharren in *hövescheit* (s. d.) als Aufforderung zu sommerlichem Festtreiben (15, III, 5).

stecke, swm, Stecken. N. 64, III, 3 und IV, 1; 41, Trutzstr., 1. M. 1.

stelze, swf, Stelze; spöttisch für Bein: N. 34, III, 11; Trutzstr., 9. Als Stelzfuß Ps.-N. 61, VII, 11.

stein, stm. N. 32, VI, 10 als Probierstein (wobei die Wertlosigkeit des „Gewinnes" erscheint).

steppe, stn? Nur Ps.-N. 72, IV, 9 (W.Wb s. v. „unbezeugt") als Conj. Hs. zu XXXVI, 32 aus pl. *steppen* B, sing. *gesteppe* c. Dem Sachbezug nach zu *steppen,* swv, steppen, durchnähen, sticken, stellbar, als Gestepptes oder Stikkerei am Kleid. R. 9a.

sticken, swv, N. 51, VIII, 2 mit (Zaun-)Stecken versehen, d. h. Ordnung setzen. M. 1.

stiften, swv, in der Wendung *die schuole stiften* N. 51, Gegenstrophe, 8, von der Neuordnung öffentlicher Zustände.

stolz, adj, töricht, übermütig; stattlich; hochgemut. Bei N. und Nachfolgern, wenn nicht lediglich stereotyp, in häufiger und kennzeichnend schillernder Verwendung zwischen Lob und Tadel, zumal bei den jungen, sommerfrohen Mädchen (z. B. 2, III 3; 12, IV, 3; 13, VII, 5; 16, V, 3), von Männern 18, III, 1 *(leien)*; 15, VII, 5 *(ritter)*; 31, I, 4 (hochgemut). Vgl. M. 1. – Das adv. *stolzlîchen,* als prächtig, schön für Kleidung und Tanz der Mädchen: N. 9, III, 5; IV, 2; 11, IV, 2; s. a. bei *maget.*

stöuber, stm, aufstöbernder Jagdhund, Stöberhund, zu *stouben, stöuben,* swv, stieben machen; aufstöbern. Göli 90, II, 8 bildlich von einem dörflichen Stutzer und Weiberhelden. Conjectur Hs. (zu XXIII, 17) aus *stovern* C, *tauber* c. W.Wb. s. v. verweist auf dän. *støver* Stöberhund. R. 7a.

stôz, stm, Stoß. N. 65, V, 8 pl. als Balgerei. Ps.-N. 60, II, 9. M. 1.

stric, stm, Strick. Als Fallstrick N. 11, V, 5; 54, II, 4; Fessel Ps.-N. 73, I, 6. M. 1.

strîchen, stv, streichen. In der Wendung *die nahtigal lât dar (nâher) strîchen* N. 3, I, 3 (nach c gegen H. 25, 16 *tîchen,* s. d., nach R) und 11, II, 6 kann intr. *strîchen lân* als auf Nachtigall (und ihren Gesang) bezogen, unter üblicher Auslassung des Objekts, etwa meinen: ‘ihr Singen vor sich gehen lassen’. – Göli 90, IV, 11 aus anderer Situation vielleicht ‘(es) herankommen lassen’.

striuchelstôz, stm, Stoß, der straucheln macht. (Ps.-)Göli 88, IIIa, 7, „offenbar eine Neubildung“ W.Wb. s. v.

stroufen, swv, streifen. N. 3, IV, 2. M. 1.

strûben, swv, vom Haar: sich sträuben, struppig sein, (d. h. ungepflegt). N. 35, VI, 6; 43, VI, 7; 53, VII, 8. M. 1.

strûche, f. Nur N. 11, VII, 2 (M. 2 und 3; W.Wb.). Nach Wilmanns' (nicht restloser) Deutung (ZfdA 29, S. 83, Anm. 1) Landstreicherin. Haupt zu 19, 2 denkt (mit *hey strûche!*) an Imperativ zu *strûchen* (s. d.) straucheln (so auch Mhd.Wb. 2, 2, 703[a], s. a. W.Kom.), als: Komm nur zu Fall! Späte Belege (literarisch ab Teichner, DWB s. v. *strauche(n)*, schnupfen) kennen ein *strûche* als *pestis, catarrus, reuma* (Lexer s. v.), was als 'Pestbeule' etwa ebenfalls möglich wäre.

strûchen, swv, straucheln, zu Fall kommen. N. 55, V, 3. M. 1.

strûchgevelle, stn, soviel wie *strûchen und vallen.* Göli 87, VI, 10. R. 7a.

stube, swf, Stube. Bei N. häufiger, z. B. 23, II, 9. M. 1.

stubenheie, swm, zu *heie,* swm, Hüter, Pfleger: Stubenhocker. N. 53, I, 8. M. 3.

stûche, swm, weiter, herabhängender Ärmel. N. 42, IV, 14; Göli 87, VII, 7. M. 1.

stungen, swv, stechen, stoßen. N. 34, IV, 11 als (vertrauliches) Anstoßen, Drücken. M. 1.

stüppe, stn, Pulver (zu Arznei und Zauber). N. 51, III, 1.

sûberlîch, adj, rein, hübsch (vom Gewand). N. 4, V, 2; 11, II, 4. M. 1.

sumber, stmn, (Hand-)Trommel. N. 27, Trutzstr., 3; Ps.-N. 81, II, 10; III, 3; Göli 87, VI, 1. M. 1.

sumbern, swv, die (Hand-)Trommel schlagen. N. 27, III, 6. M. 1.

sumberslegge, swm, Trommelschläger. Göli 87, II, 4. M. 3 A. R. 3a. 9a. *slegge* gehört, mit den weiteren Formen *slege, slecke* (vgl. *man-slege, -slegge, -slecke* Totschläger, Lexer) zu dem Stamm *slah-, slag-, sleg-* des stv. *slahen* schlagen.

sumertac, stm, Sommertag; im Pl. Sommer. N. 50, I, 3; Ps.-N. 81, I, 1 (Konjektur aus *wunneklicher tac* C, XLVII, 9). M. 1.

sumerweter, stn, Sommerwetter. Göli 87, I, 1. M. 1. A. R. 7a.

sündehaft, adj, sündenbehaftet. N. 56, III, 1. M. 1.

sunderbâr, adv, ohne Beschränkung; insbesondere. N. 49, IV, 10 (Konjektur zu 94, 26 aus *svnder war* Rc) M. 1.

sunderwân, stm, gemäß *sunder* und *wân* ausgefallene, jedoch keineswegs sichere Erwartung; Einbildung auf Erfolg. N. 47, VI, 8. M. 1.

sunnenheiz, adj, sonnenheiß. N. 58, III, 6, Konjektur Hs. aus *heissen sunne(n) tac* Cc, nach W, Anm. zu 6, 18, unbezeugte, von Singer abgelehnte Wortbildung. M. 1.

swâren, swv, schwer, leidvoll, bedrückend werden. N. 20, VII, 6; 46, I, 10. M. 1.

swattgen, swv, plätschernd fahren. Nur N. 17, Trutzstr, 2 (der Hs. c), vermutlich zusammengehörig mit bair.-österr. *schwadern, schwatteln* u. a. 'plätschern'.

swester, stf, Schwester. Mehrfach bei N. (z. B. 41, VI, 6). M. 1.

swingen, stv, s. *fuoter.*

tanzgeselle, swm, Mittänzer, Tanzkumpan. N. 51, VI, 4. „Vielleicht Neubildung Ns." W.Wb. s. v. M. 3.

tanzprüevaere, stm, Tanz-leiter, -veranstalter, s. *brüeven.* (Ps.-)N. 3, VIIIa, 3. R. 3a. 9a.

tehtier, stn, Kopfschutz, als eine Art Sturmhaube. N. 24, IV, 6. M. 1. Nebenform zu *testier* aus afrz. *testière* zu *teste* Kopf.

tender, lender, lenderlîn, Kehrreim Ps.-N. 66, I, II, III; vgl. *tenderlinc,* stm, leeres Geschwätz (Lexer s. v.).

terze, stf, s. bei *prîme.*

tîchen, stv, schaffen, betreiben, ins Werk setzen, „ursprünglich wohl von einer musikalischen Tätigkeit gebraucht" (Lexer s. v. nach J. Grimm). Hierzu paßt Ns. Verwendung für den Gesang der Vögel 15, II, 5 (auch 3, I, 3, wenn mit R *tîchen* statt *strîchen* (s. d.) nach c zu lesen ist); *ein niuwez tîchen* 3, III, 3, ein neues Lied einführen (W.Wb. s. v. *niuwe);* auch *mit tanze tîchen* 28, II, 7, den (Sommer-)Tanz (wieder) betreiben, kann das Musikalische (Tanzlied) beinhalten. M. 1 (unrichtig).

tihten, swv, dichten. N. 84, VIII, 6. M. 1.

tocke, swf, Puppe. N. 3, IV, 4. M. 1.

tockenwiegel, stn, dem. kleine Puppenwiege. (Ps.-)N. 3, IX, 2. R. 3a. 9a.

tohterlîn, stn, dem., Töchterchen. N. nur in Sommerliedern als Anrede: 10, VI, 1.4; VIII, 1; 11, V, 1; 14, IX, 1. M. 1.

tolde, swf, Wipfel oder Krone eines Baumes, einer Pflanze. N. von der Linde: 2, II, 6; 3, I, 1; 24, I, 4; Blumendolde 28, II, 2. Dazu als Baumwipfel Ps.-N. 79, II, 2 und Göli 89, I, 3. M. 1.

toersch, adj, als narrenhaft dumm, dumm-dreist bei N. von Bauern mehrfach gebraucht, z. B. 56, VIII, 5; *die toerschen briunen* s. u. *briunen.* Vgl. M. 1.

tougendiep, stm, heimlicher Dieb: Ps.-N. 74, V, 13; zu *tougen,* adj, heimlich (N. z. B. 9, IV, 6). R. 9a.

tozelaere, stm, zudringlicher, frecher Bursche (kärtnisch *totzln* etwas unausgesetzt verlangen, ohne sich abweisen zu lassen, *totzlar,* m. H. zu 94, 13). N. 49, V, 11. M. 2 u. 3.

trat, stf, zu *treten,* stv: Weide, Viehtrift. Ps.-N. 75, I, 8; vgl. ähnlich N. 30, IV, 3. M. 2 A. R. 7a („Ort, wo jemand das Weiderecht hat“).

tratz, stm, Trotz; Trutz N. 24, VI, 8; 41, IV, 3; 42, IV, 5. M. 1.

treibel, stm, Antreiber. Göli 87, III, 4. R. 9a.

treie, swf, Jacke, Wams (prov. *traia)*; Nebenform zu *troie* (s. d.). Fast ausschließlich bei N. (und Nachahmern), aber dort häufiger belegt, z. B. 27, VI, 1. M. 1. R. 6a.

trei(e)ros, stm, Name vermutlich eines Tanzliedes zu höfischem Tanz (Böhme, Tanz I. 31 f.) N. 12, V, 5; 30, III, 6. M. 1. (s. S. 536).

tretzic, adj, zu *tratz* (s. d.), trotzig, herausfordernd. N. 38, III, 4; 83, II, 3. M. 1.

triegaerinne, stf, Betrügerin. N. 56, IV, 10. M. 1.

trieger, stm, Betrüger. N. 62, III, 2. M. 1.

triel, stm, grober Ausdruck für Mund; Maul, Schnauze, Gosche. N. 26, V, 4. M. 1.

triuwe, stf, singularisch und pluralisch gebraucht, 'Treue'. Aus einer als ursprünglich anzusetzenden Bedeutung 'rechtswirksame, vertragliche Abmachung' samt ihrer Einhaltung entwickelte sich *triuwe* als sittliches Pflichtverhältnis, Willen und Vermögen hierzu zwischen einander Zugehörigen: als Zuverlässigkeit, Aufrichtigkeit, Einsatzbereitschaft, Verbundenheit, Versprechen und dergl. Hieraus ist *triuwe* zu einem zentralen Wert gerade auch des Minnedienstes geworden. Als solcher erscheint er bei N., konzentriert vor allem auf die Lieder des Minnedienstes (L 33–53). Er ist hier einerseits akzentuiert auf die wiederholt ausgesprochene Versicherung des werbenden Ritters, in Besitz und Ausübung solcher *triuwe* zu sein (37, II, 6; 38, II, 9 [mit *staete*, s. d., verbunden]; 40, II, 6; 42, II, 12). Es sind Lieder, worin Abneigung der „Dame" und zunehmende Verbitterung des Ritters deutlich werden und als Verteidigung die Versicherung bisherigen und dauernden „richtigen" Verhaltens des Mannes hervorrufen; *triuwe* steht hier bereits (wie *staete*) in der Verschattung zunehmend offenkundig werdender Absurdität derartigen Bemühens um Liebesgunst. Wo minnedienstartiges Verhalten in die („unhöfischen") Liebeshändel des Ritters eindrapiert sind, hat auch erscheinendes *triuwe* am Beigeschmack des hier Deplacierten Anteil: als Forderung an die *herzen küneginne* (30, I, 6), Vorhandensein beim Liebhaber (VII, 2), daraus als Zwang auf das Mädchen (28, VI, 5) und – fast grundsätzlich – als ihr Fehlen bei *argen wîben* (28, V, 8), d. h. hier wohl solchen, die es bei bloßem Flirt bewenden lassen. – Anderseits begegnet *triuwe* in Liedern mit grundsätzlichen Aussagen Neidharts, hier, wieder parallel mit *staete,* betont positiv verstanden als unabdingbare gegenseitige Verbundenheit von Mann und Frau als Voraussetzung echter Erfüllung (52, VI, 4; VIII, 2, ebenso 1, VII, 3) und auch für die Frau bejahbaren Minnedienstes (20, IV, 2).

Bei Neidhart tritt *triuwe* ferner außerhalb erotischen Bezuges auf, als Kennzeichnung sittlich geforderten Verhaltens (im oben genannten Sinn) innerhalb zwischenmenschlichen Bereiches: zwischen Mann und Mann (den ritterlichen Freunden: 39, IV, 4 als Zusammenhalten und Hilfsbereitschaft; gegensätzlich als Fehlen bei bäuerlichen Rivalen: 49, VII, 11; VIII, 4); zwischen Frau und Frau, d. h. hier Mutter und Tochter (als Verbundenheit, Einvernehmen: 9, VI, 6), zwischen Freundinnen (wobei die höfisch klingende Formel *dienest* [S. d.] *unde triuwe* falschen Zungenschlag verrät: 6, VI, 5). Der Lobpreis für Herzog Friedrich (52, XII, 1) und die Kritik des Fehlens bei der „Herrin Welt" (55, III, 4) greifen zugleich in den Bereich des (vertraglichen) Lehensdienstes zwischen Herr(in) und Mann, dem *triuwe* von je zugehört und die unverbrüchliche Verläßlichkeit in solchem Verhältnis meint.

Neben diesen Gruppen dient das Wort schließlich als (häufig gebrauchte) Beteuerungsformel (nhd. *traun*): 'in Wahrheit, wirklich, aufrichtig, auf mein Wort' und dergl., sowohl als *triuwe(n)* wie mit Präpositionen *an, bî, mit, ûf tr., entriuwen.*

troialdei, stm, Name eines Tanzes? Nur bei Göli 88, IV, 7 bezeugt. An der Stelle ein Sommertanz *(von der linden)*; ob *selbe zwelfte* als von Zwölfen ausgeführt meint (wie Böhme I, 37, z. T. unter Mißverständnissen ausführt), muß offen bleiben. M. 3 A. R. 9a. Zur Bildung s. *wânaldei.*

troie, swf, Jacke, Wams. (Ps.-)N. 56, X, 2; Ps.-N. 81, II, 2. s. *treie.*

trüebe, stf, Trübe, Trübung. N. 52, IX, 11. M. 1.

trünne, stf, laufende Schar, Schwarm, Rudel; zu *trinnen,* stv, davon gehen, sich absondern, entlaufen (vgl. *trünnic,* adj, flüchtig, *trünnege,* stf, Trennung, Spaltung). N. 25, II, 4; Ps.-N. 76, I, 2. M. 1. R. 6a.

trûren, swv, s. bei *vröude.*

trûtel, stn. dem. zu *trût,* stmnf, Liebling, Geliebte(r) u. a., (bei N. 6, VIII, 4; 84, II, 4). N. 11, III, 6. M. 1 (s. v. *triutel*).

trûtgespil, swf., als Anrede 'liebe Freundin'. N. (nur in

Sommerliedern an Mädchen) 4, III, 2; 13, III, 4; 20, III, 1. Unter tanzlustigen Alten 70, III, 2. M. 1.

trûtherre, swm, N. 26, II, 10 als Anrede 'lieber Herr Künzel' an den Spielleiter (s. *herre).* M. 1.

trûtwin, zu *trût* und *wine*, s. *wineliedel*, zunächst etwa Herzfreund, Herzgeliebter, möglicherweise auch Name, an der (einzigen) Stelle Ps.-N. 79, III, 5 jedenfalls appellativisch (so wohl richtig zuletzt W. Kom. zu XVI, 23) für den jeweiligen Liebsten.

tschappel s. *schapel.*

tschoye, stf, Nebenform zu *schoie*, stf, 'Freude' (aus frz. *joie,* von lat. *gaudium*). Die (einmalige) Verwendung bei N. 56, IX, 8 als *von der tschoyen* legt trotz Erwägungen als Synonym für *reie* oder als 'Schar' hier die Bedeutung als 'Freude' nahe. M. 1 („nur noch beim Tannhäuser").

tugent, stf. Das Wort ist bei N. in 21, VI, 5 nach der (einzigen) Hs. R (H. 34, 16) – wo W. in *jugende* (s. d.) konjiziert – sowie in der (angezweifelten, aber ebensogut als echt annehmbaren) Str. 51, IV, 8 und als Adj. *tugentrîche* 55, II, 11 belegt. (Der Gebrauch ist also in 21, VI nicht so vereinzelt, wie W. Kom. z. St. meint; einmaliger Gebrauch eines Wortes ist im übrigen bei N. so häufig, daß dies allein kein Grund zu Conj. wäre.) Dazu kommen *tugent* in (Ps.-) N. 22, IV, 11; Ps.-N. 82, III, 6 und die Adj. *tugenthaft* N. 54, Trutzstr. 3, und *tugentlîch* Ps-N. 74, IV, 1. Die Interpretationen an den einzelnen Stellen ergeben sich aus der Grundbedeutung des Stammes *tug-* als tauglich, tüchtig, brauchbar, gut, edel usw., wobei unter Einfluß von lat. *virtus* das Subst. *tugent* Träger des christlichen Tugendbegriffes wird. Gemäß H. Kunisch, DWg. I, S. 213 meint *tugent* in höfischer Zeit 'sachgerechtes, weltläufiges und religiöses Verhalten in eins'. Bei N. 21, VI, 5 möge dies unter 'alles Tüchtige' mitverstanden werden. Die Satzkonstruktion hat Bertau, Stil, S. 96 richtig als Attraktion (und Aussparung) des Relativpronomens an *die* des übergeordneten Satzes gemäß Mhd. Gr. § 346 gedeutet: denen *tugent* ein Wert bedeutete. – In Ps.-N. 74, IV ist *tugentlîch* entweder als tüchtig im Erkennen der (versteckten) Aussage, als 'scharfsinnig' zu verstehen, oder vom Begriff der Rechtschaffenheit her etwa als 'ohne Hintergedanken'.

tülle, stn, Röhre. Ps.-N. 61, V, 4, hier als Halsschutz. R. 7a.

tuoch, stn, Tuch. Mehrfach bei N. (als Beispiel 25, V, 9; 35, II, 6). M. 1.

turloye, swm, nicht geklärt. An (eigenen) Tanz oder zu Tanz Gehöriges ist zu denken; Suolahti (S. 270) vermutet 'Refrain' aus afrz. *dorelo(t)*. N. 56, IX, 10. M. 1 u. 3.

tûsch, stm, Bedeutung nicht geklärt, vermutet wird Spaß, Gespött, Schelmerei. N. 29, III, 5. M. 1.

tützen, swv, zum Schweigen bringen. N. 35, VI, 2. M. 2 u. 3.

überheben, stv, entheben, befreien, verschonen. Ps.-N. 61, VIII, 11. R. 7a.

überhügen, swv, worüber hinweg denken, vergessen, einem untreu sein; zu *hügen,* swv, denken, sinnen. Ps.-N. 79, VII, 3. R. 7a.

überlût, adv, Göli 88, IV, 4 'öffentlich', d. h. hier wortführend in (öffentlicher) Geselligkeit.

übermüeder, stn, zu *muoder, müeder,* stn, 'Kleidungsstück vor allem der Frauen, urspr. zwischen Hemd und Rock getragen, das den Oberleib – die ursprüngliche Bedeutung von *übermüeder,* vgl. ZfdPh. 24, 398 – umschließt' (Kluge s. v. *Mieder*). N. 25, III, 8. M. 1.

überreden, swv, hier: überreden, im Sinn von übertölpeln. N. 78, II, 5. M. 1.

überrennen, swv, rennend überlaufen, herfallen über einen. Ps.-N. 61, VI, 6. R. 7a.

überswenke, adj, zu *swenke,* adj, sich schwingend: überschwänglich, übermächtig N. 48, VII, 3. M. 1.

überval, stm, über den Mantel fallender Kragen, (Ps.-?)N. 13, VIII, 4. M. 1.

uchuch, Ausruf. N. 26, II, 5. M. 1.

umberieren, swv, Bedeutung unklar. Variante *tûmelieren* (c in 50, 36) 'taumeln' kann Ersatz für dunkel werdendes *umberieren* (in C[b]; *vmbereiten* R) sein; anderseits sucht W.Wb. über bair. *abrierl* Abfall von Bäumen (Schmeller-Fr. 2, 134) Zusammenhang mit *umberêre,* stf, Abfall, Überbleibsel (zu *rêre,* stf, Herabfallen, und swv. *rêren* fallen). So könnte die (einzige) Stelle N. 27, VI, 11 Abfall wie Taumeln meinen, wobei taumeln, abschätzig-scherzhaft als purzeln, besser den Zusammenhang träfe (so schon Haupt zu 50, 36). M. 3.

umbesaeze, swm, Nachbar. N. 42, V, 11. M. 1.

umbeslîfen, stn, subst. Inf., eine Tanzform: „Der getretene oder umgehende (d. i. höfische) Tanz ... bestand aus einem Umherziehen mit schleifendem Fuß *(umbeslîfen)* der Tanzpaare, die sich an der Hand gefaßt haben" Böhme, Tanz I, 31. Nur N. 44, IV, 6 bezeugt: W.Wb. s. v. M. 3.

umbeswanc, stm, Drehung, hier beim Tanz: N. 42, V, 2. M. 1.

umbesweif, stm, Bewegung im Kreis; Kreis selbst; *umbesweif nemen* herumstreichen: N. 46, IV, 6; Gebiet des Herumschweifens, etwa 'Revier': N. 32, IV, 3; Umkreis: N. 42, IV, 3. M. 1.

umbetrîbe, stf, sonst unbezeugt, zu *umbetrîber,* stm, sich Herumtreibender, Vagabund, nhd. *Umtreiber.* N. 55, II, 1 als Schelte gegen die Herrin Frau Welt, etwa: Vagabundin. M. 3.

un- Komposita, die gemäß M. 1 (gelegentlich 3) und R. im wesentlichen für die Lyrik erstmals bei N. (u. Nachahmern) begegnen, sind verhältnismäßig zahlreich. Sie werden im folgenden gesammelt mit je einem Beleg und, nur falls schwierig verständlich, mit knapper Erläuterung angeführt: **un** *-berâten* ohne Vorrat N. 24, VII, 10. *-besungen* 24, I, 5. *-dâre,* adv, hier wohl 'wenig' 29, II, 4. *-gebeten* 47, VI, 5. *-geduldec* (s. *gedultic*) 48, V, 3, gemäß *dulden,* swv, erleiden: was unerleidbar ist, unerträglich. *-gehabe,* stf, Leidwesen, sich in äußeren Gebärden ausdrückend 26, I, 6. *-ge-*

limph, stm, unziemliches, ungehöriges Betragen. 48, III, 9; Ps.-N. 60, I, 10 (R. 6a). *-genant.* N. 44, III, 6 *der ungenande* (vgl. 38, III, 3), Apellativum in dem Sinn, daß Nennung des Namens – wie bei dämonischem Wesen (HDA VIII, 269. 836; Kluge-Götze s. v.) – Unheil bringt, vgl. *ungenande,* stfnm, Krankheit, deren Namen man auszusprechen sich scheut, unheilbare Krankheit (Lexer). *-gereht,* adv, unrecht 35, III, 9. *-gesagt, -geseit* ungenannt, verschwiegen. So 43, VII, 4; unsagbar, im Sinne von schlimm 29, III, 8. *-gescheiden* ungetrennt; untrennbar 1, VI, 8. *-gesellet* ohne *gesellen,* d. i. Sommerfreund 2, III, 3. *-gestillet* nicht zum Schweigen gebracht, zu bringen 2, I, 3. *-gestüeme* 39, I, 11. *-geswachet* unverächtlich 46, VI, 5. *-getan* 38, IV, 3. *-getroestet,* gemäß *troesten,* swv, ohne Ermutigung, Hoffnung 41, I, 3. *-getwagen* p. adj. zu *twahen,* stv: ungewaschen Göli 90, IV, 6. R. 7a. *-gevrâget* 47, V, 12. *-gevüege,* stf, im Gegensatz zum Adjektiv (nur) bei N.: unangemessenes Benehmen 48, III, 3; Grobheit, Unfreundlichkeit 6, VI, 1 *-gewunnen,* worüber man nicht Herr werden kann 40, IV, 9. *-gezerret*: 45, V, 6 im ironisch übertreibenden Wortspiel mit *zerren* (s. d.), ebda., unabgerissen, unzerrissen. Bildung Ns. (W.Wb. u. M. 3). *-lange* 62, IV, 4, als *-lenge,* adv. (Ps.-)N. 33, IX, 13 R. 7a. *-lobesam* nicht zum Lobe gereichend, nicht lobenswert 55, VII, 12. *-lougen,* soviel wie *âne lougen* nicht zu leugnen 15, VII, 10. *-mâzen,* s. bei *mâze.* *-staetic,* s. bei *lôz.* *-stetelîche,* soviel wie *mit unstaten*: mit Ungeschick, mit Mühe, kaum Ps.-N. 60, V, 9. R. 7a. *-tûwer* (Nebenform zu *-tiuwer, -tiure*) N. 7, IV, 6 im Sinne von gleichgültig. *-verbolgen* Ps.-N. 82, III, 1 (Conj. aus *-verborgen* C, XLIX, 13): nicht erzürnt. Hier als Dauerzustand: sanften Gemütes (nicht M.). *-vergeben* 49, VIII, 7. *-vergezzen* 47, VII, 15 (mit Exceptiv-Konstruktion). *-verlân* nicht aufgegeben 22, II, 3 (nicht M.). *-vermeldet* unverraten 6, V, 5. *-verschrôten* unverwundet 40, V, 1. *-verwendeclîchen* ohne den Kopf zu wenden, ohne zurückzuschauen, d. h. ohne zu zögern 9, IV, 3; 40, VI, 9. *-vruote,* adj, unfroh, traurig 18, VII, 5. *-waege,* adj, abgeneigt 43, V, 1; stf, Ungebührlichkeit, Unbill 39, V, 11. *-wandelbaere,* adj, tadellos 2, IV, 3. *-wende,* adj, unabwendbar; unaufhörlich 2, V, 7. – *-zîtic,* adj, unpassend, verfehlt Ps.-N. 60, III, 6 (s. *zîtelinc).*

underdringen, stv, trans. sich dazwischendrängend beseitigen, wegdrängen, trennen, überwältigen. (Ps.-)N. 33, X, 11; Göli 88, III, 7. R. 7a.

underscheiden, part. adj, als 'unterschieden, verschieden' N. 20, IV, 1; 43, I, 3; 'von ganz verschiedenem Wesen' *(nam)* 55, VII, 10. M. 1.

undersehen, stv, refl. einander sehen; Konj. Wießners (zu H. 79, 20), N. 48, VI, 3.

understreu, stf, untergelegte Streu, Unterlager. Redensartlich N. 50, VII, 9 (nach c); Ps.-N. 61, VI, 8, in dem Sinn 'Spielball sein, mit Füßen getreten werden'.

undervâhen, stv, verhindern, ein Ende machen. N. 43, V, 8. M. 1.

underwieren, swv, schmückend untermischen, Conj. Hs. aus *vnder vieret* R (34, 11). N. 21, V, 7. M. 1.

üppic, adj, **üppikeit,** stf, **üppiclîch,** adj. Diese, auf einen idg. Stamm **upió,* den man mit *über* verbindet, zurückführbare Wortgruppe erscheint außer dem einmal bezeugten *üppic* (44, IV, 9) bei N. – im Gegensatz zum MS (M. 1) – verhältnismäßig häufig. Sie bezieht sich zum einen überwiegenden Teil auf das Verhalten der Bauernburschen als Charakterisierung aus der Sicht des sie abwertenden Ritters. Das Vorkommen konzentriert sich auf Lieder des Minnewerbens um die „Dame" (die Gruppe von L 33–43 einschließlich), worin gerade das „empörende" Verhalten der rivalisierenden *getelinge* voll entfaltet wird. Hieraus ist für die Neidhartsche Verwendung der Wortgruppe der aus einer Ausgangsbasis 'über das Maß hinausgehend' (Kluge-Götze s. v.) entwickelte negative Bedeutungsstrang anzusetzen, der zu 'überflüssig, eitel, unnütz' und 'übermütig, hochfahrend' führt und an den jeweiligen Stellen die darin beschlossenen Varianten nahelegt: den Begriff des Dreist-Übermütigen (35, IV, 5; V, 3; VI, 2; 40, V, 7), des Überdreht-Tollen (44, IV, 9), verbunden mit Plump-Angeberischem (33, VI, 4; 36, IV, 7; 41, IV, 7), daneben zum Leichtfertig-Liederlichen hin (33, IV, 11; 43, IV, 11; auch in einem Sommerlied 14, IX, 2, auf ein suspektes altes Weib bezogen). Außerdem ist es das Frau-Welt-Lied 56, worin *üppikeit* (VII, 10) und *üppiclîches muotes* (IX, 4) die lächerliche Aufgeblasenheit (VII, 10: 'Narrheit') und hochfahrende Einbildung (IX, 4) der zwei *dörper* kennzeichnet. – Der andere Sachbezug ist die Liedkunst des Ritter-Dichters, wobei sie das eine Mal, von der Sicht der Bauern-Rivalen her, als *üppeclîch*, etwa: leichtfertig, lasterhaft (45, III, 8), das andere Mal vom Dichter selbst, weil gottferner Dienst für Frau Welt, ebenso, mit dem Beiklang des Eitel-Nichtigen, charakterisiert wird (56, III, 8). Wenn L. 83 Neidhart selbst zugehört, läßt die Resigniertheit der Stelle (I, 3) die Betonung wiederum des Nutzlosen, Nichtigen als gegeben erscheinen.

urliuge, stn, Streit, Fehde. N. 55, VIII, 1. M. 1.

urra burra, Ausruf der Überraschung. Ps.-N. 75, V, 7 (vgl. *hurra*, von *hurren*, swv, sich schnell bewegen, und *burren*, stn, Sausen).

vadem, stm, Faden. N. 13, V, 3. M. 1.

valde, stf, Falte, Faltenwurf. N. 13, VII, 2; 62, IV, 5. Ps.-N. 72, IV, 5. M. 1.

veitieren, swv, schmücken. In N. 21, V, 4 Konjectur Wießners (s. v. *gewyzieret*) aus ungedeutetem *wyzieren* oder *voyzieren* (R. in 34, 8). Bertau, Stil, S. 96, Anm. 33 leitet *voyzieren* von afrz. *faissier* 'mit farbigen Bändern umwikkeln' ab, als: (mit ihrem Kleide hell) umflattert.

veizt, adj, gemästet. N. 45, III, 12. M. 1.

verbieten, stv, als technischer Ausdruck beim Würfelspiel 'höher bieten' N. 27, IV, 8.

verbicken, swv, zu *bicken*, swv, stechen, picken. Das wenig bezeugte Wort meint 'zerhauen, zerschlagen, stecken'. An der schwierigen Stelle (Ps.-)Göli 88, IIIa, 11 könnte es, auf das (zuerst) irritierende Durcheinander-Blitzen der Waffen bezogen, etwa aussagen: es (mit den Augen) verpicken, d. h. durch wiederholtes Stechen, Picken verarbeiten, zu Ende bringen; hier dann: unterscheiden. Es bleibt jedoch fraglich.

verdürnen, swv, mit Dornen bestecken, durch Dornhekken einzäunen, absperren. Ps.-N. 79, VII, 8 beim „Zaunspiel": schließen. R. 7a.

verhengen, swv, hängen lassen; gestatten. In N. 78, II, 6 nicht eindeutig (vgl. W. zu 103, 6 u. Wb. s. v.), am ehesten wohl: einem Erlaubnis geben (über die eigene Person).

verkoln, part. adj, zu *verqueln,* stv, vor Qual vergehen, sich in Sehnsucht verzehren. N. 52, III, 1 'vernarrt'. M. 1.

verkunnen, av., intr. verzichten auf. N. 19, VIII, 2. M. 1.

verlenken, swv, verrenken. N. 35, IV, 10; 46, IV, 11. M. 1.

vermachen, swv, refl. sich vermummen, einhüllen. Ps.-N. 81, II, 1. R. 7a.

vermaeren, swv, bekannt, berühmt machen. N. 84, II, 3. M. 1.

verpflegen, stv, aufhören zu pflegen, etwas aufgeben. N. 27, I, 4; 84, VI, 2. M. 1.

verren, swv, als fernhalten (auch refl.) N. mehrmals, so 37, IV, 7; 55, V, 12. M. 1.

verrîden, stv, (sich) verkehren, anders wenden. N. 27, III, 9. M. 1.

verse(n), stswf, Ferse. N. 33, I, 13. Die nur N. 10, VII, 1 bezeugte Wendung *an die versen sliezen* (Conj. Ws. gegenüber *giessent* C, *giest* c, *seczt* f, *tritet* [?] R, 27, 21) "bedeutet entweder verächtliche Abweisung oder zudringliche Zumutung" (W.Wb. s. v.), vgl. auch 7, IV, 2 *daz röckel ab dem lîbe ziehen* in gleicher Situation. M. 1.

versengelt, stn, in Verbindung mit *geben* Fersengeld geben, d. i. fliehen. (Ps.-)N. 41, VIII, 1, jedoch als Conj. Ws. aus *versiglet* (H. S. 200, 1).

versinken, stv, untertauchen, untergehen. N. 78, I, 1 im Sinne: zum Teufel mit dir! – M. 1.

versliezen, stv, verschließen. N. 49, V, 2. M. 1.

verswenden, swv, *verswinden* machen; vertreiben, hinbringen. N. 41, II, 2; 43, VIII, 12. M. 1.

vertoppeln, swv, im Würfelspiel verlieren. N. 17, Trutzstr., 5.

vertreten, stv, an die Stelle treten, vertreten. Ps.-N. 71, V, 1. R. 7a.

verwendeclîchen, adv, den Kopf ab- oder umwendend, als gezierte, hochmütige oder trotzige Gebärde. N. 27, V, 3; 34, III, 9; 38, IV, 3. M. 1.

verwetten, swv, zu *wetten,* swv, Pfand geben; durch Pfand sichern: bindend verabreden Göli 88, II, 2. R. 7a.

verwîsen, swv, irreführen N. 84, II, 6. M. 1.

verzinnen, swv, verzinnen. N. 52, II, 13. M. 1.

verzwicken, swv, mit Zwecken (ab)sichern. Ps.-N. 60, V, 18 den Ballwurf (durch Handbewegungen und Augenzwinken, d. h. Finten) sichern (so daß er ins Ziel gelangt).

vese, swf, Hülse des Getreidekorns, Spreu; bildl. das Geringste, zur Verstärkung der Negation. In dieser Verwendung als *hirsen vese* Hirse-Hülse N. 36, III, 3. M. 1.

vesperzît, stf, Zeit der *vesper,* stf, d. h. der vorletzten kanonischen Stunde (6 Uhr abends), am Feierabend. N. 54, III, 9. M. 1.

vezzel, stm, hier Schwertgurt. N. 25, V, 5; 41, VII, 2. M. 1.

vîentschaft, stf, Feindschaft. N. 54, I, 1. M. 1.

vier, Zahlwort. Oft nur formelhaft eine unbestimmte Zahl ausdrückend, ähnlich wie nhd. „ein paar" (Lexer). In diesem Sinn ist das noch nicht völlig befriedigend gedeutete *under vieren* N. 27, VI, 10 vielleicht zu verstehen: er und einige andere (nämlich die Str. V angesprochenen Spießgesellen).

vieren, swv, tr. viereckig machen, festbauen. N. 52, IX, 4 als *gevieret* p. p.: von festem Sinn, vgl. W. Kom. zu 72, 14.

vilz, stm, Filz. N. 42, IX, 4. M. 1.

vingerîde, stn, Fingerring. Nur bei N. u. nur in R: 31, IV, 10; 35, IV, 1. M. 1.

vîren, swv, Feiertag begehen. N. 27, III, 1. M. 1.

vîrelîch, adj, feiertäglich, festlich. Ps.-N. 72, IV, 6. R. 7a.

vîretac, stm, Feiertag. Bei N. mehrfach, z. B. 11, III, 5. M. 1.

vîretacgewant, stn, Feiertagsgewand, Festtracht. Nur N. 57, IV, 2. M. 3. „In der niederösterr. Ma. aber heute noch geläufig": W.Wb. s. v. Nach Auskunft der baier. u. österr. Wörterbuch-Kanzleien im bair.-österr. Mundartgebiet allgemein verbreitet, „doch fehlen Belege aus ... dem südl. Niederösterreich" (Mitteilg. v. 18. 2. 72); das umschließt Ns. Bereich um das Tullner Feld!

vîrtegelîch, adj, subst. *aller v.* alle Feiertage N. 34, V, 7. M. 3.

viusten, swv, zu *fûst*, stf, Faust: in die Faust nehmen, in der F. halten. (Ps.-)N. 33, VII, 2. R. 3a.

vlahs, stm, Flachs. N. 29, II, 3. M. 1.

vlaemen, swv, flämeln, d. h. flämische Wörter und Wortformen einstreuen. N. 45, VII, 12. M. 3. – **Flaeminc,** stm, Flame; hier übertr.: Mann von höfischer Art und Haltung. N. 78, I, 3. – **vlaemisch,** adj, flämisch; als *vlaemische hövescheit* N. 37, V, 5. M. 1. Der Eindruck der Vorbildlichkeit flämischen Rittertums und höfischer Kultur führte auch in Oberdeutschland zur Nachahmung u. a. derart, daß man flämische (und im Gefolge niedersächsisch-thüringische) Sprachbrocken – oder was man dafür hält – in sein Gespräch einmischte. Vom Adel Österreichs – im Seifreid Helbling gerügt) griff solcher „Modeunfug" auf die, den Adel äußerlich kopierenden *dörper* über (vgl. den Strauchritter Helmbreht Wernhers des Gartenaere). Neidhart benutzt ihn an den beiden Stellen zu beißender Ironisierung seiner *getelinge* (und in 78, I der „bedauernswerten" Dienstmannen in Bischof Eberhards Steiermarkzug). Wobei möglicherweise *vlaemen* und *vlaemisch* auch nur als 'gespreizt' reden oder sich benehmen gemeint sein könnte: die Burschen tun so, als ob sie etwas von der „ganz exquisiten" Art eleganten Parlierens und Gehabens verstünden. (Vgl. neuestens Beyschlag, Ein flämelnder Veldeke); s. auch *Mîssenaere.*

vlasche, swf, Flasche; übertragen Maulschelle, Hieb. So N. 27, Trutzstrophe I, 10. R. 7a.

vlerre, swf, (neben *vlarre*) breite, unförmliche Wunde. (Ps.-)N. 33, VII, 13. R. 7a.

vletze, stn, (nhd. *flöz*), ebener, geebneter Boden; Tenne, Hausflur, so N. 28, III, 3. M. 1.

vlins, stm, harter Stein, Kiesel, Fels. N. 52, XII, 1: „aus der Ritterepik geläufiger Vergleich" W.Wb. s. v.

vogelhûs, stn, Vogelkäfig. N. 55, X, 4. M. 1.

vollangen, swv, bis zum Ende kommen. N. 39, V, 10. M. 1.

voltagedingen, swv, zu Ende *tagedingen,* d. h. durch Verhandlung beenden, schlichten. N. 23, III, 8. Ob wirklich (sonst unbezeugtes) Kompositum (H 36, 3) oder – wie R *vol taidingen* – zu trennen? M. 1 s. v. *teidingen.*

voresingen, stn, Vorsingen (beim Tanz). N. 24, V, 9. M. 3.

voretanzer, stm, Vortänzer, zumeist auch zugleich Vorsänger, wie an der Stelle N. 25, III, 9. M. 1.

voretenzel, stm, zum vorigen; nur bei N. 55, VIII, 7 (nach C) bezeugt (W.Wb. s. v.).

vreischen, stv, s. *gevreischen.*

vreude s. *vröude.*

vrevel, adj. u. stfm, in N. 20, V, 6 Konj. W.s (aus Rc *der sich* (*selber* c) *zevil wil* (*ge-* R) *swachen* H. 32, 23): „Der Dichter denkt offenbar an brutale Entartungen der Minne", zu H. 32, 21. (dem folgt die Übertragung.)

vridehuot, stm, zu *huot* als schützender Überzug: Schutzkorb über dem Schwertgriff (W.Wb s. v.) – oder Schutzhut? Nur bei N. 42, IX, 3. M. 3.

vrîheistalt, stm, ungedeutet, vielleicht 'Gütler', d. h. Besitzer eines kleinen Gutes. Nur N. 7, III,4 (M. 3). Conj. Ws. aus *vreiheit stalt* R, *hailstat* c (in 29, 12), während H. *vrîheitstalt* herstellt. DRW III, 776 schließt auf *vrî-hagestalt. hagestalt* (contrahiert *heistalt,* s. Hs. c, nhd. *Hagestolz*) zu *stalt,* stm, Besitzer: Hagbesitzer, d. h. „im Gegensatz zum Besitzer des Hofs (den der älteste Sohn erbte) Besitzer eines eingefriedigten Grundstückes, zu klein, um darauf einen eigenen Haushalt zu gründen" Kluge-Götze s. v; zur Sache auch Lexer s. v. *hage-stalt*. (Daher *hagestalt* auch 'Ledige[r]'.) *-hac*, stmn, Dorn, Dornbusch, Einfriedung (vgl. o. *verdürnen*), hieraus: umfriedeter, eingehegter Ort, Platz; dazu *hegen*, swv, umzäunen. Alfons Dopsch, Herrschaft und Bauer in der deutschen Kaiserzeit, Jena 1939, weist *haistaldi* als jüngere Söhne der Bauern in Lohndienst, aber keineswegs ganz landlos, nach: S. 56; 115; 225. – *vrî-* könnte auf (ursprünglich) „königsfrei" (z. B. als Rodungssiedler) weisen. Vgl. Karl Bosl, Die Gesellschaft in der Geschichte des Mittelalters (Göttingen o. J. 1966), u. a. S. 49 ff. Zur N.-Stelle vgl. Bertau, Bayr. L. S. 302 (Salzburgisch-Berchtesgadener Raum?).

vrîwîp, stn, persönlich freie, d. h. nicht leibeigene Magd; Frau eines *vrîman*, d. h. persönlich freien Mannes oder Knechts. (Ps.-)N. 50, VI f, 1. R. 7a. (Sonst nur noch Helmbrecht 711; 1088, Lexer; W.Wb.).

vrômuot, stf, Personifikation des Frohsinns. N. 19, V, 4; VIII, 1. 4; 53. II, 1. M. 1. Das Wort steht neben ahd. *frômuoti*, stf, Frohsinn, und dem mhd. adj *frômüete*, *-muot* frohen Mutes, heitern Sinnes.

vrônekor, stm, Chor des Herrn. Nur bei N. 50, VII, 13. M. 3.

vröude (auch *vreude, freude)*, swf, oft plur. *vröuden*, Freude; Ausdruck und Inhalt von Freude. Gebrauch und Sachbezug des Wortes sind bei N. bestimmt durch das Erleben bewegten Gelöstseins, von Hochstimmung und deren Äußerungen, zumal im Umkreis menschlicher Begegnung und Geselligkeit. Es kann sich hiebei mit *wünne, hôher muot, hôchgemüete* (s. d.) decken (die alle dem Wortschatz Ns. ebenfalls angehören, mitunter an gleicher Stelle), und in Gegensatz stehen zu *trûren* (s. u.) und dessen Sippe. Aus dem Verflochtensein des Menschen in Ns. Liedern mit dem Wandel der Jahreszeiten ist *vröude* das immer wieder neu beglückende Erlebnis von Anbruch und Dauer der schönen

Jahreszeit, von Vogelsang, Blumen, schattenspendendem Laub an Baum und Wald – in breiter Streuung belegbar durch Sommer- und Winterlieder. Frühling und Sommer heißt zugleich Möglichkeit sorglos gelöster Geselligkeit und vitaler Lebenslust. *Vröude* umfaßt sie mit, nicht nur sommers im Freien (15, III, 1), auch winters in den Stuben (24, II, 3), als Tanz, Singen, Spiel, festlich Gekleidetsein, als Flirt und Liebschaft – auch der „Alten" (16, VIII, 3). – *Vröude* ist ebenso gesellige Unterhaltung ritterlicher Kreise, bei N. ausgesprochen, wo es um Liedvortrag, als *wânaldei* (s. d.) für die *freudegernden* (84, I), als Lied auf die *dörper* für die *vreudehelfe* fordernden Freunde (56, VII, 3) geht, auch aus der negativen Aussage 55, VI, 7 erkennbar. *Vröude* zu üben und zu besitzen kann geradezu geforderte Haltung sein: wenn *vröude* als Aufforderung zu sommerlicher Geselligkeit formuliert ist (18, III, 4; auch 57, V, 6), wenn N. Zustände der Gesellschaft anspricht: *vröude* als Voraussetzung der *êre* (eines Landes: 21, II, 5 und VI, 4 u. 5, s. s. v. *êre),* als eine Einheit mit *zuht und êre* (54, V, 6. 8), als Voraussetzung für die Rückkehr von Frau *Vrômuot* (53, II, 2; III, 2. 7). Auch in dem (N. nicht eindeutig zusprechbarem) L 84, I stehen sich *freudelôse* und *freudegernde* als negativ und positiv bewertete Haltung gegenüber. Wo aber N. welterfülltes Treiben an sich in Frage stellt, wird auch *vröude* suspekt: als abzuwertende Oberflächlichkeit gegenüber dem Wahren im Frau-Welt-Lied 56 (I, 8; II, 7), wörtlich als *der werltfreude krenke* (jedoch wieder in 84, VI, 1).

Verschattung liegt bei N. auch über *vröude*, wo sie erotischem Erleben zugehört. *Vröude* ist Liebe zwischen Mann und Frau dann, wenn diese gegenseitig ist und Erfüllung verheißt, Beglückung bringt (30, VI, 5). Das wird gerade in grundsätzlichen Liedstrr. ausgesprochen (20, III; 52, VIII: *vreudebernder solt).* Minnedienst herkömmlicher Art kann zunächst *vröude* beinhalten, sowohl für den Ritter (42, III, 8), mehr aber als Erwartung (35, I, 5; 47, IV, 3. 15), wie für die *vrouwe,* sei es, wo Minnedienst echt (wie 20, III), sei es, wo er – als modische Nachahmung – mißverstanden ist (5, V, vgl. IV). Aber wie die *vröude* bedeutende Sommerliebschaft, das „Glück“, der Mädchen überschattet ist von vitaler Hemmungslosigkeit (65, IV; V; 9, IV, vgl. die folgenden Strr., auch 10, VI ff.; 11, V ff.; 12, II ff.), so Minnedienst von der Aussichtslosigkeit; die Erfahrung des Beiseitegedrängtwerdens durch die Rivalen, des Gleichgültigbleibens (oder -werdens) der *vrouwe* hebt *vreude* auf (Ns. Tenor entsprechend ist diese negative Aussage dichter und weniger verklauselt belegt als ihr positives Gegenstück; z. B. 37, I, 5; 46, V, 6; 52, I, 4). *Trûren* tritt an ihre Stelle (37, I, 6).

Das swv **trûren** drückt den Gegensatz zur Haltung der *vröude* aus. Ihm liegt die Vorstellung des Kopfhängens, des Niedergeschlagenseins, von Betrübnis, Melancholie und Unlust zugrunde. Sorge, Kummer, Leid, Enttäuschung verursachen *trûren*, und damit, kennzeichnend für Neidhart, eben auch Liebesleid als das Allein-, Einsambleiben und Hoffnungslossein oder -werden. Gemäß der Thematik Ns. ist solches *trûren* identisch mit der gleichen Haltung dem Winter gegenüber als die Folge des Preisgegebenseins an seine Unbill und des Entbehrens sommerlicher Geselligkeit. Die große Mehrheit der Belege betrifft diesen Doppelkomplex (der Winterlieder). – Daneben kennzeichnet – wieder als Gegensatz und Gegenwirkung zu *vröude* – die Haltung des *trûrens* als Negativum den Niedergang von Gesellschaft und Welt, wieder in Liedern der Kritik: die Welt kennt nur *trûren* (21, II, 6; 54, V, 3. 6); *trûren* macht Frau *Vrômuot* heimatlos (53, II, 1; III, 3). Das Wort kann in solchem Zusammenhang den Sinn ernsten, grübelnden Nachdenkens und Insichgehens gewinnen (56, VII, 1).

vrouwe, swf, Herrin, Dame; Gattin (eines Standesherrn); Frau. Das Wort ist gemäß seiner Herkunft von germ. *frawan, fraujan* (got. *frauja*) Erster, Herr, und parallel zu *herre* (s. d.) primär Standesbezeichnung und Anrede der Adelsdame und (Lehens-)Herrin. Von hier aus ist *vrouwe* Bezeichnung der (adeligen) Herrin höfischen Minnedienstes.

Wenn in den Minneliedern Neidharts (L 33–53) der gleiche Gebrauch von *vrouwe* als Anrede und Bezeichnung der Umworbenen in Verbindung mit sonstiger Phraseologie höfischen Minnesangs erscheint – als die häufigste Anwendung des Wortes bei Neidhart – ist dies analog als Apostrophierung von Frauen als „Dame“ und „Herrin“ (des ihnen zugedachten Minnedienstes) zu interpretieren, die gleichzeitig von Bauernburschen umschwärmt und deren derben Zugriffen ausgesetzt sind. Die, für den Hörer zunächst erwartbare *hövischheit* solcher „Dame“ erscheint dadurch – als satirische Preisgabe des aussichtslosen Tuns des Ritters an die Lächerlichkeit – zumindest als anrüchig, wenn nicht überhaupt aufgehoben. Das gleiche ist der Fall, wenn Neidhart seinen Ritter einem Burschen unterstellen läßt, er beanspruche die beiderseits Begehrte als *vrouwe* (*daz er ir ze vrouwen jach* 45, VI, 8), der er hienach auf seine Art als „Minneherrin“ aufwarten wolle. (Es ist der Bursche, der sich zugleich zu *vlaemen* [s. d.] bemüht [45, VII, 12].)

Parallel ist der Vorgang zu verstehen, wenn ein Bursche ein Mädchen (38, IV, 9) oder diese (im selben Lied als *höfschiu kint* 28, III, 2 eingeführt) sich gegenseitig (ebda. VII, 7) oder (wieder im selben Lied IV, 8) die Mutter als *vrouwe* titulieren. Hier verrät sich der Gebrauch des Wortes als zur Nachahmung adeligen Lebensstiles, von *hövescheit* (38, IV, 4), durch die bäuerliche Jugend gehörig, die ja ebenfalls ein zentrales Thema Neidhartscher Satire ist. Die Spitze satirischer Vernichtung liegt vor, wenn der Dichter „sich“ – diesmal in der Rolle des erotische Abenteuer suchenden Don Juans (L 28–32) – solcher Mode folgen läßt und das jeweils begehrte Mädchen und ihresgleichen (30, II, 1; 31, III, 2) „galant“ als *vrouwe* anspricht (30, IV, 1 unter Hinweis auf *mâze* [s. d.]!) oder – unter Lüftung der Maske – ironisch bezeichnet (29, V, 10), und zugleich nun unverhüllt als Bauernmädchen (s. 30, V, 4 und VI, 7), Flachsschwingerin (29, II, 3), Rübenklauberin auf seinem Gut (31, II, 10, vgl. 32, I, 9) präsentiert.

Als eine, wiederum absichtliche, Verunsicherung des höfischen Zuhörers kann es verstanden werden, wenn der Dichter einige Male in seinem Bericht (oder dem eines Mädchens) eine *vrouwe* (genau wie an anderen Stellen *höfschiu kint* (s. beides) 5, II, 8; oben 28, III, 2) als Person des Liedes einführt, die sich dann doch als Mädchen fraglichen höfischen oder eindeutig bäuerlichen Standes entpuppt (11, I, 2; 14, III, 5; 15, IV, 10; 65, I, 3). Hinter solchem satirischen Ausspielen des Gebrauchs von *vrouwe* mag – nicht bei Anrede – unterliterarisch schon der Vorgang einer Ausweitung des Wortes als Bezeichnung eines weiblichen Wesens an sich, ohne Präzisierung des sozialen Standes, stehen, die schließlich zur Verdrängung von *wîp* (das bei N. im Sinn von nhd. „Frau“ dicht belegt ist) durch *vrouwe* führt. Anzeichen in dieser Richtung stecken möglicherweise in 17, V, 5 (wenn nicht durch *minne* doch wieder Assoziation an „Minneherrin“ vorliegt) und 39, V, 1 (mit Vorgang im bäuerlichen Bereich), wo Bedeutung „Frau“ möglich ist. Für eine genauere Fixierung von *vrouwe* in 1, V, 5 und 31, VI, 2 (Ehefrau – des armseligen Krautjunkers zu Reuental?, vgl. 26, VII, 10) fehlt genügende Einsicht in die gemeinte (persönliche?) Situation, vgl. *meisterinne*.

Der dem Wort *vrouwe* innewohnende Begriff der Lehensherrin ist dominant, wo die Minneherrin des Ritters sich als „Frau Welt“ entlarvt, deren Dienst sich der Dichter zu entziehen willens zeigt. Es sind die Lieder 54, 55 und 56. Diese Frau-Welt-Lieder bewegen sich der Sache nach innerhalb der höfisch-adeligen Sphäre, der der Dichter, die (oft angerufenen) *vriunde* und sein Publikum zugehören. Die hier (indirekt und direkt) angesprochenen *vrouwen* (55, II, 6; V, 12) dürften daher ebenfalls Angehörige der höfischen Gesellschaft sein (beachte *vrouwen unde guotiu wîp*). Adelsdamen, in deren Gegenwart man nicht Waffen tragen darf, sind die *vrouwen* der zeitaktuellen Str. 20, VIII, 4. Diesen Sinn hat *vrouwe* in der allegorischen Anrede *vrouwe Minne* (37, VII, 7), *vrouwe Saelde* (49, II, 8), scherzhaft *mîn vrouwe Schelle*

(Madam Klingel 27, II, 3); ironisierend-höhnisch bei *mîn vrou Süezel* (56, IX, 6 – Anspielung an *Werltsüeze* 55, VII, 5?) und bei der jungen Bäuerin *vrouwe Trûte* (43, VI, 1).

füdenol, stm, weibliche Scham, vgl. *vut*, stswf., dasselbe; Spottname für Frauen, *vüdel, vüdelîn,* stn. dem., Mädchen, Magd. N. 39, III, 9; Trutzstr., 3. M. 1.

vüdestecke, swm, obszön für Penis, zu *vut*, stf, *vulva*, und *stecke* Stecken. N. 29, III, 7. Unbelegte Konj. Ws, s. Kom. zu 47, 16, statt, ebenfalls unbezeugte, Konj. *witestecke* Holzstecken aus *witsteche* R im Reim auf *gezeche,* vb, etwa: sich zu schaffen machen; *wůteschn̄* c.

vüezel, stn, Füßchen. N. 30, VI, 7. M. 1.

fuoter, stn, (Tier-, Pferde-)Futter. In der Wendung *daz fuoter swingen* parallel mit *Getreide schwingen* in Glossaren vom Spätmittelalter an bezeugt als Futter (der Sache nach Pferdefutter, Hafer), Getreide in der *Schwinge* in die Höhe werfen oder durch die Luft schwenken, um es von Spreu und Unreinigkeit zu säubern, s. DWB s. v. *schwingen* 9, 2694 k. (So auch, entgegen W.Wb., s. v., bei Helbling 1, 391 *swing im* (dem Pferd) *vuoter, mach ez rein*). N. 64, III, 2 als *swingen ... mit stecken* bildlich für prügeln (d. h. die Spreu mit dem Stecken vom „Weizen" sondern, hochsprachlich *worfeln*); die Tochter kontert IV, 1, ein *stecke* gehöre nicht zum Worfeln, sondern zum Glätten eines runzeligen Trommelfells – also Prügel könne umgekehrt die Alte kriegen.

fuotergras, stn, Grasfutter; unbezeugte Conj. nach *fůter und gras* C. (H. 102, 37) N. 78, I, 6 M. 3.

vürben, swv, fegen (von Schwertern). N. 33, II, 6. M. 1 (s. v. *wolgevürbet).*

vürgespenge, stn, das Gewand vorn zusammenhaltende Spange (auch als Schmuck). N. 40, III, 6. M. 1.

vürholz, stn, Vorwald, Waldsaum. Ps.-N. 75, IV, 2. R. 7a.

vûst, stf, Faust. N. 29, III, 6; 39, Trutzstr., 11. M. 1.

waehe, adj, fein, kostbar. N. 40, III, 6 und Nachahmer. M. 1.

Walberûn, stm, Eigenname. N. 35, III, 8; auch appellativisch abschätzig gebraucht, im Sinne von Bauerntölpel N. 45, V, 12; Ps.-N. 61, II, 11.

wambeis, stn, Bekleidung des Rumpfes unter dem Panzer, Wams. Ritterliches Modewort, um 1200 aus ostfrz. Mundarten *(wambais)* entlehnt. (Kluge-Götze s. v. *Wams*). N. 42, IX, 7. M. 1.

wan, adj, nicht voll oder das volle Maß nicht haltend; leer. Ps.-N. 67, V, 8 als hungrig. R. 7a.

wânaldei, stm, ungedeutet. Bezeugt nur in dem (als echt angezweifelten) Lied 84, I, 2 (M. 3), ist es aus der Verbindung mit *singen* als Bezeichnung eines Liedes erkennbar. Die Vermutung 'Tanzlied' (Lexer s. v.) oder 'Tanz' (Böhme I, 31 f.) ist jedoch ganz ungewiß. Die Ableitung *-aldei* ist nicht ohne weiteres als Tanz-Suffix zu beanspruchen; sie könne lediglich, zusammen mit gebräuchlicherem *-elei*-Suffix, allgemein auf lärmende Unterhaltung hinweisen (Ann Harding S. 156). Die Sache 'gesellige Unterhaltung' deutet an der Belegstelle der Zusammenhang mit *freudegernden* (s. *vröude*) an. Der Aussage-Bezug des Grundwortes *wân-* (der immerhin einen Begriff 'Hoffnung' enthält) ist hiebei ebenfalls noch zu erhellen, in Verbindung mit einem Rolandslied 5430 belegten *wânsangen,* stn, Hoffnungs-Freudengesang (Lexer), Triumphgeschrei (Dieter Kartschoke, Rolandslied, Fischer Bücherei). Die Form ist allerdings aus hsl. *wancsansangen* conjiziert. (Lies *wancansangen* 'Spring an-' d. h. Angriffslied? – Wäre *wânaldei* dann als Minnelied, d. h. Lied *ûf wân* verstehbar, das man in geselliger Unterhaltung vorträgt?)

wankelmuot, stm, Wankelmut, im Sinne von Leichtfertigkeit. N. 13, IV, 3. M. 1.

wase, swm, Rasen. Göli 87, II, 8 und 88, III, 6. M. 1 A. R. 7a.

waten, stv, waten, stapfen. N. 35, VI, 1; 54, VI, 1; Ps.-N. 61, VIII, 6. M. 1.

wehselrede, stf, Hin und Her im Reden; Gezänk. N. 6, VIII, 2. M. 1.

weibel, stm, Gerichts-, Amtsdiener. Zu *weiben,* swv, sich hin- und herbewegen. Göli 87, III, 1; VII, 11. M. 1 A. R. 3a.

weibelruote, stf, Weibelrute, d. h. (Amts-)Stab des Weibels, ironisch für Schwert, im Sinne des Tonangebens N. 35, VI, 4, des Ordnungschaffens N. 27, III, 11; Trutzstr. II, 10. M. 1.

weichen, swv, trans. weichen, hier vom Stahl (des Schwertes). N. 42, IX, 14. M. 1 (s. v. *wolgeweichet*).

weideganc, stm, Pirschgang; bildlich N. 27, V, 1; 39, IV, 6. M. 1.

wempel, stn. dem. zu *wampe,* stswf, Bäuchlein. N. 12, II, 5; Ps.-N. 75, V, 3. M. 1.

wende, stf, als *âne wende* ohne zurückzuwenden, d. h. ohne aufzuhören, ohne abzubrechen. N. 27, IV, 7. M. 1.

werltsüeze, stf, Weltsüße. In der, nur in C überlieferten Str. VII, 5 zu N. 55 Name der „Frau Welt". Als *werltsüeze,* Lieblichkeit, Süßigkeit der Welt(freuden), nur noch bei Berthold von Regensburg 1, 564, 19 (Pfeiffer); sonst der *werlde süeze* (W.Wb. s. v.). M. 1.

werre, swm, als *werren brüeven* (s. d.) Wirrung, Unfrieden, Zwietracht stiften. N. 36, II, 7; 48, II, 7. M. 1.

wert, stm, Insel. Göli 88, I, 10. M. 1 A. R. 7a.

weten, stv, binden, zusammenjochen, verbinden. Im N.-Bereich nur innerhalb der Ps.-N.e an zwei verderbten Stellen conjiziert: (Ps.-)N. 56, X, 5 aus *heyzot weden vmbe gurten ere . . .* O; *dauō stricken sie vmb ire . . .* c (H. 220, 15); *weden* scheint am besten als synonym mit *(vmbe) gurten* zu fassen (was c in *stricken vmb* zusammenzieht): (um-)binden, „umschnallen". Ps.-N. 61, III, 3 aus *wittern* Bc, *vittern̄* f, *waten* z (H. XXXI, 11), wobei der Reim *treten* (III, 7) ebenfalls Conj. ist: aus *komen* Bf. *kumen* c. Die Notlösung *(sich) weten* ist als ‘sich zusammentun' interpretierbar. – Für ein erstmaliges Auftreten im MS R. 7a ist bestenfalls nur *weden* (in 56, X, 5) zeugnisfähig.

wetten, swv, Pfand einsetzen, wetten. (Ps.-)N. 53, IVc, 6. R. 7a.

wîbel, stn. dem. zu *wîp*, Weibchen. N. 84, I, 6. M. 1.

wîc, stm, Kampf. N. 23, IV, 4 (nur R; dz andere Wörter H. 36, 10); 36, II, 12 (nur R). M. 1.

wîchen, stv., als 'Richtung nehmen, (wohin) kommen' N. 18, III, 5.

widerdriez, stm, Verdruß, Ärger. N. 33, VI, 3. M. 1.

widerdröuwen, swv, gegendrohen, Drohungen entgegensetzen, mit Drohungen reagieren. Nur N. 34 Trutzstr., 7 bezeugt (W.Wb. s. v.). R. 9a.

widersatz, stm, Widerstand. N. 42, IV, 10 (Ps.-N. 79, II, 3 nach B. W-F folgen cd, s. W. Kom. S. 228 zu H. XVI, 12). M. 1.

widersitzen, stv, trans. fürchten. N. 28, VI, 7. M. 1.

widerspân, s. *spân*.

widerstürzen, swv, zurückstürzen, zurückwenden. Göli 90, IV, 2 von den Locken: zurückgerollt, aufgestellt. R. 7a.

widerwehe, swm, zu *wehen*, stv, strahlen; als *wider wehen* kämpfen, sich widersetzen: Widersacher, Gegner. N. 37, III, 6. M. 1 (s. v. *widerwêhe*).

widerwinden, stv, sich um-, zurückwenden; mit Gen. d. Sache ablassen von etwas. N. 28, VII, 2. M. 1 (W.Wb. lies: 46, 19).

widerwinne, swm, Widersacher, zu *winnen*, stv, sich abarbeiten, u. a. streiten. N. 83, I, 4 (Conj. zu 57, 27 aus *winder winde* C, *widerwähen* c). M. 1.

wiege, swf, Wiege. N. 12, V, 7; 65, III, 3; IV, 8. M. 1.

wif, stm, Schwung, schnelle Bewegung, zu *wîfen*, stv, winden, schwingen, stellbar (s. Braune-Ebbinghaus, Ahd. Lesebuch s. v. *wipf*). Nur N. 50, VI, 10 (*wif* C, *wipff* c H. 101, 1), im Sinne von Übereilung, rasches Zugreifen, und Otfrid IV, 16, 28 *zi themo wipphe* im selben Augenblick, sofort, belegt. Vgl. M. 2.

wifen, wiften(?), swv. Nur N. 51, Gegenstr., 9 als prät. *wifte* belegt. Aus der Situation, etwa als 'zu fassen kriegen', zu *wif* (s. d.) als 'rascher Zugriff' stellbar.

wikîsen, swv, tanzen, hüpfen, springen? Nur N. 3, IV,

3 (als *wicheisen* R, *verkiesen* c, H. 26, 1), wo die vermutete Bedeutung dem Sinne entspricht. Die R-Form *wich-* läßt an Zusammenhang mit *wichen* tanzen, hüpfen (Lexer s. v. *wicken*) und *wiheren,* dass. (Lexer s. v.) denken. (Das von H., Anm. zu 26, 1 zitierte *wuokisen* ist nach Auskunft des Schweizerdeutschen Wörterbuchs v. 3. 2. 1972 Druckfehler der Quelle für *wuottisen,* was zu *wuetisher* (Wotansheer) zu stellen ist.) M. 2 u. 3.

willetôre, swm, freiwillig Tor, Narr. N. 46, III, 1. M. 1.

winderraeze, adj, winterscharf. N. 47, III, 14. Unbelegt, fehlt bei Lexer (W.Wb. s. v.), M. 3.

wineliedel, stn. dem. zu *liet.* Infolge der Bedeutungsbreite des (höfisch ungebräuchlichen) *wine,* als stm. Freund, Geselle, Geliebter, Gatte, als stf. Geliebte, Gattin, und der spärlichen Bezeugung: nur in ahd. Glossen als *winileod* und an zwei Stellen bei Neidhart, ist das Wort nicht präzis deutbar. Je nachdem, ob man *wine* als Objekt oder Subjekt der Lied-Aussage versteht, ergeben sich Vorstellungen: einerseits als Lied an Freunde, die Geliebte, als Liebeslied (so zuletzt P. B. Wessels, Neophilologus 41 [1957] 19 ff.), anderseits, bei *wine* als Herkunftsbezeichnung, d. h. der Träger des Liedes, als Lied unter Freunden, Gesellen, etwa dem späteren Gassenhauer entsprechend (so Hans Schwarz, PBB 75 [1953] 321 ff.: aus der ahd. Glossierung für *psalmos plebeios* als unterliterarische Laiendichtung mit dem Inhalt von Lob, aber möglicherweise auch von Schelte). – Bei N. steht das Wort 34, V, 11 (als *winliet* R, *winelieder* C, *weinliedlach* z, *wunneliedel* c in 62, 33) und, als Rückbezug auf 34, in 54, VI, 3 (*wineliedel* R, *winelieder* d, *ain winell liedel* c in 96, 14). Es wird an beiden Stellen einem Bauernburschen beim Blumenpflücken (für einen Kranz, zum Reigen: 54) auf der Heuwiese des Reuentalers in den Mund gelegt und vom Ritter als Trutz gegen sich verstanden. Das legt nahe, *winelied(el),* wenigstens ad hoc, als einen bei den *getelingen* üblichen unterliterarischen Liedtypus erotischen und zugleich herausfordernden Inhaltes zu interpretieren, etwa als '(freche) Liebschafts-(oder Bauern-)Liedchen'. M. 3.

winkelsehen, stv, nicht ganz eindeutig erklärbar. Wenn zu *winkel,* stm, Winkel, abseits gelegene Stelle oder Raum, gebildet, kann damit die Vorstellung 'abseits' wie 'heimlich' verbunden sein u. N. 26, II, 2, beim Würfelspiel, heimliches Zeichengeben mit den Augen meinen, unserem *zuzwinkern* entsprechend. M. 1.

winsterthalben, adv, linkerhand. N. 54, VII, 1. M. 1.

wîp, stn, s. unter *vrouwe.*

wîsel, stm, Anführer; Weisel. N. 19, V, 5. M. 1.

wisemât, stn, Wiese zum Mähen. N. 34, V, 6. M. 1.

wîten, swv, weit werden. (Ps.-)N. 53, IVb, 8 im Sinne von 'abstehen'. R. 7a.

woy, Ausruf des Zornes. N. 28, III, 6. M. 2.

wüeterîch, stm, Wüterich. N. 39, I, 11. M. 1.

wünschelruote, swf, Wünschelrute; Penis. Ps.-N. 74, III, 9. R. 7a.

wurrâ wei, Ausruf. Göli 90, IV, 7. M. 2 A. R. 9a.

wurzegart(e), swm, Gewürz-, Kräutergarten. Ps.-N. 79, IV, 3 im Gesellschaftsspiel vom Zaunflechten (s. S. 537) als Mittelpunkt mit der (dargestellten) Figur der Frau Minne.

zâfen, swv, refl. sich schmücken. N. 5, IV, 1; 15, VI, 10. M. 1.

zagel, stm, Schwanz, Schweif. N. 51, V, 10. M. 1.

zâl, stf, Nachstellung, Gefahr. N. 2, V, 5. M. 1.

zar, stm, zu *zerren* (s. d.), Riß, im Sinne von abreißen; abgerissenes Stück. N. 45, V, 4. M. 1.

zebecken, swv, zerhauen; neben *zerbicken,* swv, dass., zu *bicken,* swv, stechen, picken. (Ps.-)N. 50, VI f, 11 als p. p. 'schartig'. Conj. zu *zerbetzet* C (unbelegt), *zupeckett* c (H. 240, 81). R. 7a.

zeche, stf, als *von zeche* der Reihe nach. N. 25, II, 9. M. 1.

zecken, gezecken, swv, leichten Stoß geben (vgl. Kluge-Götze s. v. *zeck);* necken, Scherz, Spiel treiben. In diesem

Sinn N. 25, VI, 10; 28, III, 7; *gezecken* 29, III, 10; 41, Trutzstr., 3. M. 1.

zelân, stv, (= *zerlâzen*), refl. auseinandergehen, sich auflösen, enden. N. 42, VI, 8. M. 1.

zelle, stf, Wohngemach, Kammer, Zelle. N. 37, VII, 5. M. 1.

ze(r)loesen, swv, auflösen; auseinandersetzen, erklären. N. 43, I, 4. Als abtun, auf sich beruhen lassen N. 14, IX, 1. M. 1.

zelt, stm, Paßgang (des Pferdes), *den zelt brechen* den Paßgang aufgeben, d. h. in Galopp fallen, bildlich N. 41, VIII, 3. s. *enzelt.*

zerhouwen, stv, zerhauen, niederhauen. N. 35, III, 6; geschlitzt (vom Gewand) N. 25, VII, 1. M. 1.

zerinnen, stv, mit Genetiv der Sache: zu Ende gehen. N. 27, IV, 11; 33, II, 11. M. 1 s. v. *zerrinnen.*

zerren, swv, zerren, einen Riß machen, reißen, zerreißen. Bei N. mehrmals, z. B. 53, VIII, 3 (zerreißen); 42, IV, 14. M. 1. S. *ungezerret* und *zar.*- **zerzerren,** swv, dass. Ps.-N. 61, VIII, 8. R. 3a.

zerütten, swv, zerrütten, zerzausen. N. 32, VI, 4; 37, IV, 9. M. 1 (s. v. *zeriuten*: La. Haupts 44, 29; 54, 31, entgegen d. Hss.).

zeschrinden, stv, Risse bekommen, aufspringen; p. p. *zeschrunden* N. 30, VI, 7. M. 1.

zezeisen, swv, zerzausen, zerrupfen; zu *zeisen* zausen, zupfen. Die Wendung *mit einem zeisen* (Lexer) in Streit geraten, läßt N. 27, VI, 10 als 'in die Wolle geraten', d. h. verprügelt werden, verstehen. M. 1 (s. v. *zeisen*).

zickâ, Ausruf. N. 26, V, 1.

ziere, adj, hübsch, schmuck. N. 45, Trutzstr. II, 1 – stf, Schönheit, Pracht. N. 83, III, 1. M. 1.

zîle, stf, Zeile, Reihe. N. 56, VIII, 9. M. 1.

zimbel, stm, kleinere (mit einem Hammer geschlagene) Glocke, Schelle (Lexer), über lat. *cymbala* (pl. n.) entlehnt aus gr. *kýmbala,* kleine, hellklingende Metallbecken, die man aneinander schlug (Kluge-Götze s. v.). N. 37, VII, 5. M. 1.

zinzel, stm, **zinzeleht,** adj, **zinzerlîch,** adj. Die drei Wörter sind für den Gebrauch bei N. und Nachahmer im Grunde noch ungedeutet. *Zinzel* ist bisher nur bei Ps.-N. 76, II, 1 (M. 3a. R. 9a), die beiden Adj. sonst nur mundartlich nachgewiesen (R. 7a; M. 1), und zwar als zimperlich, geziert, empfindlich, s. DWB s. v. Sie werden dort beide von [1]*zinzeln,* vb, empfindsam, zimperlich tun (Lexer: schmeicheln, kosen) abgeleitet, dieses wieder mit *zenzeln,* vb, liebkosen; vorspiegeln, um eine Begierde zu erwecken, von *zänken,* vb, hin- und herziehen, reizen (und nicht geben), s. DWB s. v. Eine gemeinsame Bedeutungsgruppe des Lockens, Reizens, Anziehens (und Hinhaltens) erscheint erkennbar. – *Zinzerlîch* ironisiert N. 56, IX, 1 unüberhörbar den auf „Eindruck“ abgestellten Aufputz der beiden Bauerngecken und könnte unserm umgangssprachlichen „attraktiv“ entsprechen. *Zinzeleht* ist Ps.-N. 85, II, 13 (außerdem in der Lied-Überschrift von c *zinzlot pfait*) von der Liebesverlangen weckenden Brust eines *minneclîchen wîbes* gesagt, also auch ‘Empfindung weckend’, ‘verführerisch’. Aus dem ganzen Wortfeld ließe sich dann auch das eindeutig erotisch gemeinte *zinzel* in Ps.-N. 76, II, 1 als ‘Empfindung, Verlangen Erregendes’ etwa „mein Süßes“, im Sinn angebotener Hingabe, interpretieren.

zîsel, stmf, Zeisig. N. 19, V, 1. M. 1.

zispen, swv, (neben *zaspen* scharren, schleifend gehen) beim Tanz schleifend gehen. Göli 87, III, 5.

zîtelinc, stm, nur Ps.-N. 60, II, 5. Wohl identisch mit *dorfes neve* (s. d.) ebda. 9, hieraus herabsetzend Schelt- oder Neckwort für einen ungeschickten Mitspieler (H. Teuchert b. W.Wb. s. v.), eher ‘rücksichtslos, derb’, jedenfalls einer, der besser nicht dabei wäre. Vgl. *unzîtic.* R. 9a.

ziunen, swv, zäunen, Zaun setzen. Im Sinn von Schaffung politischer Ordnung N. 51, VIII, 2 (vgl. *sticken*); beim Zauntanz die Paare zum „Zaun“ verschlingen Ps.-N. 79, III, 8. M. 1.

zîzelwaehe, adj, zu *waehe* (s. d.); *zîzel* ungedeutet, nur in der Komposition und nur bei N. 38, III, 7 von Stäbchen am Griff des Schwertes. Der Begriff 'fein, kunstvoll' ist jedenfalls mit *waehe* enthalten. M. 3.

zogen, swv, refl. sich beeilen. N. 18, II, 5. M. 1; intr. sich auf den Weg machen Ps.-N. 72, IV, 3.

zopf, stm, Zopf. N. 1, V, 3; Ps.-N. 68, IV, 8. M. 1.

zorendücke, stf, von Zorn, Grimm bestimmtes Tun; *dücke, tücke,* stf, aus *tuc, duc,* stm, Schlag, Stoß, Streich; Handlungsweise, Tun (s. Lexer s. v.). *Zorendücke* ist jedoch sehr fragliche Konjectur Ws. zu sonst unbezeugtem (aber in R H. 180, 9 belegtem) *zorndruc,* das, zu *druc,* stm, feindliches Zusammenstoßen, an der Stelle durchaus paßt: N. 34, Trutzstr., 9. R. 9a.

zorn, adj, als *zorner muot* aufgebrachter, erregter Sinn; Unmut (vgl. *zornmuot* Lexer) N. 28, VII, 2. Als subst. allgemein, auch im MS. M. 1.

zouberlüppe, stn, Zaubergift, zu *lüppe,* stn, Gift. N. 51, III, 2. Sonst unbelegt (W.Wb. s. v.). R. 9a.

zügelbreche, swm, Zügelbrecher. N. 53, VIII, 8. M. 3.

zülle, swf, Flußschiff, Kahn; Zille (s. Kluge-Götze s. v. *Zille*). N. 17, Spottstr., 2.

zûn, stm, Zaun. N. 30, V, 6; Ps.-N. 79, IV, 1; VII, 8. M. 1. – Zu verweisen ist auf *zäuner,* stm, auch *zäunertanz,* „einem reigentanz des 15.–17. Jhs., bei dem die tanzenden vermutlich durch verflechten der hände und arme eine art zaun um den einzeltänzer bildeten, den dieser zu durchbrechen suchte, s. Böhme, geschichte des tanzes, 55" DWB s. v.

zünden, swv, anzünden; *einen an zünden* einem das Haus in Brand stecken. N. 40, VII, 1. M. 1.

zweien, swv, refl. sich zu zweien vereinigen, sich paaren (vor allem zum Tanz). N. öfters in den Sommerliedern, z. B. 3, V, 2; 10, V, 1; 18, III, 2. Auch in Ps.-N. 61, VII, 3 wird *zweien* (entgegen W.Wb. s. v.) dem sonstigen Gebrauch bei N. und Ps.-N. entsprechend eher sich paaren, formieren zum Paartanz bedeuten als sich entzweien. Stütze ist Ps.-N. c 117, 6 zu L 33 (H. S. 165): beim Wettspringen des Krummen Reihens *huop sich ein zweien*, dann wird anschließend in c 117, 7 geschildert, wie sich Burschen und Mädchen zusammentun. Vgl. La *zweien* in L. 61, II, 11. M. 1. R. 7a.

zwic, stm, einmaliges Zwicken mit der Zange, Kniff, Schlag. N. 11, V, 6; VI, 1. M. 1.

zwieren, swv, das Auge blinzelnd zusammenkneifen, verstohlen blicken. N. 9, III, 7; (Ps.-) N. 22, III, 13. M. 1.

zwinzen, swv, aus *zwinkezen*, Intensivum zu *zwinken*, swv, blinzeln. Gemäß Lexer (s. v.) nur N. 28, V, 6, jedoch hier Conjectur aus *zwinss* R, *zwing* c (H. 46, 3).

ORTS- UND FLUSSNAMEN

Die Orts- und Flußnamen hat Haupt für das Österreichische größtenteils identifiziert. Die von ihm ermittelten Orte liegen zumeist im oder südlich vom Tullner Feld, im Bereich der Donau-Nebenflüsse Melk, Traisen, Perschling, Lengbach-Große Tulln. Fragliche Indentifizierung habe ich der Kommission für Mundartkunde und Namenforschung bei der Österreichischen Akademie der Wissenschaften in Wien mit der Bitte um Nachprüfung vorgelegt. Frau Univ.-Professorin Dr. Maria Hornung und ihren Mitarbeitern danke ich für bereitwillige briefliche Auskunft vom 13. 6. 73 und zumal für Auszüge auch aus den noch nicht publizierten Bänden des Historischen Ortsnamenbuches von Niederösterreich (Wien ab 1964), hg. v. Heinrich Weigl (zit. Weigl). Die brieflichen Auskünfte sind mit (Hornung) signiert.

Atzenbrucke L 54, VII, 5 Atzenbruck am linken Ufer der Perschling.

Berenriut L 42, VII, 11, vermutet H (zu 91, 1) als Bernreit bei Rohrbach am Gölsen im Gebiet von Lilienfeld an der oberen Traisen, doch gibt es den ON auch im Bair. gemäß dem Amtl. Ortsverzeichnis für Bayern (1964) s. v. noch als *Bernreit* E Wasserburg a. Inn, *Bernreut(h)* E Laufen OB u. D Eschenbach OPF.

Bireboum L. 44, III, 11. Im Gegensatz zu H. (zu 98, 8), der für Moosbirbaum links von der Perschling plädiert, identifiziert Weigl (I, S. 172 zu B 234) das Neidhartsche *von dem oberisten Bireboume* mit dem ab 1141/47 bezeugten, weiter westlich gelegenen Ober-Bierbaum, Gerichtsbezirk Tulln. (In der Karte sind beide Orte eingetragen.)

Botenbrunne L 50, IV, 2 Pottenbrunn am rechten Ufer der Traisen, nordöstlich von St. Pölten.

Buosemberg (Ps.-) N. 50, VId, 13. So W.-F.; H. 239, 55 *Busenberc* aus unsicherer Überlieferung: *zebůsses velt* C; *půsem perg* c. Der Form H.s des vom Personennamen *Boso, Buso* gebildeten Bergnamens entspricht die überwiegende Zahl der Belege bei Weigl I, S. 183 ab 1108 (*de Pusinperge* u. ä.), nur vereinzelt 12. Jh. *Bǒsinperge, Půcinperch*; erst im 14. Jh. mehrmals *Půsemperg*. Schreibung mit *i* daneben seit dem 15. Jh. (1403 *pisnperg*; 1512 *Püsemperg*), mundartlich *bísnbęa*. „*Buosemberc* ist eindeutig der alte Name des Bisamberges bei Korneuburg ... Er fällt übrigens noch ins Viertel unter dem Manhartsberg" (Hornung), womit H.s Bestimmung z. St. bestätigt ist, entgegen W.s Zweifel, Kom. S. 219 f., der auf den Buchberg bei Grabensee (s. *Grammasê*) verweist.

Ense L. 45, III, 10 nach W.Kom. (zu 80, 32) 'Enns am gleichnamigen Fluß'.

Grammasê (Ps.-) N. 50, VIf, 2. H. vermutet zu 239, 72 hinter den Schreibungen *gremmẽ se* C; *grammase* c das Dorf *Grabensee* (so seit 1591; mundartl. *gram·sę̂*) nördl. des Buchberges an der Großen Tulln. Die mittelalterlichen Belege *Greimse(e)* (ab 1297; einmal 1558 *Grembsee*) als Diphthongierung aus dem Personennamen *Grîmo* (Weigl II, S. 343) unterstützen die Identifizierung H.s freilich nicht gerade überzeugend; immerhin „wäre eine lautliche Übereinstimmung denkbar" (Hornung).

Hôhenvels Ps.-N. 86, III, 3, nach H. in N.s Gegend nicht nachweisbar.

Holling oder **Halling,** s. *halingaere* im Wörterverzeichnis.

Künehôhesteten L 47, VI, 2. Die La. (H. 77, 19) von R *chv̄ne hohsteten,* von csw *kunigsteten* und d *kungessteten* deuten auf König(s)stetten am Tullner Feld.

Lengebach L 8, VII, 8 Dorf und Fluß Lengbach, der durch (jetziges) Altlengbach fließt und in die Große Tulln (H.s Laabenbach, zu 31, 4) mündet.

Lugebach, Lugetal L 49, VIII, 1 u. VII, 12. Die La. 93, 29 *lvgebache* in R, *lugental* in c und 93, 26 *lugetal* R, (sicher verlesen) *lungental* c führen auf *luge-*. Der Hinweis Karajans bei H. zu 93, 26 auf ein Luggraben bei Scheibbs ist jedoch unzutreffend, da dieser Ort kartographisch wie nach seinem Beleg bei Weigl V, S. 39 (zu N. 121) als Lueggraben (mit mundartl. Lautung *luag-*) erscheint und etymologisch zu mhd. *luoc* Lagerhöhle, Aussichtspunkt gehört. – Übrigens gibt es ein Lugendorf im Waldviertel nördlich des Weinsberger Waldes. – Ein boshaftes Wortspiel eines solchen wirklichen oder fiktiven geographischen *luge-*, als mhd. *luge* Lüge mit dem Personennamen *Wankelbolt* in der gleichen Strophe (wie W. bei H. zu 93, 26 meint, ebenso nun Dr. Fritz Eheim vom Niederösterreichischen Landesarchiv: Hornung a. a. O.) ist jedenfalls möglich. Die Übertragung übernimmt dies.

Marichvelt L 53, VIII, 7 das Marchfeld.

Medelicke L 41, XI, 5 ahd. *Medilichha* (892) nach Adolf Bach, Deutsche Namenkunde, Heidelberg 1953, S. 223 als Melk am Melkbach, bei dessen Mündung in die Donau, zu verstehen (nicht als Mödling, was auch erwogen wird).

Michelhûsen L 55, IX, 10 Michelhausen am rechten Ufer der Perschling im Tullner Feld.

Persenicke L 44, V, 1; 53, Tr. I, 6; 55, IX, 11 Perschling, rechter Nebenbach der Donau, westlich von Tulln mündend. Zur Lautform s. bei Bach a. a. O. unter *Medelicke*.

Riuwental (Stellen s. S. 602) Reuental. Ein Ortsname Reuental ist für Neidhart nicht sicher festlegbar. Mundartlich führt mhd. *iuw, ew, eu* zu bair. *ai*. Demnach können ein Ortsname *Rewental* im Kreise Freising nahe Helzenhausen um 1250 in einem Tegernseer Urbar und *Reintal*, Weiler zur Pfarrei Holzhausen südöstlich von Landshut, dem *Riuwental* bei Neidhart lautlich entsprechen. Ernst Schwarz, Heimatfrage S. 91 ff. (dem ich hier folge, und der sich a. a. O. für den Raum Freising-Landshut als Neidharts Heimatgegend einsetzt), vermutet für Neidharts *Riuwental* einen Hofnamen. Solche seien vergänglicher als Ortsnamen. „Aus kei-

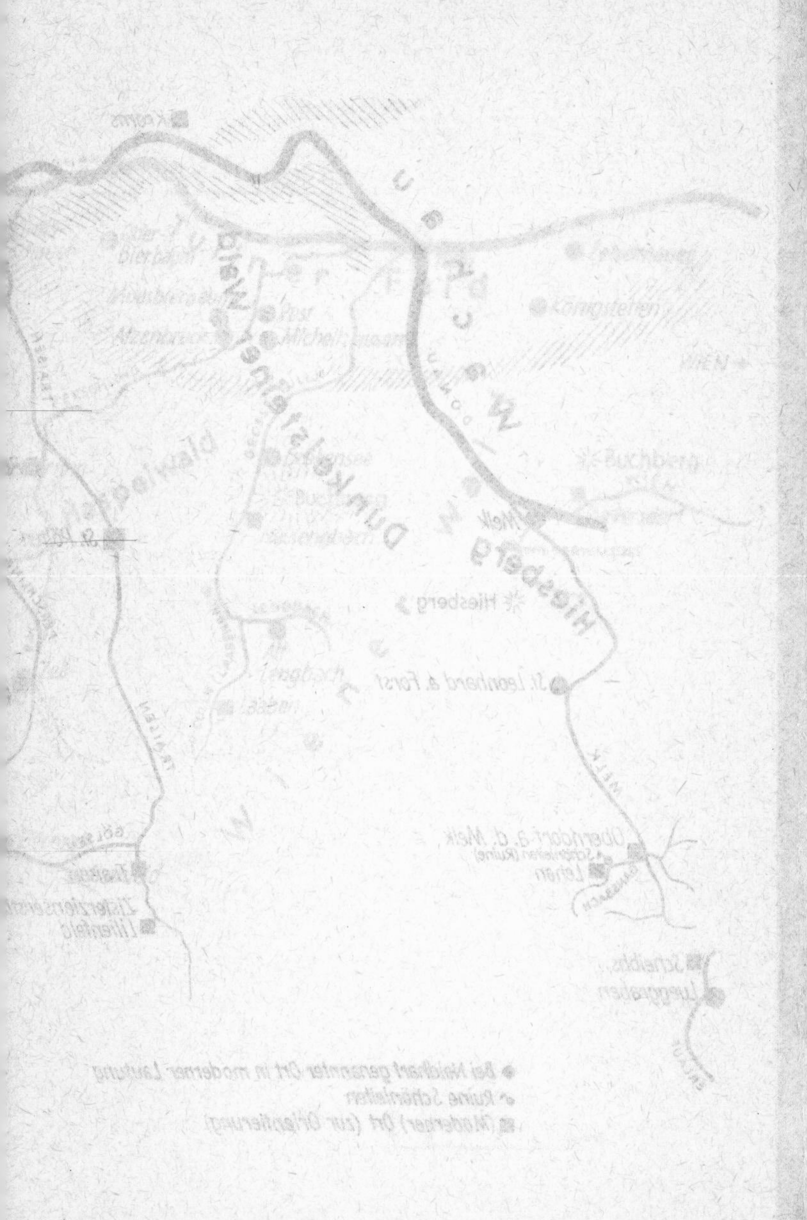

ner der beim Dichter vorkommenden Stellen ist auf einen Ortsnamen zu schließen, alle lassen die Deutung auf einen Hof zu, so 43, 8 (L 31, VI, 4), 21, 30 (L 12, V, 4). Hofnamen werden in einem engeren Lebenskreise gebraucht, sie sind später beim Ausbau der Siedlungen in deren Benennungen aufgegangen". – Die Aussagen des Liedes 41, IX ff. über den Entzug von *eigen unde lêhen Riuwental* sind, auch in der Trutzstrophe, so unmittelbar mit dem (tatsächlichen) Weggang des Dichters verbunden, daß die primäre Schlußfolgerung ist: auch der Dichter Neidhart, nicht nur der Neidhartsche Ritter als Rolle, war mit einem *hûs Riuwental* belehnt und sah sich genötigt, nach dessen Entzug den Namen abzulegen. –

Der Gleichlaut von *Riuwen-* mit *riuwe* (das Neidhart gar nicht so häufig gebraucht, s. d.) 'Leid, Schmerz, Jammer' legt es nahe, angesichts der wirtschaftlichen Armseligkeit dieses 'Gutes' es als ein 'Jammertal' auszuspielen. Bis zur Annahme bloßer Fiktion oder ausschließlich symbolischer Bedeutung braucht man m. E. hier so wenig zu gehen wie bei dem (durchaus geläufigen) Personennamen *Nîthart.* – Auch der Name des Gegenspielers *Engelmâr* gehört zu einer bei Neidhart zu häufig auftretenden Zusammensetzung mit *engel-*, als daß man in den Namen zu viel 'tiefere Bedeutung' hineinlegen dürfte (Namen Gottes!), s. *Engel-ber* L 34, III, 4; *-bolt* ebda. 1; 25, VI, 4; *-breht* L 31, IV, 4; *-dîch* L 33, II, 2 (Hs. R: *-vrit,* H. 55, 34); *-gêr* L 48, VI, 7; *-her* L 36, II, 11; *-ram* L 33, II, 5; 83, I, 7; *-wân* L 37, III, 1; dazu der Frauenname *Engelmuot* in Hs. R (H. 37, 7. 20) L 26, III, 9; VII, 2.

Rust L 55, IX, 8 Rust, Michelhausen benachbart, am rechten Ufer der Perschling im Tullner Feld.

Sante Lîenhart L 48, IV, 9 St. Leonhard am Forst an der Melk.

Schônelîten L 48, V, 8 der einstige Edelsitz Schönleiten „liegt südöstlich von Oberndorf an der Melk in Lehen Nr. 5 – Schenkhaus – nächst dem Gansbach, nur mehr in den Erdwerken zu erkennen. Eine genaue Beschreibung gab Wolfram in den Kulturnachrichten der BH. Scheibbs, Oktober 1965" (Franz Hutter, Melk, briefl. v. 7. 6. 73 an Hornung). „Der von Neidhart gemeinte *der von Schônelîten* kann etwa der *Ulricus de Schœnleiten* sein, der ... 1207. 1223. 1227 vorkommt" (H. zu 79, 16).

Siene L 25, VII, 12 die italienische Stadt Siena. In der ersten Hälfte des 13. Jhs. ist Siena Zentrum staufischer Verwaltung in der südlichen Toskana, an der großen (Pilger-) Straße, der 'Frankenstraße' nach Rom auf drei Hügeln der Wasserscheide zwischen den Flüssen Elsa und Ombrone gelegen. Die Stadt kennt jeder Teilnehmer an einem Römerzug, und daher ist ein breites ritterliches Publikum für den ironischen Vergleich Neidharts mit dem (höher als das Dorf gelegenen – s. Bertau, Bay. L. S. 301: *oberthalp des dorfes* L 34, V, 9) Sitz *Riuwental* ansprechbar (Werner Goez mündlich). Vgl. noch bei L 25.

Stetenbach (Ps.-) N. 50, VI b, 3. Stettenbach: nicht nachweisbar (H. zu 238, 17).

Treisem L 42, VII, 3; 56, IX, 5 Traisen, rechter Nebenfluß der Donau mit Mündung im Tullner Feld.

Tulnaere velt 42, VII, 1; 53, V, 3 das Tullner Feld. Donauniederung um Tulln.

Ungertor L 44, V, 2 Ungarntor, entweder südöstliches Tor von Wiener Neustadt oder das Ungertor in Hainburg, was Haupt zu 98, 27 im Zusammenhang mit der Stelle und *nider*, d. h. donauabwärts bis zur ungarischen Grenze hin, für passender ansieht.

Weidhovaere L 42, IX, 14 Waffe aus Waidhofen an der Ybbs, das als Eisenschmiede bezeugt und bekannt ist.

Wîtenbrüel L 23, III, 5. Bildung zu dem Orts- und Flurnamen *brüel*, stm, nhd. *Brühl* (s. Kluge-Götze s. v.), der, auf gall. **brogilo*, mlat. (seit 723) *bro(g)ilus* zu gall. *broga* 'Acker' beruhend, feuchte Wiese, feuchten Platz, sumpfige, mit Buschwerk bewachsene Wiese u. a., im Schwäb.-Baierischen auch Wässerwiese bezeichnet, mittelalterlich außerdem grundherrliches Sondergut, Herrenwiese u. ä. – Ein, dem Mhd. entsprechendes *Weitenbrühl* (möglicherweise auch *Wittenbrühl*) ist bisher weder im Österreichischen noch im Altbaierischen nachgewiesen; doch findet sich *weiter Brühl* im Schwäbischen (Fischer I, 1467 f.). Zur Erklärung von *Wîten-* gibt es zwei Möglichkeiten: entweder den Personennamen *Wîto* oder das Adj. *wît*, einerseits in der Bedeutung *amplus* 'groß, weiträumig', anderseits *remotus* 'weit entfernt' (Karl Puchner briefl. v. 10. 1. 73). Ein Wortspiel Neidharts im Sinn von unserem 'Hintertupfing' oder 'hinter dem Wald' ist an der Stelle jedenfalls denkbar. Für eine Heimatbestimmung ist der Name (auch bei Auffindung eines *Weitenbrühl)* aufgrund mangelnder näherer geographischer Hinweise bei Neidhart nicht ausreichend, da *Brühl*-Namen, mit und ohne Bestimmungswort (*Hinter-*, *Vorder-*, *Ober-*, *Unter-*, *Groß-*, *Klein-Brühl* u. a.) im gesamten bairisch-österreichischen Raum häufig sind. Näheres bei S. Beyschlag, Brühl. Festschrift für Gerhard Pfeiffer (erscheint 1975).

Zeizenmûwer L 42, VII, 3; (Ps.-)N. 33, VIII, 12; Ps.-N. 61, IV, 11 Zeiselmauer, östlich von Tulln.

Zelle ... *zuo der Persenicken* L 53, Tr. I, 5 „ist Zell (Ober-, Unter-), Gemeinde Wald, Gerichtsbezirk St. Pölten. Es gibt in dieser Gegend kein anderes Zell, auch keine Wüstung" (Hornung). *Zelle li*egt somit östlich von Wald am Michelbach, einem Nebenbach der oberen Perschling, nicht südwestlich, wie H. zu 217, 5 schreibt.

BIBLIOGRAPHIE

(s. hierzu die Hinweise unter Vorbemerkungen)

Karl Bartsch, Die Schweizer Minnesänger. Frauenfeld 1886.

Karl Bertau, Stil und Klage beim späten Neidhart, Der Deutschunterricht 19 (1967), S. 76 ff.

–, Neidharts 'Bayrische Lieder' und Wolframs 'Willehalm', ZfdA 100 (1971), S. 296 ff.

–, Deutsche Literatur im europäischen Mittelalter II. Mchn. 1973: Neidhart S. 1026 ff. (Korrektur-Notiz).

Siegfried Beyschlag, Altdeutsche Verskunst in Grundzügen. Nürnberg o. J. (1969).

–, Ein flämelnder Veldeke (zu MF 57, 10). Heinric van Veldeken. Antwerpen/Utrecht 1971, S. 77 ff.

–, Formverwandlung in Walthers Spruchdichtung. Eine Skizze. Festschr. f. Hans Eggers, hg. v. Herbert Backes. Tüb. 1972, S. 726 ff.

Böhme, Geschichte des Tanzes. Lpz. 1886.

Maria Böhmer, Untersuchungen zur mittelhochdeutschen Kreuzzugslyrik. Studi di filologia tedesca 1 (Roma 1968).

Peter Bründl, *und bringe den wehsel, als ich waen, durch ir liebe ze grabe.* Eine Studie zur Rolle des Sängers im Minnesang von Kaiser Heinrich bis Neidhart von Reuental, Deutsche Vierteljahrsschrift 44 (1970), S. 409 ff.; hier S. 422 ff. (Korrektur-Notiz).

Hanns Fischer s. u. Wießner-Fischer.

Gerd Fritz, Sprache und Überlieferung der Neidhart-Lieder in der Berliner Handschrift germ. fol. 779 (c). Göppinger Arbeiten zur Germanistik 12. Göppingen 1969.

Ulrich Gaier, Satire. Studien zu Neidhart, Wittenwiler, Brant und zur satirischen Schreibart. Tübingen 1967.

Jutta Goheen, Natur und Menschenbild in der Lyrik Neidharts, PBB 94 (Tüb. 1972), S. 348 ff. (Korrektur-Notiz).

Ann Harding, Neidhart's Dance Vocabulary and the Problems of a Critical Text. Probleme mittelalterlicher Überlieferung und Textkritik, Oxforder Colloquium 1966. Berlin o. J. (1968), S. 145 ff.

H.-W. d. i. Haupt-Wießner: Neidharts Lieder. 2. Auflage, neu bearbeitet von Edmund Wießner. Leipzig 1923.

Georg Juritsch, Geschichte der Babenberger und ihrer Länder. 1894.

Karl Kurt Klein, Zu Neidhart 101, 20 (Winterlied Nr. 36). Bemerkungen zum 2. Preislied Neidharts auf Herzog Friedrich den Streitbaren von Oesterreich. In: Sprachkunst als Weltgestaltung. Festschrift für Herbert Seidler. Salzburg-München 1966, S. 131 ff.

Klaus Heinrich Kohrs, Zum Verhältnis von Sprache und Musik in den Liedern Neidharts von Reuental, Deutsche Vierteljahrsschrift 43 (1969), S. 604 ff.

Elisabeth Lea, Die Sprache lyrischer Grundgefüge, MF 11, 1–15, 17, PBB (Halle) 90 (1968), S. 308 ff. (auch Neidhart).

Helmut Lomnitzer, Neidhart von Reuental, Lieder. Auswahl mit den Melodien zu neun Liedern. Reclam Stuttgart o. J. (1966). [Universal-Bibliothek Nr. 6927/28.]

Albert Mack, Der Sprachschatz Neidharts von Reuental. Diss. Tübingen (1910).

M. 1: 'Die Wörter, welche Neidhart zum ersten Mal unter den Minnesängern oder in besonderer Verwendung gebraucht'.

M. 1 A: 'Worte zum ersten Mal in den unechten Liedern oder in Zusatzstrophen zu N. – nicht erschöpfend –'.

M. 2: 'Mundartliche Ausdrücke ... literarisch zum ersten Male verwandt'.

M. 2 A: '... in unechten Liedern oder Zusatzstrophen'.

M. 3: Hapax legomena, 'zum Teil Originalbildungen Ns.'.

M. 3 A: '... in unechten Liedern oder Zusatzstrophen'.

M. 4: 'Archaismen'.

M. 5: 'Fremdwörter'.

M. 5 A: '... nur in unechten Liedern oder Zusatzstrophen'.

M. 6: 'Wörter ... vor Walther nicht im MS ...'.

Maurer-Stroh: Deutsche Wortgeschichte, hg. von F. Maurer und F. Stroh. [2]1959.

Wolfgang Mohr, Vortragsform und Form als Symbol im mittelalterlichen Lied. Festgabe für Ulrich Pretzel. Berlin 1963, S. 128 ff.

Ulrich Müller, Kreuzzugsdichtung. Deutsche Texte 9. Tübingen 1969.

Emil Öhmann, Die romanischen Bestandteile im mittelhochdeutschen Wortschatz, PBB 72 (1951), S. 273 ff.

Peschel, d. i. Christa und Gerd-Dietmar Peschel, Zur reimbindung in den drei- und mehrzeiligen stollen in lied und sangspruch des 12. und 13. jahrhunderts. Variations- und erweiterungsmöglichkeiten des grundschemas aab/ccb. Formen mittelalterlicher Literatur (Festschrift Siegfried Beyschlag). Göppinger Arbeiten zur Germanistik 25. Göppingen 1970.

Christoph Petzsch, Rufe im Tanzlied, ZfdA 95 (1966), S. 204 ff. (bes. S. 210 ff.).

Jacob Faiwusch Rabbinowitsch, Probleme der Neidhartforschung. Eine Untersuchung über das Verhältnis zwischen Neidhartliedern und Pseudoneidharten. (Amsterdamer) Diss. Bussum 1928.

R. 3 a: Wörter, welche mittelbar aus Ns. Sprachschatz stammen.

R. 4 a: Wendungen und Ausdrücke, welche mittelbar aus Ns. Sprachschatz stammen.

R. 6 a: Fremdwörter.

R. 7 a: Wörter, welche im Minnesang zum ersten Mal oder in besonderer Verwendung in den Pseudoneidharten [der Perg.-Hss.] auftreten.

R. 8 a: Wendungen und Ausdrücke ... (wie in 7 a).

R. 9 a: Hapax legomena.

Erwin Rotermund, Gegengesänge. Lyrische Parodien vom Mittelalter bis zur Gegenwart, ausgewählt und eingeleitet. München 1964.

Kurt Ruh, Neidharts Lieder. Eine Beschreibung des Typus. Studien zur deutschen Literatur und Sprache des Mittelalters (Festschrift Hugo Moser). Berlin o. J. (1974), S. 151 ff. (Korrektur-Notiz).

Ernst Schwarz, Die Heimatfrage bei Neidhart von Reuental. Ein kritischer Überblick des derzeitigen Forschungsstandes. (Festschrift Beyschlag, s. bei Peschl), S. 91 ff.

Günther Schweikle, Neidhart: Nu ist vil gar zergangen (H 29, 27 – d. i. L. 8). Bei Günther Jungbluth, Interpretationen mittelhochdeutscher Lyrik. Berlin/Zürich o. J. (1969), S. 247 ff.

Eckehard Simon, Neidhart von Reuental. Geschichte der Forschung und Bibliographie. Harvard Germanic Studies IV. The Hague. Paris 1968.

–, Neidharte and Neidhartianer, PBB Tüb. 94 (1972) S. 153 ff.

Hugo Suolahti, Der französische Einfluß auf die deutsche Sprache im 13. Jh. Annales Academiae Scientiarum Fennicae B, IV. Helsinki 1910.

–, Der französische Einfluß auf die deutsche Sprache im 13. Jh. Mémoires de la société néo-philol. de Helsingfors VIII (1929), S. 1 ff. und X (1933), S. 148 ff.

Heinz Thoelen, Neidhart. Der Dichter und sein Publicum. Diss. Köln 1969.

Michael Titzmann, Die Umstrukturierung des Minnesang-Sprachsystems zum 'offenen' System bei Neidhart, Deutsche Vierteljahresschrift für Literaturwissenschaft und Geistesgeschichte 45 (1971), S. 481 ff.

Heinrich Weigl, Historisches Ortsnamenbuch von Nieder-Österreich. Wien ab 1964.

Edith Wenzel, Zur Textkritik und Überlieferungsgeschichte einiger Sommerlieder Neidharts. Göpp. Arb. z. Germanistik 110 (1973) 244 S. (Korrektur-Notiz).

W.-F. d. i. Wießner-Fischer: Die Lieder Neidharts, hg. von Edmund Wießner, Dritte Auflage revidiert von Hanns Fischer, Altdeutsche Textbibliothek 44. Tübingen 1968.

Edmund Wießner, Kommentar zu Neidharts Liedern. Leipzig 1954.

–, Vollständiges Wörterbuch zu Neidharts Liedern. Leipzig 1954.

Barbara von Wulffen, Der Natureingang im Minnesang und frühem Volkslied. Diss. München 1961.

Nachtrag

Ann Harding, An Investigation into the Use and Meaning of Medieval German Dancing Terms. Göppinger Arbeiten zur Germanistik 93 (1973), 422 S. (Korrektur-Notiz).

Heinz-Dieter Kivernagel, Die Werltsüeze-Lieder Neidharts. Diss. Köln 1970. (Korrektur-Notiz).

BIBLIOGRAPHIE ZU DEN MELODIEN

Von Horst Brunner

Die Wiedergabe der Melodien beruht auf der grundlegenden Ausgabe:

Schmieder, Wolfgang: Lieder von Neidhart (von Reuental). Denkmäler der Tonkunst in Österreich. Jahrgang 37,1 – Bd. 71. Wien 1930 (Nachdruck Graz 1960) (enthält S. 3–27 Faksimiles sämtlicher Weisen mit Ausnahme einer erst 1971 von Lomnitzer publizierten Melodie, s. u.).

Weitere wichtige Ausgaben:

Gennrich, Friedrich: Neidhart-Lieder. Kritische Ausgabe der Neidhart von Reuental zugeschriebenen Melodien. Summa musicae medii aevi 9. Langen bei Frankfurt 1962.

Hatto, A. T. / Taylor, R. J.: The Songs of Neidhart von Reuental. Manchester 1968 (enthält die 17 zu 'echten' Texten erhaltenen Melodien).

Jammers, Ewald: Ausgewählte Melodien des Minnesangs. ATB Ergänzungsreihe 1, Tübingen 1963 (enthält S. 244–255 dreizehn Melodien zu 'echten' und 'unechten' Texten).

Lomnitzer, Helmut: Neidhart von Reuental. Lieder (Auswahl). Reclam 6927/28. Stuttgart 1966 (enthält S. 95–103 neun Melodien zu 'echten' Texten).

Moser, Hugo / Müller-Blattau, Joseph: Deutsche Lieder des Mittelalters. Stuttgart 1968 (enthält S. 41–69 elf Melodien, darunter eine 'unechte').

Rohloff, Ernst: Neidharts Sangweisen. 2 Teile. Abh. d. Sächs. Akademie. Philog.-histor. Kl. Bd. 52, Heft 3 und 4, Berlin 1962 (enthält sämtliche Melodien zu 'echten' und 'unechten'

Texten mit Ausnahme der erst von Lomnitzer publizierten Weise).

Taylor, Ronald J.: The Art of the Minnesinger. 2 Bde. Cardiff 1968 (Bd. 1, S. 120–148 enthält sämtliche 38 Melodien zu 'unechten' Texten mit Ausnahme der erst von Lomnitzer publizierten Weise).

Weitere benutzte Literatur:

Bertau, Karl Heinrich: Rez. von Hatto / Taylor, The Songs of Neidhart von Reuental. AfdA 72 (1960/61), S. 23–35.

Bertau, Karl Heinrich: Neidharts Lieder mit ihren Melodien. EG 15 (1960), S. 251–254.

Bertau, Karl [Heinrich]: Minnesang-Studien. EG 20 (1965), S. 540–546.

Kur, Friedrich: Rez. von Rohloff, Neidharts Sangweisen. AfdA 77 (1966), S. 63–67.

Kur, Friedrich: Rez. von Gennrich, Neidhart-Lieder. AfdA 77 (1966), S. 68–73.

Lomnitzer, Helmut: Kritisches zu neueren Neidhart-Übertragungen. In: FS Hans Engel. Hrsg. v. H. Heussner. Kassel/Basel/Paris/London/New York 1964, S. 231–244.

Lomnitzer, Helmut: Rez. von Rohloff, Sangweisen und Jammers, Ausgew. Melodien. ZfdPh 84 (1965), S. 290–297.

Lomnitzer, Helmut: Liebhard Eghenvelders Liederbuch. Neues zum lyrischen Teil der sog. Schratschen Hs. ZfdPh 90 (1971)/ Sonderheft S. 190–216 (die bis dahin nicht beachtete Ps.-N.-Melodie S. 214).

Schallplattenaufnahmen:

Minnesang und Spruchdichtung um 1200–1320 (Musik und ihre Zeit). Telefunken SAWT 9487–A (L 10. 22. 50, HMS 3, 203 = *Maienzît âne nît*).

Weltliche Musik um 1300 (Musik und ihre Zeit). Telefunken SAWT 9504–A (HMS 3, 280 = *Winter dîner kunfte trûret sêre*).

Carmina burana II (Musik und ihre Zeit). Telefunken SAWT 9522–A (Rekonstruktion von L 17).

Goldene Lieder des Mittelalters 1–3. MPS-Records 14091/92/93 (L 25. 47. 50).

The Songs of the Minnesingers (Platte zu dem Buch von B. G. Seagrave / W. Thomas). University of Illinois Press CTV 107075 (L 10. 24. 25).

KONKORDANZ HAUPT, WIESSNER-FISCHER UND BEYSCHLAG

'Echte' Sommerlieder

H	W-F	B	H	W-F	B
echte Lieder	SL		*echte Lieder*	SL	
3,1 – 3,21	1	70	18,4 –19,6	16	11
3,22– 4,30	2	63	19,7 –20,37	17	15
4,31– 5,7	3	69	20,38–21,33	18	12
5,8 – 5,37	4	57	21,34–22,37	19	9
6,1 – 6,18	5	58	22,38–24,12	20	6
6,19– 7,10	6	62	24,13–25,13	21	13
7,11– 8,11	7	65	25,14–26,22	22	3
8,12– 9,12	8	64	26,23–27,38	23	10
9,13–10,21	9	16	28,1 –28,35	24	2
10,22–11,7	10	4	28,36–29,26	25	7
11,8 –13,7	11	17	29,27–31,4	26	8
13,8 –14,3	12	18	31,5 –32,5	27	19
14,4 –15,20	13	1	32,6 –33,14	28	20
15,21–16,37	14	5	33,15–34,18	29	21
16,38–18,3	15	14			

'Echte' Winterlieder

H	W-F	B	H	W-F	B
echte Lieder	WL		*echte Lieder*	WL	
35,1 –36,17	1	23	65,37–67,6	21	84
36,18–38,8	2	26	67,7 –69,24	22	43

38,9 –39,39	3	24	69,25–73,23	23	52
40,1 –41,32	4	25	73,24–75,14	24	41
41,33–43,14	5	31	75,15–78,10	25	47
43,15–44,35	6	32	78,11–79,35	26	48
44,36–46,27	7	28	79,36–82,2	27	45
46,28–47,39	8	29	82,3 –85,5	28	55
48,1 –49,9	9	30	85,6 –86,30	29	53
49,10–50,36	10	27	86,31–89,2	30	56
50,37–52,20	11	40	89,3 – 92,10	31	42
52,21–53,34	12	36	92,11– 95,5	32	49
53,35–55,18	13	37	95,6 – 97,8	34	54
55,19–57,23	14	33	97,9 – 98,39	33	44
57,24–58,24	15	83	99,1 –101,19	35	50
58,25–59,35	16	38	101,20–102,31	36	51
59,36–61,17	18	35	102,32–103,28	37	78
61,18–62,33	17	34			
62,34–64,20	19	46			
64,21–65,36	20	39			

'Unechte' Lieder

H	W-F	B
unechte Lieder		
XI,1–XIII,11	Anhang II	22
XIV,1–XV,24		67
XVI,1–XVIII,9		79
XVIII,10–XXI,6		87
XXI,7–XXII,7		89
XXII,8–18		87,III
XXII,19–XXIV,17		90
XXIV,18–XXVII,8		88
XXVII,9–XXX,5		74
XXX,6–XXXV,11		61
XXXV,12–XXXVII,17		72

XXXVII,18–XXXVIII,18	73
XXXVIII,19–XL,6	86
XL,7–XLIII,24	60
XLIV,1–XLIV,24	77
XLIV,25–XLV,8	76
XLV,9–XLVI,19	75
XLVI,20–XLVII,8	66
XLVII,9–XLVIII,23	81
XLVIII,24–L,5	82
L,6–L,25	71
LI,1–LIII,30	68
LIII,31–LIV,23	80
LIV,24–LV,35	85
LVI,1–LVI,14	59

'Unechte' Strophen

H	**W-F**	**B**
Str. in den Anmerkungen	*Anhang I* SL	
S. 106/7	zu Nr. 7 nach V	65
S. 110	zu Nr. 11 nach XI	17
S. 121 (C 114)	zu Nr. 21 nach V	13
S. 123–125,40	zu Nr. 22 nach VI	3
S. 128 (C 108)	zu Nr. 23 nach IX	10
S. 130,1–14	zu Nr. 24 nach V	2
S. 130 (C 174 u. 177)	zu Nr. 24 nach III	2
S. 132 (C 8)	zu Nr. 26 statt III	8
S. 133 (A u. C)	zu Nr. 26 statt VI	8
S. 134	zu Nr. 27 nach 136,30	19
	WL	
S. 144,1–12	4, IV	25
S. 149,1–10	zu Nr. 6 nach V	32

S. 157–158	zu Nr. 10 nach VI	27
S. 159–160	zu Nr. 11 nach IV	40
S. 167,1–169,70	zu Nr. 14 nach VI	33
S. 177	zu Nr. 17 nach III	34
S. 180	zu Nr. 17 nach V	34
S. 184,1–11	zu Nr. 20 nach III	39
S. 198,1–6	zu Nr. 24 nach IX	41
S. 200,1–6	zu Nr. 24 nach X	41
S. 209,13–210,36	zu Nr. 27 nach VII	45
S. 214	zu Nr. 29 nach IV	53
S. 215,9–24	zu Nr. 29 nach IV	53
S. 216,1–217,16	zu Nr. 29 nach VIII	53
S. 217,1–16	zu Nr. 29 nach VIII	53
S. 220,11–20	zu Nr. 30 nach IX	56
S. 231	zu Nr. 34 nach IX	54
S. 236	zu Nr. 35 nach V	50
S. 237,1–240,84	zu Nr. 35 nach VI	50
S. 240,1–10	36, III	51
S. 240,11–241,20	zu Nr. 36 nach III	51
S. 241,1–10	zu Nr. 36 nach V	51
S. 241,11–242,20	36, VI	51
S. XXV, 26 (C 19)		88
S. XLVI f. (C 208)		66
S. LVI: C 93 (Bruchstück) nicht aufgenommen.		

KONKORDANZ BEYSCHLAG, WIESSNER-FISCHER UND HAUPT

(R-Block)

B	W-F	H
1	SL 13	14,4 –15,20
2	SL 24 + Anh. I	28,1 –28,35 + 130,1–14; 130 (C 174 u. 177)
3	SL 22 + Anh. I	25,14–26,22 + 123–125,40
4	SL 10	10,22–11,7
5	SL 14	15,21–16,37
6	SL 20	22,38–24,12
7	SL 25	28,36–29,26
8	SL 26 + Anh. I	29,27–31,4 + 132 (C 8), 133 (A u. C)
9	SL 19	21,34–22,37
10	SL 23 + Anh. I	26,23–27,38 + 128
11	SL 16	18,4 –19,6
12	SL 18	20,38–21,33
13	SL 21 + Anh. I	24,13–25,13 + 121
14	SL 15	16,38–18,3
15	SL 17	19,7 –20,37
16	SL 9	9,13–10,21
17	SL 11 + Anh. I	11,8 –13,7 + 110
18	SL 12	13,8 –14,3
19	SL 27 + Anh. I	31,5 –32,5 + 134
20	SL 28	32,6 –33,14
21	SL 29	33,15–34,18

22	Anh. II	XI,1–XIII,11
23	WL 1	35,1 –36,17
24	WL 3	38,9–39,39
25	WL 4	40,1 –41,32 + 144,1–12
26	WL 2	36,18–38,8
27	WL 10 + Anh. I	49,10–50,36 + 157–158
28	WL 7	44,36–46,27
29	WL 8	46,28–47,39
30	WL 9	48,1 –49,9
31	WL 5	41,33–43,14
32	WL 6 + Anh. I	43,15–44,35 + 149,1–10
33	WL 14 + Anh. I	55,19–57,23 + 167,1–169,70
34	WL 17 + Anh. I	61,18–62,33 + 177, 180
35	WL 18	59,36–61,17
36	WL 12	52,21–53,34
37	WL 13	53,35–55,18
38	WL 16	58,25–59,35
39	WL 20 + Anh. I	64,21–65,36 + 184,1–11
40	WL 11 + Anh. I	50,37–52,20 + 159,1–9
41	WL 24 + Anh. I	73,24–75,14 + 198,1–6. 200,1–6
42	WL 31	89,3 –92,10
43	WL 22	67,7 –69,24
44	WL 33	97,9 –98,39
45	WL 27 + Anh. I	79,36–82,2 + 209,13–210,36
46	WL 19	62,34–64,20
47	WL 25	75,15–78,10
48	WL 26	78,11–79,35
49	WL 32	92,11–95,5
50	WL 35 + Anh. I	99,1–101,19 + 236. 237,1–240,84
51	WL 36 + Anh. I	101,20–102,31 + 240,1–10. 240,11–241,20. 241,1–242,20
52	WL 23	69,25–73,23

53	WL 29 + Anh. I	85,6 –86,30 + 214. 215, 9–24. 216,1–217,16. 217,1–16
54	WL 34 + Anh. I	95,6 –97,8 + 231
55	WL 28	82,3 –85,5
56	WL 30 + Anh. I	86,31–89,2 + 220,11–20

(C-Block)

B	W-F	H
57	SL 4	5,8–5,37
58	SL 5	6,1–6,18
59		LVI,1–LVI,14
60		XL,7–XLIII,24
61		XXX,6–XXXV,11
62	SL 6	6,19–7,10
63	SL 2	3,22–4,30
64	SL 8	8,12–9,12
65	SL 7 + Anh. I	7,11–8,11 + 106–107
66		XLVI,20–XLVII,8 + XLVI f. (C 208 als IIa)
67		XIV,1–XV,24
68		LI,1–LIII,30
69	SL 3	4,31–5,7
70	SL 1	3,1 –3,21
71		L,6–L,25
72		XXXV,12–XXXVII,17
73		XXXVII,18–XXXVIII,18
74		XXVII,9–XXX,5
75		XLV,9–XLVI,19
76		XLIV,25–XLV,8
77		XLIV,1–XLIV,24

78	WL 37	102,32–103,28
79		XVI,1–XVIII,9
80		LIII,31–LIV,23
81		XLVII,9–XLVIII,23
82		XLVIII,24–L,5
83	WL 15	57,24–58,24
84	WL 21	65,37–67,6
85		LIV,24–LV,35
86		XXXVIII,19–XL,6
87		XVIII,10–XXI,6 + XXII,8–18 (als 87,III)
88		XXIV,18–XXVII,8 + XXVI,26 (C 19 als IIIa)
89		XXI,7–XXII,7
90		XXII,19–XXIV,17